彭文华｜主　编

陆一敏｜副主编

数字时代的新型犯罪与犯罪法律后果体系研究

SHUZISHIDAIDE XINXINGFANZUI YU
FANZUIFALÜHOUGUOTIXIYANJIU

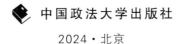
中国政法大学出版社

2024·北京

声　明　　1. 版权所有，侵权必究。

　　　　　2. 如有缺页、倒装问题，由出版社负责退换。

图书在版编目（CIP）数据

数字时代的新型犯罪与犯罪法律后果体系研究 / 彭文华主编. -- 北京 ： 中国政法大学出版社，2024. 6.

ISBN 978-7-5764-1616-9

Ⅰ. D924.114

中国国家版本馆 CIP 数据核字第 2024R41B68 号

出 版 者	中国政法大学出版社
地　　　址	北京市海淀区西土城路 25 号
邮寄地址	北京 100088 信箱 8034 分箱　邮编 100088
网　　　址	http://www.cuplpress.com (网络实名：中国政法大学出版社)
电　　　话	010-58908586(编辑部) 58908334(邮购部)
编辑邮箱	zhengfadch@126.com
承　　　印	固安华明印业有限公司
开　　　本	720mm×960mm　1/16
印　　　张	30.75
字　　　数	520 千字
版　　　次	2024 年 6 月第 1 版
印　　　次	2024 年 6 月第 1 次印刷
定　　　价	139.00 元

目　录

第四单元　犯罪法律后果体系研究

第五单元　职务犯罪司法认定中的疑难问题

第一单元

数字经济时代的罪刑问题与犯罪治理研究

以习近平法治思想为指导的中国犯罪论
自主知识体系

牛忠志*

摘　要： 中国特色社会主义现代化建设已经进入新的历史阶段，从2020年到21世纪中叶我国两个阶段的奋斗目标分别是：第一个阶段，从2020年到2035年，在全面建成小康社会的基础上，再奋斗15年，基本实现社会主义现代化；第二个阶段，从2035年到21世纪中叶，在基本实现现代化的基础上，再奋斗15年，把我国建成富强、民主、文明、和谐、美丽的社会主义现代化强国。在这一史无前例的历史巨变中，无论是实现基本现代化，还是把我国建成社会主义现代化强国，这些目标的实现都离不开习近平法治思想的指引、离不开中国式法治的保驾护航。其中，刑法是国家整个法律体系的保障法，中国式刑事法治建设是中国式现代化法治的重要组成部分。[1]良法是善治的基础和前提，并且，徒法不足以自行，法律必须借助科学的解释工具、方法和优秀的司法工作人员的严格执法、秉公执法等多因素的合力，才能切实有效地实施。刑法的实施也是一样，犯罪论知识体系对刑法规范含义的理解和阐明、对准确司法和正确守法都十分重要。缘此，以习近平法治思想为指导构建中国犯罪论自主知识体系是我们当代刑法学人责无旁贷的时代使命和责任。本文就此论题提出自己的见解供同仁们商榷。

目前，在我国，有较大影响的犯罪论知识体系有二：新中国成立之初借鉴苏联，并经过70多年发展完善的"传统的犯罪构成四要件理论"和2000年（进

---

* 牛忠志，河北大学法学院教授，博士生导师。

〔1〕　在当今中国，"中国式刑事法治建设"就是以习近平法治思想为指导的刑事法治建设。

入 21 世纪）一些留日、留德学者主张移植的德日"阶层犯罪论体系"。[1]有鉴于此，笔者先分别述评"传统的犯罪构成四要件理论"和"阶层犯罪论体系"优劣，然后立足于中国式现代化特质，以习近平法治思想为指导，勾勒中国式犯罪论自主知识体系的基本模型，供大家商榷。

关键词：四要件理论；阶层犯罪论；中国犯罪论

一、传统的犯罪构成四要件理论述评

（一）传统的犯罪构成四要件理论的基本内容

新中国成立之后，我国师从苏联，引进了苏联的犯罪构成理论。70 多年来，移植消化、发展，形成了"犯罪构成四要件理论"。以作为通说的权威版本"红皮书"为依据，传统的犯罪构成四要件理论的基本内容[2]为：

（1）犯罪是具有严重的社会危害性、触犯刑法、应当受刑罚惩罚的行为。犯罪具有一定的社会危害性、刑事违法性和应受刑罚惩罚性三个基本特征。

（2）犯罪构成，即成立犯罪的标准，是依照刑法的规定，决定某一具体行为的社会危害性及其程度而为该行为构成犯罪所必须具备的一切客观要件和主观要件的有机统一。

（3）犯罪构成有四方面的要件。①犯罪客体，即刑法所保护而为犯罪行为所侵犯的社会关系。②犯罪客观方面，即犯罪活动的客观外在表现，包括危害行为、危害结果以及危害行为与危害结果之间的因果关系。有些罪的犯罪构成还要求发生在特定的时间、地点或者使用特定的方法。③犯罪主体，是指达到法定刑事责任年龄、具有刑事责任能力、实施危害行为的自然人。有的犯罪构成还要求特殊主体，即具有某种职务或者身份的人。根据法律的特别规定，企事业单位、机关、团体也可以成为某些犯罪的犯罪主体。④犯罪主观方面，是指行为人有罪过（包括故意和过失）。有些罪的犯罪构成还要求有特定的犯罪目的或动机。

---

[1] 鉴于法律文化传统的差异性，中国的成文法传统与英美国家的判例法传统相去甚远，故英美法系双层次（控辩平衡）犯罪成立理论对我国的影响不大。

[2] 高铭暄、马克昌主编：《刑法学》（第 10 版），北京大学出版社、高等教育出版社 2022 年版，第 44、48 页。

（二）关于理论界对犯罪构成四要件理论指责的评析

1. 对犯罪构成四要件理论的指责

德日阶层犯罪论体系移植论者为了达到其"另起炉灶"移植德日阶层体系的目的，对传统的犯罪构成理论进行了激烈的批判。

有学者认为，中国传统犯罪论体系的缺陷有：（1）前提缺陷——凌驾于犯罪构成之上的社会危害性理论；（2）要素缺陷——犯罪客体与犯罪主体要件之反思与消解；（3）结构缺陷，不能给正当防卫、紧急避险等以恰当的体系地位、无安置法期待可能性；（4）缺乏可操作性；（5）功能缺陷——突出保护功能，忽视保障功能等。[1]

有学者认为，首先，从理论剖析，"四要件"的缺陷有：（1）难以兼顾形式判断与实质判断；（2）重视控诉轻视辩护；（3）主观判断可能优于客观判断；（4）经验判断与规范判断纠缠不清；（5）强调静止性否认过程性。其次，立于实务考察，四要件说的缺陷有：（1）可能丧失从不同侧面检验行为的机会；（2）容易根据形式判断得出结论；（3）不重视法益保护的观念；（4）过于重视行为人的意思；（5）难以正确处理正当化事由；（6）不能妥善处理共犯论的问题；（7）难以实现一般预防。[2]

有学者认为，"四要件"的缺陷有：（1）犯罪客体作为成立条件并不合适。（2）没有区分不法与责任。（3）难以理顺客观与主观的关系，不能保障从客观到主观的（顺位来）认定犯罪。（4）正当化事由的体系性地位不合适。[3]

2. 简评

一方面，以上的批评观点，旨在移植德日阶层体系，这对于我国犯罪论体系百家争鸣局面的形成，对于促进我国犯罪成立条件理论体系的科学化，都有积极的意义。对这些质疑的释惑、回应或者反驳，无论存在的指责是否正确都会触发改良四要件体系的诸多反思和检视，其结果将会对促进我国犯罪论体系的科学化，促进中国刑事法治建设都有裨益。实际上，目前影响最大的犯罪构成四要件理论确实有进一步精细化的发展空间。比如，应该将犯

〔1〕 周光权：《犯罪论体系的改造》，中国法制出版社 2009 年版，第 40~41 页。

〔2〕 付立庆：《犯罪构成理论：比较研究与路径选择》，法律出版社 2010 年版，第 30~87 页。

〔3〕 张明楷：《刑法学》（第 5 版），法律出版社 2016 年版，第 100~103 页。

罪客体和犯罪客体要件、犯罪客观方面和客观要件、犯罪主体和主体要件、犯罪主观方面和主观要件这些概念严格区分开来，由此，犯罪主体确实应该改变称谓，作为必要条件，其真实含义指的是"主体的犯罪资格"，即主体要件；其他三个要件的表述也同样存在概念指称笼统、不精确的问题。

另一方面，细加品味这些质疑，则会发现除了有益的质疑、批评之外，在批评的观点中也不乏值得商榷的地方。其一，质疑声音中有自相矛盾的现象。如，有的作者一会儿说，"四要件"重视控诉职能，一会儿又说"四要件"不注重法益保护。这是否自相矛盾呢？存在矛盾。因为，控诉犯罪，给犯罪人定罪判刑，威吓、预防再犯，就是为了保护法益。其二，有似是而非的表述。如，有的学者指责"四要件"有"主观判断可能优于客观判断"的缺陷，"可能"一词表示的是"骑墙式"态度，属于"常有理"式的诡辩表达，所表达的立场，两边"沾"。其三，论者自己存在着误解或者错误的认识。比如，认为"社会危害性理论凌驾于犯罪构成之上"不妥，主张将"客体要件"从犯罪成立条件体系中排除出去。其实这种见解和主张并不可取。因为，犯罪是价值判断，没有犯罪客体，就无法完成把一个案件事实认定为犯罪的任务。其实，德日国家的法益（保护客体）也是凌驾于"构成要件"之上；阶层体系在构成要件符合性判断环节都构成要件的解释和运用，都在受保护客体的指导，而且，在是否违法的判断环节，更直接地以法律价值为标准来衡量案件事实。又如，有的认为，传统的犯罪构成在功能定位上没有出罪口[1]（突出保护功能，忽视保障功能）；正当化事由无法融入犯罪构成四要件体系。这也是误解。笔者认为，《刑法》[2]关于正当行为的规定是注意性规定；在一个具体案件中对正当行为的认定也是消极进行的。所谓注意性规定，就是提示并引起注意，其实质并没有创设新的法律规范。如果处于理想状态下，对犯罪成立条件大家都能够正确理解、正确运用，那么根本无须规定，只不过，正当行为与犯罪行为在外观上太近似，现实社会中很多情

---

〔1〕 以出罪口为例，构成犯罪只有四个要件全部具备的 1 种情形，而不构成犯罪的却有 15 种情形（对组合计算的数学公式：$\Sigma = C04 + C14 + C24 + C34 = 1 + 4 + 6 + 4 = 15$）。而且，指责四要件理论体系没有出罪口，也不符合实践情况（难道律师的辩护就没有作用吗？难道法官在审判中根本不具有"居中裁判"的中立地位而也属于控诉一方吗？）

〔2〕《刑法》，即《中华人民共和国刑法》。为表述方便，本书中涉及法律文件均省去"中华人民共和国"字样，全书统一，后不赘述。

况下司法适用时容易混淆、认定错误。法律为了避免混淆，避免错误地适用，特意提请注意。再如，主张期待可能性都无法融入犯罪构成四要件体系、不能妥当解决共犯定罪问题等，都是不成立的。对于一些迷惑性的指责，如，客体要件的地位/没有出罪口，忽视辩护职能/正当化事由的地位/主张期待可能性/共同犯罪，限于篇幅，这里不再展开。在笔者看来，传统的犯罪构成四要件理论没有那么"破烂不堪"。

二、德日阶层犯罪论体系述与评

（一）德日阶层犯罪论体系的主要类型和相应内容

德国阶层犯罪论体系经历了"古典三阶层体系""新古典三阶层体系""新古典二阶层体系""新古典暨目的论体系""目的理性体系"（罗克辛体系）等重要发展阶段。由于犯罪论体系的构建是价值选择的结果，德日学者对阶层体系的构建存在着"为了体系而体系"的所谓精致化追求，鉴于一千个观众就有一千个哈姆雷特，学者的价值取向不同以至于存在着种类繁多的诸多体系。对于这种故弄玄虚的体系繁杂的局面，日本学者嘲讽地说："有多少刑法学学者就有多少种类的阶层犯罪论体系。"不过，尽管众多的阶层体系令人眼花缭乱，但基本的东西也有套路可循。因此，这里沿着德国阶层体系演变过程的主轴，选择有里程碑意义的几种犯罪论体系加以介绍；又鉴于日本师从德国，考虑到小野清一郎对日本犯罪论体系的重大影响，对日本方面只介绍小野博士的"三合一"阶层体系。

1. 古典三阶层体系

即贝林格（Beling，1866—1932 年）—李斯特（Fran Von List，1851—1919 年）体系。"构成要件这顶王冠当属贝林格"。贝林格于 1906 年对构成要件作了明确定义，奠定了阶层体系的基础。该体系把犯罪的成立条件分为三部分：构成要件、违法要素和罪责。由此，犯罪是符合构成要件、违法、有责的行为。构成要件符合性与违法性是严格区分、各自独立的。其中，（1）构成要件，作为行为类型，所有属于"客观、中性"的要素都在这一集合（构成要件是记述的、与价值无涉的"中性的""无色的"要素）。包括：行为主体（实际是特殊主体）、行为、因果关系、结果、特别行为情状（时间、地点、方式、方法等）。构成要件符合性的判断是积极判断，司法人员以法律规定某一犯罪的构成要件为标准来衡量具体的案件事实是否符合。（2）违法性判断是价值判断。值得注意的是，这里的"法"不是指"刑法"。由于德日国家刑法对犯罪的规定是"定性但未定量"，因此，这里的"法"指的是"一般意义的法律价值"：抽象的法，由此，"违法"即为从"一般意义的法律价值"来衡量，犯罪行为是具有负值的行为（在法律价值上这种危害行为是"坏的"，即足矣）。违法性的判断是消极判断，构成要件的解释受法益的指导。所以，通常不需要积极判断，因为通常的案件，一旦符合了某一犯罪的构成要件就能推导出违法性，除非存在正当防卫、紧急避险等正当化事由。（3）有责性，即该危害行为具有"可以从道义上加以谴责的性质"，或者说法律有理由从道义上对该行为进行谴责。因为，行为人达到了刑事责任年龄并且精神正常，基于意志自由选择实施了犯罪，因而可以加以谴责。故这一集合的要素包括：刑事责任能力和责任形态。前者包括是否达到责任年龄、是否精神正常等（一般主体条件）；后者包括故意、过失。阶层体系创立之初衷是：遵循"先事实判断后价值判断；先客观判断后主观判断"的司法思路，打造定罪判刑的司法工具，旨在在打击犯罪的过程中确保犯罪嫌疑人的人权保障。

2. 新古典三阶层体系

德国学者 M. E. 迈耶（Max Ernst Mayer，1875—1923 年）在 1915 年出版的《刑法总论》系统地阐述了该体系，基于"犯罪是指符合构成要件、违反国家所承认之文化规范的具有归责可能的事项"的见解，他仍然把犯罪的成立条件分为三部分：构成要件、违法要素、罪责，但有局部的修改。对古典三阶层体系的修改有三点：一是在构成要件集合里，首先，他发现了主观的构成要件要素，包括犯罪目的和犯罪动机（因为有一些犯罪，如目的犯，其犯罪目的是目的犯之"行为定型"的不可缺少的要素；再如倾向犯，其犯罪动机是倾向犯之"行为定型"不可或缺的要素，所以，在构成要件环节需要增加一些主观的构成要件要素，即有限承认主观的构成要件）；其次，迈耶还有限承认规范的构成要件要素，如，"他人之物"的"他人"，并不是盗窃行为所引起的，而是法律规定的，此种规范的构成要件，虽不表达违法性，却在确定违法性。因为"财物的他人属性"，也是盗窃罪的行为定性的要素。走私淫秽物品罪的淫秽物品的判断离不开价值衡量，这是"走私淫秽物品行为"定性的关键，是走私淫秽物品罪与走私罪相区分的关键。二是在违法性环节受实质违法论的影响，承认超法规的违法阻却事由，这样，就密切了构成要件符合性与违法性的关系（烟与火的关系，由"烟"推导出"火"——"构成要件是违法性的认识根据"）。三是罪责的判断更加合理化，即主张责任的判断，在心理责任的基础上，还应考虑伦理的责任要素：在特殊的情况下，罪责的成立还要考察"行为人在行为当时的内外条件下意识到或者能意识到其行为的违法性"的场合方可，如果违反法律的人竟然没有感觉到法律的威慑，这时便不能对其进行归责（后来被德国学者发展出期待可能性理论）。

3. 新古典二阶层体系

麦滋格（Mezger，1884—1962 年，有译为梅兹格、梅茨格尔等）创立了新古典二阶层体系。该体系是在新古典三阶层体系基础上演化而来的，其要点：一是对"将犯罪目的和犯罪动机作为主观的构成要件要素"，予以继承。二是鉴于构成要件的符合性判断不可能撇开价值判断而进行，所以，干脆就把违法性判断环节合并到构成要件符合性判断环节。于是，形成"不法"的术语（符合构成要件且具有违法性＝不法），"构成要件不仅仅是违法性的认识根据，正确地说，构成要件是违法性的实在根据"。三是对责任环节，旗帜鲜明地坚持规范责任论，强调"期待可能性理论"的地位，即罪责的判断有时候需要消极地考察"有无期待可能性"，也即心理责任论＋期待可能性＝规范责任论。

4. "新古典暨目的论体系"

威尔哲尔（Hans Welzel，1904—1977 年，有"韦尔策尔"等多种译法）于 1949 年创立了"目的行为理论"，受此影响，原本属于罪过的"心理因素"前移到构成要件环节，而且，将故意犯罪和过失犯罪的阶层体系分开讨论，这便是"新古典暨目的论体系"。共性是受目的行为论的影响，整个主观要素前移到构成要件环节。由于该体系之下种类很多，这里以新古典暨目的论二阶层体系（故意犯）为例，加以介绍。

（1）不法环节——主观的构成要件＋客观的构成要件。

主观的构成要件：A 一般的主观要件即故意，包括对构成犯罪客观事实的认识/对无阻却违法事由的认识（消极的不法构成要件）＋B 特别的主观要件要素（犯罪目的、犯罪动机）。

客观的构成要件：行为主体、行为客体、行为、危害结果、因果关系、行为情状/无阻却违法事由（消极的构成要件，违法阻却事由包括法定的违法阻却事由和超法规的违法阻却事由）。

（2）责任——责任能力（一般主体条件）+可责难性（故意[1]+无阻却罪责事由：没有违法性认识、不具有期待可能性等阻却责任的事由）。

5. 目的理性阶层体系[2]

该体系由罗克辛（Claus Roxin，1931年—）教授创立。李斯特作为新派的集大成者，在犯罪论体系上坚持旧派立场，而在刑罚论环节却秉持新派立场。应罚性即行为的主客观可归责性；需罚性则基于刑事政策考察预防的必要性。造成在犯罪论体系上应罚性与犯罪后果的需罚性脱节，形成了"李斯特鸿沟"。[3]德国一直继承了这种犯罪论体系与刑罚体系相脱节的传统。

及至1970年，罗克辛提出了客观归责理论，他的犯罪论体系理论成熟。其创新在于将刑事政策贯彻在整个犯罪论体系的每一环节中：不法环节/责任环节。在犯罪论体系的每一个阶层中都同时考虑应罚性和需罚性的分离情况。"李斯特鸿沟，罗克辛贯通。"

由此，罗克辛将犯罪的成立条件分为四阶层：（1）行为；（2）不法；（3）负责；（4）其他处罚条件。[4]

（1）主张"行为"为独立阶层。关于行为观念，持人格行为论。日本的学者团藤重光将德国学者毕克迈耶（V·Birkmeyer，1847—1920年，旧派的领军人物）的人格责任理论发扬光大。犯罪行为不是简单的"基于行为人主观意识和意志的身体动静"，而是行为人之人格的现实化（人格行为的概念）——无论故意行为还是过失行为、作为还是不作为，概莫能外。由此，对犯罪的非难，就不能仅论行为，而必须论及行为背后的人格形成条件，于是，形成了人格责任论。主张，"行为责任是基础，第一位的；人格形成责任

---

[1] 这里的故意因为已经作为主观的构成要件要素前移至"不法"环节，故已经"空巢"化了。

[2] 目的理性阶层体系，又称目的论和刑事政策的阶层体系。因为该体系以规范的保护目的（客观归责）决定应罚性，而依照刑事政策（预防的必要性）决定处罚的理性界限（需罚性），所以合乎目的理性。又因为以规范的保护目的取向，所以是目的论的体系，加上刑事政策的考量，所以是目的论兼刑事政策的体系。又：任何目的论的取向都是功能性取向，所以又可以称为功能的阶层体系。

[3] 说是"李斯特鸿沟"翻译并不恰当，实际是指"定罪"与"处刑"的不吻合。

[4] 罗克辛的这个体系，还有诸多改进的地方。首先，应该从犯罪内涵着手构建犯罪论体系，而借用刑事政策以求变通，有强词夺理之嫌；客观可归责性实际是相当因果关系说的具体化，在德日对犯罪的规定只定性不定量的前提下，意义重大；而在中国刑法存在"但书"的框架下，其价值大打折扣。客观归责和预防的必要性共同促进德国对犯罪成立条件的实质解释。这一点恰恰与中国相反：有绝对主导的实质解释逐步以形式解释限制扩张无度的实质解释。再一点就是罗克辛本人持法益说，但在其理论中又采用犯罪本质的规范违反说，注重行为人对于法规范的反应以确定需罚性。

是第二位的"。

（2）不法。构成要件符合性+违法性。

首先，构成要件符合性——行为人制造了法不容许的危险。要素包括：主观不法的构成要件+客观的不法构成要件（行为主体、行为、结果）+客观可归责性。其中，可客观归责性：第一步行为作用于犯罪对象，制造了（提升了）不被容许的危险；第二步，行为实现了该风险（产生了社会危害的结果）；第三步，这种社会危害结果没有超出构成要件的保护范围（属于法定的结果范畴）。

其次，违法性，包括没有主观的违法阻却（无防卫意识、无避险意识）+无客观的违法阻却（法定的违法阻却：正当防卫、阻却违法的紧急避险）和超法规的违法阻却事由（被容许的风险、被害人的承诺等）。

（3）负责：罪责+预防的必要性。

罪责：责任能力（一般主体要件）+不法意识+有规范反应能力（即有期待可能性）。

预防的必要性（法定的免罪则事由，如阻却责任的紧急避险）。

（4）其他的处罚条件，包括客观处罚条件、解除刑罚条件和阻却刑罚条件等。

6. 日本学者小野博士的"构成要件的违法有责体系"

日本学者小野清一郎（1891—1986 年）在日本刑法学界是一个承上启下的人物，在游学法国、德国期间（1919 年 11 月—1922 年）直接接触贝林格等德国学者，之后学成回国。在把德国刑法学知识引入日本方面起到了关键作用。值得说明的是，小野清一郎具有浓厚的国家主义或者权威主义情结，因此，二战结束，1946 年其被开除公职。尽管如此，作为旧派阵营中最具代表性的学者之一，把构成要件和道义责任论作为其刑法理论的两大支柱，他的学术继承者团藤重光、藤木英雄、大冢仁、大谷实等都是当今刑法学大家。

小野博士持构成要件是"违法有责行为类型说"，主张"犯罪的实体是违法的行为、行为者对此负有道义上的责任的行为，是违法且有责的行为类型"。这实际是将犯罪成立条件柔和为一个阶层："符合性、违法性和有责任性"一体判断。他主张，构成要件在本质上就是一并包含了违法性和道义责任，构成要件不仅是违法类型，同时也是责任类型。

具体的行为要成为可罚的行为的话，要依据特殊的刑法各本条的规定。

刑法各本条所规定的特殊的、类型的违法、有责的行为，即是构成要件。在前面表现出来的是构成要件，其背后的实体的意义是违法性与道义的责任。"他认为，杀人罪、伤害致死罪、过失致死罪的客观的构成要件要素是相同的，要区分它们的构成要件，只能以主观上的故意、过失为依据，故主观上的故意、过失也是构成要件。可以把这种三阶层称之为'三合一'的犯罪论体系。"

纵观德日犯罪论体系的演变，日本学者对阶层犯罪论体系的发展轨迹可以归纳为：犯罪成立的要素逐渐向第一环节集聚，以至于构成要件环节难以负荷其重！此外，笔者认为，还有两个趋势：一是阶层不断融合，直至"重合为一个阶层"。二是理论上一直努力缩小犯罪范围（通过刑事政策环节将应罚性变为需罚性）。

在中国，有的学者借鉴德国的新古典二阶层体系，建构其与德国不完全相同的所谓的以"不法和责任"为支柱的二阶层体系（该论者仍然秉持"违法是客观的、责任是主观的"，因而与德国的新古典二阶层体系还是有差别的）。有的学者主张三阶层体系。

（二）德日阶层犯罪论体系所固有的缺陷

德国阶层犯罪论体系的初衷是好的：将犯罪的成立要素"一分为三"；先事实判断再价值判断；先客观判断再主观判断。因为：价值判断容易掺入案件司法人员的个人偏爱，而先客观判断有助于抑制司法人员的个人偏爱，故应该先事实判断再价值判断。又因为，对行为人主观罪责的判断容易加入司法人员的臆断因素，做到正确、准确判断是很困难的，故对主观要素的必需位于客观判断之后以避免因擅断而入罪，用客观行为事实来反证和约束司法人员对行为人主观罪过的推理和认定。

但是，德日阶层犯罪论体系只是"理想国的乌托邦"。其创立之后不久就开启在背离其初衷的道路上"一路狂奔"，直至小野清一郎的"三合一"阶层体系。

笔者认为，阶层体系有如下重大缺陷：

1. 落后于时代

近代以来，西方国家经历了由封建社会进入自由资本主义社会（创立了刑事古典学派）、由自由资本主义进入帝国主义（产生了刑事实证学派理论）、"二战"之后的现代化（形成了以刑事古典学派为基本立场兼采新派的折中主义刑法思想）。只不过，缘于德国的保守性，再加上其在一战和二战期间德国法西斯践踏人权的惨痛教训，其刑法典对于犯罪成立条件的规定仍贯彻刑事古典学派思想，对刑事新派的思想贯彻甚少。与其刑法典相适应，德国刑法理论的阶层犯罪论体系也是一直秉承李斯特传统，在犯罪论体系上坚持旧派立场（只是在处罚制度方面一定程度采纳了新派的主张）。日本刑法理论从德国移植，其犯罪论体系也同样没有包含对行为人"社会危险性"衡量的指标。

我国刑法与当代世界绝大多数国家一样，适应时代要求，奉行着以刑事古典学派为主兼采刑事新派的折中主义刑法思想。我国刑法与中国优秀的传统文化相适应，坚持辩证唯物主义立场，创新立法，突出地表现在：在坚持刑事古典学派立场的同时已经采纳了许多新派的观点。出于写作目的，这里仅就犯罪成立的因素而言简要说明：刑法条文或者司法解释明示或者暗含一定数量的关于"多次行为"而入罪（不包括法定加重）的情形。诸如刑法条文中"多次走私""多次逃税""多次盗窃""多次抢夺""多次敲诈勒索""多次贪污""多次受贿"等12处。同时，有关的司法解释60处，如2008年最高人民检察院、公安部《关于公安机关管辖的刑事案件立案追诉标准的规定（一）》第57条第1款第4项规定"非法行医被卫生行政部门行政处罚两次以后，再次非法行医的"。2010年最高人民检察院、公安部《关于公安机关管辖的刑事案件立案追诉标准的规定（二）》第75条第4项规定"虽未达到上述数额标准，但两年内因利用广告作虚假宣传，受过行政处罚二次以上，又利用广告作虚假宣传的"；第76条第5项规定虽"未达到上述数额标准，但两年内因串通投标，受过行政处罚二次以上，又串通投标的"等。法律条文和司法解释关于多次行为入罪的情形，合计起来有72处。既然关于因行为人多次行为入罪（实质是因行为人的社会危险性大而入罪）有如此之大的规模，那么，在中国的犯罪论体系上就不能不有所体现和要求。

鉴于德日阶层体系无法对行为人的社会危险性考量，中国学者移植德日犯罪论体系也没有解决其滞后于时代（即没有衡量行为）的问题。

2. 无法适应中国刑法对犯罪的量的限定

德日阶层犯罪论体系只具有定性功能，而不具有定量测算功能。这是与德日国家刑法关于犯罪的规定只定性不定量的特点相适应的。简单移植德日阶层体系则无法满足中国刑法对犯罪既定性又定量的规定。一个伤害行为可能是民法上的伤害行为，但不一定是刑法上的伤害行为（只有该行为能够合乎逻辑地产生轻伤以上结果时，才属于刑法上的伤害行为）。

德国和日本的刑法典对犯罪的规定都是只定性不定量。如《德国刑法典》第 242 条规定："一、意图盗窃他人动产，非法占为己有或者让第三人占有的，处 5 年以下自由刑或者罚金。二、犯本罪未遂的，亦应处罚。"其第 315 条 b 前面的部分规定了故意侵害公路交通安全罪："一、以下列方式侵害公路交通安全，因而危及他人身体、生命或者贵重物品的，处 5 年以下自由刑或者罚金：1. 毁弃、损坏、去除设备或者交通工具，2. 设置障碍物，或 3. 其他类似的危险侵害行为。二、犯本罪未遂的，亦应处罚。三、行为人在第 315 条第 3 款条件下实施本罪的，处 10 年以下自由刑；情节较轻的，处 6 个月以上 5 年以下自由刑。"《日本刑法典》第 246 条规定："欺骗他人使之交付财物的，处 10 年以下惩役。以前项方法，取得财产上的不法利益，或者使他人取得的，与前项同。"其第 125 条规定："损坏铁道或者其标志，或者以其他方法使火车或者电车的交通安全发生危险的，处 2 年以上有期惩役。损坏灯塔或者浮标，或者以其他方法使船舰的交通发生危险的，与前项同。"

与德日不同，我国《刑法》总则第 13 条规定："一切危害国家主权、领土完整和安全，分裂国家、颠覆人民民主专政的政权和推翻社会主义制度，破坏社会秩序和经济秩序，侵犯国有财产或者劳动群众集体所有的财产，侵犯公民私人所有的财产，侵犯公民的人身权利、民主权利和其他权利，以及其他危害社会的行为，依照法律应当受刑罚处罚的，都是犯罪，但是情节显著轻微危害不大的，不认为是犯罪。"与此相适应，《刑法》分则对具体的犯罪都规定了入罪门槛。如《刑法》第 264 条规定了盗窃罪："盗窃公私财物，数额较大的，或者多次盗窃、入户盗窃、携带凶器盗窃、扒窃的，处三年以下有期徒刑、拘役或者管制，并处或者单处罚金；数额巨大或者有其他严重情节的，处三年以上十年以下有期徒刑，并处罚金；数额特别巨大或者有其他特别严重情节的，处十年以上有期徒刑或者无期徒刑，并处罚金或者没收财产。"即使有的条文表面上对犯罪行为没有"量"的要求，但根据《刑法》第 101 条："本法总则适用于其他有刑罚规定的法律，但是其他法律有特别规定的除外。"也需在司法解释时加上对犯罪行为的量的要求。如《刑法》第 170 条规定："伪造货币的，处三年以上十年以下有期徒刑，并处罚金……"尽管法条没有规定情节严重或者伪造的多少货币才达到犯罪门槛，但 2000 年最高人民法院《关于审理伪造货币等案件具体应用法律若干问题的解释》根据《刑法》第 101 条和第 13 条的要求作出规定：伪造货币的总面额在 2000 元以上不满 3 万元或者币量在 200 张（枚）以上不足 3000 张（枚）的，处 3 年以上 10 年以下有期徒刑，并处 5 万元以上 50 万元以下罚金。据此，伪造货币罪的入罪门槛为"伪造货币的总面额在 2000 元或者币量在 200 张（枚）"。

德日阶层犯罪论体系与德日国家的刑法规定相适应：只具有定性功能，而不具有定量测算功能。如果简单移植德日阶层体系以作为犯罪成立标准则无法满足中国刑法对犯罪既定性又定量的规定。尽管罗克辛贯通，但是只是在刑事政策上做文章，没有也不可能从定量上提高犯罪门槛。

张明楷教授的以不法与责任为支柱的二阶层体系，只是在"不法"环节加上了量的限定，但是，罪过这一环节也有量的限定，并没有加以考虑。

3. 构成要件的判断，既无法"纯中性"，也无法"纯客观"

因而必需承认主观的构成要件要素和规范的构成要件要素；而在承认之时，就开始背离阶层体系的初衷，而且越走越远。

（1）构成要件作为行为类型，无法纯中性。按照德日三阶层犯罪论体系：构成要件的符合性（客观、中性的要素）、违法性（价值判断要素）、有责性（可从道义上加以谴责的要素）。但是，这一体系没有创立多久就破产了。因为，构成要件符合性的判断离不开价值衡量，如走私淫秽物品罪的行为对象"淫秽物品"的认定，绝对离不开价值判断。因为淫秽物品"不会自己说话"以表明其是淫秽物品；即使淫秽物品"会自己说话"以表明其是淫秽物品，仍需要司法人员最后确认"是"还是"不是"。几个人在一起吃饭，或者几个农民在地里砍树，要不要予以是否"该当"符合性判断呢？德日阶层体系论者反对在犯罪认定过程中把价值判断前置，认为前置价值判断就可能使司法人员先入为主，有不利于被告人之嫌，但实际上犯罪的认定须臾也离不开价值判断。张明楷教授一直强调，是否发动"该当"要靠直觉。[1]但是，直觉是经验，这种经验浸润着判断者的价值取向，确是毫无疑问的，由此，不法的认定仍然不得不由价值判断来引领。

（2）构成要件作为行为类型，无法纯客观。比如，仅从客观的构成要件

---

[1] 2013 年 5 月 24 日下午 2 点 30 分张明楷以《刑法学研究中的若干关系》为题在西南政法大学做了讲座。最近（2023 年 5 月 21 日），张明楷教授在中国人民大学逸夫会堂第一报告厅讲座《刑法解释的基础理念》，再一次重申："……形成概念，还包括其他解释理由，比如直觉解释。"

要素来考察，故意杀人罪、过失致人死亡罪、故意伤害致死罪的，难以区别。或者说，发现一个死了人的案件，到底该定什么罪？故意杀人罪的，还是故意伤害致死罪的，还是过失致人死亡罪的构成要件呢？

4. 对犯罪成立条件体系中的要素之处置，支离破碎

首先，关于主体条件。一定的身份等资格是一个人的社会活动能力的标志，是表明其行为能力大小的因素。在刑法学上也应当属于责任能力的范畴。例如，对于主体要件，是一分为三：一般主体条件、特殊主体条件、量刑主体条件。这样肢解之后，犯罪主体要件的说明行为人犯罪能力的功能则大打折扣！如在身份犯场合，特殊身份是犯罪能力的直接体现。其次，作为可谴责性的规范责任理论被肢解为心理要素（意思）和期待可能性。也丢失了刑事谴责性的本色。

三、习近平法治思想指导下的中国犯罪论自主知识体系之畅想

（一）习近平法治思想基本内容

以人民为中心、党的领导、良法善治、每个人都感受到司法正义等这些高屋建瓴的核心要义，为我们严格贯彻罪刑法定（无罪不罚、罪有应当）、平等原则、罪责刑均衡（定罪准确、量刑适当）等提供了根本遵循和强力指引。

优秀的传统文化，如：以民为本（秩序维持、法益保护）；天人合一、大一统、系统性、整体性、道德立国、非讼思想，以及"近朱者赤近墨者黑"等古训，都倡导法律谦抑，为"但书"存在的合理性背书；尚贤和济世文化传统，强调世人的主体性，注重个体的作用，与当今犯罪制裁措施的个别化相吻合。

（二）建构中国式的犯罪论自主知识体系的两条路径

1. 以习近平法治思想为指导对中国传统犯罪构成四要件的改良

为永葆犯罪构成四要件的生命力，需要对其各要件加以立体化修正，包括对其各个要件从形式和内容、质和量、静态与动态、纵向和横向等维度"加宽加厚加高"。把犯罪客体修正为刑法保护的而为犯罪行为所侵害或者威胁的社会关系及其载体的统一，以使之成为"有血有肉"，看得见、摸得着，增强了其实体性和可测量性。在危害行为的定义中加入"犯罪工具"和行为"强度"的限定，既突出实施危害行为对犯罪工具的利用，又满足中国刑法对犯罪规定既定性又定量的特点。在刑事责任能力的基础上把行为人的社会危

险性人格也纳入，以形成动静结合的主体要件内容。赋予犯罪动机的选择要件地位；为切实全面贯彻规范责任论，在《刑法》第16条增加关于因"期待可能丧失或者减弱"而刑事责任丧失或者减轻的规定。[1]

需要说明的：要不要考虑把每一个要件都分为积极条件和消极条件。笔者认为不需要，因为消极要件已经内嵌于积极要件之中了。

2. 以习近平法治思想为指导对德日阶层体系适应中国的改造

我国有学者借鉴三阶层体系。但是，三阶层体系因为其固有的缺陷，已经被古典二阶层体系或者其他体系所扬弃了。有学者借鉴德国的古典二阶层体系，构建以"不法和责任"为支柱的体系。但该体系还是存在"在缺乏主观要素的场合，实行行为无法定性的弊病"。实践也证明"违法是客观的，责任是主观的"是行不通的。

笔者认为，在中国，构建犯罪论体系的几个基本前提：

（1）不宜对"构成要件"这个术语过分抬高。"客观、中性的构成要件"已经早就不复存在。一方面，20世纪之初迈耶就发现了主观的构成要件，至20世纪60年代受目的行为论的影响主观心理要素的全面构成要件化，构成要件仅仅是"客观的"神话破产。另一方面，随着实质违法性的普及和规范性构成要件的普遍接受，构成要件仅仅是中性无色的"材料"的见解彻底被背弃。后来的犯罪论阶层尽管保留着构成要件之一个术语，其实其内容早已变化，背离了其初衷。既然德国都不再受"构成要件是客观、中性"的约束，我们就不必要再引入"构成要件"这个术语，重走德国的老路。"构成要件"这一术语发展到今天，已经"今非昔比"。我们更不应受其禁锢。但是，贝林格及其后继者构建基层犯罪论体系，以保证在认定犯罪过程中注意保障人权保障思想则以应当加以继承。

（2）"但书"不应取消，因为对事物的既定性又定量的立法模式要文明于仅对犯罪定性规定而把量的限定交给司法人员斟酌的立法和司法模式。

（3）在习近平法治思想的指引下，还要注意与中国的传统文化相契合。

（4）基于中国的刑法立法模式，中国的犯罪成立条件只是在极其罕见的情况下作形式地理解，实质解释居于绝对的支配地位。在这样"一般违法与犯罪严格区分"的二元违法格局下，必须将违法性改造为刑事违法性，而且

---

[1] 牛忠志、曲伶俐：《犯罪构成四要件的"立体化"修正》，载《政法论丛》2019年第1期。

还要求犯罪成立条件包括质和量的统一。

（5）我们必须看到，西方的分析模式即把事物拆解，的确有助于深化对事物的理解。但是，如果过分肢解，则会失去对事物的整体性把握。日本学者小野清一郎的"三合一"体系（积极三要件＋相应部分的消极构成条件）反映了德日体系下的所有要素向犯罪成立条件第一要件（即构成要件）积聚的趋势。所以，我们可以汲取这一经验教训。由此，主体要件应该积聚；主观要件应该积聚。

（6）鉴于中国刑法的立法现状，需要把行为人的社会危险性添加到犯罪成立条件中。可以放在主体要件中。

（7）正当防卫、紧急避险实际是注意性规定。消极要件内嵌于积极要件之中。可以在相应的要件中加以提示。

鉴于以上思考，这里提出中国式的三阶层犯罪论体系：实质的、客观的刑事违法性（阻却条件＝消极要件）＊犯罪主体要件（阻却条件＝消极要件）＊主观的刑事违法性要件（阻却条件＝消极要件）。

（1）客观的刑事违法性（实质的）条件（阻却条件＝消极要件）包括：新犯罪对象（犯罪客体要件及其载体的统一）、危害行为，以及危害结果、行为对象、特定的时间地点、方式方法、刑法上的因果关系。消极条件（客观的违法阻却事由）。

（2）犯罪主体要件（阻却条件＝消极要件）包括：一般主体条件（刑事责任年龄、精神状况、重要器官功能情况）；特殊主体要件（采广义的身份——狭义的身份等）。行为人的人身危险性条件。消极要件（没有达到刑事责任年龄或者超过法定年龄；或者患有各种精神病，等等）。

（3）主观的刑事违法性要件（阻却条件＝消极要件）包括：罪过——犯罪故意和（或者）犯罪过失；犯罪目的、犯罪动机；刑事违法性认识。消极要件：无期待可能性或者期待可能性减弱。胁从犯（实施胁从行为的人的处罚范围）。

最后要说明的是：以上三个子系统之间关系是阶层，还是耦合？为什么用"＊"？如何对接"情节严重"？综合情节，每个阶层都会牵涉到。

四、结语

一个西瓜，是竖着切开，还是横着切开呢？都行，具体的切法则取决于民族习惯、传统。其实，苏联的犯罪构成体系也是源于德国。也是起源于费尔巴哈所倡导的罪刑法定原则。马克思法学的显著特点即十分重视阶级性、善于抓本质，将违法性置于首位；马克思主义历史唯物主义则十分强调人的主观能动性："人民，只有人民，才是改造社会的动力"，即强调人的主体性，就需要突出出来主体要件——主体要件就是表示刑事责任能力（犯罪能力+刑罚承受能力），其结局是将责任部分一分为二。于是，形成了"违法性、构成要件；主体要件、罪过（有责性）"雏形，进而定型为"犯罪客体、犯罪客观方面、犯罪主体、犯罪主观方面"四要件。组成犯罪的原料都是一样的，不同的是"烹饪方法"和"建房习惯"。本文从对传统的犯罪构成四要件的改良和对德日阶层体系改造两个路径探讨中国式犯罪论体系的未来模式，再一次证明从来也不是"为达一个目的，只有一条路可走"，而是"条条大路通罗马"。

自驾车使用者的刑事责任问题

周铭川*

摘　要：无论自动化程度如何，自驾车都只是使用者的工具，使用者要对其使用自驾车产生的危险和事故承担责任，可能成立危险驾驶罪、交通肇事罪、肇事后逃逸犯罪甚至故意杀人罪，但自驾车自动化程度可能影响使用者的刑事责任，主要是在 L4 和 L5 中使用者一般不能构成醉驾型危险驾驶罪，容易因未及时接管驾驶而构成故意或过失的不作为犯罪。应严格区分对使用汽车可能发生交通事故的抽象预见和对某一个损害结果的具体预见。

关键词：自驾车；使用者；抽象预见；危险驾驶；交通肇事

传统道路交通法律法规和法学理论是针对普通汽车和人类驾驶员制定和发展的，没有充分考虑自动驾驶的状况。随着自动驾驶技术的发展，自动驾驶汽车（下文简称"自驾车"）正在走上道路，使自动驾驶从科幻变为现实，相关规定和理论有必要适应新的现实。自动驾驶能使驾驶员的驾驶操作减少甚至消失，既能大量减少因人类操作失误而造成的交通事故，[1]也能方便未成年人、老年人、残疾人、醉酒者使用自驾车出行，[2]对促进经济发展和社会进步无疑具有重大意义。然而，自动驾驶并非完美无缺，也可能因系

---

* 周铭川，上海交通大学凯原法学院副教授。

〔1〕 据世界卫生组织报告，90%的交通事故来自人类行为的失灵。参见萧文生：《自驾车法制之发展（上）》，载《月旦法学杂志》2021 年总第 318 期。有专家认为"95%交通事故皆导因于人为错误""交通事故有 95%人为疏失"。参见洪德钦：《欧盟自动驾驶车之发展策略与法律规范》，载《欧美研究》2020 年第 2 期。

〔2〕 ［德］马库斯·毛雷尔等主编：《自动驾驶：技术、法规与社会》，白杰等译，机械工业出版社 2020 年版，第 67、135 页。

统失灵或硬件故障或驾驶员操作失误而引发交通事故。[1]例如，2016年1月20日，一辆特斯拉（Tesla）在京港澳高速河北邯郸路段行驶时，因躲闪不及，撞上道路清洁车，司机高某当场死亡，当时，车辆正处于自动驾驶功能的"定速"状态，却未能侦测出正在道路前方施工的清洁车，并未躲闪和减速，而保持车速撞向清洁车。[2]2016年5月7日，一辆特斯拉Model S自驾车误把一辆白色车厢大卡车当作高挂的广告架，试图从广告架下穿过，导致自驾车撞上大卡车车厢，驾驶员当时正在看电影，未能及时接管驾驶而当场死亡。[3]在这两例中，如果驾驶员足够小心谨慎，就能及时发现系统异常而接管驾驶，有可能避免悲剧发生。据美国国家公路安全管理局统计，自2019年以来，特斯拉自驾车在美国总共发生736起碰撞事故，造成至少17人死亡。[4]而"科技不可能永远安全，如果我们想利用一项特定科技，就必须容忍它的风险"。[5]自驾车发生交通事故时，车辆的程序开发者、生产商、销售商、所有者、使用者、数据提供者、相关部门人员，应否及如何承担刑事责任，就成为刑法学界热烈讨论的问题。[6]对于自驾车使用者而言，他们最关心的，除了自驾车是否安全之外，恐怕还是如果使用自驾车出现了危险或发生了事故，自己应否及如何承担刑事责任的问题。因此，本文拟探讨自驾车使用者所涉刑事责任问题，包括各级汽车驾驶员和自己操纵使用汽车者，不包括单纯乘坐自动驾驶的公共交通工具的普通乘客。

---

〔1〕 ［德］埃里克·希尔根多夫：《自动化驾驶与法律》，黄笑岩译，载《私法》2016年第1期。

〔2〕 李根、晓璐：《央视曝特斯拉自动驾驶事故 国内首次致死：不减速撞前车》，载 http://tech.sina.com.cn/it/2016-09-14/doc-ifxvukhv8402791.shtml，最后访问日期：2023年9月28日。

〔3〕 Omri Ben-Shahar, "Should Carmakers Be Liable When a Self-Driving Car Crashes?", https://www.law.uchicago.edu/news/omri-ben-shahar-carmakers-should-be-liable-when-self-driving-car-crashes，最后访问日期：2023年8月31日。

〔4〕 《美国公路安全局：特斯拉自动驾驶发生736起事故、至少17人死亡!》，载 https://www.sohu.com/a/686718962_121648969，最后访问日期：2023年8月31日。

〔5〕 ［德］Eric Hilgendorf：《自动驾驶与刑法——以"阿沙芬堡案"为例》，林信铭译，载《高大法学论丛》2019年第1期。

〔6〕 ［日］松宫孝明：《有关自动驾驶的刑事法诸问题》，孙文译，载《高大法学论丛》2022年第1期。

一、自驾车的自动化级别

（一）国际自动机工程师学会 J3016 标准

由于自动化程度不同，驾驶员和自动驾驶系统（下文简称"系统"）在汽车驾驶中所起作用也不同，有必要根据自动化程度对汽车进行分级。学界普遍接受的标准是国际自动机工程师学会（SAE）2014 年 1 月制订，2016 年 9 月、2018 年 6 月、2021 年 4 月修订的 J3016 标准，[1]将汽车分为 L0-L5 共六个等级。

L0 级（No Automation）是没有自动化系统，要由驾驶员完成所有驾驶任务，但系统能提供警告、报警、紧急安全干预等即时驾驶辅助。使用此级别汽车不涉及自动化相关法律责任问题。

L1 级驾驶支援（Driver Assistance）和 L2 级部分驾驶自动化（Partial Automation）是有自动驾驶辅助系统，能帮助驾驶员完成操纵方向盘、踩刹车或油门等操作，而观察路况、决策、执行等其他动态驾驶任务则由驾驶员完成。两者区别在于，L1 能在同一时间帮助驾驶员操纵方向盘、刹车或油门中的某一项，但无法同时进行这 3 项操作，L2 则能同时进行这 3 项操作。[2]目前所生产的汽车大多数具备 L1 或 L2 的部分功能，如定速巡航系统、防撞系统、停车辅助系统、车道保持辅助系统等功能。

L3 级是有条件自动化（Conditional Automation）、"半自动化"，系统能在部分区域完成所有驾驶任务，包括依靠自身传感器感知周围环境以观察路况、借助深度学习做出决策并执行等，但系统可以随时要求驾驶员接管驾驶，而驾驶员必须接管，因此驾驶员一般仍需要密切观察路况、监控驾驶环境，以便在收到系统通知时能及时接管驾驶。L3 自驾车已经开始进入汽车市场。

L4 级是高度自动化（High Automation），系统能在部分区域完成所有驾驶任务，无须驾驶员接管驾驶，驾驶员也不需要观测路况。但系统可能给驾驶

---

〔1〕 "Taxonomy and Definitions for Terms Related to Driving Automation Systems for On-Road Motor Vehicles（J3016）"，https://www.sae.org/standards/content/j3016_202104/，最后访问日期：2023 年 8 月 1 日。

〔2〕 U. S. Department of Transportation, National Highway Traffic Safety Administration, "The Road to Full Automation", https://www.nhtsa.gov/technology-innovation/automated-vehicles-safety，最后访问日期：2023 年 9 月 3 日。

员发送请求协助通知，驾驶员既可以接管驾驶，也可以不予理睬。[1]L4 与 L3 的区别在于，L4 在碰到紧急情况时能自行解决问题，或自动采取危险最小化措施，L3 则需要驾驶员接管驾驶。

L5 级是完全自动化（Full Automation），系统能在全部道路上完成所有驾驶任务，不会给使用者发送接管或协助通知，使用者既不需要观测路况，也不参与驾驶，完全处于乘客地位，但使用者也可以选择人工驾驶而不使用自驾系统。L4 和 L5 的主要区别是所行驶的道路区域不同。

（二）我国和德国对自驾车的分级

我国于 2021 年 8 月颁布的《汽车驾驶自动化分级》（GB/T 40429-2021）标准基本采用 SAE 的分类，将汽车自动化分成 0-5 级，不同的是，在第 5 级中，系统仍可以请求用户接管驾驶，用户既可以接管驾驶也可以不予理睬，这一点同第 4 级完全相同。并且，即使在第 5 级中，用户也可以随时请求系统退出，可以不激活系统而全程人工驾驶，说明第 5 级也必须安装方向盘、刹车和油门等设备。

德国联邦公路研究所曾将自动驾驶技术分为只有驾驶员控制车辆、驾驶辅助、部分自动驾驶、高度自动驾驶和完全自动驾驶 5 级，重点是描述了汽车在不同自动化级别时可能产生的法律后果，便于自动化法规制定时引用。[2]但德国于 2021 年修订的《德国道路交通法》第 1 条 d 第 1 项将自驾车指定为 L4 和 L5 级，不包括 L0-L3 级，对 L0-L3 仍适用《德国道路交通法》针对传统汽车的一般规定，不适用针对自驾车的专门规定，第 1 条还规定了车主和技术监督人等自驾车参与人的义务，以及生产厂商的法律责任等。[3]

二、使用者能否构成危险驾驶罪

我国《刑法》第 133 条之一规定的危险驾驶罪，包括五种行为类型，分别是"追逐竞驶"型、"醉酒驾驶"型、"严重超员"型、"严重超速"型、"违规运输危险化学品"型，由于不同行为类型的构成要件和立法理由不同，不同级别自驾车使用者能否构成这些犯罪的情况也不同，因此应当分别探讨。

---

〔1〕 高翔：《自动驾驶与机器人中的 SLAM 技术：从理论到实践》，电子工业出版社 2023 年版，第 5~6 页。

〔2〕 余贵珍等：《自动驾驶系统设计及运用》，清华大学出版社 2019 年版，第 4 页。

〔3〕 李圣杰：《"自驾车"肇事之刑法评价省思》，载《检察新论》2023 年总第 32 期。

（一）自驾车使用者能否构成"醉酒驾驶型"危险驾驶罪

根据《刑法》第 133 条之一的规定，醉酒后在道路上驾驶机动车的，构成"醉酒驾驶型"危险驾驶罪。根据相关国家标准的规定，驾驶员每 100 毫升血液中含有酒精 80 毫克以上属于醉酒驾驶，构成抽象危险犯，成立本罪既不需要考虑事实上行为人是否不能安全驾驶，也不需要考虑行为人的驾驶是否危及公共安全，只要酒精浓度超标即应处罚。实践中一些地方司法机关擅自提高醉酒驾驶认定标准，诸如要求血液中酒精浓度超过 170 毫克/100 毫升才追究刑事责任等，[1] 则是"有法不依""执法不严"的故意不遵守国家法律的行为，不宜作为理论探讨的基础。

在使用 L0—L3 级汽车时，是由驾驶员负责驾驶的，系统仅起辅助作用，如果驾驶员醉酒后仍然在道路上驾驶汽车，当然构成危险驾驶罪。即使在 L3 中可以由系统完成大部分甚至全部驾驶任务，可能系统全程都未要求驾驶员接管驾驶，也不影响这一结论，因为，本罪是抽象危险犯，构成本罪不要求实际上发生了危险，只要求需要随时准备接管驾驶的人酒精超标即可。相反观点认为，既然在 L3 中是由系统完成大部分甚至全部驾驶任务，驾驶员实际上可能全程都不需要接管驾驶，则应当在其需要接管驾驶时才判断其醉酒状态，只有当发生险情需要接管驾驶而其却处于醉酒状态时，才构成本罪，如果整个驾驶过程中都没有发生需要驾驶员接管驾驶的险情，则驾驶员实为普通乘客，即便醉酒，也不构成本罪。[2] 这是把本罪分析成具体危险犯，违背了抽象危险犯原理。在 L3 中，是由驾驶员负责全部驾驶的，要承担监控任务，在紧急情况下，即使系统尚未发出接管通知，也要接管驾驶，因此驾驶员全程都要保持高度注意，已经处于驾驶状态，即使尚未接管驾驶，在醉酒时也应构成本罪。

在 L4 和 L5 中，是由系统负责驾驶的，在车上的使用者实际上相当于乘客，既不必接管驾驶，也不负责观察路况和决策，所有驾驶操作都由系统自动完成，因此使用者无论醉酒与否，都不会因其驾驶操作而显著提高交通事故发生概率，不应构成本罪。而且，使用者可能并不在车上，比如，在使用

---

〔1〕 李小林：《全国二十余省市危险驾驶（醉驾）不起诉、缓刑标准汇编》，载 https://mp. weixin. qq. com/s/SqJDq1VwM8gQ8r5L5cIMTg，最后访问日期：2023 年 9 月 2 日。

〔2〕 黄种甲：《论自驾车之"驾驶"概念：以不能安全驾驶罪及肇事逃逸罪为中心》，载《台大法学论丛》2020 年特刊。

汽车运送货物时，使用者只需在遥控器上设定目的地、途经地，并按按钮启动汽车即可，其在汽车行驶过程中是否醉酒，并不会显著影响交通事故发生概率，不应构成本罪。不过，如果醉酒者对醉酒之后发生的交通事故具有过失，比如，由于醉酒导致意识模糊，明显忽略自驾车要求接管驾驶的紧急提示，因而对事故结果具有重大过失，则应考虑其对事故结果有无过失责任；由于使用者可以选择人工驾驶而不使用自动驾驶，如果使用人工驾驶，则醉酒后在道路上驾驶机动车当然构成本罪；虽然不是全程使用人工驾驶，但频繁操纵驾驶，比如遥控指挥自驾车飙车、超速及其他违规等，同样应构成本罪，因为其是车辆实质控制人，实质上是他在驾驶，而驾驶员是指"操作、驾驶或实质控制车辆之任何人"。[1]

我国有学者也比较细致地讨论了"驾驶"的定义。就本罪在L4、L5中的适用而言，重要的是醉酒者仅启动汽车是否属于"驾驶"，如果属于驾驶，则按本罪抽象危险犯本质，自然无法不构成本罪，因为只要在性质上属于醉酒驾驶，就不会因为行为持续时间过短而影响本罪成立。[2]肯定说认为，自驾车的行驶本身是由用户指令所左右的，用户可以指定目的地或路线，能启动自驾系统，能刹车停车，即便在L5中，用户也可以选择控制车辆，因此可以认为自驾车是在使用者的控制下行驶的，属于驾驶。[3]但是，如果认为仅启动自驾车即属于"驾驶"，会导致将自驾车和普通汽车完全等同，并且忽略刑法设立本罪的立法理由，即醉酒后驾驶汽车会由于驾驶员意识障碍而大幅度提高交通事故发生概率，而仅启动自驾车而不真正操作驾驶并不会提高交通事故发生概率；如果肯定仅启动即属于驾驶，则遥控刹车停车也属于驾驶，则在饮酒之后立即遥控刹车停车也属于醉酒驾驶，而仅刹车停车显然不会提高交通事故发生概率，不能以犯罪论处。因此，不宜认为仅启动自驾车即属于驾驶，应当从实质上考虑对道路交通安全真正有危险的驾驶行为，比如各种实质操纵驾驶行为等。

---

[1]　Jacob D. Walpert, "Carpooling Liability? Applying Tort Law Principles to the Joint Emergence of Self-Driving Automobiles and Transportation Network Companies", 85 FORDHAM L. REV., 1863, 1886 (2017).

[2]　黄种甲：《论自驾车之"驾驶"概念：以不能安全驾驶罪及肇事逃逸罪为中心》，载《台大法学论丛》2020年特刊。

[3]　黄种甲：《论自驾车之"驾驶"概念：以不能安全驾驶罪及肇事逃逸罪为中心》，载《台大法学论丛》2020年特刊。

(二) 自驾车使用者能否构成其他型危险驾驶罪

在其他类型的危险驾驶罪中，"追逐竞驶"型危险驾驶罪，是指使用机动车在道路上高速或超速行驶，随意追逐或超越其他车辆，频繁或突然并线，近距离驶入其他车辆前面等情节恶劣的危险驾驶行为。判断"情节恶劣"的标准主要是追逐竞驶行为的危险程度，应根据道路上车辆与行人数量多少、行驶路段与时间、驾驶的速度与方式等综合判断，比如，虽未造成人员伤亡或财产损失，但综合考虑其闯红灯、超速行驶、强行超车、抗拒交通执法等违反道路交通安全法的行为，足以威胁他人生命、财产安全的，属于"情节恶劣"，而在没有其他车辆与行人的荒野道路上追逐竞驶的，一般不应认定为"情节恶劣"。[1]可见，该种类型属于具体危险犯，其对道路交通安全的具体危险，完全来自驾驶行为本身的危险程度，而与汽车的自动化程度、使用者是否亲自驾驶等关系不大，比如，使用者在车下遥控自驾车进行追逐竞驶行为，情节恶劣的，也应构成本罪。因此，无论是 L0-L5 级中的纯人工驾驶，还是 L3-L5 级中的自动驾驶，无论使用者是在车上还是不在车上，只要客观上属于情节恶劣的追逐竞驶，足以危害道路交通安全，就应当构成本罪。

"严重超员"型和"严重超速"型危险驾驶罪，是指在使用机动车从事校车运输或旅客运输时，严重超过额定乘员载客和严重超过规定时速行驶的危险驾驶行为。这两种类型属于抽象危险犯，只要达到严重超员和严重超速的标准，[2]就构成本罪，既不需要也不能具体判断某一驾驶行为是否足以危害道路交通安全，否则，是将抽象危险犯当作具体危险犯，而去判断有无具体的危险。此种类型构成犯罪也完全取决于行为本身，而与使用者是否亲自驾驶关系不大，无论汽车自动化程度如何，无论是人工驾驶还是自动驾驶，只要是从事校车运输或旅客运输活动，并且客观上达到严重超员或严重超速标准，就应构成本罪。

"违规运输危险化学品"型危险驾驶罪，是指违反危险化学品安全管理规定，使用机动车在道路上运输危险化学品，危及公共安全的行为。这种类型属于具体危险犯，是《刑法》第 136 条危险物品肇事罪的前置性犯罪，目的

---

[1] 张明楷：《刑法学》（下）（第 6 版），法律出版社 2021 年版，第 930 页。

[2] 2015 年 11 月 20 日公安部颁布的《严重超员、严重超速危险驾驶刑事案件立案标准（试行）》（公传发〔2015〕708 号）。

是防止危险化学品在运输过程中危害道路交通安全。此种类型对道路交通安全的具体危险也完全来自该种行为本身，而与使用者是否亲自驾驶关系不大，无论汽车自动化程度如何，无论是人工驾驶还是自动驾驶，只要是违反相关规定运输危险化学品，并且客观上足以危及道路交通安全，就应构成本罪。

综上，"追逐竞驶"型、"严重超员"型、"严重超速"型、"违规运输危险化学品"型危险驾驶罪，其成立均与使用者是否亲自驾驶、是否在车上无关，而与行为本身有关，因此，无论汽车自动化程度如何，使用者均能构成本罪。

三、使用者能否构成交通肇事罪

（一）在 L3 中使用者能否构成交通肇事罪

在 L3 中，由于驾驶全程由驾驶员负责，系统仅是辅助，当出现系统难以处理的险情时，系统会提示驾驶员接管驾驶，但也可能由于故障而未能及时提示。

如果驾驶员发现，出现了系统难以处理的险情，而系统却由于误判或故障等原因，没有及时提示驾驶员接管驾驶时，驾驶员应否主动及时接管驾驶？答案是肯定的，因为是驾驶员在驾驶汽车，系统只是辅助驾驶工具，驾驶员应主动应对驾驶过程中出现的任何险情，如果驾驶员明知汽车可能撞上行人却放任不管，或者误以为即便撞死行人也是汽车生产商、销售商的责任而与自己无关，则应构成故意杀人罪，正如放任自己的狼狗咬死他人要构成故意杀人罪一样。

如果驾驶员不知道发生了险情，或者知道发生了险情却误以为系统能够自动避免，则应视具体情况考虑驾驶员能否构成交通肇事罪。因为，驾驶员的驾驶行为创造了交通往来危险，对其他使用道路的人应负维持交通安全义务，以防损害发生，故负有避免撞伤他人的注意义务。[1] 只要违反了交通运输管理法规，并且对交通事故损害结果具有过失，就应构成交通肇事罪。例如，其他与驾驶员驾驶技术相当的人，在当时情况下都能看出即将发生交通事故，但驾驶员当时忙于看手机视频，而没有关注道路前方，且又超速驾驶。

---

[1] 陈聪富：《侵权行为法原理》（第 2 版），元照出版公司 2021 年版，第 211 页。

在 L3 中，驾驶员是经过驾驶培训、通过考试取得驾驶证的人员，理应用驾驶员的标准来考察其对具体损害结果的预见能力和避免能力，以考虑能否构成过失犯罪。

如果系统发现出现了系统难以处理的险情而发出提示要求驾驶员接管，但驾驶员明知可能发生事故而拒不接管时，也应构成故意杀人等故意犯罪。如果系统尚未发出接管通知、或者驾驶员接到通知但来不及接管驾驶、或者虽已接管驾驶但来不及采取有效措施，就发生了交通事故，则要全面考虑驾驶员对事故结果有无违反注意义务，比如，是因系统失灵而未及时通知，还是因驾驶员打电话而未及时接管驾驶，驾驶员对系统失灵有无故意或过失，来不及采取有效措施的原因等，驾驶员有可能构成交通肇事罪。

例如，2018 年 3 月，一辆优步（Uber）自驾车在亚利桑那州坦佩市以时速 70 公里进行测试行驶，因判断失误而将一位推着自行车横穿马路的 49 岁妇女撞死。系统先是误把妇女当成其他车辆，在事故发生前 1.2 秒才确认是妇女并可能撞上该妇女，但已无法避开而需紧急刹车，但行动抑制机制的设计却让紧急刹车动作延后 1 秒（因为需要再度确认风险本质以避免误判），直到事故发生前 0.2 秒，系统才发出警报要求测试员接管驾驶，但测试员当时并未注意路况，导致其在自驾车撞上妇女近 1 秒后才踩刹车。[1] 可见，如果驾驶员密切注视路况，就能及时发现推着自行车横穿马路的妇女，就能警觉自驾系统是否失灵而及时接管驾驶并紧急刹车，因而承办检察官认为，女测试员当时用手机观看综艺节目、未尽到监督义务的过失是事故发生的主要原因。[2]

如果驾驶员虽然违反了交通运输管理法规但未违反注意义务，或者虽然违反了注意义务但未违反交通运输管理法规，即使发生了交通事故，也不构成交通肇事罪。并且，如果没有违反交通规则，即使违反注意义务造成被害人死亡，也不能以过失致人死亡罪追究责任，因为这是法律允许的风险，是发展汽车工业必需承担的代价，"如果禁止一切危险，社会就会停滞"。[3] 只

---

〔1〕 黄昱凯：《Level 4 等级自驾车道德困境决策行为初探：电车困境的应用》，载《运输学刊》2020 年第 4 期。

〔2〕 BBC News, "Uber 'not criminally liable' for self-driving death"（Mar. 6, 2019）, https://www.bbc.com/news/technology-47468391, 最后访问日期：2023 年 9 月 5 日。

〔3〕 陈家林：《外国刑法理论的思潮与流变》，中国人民公安大学出版社、群众出版社 2017 年版，第 233 页。

要遵守了行为基准或行为规范，就不会将实施有风险的行为认定为违反注意义务，例如，如果完全遵守了交通规则，即使驾驶行为是有危险的，也不被认为违反注意义务。[1]但如果是故意杀人，即使没有违反交通规则，也不可能被法律允许，比如，司机看到行人闯红灯过马路时，虽然明知行人违反交通规则而自己并未违反交通规则，也不能不刹车而将行人撞死，否则将构成故意杀人罪，其行为完全符合故意杀人罪的各项成立条件，没有违反交通规则并非违法性或责任阻却事由。

（二）在 L4 和 L5 中使用者能否构成交通肇事罪

在 L4 和 L5 中，由于自驾车上一般都会安装人工启动、刹车、停车装置以便人工操纵，当使用者发现道路上出现险情而系统明显有误判、失灵时，是否有义务主动接管驾驶或者紧急刹车停车？例如，道路前方明明出现了行人而系统却没有刹车停车迹象，或系统已经多次违反驾驶常规驾驶而有被黑客操纵嫌疑，使用者应否立即采取刹车停车等有效措施？由于汽车是供使用者使用的，使用者理应对其使用工具所造成的损害承担责任，有义务及时监测工具在使用过程中所发生的各种危险，当发现险情时，使用者有义务主动接管驾驶或者紧急刹车停车，不能明知系统可能出现故障或已经出现故障却放任不管，甚至希望事故发生，否则，应构成相应故意犯罪，无论使用者是否在车上。例如，当使用者发现有小孩突然跑到道路中间，而系统却没有刹车迹象时，就应立即手动或遥控刹车或停车，不能放任汽车撞上小孩，否则，应构成间接故意杀人罪，不能借口使用自动驾驶而免除刑事责任。如果使用者误以为即便撞死人也是汽车生产商、销售商的责任而与自己无关，因而放任汽车撞人，则是法律认识错误，不影响其构成故意杀人罪。

正如有学者所言，由于 L3 和 L4 的自驾功能可由驾驶员主动停止运作或可以转换为由人接手，所以在交通事故发生时，仍需视驾驶员有无履行危险情况注意义务与接管驾驶义务而定；由于这两级自驾功能主要在于驾驶员与自驾系统的合作与互动，所以驾驶员有无过失取决于其是否在适当条件下起用自驾系统。[2]比如，如果在浓雾或暴风雨情况下仍启用自驾系统，就可能有

---

[1] 张明楷：《外国刑法纲要》（第 3 版），法律出版社 2020 年版，第 209 页。

[2] 吴淑莉、董启忠：《汽车交通事故驾驶人之侵权责任——自动驾驶系统之挑战》，载《财产法暨经济法》2022 年总第 70 期。

过失；当自驾系统因碰到无法应变或难以处置的紧急情事而发出警示通知，要求驾驶员接管驾驶时，驾驶员应具备瞬间解读道路状况的能力，并立即做出反应以避免事故发生，如果驾驶员未能于适当时机接管驾驶，就可能有过失。[1]

特别是，L4 在发现自己难以处理的险情时，有可能对使用者发出协助通知，尽管理论上根据自动化设计规则，使用者无需回应这种通知，但这种通知实际上已经提醒使用者自驾车碰到了系统难以处理的险情，需要人类协助，如果使用者置之不理，无疑具有主观恶性。《德国道路交通法》第 1 条 f 第 2 项也规定，自驾车的技术监督人有义务回应自驾车做出的采取替代驾驶行为的提示，如果自驾车提示应关闭自动驾驶功能，则应立即关闭自动驾驶。[2] 依《德国道路交通法》第 1 条 b 第 1 项的规定，虽然驾驶员在使用 L3 和 L4 自驾系统时不用注意交通状况和控制车辆，但其必须处于"准备接手"驾驶的状态，当根据自驾系统的警示通知，或依其认知或依"明显状况"其必须认知依规使用 L3 或 L4 自驾功能的前提已不存在时，驾驶员就有义务及时接手驾驶。[3] 不过，法律并未要求驾驶员必须持续监测道路交通状况，而仅要求其履行最低限度的注意义务，以便在必要时能及时接手车辆控制，[4] 换言之，驾驶员仅在违反最低限度注意义务时才可能产生法律责任。[5] 根据我国 2021 年颁布的《汽车驾驶自动化分级》的规定，在第 5 级中，系统仍可以请求用户接管驾驶，用户既可以接管驾驶，也可以不予理睬，说明完全自动化中用户仍可能有注意义务。

那么，这是否会造成认真监视车辆驾驶情况的使用者可能构成犯罪，而故意从不监视车辆驾驶情况的使用者反而不构成犯罪这种不平衡呢？为了避免出现这种问题，法律有必要规定，任何使用自驾车的人，都必须密切监视汽车行驶状况，以便及时采取有效措施。即使是完全不懂驾驶技术的人，对于汽车即将撞上行人或其他车辆这种比较明显的事态，也是能够发现并及时

---

[1] Jeffrey R. Zohn, "When Robots Attack: How Should the Law Handle Self-Driving Cars That Cause Damages", 2015 U. ILL. J. L. TECH. & POL'Y, 461, 478 (2015).

[2] 李圣杰：《"自驾车"肇事之刑法评价省思》，载《检察新论》2023 年总第 32 期。

[3] 萧文生：《自驾车法制之发展》（上），载《月旦法学杂志》2021 年总第 318 期。

[4] J-E. Schirmer, "Augen auf beim automatisierten Fahren! Die StVG-Novelle ist ein Montagsstück", NZV2017, S. 255.

[5] Lüdemann, Sutter, Vogelpohi, "Neue Pflichten für Fahrzeugführer beim automatisierten Fahren- eine Analyseaus rechtlicher und verkehrspsychologischer Sicht", NZV 2018, S. 414.

采取刹车停车等措施的，因此有义务监视汽车运行情况，否则，对于汽车行驶过程中所发生的事故，应当成立不作为犯罪。类似于自己在家里呼呼大睡而放任自己饲养的狼狗在外面咬人，尽管其将狼狗放出门时并不确定其狼狗会不会咬人、会咬到哪一个人。无需亲自驾驶不等于不需要监视驾驶，自动驾驶只是帮助使用者节省驾驶操作，减轻驾驶时的紧张和压力，而不是完全代替使用者驾驶。

不过，在 L4 和 L5 中，如果使用者确实不知道系统可能发生故障，或者感觉系统可能发生或正在发生故障却不知道怎样干预，则主观上没有犯罪故意，不构成故意犯罪，此时，应根据使用者驾驶能力来判断其是否构成交通肇事罪。如果是驾驶员，则同在 L3 中一样，只要违反交通运输管理法规和注意义务，即可构成交通肇事罪。使用者在 L4 和 L5 中不构成醉驾型危险驾驶罪并不意味着不能构成交通肇事罪，因为两者理由不同，不构成醉驾型危险驾驶罪是因为醉酒者并未真正驾驶汽车，是完全由系统自驾，此时人的醉酒并不会显著提高交通事故发生概率，不符合抽象危险犯的设立理由，而构成交通肇事罪则是因为驾驶员违反了注意义务和交通运输管理法规，有义务避免而未能避免具体损害结果发生；根据《刑法》第 18 条第 4 款的规定，即使是醉酒者，也应当承担刑事责任。虽然系统失灵一般是制造商的责任，但应当想到系统可能失灵却没有想到、应当接管驾驶却没有及时接管、应当刹车停车而没有及时刹车停车、应当转向改道而没有转向改道等，则是使用者的责任。或者说，虽然自动驾驶是由系统负责，但自动驾驶之外的注意义务仍由使用者承担，主要是作为义务，不履行者能构成不作为犯罪，而与传统汽车中驾驶员的作为过失有所不同。如果不是驾驶员而只是普通乘客，则难以用与驾驶员相同的标准来判断乘客对具体损害结果有无注意义务，而应当用普通乘客的标准来判断其有无注意义务、是否违背注意义务，但也可能构成交通肇事罪，比如具有重大过失等。

（三）应当区分抽象注意义务和具体注意义务

由于被允许的危险理论和过失犯本质理论中都使用"注意义务"这一词语，导致许多学者误把两者当成同一个概念，因而产生种种混乱。例如，行为人应预见和避免的对象，到底是具体的还是抽象的损害结果？汽车生产商、销售商、程序研发人员，对某个交通事故中受害者的死亡，到底有无注意义务？等等。实际上，应当准确分辨这两种不同的"注意义务"，不应将两者混为一谈。

其中，被允许的危险理论中的注意义务，是一种预见某种行为的事故发生概率，并使该概率符合法定标准的义务，不是对具体损害结果的预见和避免义务。例如，任何生产、销售汽车的人，都知道汽车在道路上行驶会有一定的事故发生概率，有义务使自己生产、销售的汽车的事故发生概率低于法定标准，否则就是违反注意义务，而不是对某一辆汽车将会在何时何地撞死何人的具体的预见和避免义务，他们客观上不可能预见并避免某一具体的损害结果，因而不可能对具体损害结果承担注意义务。如果认为只要不生产、销售汽车就能避免所有交通事故，因而在个案中仍然属于对具体损害结果能够预见和避免，则是将抽象预见和具体预见混为一谈，并且与国家允许实施风险行为不符。

而自驾车使用者的注意义务，则是对某一个损害结果的具体的预见和避免义务，只有对具体的损害结果，才谈得上预见和避免问题，才能要求行为人承担注意义务。例如，当有小孩跑着横穿马路而经过汽车前面时，使用者对汽车是否会撞上小孩的预见就是一种具体预见，这种预见是在现场的使用者才可能有的预见，汽车的生产商、销售商等人则不可能具有这种预见，除非假设他们能时时刻刻都以高度注意力全神贯注地监视其所生产销售的每一辆自驾车在道路上的行驶情况，而这显然不可能。

当自驾系统失灵或车辆硬件出现故障导致交通事故时，使用自驾车的驾驶员可能承担的责任，与车辆制造商、销售商可能承担的责任，是两种性质不同的责任。前者是一种具体的对他人生命、健康所承担的过失责任，针对对象是行为人能够预见和避免的某个具体结果。"使用道路的人，应负维护交通安全的义务；所以驾驶人应随时注意车况，预防任何偶发事件的发生，并有预备停车的准备，如未能尽到此一注意义务，则有侵权行为的赔偿责任。换言之，行为人为一定行为后，对于一般人应负预防损害发生的义务。"[1]后者则是一种产品责任，是确保自己生产、销售的产品符合法定安全标准的责任。只要事故发生概率在法律允许范围内，就属于法律许可的风险，即使发生事故，也不用承担责任，即使生产者、销售者希望其产品发生事故，也不属于犯罪故意，因为是法律允许实施的合法行为。一定的事故是现代社会中

---

〔1〕 郭冠甫：《侵权行为》，三民书局 2006 年版，第 18 页。

科技、经济、社会发展的必要代价，受害人的损失可以由国家赔偿或商业保险来解决，不能违背故意过失理论去追究刑事责任。如果即使尽最大可能注意仍然不能避开刑事责任风险，则自驾车将难以进入市场，与自驾车推广的相关好处将会丧失。[1]只有所生产、销售的汽车不符合法定安全标准，才会因出现损害结果而承担产品责任。其中，如果是故意生产、销售不合格产品，可构成我国《刑法》第 146 条规定的生产、销售不符合安全标准的产品罪；如果是过失生产、销售不合格产品，则仅能承担侵权损害赔偿责任。

有学者认为，如果制造商未能使其产品符合法定安全标准，就可能对产品所致损害承担刑事责任，可能被判故意（如果他知道风险）或过失的身体伤害或不作为杀人罪，因为，制造商必须保证其产品达到现行科学和技术标准才能上市销售，并且必须持续关注消费者的反馈，必要时召回缺陷产品甚至完全停止销售等，如果制造商知道刹车有问题，就不能继续销售该汽车，正如既然动物园管理者明知从笼子里放走老虎的后果就必须避免这样做一样。[2]这种观点不完全正确。生产者、销售者只能预见到使用其产品有发生事故的可能性，但却不可能预见到哪一个具体事故会发生，自然也无法采取措施来避免具体结果发生，不可能对具体结果承担刑事责任，不可能对事故结果构成故意杀人罪或交通肇事罪，这不是因为他们没有违反交通运输管理法规，而是因为不符合故意和过失的定义。换言之，制造商对事故的预见是一种"使用自驾车有一定事故发生概率"的抽象预见，只要这种概率低于一定标准，比如，比人工驾驶的事故发生概率低两倍以上，国家就能允许这种自驾车生产销售，就属于合格产品。"为了将自动驾驶车辆投入实际使用，必须将不可避免的事故的概率降低到社会可接受的水平（'容许危险'）。这一水平是'不归责于任何人的事故'的社会容忍之限度。"[3]事故发生概率在使用传统汽车时也是存在的，对概率的预见不属于犯罪过失中的"预见"。而使用

---

〔1〕［瑞士］萨宾娜·格莱斯、〔德〕艾米丽·西尔弗曼、〔德〕托马斯·魏根特：《若机器人致害，谁将担责？——自动驾驶汽车与刑事责任》，陈世伟译，载陈兴良主编：《刑事法评论》（第 40 卷），北京大学出版社 2017 年版，第 351 页。

〔2〕［瑞士］萨宾娜·格莱斯、〔德〕艾米丽·西尔弗曼、〔德〕托马斯·魏根特：《若机器人致害，谁将担责？——自动驾驶汽车与刑事责任》，陈世伟译，载陈兴良主编：《刑事法评论》（第 40 卷），北京大学出版社 2017 年版，第 349 页。

〔3〕［日］松宫孝明：《有关自动驾驶的刑事法诸问题》，孙文译，载《高大法学论丛》2022 年第 1 期。

者对汽车在行驶途中是否可能撞上他人的预见，则是一种对具体损害结果的预见，不是那种始终存在的知道驾驶汽车可能发生事故的抽象预见。因此，不应当将生产者、销售者以及使用者对驾驶汽车可能发生事故的抽象预见与使用者对汽车即将撞到某个人的具体预见混为一谈。

另有学者认为，如果驾驶员的过失行为与自驾系统的过失行为共同导致实害结果发生，则是过失同时犯，应当对驾驶员和车辆供应者分别以过失犯罪论处，但未来有可能在立法论或解释论上推翻否定过失成立共同正犯的通说，而将驾驶员与车辆供应者认定为过失共同正犯或过失帮助犯。[1]这也是将车辆供应者对使用自驾车可能发生事故的抽象注意与驾驶员对某个实害结果的具体注意混为一谈，忽略了过失中对预见对象的要求。

还有学者认为："消费者完全有理由相信制造商所设计的程序在非特殊情况下都会遵守交通规范，故其对自动驾驶车辆违反交通规则进而造成交通事故的行为并不具有预见的可能性。""普通交通肇事行为是生产厂商因程序设计缺陷等原因造成的，消费者对此种事故并不存在过失，当然无须承担侵权责任。"[2]这种观点过于理想化，并且对过失的定义存在误解。因为，其是假设自驾系统在任何情况下都能遵守所有交通规则，并且能够实时更新信息而时时知道最新颁布的交通规则，而使用者也从来不会指令自驾车违反任何交通规则，这无疑过于理想化而不切实际。而认为只要自己的车不违反交通规则就不会造成交通事故也不切实际，因为道路上其他人和车可能违反交通规则引发事故。即使自驾车完全遵守交通规则，使用者也可能违反注意义务。例如，L4 自驾车在傍晚行驶时，由于光线较暗，未能识别躺在马路中间的精神病人，正在车上的驾驶员也因打手机游戏而未能发现精神病人，导致自驾车将精神病人当场压死，显然，驾驶员只要稍微注意，就能发现一个成年人躺在马路中间，就能指令自驾车紧急刹车或绕开那个人，因而存在重大过失。

（四）使用者的超越承担过失问题

如果使用者对各级自驾车的系统失灵或硬件故障有过错，因而导致交通事故的，也应当对事故结果构成过失犯罪。例如，使用者执意不安装防滑链

---

[1] 陈俊伟：《论驾驶半自动驾驶车辆肇事之刑事责任》，载《刑事政策与犯罪防治研究》2021年总第 27 期。

[2] 魏超：《自动驾驶汽车对生命紧急避险的刑事责任》，载《华东政法大学学报》2022 年第 4 期。

而行驶于雪地上导致车打滑、未更新地图即进行跨区旅游而肇事、因未及时更新系统或未及时更换硬件导致系统失灵等。[1]即，使用者有义务事先判断车辆是否适于自动驾驶。[2]日本国土交通省自动车局于 2018 年 9 月颁布的《自动驾驶车辆安全技术准则》规定，自驾车使用者应当对自驾车的设备进行检查与管理，并按要求更新系统，以确保行车安全。

以上属于超越承担过失问题。虽然使用者对具体损害结果无预见能力或无避免能力，比如，发现汽车快要撞上某个滑雪者，想避免该结果但由于汽车打滑而无法控制汽车行进方向，发现汽车快要撞到横穿马路的行人而自驾系统却无刹车迹象，想避免该结果而紧急接管驾驶，却由于刹车系统失灵而无法及时刹车，事后发现是由于自己未及时更新系统才导致刹车系统失灵等，按通常过失理论，似乎应当由于缺乏结果避免能力而不承担避免义务、不构成过失犯罪，但由于使用者事先对自己欠缺预见能力或避免能力有过错，因而理论上不承认其缺乏注意能力的抗辩，而认为其仍应构成过失犯罪。[3]

四、使用者能否构成肇事后逃逸犯罪

和传统驾驶一样，在自动驾驶中，也可能发生交通肇事后逃逸的问题，此时，使用者能否构成肇事后逃逸的犯罪？首先需要明确的是，"逃逸"的实质是对事故伤者拒不履行救助义务，不是对逃逸之前的交通事故拒不承担法律责任，否则，在任何犯罪条文中都应规定处罚犯罪后逃逸行为，不应仅规定于交通肇事罪中；[4]若因犯罪后拒不承担法律责任而被加重刑罚，相当于对同一个犯罪行为处罚两次，违背一事不再罚原则和罪刑相适应原则；会导致认为肇事后不逃跑而在现场看着伤者痛苦死亡的，反而不能按"逃逸"处罚，这明显不合常理；对不愿承担法律责任的主观态度的处罚比对致人重伤

---

〔1〕 黄种甲：《论自驾车之"驾驶"概念：以不能安全驾驶罪及肇事逃逸罪为中心》，载《台大法学论丛》2020 年特刊。

〔2〕 Takeyoshi Imai, "Legal Regulation of Autonomous Driving Technology: Current Conditions and Issues in Japan", 43 IATSS RES. , 263, 264 (2019).

〔3〕 周铭川：《德国刑法中的超越承担过失理论介评》，载《西南政法大学学报》2010 年第 2 期。

〔4〕 由于没有认识到肇事后"逃逸"的本质是拒不履行救助义务，导致有学者认为该条文违反了宪法中的平等原则，应当废除，因为其他犯罪都不处罚逃逸行为。参见姜涛：《"交通肇事后逃逸加重处罚"的合宪性思考》，载《比较法研究》2019 年第 2 期。

死亡的交通肇事本身的处罚更重，也没有道理。例如，根据《刑法》第133条的规定，交通肇事致人重伤、死亡或者使公私财产遭受重大损失的，法定刑为3年以下有期徒刑或拘役，肇事后逃逸的，法定刑为3年以上7年以下有期徒刑，如果认为"逃逸"是指"为逃避法律追究而逃跑"，实际上是对交通肇事行为处罚了两次，法定刑从最高3年提高到最高7年，翻了一倍多；假如某人交通肇事当场撞死一人，没有逃跑时最高能判3年，如果逃跑之后被抓回，则最高能判7年，这多出的4年，既不是处罚逃跑行为，因为逃跑本身没有任何社会危害性，不可能受处罚，也不是处罚对撞死人拒不承担法律责任的行为，因为犯罪人被抓之后被定罪量刑了，已经对此承担了法律责任，所以唯一受处罚的，是不愿意对撞死人承担法律责任的态度。因此，司法解释将"肇事后逃逸"解释为"在发生交通事故后，为逃避法律追究而逃跑的行为"是错误的，没有正确理解刑法的规定。

（一）各级自驾车使用者均能构成肇事后逃逸犯罪

如前所述，在L0-L3级中，虽然使用了一些驾驶辅助系统或自动驾驶系统，但仍然是由驾驶员负责全部驾驶的，驾驶员能因违反交通运输管理法规和注意义务造成交通事故而构成交通肇事罪。在此基础上，驾驶员在发现交通事故之后，拒不履行救助伤者义务而"逃逸"的，在我国构成具有逃逸情节或因逃逸致人死亡情节的交通肇事罪。

在L4和L5中，如果使用者发现自己所乘坐或遥控指挥的自驾车发生交通事故，其有无救助伤者义务？能否因不履行救助义务而构成肇事后逃逸犯罪？

如果使用者是具有驾驶证的驾驶员，则对其应当适用和其他驾驶员相同的注意义务标准，可能因违反交通运输管理法规和注意义务而构成交通肇事罪，无论其在事故发生时是否在车上。在此基础上，使用者在肇事后自己逃逸或指使肇事车辆逃逸，拒不救助伤者的，应构成肇事后逃逸犯罪。

如果使用者是不具有驾驶证的普通人，比如未成年人、老年人、残疾人或其他不懂驾驶技术的人，则其构成交通肇事罪的可能性要比驾驶员小得多，因为其对具体损害结果的预见能力和避免能力要远低于驾驶员，仅对一些比较明显的事态能成立交通肇事罪。如果能构成交通肇事罪，自然能在此基础上构成肇事后逃逸犯罪。如果不能构成交通肇事罪，则能否构成肇事后逃逸犯罪就容易产生争议。如果认为构成肇事后逃逸犯罪必须以行为首先构成交通肇事罪为前提，[1]则容易否认普通人的刑事责任，因为其既不构成交通肇事罪，又不构成肇事后逃逸犯罪。例如，小王遥控指挥其 L5 自驾车运送钢材，没料到自驾车在行驶过程中因判断失误，将横穿马路的行人撞成重伤，小王发现后赶紧遥控让自驾车逃离肇事现场，其将不构成犯罪。相反，如果认为构成肇事后逃逸犯罪并不以行为首先构成交通肇事罪为前提，则容易认为，即使使用者并不构成交通肇事罪，也同样要构成肇事后逃逸犯罪。在上例中，虽然小王对自驾车违反交通规则过失肇事之结果无法预见，因而本人不构成交通肇事罪，但其是自驾车使用者，当发现有人被撞之后，对伤者负有救助义务，应当立即拨打 120 急救电话和 122 交通事故报警电话，并立即赶往事故现场以救助伤者，而不能遥控指挥肇事车辆逃离现场，因此，小王仍构成肇事后逃逸犯罪。

（二）各级自驾车使用者都对车祸伤者有救助义务

实际上，无论汽车自动化程度如何，对使用者而言，即使其对交通事故并不构成交通肇事罪，比如由于没有违反交通运输管理法规或没有违反注意义务而不构成交通肇事罪，也仍然对事故中伤者具有救助义务，因为是他在使用汽车过程中造成他人伤害的，有义务防止伤害结果进一步扩大，属于先行行为引起的作为义务，[2]这种作为义务不能因为使用了自驾系统而当然免除，不能指望与事故无关的其他人去救助伤者，更不能让汽车生产商、销售商去承担这种救助义务，因为他们对事故毫不知情，事先无法预见和避免，事后无法及时得知。反之，如果认为自驾车使用者对事故伤者没有救助义务，则对伤者很不公平，导致伤者的命运寄托于撞伤他的车是自驾车还是普通车，如果是普通车，则其可能因被救助而活下去，如果是自驾车，则其将因无人救助而死亡；并且这对普通车驾驶员也不公平，因为，如果他开的是自驾车，就不用承担救助伤者义务，就可以扬长而去，放任伤者活活痛死，这显然违背社会道德。因此，使用者对事故伤者具有救助义务，拒不履行这种作为义务而放任伤者重伤或死亡的，构成不作为的故意伤害罪或故意杀人罪。只是现行《刑法》第 133 条将这种拒不履行救助义务的故意不作为犯罪作为一种

---

〔1〕 袁国何：《论自动驾驶情形中的刑事责任》，载《苏州大学学报（法学版）》2022 年第 4 期。

〔2〕 马克昌：《比较刑法原理——外国刑法学总论》，武汉大学出版社 2002 年版，第 177 页。

加重情节规定在交通肇事罪条文中，形成在过失犯罪中规定故意犯罪情节的奇特局面。

尽管如此，2000 年颁布的最高人民法院《关于审理交通肇事刑事案件具体应用法律若干问题的解释》第 5 条第 2 款仍然正确理解了刑法规定，其规定："交通肇事后，单位主管人员、机动车辆所有人、承包人或者乘车人指使肇事人逃逸，致使被害人因得不到救助而死亡的，以交通肇事罪的共犯论处。"从而，虽然指使者本人既没有单独构成交通肇事罪的基本犯，又没有与肇事者构成交通肇事罪基本犯的共犯，但仍可因指使肇事者逃逸而与肇事者共同构成交通肇事罪的情节加重犯，因为拒不履行救助义务的所谓"逃逸"本身是故意实施的，不存在过失逃逸问题，从而，指使者是教唆肇事者不履行救助伤者的义务，本身可以构成不作为的故意杀人罪或故意伤害罪，两者是共同成立"逃逸"之故意犯罪，而不是共同成立交通肇事罪这一过失犯罪。

因此，即使自驾车使用者不构成交通肇事罪的基本犯，也可以因指使肇事车辆逃逸或自己逃逸而构成肇事后逃逸犯罪，形成既不构成"交通肇事罪"又构成"交通肇事罪"的奇特景象。不过，如果使用者对交通事故并无过失，则应对其肇事后逃逸犯罪酌情从轻处罚。

五、结语

虽然自驾车技术的发展使人类减少了驾驶操作，但自驾车毕竟只是人类使用的工具，应始终服务于人类并听从人类的指令，[1]人类则始终要对其使用工具而给他人造成的损害承担责任，不能因为工具的先进性、智能性而否认自己的责任。如果因使用自驾车而发生交通事故，就应严格根据故意和过失的概念，判断使用者对事故结果有无故意和过失，可能成立相应犯罪。自驾车使用者对交通事故结果的刑事责任，与生产者、销售者对自驾车设计、制造缺陷的产品责任，是两种性质不同的责任，不应将抽象注意义务与具体注意义务混为一谈。

---

〔1〕 张丽卿：《AI 伦理准则及其对台湾法制的影响》，载《月旦法学杂志》2020 年总第 301 期。

个人信息保护法与刑法衔接适用的三重维度*

童云峰**

摘 要： 我国《个人信息保护法》颁行后确立了诸多新型规则与制度，然而，我国《刑法》关于个人信息的立法则相对滞后，新法与旧制的衔接存在规范时差。我国《个人信息保护法》具有交叉综合性，总体上可定性为领域法和刑法前置法，合理适用可以充分发挥其规制功能以坚守刑法谦抑性。对于两法的衔接，可以三个维度为典型代表具体展开。在对象维度，应将前置法上私密信息、敏感个人信息和一般个人信息的划分嵌入刑法，对侵犯公民个人信息罪的入罪标准进行重新解释。在行为维度，应当利用构成要件分解法和法益分段评价法以实现"非法处理"与刑法"不法行为"的全面衔接。在出罪维度，前置法上的同意规则可作为刑法中的违法阻却事由，但同意的出罪功能应当受到限制；公共利益目的的出罪法理是法益衡量原则，新闻报道应当是正当业务行为，舆论监督可根据具体情景归入法令行为下的职务行为或权利行为；处理已合法公开的个人信息在符合相关要件时可以出罪，这是法益衡量原则下优越利益的胜出。

关键词： 个人信息保护法；分类分级；侵犯公民个人信息罪；法益衡量

《个人信息保护法》（以下简称《个保法》）创制了诸多新规则，如何将新设规则嵌入刑法保护个人信息犯罪的评价流程已成为新的课题。比较来看，德国、日本遵循二元刑法模式，侵犯公民个人信息犯罪规定在附属刑法中（如日本的《個人情報の保護に関する法律》），无需考察刑法典；而我国遵

---

* 基金项目：国家社会科学基金重点项目"预防性犯罪化立法冲击下刑法教义学的应对与发展研究"（22AFX008）。

** 童云峰，华东政法大学数字法治研究院特聘副研究员。

循统一刑法典模式，《个保法》并非实质的附属刑法，对于侵犯个人信息行为的刑罚处罚仍需以《刑法》为准据，裁判者的目光需要往返于前置法与刑法之间。上述法治背景给我们提出了一个紧迫的问题：如何才能实现《个保法》与《刑法》的有效衔接？这一问题又可细分为诸多亟需深入研究的子课题，例如，敏感个人信息如何得到刑法的特殊保护？非法处理行为与侵犯个人信息犯罪行为如何实现贯通？同意、合理使用、处理公开个人信息如何才能成为刑法上的出罪事由？实际上，新法和旧制的衔接解释将直接决定着刑法的处罚范围，也是刑法学的任务。[1]本文以上述问题意识为中心，论述策略和基本逻辑如下：首先，厘清一个定位。提炼《个保法》的规范特征，验证该法的交叉性、综合性和领域性，奠定本文论证的总基调。其次，统筹两法衔接。本文的学术目标是通过以点带面的方式评估《个保法》对《刑法》适用的影响，以特定规则为切入点阐明两法衔接的立场与方法。最后，聚焦三重维度。受篇幅限制，重点从对象维度、行为维度和出罪维度具体阐述《个保法》对相关侵犯个人信息行为刑法评价的影响。

一、整体法秩序视野下个人信息保护法的体系定位

德国黑森州在 1970 年即制定了世界上第一部个人信息保护法，德国联邦政府于 1977 年制定了《联邦数据保护法》。而我国关于个人信息保护最早的立法可追溯至《关于维护互联网安全的决定》（2000 年 12 月 28 日），2012 年的《关于加强网络信息保护的决定》第 1 条设置了抽象的个人信息内涵，2013 年的《电信和互联网用户个人信息保护规定》第 4 条较早地以"概括+列举"的方式设置了个人信息的含义，这一定义模式也被 2017 年生效的《网络安全法》所承继。直至《个保法》颁布，标志着我国关涉个人信息保护的法律已形成了完整的体系。然而，纵览《个保法》的条文规范，既包含对《民法典》人格权编的细化和续造，也囊括国家机关处理个人信息的特别规定等行政法内容，还涉及对犯罪追究刑事责任的宣示。因此，能否将《个保法》归入传统部门法系统？如何准确识别其法律属性？是首先需要直面的问题。

---

[1] Walter Tonio, "Gedanken zur deutschsprachigen Strafrechtswissenschaft", ZIS 5 (2021), S. 298.

（一）个人信息保护法的领域法属性

有学者对《个保法》的条文进行统计分析，得出私法规范占据三分之二以上，而公法内容约占三分之一，认为《个保法》具有公法与私法的"混合法"属性，在传统部门法视野下，作为个人信息保护特定事项的单行法，不是一个独立的法律部门，应当是兼具民法和行政法性质的交叉型法律。[1]这就涉及《个保法》的属性界定问题。关于公法与私法的传统部门法划分理论，来源于19世纪的德国法学，认为私法是调整平等主体之间关系的法律规范，而公法是调整关涉公权力的法律规范，在此基础上再发展出各大部门法。而中国古代奉行"诸法合体、不分公私"的逻辑，欠缺部门法划分的传统。及至现代社会，随着社会关系复杂化和社会问题多元化，公法与私法的结合与协同是治理新型问题的常态，不断诞生的结合性新式法律，直接冲击着传统部门法的划分逻辑。实际上，《个保法》的部门法归属问题便是其中的典型，存在公法性质说和私法性质说。公法性质说认为，《个保法》和《民法典》的关系是公法与私法的关系，一个塑造公法权利与制度，另一个勾勒民事权利与制度的禀赋，共同形塑个人信息保护的法律规范体系。[2]《个保法》是国家履行宪法层面保护义务的结果，并非以保护个人信息控制性权利为目的的民法特别法。[3]私法性质说不否认《个保法》具有综合性，特别强调其中的民事规范应当作为民法的特别法，作为《个保法》主要调整对象的信息主体和信息处理者（私主体）在法律地位上依然是平等的，信息处理者在个人信息处理过程中需要尊重信息主体的人格尊严，具有强烈的私法属性。[4]为了避免公法性质说和私法性质说陷入无谓的争论，亟需对《个保法》的属性进行细致考察。

从规范内容看，《个保法》具有交叉综合性。纵观全球关于个人信息保护的专项立法，均涉及民法、行政法、商法、刑法等几乎所有法律部门的内容。

---

〔1〕 石佳友：《个人信息保护的私法维度——兼论〈民法典〉与〈个人信息保护法〉的关系》，载《比较法研究》2021年第5期。

〔2〕 周汉华：《平行还是交叉 个人信息保护与隐私权的关系》，载《中外法学》2021年第5期。

〔3〕 蔡培如：《欧盟法上的个人数据受保护权研究——兼议对我国个人信息权利构建的启示》，载《法学家》2021年第5期。

〔4〕 王苑：《个人信息保护在民法中的表达——兼论民法与个人信息保护法之关系》，载《华东政法大学学报》2021年第2期。

毋庸置疑，无论民法、行政法抑或刑法都应当保护个人信息。[1]与德日个人信息保护法律中直接规定罪名和法定刑不同，我国《个保法》第 71 条只是宣示性规定，"构成犯罪的，依法追究刑事责任"，这是一种不纯正的附属刑法模式，是我国立法的一贯逻辑。同时应当发现，我国《民法典》人格权编对个人信息保护的规范是一种意犹未尽的立法策略，这是受《民法典》的体例和篇幅限制，需要对规范进行抽象设置，也不可能对个人信息保护规范的设置做到面面俱到。言下之意，《民法典》未详尽之处和需要细化的内容则留待《个保法》规制。例如，关于个人信息的定义和处理，《个保法》承继了《民法典》的规定；关于个人信息利用的合法性事由，《民法典》第 1036 条只列举了三项，而《个保法》第 13 条在《民法典》的基础上细化为 7 项，足见《民法典》与《个保法》存在一般和特殊的关系。更需关注的是，我国《个保法》中还涉及大量的行政法规范内容。第二章第三节"国家机关处理个人信息的特别规定"、第六章"履行个人信息保护职责的部门"、第七章"法律责任"，均是关涉行政法规范的整体性布局，其他部分仍包含行政法内容的分散条文，这些均是《个保法》内含公法属性的彰显。因此，《个保法》中的私法条文可以作为民法的特别法，而公法条文可以作为行政法的特别法。

从法律属性看，《个保法》应当属于领域法。领域法学（Field of Law），是以问题为导向，以特定经济社会领域的法律问题和法律规范为研究对象，容纳多学科研究范式、研究方法于一体的整合性、开放性、交叉性的新型学科体系、话语体系和学术体系。[2]实际上，领域法学是以领域法为研究对象的学科体系，研究领域法的发展规律和现实问题。领域法包含分散型领域法和统合型领域法，前者是指特定领域并无统一与专项的立法，相关规范散见在不同部门法中，在《个保法》颁布之前，个人信息保护领域的法律体系便是此种类型；后者是对特定领域已制定专项和统一的法律或法典，当前的《个保法》便是此例。之所以将《个保法》定性为统合型领域法，是有坚实依据的。

---

〔1〕 Murat Volkan Dulger, "Protection of Personal Data with Criminal Norms in the Context of Protection of Personal Data Law and Turkish Criminal Code", *3 Istanbul Medipol Universitesi Hukuk Fakultesi Dergisi 101*, 104~105 (2016).

〔2〕 刘剑文：《论领域法学：一种立足新兴交叉领域的法学研究范式》，载《政法论丛》2016 年第 5 期。

首先，《个保法》的规范设置已经打破传统部门法的壁垒。正如前文所述，《个保法》兼有公法和私法内容，形成了以公法为依托、以私法为主干、以社会法为补充的权利话语体系。[1]这是为了应对个人信息领域社会问题复杂化、多元化，立法者必须作出的精细化选择，面对动态化的个人信息问题，需要打破画地为牢的传统部门法静态思维，兼采公私法混合思路设计个人信息保护制度。[2]更需要横跨国内法和国际法，综合各法律学科的智慧，构筑个人信息保护防线，充分协调与平衡信息自由、数据经济和个人权益。[3]实际上，个人信息保护问题并非现代社会所独有，而传统社会主要采取民事手段予以救济，及至二战期间德国纳粹政权大肆滥用个人信息侵犯犹太人的基本人权，使个人信息升格为公法问题。因此，二战后无论是大陆法系抑或英美法系均将个人信息问题纳入公法层面。但是，基于比较法视野俯瞰各国个人信息保护体系，不存在一国将个人信息保护视为绝对的公法任务，均采用公法与私法并用的综合型保护措施，并未偏执于一端。[4]同时，个人信息领域相关主体的权利（益）和义务的跨部门法特征，也折射出《个保法》的领域法属性，例如，有学者指出，个人信息领域的"守门人"[5]存在特别义务，一旦违反该项义务将需承担各类法律责任，包括民法下的侵权责任、违反特殊义务合规要求的行政责任乃至刑事责任，这是由个人信息保护法领域性所决定。[6]

其次，《个保法》单独立法是对原有分散型领域法的认可，并继而整合成统合型领域法。正如有学者所言，不能因为对个人信息采纳单独立法模式，就直接肯定或否定个人信息权益是私法权益抑或公法权益。[7]同理，我们亦不能根据《个保法》单独立法便肯定或否定其属于公法抑或私法。从个人信息保护立法进程可以发现，《个保法》的规范内容并非横空出世，而是对既有

---

〔1〕 程关松：《个人信息保护的中国权利话语》，载《法学家》2019 年第 5 期。

〔2〕 丁晓东：《个人信息权利的反思与重塑——论个人信息保护的适用前提与法益基础》，载《中外法学》2020 年第 2 期。

〔3〕 余成峰：《信息隐私权的宪法时刻规范基础与体系重构》，载《中外法学》2021 年第 1 期。

〔4〕 程啸：《民法典编纂视野下的个人信息保护》，载《中国法学》2019 年第 4 期。

〔5〕 所谓"守门人"，是指对一般移动 App 的决定有制约作用的特定类型的个人信息处理者。

〔6〕 张新宝：《互联网生态"守门人"个人信息保护特别义务设置研究》，载《比较法研究》2021 年第 3 期。

〔7〕 程啸：《论我国民法典中个人信息权益的性质》，载《政治与法律》2020 年第 8 期。

公私法律的继承与发展。例如,《个保法》第 5 条所确立的"合法、正当、必要和诚信原则"是对《网络安全法》第 41 条所确立的"合法、正当、必要的原则"的继承,并发展出"诚信原则";再如,《民法典》第 1036 条将个人信息合法使用的规则设置为同意规则、公开规则和公共利益规则,《个保法》在承继《民法典》的基础上,发展出合同必要规则、履行义务规则、突发紧急规则和其他规则。据此可见,正因无法将个人信息保护规范纳入传统部门法,立法者便通过制定专门法以将分散型领域法擢升为统合型领域法。

最后,智能时代个人信息以数据为载体,数据牵涉多重法益,需要《个保法》破除传统部门法思维以平衡多元法益关系。个人信息与数据是内容和载体的关系,法律保护单纯的个人信息以维护个人人格尊严为中心,多立足于私法层面;而法律保护数据的重心在于安全,这是因为数据法益包含社会秩序、公共利益和国家安全等公法法益,是公法考量的价值目标。需要注意的是,隐私也可能以数据形式呈现(如隐私信息),但与个人信息不同,隐私具有强烈的私密性,属于个人最核心的私密领域,非经个人同意不得利用,也就不存在公共利益和合理使用问题,因此隐私主要通过民法的私法保护即可。然而,个人信息并非具有绝对的私密性,其价值往往在于使用,因此以数据为载体的个人信息往往伴随着公法法益,需要法律及时关注。《个保法》在保护个人信息的同时也要保护个人信息的底层数据载体,这是全面保护个人信息的必然选择,也就需要走向公法与私法并用的领域立法之路。而隐私即使也可能以数据形式呈现,但因强烈的私密性不允许广泛使用其底层数据,折射出隐私的私法属性,主要借助民法的方法保护。这也是为什么我国会制定《个保法》这一领域立法,而没有必要制定隐私法的原因。

从法律体系看,《个保法》应是刑法前置法。罗杰·科特雷尔(Roger Cotterrell)将"共同体"划分为四种理想类型:(1)传统共同体(traditional community),由偶然、习惯或传统形式互动形成的共同体,如语言共同体;(2)信仰共同体(community of belief),有共同信仰或注重连带和互依的共享价值观,如宗教共同体;(3)情感共同体(affective community),由相互情感将个体维系起来,如家庭;(4)工具共同体(tool coomunity),秉承某一共同目标的利益共同体。[1]个人信息保护法律是以保护个人信息权益为共同目标,

---

〔1〕 〔比〕马克·范·胡克:《法律的沟通之维》,孙国东译,法律出版社 2008 年版,第 43 页。

这一领域的法律规范共同体应当属于工具共同体。在这一共同体领域内的法律规则中，并存的公法与私法之间并无明确的界限，而是相互渗透和混同。[1]基于这一共同体思维，无疑应当包含保护个人信息的刑法规范，这也是德日在个人信息保护专项法律中直接规定犯罪和法定刑的主要原因。然而，我国自 1997 年《刑法》颁行后基本奉行统一刑法典模式，[2]所有直接关涉犯罪与量刑的规范只能由《刑法》统一规定，其他法律至多只能阐明空白罪状的内容或宣示刑法的处罚性。因此，与德日个人信息保护法律相比，我国《个保法》因无刑法规范而属于不彻底的领域立法。这也就决定了在我国，《个保法》是《刑法》的前置法，是探寻《刑法》第 253 条之一中"违反国家有关规定"的直接依据。

（二）个人信息保护法对刑法的积极作用

在现代社会，对"风险社会"的研究已经成为一门显学，风险被定义为以系统的方式对现代化自身引发的危险和不安，现代化风险迟早会冲击风险的制造者或受益者，现代化风险具有"回旋镖效应"，打破了阶级图示。[3]风险社会席卷刑法领域继而衍生出风险刑法理论，使得积极的一般预防成为晚近刑事立法的主旋律，刑事立法活性化、刑法处罚早期化和前置化，冲击着刑法谦抑主义的根基和罪刑法定原则的堤坝。这一趋势也不可避免地影响到个人信息领域，例如，在我国个人信息保护的前置法律尚未成形的背景下，2009 年的《刑法修正案（七）》就早已设置了侵犯个人信息的相关犯罪，刑事立法走在前置立法的前面，在欠缺个人信息保护法律前置防线的情景下，刑法处罚难免呈现早期化和扩张化。据此可见，当前《个保法》的颁行将会对个人信息的刑法保护产生诸多积极效应。

第一，可以充盈刑法的前置法规范，巩固行为入刑的第一道防线。侵犯个人信息行为在我国《刑法》中主要构成第 253 条之一的侵犯公民个人信息罪，该罪以"违反国家有关规定"为入罪的前置性条件，无论认为侵犯公民个人信息罪是自然犯抑或法定犯，都无法忽略"违反国家有关规定"的入罪

---

〔1〕 ［德］拉德布鲁赫：《法哲学》，王朴译，法律出版社 2013 年版，第 145 页。

〔2〕 除 1998 年 12 月 29 日全国人大常委会颁布的《关于惩治骗购外汇、逃汇和非法买卖外汇犯罪的决定》这一单行刑法外，我国之后的刑法立法均以修正案形式修正，不再制定单行刑法。

〔3〕 ［德］乌尔里希·贝克：《风险社会：新的现代性之路》，张文杰、何博闻译，译林出版社 2018 年版，第 7~9 页。

限制性作用，体现出本罪的前置法从属性，表现为三个方面：（1）概念界定的从属性，例如，个人信息的内涵和外延需在《个保法》中寻找依据；（2）空白罪状的从属性，刑法关于个人信息保护尚未明确的事项需要在《个保法》中寻找依据；（3）阻却违法事由的从属性，前置法允许的事项在刑法中自然不具有可罚性。[1]据此可见，该罪中的"违反国家有关规定"应是构成要件要素，而非违法性的宣示性存在。易言之，在侵犯公民个人信息罪的构成要件阶层，必须要在《个保法》以及其他法律、行政法规、部门规章中寻找到违反了哪一条规定，才能进行该当性判断。在前《个保法》时代，由于前置法的缺位、民法规定的模糊和刑法先行的立法状况，在第一道防线阙如的情况下刑法直接走向"前沿阵地"，积极参与个人信息的社会治理，承担着《个保法》的部分功能，使得限制入罪的"违反国家有关规定"形同虚设，[2]导致刑法适用的早期化和扩张化，成为数据经营者必须背负的后顾之忧。随着《个保法》的颁行这一局面将有望被打破，《个保法》对个人信息保护前置规范的细化和明确，将会构筑入罪原本缺失的第一道违法性判断防线，成为判断"违反国家有关规定"的直接依据，重新宣示侵犯个人信息行为入罪的双重违法性，《个保法》将成为行为入罪以及与刑法衔接、协调的关键。对于部分侵犯个人信息危害性较低的行为，应置于《个保法》内部规制，无需动用成本更高的刑罚。充分发挥《个保法》对个人信息的保护作用，并与刑法实现妥善协调。

第二，助力保持刑法谦抑性，坚守刑法保障法地位。受风险社会思潮影响，刑法领域对风险予以接纳，形成了两大趋势：一是功能化刑法观，刑法日益成为刑事政策的工具；二是刑法"去形式化"，消除传统法治国对刑法设置的各种障碍，实现刑法的灵活化，例如刑事立法不断增设抽象危险犯。[3]然而，刑法作为个人信息保护的最后屏障，具有全面介入保护的必要性，但并不意味着刑法的介入需要早期化和过度化，我国在个人信息保护领域一直存在着"刑法先行"的姿态，犯罪圈呈不断扩张趋势，使得刑法保障法地位被动摇，这一局面应当随着《个保法》的颁行而被扭转，重塑个人信息保护

〔1〕 刘艳红、周佑勇：《行政刑法的一般理论》（第2版），北京大学出版社2020年版，第9~10页。
〔2〕 刘艳红：《民刑共治：国家治理体系与治理能力现代化路径》，载《法学论坛》2021年第5期。
〔3〕 ［德］埃里克·希尔根多夫：《德国刑法学：从传统到现代》，江溯等译，北京大学出版社2015年版，第249页。

的层次化模式，着力发挥《个保法》的前置化规制功能，庄严宣示侵犯公民个人信息行为入罪的双重违法性，将《个保法》纳入犯罪的评价流程，有助于合理界分前置违法和刑事违法的畛域，未经《个保法》诊断的行为不得直接进入刑法法域，使刑法保障法地位得以稳固。还要意识到，刑法只是治理犯罪的有力手段之一，基于其自身的严厉性、痛苦性、强制性和杀伤性，不可能适用于所有的不法行为。正如有学者所隐喻："在法律规范中动用刑法，就有如医疗行为中动用外科的开刀手术一般。"〔1〕与《个保法》等前置法不同，刑法并非将所有侵犯法益的行为都视为处罚对象，这便是刑法的"断片性"。〔2〕因此，刑法只能谨慎、谦抑地在有限的疆域内适用，需要强调刑法的补充性、不完整和宽容性。

第三，有利于维护法秩序统一性，避免民刑倒挂。一个法秩序应当是一个统一的体系，一国的法秩序虽可分为不同的法领域，但不同领域之间应当互相没有矛盾。〔3〕在前《个保法》时代，个人信息领域的规范存在混乱局面，对同一事项的定性不同法律的结论可能会相左，违背了法秩序统一性原理。以个人信息的定义为例，《网络安全法》第 76 条第 5 项将个人信息限定为身份识别信息，并不包含活动情况信息；《民法典》第 1034 条将个人信息定义为能够识别特定自然人的各种信息，当然包含活动情况信息；最高人民法院、最高人民检察院《关于办理侵犯公民个人信息刑事案件适用法律若干问题的解释》（以下简称《个人信息刑案解释》）第 1 条将公民个人信息定义为特定自然人的身份识别信息和活动情况信息。《个保法》第 4 条将个人信息定义为已识别或可识别自然人的各种信息，实际上是对《民法典》《个人信息刑案解释》的肯认，基于《个保法》特殊领域法的优先适用性，这一定义应当值得肯定，也应成为未来整体法秩序内划定个人信息范围的基本遵循。可见，《个保法》对于维护法秩序统一性原理和统一刑事司法裁判具有积极价值。然而，传统个人信息保护多采用并行保护模式，即民法、行政法和刑法各自独立适用而互不交涉，会造成各法域适用规则的冲突，可能会形成民法、行政法领域合法事项在刑法领域却被定罪的倒挂现象，隐含着极强的法治破

---

〔1〕 林山田：《刑法通论》（上册），元照出版公司 2008 年版，第 60 页。
〔2〕 [日] 西田典之：《日本刑法总论》，王昭武、刘明祥译，法律出版社 2013 年版，第 25~26 页。
〔3〕 [日] 曾根威彦：《刑法学基础》，黎宏译，法律出版社 2005 年版，第 212 页。

坏力。为统一法秩序，有学者提出个人信息嵌套保护模式，即将一般立法（《民法典》）嵌入专门立法（《个保法》），将前置法嵌入刑法，意味着在进行侵犯个人信息行为刑事违法性判断时，必须先进行前置法层面的实质判断，得出违法结论后再进行刑事违法判断。[1]这一嵌套模式值得肯定，且《个保法》的颁行无疑为嵌套模式奠定了坚实基础。实际上，这种嵌套模式与刑法学理上的可罚的违法性理论具有内在契合性。所谓可罚的违法性，即刑法的违法性是在前置法的违法性基础上，量达到了严重的程度，质上值得奇处刑罚的违法性，欠缺可罚的违法性不得入罪。[2]关于可罚的违法性判断基准包含三种理论：（1）违法相对论，不同法域的违法性应当不同，因而刑法的违法性与其他法律上的违法性存在区别，甚至是互不牵涉。这一理论实际上与前文提及的个人信息并行保护模式一致，会酿成法域裂痕。（2）严格的违法性一元论，即各法域的违法性应当是统一的。这一理论有使刑法违法性扩张之嫌。（3）缓和的违法一元论，即违法性在法秩序的整体上是统一的，但存在类别和程度差异，前置法上的违法行为，不可能具有刑法适法性，但可能会没有达到刑法的违法程度。[3]缓和的违法一元论契合嵌套模式的基本逻辑，即《个保法》上认为合法的行为，刑法上一定合法，《个保法》上认为违法行为，刑法上不会认为合法，但可能存在两种情况：一种是违法性程度未达到刑法要求，刑法不做评价；另一种是违法性程度符合刑法要求，纳入刑法评价。可见，构成要件上的行为必须通过层次递进的法域检验，置于整体法秩序的天平上衡量，继而确定构成要件该当行为是否为整体法秩序所不容。[4]因此，在《个保法》颁行的背景下，需要遵循嵌套模式和缓和的违法一元论，以坚守法秩序统一性原理和规避法律适用的倒挂现象。

总之，具有交叉综合性、领域性的《个保法》是刑法的前置法，颁行之后对于充盈前置法、坚守刑法保障法地位和维护法秩序统一性等均有积极价值。甄别《个保法》的地位，有利于理清《个保法》和《刑法》的衔接关系。下文将从对象、行为以及出罪三大维度具体阐述《个保法》对刑法犯罪评价的影响。

---

〔1〕 夏伟：《个人信息嵌套保护模式的提出与构造》，载《中国政法大学学报》2021 年第 5 期。

〔2〕 ［日］内田幸隆、杉本一敏：《刑法总論》，有斐阁 2019 年版，第 117 页。

〔3〕 张明楷：《外国刑法纲要》（第 3 版），法律出版社 2020 年版，第 114~115 页。

〔4〕 林钰雄：《新刑法总则》，元照出版公司 2019 年版，第 224~225 页。

二、对象维度：个人信息保护法对刑法分类分级保护的影响

《数据安全法》第 21 条规定："国家建立数据分类分级保护制度，……"具体到个人信息领域，即要求对个人信息实行分类分级保护。个人信息的传统保护方式为单一化模式，即对不同类型的个人信息采取整齐划一的保护方式，不仅保护范围有限，保护力度也缺乏弹性。[1]忽视了个人数据内部的差异性，欠缺体系性思维，也容易耗损法律资源。[2]实际上，不同类型的个人数据具有不同的价值，若不能实现区分保护，则无法兼顾多元主体迥异的利益诉求，也就难以兼顾个人信息的保护与利用。所谓"个人信息分类"，是基于个人信息的属性不同进行的区分和归类，以确定其本质、权属和相关关系；所谓"个人信息分级"，是基于不同类型个人信息与自然人的人身紧密性差异，对其分别采用轻重有别的保护力度。据此可见，分类是分级的前提，需要将二者结合并依次递进进行判断和识别。

（一）个人信息保护法对个人信息的分类分级

关于个人信息的分类分级保护，我国司法实践走在了立法的前面。在黄某诉腾讯微信读书案中，法院将个人信息分为三类：（1）私密信息；（2）不具有私密性的一般个人信息；（3）兼具防御性期待及积极利用期待的信息，法院对三类个人信息确立了不同的保护规则。[3]这一分类分级是在我国既有规范的基础上进行的摸索和创新，对我国立法实践具有一定的指引作用。如何构建科学合理的个人信息分类分级体系，直接关涉个人信息保护的有效性和高效流通性。[4]

域外立法实践较早践行个人信息的分类分级保护。《德国联邦数据保护法》（BDSG 2019 年）第 3 条规定了特殊种类的个人数据（即敏感个人信息），包括民族信息、政治观点、宗教信仰、基因数据、生物识别数据、健康数据和与性有关的数据等，对该类信息予以特别保护，即区分敏感个人信息与一般个人信息并进行分级保护。在德国法上，基于领域理论，个人数据的敏感

---

[1] 宋亚辉：《个人信息的私法保护模式研究——〈民法总则〉第 111 条的解释论》，载《比较法研究》2019 年第 2 期。

[2] 于浩：《我国个人数据的法律规制——域外经验及其借鉴》，载《法商研究》2020 年第 6 期。

[3] 北京互联网法院［2019］京 0491 民初 16142 号民事判决书。

[4] 刘权：《论个人信息处理的合法、正当、必要原则》，载《法学家》2021 年第 5 期。

度越高，法律保护的力度便越大。[1]同时，德国还区分了直接个人信息和间接个人信息，二者的保护程度也有区别。德国这一分类分级是当前全球最主流的模式，已颁行个人信息保护法的国家多采用这一模式。例如，《法国关于处理个人数据保护法》将个人数据区分为直接识别的个人数据和间接识别的个人数据；第 8 条明确规定，禁止收集、处理和（直接或间接）披露个人敏感数据。德国这一立法模式被欧洲统一立法的欧盟《通用数据保护条例》（General Data Protection Regulations，GDPR）所沿用。GDPR 第 4 条区分了已识别的个人数据和可识别的个人数据；第 9 条设置了"对特殊类型个人数据的处理"，要求对于那些敏感个人数据，应当禁止处理。GDPR 还强调根据信息分类程序对信息资源进行分类，要求每个组织制定本组织需要的信息分类指南，根据分类结构制定处理规则。[2]实际上，诸多国家都有关于敏感个人信息的分类，虽各国的称谓存有差别但内容基本相同，例如，日本《个人信息保护法》（APPI）将其称为"需要特别注意的个人信息"；而印度、韩国、马来西亚的法律直接称之为"敏感个人数据"；美国《加利福尼亚州消费者隐私法案》第 999.323 节 a 则规定，收集和储存有关消费者敏感个人信息应使用更严格的验证程序，《加利福尼亚州民法典》第 1798.81.5（d）节中确定的个人信息类型应视为推定的敏感信息。

在前《个保法》时代，我国法律规范对个人信息的分类分级已有一定涉及。《民法典》第 1034 条第 3 款特别阐述了私密信息，强调私密信息是个人信息与隐私的交叉部分，优先适用隐私权的较强保护规则，即在个人信息内部划分出私密个人信息和非私密个人信息，前者的保护力度强于后者。《民法典》第 1036 条第 2 项区分了公开个人信息与非公开个人信息，对公开个人信息原则上可以合理使用，除非自然明确拒绝或可能侵犯其重大利益，即民法对非公开个人信息的保护力度强于公开个人信息。比法律级别低的国家指南和国家标准较早触及个人信息的分类，2013 年 2 月 1 日起实施的《信息安全技术公共及商用服务信息系统个人信息保护指南》第 3.2 条，将个人信息划分为敏感个人信息和一般个人信息；第 3.7 条强调敏感个人信息是一旦被侵

---

〔1〕 叶名怡：《个人信息的侵权法保护》，载《法学研究》2018 年第 4 期。

〔2〕 Valentin Pau, "Security Measures for Protecting Personal Data", *International Conference Education and Creativity for a Knowledge-Based Society*, 9（2017）.

犯将会对自然人产生不良影响的信息。《信息安全技术个人信息安全规范》第3.2 条区分了敏感个人信息和一般个人信息，强调敏感个人信息是一旦被侵犯将会危害人身和财产安全，极易造成个人人格和身心受损害或遭受歧视性待遇的信息。将身份证件号码、个人生物识别信息、银行账户等信息列举为典型的敏感信息，在信息处理的各个环节对敏感信息作出特别规范。以人脸识别信息为例，作为一种典型的敏感信息受到法律的特别关照，工信部组织发布了《App 收集使用个人信息最小必要评估规范：人脸信息》（2020 年 11 月26 日）团体标准，强调对人脸识别信息的特殊保护；2021 年 7 月 27 日，最高人民法院发布《关于审理使用人脸识别技术处理个人信息相关民事案件适用法律若干问题的规定》，专项保护人脸识别信息。

《个保法》在延续《民法典》分类的基础上，对相关规范的内容予以吸收。《个保法》第 51 条第 2 项要求对个人信息实行分类管理；在第 4 条中区分了已识别的个人信息和可识别的个人信息；在第 28 条中区分了敏感个人信息和一般个人信息，特别强调不满 14 周岁未成年人的个人信息属于敏感信息，这是对弱势群体的特别保护，[1]敏感信息原则上不得使用，只有基于特定目的和充分必要性并采取严格保护措施，才能处理；第 13 条第 6 项重申了公开个人信息和非公开个人信息的区分，第 27 条重述了公开个人信息的使用规则。敏感个人信息与非敏感个人信息的划分只是学理上的一种类型，只是因被《个保法》采纳故而由学理分类升格为法定分类。我国的敏感个人信息范围也被认为具有广泛性，涵括的信息内容较其他国家更多。[2]实际上，在《个保法》颁布之前，学理上要求纳入的分类有多种主张，例如，有学者主张将个人信息划分为"基本个人信息""被记录的伴生个人信息"与"预测个人信息"三类。[3]同时，对应否区分敏感个人信息和非敏感个人信息，理论上争议较大。有学者认为，这一区分具有相对性，不应成为法定类型，主要

---

〔1〕 Jacey G. Mann, "Protecting Personal Identifying Information in an Electronic Age-an Overview of E-lectronic Court Record Systems and the Mishandling of Personal Identifying Information", *41 American Journal of Trial Advocacy*, 643, 672 (2018).

〔2〕 Sarah Wang Han, Abu Bakar Munir, "Information Security Technology-Personal Information Security Specification: China´s Version of the GDPR", *4 European Data Protection Law Review* (EDPL), 535, 538 (2018).

〔3〕 邢会强：《大数据交易背景下个人信息财产权的分配与实现机制》，载《法学评论》2019 年第 6 期。

因为这一区分没有统一标准，二者存在转化的可能性，二者区分的价值有限。[1]也有学者认为，《个保法》应当区分敏感信息和非敏感信息，并在此基础上确立相应的处理规则，有利于保护信息主体的合法权益，兼顾个人信息的保护与利用，对当事人和执法机构均有积极意义。[2]毋庸置疑，同样的个人信息在不同场景下的敏感度会有差异，敏感个人信息的界定确实存在一定困难，但不能因认定困难便直接逃避问题而否认这一分类。应当做的是寻找界分的标准，例如，有学者提出的"场景抽离"和"场景融入"的二重判断标准便值得肯定，即判断特定个人信息是否属于敏感个人信息，先要脱离特定场景，若具有"强工具性"或"唯一识别性"则属于敏感信息；若不具有两种特性，则再进行场景融入判断，结合处理者的认知能力、信息应用能力、信息存在状态、信息主体是否为未成年人等具体场景因素，判断信息的敏感度。[3]

总之，基于对《个保法》的深入分析，我国个人信息应当分为以下几对范畴：公开个人信息与非公开个人信息、私密信息与非私密信息、敏感个人信息和非敏感个人信息，非公开个人信息与私密信息以及敏感个人信息存在交叉但不能等同，对不同类型个人信息法律保护的力度和级别应有区别。

（二）法秩序统一性原理与入罪标准的重新解释

公开个人信息与非公开个人信息是基于信息自身所处的状态进行的分类，与自然人的人身并无直接关联。以整体法规范体系为基础，并以个人信息与自然人的私密性程度为导向，可以将个人信息由高向低划分为私密信息、敏感个人信息和一般个人信息。这一划分契合了领域理论的要求，所谓领域理论即将私人生活以涟漪式同心圆由内向外划分为私密领域、私人领域和公共领域。[4]私密信息对应着隐私权，应当归属于私密领域；敏感个人信息对应着人身紧密型一般人格权，应当归属于私人领域；一般个人信息对应着人身松散型一般人格权，应当归属于公共领域。法律保护的力度依次递减，对于私密信息，不存在合理使用情形。《民法典》第1033条要求，处理他人私密

---

〔1〕 金耀：《个人信息私法规制路径的反思与转进》，载《华东政法大学学报》2020年第5期。

〔2〕 程啸：《论我国个人信息保护法中的个人信息处理规则》，载《清华法学》2021年第3期。

〔3〕 宁园：《敏感个人信息的法律基准与范畴界定——以〈个人信息保护法〉第28条第1款为中心》，载《比较法研究》2021年第5期。

〔4〕 谢远扬：《个人信息的私法保护》，中国法制出版社2016年版，第34页。

信息需要权利人"明确同意";对于敏感个人信息可以基于《个保法》第13条的要件进行合理使用,《个保法》第29条要求处理敏感个人信息需要取得个人的"单独同意";对于一般个人信息,只要符合条件便可合理使用,且《民法典》第1035条第1款、第1036条第1项、《个保法》第13条第1项仅要求取得自然人或其监护人"同意"即可处理,而"同意"暗含默示同意等选择退出机制,其严格度明显次于私密信息的"明确同意"、敏感个人信息的"单独同意"。体现法律保护级别的层次化:私密信息>敏感个人信息>一般个人信息。

应当注意,我国刑法关于个人信息犯罪的最近一次修正是2015年《刑法修正案(九)》,将出售、非法提供公民个人信息罪和非法获取公民个人信息罪合并为"侵犯公民个人信息罪",并对其中的构成要件和入罪范围进行修正和扩容。彼时,《民法典》和《个保法》尚无草案更未颁布,因此此次修正并未体现分类分级的内容。然而,司法实践中对不同类型个人信息的分级保护需求日益强烈。为此,2017年的《个人信息刑案解释》第5条在解释"情节严重"时,对不同类型个人信息区分了轻重有别的入罪标准。[1]换言之,这是在前置法之前就已经在一定程度上践行分类分级保护。但是,《个人信息刑案解释》只是列举了具体信息种类,并未对类型进行抽象提炼,于是在《民法典》《个保法》生效后,如何实现前置法与刑法关于个人信息分类分级保护的贯通,是亟需解决的问题。有学者提出,《个人信息刑案解释》实际上已按个人信息的敏感度递减,划分为三级,高度敏感信息、一般敏感信息、一般个人信息。[2]然而,这一观点仅体现了敏感信息和一般信息的划分,并未体现刑法对私密信息的特别保护,不能与前置法实现真正贯通。也有观点将刑法中的个人信息划分为,公开信息与非公开信息、隐私信息与一般信息两对范畴。[3]这一理解仅考虑到刑法与民法的衔接,但并未顾及《个保法》

---

〔1〕《个人信息刑案解释》第5条规定:"非法获取、出售或者提供公民个人信息,具有下列情形之一的,应当认定为刑法第二百五十三条之一规定的'情节严重';……(三)非法获取、出售或者提供行踪轨迹信息、通信内容、征信信息、财产信息五十条以上的;(四)非法获取、出售或者提供住宿信息、通信记录、健康生理信息、交易信息等其他可能影响人身、财产安全的公民个人信息五百条以上的;(五)非法获取、出售或者提供第三项、第四项规定以外的公民个人信息五千条以上的。……"

〔2〕高楚南:《刑法视野下公民个人信息法益重析及范围扩充》,载《中国刑事法杂志》2019年第2期。

〔3〕董悦:《公民个人信息分类保护的刑法模式构建》,载《大连理工大学学报(社会科学版)》2020年第2期。

的立法实践。

本文认为，应坚守法秩序统一性原理并对刑法入罪标准重新解释。《个人信息刑案解释》只是具体列举并未抽象概括，给我们留下了广阔的解释空间。首先，应当将第 5 条第 3 项概括为私密信息，入罪标准为 50 条。以行踪轨迹信息、通信内容、征信信息、财产信息为典型代表，但不应绝对化理解。具言之，当上述四类信息直接属于个人隐私信息，则入罪标准应为 50 条，若只是一般信息则纳入后述标准加以保护。侵犯私密信息在德国和日本均有专项罪名加以保护，如《德国刑法典》第 203 条规定的侵害他人隐私罪，我国不存在保护隐私的专项罪名，只能"退特殊求普通"适用侵犯公民个人信息罪，但应当强化保护私密信息。其次，应当将第 5 条第 4 项概括为敏感个人信息，入罪标准为 500 条。以住宿信息、通信记录、健康生理信息、交易信息等为典型代表，该项中的兜底概括"其他可能影响人身、财产安全的公民个人信息"与《个保法》第 28 条对敏感个人信息的定义如出一辙。最后，应当将第 5 条第 5 项概括为一般个人信息，入罪标准为 5000 条。一般个人信息是指私密信息和敏感个人信息以外的普通个人信息，这一定义与第 5 项规定的"第三项、第四项规定以外的公民个人信息"的含义等同，彰显该项是对一般个人信息保护的宣示。如上解释存在诸多积极价值：其一，能够坚守法秩序统一性原理。将《民法典》和《个保法》的分类分级理念渗入刑法领域，实现前置法和刑法有效衔接和贯通。其二，助力兼顾信息保护与利用。私密信息原则上不能利用，敏感个人信息重保护而轻利用，一般个人信息则重利用而轻保护，这一理念在前置法上已充分彰显，通过上述解释能够将保护与利用的平衡理念贯彻至刑法层面。其三，利于贯彻罪责刑相适应原则。侵犯私密信息、敏感信息和一般信息行为的违法性和有责性存在显著差异，如果适用相同的入罪标准则无法体现责任刑，上述解释有助于实现罪刑均衡。

三、行为维度：个人信息保护法对生命周期刑法规制的影响

《个保法》将针对个人信息的行为统一概括为"处理"，具体包括收集、存储、使用、加工、传输、提供、公开、删除等。这一定义是对《民法典》的续造，《民法典》第 1035 条第 2 款也规定了"处理"的含义，但比《个保法》少一个"删除"的列举。合法处理被鼓励和支持，但是非法处理则不仅违法更可能是犯罪。需要思考的是，上述处理的非法情形在刑法上是否都会

构成犯罪？易言之，前置法上的非法处理能否与刑法上侵犯公民个人信息罪有效衔接。

（一）个人信息保护法与刑法的衔接漏洞及处罚盲区

"处理"被诸多国家个人信息保护立法所采用，通常从广义上理解是包括与个人信息相关的任何活动。[1]我国《个保法》也如此设置，并在定义中使用了"等"字，使得处理的含义具有开放性和发展性。然而，在刑法层面侵犯公民个人信息罪的行为方式只有窃取、非法获取、出售和提供，窃取、非法获取与《个保法》上的"收集"对应，出售、提供与《个保法》上的"提供""传输"对应。易言之，《个保法》上"收集""提供""传输"以外的非法处理行为，无法被侵犯公民个人信息罪所涵摄。限于篇幅，此部分主要以非法使用（即滥用）个人信息为例，滥用在刑法上无法构成侵犯公民个人信息罪，除非滥用个人信息行为刚好构成其他犯罪，如诈骗罪、敲诈勒索罪等，否则这一前置法与刑法的衔接漏洞便会滋生处罚盲区。应当注意，我国刑法关于侵犯公民个人信息犯罪的立法始于《刑法修正案（七）》，当时设置的行为方式就是"窃取""获取""出售""提供"，《刑法修正案（九）》虽然将两罪合并为一罪并修改了相关构成要件要素，但对行为方式并无修正。这一立法沿革受限于当时的时代背景，前大数据时代，立法者对个人信息的利用价值缺乏充分认识，将个人信息类比于隐私，强调保护个人信息的转移自主，于是只设置了上述四种行为方式，这四种行为方式实质只是两类，"窃取""获取"实为"转入"型，而"出售""提供"均为"转出"型，可以统一为"转移"型。然而，随着大数据时代的发展，这一立法模式显然无法适应时代需求。

第一，不应将保护隐私的思维套用至个人信息。隐私涉及个人的私密领域，原则上禁止使用，保护个人信息不能仅像保护隐私那般，仅维持安宁和不被侵扰即可。个人信息自身蕴含着深厚的使用价值，需要开发和利用，这是大数据时代的题中应有之义。在大数据交易场景下，个人信息滥用已经成为普遍的问题，对信息主体、数据交易者和法院来说均是一场噩梦。[2]个人

---

〔1〕 Hitomi Iwase, "Overview of the Act on the Protection of Personal Information", *5 European Data Protection Law Review（EDPL）*, 92, 94 (2019).

〔2〕 Sarah Ludington, "Reining in the Data Traders: A Tort for the Misuse of Personal Information", *66 Maryland Law Review*, 140, 188 (2006).

信息的"使用自主"已成为亟需刑法保护的法益。[1]

第二，滥用行为具有侵犯个人信息权益的直接性。个人信息单纯被获取或单纯被提供，对信息主体的人格权益侵犯并不大，刑法通过打击"获取"和"提供"行为是为了实现法益保护前置化和源头治理，但不能因此而忽视保护法益的重心。信息法不仅关注信息本身，更加关注公正社会中信息对人们的重要意义。[2]在美国贝克诉唐纳德案（Beck v. McDonald）中，第四巡回法庭认为，笔记本电脑中病理报告等个人信息被盗的指控并不意味着身份盗窃迫在眉睫，并不意味着行为人会将个人信息用于非法目的。[3]美国法院的判决证明，直接造成损害的是滥用行为而非盗窃。可见，真正侵犯人格权益是后续的滥用行为，且滥用个人信息行为在实践中日益典型化和类型化。对滥用个人信息行为刑法上没有直接处罚依据，但却是侵犯本权利的实质内容，具有实质法益侵害性，对此确有处罚必要性。

第三，惩治滥用个人信息行为是国际社会的主流趋势。《美国身份盗窃和冒用阻止法案》《韩国个人信息保护法》《欧盟通用数据保护条例》《德国联邦数据保护法》《日本个人信息保护法》均设置了滥用个人信息的专项罪名。国外学者也较为关注个人信息滥用，强调当非法利用给他人造成损害和严重冒犯时，是对人类核心能力的侵犯，法律的干预是合理的，某些集体滥用行为可能会对少数人的生活造成毁灭性影响。[4]甚至有学者主张，基于信息滥用的常态化，其法律责任应当走向严格责任。[5]

第四，需要践行法秩序统一性原理。民法学者认为，对个人信息，其侵害行为除了非法获取和出售外，主要强调的是对信息的非法利用。[6]因此，《网络安全法》《民法典》和《个保法》等前置法均对滥用个人信息行为有所

---

[1] 李川：《个人信息犯罪的规制困境与对策完善——从大数据环境下滥用信息问题切入》，载《中国刑事法杂志》2019年第5期。

[2] ［德］乌尔里希·齐白：《全球风险社会与信息社会中的刑法——二十一世纪刑法模式的转换》，周遵友等译，中国法制出版社2011年版，第283页。

[3] Brandon Ferrick, "No Harm, No Foul: The Fourth Circuit Struggles with the Injury-in-Fact Requirement to Article III Standing in Data Breach Class Actions", *59 Boston College Law Review*, 462, 467 (2018).

[4] Ying Hu, "The Case for an Information Tax: Cumulative Harm in the Collective Misuse of Information", *29 Cornell Journal of Law and Public Policy*, 295, 326-327 (2019).

[5] Peter C. Ormerod, "A Private Enforcement Remedy for Information Misuse", *60 Boston College Law Review*, 1893, 1937 (2019).

[6] 王利明：《和而不同：隐私权与个人信息的规则界分和适用》，载《法学评论》2021年第2期。

规制，作为保障法的《刑法》对此却毫无触及，也便丧失了法律责任的阶梯性和威慑性。

总之，对于"滥用"个人信息行为我国既有刑法规制几乎一筹莫展，可见立法的时代局限性制约着刑法的有效适用。

（二）既有体系下非法处理行为的刑法教义学涵摄

上述前置法与刑法的衔接漏洞以及刑法的处罚盲区是司法实践客观存在的问题，如何化解这一难题是理论界需要直面的课题。毋庸置疑，最为彻底的方案是通过未来的刑法修正案，对侵犯公民个人信息罪进行修正，增设新的行为方式，并完善相应的入罪要件。[1]本文认为，未来刑法修正为贯彻法秩序统一性原理，应将侵犯公民个人信息罪修正为非法处理公民个人信息罪，非法处理的内涵和范围应当与前置法作同义理解，只有当非法处理达到可罚的违法性程度时，才应当纳入刑法的评价圈，否则只应按一般违法论处。然而，当前我国刑法短时间内不会再度修正，但是司法实践中非法处理行为确有刑法规制之必要，"立法远水解不了司法诉求的近渴"。为此，有必要充分挖掘教义学资源，最大限度地实现刑法对非法处理行为的妥善规制。

一方面，利用构成要件分解法予以应对。即将非法处理行为的各种类型分解到其他犯罪构成中，通过激活其他罪名予以规制。对于"收集"和"提供"以外的非法处理行为，通过对具体场景的分析，可能在刑法中构成其他犯罪。

第一，非法存储行为。包含两种类型：第一种是对自己非法获取的个人信息的存储；第二种是对他人非法获取的个人信息的存储。前者属于非法获取行为后的持有行为，存储属于事后不可罚行为，只以侵犯公民个人信息罪一罪认定；后者实际上属于数据窝赃行为，对此《德国刑法典》第 202 条 d 专门设置了数据窝藏罪，专项惩治以数据为对象的掩饰隐瞒行为。我国虽不存在数据窝藏罪，但以个人信息为对象的非法存储行为，实为对数据背后的财产价值的掩饰隐瞒，可以构成《刑法》第 312 条的掩饰、隐瞒犯罪所得、犯罪所得收益罪，如若事前与他人通谋帮助他人存储非法获取个人信息，则构成侵犯公民个人信息罪的帮助犯。

第二，非法加工行为。分为两种类型：（1）对合法获取的个人信息进行

---

[1] 刘仁文：《论非法使用公民个人信息行为的入罪》，载《法学论坛》2019 年第 6 期。

非法加工，即违反信息主体的意愿进行加工，主要承担民事上的违约或侵权责任，情节严重者实际上是对计算机信息系统中的数据进行修改、增加等破坏，构成《刑法》第 286 条规定的破坏计算机信息系统罪；（2）对非法获取的个人信息进行加工，实际上实施了非法获取和非法加工两个行为，分别构成侵犯公民个人信息罪和破坏计算机信息系统罪，应当数罪并罚；若是对他人非法获取的个人信息进行加工，则只构成破坏计算机信息系统罪一罪。

第三，非法公开行为。包含两种类型：（1）对合法持有的他人个人信息予以非法公开，如果是向特定对象公开则属于非法提供，应当构成侵犯公民个人信息罪。若在互联网上向不特定对象公开，当公开内容侵犯他人隐私，导致被告人人格尊严被贬损，可以构成侮辱罪；若是经过监管部门责令改正而拒不改正的，则属于导致用户信息泄露的情形，应当构成《刑法》第 286 条之一规定的拒不履行信息网络安全管理义务罪。（2）对非法获取的个人信息予以公开，这是在构成侵犯公民个人信息罪后的常态，获取行为和公开行为构成牵连犯，可以侵犯公民个人信息罪从重论处。

第四，非法删除行为。包含两种类型：（1）对合法持有的个人信息违背信息主体的意愿进行删除，符合《刑法》第 286 条第 2 款的规定，即违反国家规定对计算机信息系统中的数据进行删除，应当构成破坏计算机信息系统罪。（2）对非法获取个人信息进行删除，实际上是在构成侵犯公民个人信息罪后的一种法益恢复行为，虽然不构成犯罪中止，但可以作为一种情节予以从轻处理。需要强调的是，对非法获取的个人信息予以公开，或合法公开事由消失后，在权利人要求删除而拒不删除的，实际是对信息主体被遗忘权的侵犯，在经过监管部门责令改正而拒不改正的，可以解释为《刑法》第 286 条之一第 4 项的其他严重情节，应当构成拒不履行信息网络安全管理义务罪。

另一方面，借助阶段式法益论予以应对。对于存储、加工、公开和删除，可以利用分解法分散到其他犯罪构成中，借助其他罪名予以规制。然而，非法使用行为（滥用）通常无法直接契合其他罪名的构成要件，这也是理论上要求扩容侵犯公民个人信息罪行为方式的关键原因。有学者主张，将非法利用行为纳入关联犯罪和下游犯罪中进行评价。[1]本文赞同该观点，这种观点

---

〔1〕 王肃之：《论法人信息的刑法保护》，载《中国刑事法杂志》2020 年第 3 期。

实际上是将滥用行为作为其他犯罪的一种情节予以考量。从实质法益立场考察，刑法不仅要保护形式法益，对实质法益也应适当关照。具言之，刑法保护个人信息的转移自主，但对个人信息的使用自主也不能视而不见。日本学者关哲夫提倡刑法法益功能的阶段性，在立法阶段宣示法益的要保护性；在司法阶段，法益作为处罚犯罪的实际依据，即在同一犯罪评价过程中可以包含对多元法益的保护。[1]这种阶段法益论可以进一步延伸，即在某一犯罪评价流程中，定罪阶段和量刑阶段可以涵括对不同法益的保护。这就为个人信息的使用自主法益纳入刑法评价圈提供了解释空间。易言之，可以将滥用行为纳入相关犯罪的量刑阶段予以评价。一是，对行为人通过非法手段获取个人信息继而滥用的情形，滥用行为实际是构成侵犯公民个人信息罪后的不可罚行为，但可在量刑阶段予以考量，继而在总体上较同类型无滥用行为者处以更重的刑罚。二是，对行为人通过合法手段获取个人信息继而滥用的情形，如果行为人是将信息用于电信诈骗、敲诈勒索等犯罪，应当认定为诈骗罪和敲诈勒索罪等，在量刑上应当考量信息滥用的情节并予以从重处罚。三是，如果行为人对非法获取的个人信息仅实施一般滥用行为，则应由权利人向其主张侵权或违约责任，无需均应作为犯罪处理。刑法的保护不应过度，而应充分发挥前置法和非刑法措施的规制机能。

四、出罪维度：个人信息保护法对刑事违法阻却事由的影响

《个保法》第 13 条设置了七项个人信息处理的正当化事由，需要思考的是这些正当化事由是否会对刑法上的出罪产生影响？应当如何实现《个保法》上正当化事由和刑法出罪事由的衔接？需要强调的是，刑法治理模式应当保持限度，不应僭越前置法的防线，在前置法上合法的行为，在刑法上当然应阻却犯罪。下文将以《个保法》确立的"同意"规则、"公共利益"规则和"公开"规则等正当化事由为中心，阐述与刑法出罪事由的衔接方案。

（一）个人信息保护法上"同意"的刑法地位

一个人可能自愿受到损害，某些人甚至渴望受到损害，愿者不受害（Volenti non fit injuria）这一古老的罗马谚语，至今仍在现代法律体系中占据中心

---

[1]　[日]关哲夫：《講義　刑法総論》，成文堂 2018 年版，第 17~18 页。

位置。[1]然而，大数据时代，随着技术霸凌主义的兴起，信息主体非真实的同意成为数据处理者滥用信息的遮羞布，导致个人信息知情同意模式的失灵。有学者据此认为，应当废除同意规则，另行建构个人信息的使用规则。[2]《个保法》对同意规则的再次宣示，也是对这种观点的驳斥。自美国 20 世纪 70 年代通过公平信息实践原则确立同意规则后，同意规则已成为全球个人信息保护立法的惯用策略，德国更是衍生出以知情同意为核心的信息自决权。同意规则的失灵并非其自身问题，而是数据企业利用技术优势滥用同意规则，需要通过其他措施完善同意规则的运用，而非因噎废食地将其废除。

  同意在刑法上的性质，是一个长盛不衰的学术命题。首先，被害人的同意（Zustimmung）在刑法上会产生不同的评价效果。（1）当事人同意是犯罪的入罪要件，例如《德国刑法典》第 109 条规定的"以自残方式逃避兵役义务罪"，征得他人同意使其残废，是构成该罪的情形之一。[3]（2）同意阻却犯罪的构成要件符合性，例如，经过妇女同意与其发生性关系或经过主人同意进入其住宅，不构成强奸罪和非法侵入住宅罪。[4]但是，若同意者不具有同意能力，则同意对构成要件不产生影响，例如未满 14 周岁的幼女不具有同意发生性关系的能力。（3）同意是构成要件减轻事由，例如《日本刑法》第 202 条规定"同意杀人罪"，经被害人同意的杀害行为，不构成故意杀人罪而应构成同意杀人罪。[5]（4）同意是违法阻却事由，该种场合同意不影响构成要件该当性，但可阻却违法性，例如，得被害人同意的轻伤害行为。[6]其中，第二类和第四类一直被学界关注，也正是德国学者格尔茨（Geerds）区分同意的两种类型，前者被称为"合意（Einverständnis）"，后者被称为"承诺（Einwilligung）"。[7]其次，是否应当将同意区分为合意和承诺，理论界存在

---

  [1] [美]乔尔·范伯格：《刑法的道德界限·第 1 卷·对他人的损害》，方泉译，商务印书馆 2013 年版，第 126 页。

  [2] 王洪亮：《〈民法典〉与信息社会——以个人信息为例》，载《政法论丛》2020 年第 4 期。

  [3] [德]汉斯·海因里希·耶赛克、托马斯·魏根特：《德国刑法教科书》，徐久生译，中国法制出版社 2017 年版，第 504 页。

  [4] [日]設楽裕文：《刑法總論》，弘文堂 2018 年版，第 72 页。

  [5] [日]高桥则夫：《刑法总论》，李世阳译，中国政法大学出版社 2020 年版，第 285 页。

  [6] [日]浅田和茂：《刑法總論》，成文堂 2019 年版，第 205 页。

  [7] 林东茂：《刑法综览》，一品文化出版社 2016 年版，第 127 页。

不同态度。罗克辛教授否认严格二分法的必要性，对区分否定论表述赞同。[1]山口厚教授认为，既然否定犯罪成立的根据都是一样（被害人同意），那么对成立条件或有关故意和错误的不同处理就不能认为是妥当的，从而也就没有必要强行区分。[2]在李斯特时代，同意均被视为阻却违法性的事由。[3]现代刑法深受新康德主义影响，坚持构成要件一元说，认为同意始终能够排除行为的构成要件该当性，因为经过同意的行为没有侵犯任何法益。[4]本文认为，有将同意区分为合意和承诺之必要。其一，影响行为人出罪之早晚。合意是在构成要件阶层出罪，承诺是在违法性阶层出罪，合意在出罪流程中要早于承诺，虽然最终结果并无实质差别，但显然前者对行为人更有利。其二，区分论更具有逻辑性。正如前文分析，同意会对行为认定产生不同影响，若统一认定则忽视了其内部差异，不符合场景理性。其三，对认识错误的评价不同。对合意的认识错误会对主观罪过产生影响，例如，醉酒乙男误入邻居甲女家，黑灯瞎火之下乙误以为甲为其妻，甲误将乙当作其夫，继而发生性关系，乙男实为对构成要件事实产生认识错误，应当阻却故意，又因不存在过失强奸罪，则应阻却犯罪。然而，对承诺的认识错误不会影响主观罪过。例如，甲误以为乙同意其实施伤害行为，继而造成乙重伤。甲对致人伤害的构成要件不存在认识错误，不阻却故意，应当构成故意伤害罪。

需要思考的是，《个保法》中的同意在刑法上应当评价为"合意"还是"承诺"？为解决这一问题，先要解决侵犯公民个人信息罪保护的法益问题。关于侵犯公民个人信息罪保护的法益，理论上存在多种论点，主要分为：（1）个人信息权说（多创设为个人信息自决权）；（2）个人人格权说；（3）网络隐私权说；（4）集体法益说；（5）公共信息安全说。[5]如果将个人信息自决权视为侵犯公民个人信息罪保护的法益，则如同强奸罪保护妇女性自决权一样，同意可以直接阻却构成要件符合性，此时的同意则为合意；如果将侵犯公民

〔1〕[德]克劳斯·罗克辛：《德国刑法学总论》，王世洲译，法律出版社2005年版，第357页。
〔2〕[日]山口厚：《刑法总论》（第3版），付立庆译，中国人民大学出版社2018年版，第162页。
〔3〕[德]李斯特：《德国刑法教科书》，徐久生译，法律出版社2006年版，第246页。
〔4〕[日]松原芳博：《刑法总论》，日本评论社2017年版，第125页。
〔5〕姜涛：《新罪之保护法益的证成规则——以侵犯公民个人信息罪的保护法益论证为例》，载《中国刑事法杂志》2021年第3期。

个人信息罪的法益理解为个人人格权或网络隐私权等个人法益，则同意虽不阻却构成要件该当性，但可阻却违法性，此时的同意实为承诺；若将侵犯公民个人信息罪的法益理解为集体法益或公共信息安全等公法益，则表明公民个人对该法益并无处分权，同意不能成为出罪事由。

本文认为，侵犯公民个人信息罪保护的法益为一般人格权。首先，个人信息自决权不符合前置法的规范设计。如果将该罪法益理解为信息自决权，则意味着违背自决权的处理行为皆为非法。然而，《个保法》第 13 条设置了多项同意之外的合理使用规则，意味着自决不具有唯一性。以强奸罪为参照，该罪保护妇女性自决权，只有同意才是合法，同意之外不存在合理使用的情形，由此反推侵犯公民个人信息罪的法益并非个人信息自决权。其次，公共法益说不符合刑法的规范设置。侵犯公民个人信息罪规定在《刑法》第 253 条之一，从体系性视角看，该条所在的章为"侵犯公民人身权利、民主权利罪"，该章所保护的人身权利皆为公民个人人格或身份的私权利（益），如故意杀人罪保护公民生命权、侮辱罪保护公民人格权。由此可见，侵犯公民个人信息罪的法益只能是公民个人的私法益。最后，将侵犯公民个人信息罪的法益界定为一般人格权符合整体法秩序要求。保护公民个人信息权益是各国宪法的共同任务，很多发达国家宪法将保护个人信息写入宪法的人格权范畴。《宪法》虽未直接描述个人信息，但《宪法》第 38 条关于人格尊严保护的条款可以作为个人信息宪法保护的依据。正是如此，《个保法》第 1 条明确规定，为保护个人信息权益……根据宪法，制定本法。体现《个保法》保护个人信息的人格权依据。在《民法典》层面，将个人信息设置在人格权编，并且与隐私权并列作为该编的第六章，体现个人信息的人格权属性。应当注意，《民法典》第 990 条第 1 款，关于具体人格权列举中并未提及个人信息。根据排除法原理，个人信息应当属于具体人格权之外的一般人格权，第 990 条第 2 款规定的保护人身自由和人格尊严正是其抽象的规范依据，也实现了与《宪法》衔接。同时，个人信息自决权排斥合理使用，而一般人格权容纳合理使用，这点在《民法典》第 999 条中已有体现，也为《个保法》第 13 条的诸多合理使用规则寻觅到民法依据。既然，前置法保护个人信息的依据均在于保护一般人格权，作为保障法刑法中的侵犯公民个人信息罪的法益自然也是一般人格权。理论界之所以误将公共法益当作侵犯公民个人信息罪的法益，是错把拱卫法益当作本权法益。个人信息的本权法益为一般人格权，所谓集体法益和公共安全法益均为保护本权法益而设置的拱卫法益，包括《个保法》第44条至第48条所设置的各项个人信息程序性权利均为拱卫法益。对于拱卫法益在刑法层面应当通过侵犯公共秩序类犯罪予以规制，不应错用侵犯公民个人信息罪。由此可见，"同意"在侵犯公民个人信息罪中的性质应当属于承诺，即不阻却构成要件该当性，但会阻却违法性。

我国刑法并未将同意列为法定的违法阻却事由，基于前置法上的统一设置，应当将其视为刑法上的超法规的违法阻却事由。那么，同意能够阻却违法性的根基何在？理论上有四种见解：（1）目的说，承诺因符合正当目的之相当性手段而阻却违法；（2）社会相当性说，依承诺所为之行为，乃属于社会相当性范围内之行为；（3）保护法益不存在说，被害人承诺实为放弃法益保护，因法益阙如而阻却违法；（4）法益衡量说（优越利益说），自我决定之价值与被害人法益价值比较衡量后，因前者优于后者而阻却违法。[1]既然当事人同意行为人的行为，则表明其放弃法律对其特定法益的保护，这种主观意愿在合理限度内应当被尊重，法益阙如说值得肯定。然而，基于法律家长主义考量，同意阻却违法性不应过度。例如，同意杀人行为则是通过绝对的国家禁令以体现保护公共利益的禁忌行为，被害人不具有这类处分权利。[2]此时，同意并不能阻止犯罪对社会的扰乱，故而虽有同意但仍不能阻却对其实施制裁。[3]具体到个人信息领域，当个人信息涉及通信自由和通信秘密等需要宪法保护的更高位阶权利时，仅以告知同意并不能阻却违法，例如，数据企业收集个人的通讯录、聊天记录和通信记录等个人信息，仅遵循知情同意规则明显不足。[4]还需要遵循隐私保护规则以及《个保法》第5条至第8条所确立的个人信息保护原则，否则应当构成侵权，情节严重的构成犯罪。即使合法有效的同意法律也允许权利人行使撤回权，《个保法》第15条第2款规定，个人可以行使同意撤回权，但撤回不具有溯及力，不影响撤回之前合法处理行为的效力。这与刑法上同意撤回如出一辙，正如有学者指出，刑

〔1〕陈子平：《刑法总论》，中国人民大学出版社2009年版，第200页。
〔2〕[德]乌尔斯·金德霍伊泽尔：《刑法总论教科书》，蔡桂生译，北京大学出版社2015年版，第118页。
〔3〕[法]卡斯东·斯特法尼等：《法国刑法总论精义》，罗结珍译，中国政法大学出版社1998年版，第371页。
〔4〕张新宝：《个人信息收集：告知同意原则适用的限制》，载《比较法研究》2019年第6期。

法上的承诺原则上能够自由撤回，然而，对于撤回之前的行为，将原本适用承诺的效力。[1]

综上所述，可以得出如下结论：同意在一定范围内阻却刑事违法性，超越限度的同意也不当然阻却刑事违法性。同时，未经同意但符合其他正当化事由的情形也可阻却刑事违法性。

（二）公共利益目的事由对刑事责任的影响

《个保法》第 13 条第 5 项规定，为了公共利益实施新闻报道、舆论监督等行为，可以在合理范围内处理个人信息。这是对《民法典》第 999 条的重申，《民法典》第 999 条还特别强调使用不合理应当承担民事责任。基于公共利益目的的正当化事由是各国个人信息保护的惯用立法例，GDPR 也有大量分散的公共利益目的条款，可以提炼为六种类型：（1）科学、历史学研究与统计目的；（2）公共卫生和医疗健康目的；（3）保存、披露公共文档和资料；（4）履行国际法义务；（5）人道主义目的；（6）政治选举目的。[2]个人信息的本权法益为一般人格权，但个人信息在流通和使用过程会衍生出使用者利益和公共利益。正是基于对多重利益的考量，立法者才在同意之外设置多项其他类型的合理使用规则，公共利益目的成为与同意并列的个人信息合法使用规则。

公共利益目的是前置法上正当化事由，当然也应是刑法上的违法阻却事由。需要思考的是公共利益目的在刑法上出罪的法律根基何在？基于功利主义刑法观，如果根据刑罚对利益结果影响进行成本——收益分析（a cost-benefit analysis），当刑罚能够增进社会福祉时，那么刑罚就是正当的，功利主义才会支持犯罪化，反之，刑罚则不具有正当性。[3]易言之，公共利益目的之所以能够成为整体法秩序下的正当化事由，正是基于比例原则指导的法益衡量的结果。基于利益衡量的立场，如果不侵害某一较小法益或使其处于危险境地，就无法保护更大的法益，此时的侵害和致险被法律允许。[4]例如，

---

[1]［韩］金日秀、徐辅鹤：《韩国刑法总论》，郑军男译，武汉大学出版社 2008 年版，第 251 页。

[2] 商希雪：《超越私权属性的个人信息共享——基于〈欧盟一般数据保护条例〉正当利益条款的分析》，载《法商研究》2020 年第 2 期。

[3]［英］威廉姆·威尔逊：《刑法理论的核心问题》，谢望原、罗灿、王波译，中国人民大学出版社 2015 年版，第 51 页。

[4]［日］松宫孝明：《刑法总论讲义》，钱叶六译，中国人民大学出版社 2013 年版，第 77 页。

在疫情防控时期，为了公共健康安全，对公民个人健康码信息等相关个人信息的收集即使未经同意，也应具有合法性。据此可见，《个保法》第 13 条第 4 项所列举的"突发公共卫生事件"和"紧急情况"实际上涵摄于第 5 项之下。需要注意的是，第 5 项重点列举了"新闻报道"和"舆论监督"两项公共利益目的应用的具体场景，有必要对二者进行具体分析。

关于新闻报道在刑法中正当化的讨论，一直放在正当业务情景下，即法律规范虽无直接规定，但在社会生活中被认为是正当的业务行为可以阻却违法，例如，通常而言，记者采访的新闻报道就属于正当业务，但是记者不得捏造事实诽谤他人。[1]所谓"业务"，是指基于社会分工之意义所从事的事务；所谓"业务上正当"，意指某些行为虽然在一般生活的利害关系中不被允许，但从该项业务的目的来看，具有特殊的正面意义（符合公共利益目的），此类风险应当被容许。[2]因此，基于新闻报道而有限度地处理公民个人信息可因利益衡量和允许的风险考量，而阻却违法性。然而，这种新闻报道行为阻却违法应当受到限制，如若新闻记者为了个人利益或其他商业利益而进行损害他人名誉与隐私的个人信息处理，也不能阻却不法。这就涉及正当业务行为阻却违法的限度，在日本的外务省泄密案中，新闻记者以泄露隐私为要挟要求外务省公务员（其情妇）告知其有关返还冲绳的秘密电文行为，日本最高裁判所认为被告人为获取信息利用性交关系胁迫，手段不具有正当性，没有认定为正当化，基本上是衡量行为人的报道利益会产生国家的不利益，基于法益衡量而否认正当化。[3]可见，在合理限度内因公共利益目的实施新闻报道而处理个人信息，可基于正当业务法理而阻却违法性。

关于舆论监督阻却刑事违法性需要置于法令行为下讨论。法令行为是指，在表面上具有侵害性但实质却是基于法律、命令和法规，作为行使权利或承担义务而进行的行为，实质是基于法益衡量的优越利益考量而阻却违法性。[4]法令行为主要包含三种类型：（1）职务行为，例如警察逮捕或拘留犯罪嫌疑人；（2）权利义务行为，例如，公民将现行犯扭送至公安机关；（3）基于政

---

〔1〕 张明楷：《刑法学》（上）（第 6 版），法律出版社 2021 年版，第 311 页。
〔2〕 黄荣坚：《基础刑法学》（上），元照出版公司 2012 年版，第 225 页。
〔3〕 ［日］前田雅英：《刑法总论讲义》，曾文科译，北京大学出版社 2017 年版，第 215 页。
〔4〕 ［日］小林宪太郎：《刑法総論》，新世社 2020 年版，第 89 页。

策的行为，例如，购买彩票或赛马行为。[1]在我国，因舆论监督而处理被监督者个人信息行为阻却违法性主要分为两种情况。其一，如果是公权力机关（如纪检委）及其工作人员因舆论监督而处理被监督人的个人信息，则属于职权（职务）行为。其二，如果是企业和公民个人因舆论监督而合理处理被监督人的个人信息，因我国公民拥有《宪法》赋予的检举、揭发等监督、批评权，故应属于权利（义务）行为。因此，基于公共利益目的实施舆论监督而合理处理个人信息，可基于法令行为而阻却违法性。

总而言之，以法益衡量为底色的公共利益目的，可以成为阻却一般违法性和刑事违法性的正当化事由，法律将新闻报道、舆论监督、突发公共卫生事件和紧急情况作为典型代表予以列举，除此以外的其他事项如果符合法益衡量原理，亦可基于公共利益目的而阻却双重违法性。

（三）个人信息合法公开对刑事归责的影响

《个保法》第13条第6项规定，对于已经合法公开的个人信息，可以在合理范围内自由处理。《个保法》第27条再度强调对合法公开的个人信息可以合理使用，除非个人明确拒绝或者处理行为将会对其个人权益有重大影响。该两条内容是对《民法典》第1036条第2项的重申。《个保法》用两条规范重申《民法典》的要求，足见《个保法》对公开个人信息价值的重视。

个人信息公开能够作为合理使用的根基何在？本文认为，这是立法者进行法益衡量的结果。自然人将其个人信息公开或因其他合法事由公开，则意味着个人信息中的保密性法益已阙如，相较于未公开的个人信息，其法益总量明显下降。对此，法律保护已公开个人信息的强度显然应当弱于未公开个人信息，法律的天平应当向个人信息的利用价值一侧倾斜。可见，对于已公开个人信息法律仍会保护，只是保护力度应减弱。因此，法律对已公开个人信息的合理使用划定了范围，合理利用必须具备相应的构成要件，才能阻却违法性。首先，个人信息必须经过合法途径公开。如果未经本人自愿公开也不是其他合法途径公开，则该个人信息的公开是一种非法状态，存在"非法获取—窝藏—非法提供—非法处理"的整条违法犯罪链，可能涉及前文提及的数据窝藏犯罪。而所谓其他合法公开途径，一般包括依行政行为或司法行

---

[1] [日]大谷实：《刑法讲义总论》（新版第2版），黎宏译，中国人民大学出版社2008年版，第228~229页。

为而公开。[1]个人信息上的基本权利并不会因为信息公开而落空。其次，不存在自然人的明确拒绝。对已公开个人信息的利用法律采取的是"选择退出机制"，即原则上可以直接使用但是权利明确拒绝（退出）则应当令行禁止。已公开个人信息具有较强的流通利用价值，法律需要在权益保护和信息利用之间寻求平衡，故这一规则设置具有合理性。最后，对公开个人信息的处理不会侵害自然人的重大利益。对此，《民法典》规定，不得侵害自然人的重大利益；而《个保法》规定为不得"对个人权益有重大影响"。本文认为，两者含义应当相同，应以《民法典》的表述为准。所谓"重大利益"，应当理解为自然人生命、健康或重大财产权益。且不应过于宽泛，否则会限缩对公开个人信息的合理使用。

对已公开个人信息的处理能否阻却刑事违法性，在司法实践中一度产生争议。在《民法典》和《个保法》出台之前，司法实践中对未经信息主体同意处理已公开个人信息的行为，以有罪论为主。[2]在《民法典》生效后，对于类似案件检察院已建议公安机关撤案处理。[3]这一处理结论应当值得肯定，前置法已经将处理公开个人信息行为作为合法化事由，刑法势必也应对其阻却违法性，否则会僭越法秩序统一性原理和造成民刑标准的倒挂，隐藏着极强的法治破坏力。有学者认为，侵犯公民个人信息罪保护的法益为信息自决权，既然自然人已将个人信息公开，则意味着是自己决定的结果，他人在网上爬取公开的个人信息，并不会侵犯其个人信息自决权，并不构成侵犯公民个人信息罪。[4]本文对此并不赞同。首先，自然人将个人信息公开并不意味着就允许他人使用，同意公开不等于同意使用，所以使用行为也可能会侵犯信息自决权。其次，侵犯公民个人信息罪保护的法益实乃一般人格权，信息公开只是表明一般人格权减等保护但不等于取消保护，对其侵犯并不绝对阻却违法性，仍需符合相关要件。言下之意，处理已公开个人信息仍有构成犯罪的可能性。例如，行为人将公开的个人信息收集并提供给电信诈骗团伙，

---

[1] 程啸：《论我国民法典中的个人信息合理使用制度》，载《中外法学》2020年第4期。

[2] 徐州市铜山区人民法院［2018］苏0312刑初字第85号刑事判决书；江苏省丰县人民法院［2017］苏0321刑初字第678号刑事判决书。

[3] 卢志坚、白翼轩、田竞：《出卖公开的企业信息谋利——检察机关认定行为人不构成犯罪》，载《检察日报》2021年1月20日。

[4] 刘艳红：《实质出罪论》，中国人民大学出版社2020年版，第223~224页。

导致信息主体遭受重大人身或财产损失。有学者指出，此时对公开个人信息的处理，既违反了国家有关规定，也违背了信息主体的真实意愿，仍有刑法保护必要性。[1] 对此本文基本赞同，在此场景下，该类行为在前置法上并不具有合法性，在刑法上可能构成侵犯公民个人信息罪和诈骗罪（帮助犯）的想象竞合，择一重罪论处。最后，处理已公开个人信息出罪是法益衡量的结果。既然侵犯公民个人信息罪的法益并非信息自决权，信息公开也不等于个人信息法益的丧失，那么肯定不能以"法益阙如"作为出罪的根基。二元的法益衡量说包含"法益阙如"和"优越利益"两种子类型，可以将处理公开个人信息行为出罪视为对"优越利益"的宣示。具言之，自然人将个人信息公开意味着信息本体利益（一般人格权）的减等和信息使用利益的升格，法律的天平向使用利益一端添置砝码。应当注意，处理公开个人信息作为出罪事由，既不能纳入紧急行为、法令行为，亦不能纳入正当业务行为等传统阻却违法性的事由，而应当作为一种独立类型安置于其他违法阻却事由中，且应是刑法上的超法规的违法阻却事由。

五、结语

寻求个人信息保护与利用的平衡点是《民法典》《个保法》和《刑法》的共同追求，这一需求在《个保法》颁行后更为强烈。一方面，《个保法》作为领域法，具有浓厚的交叉性和综合性，包含民法和行政法的特殊规范，但并不包含犯罪和刑罚的条款，并非真正意义上的附属刑法，应当总体归位于刑法前置法。《个保法》中增设了敏感个人信息、扩充了合理使用的范围等，会对整体法秩序产生深刻影响。另一方面，《刑法》上侵犯公民个人信息罪中个人信息的类型相对单一，不法行为方式并不全面，与个人信息最新立法之间存在着鸿沟。在新法与旧制错杂并行的时代，一味将前置法和刑法分裂适用，很容易导致法秩序的紊乱和适用标准的倒挂，最终会突破罪刑法定原则和招致信息保护与利用的失衡。本文基于法秩序统一性原理，分析《个保法》《民法典》与《刑法》之间的规则滞差和制度壁垒，对由此产生的弊端和风险予以反思，充分发挥刑法教义学的价值观和方法论的作用，弥合前置法与刑法之间的适用裂痕，构筑非法处理个人信息行为的双重违法性检验

---

〔1〕 周光权：《侵犯公民个人信息罪的行为对象》，载《清华法学》2021 年第 3 期。

防线。在对象维度，将分类分级规则植入刑法领域，继而对刑法入罪标准重新解释。在行为维度，充分发挥定罪阶段和量刑阶段的构成要件与法益解释的机能，为非法处理觅寻刑法处置依据。在出罪维度，将《个保法》中的正当化事由与刑法中的违法阻却事由有效衔接，以贯通个人信息处理行为的出罪路径。

误区、机理与模式创新：量刑智能辅助的中国实践

骆　多*

摘　要： 量刑智能辅助是司法现代化、信息化背景下量刑领域发展的新变化、新趋势。然而，我国量刑智能辅助的实践存在着误将人工智能量刑等同于量刑智能辅助、误将算法作为价值评价的主体、误将量刑规范化文本作为设计依据、误将案外因素排斥于量刑过程等诸多误区，导致其面临难以克服的技术瓶颈和法理障碍。事实上，量刑智能辅助的"智能"应理解为"智慧"与"能力"，是利用前沿科学技术对自由裁量的"赋能"而非限制，其构建运用需以过程性的量刑本体为基础，全覆盖、分阶段地完成辅助任务；同时，应严格恪守其"信息提供者"的辅助地位，反对任何形式的司法决策，通过众数分析等基本方式，为法官量刑提供全图谱、跨领域、高精准的参考信息，以实现量刑规范化和个别化的有机统一。

关键词： 量刑智能辅助；量刑规范化；量刑过程；人工智能；司法改革

一、问题的提出

近年来，我国司法领域智能化、信息化建设方兴未艾，包括量刑智能辅助在内的各种刑事司法人工智能应用如雨后春笋般不断涌现，[1]几乎实现了

＊ 骆多，西南政法大学法学院讲师。

〔1〕 较具有代表性的包括北京市各级法院"睿法官"审判辅助系统、上海高院"刑事案件智能辅助办案系统（206工程）"、检察机关"智慧检务4.0"系统、海南省高院"量刑规范化智能辅助办案系统"等。据统计，截至2018年我国已落地的刑事司法人工智能应用已多达数百个，可大致分为智能辅助决策应用系统（涵盖证据审查、事实认定、法律判断等）、智能辅助支持系统（例如辅助阅卷、辅助录入、文案纠错等）、案件管理应用系统（例如统筹优化司法机关内部的"人、事、财、物、策"等管理要素）、诉讼服务应用系统（例如电子文书送达、远程庭审等）等四种基本类型。参见李训虎：《刑事司法人工智能的包容性规制》，载《中国社会科学》2021年第2期。

从刑事审前程序到定罪量刑程序的刑事诉讼流程全覆盖。[1]这些司法人工智能的运用正在悄无声息地影响着我国刑事司法的运作方式和实现效果，并同当前量刑规范化、认罪认罚从宽等重大司法改革在不同层面上发生着耦合反应。[2]

检视该变革过程，其本质是现代信息科技赋能刑事司法活动从而提高审判之质效，某种程度上也是时代发展和现实需求双重影响下的必然结果：一方面，自 2016 年 AlphaGo 面世以来，人工智能以日新月异之态势在全球各领域范围内掀起智能化建设的热潮，特别是在大数据、云计算等新兴信息技术的加持下，包括刑事司法在内的几乎所有人类活动都不可逆转地进入智能信息时代，并在思维理念、行事方式等方面发生着深刻变革，"推动大数据、人工智能等科技创新成果同司法工作深度融合"[3]正是在该变革影响下司法领域的自然变化，也是国家在"信息网络强国战略"下谋篇布局的具体表现；[4]另一方面，新时期司法活动的高效率、精细化、专业性要求也迫使司法部门积极寻找能够有效提高审判质效的技术途径或手段，以化解案多人少的持续性压力，[5]并从诉讼活动的可观察、可预见、可监督、可理解方面不断发力，以满足"让人民群众在每一个司法案件中都感受到公平正义"的现实需求，因此司法领域的智能化、数据化、信息化建设也就成为司法改革的应有之义。

然而，我国当前刑事司法人工智能的实际应用效果却不容乐观。例如，

---

〔1〕 崔亚东：《人工智能与司法现代化》，上海人民出版社 2019 年版，第 109 页。

〔2〕 张富利、郑海山：《大数据时代人工智能辅助量刑的定位、前景及风险防控》，载《广西社会科学》2019 年第 1 期。

〔3〕 习近平总书记在 2019 年 1 月 16 日中央政法工作会议上的讲话。

〔4〕 2016 年中办国办联合印发的《国家信息化发展战略纲要》指出，"智慧法院"成为国家信息化发展战略的组成部分；2016 年 12 月国务院在《"十三五"国家信息化规划》中明确表示"支持'智慧法院'建设"；2017 年 7 月国务院在其发布的《新一代人工智能发展规划》中进一步细化了智慧法院建设的具体内容；2016 年 11 月最高人民法院原院长周强同志在第三届世界互联网大会智慧法院暨网络法治论坛上提出"将积极推动人工智能在司法领域的应用"；2017 年 5 月，最高人民法院在其颁布的《关于加快建设智慧法院的意见》中明确了智慧法院建设的路线图；2022 年 12 月 8 日，最高人民法院发布《关于规范和加强人工智能司法应用的意见》，该意见将进一步推动人工智能同司法工作深度融合，全面深化智慧法院建设，创造更高水平的数字正义。

〔5〕 2018 年我国各级人民法院及专门法院共受理案件 2800 万件，同 2000 年相比增幅高达 423%。详可参见周强：《最高人民法院工作报告——2019 年 3 月 12 日在第十三届全国人民代表大会第二次会议上》，载 http://www.chinacourt.org/article/detail/2019/03/id/3791943.shtml，最后访问日期：2022 年 10 月 1 日。

北京法院系统为统一裁判尺度、提供办案指引而开发的"睿法官"系统由于数据孤岛、专业壁垒、融合壁垒以及系统学习能力欠缺等原因,并未得到真正应用;[1]又如,曾备受关注的贵州刑事案件智能辅助办案系统也几乎未在刑事审判中得到应用,甚至本部法官对此也持完全否定的态度;[2]再如,部分受访法官、检察官认为上海市高级人民法院开发的"刑事案件智能辅助系统(206工程)"的技术无法支撑其参与复杂的事实认定工作,且复杂案件中侦查阶段难以完成繁杂的数据标注和扫描工作,严重制约了该系统效能的发挥。[3]对此,有学者敏锐地指出我国当前司法人工智能实践应用不充分、系统融贯不流畅,在技术探索、知识结构、算法发展领域存在断层现象,既有实践成果同可持续发展的制度逻辑之间并未形成科学有效的衔接;[4]同时还有学者认为,人工智能辅助刑事裁判具有不确定性和可解释性的风险,应当坚守法官的主体性和智能辅助裁判系统的工具性,防止出现对于智能工具的过度依赖和锚定效应;[5]甚至还有学者明确指出,由于社会认同、技术发展与司法伦理等多重障碍,人工智能裁判在中短期都较难全面、深刻地推行。[6]

上述现象表明,我国刑事司法人工智能在"勃兴"之表象下,其实际运行效果不尽如人意。除了技术发展的局限外,还有哪些因素阻碍了刑事司法人工智能的中国进程便是值得探讨的问题。笔者认为,在当前"各自为政""相互竞争"的背景下[7],包括量刑智能辅助在内的刑事司法人工智能的开发应用并不具备稳健的理论基础和充分的技术准备,无论是在概念理解、政策引导等方面,还是在构建逻辑、场景设置、技术运用等方面均存在不同程度的认识误区,从而导致量刑智能辅助的实践探索面临着运行机理不畅、技术难度过高、实践效果不佳、伦理风险较大等诸多问题,又或陷入"科林格

---

[1] 李训虎:《刑事司法人工智能的包容性规制》,载《中国社会科学》2021年第2期。

[2] 李训虎:《刑事司法人工智能的包容性规制》,载《中国社会科学》2021年第2期。

[3] 李训虎:《刑事司法人工智能的包容性规制》,载《中国社会科学》2021年第2期。

[4] 刘艳红:《人工智能技术在智慧法院建设中实践运用与前景展望》,载《比较法研究》2022年第1期。

[5] 朱体正:《人工智能辅助刑事裁判的不确定性风险及其防范——美国威斯康星州诉卢米斯案的启示》,载《浙江社会科学》2018年第6期。

[6] 左卫民:《AI法官的时代会到来吗——基于中外司法人工智能的对比与展望》,载《政法论坛》2021年第5期。

[7] 钱大军:《司法人工智能的中国进程:功能替代与结构强化》,载《法学评论》2018年第5期。

里奇困境"（Collingridge's dilemma）[1]，错失科技发展带给刑事司法的"技术红利"。鉴于此，本文拟对量刑智能辅助的本土实践问题展开系统研究，通过回归量刑本质及规律，意图构建起定位准确、理论科学、功能合理、操作可行的量刑智能辅助的逻辑架构及实践模式，更加有效地促进量刑公正、提升审判质效，以实现"让人民群众在每一个司法案件中都感受到公平正义"的司法改革目标。

二、量刑智能辅助的实践误区

（一）误区一：将量刑智能辅助等同于人工智能量刑

量刑智能辅助实践探索的首要误区，便是将其与"人工智能量刑"（Artificial intelligence sentencing）概念等同视之。[2]这不仅压缩了量刑智能辅助的内涵与外延，还使得其理论建设与技术探索因为"人工智能"（artificial intelligence）现阶段发展的局限，而在法律伦理、风险防范、应用前景等方面遭遇了难以突破的障碍。

从技术运用角度讲，将量刑智能辅助等同于人工智能量刑，将难以突破人工智能在数据、算力和算法方面遭遇的障碍。例如，有学者在司法大数据背景下探讨了人工智能辅助量刑的技术模式和运行板块，提出司法大数据与人工智能应用"数据源—数据整合—知识构建"的一般思路。[3]在该思路的指引下，量刑智能辅助系统的运行必须完成量刑知识图谱的构建、自然语言识别、量刑模型训练、量刑结果预测和量刑偏离预警等系列技术动作。然而，当前的人工智能技术通常无法自主、准确、高效地完成法律知识图谱中的实体抽取、关系抽取与属性抽取等工作，案件知识图谱构建的速度和精度不足以支撑量刑辅助系统的全覆盖要求；此外，即便是知识图谱顺利构建，在作

---

[1] 科林格里奇困境是指人类发展技术过程中的信息和能力困境，即由于难以认识某种技术的发展后果，因此很难提前予以规制，当技术高速发展已经成为社会结构的一部分时，又难以再对其进行控制。David Collingridge, *The Social Control of Technology*, London：Frances Printer, 1980, p. 19.

[2] 有学者通过 Cite Space5. 8. R3 可视化分析工具以"司法人工智能""智慧司法""智慧法院""智能裁判"为主题词，在 CNKI 数据库中以 CSSCI 期刊为文献来源，进行了关键词共现、知识组别共现等本研究领域的知识图谱量化分析；分析结果显示，绝大多数的研究成果均将"司法人工智能""人工智能量刑""量刑智能辅助"等概念进行混用。参见郝乐：《司法人工智能在裁判中的应用及其限度研究》，吉林大学 2022 年博士学位论文。

[3] 王禄生：《司法大数据与人工智能开发的技术障碍》，载《中国法律评论》2018 年第 2 期。

为类案划分基础的自然语言识别（Natural Language Processing，NLP）上，也面临着难以突破的技术障碍；[1]最后，在量刑模拟训练、量刑结果预测和量刑偏离预警问题上，因为基础算法的科学性、有效性、权威性、透明性以及可说明性上存在难以排除的风险，其实际使用效果也会大打折扣。[2]

从诉讼程序角度讲，将量刑智能辅助等同于人工智能量刑，将挑战我国独立审判原则、消解当事人的诉讼权利。[3]审判权是国家权力，在现代社会由国家独占，只能归属于我国司法机关。然而，人工智能量刑概念的出现，将会削弱审判权的独占原则，因为没有任何法官或者法院能够全面掌握数据统计与分析技术，也无法驾驭人工智能的精妙算法，[4]只能借助于科技界和企业的力量，将智能裁判系统的开发外包给司法机关以外的其他主体，如此情形下与其说是法官运用智能系统进行裁判、不如说是智能系统将法官作为实现其算法价值和企业利润的"傀儡"，审判权外溢难以避免；那种试图通过参与开发、审计检查、刑事追诉等方式来保障人工智能裁判公平正义的措施，依然会因为缺乏"法律-科技"复合型人才[5]以及专业知识的壁垒而成为空谈。

从法律伦理角度讲，将量刑智能辅助等同于人工智能量刑，将挑战司法活动的人类自主性和道德优越感，影响刑事裁判的可接受性。众所周知，人工智能的特点是"自主学习性"，特别是在"联结主义"（connectionism）[6]声势渐隆的当下，人工智能技术在与环境的作用与反馈中体现出越来越强烈的主体意识和自主倾向；如果将量刑智能辅助等同于人工智能量刑，则在某

---

[1] 自乔姆斯基转换生成语法问世后，自然语言处理技术得到广泛发展和运用，但是受限于分析数据的体量规模，依然未能在语义分析能力上有所突破，更无法解决语义分析理论的构建问题。随着人工智能技术的进步，自然语言处理朝着构建语义词库的方向努力，但是依然面临语义的模糊性问题，无法实现完美的语义分析。参见吴戈：《人工智能视域下语义问题研究》，吉林大学 2021 年博士学位论文。

[2] "算法黑箱"几乎是所有司法人工智能研究无法回避的问题，这种不信任恰好暴露了除行业隔阂外，智能算法数理逻辑与司法裁判辩证逻辑之间的本质矛盾。

[3] 郑曦：《人工智能技术在司法裁判中的运用及规制》，载《中外法学》2020 年第 3 期。

[4] 左卫民：《关于法律人工智能在中国运用前景的若干思考》，载《清华法学》2018 年第 2 期。

[5] 高鲁嘉：《人工智能时代我国司法智慧化的机遇、挑战及发展路径》，载《山东大学学报（哲学社会科学版）》2019 年第 3 期。

[6] 联结主义，又称仿生学派或生理学派，是一种基于神经网络和网络间的连接机制与学习算法的智能模拟方法。联结主义强调智能活动是由大量简单单元通过复杂连接后，并行运行的结果，其基本思想是，既然生物智能是由神经网络产生的，那就通过人工方式构造神经网络，再训练人工神经网络产生智能。

种程度上承认了基于数据喂养和算力、算法进步而不断更新迭代的这种"裁判辅助工具"将具有先于法官对案件作出判断的主导地位，在此情况下人类在司法活动中的自主性将受到极大制约，裁判者原来具备的道德优越感也会因智能系统的"模仿"和提前介入而受到削弱，也会影响到大众对刑事裁判的可接受性，毕竟相关权利义务的被调整只是某种"参数"的运作或调整，而不是完全依托于法规范解释中的情感共识和生活经验。

从风险防范角度讲，将量刑智能辅助等同于人工智能量刑，将使得司法现代化改革陷入"科林格里奇困境"（Collingridge's dilemma），最终丧失科技赋能刑事司法的"技术红利"。自 1956 年人工智能概念问世以来，虽然有欧盟人工智能道德准则《ETHICS GUIDELINES FOR TRUSTWORTHY AI》（又称为"可信赖 AI 的伦理准则"）[1]和《新一代人工智能伦理规范》[2]等国内外规范准则的约束，但是这些规范准则多是原则性、倡导性规定，并未针对人工智能的算法模型等展开具体规制，特别是在潜在风险研判、风险监测评估、风险预警构建等方面缺乏体系化的应对措施。因此，将量刑智能辅助等同于人工智能量刑时，人工智能数据错误、算法偏见、设计干预等潜在风险会延续到相关系统的开发运用中，并且长期难以解决，这无疑会影响到人们对于司法数据化、信息化、现代化转型的信心，黯淡量刑智能辅助系统的运用前景，当前学界对司法人工智能的质疑之声[3]以及"谨慎乐观"[4]的态

---

〔1〕 2019 年欧盟委员会欧洲人工智能高级别专家组（High-Level Expert Group on Artificial Intelligence, AI HLEG）起草并发布了人工智能道德准则《ETHICS GUIDELINES FOR TRUSTWORTHY AI》（可信赖 AI 的伦理准则），提出了实现可信赖人工智能全生命周期的框架。该准则提出了尊重人自主性、预防伤害、公平性和可解释性等思想伦理准则以及实现可信赖 AI 的七个关键要素：人的能动性和监督；技术鲁棒性和安全性；隐私和数据管理；透明性；多样性、非歧视性和公平性；社会和环境福祉；问责。

〔2〕 2021 年 9 月 25 日，国家新一代人工智能治理专业委员会发布了《新一代人工智能伦理规范》，旨在将伦理道德融入人工智能全生命周期，为从事人工智能相关活动的自然人、法人和其他相关机构等提供伦理指引。该规范提出了增进人类福祉、促进公平公正、保护隐私安全、确保可控可信、强化责任担当、提升伦理素养等 6 项基本伦理要求。同时，提出人工智能管理、研发、供应、使用等特定活动的 18 项具体伦理要求。详可参见《新一代人工智能伦理规范》，载 https://www.most.gov.cn/kjbgz/202109/t20210926_177063.html，最后访问日期：2022 年 11 月 24 日。

〔3〕 朱体正：《人工智能辅助刑事裁判的不确定性风险及其防范——美国威斯康星州诉卢米斯案的启示》，载《浙江社会科学》2018 年第 6 期。

〔4〕 参见熊秋红：《刑事司法中的人工智能应用探究》，载《上海政法学院学报（法治论丛）》2022 年第 6 期。

度，正是这种误解下矛盾情绪的真实表达。

（二）误区二：试图突破价值评价的主体藩篱

量刑智能辅助实践探索的另一个误区便是试图通过价值数据化、价值程式化的方式做出所谓"智能裁判"，以此"辅助"法官的量刑活动。例如，有学者认为"人类正在进入一切皆可计算的时代"，通过信息采集、数据分析和设计算法完全可以实现司法决策的建模化，出现脱离于生物智能的"道德算法""正义算法"。[1] 又如，有学者认为人工智能深度学习技术的飞速进步，可以将大千世界表示为"嵌套的层次概念体系"，价值就可以在这套体系内通过数据的形式实现经验性的穷尽，然后通过数据集和"决策树"（Decision Tree）等算法程式来完成独立的司法决策。[2]

在笔者看来，以上主张脱离了"价值"相对于主体而存在的关系范畴，缺乏对"价值评价"的多维考察，不仅消解了人们因反省"法机械主义""法规则主义"所积累的理念共识，也增加了人类社会在智能技术面前丧失话语权和主导权的隐忧，从而使得量刑智能辅助系统的开发应用陷入难以自圆其说的伦理困境。事实上，法律适用中价值判断的主体只能是人类（法官），而不能让渡给任何人工智能技术或主体，即便是人工智能技术发展到"强人工智能"阶段，甚至超越了人脑的智识程度，也不能突破这种价值评价的主体藩篱。

首先，"价值评价"是关系范畴，呈现为客体相对于主体"人"的效益关系表达，是"人性"的体现，任何独立或者模仿"人"的所谓"价值评价"，都不具有其原本的真实性。在哲学探讨中，价值有存在说与非存在说的对立，[3] 但是无论何种主张均以主体（人）和客体（外在世界）的分化为前提，正如价值哲学大师文德尔班（Windelband）所指出的那样，价值观念是"被定义为满足某种需要的东西，或者被定义为唤起某种快乐的东西"，而影响其评价的因素就是人的情感和意志。[4] 数据化的"价值算法"虽然也能得

---

〔1〕 马长山：《司法人工智能的重塑效应及其限度》，载《法学研究》2020 年第 4 期。

〔2〕 彭中礼：《司法人工智能中的价值判断》，载《四川大学学报（哲学社会科学版）》2021 年第 1 期。

〔3〕 李德顺主编：《价值学大词典》，中国人民大学出版社 1995 年版，第 8~9 页。

〔4〕 ［德］文德尔班：《文德尔班哲学导论》，施璇译，北京联合出版公司 2016 年版，第 157 页。

出某种评价结果，但是该结果并非人类自身基于其"精神观念"[1]或"主体属性"[2]而做出，最多只能算作是对人类已有的价值评价现象的一种归纳总结或高度模仿，不会是人类主体在改造世界的实践中所产生的真实结论，不具有互动性和再创造性。

其次，"价值评价"是社会共识，表现为人类社会在发展变化过程中形成的某种"集体感悟""历史经验""普遍情感"，不应当由拥有某种智能技术的企业或个人来垄断描述，更不能够由其开发的"人工智能体"来主导。以刑法中"猥亵""淫秽"等规范性概念为例，对其解释凭借的不是修辞学更不是符号学，而是社会共识——某种涉性行为会不会对人们普遍遵守的性道德和性风俗产生危害，从而动摇社会生活的基础。这种共识同一个民族长期以来的人文传统有关，只能够在产生它的民众中去表达和传递，而不应当由某种"智能化"的算法程序来提供，后者不仅达不到穷尽所有经验性知识的技术能力，也不具备代替民众发言的正当性基础。

最后，"价值评价"是动态互动的过程，无时无刻不在发生流变与更新，由智能程序事先设定的"价值算法"必然无法有效应对这一现象。有学者认为人工智能技术对价值评价的数据化本质上就是对以价值为核心词汇的经验性知识进行穷尽，把"价值""自由""平等""秩序""公平""正义"等词语转化成可以用属性特征来观察的词语，然后对其特征向量进行描述，并对它们予以标记，[3]从而完成价值评价的数字化。但是，这种做法除了前面所提到的技术难度和正当性缺陷外，还忽略了"平等""秩序""公平""正义"等价值词汇无限丰富、不断变化的内涵，例如《宋刑统》中"如盗杀马牛，头首处死"所体现的正义价值放在今日则难以获得公众认同。倘若将相关程序设计成开放、动态、自我修改的算法模式，又会极大增加系统出错或者失灵的风险，这可谓两难。

---

〔1〕 价值观念说或精神存在说认为，价值归根结底是人类的一种精神现象，属于人的旨趣、情感、意向、态度和观念方面的感受；价值只产生于人们对客观的评价之中，价值不属于世界的现实存在。参见李德顺主编：《价值学大词典》，中国人民大学出版社1995年版，第8~9页。

〔2〕 价值的主体属性说认为，价值产生和存在于作为主体的人的本性、需要、意识、能力和意志之中，因此价值的实现和创造被归结为人的自我意识、自我运动和内在素质本身。参见李德顺主编：《价值学大词典》，中国人民大学出版社1995年版，第8~9页。

〔3〕 彭中礼：《司法人工智能中的价值判断》，载《四川大学学报（哲学社会科学版）》2021年第1期。

（三）误区三：以量刑规范化文本为设计蓝本

当前我国量刑智能辅助的另一个重要特点便是普遍以"量刑起点-基准刑-宣告刑"的规范化量刑方法为设计开发蓝本。[1]有学者便明确指出："量刑是一道关于法律规则与自由裁量的'数学题'，法律规则是检察工作人员用以解题的'算法'，而《人民法院量刑指导意见（试行）》《关于规范量刑程序若干问题的意见（试行）》等司法规范文件正是关于'算法'的使用说明。"[2]如此做法虽然有利于相关系统更好地被实务部门所接受、更好地衔接量刑规范化改革的相关要求，但同时也延续了量刑规范化"量刑基准/量刑起点"设计不科学、量刑情节适用简单机械等问题，影响到了智能辅助系统的实际运行效果。

首先，规范化量刑方法量刑起点的设计科学性不足。2021 年最高人民法院、最高人民检察院《关于常见犯罪的量刑指导意见（试行）》（以下简称《量刑指导意见》）规定，量刑起点"根据基本犯罪构成事实在相应的法定刑幅度内确定"，试图在排除所有法定或酌定量刑情节的影响下，通过对个罪犯罪构成的抽象来寻找出作为量刑起始标准的刑罚量。[3]如此规定，存在以下几个问题：其一，《量刑指导意见》中对个罪量刑起点的划分，实际上是根据个罪基本犯、加重犯或再加重犯的犯罪构成进行的设计，将其笼统地称为"基本犯罪构成事实"容易引起人们理解上的混淆；其二，部分罪名量刑起点的划分并非犯罪构成类型的加重，而仅仅是犯罪数额增加等"量刑规则"的要求，当某个具体数额达到"巨大"或"特别巨大"的标准时，如何将其拆分为作为"基本犯罪构成事实"的数额从而确定量刑起点以及"其他影响犯

---

[1] 以湖北省"智能量刑辅助系统"为例，该系统依据最高人民法院量刑规范和指导意见进行设计，一个刑事案件经过确定量刑起点、调整基准刑、常见量刑情节的适用和调整、确定量刑建议就可以完成量刑建议操作；量刑生成过程中，系统会把所有与量刑有关的要素及计算方法显示于界面，让检察官可以直观、清晰地看到系统量刑计算的全要素全过程，方便检察官根据个案实际情况对量刑进行精准度校正。

[2] 吴沈括：《以代码实现法律规则 用技术促进司法公正》，载 https://www.spp.gov.cn/spp/llyj/202008/t20200822_ 477552.shtml，最后访问日期：2023 年 1 月 29 日。

[3] 例如，构成交通肇事罪的，根据下列不同情形在相应的幅度内确定量刑起点：（1）致人重伤、死亡或者使公私财产遭受重大损失的，在二年以下有期徒刑、拘役幅度内确定量刑起点。（2）交通运输肇事后逃逸或者有其他特别恶劣情节的，在三年至五年有期徒刑幅度内确定量刑起点。（3）因逃逸致一人死亡的，在七年至十年有期徒刑幅度内确定量刑起点。参见 2021 年 7 月 1 日最高人民法院、最高人民检察院施行的《关于常见犯罪的量刑指导意见（试行）》（法发〔2021〕21 号）。

罪构成的事实"的数额从而确定基准刑，则会因各省市实施细则的不同而存在较大的差异；其三，部分犯罪的构成特征决定了无法妥善区分"基本的构成事实"以及"其他影响犯罪构成的事实"，倘若对完整的、同一的某个犯罪事实进行人为拆分，不仅缺乏法律根据，也有违全面评价原则；[1]其四，减轻犯也由犯罪构成事实所决定，也存在排除所有量刑情节的"量刑起始标准"，而《量刑指导意见》量刑起点的设计并未关照"构成减轻"的情形，而是将其全部作为量刑情节的一种，放置于基准刑的范畴中去调整处理，这不仅有违"减轻犯由定罪事实决定"的司法原理，也悬空了量刑起点的制度功能、限制了《量刑指导意见》罪名适用范围的推广。[2]

其次，规范化量刑方法量刑情节的适用较为简单机械。根据《量刑指导意见》，量刑情节有"一般量刑情节"和"特定量刑情节"之分。对于前者，根据各个量刑情节的调解比例，采用"同向相加、逆向相减"的方法；对于后者，也根据各个量刑情节的调解比例，采用"部分连乘、部分相加减"的方法，在量刑起点基础上调节所谓的基准刑，甚至还将"被告人犯数罪，同时具有适用于各个罪的立功、累犯等量刑情节的"，也"先适用该量刑情节调解个罪的基准刑"和"确定个罪所应判处的刑罚"，再通过数罪并罚确定执行的刑罚。如此方法，实际上是既不区分案件是否为个罪与数罪、是否区分为基本犯与加重犯、减轻犯，也不问量刑情节是从轻从重处罚的还是减轻、免除处罚的，全部笼统地予以量化并一起运算，从而违背了刑法关于量刑情节制度运行和法定刑运行的立法规定，继而出现量化结果为"在法定最高刑以上"加重处罚的悖论局面。[3]

最后，规范化量刑方法对非数额型犯罪的处理不尽完善。按照我国传统刑法学理论和司法习惯，对于同种数罪一般不予数罪并罚，而是按一行为从

---

[1] 以虐待罪为例，其基本犯罪构成属于情节犯，要求行为人虐待家庭成员要达到情节严重的标准方可入罪。然而，日常生活中的虐待行为具有长期性、交叉性、复杂性、连续性、徐行性的特点，很难从因果关系上判断哪一个具体虐待行为造成了何种程度的具有量刑起点意义的伤害后果。

[2] 实施爆炸行为"尚未造成严重后果"的是爆炸罪的减轻犯（通说认为是爆炸罪的基本犯），此时的犯罪后果不是量刑情节而是定罪情节，直接决定了量刑起点的具体法定刑范围，而不是在"十年以上有期徒刑、无期徒刑、死刑"的爆炸罪基本犯的法定刑范围内确定所谓的量刑起点后再去调节基准刑，这在客观上也无法完成。故而，《量刑指导意见》仅规定了常见的23种罪名的量刑，相较于《刑法》483个罪名总数而言，范围实属太小。

[3] 石经海：《量刑的个别化原理》，法律出版社2021年版，第317页。

重处罚。[1]因此，在同种数罪皆为既遂或者未遂时，按照《量刑指导意见》的规定进行量刑并无疑问，但是如果出现同种数罪部分未遂、部分既遂的情况，那么如何量刑的问题就变得复杂起来。例如，由于有相关的司法解释作参照，各地高级人民法院发布的实施细则在处理数额型犯罪的部分既遂、部分未遂时较为统一。[2]然而，在非数额型犯罪中就不能照搬上述经验。因为评价被告人刑事责任的事实因素增加了，再加上犯罪形态与主体责任能力相结合等，[3]不能再简单地以部分犯罪的既未遂情况来确定基准刑。最高人民法院刑事审判第三庭编著的《量刑规范化实务手册》对此的处理方式是："应当以全部犯罪构成事实来确定基准刑，在此基础之上，将部分未遂、部分未成年人犯罪、部分从犯情节作为酌定从轻处罚情节，在定性分析的基础上，确定从轻调节的幅度，并对基准刑进行调节。"这就说明了"同向相加、逆向相减""部分连乘、部分加减"的情节分步处理规则变得不再适用，而规则不能在内部实现融贯的现象又恰恰说明此量刑方法具有局限性，制度设计与量刑规律之间还存在一定的隔阂。[4]

（四）误区四：轻视排斥刑事裁量的案外因素

理论及实践普遍认为，传统量刑方法是一种没有固定步骤、程式以及制度规范的量刑方法，面对案件的处理全然依靠法官的法律意识和实践经验，带有强烈的主观性和随意性，案外因素的介入极易导致量刑偏差与失衡，有损刑事司法的稳定与公正。[5]因此，在量刑规范化改革的过程中，无论是实体规则还是程序设计都在尽可能排除案外因素对量刑结果的影响。例如，有学者明确指出"在重申'以事实为根据，以法律为准绳'的量刑指导原则的前提下，《量刑指导意见》以明示的方式列出法官在量刑过程中应当考虑的法定因素并对其适用进行规范和统一，这一举措也表明那些没有被意见提及的因素都是无关因素，不影响法官的量刑决策。随着改革的全面推行，保证那

---

〔1〕 侯国云：《刑法总论探索》，中国人民公安大学出版社 2004 年版，第 404 页。

〔2〕 既遂部分所对应的量刑幅度较重，或者既未遂所对应的量刑幅度相同的，可以既遂部分确定基准刑，未遂部分作为酌定从重处罚情节调节基准刑；未遂部分对应的量刑幅度较重的，可以未遂部分确定基准刑，既遂部分作为酌定从重处罚情节调整基准刑，并且明确了酌情从重处罚的幅度。最高人民法院刑事审判第三庭编著：《量刑规范化实务手册》，法律出版社 2014 年版，第 34~35 页。

〔3〕 例如跨法定年龄阶段连续犯的既未遂问题。

〔4〕 骆多：《规范化量刑方法构建基础之检讨》，载《法商研究》2016 年第 6 期。

〔5〕 皮勇等：《量刑原论》，武汉大学出版社 2014 年版，第 234 页。

些未被规范性文件提及的法外因素被排除出法官量刑的考虑范畴，不再对法官的量刑决策产生显著影响，亦是量刑规范化的应有之义"。[1]由于当前的量刑智能辅助以量刑规范化改革为设计蓝本，因此在技术选择上也呈现出这样一种特征。[2]

事实上，量刑过程并不能完全排除案外因素[3]，因为预防刑的判断往往需要考虑犯罪人的性别、受教育程度、婚姻状况、家庭结构、治安环境、党政国策甚至政治形势等因素的影响。"刑罚世轻世重，惟齐非齐，有伦有要"[4]的经典表述时刻提醒着司法工作者必须具备审时度势的能力，而 "政治效果、社会效果、法律效果相统一" 的司法理念更是案外因素影响裁判的有力注解。以政治因素为例，我国任何刑事裁判都不能忽略党政国策从顶层架构到底层实践的影响，"让人民群众在每一个司法案件中感受到公平正义" 蕴含的是 "服判息讼" "维护秩序" "稳定大局" 以及 "回应热点" 的现实诉求。[5]所以，司法作为制度体系的一种架构，不可能完全隔绝政治，"法院在某些情况下不得不处理社会政策问题，这并不是因为人们特别希望他们这么做，而是因为通常情况下法院没有别的选择"。[6]进而言之，当案外因素以法官经验或常识的方式影响刑罚裁量时，任何客观外在的技术手段是难以对其观察和量化的；倘若对此予以 "遮蔽"，不在智能算法中予以描述和体现，则推导出的结论将必然与现实脱节，不能反映刑事裁判的真实面貌。

三、量刑智能辅助的运行机理

笔者认为，上述现象之所以出现，除了新兴事物发展本身的不成熟以外，更重要的原因在于市场-官方的双重驱动模式[7]下量刑智能辅助的理论研究

---

[1] 劳佳琦：《量刑的法外因素与量刑规范化改革》，载《中国刑事法杂志》2022 年第 2 期。

[2] 例如，湖北省检察机关开发的 "智能量刑辅助系统" 便完全对照《量刑指导意见》罗列的法定、酌定量刑情节。

[3] 常见的案外因素包括犯罪人的性别、受教育程度、婚姻状况、家庭结构、治安环境、党政国策、政治形势等。

[4] 《尚书·吕刑》。

[5] 近年来，刑事司法领域中涉黑案件、腐败渎职案件、侵害未成年人案件等的判罚在体现国家意志方面表现得尤其明显。

[6] [美] 李·爱泼斯坦等：《法官如何行为：理性选择的理论和经验研究》，黄韬译，法律出版社 2017 年版，第 24 页。

[7] 钱大军：《司法人工智能的中国进程：功能替代与结构强化》，载《法学评论》2018 年第 5 期。

相对薄弱，未能全面揭示量刑智能辅助的本质特点、构建基础以及实践边界所致，其实践呈现出某种程度的盲动。鉴于此，有必要结合我国实际，对量刑智能辅助的运行机理进行全面系统的探讨，不断夯实其理论基础，如此方能构建起定位准确、机理通畅、功能合理、操作可行的量刑智能辅助新模式。

（一）量刑智能辅助的概念厘清

笔者认为，量刑智能辅助问题的研究运用不能在模糊泛化的语境下展开，[1] 目前在 "大数据司法" "智慧法院" "人工智能司法" 等概念常常被混淆使用的情况下，更应该廓清量刑智能辅助的基本概念，并以此为基础探讨其运行机理和本土构建的问题，毕竟概念是反映事物本质属性的思维形式，且 "一个探索者在任何领域里的工作，总是从该领域中有用的语言和概念开始"。[2]

首先，量刑智能辅助中的 "智能" 应当做超越 "人工智能" 的理解。在古汉语中的智能是指某种心理活动和才情，例如 "所以知之在人者谓之知，知有所合谓之智。所以能之在人者谓之能，能有所合谓之能"[3]，又如 "不知乘物而自怙恃，夺其智能，多其教诏，而好自以"[4]；现代汉语中 "智能" 有 "智慧" "能力" 以及 "具有人的智慧与能力" 等意思，[5] 也指人们在智性认知活动中具有的实践性、分析性思维，表现为 "适应、形塑和选择环境的能力"。[6] 所以，从词源上看，"智能" 主要由描述对象的智慧性和能力性两部分组成，是愚昧、盲目、非理性的对立范畴，并存在着从低级到高级、从落后到先进的进化论意义，不能直接看作是 "人工智能" 的简称。考察各国司法实践，其量刑智能辅助系统的开发应用也均反映出上述旨趣。例如，荷兰自 20 世纪末便逐次建立起审判的 "决策支持系统"（Rule-based Decision Support System，1997）、"NOSTRA 与法官量刑系统"（Sentencing Systems

〔1〕 截至目前，量刑智能辅助的近似概念有 "智慧量刑"（安庆市怀宁县人民检察院、合肥市包河区人民检察院）、"量刑智能辅助系统"（河南省人民检察院、广州市南沙区人民检察院）、"量刑建议智能辅助系统"（阆中市人民检察院）、"量刑规范化智能辅助系统"（最高人民法院、海南省高级人民法院）等。

〔2〕 ［美］E. 霍贝尔：《原始人的法》，严存生等译，贵州人民出版社 1992 年版，第 17 页。

〔3〕 《荀子·正名篇》。

〔4〕 《吕氏春秋·审分》。

〔5〕 中国社会科学院语言研究所词典编辑室编：《现代汉语词典》（修订本），商务印书馆 1996 年版，第 1625 页。

〔6〕 Robert A. Wilson and Frank C Keil (eds.), *The MIT Encyclopedia of Congnitive Sciences*, Cambridge, MA: MIT Press, 1999, p. 409.

for Judges and Prosecutors，JDSSs），[1]这些系统的目的是方便法官裁量时进行类案检索，而非矫正监督法官的量刑活动，其技术特征是数据库链接，并非某种 AI 算法，目的在于提高类案检索的准确度；又如，澳大利亚新南威尔士州（New South Wales，NWS）2003 年后建立起"司法资讯研究系统"（Judicial Information Research System，JIRS），该系统并不介入法官的自由裁量权、也非量刑的监督者，而是一个提供大量的、相互关联的超链接的单元查询系统（或数据库），所有的法律图书、法律条文、案例（5000 万个案例）统统收纳其中，[2]法官随时可以进入系统查询自己需要的资料，以及类似案件的判决结果，借此提高法官裁判的效率，其中也没有人工智能的显著痕迹；再如，作为所谓人工智能量刑典型代表的美国 COMPAS（the Correctional Offender Management Profile for AI-ternative Sanctions）系统，其仅是刑事司法评估工具系统发展到第四代的风险评估软件之一，[3]在此之前还有暴力犯罪评估指南（Violence Risk Appraisal Guide，VRAG）[4]、联邦审前风险评估系统（Pre-Trial Risk Assessment tool，PTRA）[5]、历史/临床/风险管理-暴力犯罪再犯风险预测系统（the Historical，Clinical，and Risk management violence risk assessment，HCR）[6]、水平估量表（the Level of Service Inventory -Revised，LSI-R）等[7]，这些系统的基础算法并无明显的人工智能特征，但是都可以

---

[1]　郭玉珍：《量刑与刑量：量刑辅助系统的全观微视》，元照出版公司 2013 年版，第 75 页。

[2]　郭玉珍：《量刑与刑量：量刑辅助系统的全观微视》，元照出版公司 2013 年版，第 41~45 页。

[3]　美国司法系统中的刑事司法风险评估工具（Risk Assessment Tool/Software）最初原理是在恢复性司法理念指导下，刑事裁判者（法官、假释官）和相关专业人员（心理学家、精神病学家及社会工作者）通过专业知识、裁判经验、临床诊断以及非结构性访谈等方法对行为人的再犯可能性作出评估，从而影响法官量刑。此后，随着评估方式和评估技术的变化发展，该系统的运行特征表现为先将风险因子（动态和静态）量化，再通过数据运算等方式得出犯罪人暴力犯罪风险估值、再犯风险估值、社区矫正失败估值等报告，以作为量刑社会报告（PSI）的组成部分，供法庭在量刑时予以参考。参见卫晨曙：《美国刑事司法人工智能应用介评》，载《山西警察学院学报》2020 年第 4 期。

[4]　该系统是美国刑事司法第二代风险评估工具的代表之一，主要针对暴力犯罪的裁判研发，评估的风险因子有 12 项，包括年龄、婚姻状况、犯罪前科以及精神疾病等。

[5]　该系统是美国刑事司法第二代风险评估工具的另一代表，主要针对缓刑的裁判研发，评估的风险因子主要包括所犯罪行的严重性、教育程度、年龄以及工作状况等。

[6]　该系统是美国刑事司法第三代风险评估工具的代表之一，在暴力犯罪裁判领域具有广泛的影响，其评估的风险因子包括了首次暴力犯罪的年龄、人际关系、就业状况、滥用药物状况、精神疾病、自制力缺乏、易冲动、治疗无感、犯罪改造计划不可行性、罪犯缺乏人文支持、压力等共总 20 项。

[7]　该系统是美国刑事司法第三代风险评估工具的另一代表，风险评估因子扩展到 54 项，可大致归为十类。

极大地提高再犯预测的科学性。

其次，量刑智能辅助不能混淆于"大数据司法"。所谓"大数据"（big data），既可以指代一种巨量的数据集合〔1〕，也可以代表对数量巨大、来源分散、格式多样的数据进行采集、存储和关联分析，从中发现新知识、创造新价值、提升新能力的新一代信息技术和服务业态。〔2〕我国"司法大数据"主要来源于司法系统内外部的全量或较全量数据，主要包括审判流程类数据、执行信息类数据、法律文书、庭审活动信息类数据、司法政务人事类信息、外部协查类数据等六类；〔3〕而"大数据司法"则是指利用云计算、分布式处理技术、存储技术和感知技术对上述数据进行联通运用，从而提升司法活动质效的司法新样态。自 2013 年以来，我国法院系统司法大数据建设经历了从初步探索到平台建设，再到深化研究和应用推广等不同阶段，建立了司法数据自动生成、数据质量保障、数据比对反馈、数据动态展现等四类数据管理机制，实现了全国法院数据的自动入库、自动质检、自动反馈数据质量和自动计算等重要的数据汇聚功能，基于司法大数据而开发的各类司法行政辅助系统、审判管理系统（包括本文所涉的各类量刑预测推荐或偏离预警系统）、审判辅助系统纷纷上线，有效满足了司法统计、审判运行态势分析、审判智能化分析应用、社会治理等需要。〔4〕因此，"大数据司法"不是量刑智能辅助本身，而是后者的基础。

最后，量刑智能辅助并不等于"智慧法院"。智慧法院是指以促进审判体系和审判能力现代化，提升司法为民、公正司法水平为目标，依托现代人工智能，围绕司法为民、公正司法，坚持司法规律、体制改革与技术变革相融合，以高度信息化方式支持司法审判、诉讼服务和司法管理，实现全业务网上办理、全流程依法公开、全方位智能服务的人民法院组织、建设、运行和

---

〔1〕 研究机构高德纳（Gartner）给出了这样的定义："大数据"是需要新处理模式才能具有更强的决策力、洞察发现力和流程优化能力来适应海量、高增长率和多样化的信息资产。麦肯锡全球研究所（Mckinsey）给出的定义是：一种规模大到在获取、存储、管理、分析方面大大超出了传统数据库软件工具能力范围的数据集合，具有海量的数据规模、快速的数据流转、多样的数据类型和价值密度低四大特征。

〔2〕 2015 年 8 月 31 日国务院《促进大数据发展行动纲要》（国发〔2015〕50 号）。

〔3〕 孙晓勇：《司法大数据在中国法院的应用与前景展望》，载《中国法学》2021 年第 4 期。

〔4〕 孙晓勇：《司法大数据在中国法院的应用与前景展望》，载《中国法学》2021 年第 4 期。

管理形态。[1]智慧法院的终端应用设施包括导诉机器人、手机立案平台、多元纠纷结果预测、无人机等。所以,"智慧法院"是法院信息化建设的宏观布局与顶层设计,体现为一种工作形态,既不能以"智慧法院"来代指某个具体的智能应用系统,也不能以某个智能应用系统的成熟程度和科技化水平来评价"智慧法院"的建设效果。

事实上,量刑智能辅助之"智能"应理解"智慧"与"能力",而不能狭隘地理解为"人工智能"。其中,"智慧"是指量刑合理性与科学性的提升,意味着在某种制度或技术加持下,对量刑事实更为详细准确地分析、对量刑标准更加清晰稳定地掌握、对量刑经验更加有效妥善地运用、对量刑效果更加及时客观地预判、对量刑说理更加透彻严谨地展示等;"能力"意味着量刑规范性与高效性的增强,意味着在某种制度或技术的加持下,量刑程序更加透明规范、量刑更有效率。质言之,量刑智能辅助所追求的绝非量刑自动化或量刑数量化,更非利用人工智能技术去替代法官自由裁量权的行使;相反,智能辅助是利用人工智能、大数据、云计算、区块链等前沿技术"赋能"刑事司法,使得法官的自由裁量权有更为全面的判断素材、更加充分的裁量理由,从而弥补法官个人经验和学识的局限,使得裁量结果更加科学合理。因此,任何可以提升量刑"智慧"与"能力"的技术手段都可以作为量刑智能辅助的手段,而不应仅仅限于"人工智能"。

(二)量刑智能辅助应以过程性的量刑本体为构建依据

正如前文所述,实践中人们习惯于将量刑规范化改革作为量刑智能辅助的构建依据,并希望帮助规范化量刑在量刑结果精准化、量刑情节数量化等方面实现重大突破。然而,这种做法没有认识到量刑规范化改革也只是对量

---

[1] "智慧法院"的建设历程大致如下:2016 年 1 月 29 日,最高人民法院信息化建设工作领导小组举行 2016 年第一次全体会议,最高人民法院原院长、信息化建设工作领导小组原组长周强主持会议并讲话,首次提出建设立足于时代发展前沿的"智慧法院";2016 年 7 月,中共中央办公厅、国务院办公厅印发《国家信息化发展战略纲要》,将建设"智慧法院"列入国家信息化发展战略,明确提出:"建设'智慧法院',提高案件受理、审判、执行、监督等各环节信息化水平,推动执法司法信息公开、促进司法公平正义";2016 年 12 月 15 日,国务院印发《"十三五"国家信息化规划》,明确指出,支持"智慧法院"建设,推行电子诉讼,建设完善公正司法信息化工程;并将电子诉讼占比作为 5 个信息服务指标之一,全国法院电子诉讼占比要在 2020 年超过 15%。2018 年 4 月,最高人民法院发布的《智慧法院建设评价报告(2017 年)》显示,在全国法院网络信息化"三大能力"中,基础支撑能力指数最高,达到 90,基本形成以"云网一体化"为纽带的信息基础设施全覆盖格局;智慧法院建设指数在 80 至 90 区间的法院最多,达到 847 家,标志着全国智慧法院已初步形成。

刑本质规律的探索和实践，并非量刑本体；改革过程中的试错、容错和改错会给量刑智能辅助的构建运用带来极大的不确定性，也无法保障量刑智能辅助发展方向上的相对稳定和科学。

一方面，量刑规范化改革的文本可能会增加量刑智能辅助的规则主义风险。规则主义是指以法律的确定性为法律适用的前提，排除法官的自由裁量权，严格依照法律条文的规定进行裁决的一种司法观念。例如，为了保障量刑规则被一体遵循，规范化文本以刑罚量化作为其核心内容，期望利用量刑情节量化的严谨客观来克服因法官理性、知识、技术、良知的不同而带来的量刑失衡问题，但如此一来，诸如法律原则、社会影响、伦理道德、刑事政策等诸多对量刑至关重要的因素都会受到影响，法官的辩证思维也难以展开，更不用说充分合理的量刑说理了。

另一方面，以量刑规范化作为量刑智能辅助的构建基础也有本末倒置的嫌疑。量刑规范化制度文本的生命在于对量刑经验的记载，文本能否得以长期遵循的根本条件在于经验记载的可靠与否。然而，量刑经验在总结提炼成可被法官普遍借鉴的制度规则时，会面临归纳思维的局限性问题。例如，我们可以说"构成交通肇事罪致人重伤、死亡或者使公私财产遭受重大损失的，可以在2年以下有期徒刑、拘役幅度内确定量刑起点"是通过对大量司法实践经验的总结得出的，以此为起点进行量刑的其他步骤最有可能实现罪刑均衡和实质公正，并且最大限度地避免上诉、抗诉以及社会舆情的诘难，但是我们不能保证这一标准在任何情况下都是"金科玉律"。[1]

此外，量刑智能辅助也不能以某种技术手段为其发展运用的核心依托。尽管量刑智能辅助的勃兴离不开大数据、云计算、区块链、人工智能等现代科技的突飞猛进，但是技术在任何时候都不能成为量刑智能辅助的主导，这是技术工具属性的多样态性和非稳定性所决定的。一方面，在法律领域存在立法技术[2]

---

〔1〕 石经海、骆多：《量刑过程视角下量刑方法分段构建研究》，载《中国刑事法杂志》2015年第1期。

〔2〕 具体包括结构技术、程序技术和文本技术，涵盖效力位阶、概念界定、逻辑修辞以及风险分析等诸多范畴。参见杨玉豪：《立法技术和理念对立法质量的影响》，载《五邑大学学报（社会科学版）》2007年第4期。

与司法技术〔1〕的分野，如果量刑智能辅助以技术手段作为"起始"和"根基"，那么就应该厘清智能辅助技术是在上述何种意义上被使用，因为不同意义上的量刑智能辅助的构建重点会有所不同。例如，如果从立法技术的意义上使用智能辅助技术，那么人们就会将更多的精力投放到技术体系内部的逻辑自洽和协调统一上，反倒降低了对量刑效果的关注程度；如果从司法技术的意义上使用量刑技术，那么人们就会更多地关注具体个案，并且将精力放到量刑技术微观层面的运用上，〔2〕而这并不利于量刑智能辅助的一般化和系统化。另一方面，以智能辅助技术作为量刑智能化辅助的构建基础还会导致量刑智能辅助的不稳定，因为量刑技术在司法实践中通常不是以单一技术状态呈现的，而是融入了数学、统计学、计算机信息技术、〔3〕心理学、〔4〕社会学等诸多内容，如果以智能辅助技术作为量刑智能辅助的构建基础，那么要考虑技术内部的主次结构和彼此之间的关系。然而，人们并没有特别有效的手段对此做出预先判断以及合理的安排，只能通过实践来不断摸索，这就导致量刑智能辅助长期处于"待检修"的不稳定状态。另外，随着时代的发展和科技的进步，智能辅助技术自身也在不断发展变化，同种类型的技术之间可能会发生质的差异，这也会导致量刑智能辅助的不稳定。

所以，量刑智能辅助的构建基础还是应当回到量刑的基本原则和本质规律上来，即必须以量刑本体作为其技术发生和实际运用的前提。所谓量刑本体，〔5〕即为量刑之根本实体，是指在运行规律上将适用于一般对象的抽象法律规范适用于具体个案、具体犯罪人，并上升为理性具体（法律真实、相对真理）的司法活动。这个活动不是法律规范的简单具体化，而是法律规范与具体案情、犯罪人的具体情况甚至刑事政策所结合的综合体，是一般化（共同法律规范）指导下的个别化（与犯罪的刑事责任相匹配）活动。〔6〕以量刑

---

〔1〕 具体包括语义分析、逻辑推理、利益衡量、政策运用以及后果评估的技术和方法，囊括法律解释、法律交流等旨趣。参见杨玉豪：《立法技术和理念对立法质量的影响》，载《五邑大学学报（社会科学版）》2007 年第 4 期。

〔2〕 田鹏辉：《量刑技术探究》，载《法商研究》2011 年第 6 期。

〔3〕 例如，澳大利亚、荷兰等国使用的量刑资讯系统。

〔4〕 如部分学者提到的各种量刑沟通技巧。

〔5〕 所谓本体（ontology），即事物的本身，作为哲学名词，它与"现象"（phenomenon）相对，通常指形成现象的根本实体，是客观现象的抽象本质。

〔6〕 石经海：《量刑个别化的基本原理》，法律出版社 2010 年版，第 63 页。

本体作为量刑智能辅助的构建基础，应当注意以下几个方面的问题：

量刑智能辅助不是针对宣告刑而进行的，而应覆盖量刑的整个过程。量刑过程，简而言之就是从量刑开始到量刑结束的经过，是指在运行规律上将适用于一般对象的抽象法律规范适用于具体个案、具体犯罪人，并上升为理性具体（法律真实、相对真理）的刑罚个别化的过程，该过程不是法律规范的简单具体化，而是法律规范与具体案情、犯罪人的具体情况甚至刑事政策所结合的综合体，是一般化（共同法律规范）指导下的个别化（与犯罪的刑事责任相匹配）活动。[1]这决定了，量刑智能辅助不能将目光仅局限于量刑情节如何适用的宣告刑裁量，还应当覆盖到量刑起点确定等其他阶段。事实证明，量刑起点（量刑基准）的合理确定是量刑公正的首要保障，中线论、分格论、形势论、主要因素论、重心论、最低限度论[2]等理论争议甚至域外量刑领域的"点幅之争"，均同量刑起点的确定有关；如今，大数据、云计算等技术进步使得个罪量刑起点具备更加坚实的实证基础，可以为法官的裁量提供可视化的信息，勾勒出犯罪同刑罚之间的报应关系，没有理由将其排除在量刑辅助的范围之外。此外，我国刑法仅对数罪并罚的标准做了原则性规定，法官对具体个案的裁量完全凭借自己"模糊且独立"的正义感，量刑规范化改革对此也无能为力，导致数罪并罚的裁量依然存在失衡的风险；利用量刑辅助手段为数罪并罚结果的合理性提供强有力的科学支撑，无疑才走完了量刑公正的"最后一里路"。

量刑智能辅助的能力源自量刑经验的集体呈现，而非数据算法的再创造。量刑规范化改革中曾有一种错误倾向，即认为规范化的含义就是排除法官个人的经验适用，而在量刑步骤、量刑幅度上采取相同的标准。事实上，量刑经验不仅是量刑知识的内在来源，也是量刑公正的内在支撑，包括量刑规范化在内的一切量刑实践都以量刑经验的合理运用为力量源泉。例如，以我国量刑规范化改革中量刑情节的适用标准为例，其根据基准刑的一定比例从轻或者从重，就源于实践中的"打折"习惯，在初步确定之后更是经历了全国

---

〔1〕 石经海：《量刑个别化的基本原理》，法律出版社 2010 年版，第 63 页。

〔2〕 苏惠渔、张国全、史建三：《论量刑基准点》，载苏惠渔等编：《量刑方法研究专论》，复旦大学出版社 1991 年版，第 82~85 页。

120 多家试点法院共 4.5 万个案件的试点和调整，[1] 所以，量刑智能辅助应尽可能地用科技手段真实全面地反映量刑经验，无论"辅助"的具体方式是数据分析、类案推送还是信息提示，其本质都应当是量刑经验的收集和提炼，这同司法解释、规范性文件、指导性案例的诞生机理是一致的。

量刑智能辅助的目标应当拓展自由裁量的适用空间，是对自由裁量权的"赋能"，而不是限制或者替代自由裁量权的发挥。量刑中的自由裁量权是在事实清楚、证据确实充分的情况下针对案件特殊情况而在法律允许的范围内作出适合个案的刑罚裁量。人类法律实践一再证明，严格规则主义不可能实现良法善治，纯粹演绎逻辑的僵化机械不足以应付纷繁复杂的现实世界，只有赋予法官自由裁量权才能够保持法律稳定性与灵活性之间的平衡。然而，自由裁量在我国刑事司法中却呈现出保守的一面，法官囿于社会舆论的压力、裁判说理的负担、错案追究的隐忧，通常不会给予个案特性以足够的关注，更谈不上运用自由裁量在法定刑幅度内或者幅度外进行个别化的处理。[2] 量刑规范化改革注意到了这一现象，并且以规范和总结自由裁量为重要任务，然而改革中以量刑规则和具体情节设置为研究对象的实证性论证缺乏持续性和周期性，由此导致量刑规范与法官自由裁量权之间依然存在紧张的关系。[3] 有学者便指出，量刑不能仅通过单一层级规则进行事实评价，若法官仅机械式地适应量刑规范的精确框架而忽略政治、文化、区域发展等其他因素，势必会对法官自由裁判功能产生误读，进而排斥实现实质公正的裁判逻辑[4]。量刑辅助的出现，使得法官在进行自由裁量时拥有了更多成熟定型的司法经验，在量刑标准、参考案例以及司法政策中获得更多的比对依据；只有通过一系列的对比，法官才能在内心形成一种确认，即刑法的"网开一面"不会造成社会局势的剧烈动荡、也不会造成司法权威和公众情理之间的尖锐冲突，

---

[1] 熊选国主编：《〈人民法院量刑指导意见〉与"两高三部"〈关于规范量刑程序若干问题的意见〉理解与适用》，法律出版社 2010 年版，第 22 页。

[2] 典型的例子便是 2007 年的许霆案。该案初审判决引起广泛舆论关注的原因就在于法官怠于运用《刑法》第 63 条第 2 款"酌定减轻情节"的规定，即法官的自由裁量空间受到了加大的压缩的排斥。

[3] 苏彩霞、崔仕绣：《中国量刑规范化改革发展研究——立足域外经验的考察》，载《湖北大学学报（哲学社会科学版）》2019 年第 1 期。

[4] 李文杰：《中国量刑改革中民众参与机制研究》，载《中山大学学报（社会科学版）》2018年第 1 期。

进而放心大胆地行使自由裁量权。与此同时，量刑辅助的海量司法数据还能够塑造个案审判与上下各级、不同地域类案裁判的平衡与默契，使得司法经验在区域、人口、经济、文化、宗教等更加广阔和宏观的层面实现聚集与积累，从而提供更加有效的参考信息以促进自由裁量更加精准科学。所以，量刑智能辅助的目标是拓展自由裁量的适用空间，更好地遵循具体问题具体分析的量刑个别化原理，而不是设置一种固定的标准或者划定某种特殊的范围去限制自由裁量权的发挥，实现所谓的"量刑一般化"。

（三）量刑智能辅助应排斥任何形式的司法决策

量刑智能辅助，顾名思义是在量刑活动中起辅助作用。人们纷纷从法理维护层面和风险防范的角度，对其辅助地位予以证成。[1]例如，有学者针对智能技术飞速发展的现实，依然指出"考虑到当事人和社会对人工智能技术和机器审判的接受还需要长期的过程，至少在可预见的未来，将人工智能技术定位为司法辅助工具是准确和适宜的"；[2]还有学者承认智能技术对司法有重塑优化效应，但是考虑到客观性悖论、正义判断困境等限制因素，得出了"算法有可能胜任法庭上的多项工作，但无法胜任判决工作，包括证据标准指引、条件审查、校验纠错、裁判偏离度提示等，都只能是人脑决策的辅助工具"的结论；[3]再有学者提醒，刑事案件的审理还需要理解纷繁复杂证据背后的"天理人情"，否则可能作出冰冷僵硬、看似合法的"错案"，应将人工智能技术的运用限定于案件事实认定清楚、罪名确定之后的量刑程序，通过人工智能技术运用提出量刑建议，由法官最终作出裁判。[4]因此，2022年最高人民法院在指导性文件中以"基本原则"的形式明确规定"坚持对审判工作的辅助性定位和用户自主决策权，无论技术发展到何种水平，人工智能都不得代替法官裁判，人工智能辅助结果仅可作为审判工作或审判监督管理的参考，确保司法裁判始终由审判人员作出，裁判职权始终由审判组织行使，司法责任最终由裁判者承担"。[5]

---

〔1〕 智能技术智能辅助办案已经成为人们的共识，最高人民法院原院长周强更是强调"要立足发挥人工智能的辅助办案功能"。参见宁杰：《周强在浙江调研时强调为高质量发展提供优质的司法服务》，载《人民法院报》2018年11月2日。

〔2〕 季卫东：《人工智能时代的司法权之变》，载《东方法学》2018年第1期。

〔3〕 马长山：《司法人工智能的重塑效应及其限度》，载《法学研究》2020年第4期。

〔4〕 郑曦：《人工智能技术在司法裁判中的运用及其规制》，载《中外法学》2020年第3期。

〔5〕 2022年12月8日最高人民法院发布的《关于规范和加强人工智能司法应用的意见》。

　　然而，量刑智能辅助究竟应当如何辅助才不会突破其应有的边界而对量刑产生不利影响，则是更为重要却又鲜有关注的问题。从量刑智能辅助的实践现状来看，普遍采取的是"训练量刑模型—生成量刑公式—得出裁量结果"的模式，强调量刑辅助系统的"偏离预警"作用或者"量刑纠偏"。[1]在这种模式下，无论采取何种算法或模型，其本质都是利用智能技术进行的独立司法决策，无论该决策是具有"指导意义"还是"参考意义"，都会突破其"辅助"的实践边界，干扰法官自由裁量权的正确行使，在冲击司法伦理的同时也带来不确定的风险。

　　首先，"偏离预警"或"量刑纠偏"是量刑一般化的表达，是利用类案数据和算法模型总结出来的统一标准，它并不能完成个案裁量最后的"个别化"任务。量刑原理告诉我们，刑罚的裁量是同犯罪行为的社会危害性和犯罪人的人身危险性相适应的个别化结果，尽管在规范适用和裁量标准上坚持共性和统一，但是在落实到具体个案时则受到情况各异的量刑情节的关键性影响。所以，量刑结果的"偏"或"不偏"，核心在于个案裁量过程中法官是否做到了"以事实为根据、以法律为准绳"，[2]是否坚持了罪责刑相适应原则，而不在于能否准确"嵌套"进某个"结果模型"或者"预测范围"之内。以"偏离预警"的方式给法官提供所谓"参考"，实际上忽视了个案的独特性，反倒容易干扰法官的正确判断。

　　其次，"偏离预警"或"量刑纠偏"相当于在案件外部完成了一次"司法决策"，而"司法决策"因其较高的理性需求，很难完全寄希望于某种数据或算法。司法决策是在演绎逻辑无法直接推导且需要明确法律问题和其他问题之边界时所进行的司法活动。[3]量刑是典型的司法决策，经常存在着政策性的导向，尤其是在面对金融、医疗、教育等领域的复杂疑难案件时，法官会利用辩证逻辑和制度感悟在法条的解释推理之外思考与案件相关的各类问题，即"在生成裁判的过程中，基于对传统与变革、制度与文化、社情与民意、秩序与效率以及民众公平正义底线的把握能力，对不同裁决选择项可能

---

　　[1]　孙海波：《反思智能化裁判的可能及限度》，载《国家检察官学院学报》2020年第5期。

　　[2]　这里的"以事实为依据"是指以所有影响量刑的事实为依据，既包括导致犯罪人量刑从严的事实，也包括导致犯罪人量刑从轻的事实；这里的"以法律为准绳"是指包括总则在内的，决定犯罪人刑事责任承担及其大小的所有相关法律规范。

　　[3]　张其山：《我国基层法院的司法决策探析》，载《山东社会科学》2014年第8期。

引发的法律效果、社会效果、经济效果、政策效果所作的预测和判断"。[1]很明显，算法难以观察复杂司法决策背后的思维活动，也就难以准确"预测"出符合多方要求的量刑结果，坚持这种实践进路无疑有"强人所难"之嫌。

最后，"偏离预警"或"量刑纠偏"在权源上缺乏正当性根据，其居高临下的姿态是对审判独立原则的侵蚀和消解。一方面，我国对审判权的监督依靠检察权、监察权等宪制安排来进行，依靠算法数据来监督审判权的行使，于法无据；另一方面，所谓"预警"和"纠偏"，在某种程度上可以看作是一种警告，即通过量刑结果的对比向法官暗示着"量刑不公""量刑失误"的可能，这种压力在错案终身追究的当下得以倍增，使得法官不敢轻易背离"预测结果"而作出个别化的刑罚裁量，毕竟"数据留痕"比白纸黑字更易保存和调取。但是，如此对审判独立原则形成的侵蚀和消解则会逐步扩大，"参考""建议"就会突破其辅助边界，成为凌驾于事实和规范之上的"技术紧箍咒"，刑事司法中的自由裁量恐沦为空谈。

故而，量刑智能辅助要想恪守其实践边界，就不能以任何形式作出司法决策。实践中那种"量刑预测越精准就越先进""量刑过程越自动就越高效"的观点是对"智能"的误解，也误导了量刑智能辅助的路径选择。笔者认为，辅助的形式是多种多样的，域内外实践已久的数据分析、类案推送、规范检索等都是量刑辅助的有效形式。随着人工智能、大数据、云计算、区块链技术的飞速发展，自然语言识别抓取、司法数据中台构建、深度神经网络模型构建、OBDC 链接方式构建、数据引擎开发等在刑事司法领域中成为可能，"信息提供"类的量刑辅助会更加具备操作性和有效性，这也是量刑智能辅助发展的应有方向。[2]

四、量刑智能辅助的模式创新

(一) 量刑智能辅助的模式选择：信息系统

承接上文，既然量刑智能辅助不能进行任何形式的司法决策，那么结果

---

[1] 张文显、李光宇：《司法：法律效果与社会效果的衡平分析》，载《社会科学战线》2011 年第 7 期。

[2] 后文会有详细阐述。

预测型的辅助模式就不应成为未来发展的选项；事实上，"信息提供"型量刑辅助更加符合量刑规律，也是世界各国量刑改革的通行做法。[1]例如，澳大利亚新南威尔士州（New South Wales，NWS）由统计建立"量刑资讯系统"（Sentencing Information System，SIS），作为法官裁判的参考依据，以期降低量刑的差异性，2003 年之后，该系统进一步扩充整合，升级为"司法资讯研究系统"（Judicial Information Research System，JIRS），并成为量刑实践的重要辅助工具。2001 年荷兰成立了专门委员会，负责提供法院使用的资讯科技基础设施的建设，同年荷兰司法机关便与 CST（Consistent Sentencing）资料库链接，在该资料库中法官输入犯罪行为、前案以及年龄等基本参数以搜寻相关案例。[2]又如，美国的量刑改革曾引起学界广泛关注，其 1987 年正式推出的《美国量刑指南》以表格化、数据化的方式将全部犯罪划分为 43 个等级、258个表格，[3]极大限缩了法官自由裁量的空间，初步实现了量刑的可视化与数量化；然而，《美国量刑指南》在强制实施 18 年之后却因为布克案（United States V. Booker）[4]被联邦最高法院宣告失去强制效力，只能成为法官量刑的参考依据，美国的量刑改革随即开始重视量刑个别化、精简量化规则和规

---

〔1〕 在荷兰、澳大利亚新南威尔士州、苏格兰等国家和地区，量刑改革以建立量刑信息系统（或称量刑资讯系统，Sentencing Information System）为主，这些系统涵盖多种数据库类型，动辄以整个地区近 20 年数十万件裁判数据为样本（以澳大利亚新南威尔士州数据库为例，其系统由裁判文书数据库、案件总结数据库、数据资料数据库、精选案例数据库、规范数据库、州及联邦立法数据库、机构数据库和出版物数据库几部分组成。量刑资料仅 1990—1998 年间的就超过 40 多万件）。这些系统为法官量刑提供了充分的信息参考，同时也绝不干预其自由裁量的行使，从而延续至今并发挥着重要作用。参见郭玉珍：《量刑与刑量：量刑辅助系统的全观微视》，元照出版公司 2013 年版，第 41～45 页。从全球范围来看，较早探索并建立起相对成熟量刑信息系统的国家和地区有澳大利亚新南威尔士州、荷兰、苏格兰等。澳大利亚新南威尔士州（New South Wales，NWS）由统计建立"量刑资讯系统"（Sentencing Information System，SIS），作为法官裁判的参考依据，以期降低量刑的差异性，2003 年之后，该系统进一步扩充整合，升级为"司法资讯研究系统"（Judicial Information Research System，JIRS），并成为量刑实践的重要辅助工具。2001 年荷兰成立了专门委员会，负责提供法院使用的资讯科技基础设施的建设，同年荷兰司法机关便与 CST（Consistent Sentencing）资料库链接，在该资料库中法官输入犯罪行为、前案以及年龄等基本参数以搜寻相关案例。参见郭玉珍：《量刑与刑量：量刑辅助系统的全观微视》，元照出版公司 2013 年版，第 41～45、72 页。

〔2〕 郭玉珍：《量刑与刑量：量刑辅助系统的全观微视》，元照出版公司 2013 年版，第 41～45页、第 72 页。

〔3〕 ［美］美国量刑委员会编：《美国量刑指南——美国法官的刑事审判手册》，逢锦温等译，法律出版社 2006 年版，第 1 页。

〔4〕 See United States v. Booker，（04-104）543 U. S. 220，2005.

范量刑程序，《美国量刑指南》的实际影响逐渐缩小。[1]

量刑信息系统与量刑指南、量刑模型预测等辅助手段而言，优势体现在以下几个方面：其一，量刑信息系统是对已有量刑信息的整合与利用，而非某种规则或算法的再创造，不必担心量刑信息的失真；其二，大量一手的、真实的、新鲜的量刑信息本身就蕴含了司法实践所积累的量刑经验，法官不用在这些信息之外再去忖度刑事政策、社会舆论、政治观感等因素的影响，并排除"个体性、零散且不成体系的些许哲学积累以及所有弱点和无意识偏见的封闭经验的干扰"；[2]其三，量刑信息系统的技术关键是数据联通、数据分析、数据推送，其系统效能的高低在于信息提供的价值性和准确度，这种模式避开了"量刑模型训练""量刑结果预测"对于智能算法的苛刻要求，也避免了脱离人类主体而进行价值评价的风险；其四，量刑信息系统的终端是信息提供平台，而不是法律监督平台，信息采纳的决定权在法官，任何组织与个人不能干预量刑的最终走向，审判独立得以保障。

事实上，经过较长时间的司法信息化建设，我国建立量刑信息系统的条件在日趋成熟。2013 年，最高人民法院印发《人民法院信息化建设五年发展规划（2013-2017）》，明确提出建设国家司法审判信息资源库，决定筹建全国法院数据平台。不久，最高人民法院又印发《关于报送人民法院案件信息数据有关问题的通知》，要求高级人民法院报送辖区法院 2010 年至 2013 年案件数据，完成了数据平台建设前的初始数据积累。在最高人民法院的牵头下，全国法院系统建立了数据自动生成、数据质量保障、数据比对反馈、数据动态展现等四类数据管理机制，初步实现了全国法院数据的自动入库、自动质检、自动反馈数据质量和自动计算等重要的数据汇聚功能；2016 年 7 月，数据集中和管理平台升级为大数据管理和服务平台，平台功能由数据汇聚、简单数据分析向大数据分析、专题分析、大数据服务升级，平台可从审判业务数据自动生成 11 大类 153 套 2.2 亿组司法统计图表。[3]以此为基础，专业化的量刑信息系统的建立指日可待，但仍需处理好以下几个问题：其一，我国

---

〔1〕 彭文华：《布克案后美国量刑改革的新变化及其启示》，载《法律科学（西北政法大学学报）》2015 年第 4 期。

〔2〕 ［美］本杰明·卡多佐：《司法过程的性质》，苏力译，商务印书馆 1998 年版，第 108 页。

〔3〕 孙晓勇：《司法大数据在中国法院的应用与前景展望》，载《中国法学》2021 年第 4 期。

司法数据的初始积累以司法行政信息居多、司法审判信息较少，而有效的量刑信息系统必须建立在全样本审判数据的支撑上，因而必须打破目前"数据孤岛""数据壁垒"等现象，数据中台建设、数据库引擎开发成为当务之急；其二，专业量刑信息系统对于量刑数据的抓取分析能力要求极高，面对非结构化的裁判文书，准确分析其中量刑信息的技术才是关键，智能算法的用武之地当在于此，而非直接推导量刑结果；其三，分析量刑信息的智能算法同样需要合理的目标设定，试图从缺乏说理的裁判文书中"透析"出量刑情节的影响程度，从而还原所谓的"量刑起点"，无异于"缘木求鱼""煎水作冰"，超出了智能算法的功能极限，因此算法技术的展开方式亦值得认真讨论。

（二）量刑智能辅助的数理核心：众数分析

那么，我国量刑信息系统的算法究竟应当如何展开呢？量刑个别化原理决定了，刑罚裁量不可能遵循一套放之四海而皆准的算法程式，试图通过量化量刑情节的调整幅度而对量刑基准进行"加减乘除"一定会陷入机械量刑的泥淖；量刑情节逆向或同向竞合时，法官对于宣告刑的裁量是经验性的而非规则性的。所以，智能算法的目标不是通过数据喂养的方式来训练某种"量刑模型"，从而直接预测量刑结果，而是对裁判文书整体进行研磨分析，完成全样本的经验积累。换言之，就是利用智能算法的强大算力对类案裁量进行归纳统计，总结出不同情况下裁量结果的一般规律，为法官提供全维度的参考样本。

鉴于此，智能算法的分析应当是类案裁判结果的"众数分析"。所谓众数（Mode）实乃统计学名词，意指同一组数据中出现次数最多的数值，有时候为一个、有时候为多个。例如，在1、2、3、4、5、3这一组数据中，众数是3，而在1、2、3、2、4、3、5这一组数据中，众数是2和3。[1]众数的意义在于可以在观测样本中取频次最多的数值，避免极端数据对测评结果的影响，所得到的数值可以最大程度地反映被检测事物的最普遍情况。

这种特性对于量刑领域的实证研究而言意义重大：首先，什么样的刑罚

---

[1] 田茂茜、虞克明：《连续型数据众数估计方法及应用研究》，载《数学的实践与认识》2013年第20期。

才能符合公众朴素的正义情感、才能满足刑法惩治和预防犯罪的需要，曾经是人们难以回答的问题，通过对某类犯罪所判刑罚的众数分析，可以直观地得到一个结论，并且该结论反映出了大多数人的共识，从现实主义的角度出发，这一个或几个刑罚量就是最符合量刑公正要求的刑罚量。其次，由于众数理论是对样本的直观分析和考察，不必运用过多的实证技术或者计算公式，也不必进入样本内部进行量刑过程的还原，这就排除了调查人员主观思维的干扰，所获得的数据也能够更加真实和有效。最后，利用众数理论进行量刑活动的实证研究，有利于扩大实证研究的对象范围，因为"众数"的意涵便是同一组数据内出现频次最多的数值，只要类似案件可以组成一个数据组，我们就可以知晓该类案件量刑的通常情况，从而打开量刑实证研究的方便之门。

以盗窃罪的量刑为例，根据我国《刑法》第 264 条的规定，盗窃罪被分为了基本犯罪构成、加重犯罪构成和特别加重犯罪构成，这就意味着司法实践中盗窃罪存在三个具体法定刑或者处断刑，也意味着在量刑信息系统的案例数据库中，盗窃罪的案件被分为了基本犯、加重犯和再加重犯三组，各组都有自己的量刑众数。例如，盗窃数额较大的、多次盗窃、入户盗窃、携带凶器盗窃或者扒窃的，其量刑众数经统计可能呈现为 1 年左右的有期徒刑或者拘役，这就代表着该刑罚量基本符合人们普遍的正义观感，并且能够满足打击和预防犯罪的需要。但是量刑资讯系统所给出的量刑众数还不能直接作为法官的量刑依据，法官还应当根据案件的事实情况予以具体分析和处理。因为纵然是盗窃的基本犯，在犯罪的客观方面和主观方面还是存在着许多差异的，譬如在同属数额较大的范围内，盗窃 1000 元和盗窃 3000 元的社会危害性便是不相同的；同理，一个月内三次盗窃和两年内三次盗窃，所反映出来的犯罪的社会危害性和犯罪人的人身危险性也有着明显区别。故而，在量刑众数面前，法官仍然需要启用审判经验和量刑智慧，在辩证看待案件差异性的基础上作出具体的判断；倘若庭审过程中当事人存在疑问，法官在裁判文书中还应当将相关量刑过程予以说明和阐释。

$$M_0 = U - \frac{(f-f_{+1})}{(f-f_{-1}) + (f-f_{+1})} \times i \qquad M_0 = L + \frac{f-f_0}{(f-f_{-1}) + (f-f_{+1})} \times i$$

图 1　量刑众数获取公式[1]

（三）量刑智能辅助的具体运行：分段辅助

总结量刑规律，量刑过程可以大致分为如下几个阶段：事先要通过定罪[2]，确定该罪名的基本犯或加重犯或减轻犯，从而找到作为量刑起点的量刑基准；[3]再由此根据个罪个案的量刑情节分阶段处理。其中，个罪个案的量刑情节为"犯罪情节轻微"和"不需要判处刑罚"或"可以或应当免除处罚"的，对本个罪作出"免刑"处置，即作出免于刑罚处罚或给予非刑罚处罚或单纯宣告有罪的裁处；个罪个案情节为"可以或应当减轻处罚"的，对本个罪作出"处断刑"处置，[4]即确定下个量刑幅度的具体法定刑，并以此作为本个罪宣告刑处置的量刑基准；个罪个案的量刑情节为"可以或应当从轻或从重处罚"的，对本个罪作出"宣告刑"处置，即在定罪或处断刑确定的具体法定刑（量刑幅度）内，综合各从轻或从重量刑情节对社会危害性和人身危险性的作用力，基于刑法关于刑法的目的和任务规定的精神，结合宽严相济的刑事政策，裁量出本个罪的宣告刑。对于本案存在数罪、先行羁押和需要适用缓刑、从业禁止、社区矫正等的，再根据刑法的相应规定作出"执行刑"处置，最终对本案裁定作出拟移交执行的执行刑。[5]鉴于此，量刑智能辅助也应当贴合这种层次递进的量刑过程，分阶段地发挥辅助作用。

---

〔1〕 f 表示众数所在组次数，f_{-1} 表示众数所在前一组的次数，f_{+1} 表示众数所在组最后一组的次数，L 表示众数所在组组距的下限，U 表示众数所在组组距的上限。

〔2〕 由于我国减轻犯、加重犯、基本犯的立法特点以及法定刑配置的要求，定罪不仅要明确行为的性质，还需要准确选择其法定刑种类及幅度，后者正是个罪所有量刑活动的肇始。因此，量刑的初始阶段和定罪阶段紧密衔接，是不能割裂的有机整体。

〔3〕 我国学界曾在多个意义上适用"量刑基准"的概念，其中有量刑根基说、量刑原则说、量刑方法说等，然而在回归本土语境和刑法实践后，量刑基准应当指根据具体个罪的犯罪构成事实所确定的用作量刑时起始标准的刑罚量。规范化改革中所提及的量刑起点是其功能表现，基准刑则是其数概念和数量要求。石经海：《论量刑基准的回归》，载《中国法学》2021 年第 5 期。

〔4〕 我国虽没有严格意义的处断刑，但是从法律适用效果看，减轻情节发挥着先于从轻、从重情节适用的"处断"功能。

〔5〕 石经海：《量刑的个别化原理》，法律出版社 2021 年版，第 350 页。

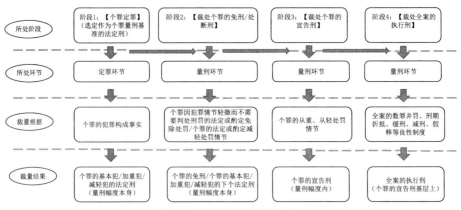

图 2　层次递进的量刑过程

1. 具体法定刑、处断刑裁量阶段的量刑辅助

笔者认为，量刑的初始阶段应当从明确具体法定刑开始，只要所认定的犯罪构成事实全面真实、证据确实充分，那么其所对应的基本犯、加重犯或者减轻犯的法定刑幅度就是本案个罪用作量刑时起始标准的刑罚量，即量刑基准；[1]笔者反对量刑规范化改革中在法定刑幅度范围内寻找"量刑起点"以此作为量刑起始标准的做法，因为这无疑架空了具体法定刑落实罪刑法定及罪刑均衡原则方面的制度功能，也使得刑罚报应丧失个别化的基础，[2]本质上属于量刑领域的"二次立法"。事实上，犯罪构成事实就是定罪事实，就是用来对接刑法关于犯罪成立要件规定予以定罪评价的，无所谓"基本的"与"其他的"之分，它一体发生、一体评价，在确定个罪具体法定刑时发挥着决定性作用。

由此可见，作为量刑起点的量刑基准在实践中表现为个案个罪的具体法定刑幅度。然而，这种具体法定刑幅度需要为量刑活动的继续开展进行相应转变：一是，多数犯罪的法定刑幅度包含多个刑种，从轻、从重情节的适用需要有具体到刑种的标准；二是，在没有任何减免情节或者从轻从重情节的情况下，具体法定刑便需要从"幅度"转变为"点"，以完成个罪裁量。本阶段量刑信息系统的作用就是为量刑基准的转变提供坚实可靠的现实依据：

---

〔1〕 石经海：《论量刑基准的回归》，载《中国法学》2021 年第 5 期。

〔2〕 例如故意伤害罪轻伤"两年以下有期徒刑、拘役"的一般化的量刑起点无法直接评价轻伤人数、轻伤部位、轻伤程度等个别化的事实。

第一，个案个罪的量刑结果千差万别，反映出犯罪主体不同的人身危险性以及不同区域不同时期法官对刑事政策的不同理解，但是在较为宏观的层面保持着同类案件的相对均衡，这种均衡依靠人力无法准确观察和统计，但是凭借智能辅助系统的全样本考察和大数据分析，则可以勾勒出完整的量刑图谱，将一定时期内不同地区同类案件的量刑结果予以呈现。

第二，这种呈现并不依靠量刑模型训练来进行预测，仅通过"众数"（Mode）反映已有量刑的真实情况，即在无减免情节或者从轻从重情节影响下刑罚量的规律性反映，这些规律性的反映不需要复杂的算法，只需要保证样本的全面和数据的真实即可，技术上具有可实现性。

第三，众数范围内量刑结果可能呈现为单数点、复数点或幅度等多种形态，但无论众数以何种形态存在，都是量刑经验的普遍性体现，具有较强的参考意义。

2. 宣告刑、执行刑裁量阶段的量刑辅助

由前述可知，宣告刑裁量的关键在于从轻从重量刑情节的正确适用。量刑规范化改革以量化分析为基本方法，试图通过对常见 14 种量刑情节调节幅度的规定，来规范宣告刑的裁量过程。这就造成了如下几个值得商榷的问题：其一，虽然这些常见量刑情节对于基准刑的调整是以某种幅度的形式出现，但是基于传统实证手段所得到的这些百分比的精准性是值得怀疑的；其二，量刑情节百分比之间"同向相加、逆向相减"和"部分连乘、部分加减"的计算方法其实是将犯罪行为的社会危害性和犯罪人的人身危险性混合在一起予以考虑，未能很好展现从责任到预防的考察过程，并且同人身危险性的属性特征相违背；[1]其三，14 种量刑情节虽然常见，但是并不能代表量刑情节的全部，这就导致了量刑情节评价体系范围的不全面、不协调，量刑规范的完整性和科学性也遭受到怀疑。[2]

所以，量刑情节的适用方法不能仅仅依靠量化分析或者量刑规则，而是

---

〔1〕 例如规范化量刑方法中犯罪人同时具有累犯、自首和积极退赔等从宽处罚情节时，应当按照"同向相加、逆向相减"的原则进行处理，但是人身危险性是犯罪人综合人格的反映，具有混合性和流变性的特征，并非"1+1=2"这样的程式计算便能够准确掌握，"1+1>2"或者"1+1<2"的情况更是一种常态。

〔2〕 也许这样做的理由是部分量刑情节不便予以量化，交付给法官的自由裁量权进行处理也许更为合适，但是这就无法回答其他量刑情节为何就不能直接交付给法官自由裁量权进行处理的疑问；换言之，这种做法在量刑情节之间划定了一个难以进行科学解释的界限或区别。

应当对其调整量刑的程度进行更为科学合理的解释说明；换言之，宣告刑的裁量方法主要体现为相关法律决策的法律论证方法。[1]量刑智能辅助正是在这个意义上被使用：

第一，量刑辅助保证量刑情节适用的全面性。法律论证的要义是在法律决策的接受者之间形成"共识"，那么这种"共识"就应当包括有关决策的所有细节问题，包括量刑情节适用的起始条件。以酌定情节的选取为例，哪些事实可以成为反映刑事责任升降的情节，在过去是一个全凭法官主观判断的过程，仅能依靠常识常理常情为其正确性提供保障；量刑辅助系统的出现，则可以通过规范梳理、案情分析、政策解读、类案比较、形势研判等方式，为酌定量刑情节的选取适用提供精准可靠、客观充分的决策信息。这些信息打破了司法专业壁垒，发挥出学科融合的巨大优势，赋予了法官在更广、更高维度去把握"三效果相统一"的政治、社会、经济意涵。

第二，量刑辅助完善量刑情节适用的程序性。量刑情节适用具有程序性是量刑规范化改革的应有之义，围绕量刑情节的证据进行举证质证和法庭辩论，才能撇清法官个人的偏见，让量刑结果更具可检视性和说服力。然而，受司法文书语义模糊、表达简陋的影响，以及证明手段的阙如，实践中很难对"情节恶劣""情节特别恶劣""造成严重后果""造成恶劣社会影响"等量刑情节展开举证质证和法庭辩论，本应取得的"共识"成了法检系统的"一言堂"，犯罪人权益无法得到充分保障。量刑辅助系统的出现，可以为上述情节的举证质证提供全面的信息支撑，相关证明责任和义务便得以落实。

第三，量刑辅助增强量刑情节法律论证的修辞性。既然法律论证的正确性取决于人们能否就该论证结论达成一致共识，那么语言词汇应当发挥相当重要的作用。从目前的情况来看，我国法庭对于司法实践中的语言修辞并不算重视，常常表现为套话、空话、法条以及事实的堆砌。[2]例如，我国的刑事判决书中经常是这样的："上述证据均经当庭质证，查明来源合法，内容客观真实，能够作为定案的事实依据，本院予以确认……本院认为被告人 x 的行为触犯了《中华人民共和国刑法》第 x 条第 x 款之规定，构成 x 罪，应予

---

〔1〕 所谓法律论证，简单说就是指选择和依据一定的推理、解释和说明以保证法律决定的正确性，主要涉及三个方面的问题，即法律论证"正确性"的标准、达致"正确"的方式以及所需遵循的论证规则。参见焦宝乾：《法律论证的几个基本理论问题》，载《比较法研究》2005 年第 6 期。

〔2〕 石经海：《量刑个别化的基本原理》，法律出版社 2010 年版，第 260 页。

追究其刑事责任……鉴于被告人……为贯彻宽严相济的刑事政策，本院决定对被告人判处……"[1]量刑辅助系统可以为裁判说理提供实证基础，裁判文书的说理通过融入类案比较、趋势分析、后果评估等诸多内容得以充盈完善，语言修辞所蕴含的法治精神、道德传统、伦理要求都能找到近乎可视化的数据支持，其释法明理的功能得到极大增强。

执行刑的裁量同样是法律论证的过程，其量刑辅助的运用方式并无二致。以数罪并罚的裁量为例，我国《刑法》第 69 条所规定的限制加重原则，关键在于 "酌情决定执行的刑期" 的理解掌握上，而此处 "酌情" 的对象只能是各罪量刑中未被考虑的量刑情节，[2]通常包括罪与罪之间的关系、同时判决的犯罪个数罪与罪之间的时间间隔、数罪的总刑期等。[3]数罪并罚时法官主要就是围绕这些情节展开说理论证，而论证的方式通常涉及类比、归纳、演绎、平衡等，只有这样数罪并罚才不会成为规范化量刑过程中的败笔。量刑辅助通过信息提供的方式，为这种类比、归纳、演绎、平衡提供全方面的支持，确保量刑经验在整个审判系统中被共享，而不是孤立的审判个体或集体的自我创造。

五、结语

司法现代化是中国式现代化的重要组成部分，量刑智能辅助的发展运用是量刑领域现代化改革的发展趋势，芝加哥大学莫里斯（Norval Morris）教授早在 20 世纪 50 年代就指出，在量刑改革浪潮中，以法官为中心、信息驱动的量刑系统将会逐步成为量刑改革的核心。[4]信息提供型的量刑辅助系统会同我国已有的量刑规范性文件、指导案例制度[5]一起，成为我国量刑的有力辅助。然而，任何新兴事物的出现都会经历蜿蜒曲折、逐步前进的过程，既不能因为某种障碍的出现而放弃科技发展带给刑事司法的红利，也不能因为

---

[1] 周萍主编：《法律文书学》，法律出版社 2012 年版，第 153 页。

[2] 否则将违背禁止重复评价原则。

[3] 任江海：《数罪并罚之限制加重原则的适用及立法完善》，载《湘潭大学学报（哲学社会科学版）》2002 年第 3 期。

[4] See Norval Morris, "Sentencing Convicted Criminals", *27 The Australian Law Journal 186*, 186 (1953).

[5] 截至 2022 年 7 月，最高人民法院官网上发布的全部指导性案例共 185 例；此外，最高人民法院刑事审判庭编撰的《刑事审判参考》所收纳的案例，也是指导实践的重要裁判样本。

政策导向或者利益驱动而忽视基础理论的建设，盲动躁进、刻意求新。信息提供型的量刑智能辅助模式是现阶段较为符合我国国情和科技发展水平的量刑辅助模式，其彻底地成熟成型并推广运用，还离不开统计分析技术、数据库建设技术、自然语言分析处理技术、终端操作技术的发展进步，更离不开人工智能算法技术的突破创新，"信息"提供得精准、全面、细致将是量刑智能辅助系统未来发展的关键。

刑法中数据安全法益的双层结构之提倡

史艺婕*

摘　要：数据安全法益的独立保护地位虽已获得普遍认可，但其理论内涵模糊的问题仍未能得到妥善解决。数据本体安全说有使数据犯罪"口袋化"的危险，数据内容安全说则难以契合新兴数据利益的保护需求，两者的共性问题则是秉持单层法益观念。实际上，数据安全法益具有独特的双层次结构，它是数据访问秩序（手段法益）和数据利益安全（目的法益）的有机组合。数据访问秩序法益架构于数据访问权限之上，形成保护数据安全的第一道防线；数据利益安全则通过数据不法行为进行实质违法性的审查，构筑起第二道防线。根据双层次法益结构，当某一行为既侵犯手段法益又对目的法益造成抽象危险时，构成数据犯罪。如果给目的法益造成实际损害，则视情况对不法行为进行竞合或并罚处理。

关键词：数据安全法益；数据犯罪；双层结构；访问权限，数据利益

数字经济时代，在数据犯罪的规制中如何实现"数据安全"与"数据利益"的平衡成为理论上亟待解决的问题。随着《国家安全法》《网络安全法》以及《数据安全法》的出台，"数据安全"的独立保护价值得到了刑法理论与实务界的普遍承认与肯定。然而既有观点对"数据安全法益"内涵过于宽泛的解读，容易导致刑法的超前介入，并造成实践中司法机关对于罪与非罪、此罪与彼罪的认定冲突。既有观点存在的不足在于，其一，侧重对数据的技术安全保护，使得数据犯罪的入罪门槛过低，而出罪机制有所欠缺。以"上海晟品公司案"为例，在该案中，法院将行为人获取已公开数据的行为认定

---

* 史艺婕，东南大学法学院博士研究生。

为犯罪，在而后引发较大质疑，对于数据安全的无差别保护实际上仅单方面保护数据控制者的权益，进而将招致数据垄断与霸权。事实上，并非所有侵犯本体安全的行为均值得刑罚处罚，相关行为是否构成犯罪还需要对数据权益是否遭受侵害予以实质审查。其二，未能厘清数据与信息、要素[1]之间的关联关系，导致对于以游戏货币为代表的信息利益保护范围过于宽泛，而对以加密货币为代表的新型数据利益犯罪规制力度有所欠缺。相关数据不法行为要么一律认定为数据犯罪，要么一律认定为财产犯罪，既欠缺理论支撑，更容易造成刑法在具体适用中的漏洞。在数字经济快速发展的社会背景下，新型数据不法行为层出不穷，数据犯罪体系应当既能兼顾数据犯罪构成的独立性与稳定性，又能实现罪名体系的开放性与灵活性。鉴于此，本文从"数据安全法益"的内涵着手，提出构建"访问秩序"+"利益安全"的数据安全法益的双层结构，以实现数据安全与数据利用的平衡保护。

一、数据安全法益的内涵争议与建构方向

数据安全的内涵宽泛、模糊使得理论上对于数据安全法益的认识存在较大争议。下文将从数据安全法益的既往学说入手，审视并反思单层法益在具体适用中的不足。

（一）数据安全法益内涵的理论争议

鉴于数据与信息的共生关系，既往法律规范中往往将两者混用。而伴随着实践与理论中对于数据独立保护地位的强调，数据与信息的区分说成为主流观点。基于这一观点，可以将数据安全法益的既往学说争议大致区分为数据本体安全说与数据内容安全说。

1. 数据本体安全说

传统观点将数据视为计算机信息系统的附属品，而将计算机信息系统安全作为数据犯罪的保护法益。但是伴随着数据价值的提升，这一观点很快便被抛弃。学者们纷纷主张"数据"脱离"计算机信息系统"而成为独立的保护法益，并且在此基础上提出了数据本体安全说，其包括数据安全三要素说与数据状态安全法益说。

（1）数据安全三要素说。数据安全三要素说源自《德国刑法典》针对一

---

[1] 这里指的是数据要素。

般数据犯罪的规定。[1]其将"数据安全"细化为如下三个要素，即保密性、完整性与可用性。其中，数据的"保密性"指确保数据免受未授权人获取或利用，数据的"完整性"指确保数据不被修改或毁损，数据的"可用性"则在于确保权利人能够及时、有效获取并使用数据。[2]数据安全三要素说以二进制的代码为核心，强调对于本体的保密性、完整性与可用性保护，其更侧重数据的物理安全。它的优势在于精准描述了由计算机信息系统漏洞所导致的数据泄露、篡改、灭失等数据安全风险，能够有效界分不同类型的数据犯罪。其中，获取行为侵犯了数据的"保密性"，而删除、修改、增加数据的行为侵犯了数据的"完整性"或"可用性"。尽管从形式上看来，上述标准似乎可以准确界分非法获取计算机信息系统数据罪与破坏计算机信息系统数据罪。但实际上并非如此，行为人为往往是通过对数据增加、修改或删除等方式实现对系统内数据的侵入与非法获取，很难评价相关行为究竟是侵犯了数据"保密性"还是"完整性"。除此之外，三要素说过于强调数据安全的技术侧面，而忽视了数据安全与现实利益之间的关联关系，最终将导致相关犯罪适用的不当扩张。以数据保密性的判断为例，在晟品公司案中，法院将被告人爬取字节跳动公司视频数据的行为认定为犯罪。该案主审法官在后续撰文中将数据的"保密性"理解为技术手段的侵入性，提出尽管视频数据的内容是公开的，但是该行为侵犯了数据本体的保密性同样构成犯罪。[3]此案判决后续在理论上引发较大争议，其值得疑问之处在于获取已公开的个人信息的行为尚不具有违法性，而将获取已公开个人视频数据的行为却构成犯罪。况且，保密性并不能穷尽行为的违法性与否，当数据本体没有指向法所承认保护主体利益或处于无人控制的状态时（冗余数据或者废弃数据），如同"无主物"一般，难以成为法律保护的对象。

（2）数据状态安全法益说。数据状态安全法益说以数据外在状态安全与信息本体内容的区分为基本共识，而主张可以将数据状态安全区分为数据有

〔1〕《德国刑法典》第202条a规定探知数据罪、第202条b规定拦截数据罪、第202条c规定预备探知和拦截数据罪、第202条d规定窝藏数据罪、第303条a规定变更数据罪。

〔2〕杨志琼：《我国数据犯罪的司法困境与出路：以数据安全法益为中心》，载《环球法律评论》2019年第6期。

〔3〕游涛、计莉卉：《使用网络爬虫获取数据行为的刑事责任认定——以"晟品公司"非法获取计算机信息系统数据罪为视角》，载《法律适用》2019年第10期。

效性运行状态安全、数据合法性运行状态安全以及数据防御状态安全等三种类型。[1]也有观点提出可以将其区分为静态安全与动态安全两种类型，前者以保护个人信息、商业秘密等特定类型的数据为内容，后者则以一般类型的数据为对象，重点在于保护数据的收集、利用等全生命周期的安全。[2]

数据状态安全法益说将数据法益的独立性解读为数据独立于信息内容的保护必要性，在基础上提倡数据的动态化、全周期保护。数据状态安全的内涵契合《数据安全法》对于数据安全的内涵界定，更符合数据刑法的预防主义倾向。但是这一观点同样存在疑问在于，其直接引进了《数据安全法》中对于数据安全的概念，而将前置法中的数据安全内涵直接作为刑法的保护法益，欠缺对于刑法保护目的的独立思考，有任意扩张刑法适用范围的可能，并有违刑法谦抑性原则要求。况且，数据的动态安全并不完全等同于全生命周期安全。前者意味着不仅要注意单个数据在孤立、静止状态下所体现的信息安全，更要从数据的关联关系角度出发保障数据在流转过程中的要素利益安全，而后者仅意味着数据从产生到最终销毁的全流程安全，侧重对数据安全风险的全方位防护，而非动态保护。

2. 数据内容安全说

数据内容安全法益说则主张数据安全法益的本位不在于保护数据本体，而在于保护数据所承载的信息内容。上述观点建立在如下共识基础之上，即数据的保护必要性体现为数据信息所承载的价值，而对于数据载体予以保护的最终目的在于保护数据所承载的信息内容。对于要将哪些信息纳入数据犯罪的保护范畴，有观点提出要区分已经被刑法类型化保护的数据与尚未被类型化保护的数据，前者例如商业秘密、个人信息等，后者则例如不具有独创性的视频数据，只有后者可以适用非法获取计算机信息系统数据罪。[3]也有观点提出仅将数据信息还原为可具体把握的公民个人利益、公共利益、公共安全与国家安全等具体利益，而将非法获取计算机信息系统罪的适用限定为社会公共秩序受到侵害的情形。另有观点主张数据犯罪保护的是信息内容的

---

[1] 熊波：《数据状态安全法益的证立与刑法调适》，载《当代法学》2023年第1期。

[2] 李怀胜：《数据安全的法益变迁与刑法规制》，载《江西社会科学》2023年第7期。

[3] 苏桑妮：《从数据载体到数据信息：数据安全法益本位之回归》，载《西南政法大学学报》2020年第6期。

"不知悉"状态，并且将数据安全法益界定为数据信息的保密状态，数据内容的保密性[1]与效用性，[2]或者数据内容的保密性与完整性。[3]

数据内容安全说的合理性在于其肯定了信息内容对于数据保护的价值指引作用，并且对于数据安全的形式化判断。但是该观点仍然存在不足，在于：其一，数据内容安全说容易将个人信息、商业秘密以及国家秘密等传统信息内容纳入数据安全法益的范畴之中，而造成狭义数据犯罪与传统犯罪之间适用边界的模糊；其二，数据内容安全说未能贯彻数据的独立保护地位，更难以适应时代背景下《数据安全法》的修正与修订，对新兴数据利益的保护欠缺足够解释力，这就使得包括数据产品、数据资产在内等诸多利益内容难以被涵盖在数据安全的保护范畴之内。

（二）建构方向：从单层法益到双层法益

由于数据犯罪直接指向的对象是数据，且从数据犯罪的过程来看，非法获取数据犯罪，总是先引起数据本体的物理状态发生变动。因此，将法益解释为数据本体安全具有一定合理性。但是既有本体安全观点内涵模糊，且侧重于数据的技术安全（即代码安全）而人为地割裂了数据安全与现实利益之间的关联，最终使得法益侵害流程不易观察，并造成数据犯罪的口袋化倾向。相较而言，数据内容安全说更契合现实利益的保护需求，同样无法避免的是不能有效界分数据犯罪与传统犯罪，并且将数据犯罪简单地等同于传统犯罪的网络化，而使得"数据安全"的独立保护地位落空。除此之外，数据内容安全说过于封闭，而对于新兴数据利益的保护欠缺足够的解释力。总而言之，既不能将侵犯数据状态安全的行为一律入罪，也不能采取数据内容法益说的观点将数据犯罪限定已经类型化保护的利益范畴之内。

本文认为，上述问题的存在可以归结于单层法益的局限。因为两者均认为数据犯罪只保护一种法益，要么是抽象的数据本体安全，要么是具体的信息内容安全，不能兼而有之。而构建数据犯罪的双层法益则能够在实现数据独立保护价值的同时，实现数据与现实利益的关联保护。相较于单层法益而言，数据安全双层法益具备如下优势：其一，通过对行为违法性的形式与实

---

[1] 前文所提及的数据三要素说中的数据保密性相区分，这里的保密性是指信息内容的保密性。

[2] 童德华、王一冰：《数据犯罪的保护法益新论——"数据内容的保密性和效用性"的证成与展开》，载《大连理工大学学报（社会科学版）》2023年第3期。

[3] 王倩云：《人工智能背景下数据安全犯罪的刑法规制思路》，载《法学论坛》2019年第2期。

质双层审查，能够有效限定数据犯罪的成立范围。其中形式审查是指认定对行为是否侵犯访问秩序的判断，实质审查则表现为相关行为是否具有侵害利益可能的限定；其二，能够为刑法对于新兴数据利益的保护提供充分依据。在要素市场建立健全的过程中，数据不法行为日新月异，面对新兴数据利益的保护需求，数据安全法益的双层结构能够保证足够开放性，以实现对数据不法行为的严密规制。

在理论上，有学者将数据安全法益的双层次结构区分为数据本体安全与功能安全。这一观点建立在功能安全可以得到单独保护的基础之上。[1] 而本文则主张数据安全法益由"数据访问秩序"与"数据利益安全"两个层次结构共同叠加组成。数据安全双层法益观的提出基于如下两方面因素的考量。

从保护对象的角度，数据安全与信息安全具有架构上的层次关系，而互相关联。在互联网体系结构中，数据与信息之间呈现出客观的层次关系。互联网的体系结构大致由最低层的"物理层"、中间层的"逻辑层"以及最顶层的"内容层"共同组成。而主体间数据的传输并非通过"A"内容层到"B"内容层的隔空投递，而是在互联网体系中通过层层传递实现，具体的信息流转路径为从 A 的"内容层 逻辑层 物理层"，通过路由转发到达 B 的"物理层 逻辑层 内容层"。在上述信息的流转过程中，首部数据被一层一层地封装在信息外部，从而实现系统间的标准化通信。上述信息流转的过程见下图：

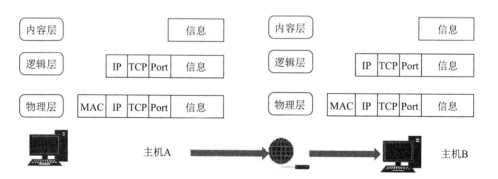

数据与信息间的层次结构决定了数据安全与信息安全之间具有的功能性

---

[1] 庄劲：《开放的中国数据刑法体系之建构——基于本体法益与功能法益的区分》，载《中国刑事法杂志》2023 年第 2 期。

关联，即"封缄物"与"内容物"的层次关系。其中，作为"封缄物"的数据安全包含着作为"内容物"的信息内容安全的抽象危险。而考虑到这一抽象危险的常态性与侵害利益的重大性，刑法有必要对数据安全予以提前保护，而不必等到信息利益遭受实际侵害后方才进行介入。数据安全风险作为数字技术所衍生出的风险具备动态性与危害性。其中动态性体现为安全风险在生命周期中各个环节的叠加与累积，危害性则表现为数据安全与国家安全、公共利益安全以及重大个人权益之间的密切关联。为避免数据安全风险的无序扩张，刑法应当采取积极预防的理念，即在实际利益损害产生前，对数据访问安全予以独立保护。

从保护范围的角度，数据安全侧重于保护数据控制者在物理上的支配、控制利益，而信息安全则侧重于保护用户在规范中的人身、财产或其他利益，两者各有侧重。两者为实现数据"安全"与"利用"平衡，需得以用户利益限定数据控制利益的保护范围，因而呈现出手段与目的的层次关系。具体表现为：其一，在数据犯罪中，以对控制利益的保护为手段。基于平台经营者对于平台数据所投入的人力、财力、物力和时间等经营成本的考量，经营者对于数据的控制与支配得到既有规范与司法判例的肯定，在"新浪微博诉脉脉"以及"汉涛诉爱帮"等案件中，法院均肯定并保护数据控制者（企业）对于数据的控制与支配；[1]其二，在数据犯罪中，以对信息利益的保障为目的。数据控制者对于数据所享有的支配、控制利益并不是建立在特定信息内容的价值基础之上，其利益范畴取决于自身对于数据的控制力度。换言之，技术措施的强度实际上决定了数据控制者对于数据的支配利益范畴。[2]而对于数据控制利益的绝对化保护，则可能会导致少数主体对于数据的垄断。因此只有从数据所承载的信息价值出发，以数据相关主体之个人权益、公共利益以及国家利益作为数据保护的目的，方能有效限定对于数据控制利益的保

---

〔1〕 在"新浪微博诉脉脉"以及"汉涛诉爱帮"等一系列案件中，法院肯定并保护数据控制者（企业）的支配、控制利益。参见北京微梦创科网络技术有限公司与北京淘友天下技术有限公司等不正当竞争纠纷，北京市海淀区人民法院民事判决书，〔2015〕海民（知）初字第 12602 号；参见上海汉涛信息咨询有限公司与爱帮聚信（北京）科技有限公司、爱帮聚信（北京）信息技术有限公司不正当竞争纠纷，北京市海淀区人民法院民事判决书，〔2010〕海民初字第 24463 号；上海汉涛信息咨询有限公司与爱帮聚信（北京）信息技术有限公司不正当竞争纠纷。参见北京市第一中级人民法院〔2011〕一中民终字第 7512 号民事判决书。

〔2〕 梅夏英：《企业数据权益原论：从财产到控制》，载《中外法学》2021 年第 5 期。

护范畴。

二、数据安全法益的双层结构之界定

数字经济快速发展的社会背景下，原本不认为是利益或者原本不会被侵害的数据内容，现在却成为重要利益且受到了严重侵害。[1]数据安全法益的双层架构使得数据犯罪体系之构建更具开放性，既表现为数据访问秩序法益与社会生活中现实利益的关联性，也呈现出对于新兴数据利益内容保护必要性的肯定。

（一）双层法益结构的内在逻辑：手段与目的

在数据安全法益的双层结构中，数据安全与信息内容安全之间为手段与目的的关系。两者的内在逻辑关系源于数据安全法益的相对独立性。其独立性表现为：其一，数据安全的独立地位。云空间的出现实现了数据控制与物理存储的分离、隐私计算技术的出现实现了数据所有与使用的分离。数字技术的飞速发展使得数据的经济价值得到大幅提升，而数据安全也逐渐脱离"系统安全"取得独立的保护地位。并得到《网络安全法》《数据安全法》等既有规范的肯定。其二，随着公共通信和信息服务、能源、交通、水利、金融与公共服务领域信息的大范围数字化存储，以及算法技术与算力的提升，数据安全与公共利益、国家利益呈现深度融合的态势。对于信息数据的非法获取、破坏和滥用不仅侵害个体权益，更会危及公共利益、社会秩序与国家安全。2023年某国外机构通过网络攻击的方式非法获取武汉市地震监测中心的地质数据，上述地质信息与作战地形息息相关，其泄露危及我国军事安全。基于上述因素的考量，数据安全被赋予以社会秩序安全的全新内涵，[2]其秩序价值得到既有罪名体系的采纳，数据犯罪位于《刑法》第六章第一节扰乱公共秩序罪中。

与此同时，数据安全保护范围依附于其所承载的利益价值。网络空间与现实社会之间并非相互割裂，而是互相交错。数据处理活动高度依附于传统现实空间法律所建构的秩序，同时数据安全的保护必要性受到现实利益的价

---

〔1〕 张明楷：《法益初论》（增订本），商务印书馆2021年版，第241页。

〔2〕 See Davidson James Dale, William Rees-Mogg, *The Sovereign Individual*, New York: Simon & Schuster, 1999, p. 8.

值性约束。考虑到网络空间中的数据安全具有虚拟性，且内容抽象而宽泛，在一定意义上，任何数据都可能同时关系到个体利益、公共利益与国家利益，而抽象涵盖到现有刑法保护的所有法益。[1]面对网络空间与数字社会的虚拟性，现实社会中的真实利益损害方才是推动刑法介入的最终目的。而信息利益可以实现对数据安全保护范围的价值引导。《数据安全法》所确立的分级分类理念，便是通过对数据利益性质及侵害风险的识别与区分，而将数据划分为不同的类型与层级，并由此确定其所受到的规范保护范围与强度。当利益内容越重要或者危险越紧迫时，指向该利益内容的数据安全法益的保护必要性也就越高。

除此之外，从数据获取行为与法益侵害流程的可察性角度，数据安全法益内涵抽象，但数据获取行为与法益侵害之间的流程容易观察与把握，即只要是"未经授权"或者"超越授权"范围获取数据的行为便具有数据安全的侵害性。但是对于数据利益安全而言，非法获取数据行为仅创设了造成经济后果的风险，却与不法结果之间不具有直接的因果性。[2]综上所述，数据安全与信息利益安全之间呈现目的与手段的利益关联性，其中数据安全为手段法益，而信息利益安全则为目的法益。

（二）手段法益：数据访问秩序

本文将手段法益界定为数据访问秩序安全，其是指由数据访问、操作权限共同组成的数据访问规则安全。数据访问秩序与数据状态安全两者之间为种属关系。后者源自《数据安全法》第 3 条对于数据安全的定义，其指作为结果的数据安全状态。其所涵射的范围宽泛，既包括动态的数据运行状态安全、合法性运行状态安全，也包括静态的数据防御状态安全。而前者则仅指向数据的访问控制措施，是实现数据安全状态的过程。

相较于数据状态安全，数据访问秩序更能够体现非法获取、利用数据行为的违法性本质。从技术层面上，由数据访问权限、操作权限所组成的访问规则组成了网络空间的基本行为规则。上述访问规则的设置决定了能够访问并获取数据的人员范围及时间节点。[3]对于数据的复制、传输（以及后续利

---

〔1〕 田刚：《数据安全刑法保护扩张的合理边界》，载《法学论坛》2021 年第 2 期。

〔2〕 蓝学友：《规制抽象危险犯的新路径：双层法益与比例原则的融合》，载《法学研究》2019年第 6 期。

〔3〕 吴汉东：《数据财产赋权的立法选择》，载《法律科学（西北政法大学学报）》2023 年第 4 期。

用）等操作也均建立在具有访问权限的基础之上。以数据库服务的交易为例，相关交易的完成往往是通过访问权限的授予，而非数据库的整体转移。因此，突破数据访问规则就意味着相关行为违背了通行的数据获取规则。法律在介入数据安全治理的过程中，应当尊重网络空间中的数据访问规则，而这也是本文所提出访问状态安全法益的构建基础。在规范层面上，上述访问控制规则得到了法律规范的普遍承认与肯定，美国《计算机欺诈与滥用法》（CFAA）第 1030 条中将"未经授权"与"超越授权"作为访问并获取数据行为违法性的认定标准。[1]韩国法同样以访问控制为中心设计数据侵权规范。在其新修订的《反不正当竞争法》第 2 条第 1 款中，其将"没有访问权限者窃取、欺骗、不正当连接或以其他不正当手段取得数据"的行为认定为数据侵权。[2]基于上述规定，当行为人突破访问规则，访问并获取数据的行为构成数据侵权。上述观点得到了我国司法机关的采纳，2011 年生效的《关于办理危害计算机信息系统安全刑事案件应用法律若干问题的解释》便将非法获取计算机信息系统数据罪中的"侵入"行为解释为"未经授权或者超越授权"。

相较于数据本体安全的保密性说，数据访问秩序以访问规则为保护对象，更为明确具体，也更能体现对于数据控制者与数据访问者间的利益平衡保护。数据本体的"保密性"在于防止数据为数据权利人授权范围以外的主体获取。由此，"保密性"的范畴取决于数据权利人的授权范围，数据权利人的授权范围越大，"保密性"的保护范围就越大，数据权利人的授权范围越小，"保密性"的保护范围就越小。该说存在不足在于其过分侧重于对数据控制者控制利益的保护，而在实际中助长了主体对于数据的垄断。《数据安全法》将数据的"控制"与"利用"的平衡作为基础价值。相较而言，数据访问秩序更能体现数据控制者与数据访问者双方的利益。一方面，基于对互联网企业劳动投入等诸多因素的考量，既有规范与司法实践倾向于肯定并保护数据控制者（企业）的支配、控制利益。数据控制者基于对数据控制的事实享有非基于内容的排他权，并有权设定数据的一般访问规则。[3]但是数据控制者往往并非数据权利人，其所享有的排他性权利具有有限性。数据访问秩序同样保护数

---

〔1〕 高仕银：《计算机网络犯罪规制中的"未经授权"与"超越授权"——中美比较研究》，载《时代法学》2020 年第 1 期。

〔2〕 刘文杰：《数据产权的法律表达》，载《法学研究》2023 年第 3 期。

〔3〕 梅夏英：《企业数据权益原论：从财产到控制》，载《中外法学》2021 年第 5 期。

据主体的访问权。数据主体的访问权是指在一定条件下赋予对数据访问具有利益的主体以访问与使用数据的权利。数据实际控制者应当负担一定的允许他人访问数据的义务。综上所述，数据访问秩序安全意味着刑法要在一般意义上保护数据控制者所设定的技术访问规则，而当用户对该数据享有访问权，即便该数据获取行为被数据控制者所反对，该行为仍然不具有违法性。数据访问秩序建立在对数据控制利益与数据访问权益的平衡基础之上，而能够更好地为数据犯罪的解释适用提供有力且明确的指引。

（三）目的法益：数据利益安全

数据利益安全以法律识别、确认并予以保护的数据利益为内容。针对数据利益的内涵相关理论学说大致可以被划分为如下三种代表性观点：其一，数据利益独立性说。理论上有学者主张数据法益中的'数据'应当具有独立属性，并由此提出在数据利益中排除仅作为信息载体的利益内容，例如个人信息、具有独创性特征的数字产品以及具有商业秘密性质的信息。[1]其二，多元数据利益说。多元利益说提出在数据犯罪中，数据利益与个人信息、商业秘密、内幕信息、国家秘密等信息利益之间往往存在交叉重合，应当根据行为所侵害法益性质选择适用数据犯罪及关联性罪名。[2]或者将数据利益解释为由经济秩序、物权、人格权以及公共秩序所共同组成"权利束"，根据数据的具体类型与在不同场景中所牵涉权益的不同而构成不同的犯罪。[3]其三，三重数据利益说。在承认数据之上承载诸多不同利益与价值的基础上，提出不同价值利益间存在先后的位阶关系。其主张搭建由"人格—财产—数据"所组成的三重利益体系，并且提出优先适用保护位阶在前的利益的罪名。

上述争议反映出学者们对于数据法益与传统法益之间关系的认知差异。数据利益独立性说提出数据利益独立于传统信息利益，优点在于能够明确界分数据犯罪与传统犯罪间的适用边界。但是，考虑到两者在定罪量刑标准上的差异。将数据利益内涵限缩为不可约为传统法益的生产要素，可能会导致两种罪名在适用上的漏洞或冲突。[4]多元数据利益说主张根据数据在不同场

---

〔1〕 姜涛、韩辰：《数字经济时代刑法规制网络犯罪的困境与出路》，载《苏州大学学报（哲学社会科学版）》2023 年第 1 期。

〔2〕 张勇：《数据安全法益的参照系与刑法保护模式》，载《河南社会科学》2021 年第 5 期。

〔3〕 劳东燕：《个人数据的刑法保护模式》，载《比较法研究》2020 年第 5 期。

〔4〕 张勇：《数据安全法益的参照系与刑法保护模式》，载《河南社会科学》2021 年第 5 期。

景下权益属性认定行为的违法性，为数据安全保护搭建起了相对全面的刑法规制框架。但是，其对于利益内容的类型划分，很容易使得数据利益的内涵局限于已经被刑法予以类型化保护信息内容范畴而难以解释数据集合、数据产品以及数据资产等新兴数据利益的类型归属问题。三重数据利益说存在同样的问题，况且，数据利益之间不具有绝对的位阶关系。以数字账户的账号与密码为例，两者既属于公民个人信息，更表征个人对账户内虚拟财产的事实性支配与控制，而具有财产属性。

因此，本文提出结合利益的产生方式可以将数据利益大致区分为信息利益与要素利益，这一类型区分源自数据的双重属性。在数字经济时代的背景下，数据兼具信息载体与生产要素的双重属性。其中信息载体是数据的初始功能，数据通过所承载的信息内容与个人、企业等特定主体产生利益关联。当数据作为信息载体时，其作为信息的电子化载体，以实现主体间的信息交换与传播为目的，此时数据与信息不可分离，信息就是具有实质内容的数据。[1]数字技术的发展使得数据间的相关性被发掘，而使得数据成为新兴的生产要素。当数据作为生产要素时，其利益来源于数据生产活动，体现为数据间的相关关系，其超越所承载信息而存在。[2]以非同质化通证（NFT）为例，作为一项新型数字资产，其符合传统财产犯罪的认定标准，即具备价值性、稀缺性与可支配性。NFT的载体层，其财产价值源自其特定的数据结构以及区块之间的关联关系，建立在其指向区块链上唯一哈希值的基础之上。换言之，在区块数据关系中，每一个NFT都是特定的，而这一特定性结合区块链不受篡改的属性，使得每一个NFT具备稀缺属性。

综上所述，面对数据所呈现权益保护的不同样貌，根据数据的双重属性，本文提出将数据利益区分为信息利益与要素利益，前者对应数据的信息载体功能，后者则对应数据的生产要素功能。

1. 数据信息利益安全

信息利益是指数据所承载信息的利益，其涵盖主体的人格利益、财产利益、商业利益、公共安全乃至国家安全。在一般意义上，数据是信息的载体，

---

[1] 李巨洋、蔡道通：《"一分为二"方法视域下虚拟财产保护的体系性思考——以盗取虚拟财产定性为切入点》，载《求是学刊》2023年第3期。

[2] 时建中：《数据概念的解构与数据法律制度的构建——兼论数据法学的学科内涵与体系》，载《中外法学》2023年第1期。

两者呈现出高度一体化的特征。数据与信息之间为载体与本体的关系。数据的价值体现在数据所反映的信息内容之上。对于不反映信息内容或者仅反映碎片化信息内容的"脏数据"或者"冗余数据"显然也不具有受到法律保护的价值。典型的信息利益包括以网络账号、密码为代表的用户个人信息、由游戏金币、物品等财产信息、数字化的工艺流程等商业秘密以及核心地质信息等与国家安全相关联的信息。因此，违法性的关键在于判定相关行为是否造成数据所承载信息利益受到侵犯的危险。

2. 数据要素利益安全

数字技术的发展以及算力的提升，使得数据之间的相关性被发掘，这一相关关系体现为数据的要素化。在数据要素化的过程中，经过数据的大量积累，以及相关关系的挖掘与分析，要素利益得以产生。在此意义上，数据要素化是数据处理的"过程"，数据的要素利益则是数据要素化的"结果"。典型的要素利益既关系数据集合与数据产品，也涉及新型数据资产，前者作为企业数据的具体类型关系数据要素的流通与市场化运行，后者则作为数据要素的一种商品化形态，促进要素交易的产生与发展。[1]

要素利益与传统信息利益在产生上存在差异。游戏中"金币"与"物品"的财产属性源自其与现实财物之间的对应关系，是现实利益在网络空间中的数字化身（映射）。而数字资产的利益属性则根植特定的数字技术与数据结构。以加密数字货币为例，其经济价值源自区块链数据结构的不可篡改性。后者保证了链上存储加密货币交易与持有记录的真实与正确，并最终形成了去中心化的金融信任体系。

要素利益同样产生于对数据大规模的分析与挖掘基础之上。当作为信息载体的数据大规模聚集后，数据间的相关关系与生产经营活动的融合，使得后者超越信息载体的功能，而成为生产要素。以数据产品为例，其建立在数据控制者对于原始数据进行深度分析过滤、提炼整合等智力劳动成果之上，因而可以独立于网络用户的控制而存在，并且可以为其他市场主体有限度地无偿利用。[2]例如，淘宝公司所开发的"生意参谋"。该产品基于对网络用户浏览、搜索、收藏、加购、交易等行为痕迹信息所产生的巨量原始数据，

---

[1] 赵拥军：《论财产犯罪中数据资产的占有及转移》，载《东方法学》2023年第3期。
[2] 李晓珊：《数据产品的界定和法律保护》，载《法学论坛》2022年第3期。

通过特定算法提炼、整合，最终实现对淘宝商品未来销售态势的预测，为商户店铺结构与产品优化提供有效指导。[1] 不同于作为信息载体的数据库，数据产品实现了对于原始数据信息"质"的跨越，前者侧重在信息维度中呈现出数据之间的关联关系，而后者则在关联关系的基础上增加了"时间维度"，其利益价值集中表现为对事物发展（商品销售情况）的未来态预测。

三、数据犯罪的双层法益之解释适用

基于数据安全法益的双层结构，行为的违法性认定需要经过访问秩序与利益安全的双重审查。其中，数据访问秩序以数据访问规则为保护对象。是否所有突破访问规则限制的行为均具有违法性？均应当作为犯罪处理？如果不是，应当怎样界定行为违法性的认定标准？

（一）侵犯数据访问秩序行为的违法性认定

在实践中，数据访问规则往往代表了数据控制者的单方意愿，并非所有的访问规则均受到规范的承认与保护。例如，在"奇虎诉百度案"中法院判定百度公司所设置的访问规则不当排除 360 搜索引擎的抓取，构成歧视。[2] "腾讯诉祺韵侵权纠纷案"中，法院则否认祺韵公司未经腾讯公司允许，让他获取其游戏用户账号及个人信息的行为构成侵权。[3] 究竟怎样的数据访问规则值得刑法予以介入？

1. 以突破"身份认证机制"为行为违法性的认定标准

针对访问规则的保护范围，理论上的主张大致可以区分为合约权利标准说与技术障碍标准说。其中，合约权利标准说主张以网站设置反爬虫协议、权责声明以及使用条款为保护对象，认定突破上述访问方式获取数据的行为便具有刑事可罚性。[4] 技术障碍标准说则主张数据犯罪应当以数据控制者针对数据访问所设置的，如身份验证、访问次数限制等技术性手段为保护对象，只有当相关行为突破上述技术限制时才能作为犯罪处理。[5]

---

〔1〕 杭州铁路运输法院［2017］浙 8601 民初 4034 号民事判决书。
〔2〕 北京市高级人民法院［2017］京民终 487 号民事判决书。
〔3〕 广州互联网法院［2020］粤 0192 民初 20405 号。
〔4〕 刘艳红：《网络爬虫行为的刑事规制研究——以侵犯公民个人信息犯罪为视角》，载《政治与法律》2019 年第 11 期。
〔5〕 石经海、苏桑妮：《爬取公开数据行为的刑法规制误区与匡正——从全国首例"爬虫"入刑案切入》，载《北京理工大学学报（社会科学版）》2021 年第 4 期。

合约权利标准说的优势在于以反爬虫协议、声明为代表的合约条款向相关主体清楚明确地表达了其控制利益范畴，且符合行业惯例。但是，上述观点忽视了数据控制者与访问者之间的非对等地位，相关协议基于对数据控制者的自身利益的考量，往往一般性地限制数据的访问与获取。而将上述协议认定为访问状态安全法益的内容可能会助长"数据垄断"与"数据孤岛"的现象。相较而言，技术障碍标准说则属于客观的违法性认定标准，突破上述标准的行为往往具有足够的"暴力性"。根据技术障碍标准说，只有当行为人通过破坏或者规避技术措施以访问、获取数据时，其行为才具有刑事违法性。但是其同样存在不足，在于技术障碍设置与否同样建立在数据控制者的个人偏好基础之上，将其作为行为违法性的认定标准同样难以避免法律适用过程中的主观任意性。

那么在肯定技术障碍标准的合理性下，应当如何科学划定刑法所保护的数据访问规则的范围？本文主张可以将数据访问秩序限定为对于数据控制者所设定的身份验证机制。这是因为，数据访问秩序关系数据控制者与数据访问者（通常为用户）双方主体权益。而网络空间具有公共性、开放性的本质特征，"机主一旦选择了公共域名，则意味着其愿意将其计算机作为服务器，必须接受网络的公开性。这样，信息一旦放到自己的或者他人的服务器上，就推定其同意任何人获取"。[1]相反，如果数据控制者想要隔离出某个私密场域，拒绝他人对其中数据的访问，他就必须通过积极的方式表达出来，使访问者知悉获取数据需要经过特别的许可。因此，受到法规范承认与保护的访问规则必须对数据访问者的访问权益予以保障。如何权衡数据控制者的数据支配利益与访问者的访问权益，成为数据访问秩序内涵界定的关键因素。由于"身份认证机制"是有效控制主体计算机、文件或者数据访问资格的实质措施。而基于身份认证措施，可以将网络中的封闭空间与公共空间分割开来。只有通过身份认证，用户才可以访问基于特定身份才能进入的特定空间。[2]这就类似于现实中某人通过垒筑高墙或者给门上锁的方式来封闭某个空间，它既能清晰标示出他人只有得到特定许可才能入内，也足以给他人的访问制

---

〔1〕 杨春然：《从现实到虚拟：计算机侵入禁止规范的构成及适用——兼论计算机同意》，载《法学论坛》2021年第1期。

〔2〕 薛美琴：《网络爬虫刑法规制的边界》，载杨明主编：《网络法律评论》，中信出版社2021年版，第234页。

造难以克服的实质障碍，起到阻止随意进入的效果。所以，访问秩序的保护范围应当主要建立在"身份认证"基础之上。典型的突破身份认证机制的行为包括绕过或者欺骗身份验证措施的行为，而不包括突破验证码、UA 控制请求、IP 地址限制等反爬虫措施的行为。因为反爬措施作为技术保护措施，其设置的目的不是对排除特定主体对于数据的访问，而是对于数据特定访问方式的限制。鉴于在此种情形下，主体本身享有对该特定数据的访问权益，突破反爬虫措施的行为不具有实质违法性。

2. 排除获取公共数据以及已公开数据行为的违法性

当相关数据获取与处理行为仅威胁数据所承载的信息利益，而未构成对访问状态安全的侵害时，该行为不具有违法性。根据 2022 年 12 月中共中央、国务院发布的《关于构建数据基础制度更好发挥数据要素作用的意见》的政策文件，数据控制者就数据集合享有加工使用权，就数据产品享有产品经营权。在一般情形下，未经允许访问并获取相关数据的行为由于侵犯了数据控制者所享有的上述利益而具有实质违法性。然而，数据产权的确立并不意味着对于数据控制者方利益的绝对保护，否则容易促成数据垄断，阻碍数据的流通与利用。为确保数据资源能够最大限度地满足社会公众的福祉，对数据控制者所设置访问规则的保护应当有所限制。上述限制应当建立在对数据访问者利益的保护基础之上。

这是因为，作为网络空间中的技术规则，数据访问规则涉及数据控制者与数据使用者双方主体。访问规则的本质是网络空间中的"法律"，其直接影响着主体利益的实现。其中，数据控制者作为规则制定者享有数据访问规则的设置权力，相应的数据使用者也应享有访问数据权益。当数据控制者的控制利益建立在对于公共数据或者已公开数据的分析与聚合时，其应当负担一定的允许他人访问数据的义务。[1] 这是因为，对于公共数据与自行公开的数据的收集与处理往往涉及公众利益，因而相关数据的获取与利用应以促进数据的流通与开放共享为基本价值。在此情形下，应当对数据访问者的访问权益予以肯定与保护。基于上述考虑，当行为人为访问并获取公共数据与已公开数据时，其行为不构成对于数据访问秩序的侵犯。以"车来了案"为例，

---

〔1〕 王洪亮、叶翔：《数据访问权的构造——数据流通实现路径的再思考》，载《社会科学研究》2023 年第 1 期。

法院认定被告人爬取谷米公司服务器中存储公交车行驶实时数据的行为构成非法获取计算机信息系统数据罪。[1] 由于谷米公司等数据控制者基于对上述数据的分析与聚合享有加工使用权益，因此被告人通过不断更换爬虫程序内的 IP 地址，使用变化的 IP 地址获取上述数据的行为确实侵犯了数据控制者所享有的数据利益。但是由于公交车行驶实时数据属于私主体控制下的公共数据，考虑到社会公众享有对上述数据的访问权益，不宜认定为上述侵入行为构成对数据访问秩序的侵犯。综上，本文主张不应将访问并获取相关公共数据与开放数据的行为认定为犯罪。

在数据犯罪的双层法益中，访问状态安全为手段，数据利益安全为目的。只有当相关行为既侵犯数据访问秩序，又导致数据利益存在受到侵害可能时，方才具有实质违法性，而构成犯罪。根据行为可能侵害的数据信息利益内容的不同，大致可以将数据犯罪区分为信息利益型数据犯罪与要素利益型数据犯罪。

（二）侵犯数据信息利益行为的违法性认定

并非所有侵犯数据访问秩序的行为均构成犯罪，相关行为是否具有实质违法性还需经过手段法益，即数据利益安全的进一步审查。只有当相关行为造成数据所承载利益内容具有侵害可能时，该行为方才具有实质违法性。换言之，根据数据安全法益的双层结构，非法获取数据行为的违法性表现为对数据访问秩序的直接侵犯与信息利益的间接侵害。

那么当非法获取数据的行为同时侵犯数据访问秩序与信息利益安全时，该行为因为同时触犯数据犯罪与关联信息犯罪，存在竞合关系。对此，理论上存在法条竞合说与想象竞合说的争议。支持法条竞合说的观点提出数据犯罪以数据本身完整性与可用性为对象，信息犯罪则以数据的有用性与功能性为对象，两者具有一般与个别的关系。[2] 由此，当非法获取商业秘密数据的行为同时触犯上述两罪名，遵循特别法优于一般法的原则，适用侵犯商业秘密罪这一特别罪名。想象竞合说则否认数据犯罪与信息犯罪的特别法与普通法的关系，当非法获取数据的行为同时触犯数据安全与信息利益时，成立想象

---

〔1〕 广东省深圳市南山区人民法院［2017］0305 刑初 153 号刑事一审判决书。

〔2〕 李巨洋、蔡道通：《"一分为二"方法视域下虚拟财产保护的体系性思考——以盗取虚拟财产定性为切入点》，载《求是学刊》2023 年第 3 期。江溯：《非法获取虚拟货币行为的定性》，载《人民司法》2023 年第 11 期。

竞合。[1]上述争议源自对数据-信息关系的认识差异，前者认为信息与数据具有特别与一般的关系，而后者则主张数据与信息只是具有交叉关系的两个集合，谁也不是谁的子集。应当如何认识数据与信息的关系？

从数据犯罪认定的角度出发，数据的范围广于信息，并非所有的数据均值得刑法保护，因此需要借助可能侵害的信息内容对于相关数据的保护必要性予以进一步审查。但是，这并不意味着数据与信息之间存在一般与个别的关系，因为从信息犯罪认定的角度出发，相较于一般性的受保护信息而言，以对承载信息内容的数据予以保护反而是个别情形。综上，很难认定数据犯罪与关联信息犯罪之间具备一般与特别的关系。本文主张当相关行为既侵犯数据访问秩序，同时又侵害我国刑法已经类型化保护的信息利益时，该行为同时触犯数据犯罪与关联信息犯罪，构成想象竞合。而在众多竞合关系中，数据犯罪与财产犯罪的竞合关系较为特殊。

相较于信息犯罪而言，财产犯罪具有独立的行为构造与保护对象。针对非法获取"虚拟财物"[2]的行为应当认定为数据犯罪还是财产犯罪在理论上引起较大争议。相关理论观点大致可以被区分为财产犯罪肯定论（以下简称"肯定论"）、财产犯罪否定论（以下简称"否定论"）以及折中论三种观点。肯定论主张虚拟财产具有管理可能性、转移可能性以及价值性等三个特征，[3]其凝聚了运营商所投入的人力、物力，用户可以基于对账户的支配对该财产进行占有、处分、收益，[4]而可以被评价为财产犯罪所保护的"财物"。否定论否认虚拟财产的经济利益可以上升为财产法益，并且指出只有建构虚拟财产的代码数据才是刑法的调整对象。[5]也有学者提出将虚拟财产作为财产利益保护不符合盗窃罪的教义学构造，因为前者的"占有转移"仅体现为财产损害的结果，而未展现导致损害结果的因果流程。基于对肯定论与否定论观点的重新审视，折中论则在肯定网络虚拟财产兼具数据与财产多元属性的基础上，提出要对虚拟财产进行一定的类型区分，其中"网络游戏货

---

[1] 庄劲：《开放的中国数据刑法体系之建构——基于本体法益与功能法益的区分》，载《中国刑事法杂志》2023 年第 2 期。

[2] 下文所指"虚拟财物"相对新型加密资产而言，包括银行、支付宝账户，以及网络游戏金币、装备等狭义上的虚拟财产。

[3] 张明楷：《非法获取虚拟财产的行为性质》，载《法学》2015 年第 3 期。

[4] 余剑：《财产性数据的刑法规制与价值认定》，载《法学》2022 年第 4 期。

[5] 欧阳本祺：《论虚拟财产的刑法保护》，载《政治与法律》2019 年第 9 期。

币"具有相对稳定的兑换比例，因而可以作为财产法益予以保护，"网络游戏虚拟装备"则不存在稳定的兑价关系，而应当作为"有价值的重要数据"予以保护。[1]

相较而言，肯定论更契合互联网游戏产业快速发展的时代背景，围绕游戏装备与游戏货币衍生的二级市场规模庞大，一味地否认虚拟财产作为财产犯罪的保护对象，将会导致犯罪认定出现漏洞。在现行刑法中，仅对数据的非法获取以及破坏行为予以规制，但是侵犯虚拟财产的行为的违法性更多体现为对于数据的不当利用。当相关行为不能认定为数据犯罪时，便会出现刑法适用上的漏洞。但是，将虚拟财产直接作为财产性利益予以保护同样存在疑问，在于虚拟财产的价值依附于运营者，而呈现出"价值单边性"，这就使得虚拟财产丧失将影响着网络用户私有财产的总量，却不会造成运营商的财产损失。综上所述，对于虚拟财产的保护而言折中说更为恰当，但是以"游戏货币"与"虚拟装备"作为类型区分的标准欠缺充分的理论依据，容易导致具体认定中的混乱。应当确立怎样的类型区分标准才能恰当界分数据犯罪与财产犯罪的认定边界呢？

基于数据安全法益的双层结构，本文主张以是否与真实货币价值相对应作为虚拟财产类型区分的标准。一般情形下，与真实货币价值之间不具有对应性的"虚拟物品"作为数据予以保护。而在特殊情形下，当"虚拟物品"与真实财产价值具有对应项，即其是通过法定货币构成或按照一定比例兑换所得时，才可以作为刑法中的"财物"予以保护。虚拟财产的损失并非表现为数据所承载信息内容的减损，更多则是体现为用户对于账户操作权限的丧失，而虚拟财产实质上也体现为对账户的操作状态。因此，在一般情形下，非法获取虚拟财产的行为更适宜认定为数据犯罪。只有当"虚拟财产"与真实货币价值之间具有对应性时，此时数据所承载的信息内容成为真实货币价值在虚拟空间中的映射，窃取上述虚拟财产的行为才构成财产犯罪。当行为人通过技术侵入手段，非法获取并转移上述虚拟财产时，其手段行为侵犯数据访问秩序，目的行为侵犯财产安全，构成数据犯罪与财产犯罪的竞合犯，由于两者间具有类型性的关联，应当从一重罪处罚。

---

[1] 金鸿浩：《非法获取型数据犯罪的实务反思与规则重塑》，载《中国政法大学学报》2023年第4期。

（三）侵犯数据要素利益行为的违法性认定

　　要素利益型数据犯罪是指以要素利益为对象的犯罪类型，典型的要素利益例如，加密货币、非同质化通证以及数据产品。

　　主张将窃取加密货币或者非同质化通证的行为认定为财产犯罪的观点，近年来已经成为学界的多数说观点。但是在研究思路上，上述观点往往基于虚拟货币具有财产属性为论证前提，且未能恰当解释财产犯罪与数据犯罪之间的适用边界，似乎一概排除适用或者简单地从一重罪处罚就能够解决上述问题。[1] 上述观点忽略了要素利益与传统财产性利益之间的差异。以加密货币为代表，其财产属性根植于区块之间相互链接而不可篡改的去中心化结构。由此，要素利益的安全问题优先表现为数据的安全问题。相应地，对于侵犯要素利益的行为也应当对危害数据访问秩序和侵害用户财产利益的犯罪进行区分。

　　据上所述，侵犯要素利益的行为本质是复数的数据不法行为。详言之，其可以划分为如下两个具体不法行为。其一，获取私钥行为侵犯数据访问秩序。当行为人通过侵入或者其他技术手段非法获取原持有人私钥时，其由于侵害重要数据的访问规则而具有违法性。其二，使用私钥将比特币从原持有人账户转移到其控制的比特币地址的行为侵犯原持有人财产性利益，构成盗窃罪。这就意味着，不能将非法获取他人虚拟货币的行为简单地认定为想象竞合或者法条竞合。

　　当行为人通过偷听或者偷拍照片而获得他人比特币私钥，随后将其账户下比特币转移到自己账户时，其行为仅构成盗窃罪，而不构成数据犯罪。[2] 在此种情形下，获取私钥的先行为尽管违背了原持有人的意志，却未侵犯数据访问秩序。因为，区块链及比特币系统并未采取实名制，其所设定的访问规则仅识别并肯定私钥持有者，而不判断持有者是否为权利人。因此，只要持有正确的私钥，行为人便有权访问并获取该账户下的比特币数据，其行为便也不构成非法获取计算机信息系统数据罪。

　　作为复数的数据不法行为，只有当行为人以窃取比特币为目的，通过侵

————————

　　[1] 郭旨龙：《侵犯虚拟货币刑法定性的三层秩序观——从司法秩序、法秩序到数字经济秩序》，载《政治与法律》2023 年第 5 期。

　　[2] 重庆市秀山县人民法院 [2022] 渝 0241 刑初 132 号刑事一审判决书。重庆市第四中级人民法院 [2022] 渝 04 刑终 154 号刑事二审裁定书。

入或者其他技术手段获取持有人私钥，并且利用该私钥完成比特币交易时，其行为同时构成非法获取计算机信息系统数据罪与盗窃罪，由于两者之间存在手段与目的的牵连关系，因此适用牵连犯规则，从一重罪处罚。而当行为人在无窃取比特币的目的下。通过侵入或者其他技术手段获得用户计算机系统中存储的数据（其中包含比特币账户的公钥与私钥），而后发现并最终通过私钥将比特币转移到自己账户内。在此情形下，行为人在两个犯罪目的下实施两个犯罪行为，应当按照数罪并罚予以处理。

四、结语

在数字经济时代的社会背景下，对于数据犯罪的规制应当如何实现数据安全与数据利用之间的平衡成为亟待解决的理论问题。针对司法实践中普遍存在的企业间、企业与个人间的数据获取与使用的纠纷以及相关行为违法性的认定争议，有必要构建数据安全的双层结构：通过数据访问秩序与数据利益安全的双重审查限定数据犯罪的适用边界；通过信息利益与要素利益的双重保护，实现数据刑法体系的开放性。具体而言：（1）在数据访问秩序中，以数据访问规则为保护对象，只有当相关行为突破"身份认证机制"方才具有违法性，排除获取公共数据以及已公开数据行为的违法性。（2）在数据利益安全中，将具有信息利益或者要素利益侵害可能性的行为认定为构成数据犯罪。对于信息利益型数据犯罪而言，当行为人非法获取数据的行为同时侵犯数据访问秩序与信息利益安全时，其构成数据犯罪与关联信息犯罪的想象竞合。对于要素利益型数据犯罪而言，相关行为既危害数据访问秩序，又侵害用户财产利益。在上述复数数据不法行为中，当行为人以实施后一行为为目的实施前行为时，构成牵连犯，由于具有类型性关联，从一重罪处罚。当行为人在实施前行为后方临时起意实施后行为时，则应同时适用数据犯罪与财产犯罪，数罪并罚。

第二单元
新型热点网络犯罪疑难问题研究

论网络犯罪的看门人规制

单 勇*

摘　要：《反电信网络诈骗法》及相关网络法将互联网平台等市场主体视为维护网络空间安全的看门人，为其设定了愈发丰富的在线控制用户违法犯罪的看门人条款，型塑出"国家管看门人、看门人管用户"的看门人规则体系。看门人规则具有权力和义务二重性特质，看门人承担和履行国家设定的犯罪控制义务，但又由此拥有在线影响、干预用户的社会权力。制度能力决定治理能力，基于看门人规则的新型规制模式以元规制和自我规制的交互推动了犯罪治理的时点向前端防范和源头治理转移，回应了刑事规制作用范围有限、预防效果不显、治理主体单一等问题，催生出看门人规制和刑事规制二元并立的数字社会治理架构，成为数字化时代改善网络犯罪治理之国家能力的关键所在。

关键词：网络犯罪；国家能力；互联网平台；看门人规则；反电信网络诈骗法

　　在传统犯罪与网络犯罪此消彼长的"犯罪分层"[1]下，数字时代的犯罪规律经历了从"城市吸引犯罪"到"网络吸引犯罪"的嬗变。盗窃等传统犯罪的立案数持续下降、电信网络诈骗等利用网络实施的新型犯罪的立案数大

---

　　* 单勇，南京大学法学院教授、博士生导师。本文已发表于《南京大学学报（哲学·人文科学·社会科学）》2023 年第 5 期。

　　〔1〕 本文系中国犯罪学学会 2022 年度重大课题"从传统犯罪学到数字犯罪学的代际更新"（FZXXH2022A01）的研究成果。在传统上，犯罪分层是指从刑事法视角按犯罪严重程度划分微罪、轻罪、重罪等类型；而今穿梭于网络空间和物理空间的新型犯罪在诸多方面有别于单纯发生于物理空间的传统犯罪。在犯罪学意义上，网络犯罪与传统犯罪呈愈发显著的"犯罪分层"。关于犯罪分层的传统理解，参见卢建平：《犯罪分层及其意义》，载《法学研究》2008 年第 3 期。

幅增长。2020年，诈骗立案数首次超过盗窃，成为公安刑事立案阶段的第一大罪。[1]实际上，"除强奸等必须以行为人自身为工具的传统犯罪外，其他犯罪基本都可以通过互联网实施"。[2]中共中央《关于党的百年奋斗重大成就和历史经验的决议》专门提及防范和打击新型网络犯罪。

网络犯罪治理有赖于党政科层结构下的"组织化调控"[3]，支撑犯罪治理的组织化调控既是一种运用数字技术等方法的技术安排，也是一种面向多元治理主体关系的组织安排，更是一种为治理提供规制依据、搭建治理体系的制度安排。三种安排分别对应理解犯罪治理的方法视角、组织视角及规范视角。从制度与治理的关系看，制度能力决定治理能力，三种安排相互关联且相得益彰，而从根本上看，更具基础性、关键性的制度安排影响甚至决定着技术安排和组织安排，特定的技术安排和组织安排均可归结为特定制度安排的有机延伸；不同的制度安排蕴涵着不同的制度能力且对应不同的治理模式，并展现出个殊化的治理能力。

从制度安排看，依据刑事法、政法部门统揽、事后处遇个案的刑事规制是传统治理模式；与之相对，《网络安全法》《网络信息内容生态治理规定》等网络法及《反电信网络诈骗法》（以下简称《反电诈法》）出于前端防范和源头治理的需要，将互联网服务提供者等市场主体视为数字社会的"看门人"（gatekeeper）[4]，为之设定以在线控制"用户"（国民的数字身份）违法为内容的犯罪控制义务，型塑出愈发丰富的看门人条款或看门人规则，推动了看门人规制的骤然勃兴。以互联网平台这一典型看门人为例，互联网平台大规模参与网络犯罪治理已成为数字时代犯罪治理转型的标志性特征。通过平台的犯罪治理包括平台协助公安机关侦破案件，平台针对平台生态系统

---

〔1〕 根据《中国统计年鉴》，2015—2021年，全国公安机关诈骗和盗窃案件的数量变化此起彼落，诈骗立案件数分别为104万、97万、92万、115万、143万、191万、195万；盗窃立案件数为487万、430万、345万、278万、225万、165万、160万。

〔2〕 喻海松：《网络犯罪二十讲》，法律出版社2018年版，第3~4页。

〔3〕 作为综合治理的本质特征，组织化调控是指通过党的组织网络和政府的组织体系，在组织建设和组织网络渗透中不断建立和完善执政党主导的权力组织网络，使社会本身趋向高度的组织化，通过组织来实现国家治理目的的社会调控形式。参见唐皇凤：《社会转型与组织化调控——中国社会治安综合治理组织网络研究》，武汉大学出版社2008年版，第60~61页。

〔4〕 单勇：《数字看门人与超大平台的犯罪治理》，载《法律科学（西北政法大学学报）》2022年第2期。

中的网络黑灰产业进行专项治理，平台对用户发布违规违法及不良信息的在线内容审核，以及科技公司以市场化机制参与网络犯罪治理等实践活动。[1]相对偏重在场控制、事后回应、外部规制的刑事规制，看门人规制具有在线控制、主动风控、内部规制等特质。尽管刑事规制与看门人规制两者不可或缺；但为实现网络犯罪的"源头治理、综合治理"，必须理性审视事后回应导向的刑事规制之局限，探究互联网平台等市场主体大规模参与犯罪治理这一新兴社会法律现象，探察《反电诈法》等法律对"看门人"这一新型规制者的立法设定，阐释看门人规则的制度内涵、总结看门人义务的主要类型，剖析基于看门人规则的新型规制模式的内在逻辑，以此把握网络犯罪治理的转型方向。

一、刑事规制的局限反思

刑事规制是在刑事法框架下以政法部门统揽为组织形式、以事件性治理（个案处遇）为规制方式、以事后回应为导向的犯罪治理模式。刑法虽有一般预防和特殊预防之功能，但相对前端防范导向的《反电诈法》等预防性法律制度，其主要是在犯罪发生后为惩治犯罪提供依据，故而"事后法"色彩和"回应型法"属性鲜明。刑事规制可谓国家回应犯罪挑战的一般性反应，网络犯罪的刑事规制表现有三：在立法上，立法机关以积极刑法观为指引，通过刑法修正案增设新罪名、扩张犯罪圈的方式将类型化的网络越轨行为升格为犯罪[2]；在司法上，司法机关以司法解释推动网络刑法的实体法适用和证据调取等程序法完善[3]，以实现网络犯罪的司法惩治；在执法上，公安机关以日常治理和专项治理相结合方式预警风险、抓获嫌疑人，开启刑事规制的司

---

〔1〕 单勇：《数字平台与犯罪治理转型》，载《社会学研究》2022 年第 4 期。

〔2〕《刑法修正案（七）》增设"非法获取计算机信息系统数据、非法控制计算机信息系统罪"和"提供侵入、非法控制计算机信息系统程序、工具罪"；《刑法修正案（九）》增设"非法利用信息网络罪""帮助信息网络犯罪活动罪""拒不履行信息网络安全管理义务罪"三个新罪名，并修改"侵犯公民个人信息罪"。

〔3〕 为有效惩治网络犯罪，司法机关出台了一系列司法解释，如 2019 年 11 月施行的《关于办理非法利用信息网络、帮助信息网络犯罪活动等刑事案件适用法律若干问题的解释》、2021 年 6 月 17 日公布的《关于办理电信网络诈骗等刑事案件适用法律若干问题的意见（二）》、2019 年 2 月施行的《公安机关办理刑事案件电子数据取证规则》等。

法程序。从治理效果看，2021 年，全国检察机关起诉利用网络实施诈骗、赌博、传播淫秽物品等犯罪 28.2 万人，同比上升 98.5%；起诉非法买卖电话卡和银行卡、帮助提款转账等犯罪 12.9 万人，是 2020 年的 9.5 倍。其中，帮助信息网络犯罪活动罪、诈骗罪、开设赌场罪分列起诉人数的第三至五位。虽然刑事规制取得了前所未有的成就，但在治理中也暴露出明显的局限。

（一）刑事规制的作用范围有限

以司法漏斗为坐标系，刑事规制所能规制的案件数量相对犯罪总量甚为有限。司法漏斗效应表明，受犯罪黑数影响，真实犯罪数量远高于公安立案数；受破案能力制约，公安侦查的立案数远高于移送检察的案件数；在不起诉程序分流下，检察机关办案量高于移送法院审理的案件数。关于犯罪黑数，学界常引用"我国网络黑产从业者超过 150 万人，黑产规模达千亿级别"[1] 的观点。据笔者 2021 年在某头部企业调研获知，网络黑灰产从业者规模可能高达 500 万人。与之相对，2021 年全国检察机关共起诉利用网络实施犯罪 28.2 万人。即便考虑到黑产从业者中有大量参与者未达犯罪标准，潜藏于执法司法视野外的犯罪黑数也相当可观。侦查能力不足导致破案率偏低也是司法漏斗形成的重要原因。非接触性电诈犯罪的破案率远低于接触性诈骗的破案率和全国刑事案件的平均破案率[2]，某些公安机关每年的全链条破案数仅为个位数。海量的犯罪黑数和较低的破案率意味着刑事规制仅能将有限的案件纳入司法流程，对更多的网络犯罪及嫌疑人力有未逮。"在运用刑法进行惩治的过程中，成功追究刑事责任的实际上是少数，多数仍游离在规制之外。"[3] 以 J 省公安机关破获的"缅北天空一号"专案为例，专案组通过大数据技术锁定该"杀猪盘"团伙 2669 人的真实身份，但仅抓获回流人员 187 人，大多数嫌疑人因在境外而尚未到案。作用范围有限可谓刑事规制的先天不足，如

---

〔1〕 陈慧娟：《网络黑灰产业如何治》，载《光明日报》2018 年 11 月 27 日。

〔2〕 以 J 省某经济较发达地级市为例，2018 年~2020 年，电诈犯罪的立案数占当年全部诈骗立案数的 86.5%、86.4%、92.5%。其中，线下接触性诈骗的破案率为 80.2%、50.4%、80.1%，电诈的破案率仅为 5.7%、12.8%、15.9%。以 J 省经济发达县级市为例，2017 年~2019 年，电诈犯罪的立案数占当年全部诈骗犯罪立案数的 86%、87.7%、62.1%。其中，线下接触性诈骗的破案率为 41.2%、56.2%、72.2%，电诈的破案率仅为 3.8%、3.4%、5.3%。与之相比，2017 年~2019 年，全国公安机关刑事案件的平均破案率为 38.03%、37.92%、39.3%。

〔3〕 喻海松：《网络犯罪黑灰产业链的样态与规制》，载《国家检察官学院学报》2021 年第 1 期。

何将更多的网络违法犯罪纳入治理视野成为亟待破解的难题。

（二）刑事规制的预防效果不显

刑事规制并非仅注重事后回应而忽视犯罪预防，当下积极预防刑法观大行其道恰恰证明了这一点。"刑法早已由事后惩治犯罪的手段变为事先预防犯罪的工具，积极预防主义成为当下刑法观的主流。"[1] 在立法层面，刑法修正案增设新罪名将刑法防线前移，增设"非法利用信息网络罪"将预备行为正犯化，增设"帮助信息网络活动罪"将帮助行为正犯化；在司法领域，通过司法解释和规范性司法文件更好地发挥刑法的规制效能，如最高人民法院、最高人民检察院、公安部《关于办理电信网络诈骗等刑事案件适用法律若干问题的意见（二）》就是对电诈犯罪之上下游关联犯罪全链条打击的重要依据。必须承认，刑事规则无论如何积极、怎样主动将刑法防线前移，均以个案的司法惩治为依托。事件性治理或个案处遇乃是刑事规制的直接法律效果。

从实践看，无论如何强调预防，以个案处遇为基础的刑事规制都具有明显的事后性和被动性，易陷入治标不治本的窘境。网络犯罪依附于庞大的网络黑灰产业。完整的网络黑灰产业包括上游的提供信息类物料和工具类物料环节、中游的网络诈骗及网络赌博等犯罪实施环节、下游的转移赃款及掩饰隐瞒犯罪所得等洗钱环节。"断卡行动"对黑产下游犯罪的打击力度空前，2021 年检察机关起诉帮助信息网络犯罪活动罪（简称"帮信罪"）129 297 人，起诉人数在全部案件中排名第三。从立法目的看，帮信罪系堵截性罪名，该罪名的大幅适用，"折射出对案件的处理'浅尝辄止'，难以做到'罚当其罪'"[2]。打击黑产的重点应聚焦于上中游犯罪。既不能因"帮信罪"侦破难度小而罔顾网络犯罪的发生原因，忽视对黑产链条的根治；也不能仅强调个案治理而忽视黑产源头的预防，将刑法"惩罚法"属性盲目拔高为"预防法"[3]。"刑法的积极作为不意味着刑法万能，尽管刑法在黑灰产治理中作用明显、效果突出，然而单一维度依赖刑事法规制只能治标、尚难

---

〔1〕 刘艳红：《积极预防性刑法观的中国实践发展——以〈刑法修正案（十一）〉为视角的分析》，载《比较法研究》2021 年第 1 期。

〔2〕 喻海松：《网络犯罪形态的碎片化与刑事治理的体系化》，载《法律科学（西北政法大学学报）》2022 年第 3 期。

〔3〕 刘艳红：《网络时代社会治理的消极刑法观之提倡》，载《清华法学》2022 年第 2 期。

治本。"〔1〕2022 年 4 月，中共中央办公厅、国务院办公厅印发的《关于加强打击治理电信网络诈骗违法犯罪工作的意见》明确"坚持打防结合、防范为先……坚持源头治理、综合治理"的理念。可见，"只依靠事后的刑法打击不能遏制新型网络犯罪，必须建立起有针对性的、系统化的犯罪预防与治理体系"〔2〕。

（三）刑事规制的治理主体单一

事后回应为主的刑事规制依赖政法部门统揽的组织安排、执法和司法的程序安排而运行。以往，公安机关以数字技术实现了对现实空间中接触性犯罪的"在场控制"；但该策略无法复制到网络空间。从事网络犯罪的不法分子依附于各大平台生态系统，形成了庞大人员基数的黑灰产犯罪圈层。从犯罪分工看，黑灰产从业者分处黑产的组织层、卡号贩卖层、信息贩卖层、技术产品层、技术服务层、洗钱服务层及犯罪实施层。从作用大小看，不法分子在黑灰产圈层中从边缘到核心依次是外围的黑产兼职圈、以黑灰产工作室为代表的职业圈、专业黑客及其背后"金主"组成的核心圈。核心圈搭建起黑产犯罪的运行体系，为职业圈提供黑产情报和技术支持；职业圈通过黑产资源、业务工具获利；外围兼职圈在职业圈操纵下从事网络违法的帮助、变现和套利等业务。黑灰产犯罪是一种在线犯罪，故而须臾离不开"在线控制"；擅长"在场控制"的政法部门缺乏"在线控制"网络空间的有效途径，政法部门相对黑灰产核心圈、职业圈的治理距离过远，仅凭网安、反诈等部门的技术治理无从及时斩断犯罪圈层间的信息链、资金链、技术链、人员链。"从打击治理实践看，电信网络诈骗不是简单的社会治安问题，而是复杂的社会治理难题。"〔3〕这需要国家和社会开展分工、合作，引入新型社会力量开展"在线控制"，以形成全新的数字社会治理架构和全社会反诈新格局。

综上，刑事规制存在自身无法修复的缺陷，网络犯罪的治理亟待适应数字时代的社会变迁与犯罪变迁，实现从事后回应到前端预防、从在场控制到在线控制、从政法统揽到社会治理的转型。这一转型的目的在于从根本上改

---

〔1〕 喻海松：《网络犯罪黑灰产业链的样态与规制》，载《国家检察官学院学报》2021 年第 1 期。

〔2〕 皮勇：《新型网络犯罪的防范与治理》，载《犯罪研究》2021 年第 6 期。

〔3〕 郭倩、张莫：《多部门发声　对电信网络诈骗保持严打高压》，载《经济参考报》2022 年 4 月 15 日。

善犯罪治理的"国家能力"。政治学的"国家能力"（state capacity）学说立足国家和社会的关系，强调社会在国家治理中的作用，关注国家对社会的吸纳与控制。"国家能力"以迈克尔·曼提出的"基础性权力"（infrastructural power）[1]为内核，包括"渗入社会的能力、调节社会关系、提取资源及以特定方式配置或运用资源的能力"，[2]指向国家对社会渗透、汲取与规制的能力。结合对刑事规制的反思，国家能力学说的启示在于：

第一，国家能力与社会能力是一种互补互融的关系。网络犯罪治理应面向数字社会从中汲取改善国家能力的新兴社会力量，借助互联网平台等市场主体将治理权力和规制能力从现实空间延伸至网络空间。

第二，国家权力及规制能力向网络空间延伸有赖于网络平台对用户的在线控制，在线控制成为科层国家渗透、汲取及规制数字社会的全新路径。

第三，国家能力的关键在于制度能力，制度能力决定治理能力。在线控制的实现以看门人规则为依据，基于看门人规则的新型规制构成了改善网络犯罪治理之国家能力的关键所在。

实际上，在线控制的看门人规则明显有别于刑事规制依托的回应型法，网络犯罪治理转型亦是一种制度安排及其规制方式的转型，故而探究看门人规则及其规制逻辑成为理解犯罪治理转型的动中窾要。

二、看门人规则的立法创设

犯罪治理中的"治理"意指国家与社会、市场等多元主体的共治，有赖于国家对社会力量的吸纳和汲取，离不开社会及市场主体发挥基础性作用。在数字时代，以互联网平台为代表的网络服务提供者进化为整个社会须臾不可替代的数字基础设施，以数字在场方式吸纳最广泛的人群成为其用户，"渗透至社会的核心，绕过传统管理制度，改变了社会和公民行为，重塑着国民生活的社会结构"[3]。可以说，"网络空间与现实社会的最大差别之一在于

---

[1] ［英］迈克尔·曼：《社会权力的来源》（第1卷），刘北成、李少军译，上海人民出版社2007年版，第380页。

[2] ［美］乔尔·S. 米格代尔：《强社会与弱国家：第三世界的国家社会关系及国家能力》，张长东等译，江苏人民出版社2012年版，第5页。

[3] José van Dijck, Thomas Poell and Martijn de Waal, *The Platform Society*: *Public Values in a Connective World*, Oxford University Press, 2018, p. 2.

网络空间的基本支撑主体是众多的互联网服务提供商或者中间平台"[1]。平台兼具市场属性与公共属性，成为"重塑社会结构的新型规制者"[2]和控制网络空间、约束用户守法的"守门人"或"看门人"（gatekeeper）[3]，构成科层国家必须整合以及联合的新兴社会力量。

从规范视角看，平台对用户的在线控制是基于看门人规则的法律规制（看门人规制）。从法律渊源看，看门人规则既散见于网络法的丰富规范之中，还被《反电诈法》系统化设定。从法律性质看，看门人规则以义务性规范为主，国家通过看门人规则为平台设定愈发丰富的看门人义务（平台义务），义务履行的实质在于平台对用户的在线控制。"看门人规则"并非明确于某部法律的条文字面，而是对一揽子看门人义务规范之制度内核的法理凝练，是对义务规范所孕育的全新的在线控制架构的制度表达。从规范文本的创设看，看门人在线控制用户的立法形成是一个制度积累、规则创新的过程，其法律渊源及义务内涵见表 1。

表 1　看门人规则一览表

法案名称	看门人类型	看门人义务
《关于维护互联网安全的决定》2009 年修正	从事互联网那个业务的单位	发现互联网上出现违法犯罪行为和有害信息时，要采取措施，停止传输有害信息，并及时向有关机关报告。
《关于加强网络信息保护的决定》2012 年12 月通过	网络服务提供者	①确保个人信息安全；②加强对用户发布信息的管理；②用户实名制核验。
《网络安全法》2017 年6 月施行	网络运营者	①履行网络安全保护义务；②对安全、国安侦查犯罪的技术支持和协助执法；③加强对其用户发布的信息的管理。

---

〔1〕 周汉华：《论互联网法》，载《中国法学》2015 年第 3 期。

〔2〕 Kate Klonick, "The New Governors: the People, Rules, and Processes Governing Online Speech", *Harvard Law Review*, 131 (6), 2018, pp. 1698~1670.

〔3〕 张新宝：《互联网生态"守门人"个人信息保护特别义务设置研究》，载《比较法研究》2021 年第 3 期；单勇：《数字看门人与超大平台的犯罪治理》，载《法律科学（西北政法大学学报）》2022 年第 2 期。

续表

法案名称	看门人类型	看门人义务
《反恐怖主义法》2018 年 4 月修正	①电信业务经营者和互联网服务提供者；②铁路、快递等物流运营单位；③电信、金融等业务经营者、服务提供者。	①对公安、国安防范、调查恐怖活动提供技术支持和协助执法，主动防控涉恐信息；②对客户身份及运输物品进行安全查验；③对客户身份进行查验。
《网络信息内容生态治理规定》2020 年 3 月施行	网络信息内容服务平台	加强信息内容的管理，抵制、防范和处置不良信息和违法信息。
《互联网信息服务管理办法（修订草案征求意见稿）》2021 年 1 月公布	互联网服务提供者	①主动开展在线控制；②积极响应主管部门的犯罪控制要求。
《未成年人保护法》2024 年 4 月修正并施行	网络服务提供者	防控用户利用其网络服务对未成年人实施违法犯罪行为。
《反电信网络诈骗法》2022 年 12 月施行	①电信业务经营者；②银行业金融机构、非银行支付机构；③互联网服务提供者	在电信治理、金融治理、互联网治理中的综合性反诈控制义务。
《互联网平台落实主体责任指南（征求意见稿）》2021 年 10 月公布	互联网平台	风险评估、风险防控、平台内用户管理、平台内容管理、禁限售管控、禁止传销、网络黑灰产治理、数据安全保护、配合执法等。
《个人信息保护法》2021 年 11 月施行	个人信息处理者	个人信息处理者在犯罪治理中使用个人信息的合法性要求。
《移动互联网应用程序信息服务管理规定（征求意见稿）》2022 年 1 月公布	①应用程序提供者②应用程序分发平台	①用户实名制认证、信息内容审核、对上线具有舆论属性或社会动员能力的新技术进行安全评估；②内容审核、打击网络黑灰产。
《互联网信息服务算法推荐管理规定》2022 年 3 月施行	算法推荐服务提供者	①建立用于识别违法和不良信息的特征库；②对违法信息的处置；③对老年人的反诈被害预防；④对未成年人群体的网络保护。

续表

法案名称	看门人类型	看门人义务
《未成年人网络保护条例》2023 年 10 月公布	①网络产品和服务提供者、个人信息处理者、智能终端产品制造者和销售者；②重要互联网平台服务提供者；③网络服务提供者	①履行未成年人网络保护义务，配合监督检查、接受投诉举报；②对损害未成年人合法权益的平台内用户或服务提供者，停止提供服务；③防止未成年人私密信息扩散。
《反有组织犯罪法》2022 年 5 月施行	①电信业务经营者；②互联网服务提供者	防止含有宣扬、诱导有组织犯罪（包括涉网新型黑恶犯罪）内容的信息传播。
《互联网信息服务深度合成管理规定》2023 年 1 月施行	深度合成服务提供者	①落实信息安全主体责任，建立信息发布审核、反电信网络诈骗、真实身份信息认证、深度合成内容管理、辟谣机制、添加深度合成标识、建立用于识别违法和不良信息的特征库等制度；②依法处置违法和不良信息，管理深度合成服务使用者。③对新产品新应用的安全评估义务和配合监督检查义务。

（一）网络法等法规范的分散性规定

1. 看门人规则的网络法源起

看门人规则根植于网络法的土壤，初见于 2000 年制定、2009 年修正的全国人民代表大会常务委员会《关于维护互联网安全的决定》，彼时我国处于网站中心的 Web1.0 时代，网络违法犯罪刚冒头。该决定第 7 项要求"从事互联网业务的单位要依法开展活动，发现互联网上出现违法犯罪行为和有害信息时，要采取措施，停止传输有害信息，并及时向有关机关报告"。"从事互联网业务的单位"系初代互联网看门人，该决定可视为看门人规则的制度源头。随着移动互联网兴起（Web2.0 时代）、数字社会肇始，2012 年全国人民代表大会常务委员会通过的《关于加强网络信息保护的决定》以第 4 条至第 6 条为"网络服务提供者"设定保障个人信息安全、加强对用户发布信息的管理和用户实名核验的看门人义务。在这两部早期的网络法文本中，看门人义务的内涵直指网络违法犯罪防控，尤其是对用户发布信息的内容管理和用户实名核验具有浓厚的预防色彩；但上述义务规范在此时更多呈现为一种原则性义务。

2. 看门人规则的网络法发展

随着互联网平台中心的 Web3.0 时代到来，网络法的立法重心指向"谁能控制赛博空间"[1]的核心问题，聚焦于拥有"媒介性权力"[2]的互联网平台。"以《网络安全法》和《互联网信息服务管理办法》等规范为基础，实定法构建起一个以平台为中心的规制体系。"[3]新增的网络法规范将平台视为国家在线控制数字社会的信息枢纽、组织通道和中间制度。2017 年施行的《网络安全法》为网络运营者设定网络安全保护义务、对侦查犯罪的技术支持和协助执法义务、对用户发布信息的管理义务。2020 年 3 月施行的《网络信息内容生态治理规定》第 10 条第 1 款规定，"网络信息内容服务平台不得传播本规定第六条规定的信息，应当防范和抵制传播本规定第七条规定的信息"。该条款要求平台加强内容治理，防范违法信息和不良信息传播。2021 年 1 月公布的《互联网信息服务管理办法（修订草案征求意见稿）》第 21 条为互联网服务提供者规定主动控制网络违法犯罪和积极响应有关部门指令的犯罪控制义务。2021 年 10 月公布的《互联网平台落实主体责任指南（征求意见稿）》进一步明确了"平台管用户"的看门人义务内涵，包括超大型平台承担对用户传播非法内容的风险评估义务、建立内容审核机制的风险防控义务，还包括所有互联网平台承担的平台内用户管理、内容管理、禁限售管控、禁止传销、网络黑灰产治理、网络安全和数据安全保护、配合执法等义务。2022 年 1 月公布的《移动互联网应用程序信息服务管理规定（征求意见稿）》为应用程序提供者、应用程序分发平台设定用户实名认证、内容审核、对上线具有舆论属性或社会动员能力的新技术开展安全评估、打击网络黑灰产等义务。2022 年 3 月施行的《互联网信息服务算法推荐管理规定》为算法推荐服务提供者设定建立用于识别违法和不良信息的黑样本库、处置违法信息、对老年人的反诈被害预防、对未成年人的网络保护等义务要求。2023 年 1 月施行的《互联网信息服务深度合成管理规定》对深度合成服务提供者设定了一系列的信息安全主体责任和深度合成内容审核义务。

上述网络法规范使用了互联网平台、网络服务提供者、网络运营者、算

---

〔1〕 胡凌：《人工智能视阈下的网络法核心问题》，载《中国法律评论》2018 年第 2 期。

〔2〕 张龑：《网络空间安全立法的双重基础》，载《中国社会科学》2021 年第 10 期。

〔3〕 孔祥稳：《网络平台信息内容规制结构的公法反思》，载《环球法律评论》2020 年第 2 期。

法推荐服务提供者等不同称谓，但大多指向互联网平台，平台成为承担看门人义务的责任主体。虽然网络法规之立法目的各有不同，但均以专门条款为平台设定网络违法犯罪的在线控制义务，推动了看门人的犯罪控制义务从一般性的原则性义务走向具体化的规则性义务。在网络法的发展中，看门人义务的履行标准发生了从被动协助执法向主动犯罪预防的变迁，义务的涵盖范围从传统的实名制管理、内容管理扩展为包括风险评估和内容审核、网络黑灰产业治理、个人信息保护、数据安全保障、算法治理、针对老年人和未成年人的被害预防等更全面的主体责任体系。可见，看门人规则的创设得益于网络法的发展，散见于各领域、各位阶的网络法规范之中，并逐渐型塑出数字时代网络犯罪治理的基本制度依据。

3. 看门人规则的其他法律补充

随着数字法治的完善，看门人规则也出现在网络法以外的其他法律之中。2018 年修正的《反恐怖主义法》第 18、19、21 条为互联网服务提供者设定对反恐活动的技术支持和协助执法义务、防止含有恐怖主义和极端主义内容的信息传播义务、用户实名管理等义务要求。2024 年施行的《未成年人保护法》第 80 条第 3 款规定："网络服务提供者发现用户利用其网络服务对未成年人实施违法犯罪行为的，应当立即停止向该用户提供网络服务，保存有关记录，并向公安机关报告。"这是要求网络服务提供者防范未成年人遭受网络违法侵害的首个被害预防条款。2023 年公布的《未成年人网络保护条例》明确了网络服务提供者应履行未成年人网络保护义务，对损害未成年人合法权益的平台内用户或服务提供者停止提供服务等义务要求。2022 年 5 月施行的《反有组织犯罪法》第 16 条规定，互联网服务提供者应履行网络安全管理义务，防止含有宣扬、诱导有组织犯罪内容的信息传播。上述法律中的看门人义务条款或针对特定犯罪、或聚焦于特定群体，可以预见未来出台的其他法案必将进一步丰富看门人规则的义务内涵。

（二）《反电诈法》的体系化设定

《反电诈法》是针对电信网络诈骗的犯罪治理法。与刑事规制的事后回应不同，该法案发展出一套针对犯罪信息链、资金链、人员链、技术链等关键环节的预防性法律制度。该法案确立了预防导向的看门人规制模式，将电信业务经营者、银行业金融机构和非银行支付机构、互联网服务提供者设定为在线控制的看门人，分电信治理、金融治理、互联网治理三个领域为之设置详细的反诈义务。法案明确了国务院及地方政府组织领导、公安部门牵头负责、行业主管部门开展行业监管、互联网服务提供者等市场主体承担具体的风险防控责任的治理分工，形塑出的"国家管看门人、看门人管用户"的双层治理体系，即政府监管部门支持、引导、监督看门人履行反诈控制义务，看门人在线控制用户。

以互联网平台为例，鉴于"网络服务提供者被视为对网络内容有重要控制权的中介者，处于控制违法内容的关键位置"[1]，《反电诈法》对之设定了全面的看门人义务。第5条要求平台对反诈活动中获取的个人信息承担保密义务；第6条要求平台建立内控机制、承担风险防控责任；第21和第22条细化了用户实名制和二次实名核验的义务要求，列举出实名验证用户身份的互联网场景及互联网服务，明确了对涉案电话卡关联注册的互联网账号的在线处置措施；第23条规定对涉诈应用程序的登记核验义务；第24条规定了域名管理的合规义务；第25条规定对涉诈帮信活动的监测识别和处置义务；第29条规定个人信息处理者的反诈预防义务；第30条规定了看门人的反诈被害预防义务；第32条规定看门人对二次实名核验及处置所涉用户的申诉告知义务；第34条规定针对潜在被害人的预警劝阻义务。

《反电诈法》对看门人规则的体系性设定表现有三：

第一，通过市场主体的引入，将基于刑事规制的外部治理转化为基于看门人规制的内部治理。"国家行动必须超越对行政治理的依赖，发展出增进市场、激活社会的新治理模式并使之制度化。"[2]电诈犯罪的发生须臾离不开电话卡和物联网卡、金融账户和支付账户、互联网用户及涉诈黑灰产业的支撑，引入电信、金融及互联网产业的市场主体，依靠市场主体对其服务用户的内部风控，将电诈犯罪治理从外部治理转换为内部治理，从而大大缩短了电诈犯罪的治理距离。因不法分子均具有特定产业或平台的用户身份，其违法活动须借助用户身份实施。相对政法部门外部治理存在治理距离过远、治理主体单一、事后性和被动性等局限，市场主体对用户的内部治理具有治理距离近、手段丰富、预防效果好、主动及时等优势。

─────────

〔1〕 姚志伟：《技术性审查：网络服务提供者公法审查义务困境之破解》，载《法商研究》2019年第1期。

〔2〕 顾昕：《走向互动式治理：国家治理体系创新中"国家–市场–社会关系"的变革》，载《学术月刊》2019年第1期。

第二，看门人的在线控制聚焦于电诈的信息链、资金链、技术链、人员链，由此构筑起前端防范的制度基础。不同于刑事规制以个案处遇为重心，看门人规制强调对犯罪链条的源头治理和整体治理。为斩断犯罪发生的信息链条，法案不仅要求核验用户信息，还规定金融机构和支付机构建立客户尽职调查制度，推动看门人建立卡号、用户、账户使用的风险监测机制和防止个人信息被用于电诈的内控机制等。针对资金链，法案要求金融机构和支付机构调查客户利用账户洗钱的风险、查处异常开户和可疑交易、建立内部风控机制、完善涉诈特征的账户监测模型等。针对技术链，法案支持看门人研发反制技术措施，加强看门人对非法服务、设备、产业的治理。针对人员链，法案要求开展反诈被害预防、对潜在受害群体开展预警劝阻等。

第三，看门人的在线控制以反制技术措施为基本手段，发展出大数据反诈的技术治理体系。法案50个条文中有十几个条文涉及反制技术措施，包括统筹推进跨行业、企业的统一监测系统，规定电信、金融、互联网领域的涉诈异常情形监测、识别和处置，加强行业主管部门的反制技术和公安机关的预警劝阻系统建设，完善看门人的可疑线索移送制度等，从而巩固了大数据反诈的法治依据。

综上，前述法规范确立的看门人规则为看门人设定了体系化的义务性规范。从义务类型看，具体层面的看门人义务还可归纳为中观层面的内容审核义务、个人信息保护及数据安全义务、用户实名核验义务、技术支持和协助执法义务、黑灰产治理义务、被害预防义务、安全风险评估义务七类义务。"图1"沿着法律文本时间轴，展现出七类义务规范的出现频率和立法趋势。内容审核义务出现频率最高，系看门人最具日常性的治理义务；随着时代发展，看门人义务的类型愈发丰富，七类义务基本囊括了"表1"法律文本的义务要求。从义务内涵看，看门人规则既包括"国家管看门人"的看门人治理规范及违规惩戒措施，也包括"看门人管用户"的用户行为规范及违规法律责任；既包括看门人必须履行的强制性规范，也包括支持、鼓励看门人参与治理的指导性规范；既包括看门人在线控制用户违法的实体性规定，也包括看门人如何履行犯罪控制义务的程序性规范；既包括针对看门人行业违法和用户一般违法的行政处罚等公法规范，还包括以《反电诈法》第46条第2

款为代表的看门人失职应承担民事责任等私法规范。[1]

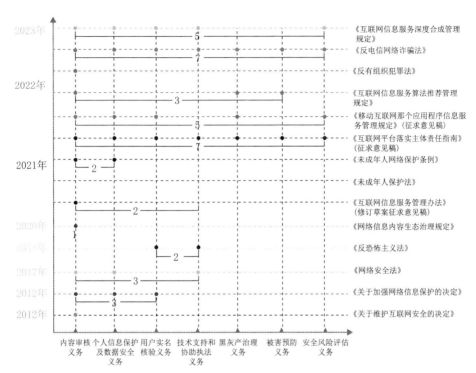

图1　看门人义务图谱

（三）权力和义务二重性的规则特质

不同于其他社会治理制度，看门人规则既是义务设定也是权力塑造，其具有鲜明的权力和义务二重性。从法理上看，法律规则分为授权性规则、义务性规则和职权性规则，看门人规则属于职权性规则，其"不仅具有授权性规则的特征，也具有义务性规则的特征"[2]。对国家而言，看门人承担和履行犯罪控制义务；对用户而言，看门人拥有在线影响、干预、控制用户的社会权力。看门人规则既是国家为看门人设定的义务性规范，也赋予看门人在

---

[1]《反电诈法》第46条第2款规定："电信业务经营者、银行业金融机构、非银行支付机构、互联网服务提供者等违反本法规定，造成他人损害的，依照《中华人民共和国民法典》等法律的规定承担民事责任。"

[2] 雷磊：《法理学》，中国政法大学出版社2019年版，第41页。

线控制用户的法定职权。那么，如何理解看门人规则的权力和义务二重性？

1. 以看门人的"市场主体/规制者"二重身份为基础

随着各类平台生态系统对国民数字化生活的全覆盖，平台成为数字社会的信息枢纽和组织枢纽，实现了数字社会的再组织化和再中心化，以新秩序要素和公共产品提供者身份，愈来愈紧密地参与到社会治理之中。"任何一个平台在平台生态中必然扮演着两个截然不同的角色，一是竞争的主体，二是市场秩序的维护者。……平台作为市场秩序维护者即具有'规制者'的责任。"[1]这一规制者身份源于平台的如下特征：平台拥有雄厚的资本、海量的资源和数据，链接生产和消费，极具网络效应、规模效应及市场支配地位，对数字经济乃至国民的数字生活具有极强控制力，拥有着不可替代的社会动员能力和社会组织能力。可见，以互联网平台为代表的看门人兼具经营属性的市场主体与公共属性的新型规制者二重身份。作为市场主体，平台必须承担和履行政府监管部门设定的各类义务性规范，处于被规制者地位；作为新型规制者，平台履行看门人义务的过程也是对用户在线违规违法进行干预和控制的过程，其相对用户来说又具有规制者地位。平台的二重身份形塑出国家与社会之间全新的社会联结机制，打通了物理空间和网络空间的规制通道，整合了科层与市场两种不同的制度逻辑，从而奠定了看门人规则之权力和义务二重性的现实基础。

2. 根植于"国家—看门人—用户"的双层治理结构

传统刑事规制一般基于国家直接控制个体违法的单层结构开展；随着网络平台逐渐成为整个社会的数字基础设施，平台成为国民实现社会连接、在线交互和有机团结的组织容器，构成了数字社会的规制中介。亿万国民多具有社交、视频、支付、购物等平台用户的数字身份，以用户身份"数字在场"。"新技术公司渐成公共治理主体，新技术改变国家权力运行，进而重塑了'国家-社会'关系。"[2]平台位于国家与国民中间层的规制中介地位愈发凸显，"国家管看门人、看门人管用户"的双层治理结构日臻成型。

在双层结构下，"国家管看门人"立基于国家与看门人的关系，表现为国家主导的看门人规则的制定，即国家通过看门人规则为平台等主体设定在线控制用户的一揽子义务；"看门人管用户"立基于看门人与国民的关系，表现

---

〔1〕 叶逸群：《互联网平台责任：从监管到治理》，载《财经法学》2018 年第 5 期。

〔2〕 樊鹏：《利维坦遭遇独角兽：新技术的政治影响》，载《文化纵横》2018 年第 4 期。

为市场主体主导的看门人规则的适用，即各类看门人在义务履行过程中对其用户违规违法的影响、干预、控制。看门人义务的履行同时意味着看门人对用户的实质性影响和控制，这种影响和控制既非公权力，也非私权利，而是一种社会权力，"哪怕遇到反对也能贯彻自己意志的任何机会"[1]。黄宗智教授指出，"如今中国应该摸索的方向是，怎样更好地结合国家与社会-市场。两者的二元合一无疑是国家能力和发展的关键，怎样将其做到最好乃是未来的关键问题"[2]。以看门人为规制中介的双层结构在犯罪治理领域圆满地实现了"更好地结合国家与社会-市场"这一目标，黏合"国家与社会-市场"的独特方式就是将看门人义务和社会权力集于看门人一身。由此，这种集权力和义务二重性的看门人规则构成了数字时代全新的社会契约和整个社会的规范性预设。

3. 看门人义务的实现有赖于社会权力的行使

看门人义务在本质上是一种阻却用户在线违规违法的风险控制义务，其义务的实现高度依赖于看门人社会权力的行使。看门人义务既是一种积极保护义务，要求看门人在自身的平台生态系统内积极作为，主动控制和积极响应监管部门的控制指令，以保障用户的权利和平台秩序不受违法犯罪侵害；看门人义务也是一种强制性义务，要求看门人依循特定规则开展治理，如若违反强制性义务则要承担法律责任，《反电诈法》"第六章法律责任"为此提供了详细的归责依据；看门人义务更是一种综合性义务，全面涵盖"图1"中的七大义务类型。看门人义务的履行和实现表现为看门人以在线控制用户的方式行使社会权力的过程。

一方面，看门人义务的实现须臾离不开看门人对用户解析式社会权力的行使。在数字时代，人的存在形式进化出全新的"数字属性"。[3]"由于整个互联网络具有'全天候记录'的'雁过留痕'特性，这是一个'个体'一旦'进入'，就不容易真正'退出'的、带有终极性意味的系统和生态。"[4]在平台生态系统中，看门人有能力对用户在线活动进行全景敞视的解析。"数字

---

〔1〕［德］马克斯·韦伯：《经济与社会》（上卷），林荣远译，商务印书馆1997年版，第81页。

〔2〕［美］黄宗智：《国家-市场-社会：中西国力现代化路径的不同》，载《探索与争鸣》2019年第11期。

〔3〕龚向和：《人的"数字属性"及其法律保障》，载《华东政法大学学报》2021年第3期。

〔4〕王水雄、王沫：《从单位社会到网络社会：个体权利的视角》，载《学习与探索》2021年第10期。

社会权力的深入是建立在对每个人的身体、情绪、行为的持续不断地观察分析基础上的。数据越多，每个人的特征就越清晰，……数据的解析前所未有地使我们看清楚个人或组织的微粒状态。"[1] 以协助执法义务为例，平台对用户在线违法的解析式权力推动数字技术与生物性身体在数据宇宙中形成互嵌关系，最终催生出超级控制导向的"数字-生命政治"[2]。

另一方面，看门人义务的实现往往借助看门人社会权力的隐蔽化和在线化运行。"数字化以'看不见的手'让人们感受不到权力的存在形式和作用力。网络平台如同一个'单向镜'生态，平台企业可以掌握平台上用户的数据，用户却不了解被窥探的程度，也不完全知晓其在平台上留下多少数据痕迹。"[3] 社会权力的运行之所以是隐蔽的，有赖于平台以在线方式通过算法予以实现。"我们生活在一个算法时代，以算法来助推、偏向、引导、激发、控制和约束人类行为，从而影响、塑造、指引我们的行为和社会的治理。"[4] 以内容审核义务为例，基于人工智能的算法治理对用户发布信息进行了自动化、全覆盖、全周期、串联式、主动式的在线控制，从而保障绝大多数违规违法不良信息在最短时间内获得删除。

三、看门人规制的内在逻辑

从看门人规则的动态运行看，以权力和义务二重性为特质的看门人规则蕴涵着独特的法律规制逻辑。"规制作为一种当代政策工具，其核心含义在于指导或调整行为活动，以实现既定的公共政策目标。"[5] 规制最初源于经济学，指向对经济活动的政府规制的"正当性和可问责性"[6]。看门人规制的规制逻辑不同于"规制国"时代强调直接治理、事后回应的刑事规制等传统

---

〔1〕 周尚君：《数字社会对权力机制的重新构造》，载《华东政法大学学报》2021 年第 5 期。

〔2〕 蓝江：《什么是生命政治》，载《武汉大学学报（哲学社会科学版）》2022 年第 1 期。

〔3〕 周辉：《网络平台治理的理想类型与善治——以政府与平台企业间关系为视角》，载《法学杂志》2020 年第 9 期。

〔4〕 John Danaher et al., "Algorithmic Governance: Developing a Research Agenda Through the Power of Collective Intelligence", *Big Data & Society*, 4（2），2017, pp. 1~21.

〔5〕 ［英］科林·斯科特：《规制、治理与法律：前沿问题研究》，安永康译，清华大学出版社 2018 年版，第 3 页。

〔6〕 ［英］科林·斯科特：《规制、治理与法律：前沿问题研究》，安永康译，清华大学出版社 2018 年版，第 17 页。

规制，而是在"后规制国"时代注重以"元规制"（Meta-Regulation）和"自我规制"（Self-Regulation）的交互实现间接治理、前端防范等功效，从而在相当程度和较大范围上替代了传统规制，更新了数字社会的底层治理架构。

在"国家—看门人—用户"双层结构下，看门人规制的内在逻辑以元规制和自我规制的交互为内核。自我规制聚焦于"看门人管用户"的治理层级，"是规制对象对自身施加命令和结果的规制。……区分自我规制和其他规制进路的标准不在于命令抑或结果，而在于规制者与规制对象的同一性"[1]。元规制依托于"国家管看门人"的治理层级，是"对规制者的规制"，"无论他们是公共机构、私营企业还是第三方看门人"[2]，"元规制是对自我规制的规制"[3]。具言之，元规制的任务在于通过设定看门人义务和形塑看门人社会权力的方式，搭建规制的原则、主体、方法、义务内涵及其法律后果等看门人规制框架；自我规制通过看门人义务的履行抑或社会权力的行使，以积极响应和主动风控、自行规制和规制外包、公法规制和私法规制的相结合的方式，将元规制分析框架确定的规制事项予以一一落实。

（一）对看门人的元规制

从规制的原则看，"人们服从规制不仅是因为害怕制裁，而是因为他们认为规制的内容是正确和公正的，并且认为服从规制是一种道德义务"[4]。平台等看门人承担犯罪控制义务的正当性理由在于，平台负有保障网络安全的主体责任和防范平台用户被害的道德义务。国家对看门人的元规制的目的在于，将看门人设定为限制和防范用户在线违法犯罪的第一道防线，通过看门人规范和引导国民在线活动，实现国民自由与社会安全的均衡发展。对此，必须坚持看门人规制的法治原则。无论是对看门人的元规制还是对用户的自我规制，均不是无节制的规制和一味地限制[5]，规制体系的运行、规制机构

〔1〕 [英]罗伯特·鲍德温、马丁·凯夫、马丁·洛奇编：《牛津规制手册》，宋华琳等译，上海三联书店 2017 年版，第 167 页。

〔2〕 Christine Parker, *The Open Corporation：Effective Self-Regulation and Democracy*, Cambridge：Cambridge University Press, 2002, p.15.

〔3〕 Bridget M. Hutter, *Regulation and Risk：Occupational Health and Safety on the Railways*, Oxford：Oxford University Press, 2006, p.215.

〔4〕 Tom R. Tyler, *Why People Obey the Law*, UK：Princeton University Press, 2006, p.161.

〔5〕 John Braithwaite, T. Makkai & Valerie Braithwaite, *Regulating Aged Care：Ritualism and the New Pyramid*, UK：Edward Elgar, 2007, p.323.

与个体之间的互动应当遵循相互尊重和程序公平的原则。[1]对看门人的元规制须有明确的法律依据，看门人义务的设定要有利于数字经济的健康发展，不能对看门人的正常经营造成严重妨碍，如《反电诈法》第 25 条对互联网服务经营者的监测、识别及处置涉诈帮助行为的义务要求设定为"履行合理注意义务"。看门人对用户的自我规制应依循法治程序开展，用户依法享有申诉和获得救济的权利，如《反电诈法》第 31 条第 2 款的规定。

从规制的主体看，看门人类型极为丰富，几乎囊括全部涉网络空间治理的市场主体，既包括反电诈领域的电信业务经营者、银行业金融机构和非银行支付机构、互联网服务提供者；也包括落实主体责任层面上的网络服务提供者或互联网平台，还包括针对专项治理的个人信息处理者、算法推荐服务提供者、应用程序提供者、深度合成服务提供者等。从规制监管链看，各类看门人负责规制用户的在线违法，而对看门人的行业违法行为归属于工信部、网信办、人民银行等行业部门监管。在看门人规则中，互联网平台及其用户应当被视为一个整体，他们共同构成了自我规制的主体，并受法律及国家机关的元规制。平台与用户之间并非相互独立的规制主体与规制对象的关系，鉴于平台对用户账号的所有权抑或支配权，两者之间的连带责任恐怕是无法断然割裂的。有的平台服务协议明确了用户账号的所有权归平台运营商所有，如《微信服务协议》7.1.2 规定，"微信账号的所有权归腾讯公司所有，用户完成申请注册手续后，仅获得微信账号的使用权"[2]。支付宝和抖音虽未明确提及"账号的所有权"，但相关条款都将账号作为由平台提供、用户使用服务的凭证，平台对账号具有根本性的支配权。[3]

---

[1] Kristina Murphy, "Procedural Justice and its Role in Promoting Voluntary Compliance", in Peter Drahos (eds.), *Regulatory Theory*, Canberra: Australian National University Press, 2017, pp. 43~58.

[2] 《腾讯微信软件许可及服务协议》，载 https://weixin.qq.com/agreement，最后访问日期：2023 年 6 月 28 日。

[3] 《支付宝服务协议》第 2 条第 1 项明确"支付宝账户是本公司向您提供的唯一编号"，第 4 条第 3 项明确"除非另有法律规定或经司法裁判，且征得本公司同意，否则您的支付宝登录名及密码、支付宝账户不得以任何方式转让、赠与或继承（相关的财产权益除外）"。参见《支付宝服务协议》，载 https://www.taobao.com/go/chn/member/alipay_agreement.php，最后访问日期：2023 年 6 月 30 日。《"抖音"用户服务协议》第 3.4 条明确"您在'抖音'中的注册账号仅限于您本人使用，未经公司书面同意，禁止以任何形式赠与、借用、出租、转让、售卖或以其他方式许可他人使用该账号"。参见《"抖音"用户服务协议》，载 https://www.douyin.com/draft/douyin_agreement/douyin_agreement_user.html? ug_source=sem_baidu&id=6773906068725565448，最后访问日期：2023 年 6 月 30 日。

从规制的义务内涵及其法律后果看，立法机关及相关监管部门通过看门人规则为各类看门人设定了内容审核、用户实名核验、个人信息保护及数据安全、黑灰产治理、被害预防、安全风险评估、技术支持和协助执法七大类义务内涵，并分别设定相应的法律责任。设置这些看门人义务同样具有双重目的，一方面通过法律明确看门人必须履行的自我规制内容；另一方面让看门人适当实施自我规制，在自我规制中遵循相互尊重和程序公平的规制原则，以防止其不合理的自我规制损害用户合法权益。一旦看门人错误地实施了自我规制，那么依法应当承担的法律责任将对其予以纠正。换言之，看门人自我规制承担的元规制义务，是要让看门人的自我规制达到某种均衡，"一个优秀的规制体系应当受到充分制约和平衡，法律赋予并维护其规制权力的最终权威，司法机关确保其规制是基于有效的法律权威，不侵犯受保护的法律权利"。[1]

从规制的方法看，规制包含着劝说、学习、奖励、模仿、自我调节、影响、自主合规、威慑和强制等治理活动。[2]一方面，法律及相关监管部门对看门人的元规制大量采用了这些规制方法，如行政约谈是典型的劝说活动，法律责任的设置具有鲜明的威慑和强制色彩；另一方面，元规制目的的实现最终又落实在看门人的自我规制之中，而看门人的自我规制以用户服务协议为载体，看门人对用户的规制主要依循服务协议。在服务协议中，用户个人信息保护、反电诈义务要求、知识产权保护、网络安全责任及用户行为规范中的大多数内容，源于法律的强制规定或者行政机关等监管机构的要求，即来自元规制。看门人若使服务协议真正发挥作用，也必然大量运用上述规制方法。

（二）看门人的自我规制

第一，响应指令与主动风控相结合。依据技术支持和协助执法义务，看门人应积极响应执法部门和监管部门的各类行政指令。最典型的莫过于个案侦破的执法协助和配合调证，如阿里巴巴集团安全部以公安刑事立案决定书和民警工作证为依据，在杭州市局审核下，为执法机关在线调证。响应指令

---

〔1〕 Cary Coglianese（ed.），*Achieving Regulatory Excellence*，Washington D. C.：Brookings Institution Press，2017，p. 97.

〔2〕 Valerie Braithwaite，Closing the Gap Between Regulation and the Community，in Peter Drahos（eds.），*Regulatory Theory*，Canberra：Australian National University Press，2017，pp. 25~41.

是对看门人的最基本要求，也是其必须完成的自我规制事项。在响应指令基础上，各类看门人结合自身业务场景以用户在线违规违法的风险管理为规制对象，对用户在线活动的信息流、行为流、资金流、交易流、物流开展主动风控，通过数据中台监测在线交易、在线活动中的违法犯罪线索，如在用户注册和登录阶段，对网络账号的用户进行实名制管控，对用户异常在线活动的在线监测，对用户在线违法风险的识别、评分及干预。技术反制措施成为主动风控的主要规制手段，通过风险文本库、风险链接库、风险设备库等黑样本库建设，以"机审+人审"模式对关键词、语义、语音、图片等在线活动进行算法治理，将识别出的可疑线索向执法机关主动移送。实际上，响应指令与主动风控是相互补充、相互促进的，并形成了"案件线索挖掘—确定违法行为—用户实人确认—团伙集群串并—公安联合打击"的在线控制闭环。

第二，自行规制与规制外包并行不悖。根据看门人的规模大小，大型互联网平台一般内设专门的风控机构开展自行规制，依靠自身的数据中台监测用户在平台生态系统中的异常风险，同步开展反制技术措施。例如，阿里巴巴集团安全部具有庞大的组织规模，包括具有超强技术能力的数据中台、研究犯罪模式和犯罪链条的打防中心、共享共治团队、网络黑灰产业研究团队等，其业务范围广泛涉及平台规则的制定和执行、在线风险排查（异常订单分析）、音视频文字等内容审查、敏感物资管控以及对违法用户的全链路风控等。其中，对违法用户的全链路风控是将特定违法用户用一个 ID 将其在阿里平台生态系统各个应用程序中的各种业务串联起来，形成违规违法用户的精准数据画像。如今，阿里巴巴集团安全部的业务已从最初的挖掘和移送案件线索阶段升级为全方位、系统化的网络空间治理阶段。

与此相对，中小型互联网平台往往通过委托专业的技术服务商履行看门人义务，如某些婚恋交友平台委托"网易易盾"团队协助其履行内容审核义务，采用文字识别、语音识别、语义识别、图像识别、文本分类等 AI 技术手段，对用户聊天、电商评论、帖子、留言、视频、直播、弹幕等多个场景下的文本、图像、语音、视频等交互内容进行在线审查，以适应国家监管政策和防范"杀猪盘"等电诈犯罪发生。据调研了解，"网易易盾"在 2022 年共检测超过 4000 亿条信息，其中不良有害内容约占 9.5%；"网易易盾"通过识别和处置黑灰产账号，有效治理了搬运洗稿、恶意营销、撰写黑稿、黑账号、刷粉刷量、推广作弊等网络信息内容黑灰产。自行规制与规制外包并行的现象进一步表明，多元化的规制主体之间基于各自不同的特点，既相互促进又相互制约，形成了一个个庞大且复杂的规制网络，共同推动着治理目的的实现。[1]

第三，公法规制与私法规制兼容并蓄。看门人规则包含着大量的公法规范，以对看门人及其用户的行政处罚甚至刑事处罚为法律后果，故而看门人规制主要是一种公法规制；但不容忽视的是看门人规则也蕴涵着丰富的私法规范，看门人规制也体现出私法规制的面相。《网络安全法》第74条第1款规定，"违反本法规定，给他人造成损害的，依法承担民事责任"。《反电诈法》第46条第1款针对组织参加电诈活动或为电诈提供帮助的违法犯罪人员，造成他人损害的，依照《民法典》承担民事责任；第46条第2款针对电信业务经营者、金融机构和支付机构、互联网服务提供者的行业违法行为，造成他人损害的，依照《民法典》承担民事责任。当然，私法规制最终也要以司法审判作为"其他一切手段都失败时的最后手段"，"并且是具有象征意义和文化独特性的手段"，从这一点看，无论是公法规制还是私法规制，"国家始终发挥着锚定作用"[2]。

（三）元规制对自我规制的限制

在规制实践中，至为紧要的问题可能并非看门人该不该拥有社会权力，而是看门人在已拥有社会权力的情况下，哪些社会权力可以合法化、哪些社会权力不能合法化。这一问题指向看门人自我规制的法治边界。"网络服务提供商收集了太多关于我们的数据，而且保存时间太长。私人行为体致力于了解我们生活的每一个细节，从摇篮到坟墓。基于第三方协助执法义务，他们与政府在公共治理领域的互动对未来的社会结构提出了难题。"[3]对此，可结合C公司公安业务兴衰的案例，探讨元规制对自我规制是如何调控和限制的。

近年来，从A头部互联网平台分立出一个全新的数据技术公司——C公司，该公司是连接公安机关与A平台的中间通道，即数据通道、技术通道和服务通道。C公司的公安业务不是典型的看门人规制，而是由A平台提供主

[1] Jennifer Wood & Clifford Shearing, *Imagining Security*, London: Willan Publishing, 2007, p. 149.
[2] Adam Crawford, "Networked Governance and the Post-regulatory State? Steering, Rowing and Anchoring the Provision of Policing and Security", *Theoretical Criminology*, 10 (4), 2006, pp. 449~479.
[3] Ian Samuel, "The New Writs of Assistance", *Fordham Law Review*, 86 (6), 2018, pp. 2873~2924.

要数据且以 C 公司名义为公安侦查案件提供技术支持和数据分析协助的市场化业务，是 A 平台与 C 公司合作下的看门人自我规制的扩张和变种形态。具言之，C 公司依托 A 平台的支持，研发 SaaS（Software as a Service）云计算平台，在 SaaS 架构下开发出"云捕""云觅""风洞"等多款犯罪分析软件，将 A 平台内的数据盘活和增值，针对 A 平台生态系统内涉嫌犯罪的用户数据进行分析，包括识别用户的网络轨迹、提供侦破案件的"线头"、对立案后的嫌疑人进行精准定位、对复杂案件"拆链"和固定证据等，为公安侦办刑事案件提供基础性技术支持和数据支撑，从而实现独一无二的犯罪数据分析行业优势地位。在庞大的 A 平台生态系统中，公安机关通过购买 C 公司研发的犯罪分析软件账号，将特定嫌疑人的网购、出行、移动支付、物流、住宿、订票、本地生活等网络活动轨迹以一个 ID 串联起来，使嫌疑人的数据画像更为精准，使在线控制更为高效。2017 年至 2022 年，共有 1700 家公安机关以免费形式、900 家公安机关以付费形式接受该服务；仅 2020 年，C 公司协助公安机关抓捕逃犯 2 万余人。

看门人规制一般分国家执法监管部门与看门人企业的两端，由公安机关直接向看门人企业提出犯罪控制指令，看门人以履行义务的方式实现规制目标。公安机关在除要求看门人履行技术支持和协助执法之外，为何还向 C 公司获取有偿的犯罪数据分析服务呢？这主要是出于以下考虑：首先，在网络犯罪挑战严峻的背景下，仅凭看门人的内部风控部门履行技术支持和协助执法等自我规制，无法及时有效地满足公安机关办案需要。其次，在现行规制体系下，看门人的义务履行标准长期存在争议，企业出于市场属性担心扩张在线控制用户的社会权力将影响自身的市场竞争力，执法监管部门则希望企业承担更全面、更具渗透性的主体责任。在这种博弈下，《反电诈法》第 25 条仅对电信业务经营者和互联网服务提供者规定"履行合理注意义务"，但包括看门人在内的各类治理主体都非常清楚仅履行合理注意义务不足以有效防控电诈犯罪。最后，无论是执法监管部门还是看门人企业，都希望出现一种更具主动性和控制力的市场主体作为中间通道，以市场化机制扩张自我规制、提供看门人义务升级版服务，以满足更多层次、更高水平的犯罪治理需要。

虽然 C 公司曾经迅猛发展，但目前的情况是该公司的公安业务陷入收缩状态。凡在 2022 年底前购买犯罪分析软件账号服务的公安机关仍可在服务期内使用，但服务期届满不再延续服务；并且不再向没有购买服务的公安机关提供服务。2023 年，C 公司将仍在服务期内的公安业务移交 A 平台安全部，预计逐步收缩并将这种扩张形态的自我规制回归常态化自我规制。这种看门人自我规制的扩张形态陷入萎缩的主要原因在于，该业务不符合对看门人元规制的义务要求，其原因主要有四：

第一，监管部门对云计算技术和个人信息处理的重视提高了 C 公司合规标准。基于该公司的业务类型和云服务的技术特征，C 公司使用 A 平台用户数据的法律依据不足。《个人信息保护法》第 23 条规定："个人信息处理者向其他个人信息处理者提供其处理的个人信息的，应当向个人告知接收方的名称或者姓名、联系方式、处理目的、处理方式和个人信息的种类，并取得个人的单独同意。……"C 公司开展公安业务的基础在于，其能使用 A 平台的用户数据；但 C 公司不是 A 平台安全部，而是 A 平台之外的独立市场主体，其使用 A 平台用户数据的适格主体地位存疑。这种自我规制的扩张形态可能欠缺必要的数据合规基础。

第二，C 公司以犯罪分析为目的处理个人信息的法律依据不足。根据《个人信息保护法》第 13 条，看门人处理其用户的个人信息依据 "为履行法定职责或者法定义务所必需" 条款中的 "法定义务"，即犯罪控制的看门人义务。在当前法律框架下，犯罪分析属于刑事侦查范畴，需在公安刑事立案后获得完整的外包授权，仅依据看门人义务难以为市场化的数据分析行为提供有效法律依据。

第三，C 公司面临着云计算安全评估的合规压力。2024 年 9 月公布的《网络数据安全管理条例》第 37 条规定，"网络数据处理者在中华人民共和国境内运营中收集和产生的重要数据确需向境外提供的，应当通过国家网信部门组织的数据出境安全评估。……"C 公司的 SaaS 服务虽然在技术和数据资源上高度依附 A 平台，但由于其公司的独立性和经营业务的特殊性，必须接受单独的安全评估，这无疑增加了合规成本。

第四，C 公司的数据处理行为可能为 A 平台等业务相关主体带来额外的合规风险。SaaS 服务囿于云生态的复杂性，导致责任分配的泛化与模糊化，云平台、个人信息处理者及个人信息共同处理者均为个人信息保护的义务主体。作为 C 公司的业务合作方和技术支持方，A 平台在业务履行过程中可能承担同样的数据安全义务和看门人责任，从而增加了 A 平台的合规风险。

综上，鉴于数据法、个保法等法规范的元规制义务要求，看门人规制不能唯效率导向，看门人自我规制的扩张和创新应在数字法治的制度框架下运行，看门人社会权力的行使应源于明确的看门人规则授权。可见，A平台与C公司合作下看门人自我规制的扩张探索可能尚欠缺较为坚实且严密的合法性依据。

四、结语：看门人规制的法治实现

从制度视角看，合理地组织对网络犯罪的反应包括刑事规制和看门人规制两种并行不悖、互补互促的治理模式。政法机关对已侦破案件适用刑事司法程序、运用刑事法、以事件性治理的方式予以事后回应；以互联网平台为代表的看门人等市场主体依据体系化的看门人规则，以履行看门人义务方式在线控制用户，实现更为科学、更高水平的犯罪治理目标。看门人规制有效回应了刑事规制作用范围有限、预防效果不显、治理主体单一等问题，依据刑事法之外的看门人规则，为相关市场主体设定了愈发丰富的看门人义务，将其作为犯罪治理的第一道防线，搭建起前端防范导向的"国家管看门人、看门人管用户"的双层治理体系，成为改善网络犯罪治理之国家能力的关键所在。

当前，看门人规制正处于建章建制、规则细化阶段，亟待完善对看门人的元规制和看门人自我规制的义务规范体系，尤其是对规制权力进行规范和制约。无论是国家对看门人的元规制还是看门人对用户的自我规制，均淋漓尽致地展露出权力的本质——"个人和群体将意志强加于其他人的能力"[1]。对此，既要运用法治缰绳牵好看门人社会权力的"马笼头"，防范看门人在自我规制中对用户权利造成过度侵犯；更要注意不能随意扩张元规制的"指挥棒"，过限加重看门人企业的义务负担。关于看门人规制的法治实现，至少有四个问题值得深入思考。

第一，对看门人元规制的制度明晰应严格遵循法治原则。以《反电诈法》为代表的看门人规则的明确性有限（仅有50个条文），应完善配套细则、出台行业标准，厘清执法监管部门的规制范围。据悉工信部等部门有20多个行业标准正在制定中，这提供了体系化的监管规则；但必须注意对看门人的元

---

〔1〕［美］彼得·布劳：《社会生活中的交换与权力》，孙非、张黎勤译，华夏出版社1988年版，第137页。

规制不能无限扩张，更不能过度增加看门人义务，要以不严重影响看门人企业的正常经营为边界。以敏感物资管控为例，看门人管控网购中的敏感物资和禁限售商品应有稳定且明确的清单，要考虑企业在敏感物资管控中付出的经济成本。同时，执法监管部门在元规制中的职能范围宜分工明确，以公安机关执行《反电诈法》的处罚范围为例，《反电诈法》的行政处罚包括对一般违法行为的处罚和对行业违法行为的处罚。对于非法买卖"两卡"及涉诈软件设备、从事电诈等尚不构成犯罪的行为，由公安机关作为规制主体不存在争议；但对行业违法行为的处罚，如金融、互联网等企业违反实名制登记、未落实反诈内控机制、未开展监测识别预警等，究竟是由有关主管部门实施处罚还是公安机关也可对之处罚，存在较大争议。"《公安机关对涉电信网络诈骗违法行为实施行政处罚工作指引》起草说明"显示，公安部与人民银行、工信部的意见不一致。全国人大常委会法工委认为，对公安机关网安部门是否属于"有关主管部门"，实践中有不同认识，问题较为复杂，建议不在"工作指引"中作出明确。最终，公安部考虑立法机关意见，"工作指引"仅规范对一般违法行为的处罚，对于行业违法行为的处罚问题，不作明确规定。2023 年 7 月 1 日公布的《江苏公安机关适用〈反电信诈骗法〉实施行政处罚裁量基准（试行）（征求意见稿）》参考立法机关的意见，将公安机关实施行政处罚的范围聚焦于"一般违法行为"。

第二，对看门人自我规制的义务履行标准应作实质性理解。《反电诈法》第 25 条要求互联网服务提供者等看门人在对从事涉诈支持、帮助活动进行监测识别处置中承担"合理注意义务"。该规定实际是立法机关、看门人企业、监管部门各方博弈和妥协的产物。看门人规则为看门人企业设定了方方面面的反诈主体责任，但又迫于保障企业正常经营之压力在条文中写上"注意义务"。看门人企业处于国家与违法个体的中间层的"监控中介"[1]地位，其履行的反诈规制涵盖犯罪防控的全领域，实质是国家保护义务在数字时代向网络空间的延伸和展开，又岂是作为从义务和附随义务的"注意义务"能够涵盖的。在民法中，"注意义务"属于附随义务且不是法律关系中的主义务。民法的注意义务源于诚信原则，是伴随主义务产生的从义务，但也不能怠于

---

〔1〕 Alan Z. Rozenshtein, "Surveillance Intermediaries", *Stanford Law Review*, 70（1）, 2018, pp. 112~114.

履行。《反电诈法》的看门人义务与民法的注意义务有相似之处，但也存在显著差异。两者相似之处在于，类似于房屋租赁合同的履行，房东应监督租客不得在房屋内实施卖淫嫖娼等违法活动；平台亦属于网络空间的"房东"，同样需防范用户利用其账号和平台服务从事违法活动。两者不同之处在于，民法注意义务的履行基于私主体间的契约关系；"合理注意义务"则是看门人在社会治理中行使社会权力的表现，体现着看门人的主体责任。看门人反诈义务的履行表现出更加主动、义务内涵日趋丰富、需投入更多治理资源、更强调在线控制的及时性、主要依靠技术反制措施等特性。这些特性蕴涵着更多监管义务或第三方义务的成分，绝非单纯的注意义务，且与欧盟《数字服务法案》"勤勉尽责义务"（Due diligence obligations）存在异曲同工之处。对看门人"合理注意义务"的理解，不能拘泥于字面，而应从看门人规则的立法目的及整个规则体系出发做实质性解读，以"勤勉尽责"为义务履行的一般性标准。

第三，看门人技术支持和协助执法的具体要求有待立法明确。《网络安全法》第 28 条规定："网络运营者应当为公安机关、国家安全机关依法维护国家安全和侦查犯罪的活动提供技术支持和协助。"看门人对侦查机关技术支持和协助执法的具体要求尚缺乏明确的法律依据。2021 年公布的《互联网信息服务管理办法（修订草案征求意见稿）》第 22 条第 1 款规定："……技术支持和协助的具体要求，由公安机关、国家安全机关会同电信主管部门等有关部门另行制定。"该征求意见稿为此问题的立法完善留下伏笔。对此，应尽快制定此问题的制度依据，从法律上将公安机关刑事立案作为启动看门人技术支持和协助执法的一般性程序起点，并以"例外清单"形式明确看门人在刑事立案前的线索经营阶段提供方向性信息的案件类型及其具体要求。此外，还应进一步明确技术支持和协助执法的类型、内容、方式，明确执法机关控制指令的形式与下达方式、看门人的响应流程及时间要求、针对不同类型犯罪的信息提取要求等内容。

第四，用户合法权利的正当程序保障亟待完善。看门人规制的底层逻辑在于对用户的在线控制，在线控制往往通过算法决策实现，而算法偏误有时无法完全避免。在《反电诈法》施行过程中，一旦看门人"限制电话卡功能、暂停物联网卡服务、限制或中止银行和支付业务、限制网络账号使用"等处置不当或失误，必然影响用户正常经营和生活。《反电诈法》第 32 条规定：

"……对涉诈异常情形采取限制、暂停服务等处置措施的，应当告知处置原因、救济渠道及需要提交的资料等事项，被处置对象可以向作出决定或者采取措施的部门、单位提出申诉。作出决定的部门、单位应当建立完善申诉渠道，及时受理申诉并核查，核查通过的，应当即时解除有关措施。"这不仅要求电信业务经营者、金融机构及互联网服务提供者在内控制度上尽快完善事关用户权益保障的告知、申辩、申诉、救济等程序规则，形成便捷高效的申诉渠道和核查机制；还要求看门人修正和完善数据监测模型，优化算法决策的科学性，提高技术反制措施的精准度。

总之，在看门人规制初步搭建的时代背景下，如何保障看门人规制依循法治轨道有序发展已成为数字法治建设的重中之重。这有赖于对元规制和自我规制的规范体系进行持续更新与完善，离不开元规制对看门人自我规制的指引、规范和约束，更离不开规制权力行使与用户权益保障的均衡发展。

冒用人脸识别信息行为的刑法规制

周遵友　蒋　炎*

摘　要： 随着人脸识别技术的不断发展和频繁应用，涉及人脸识别信息滥用的刑事案件日渐增多。虽然此类冒用行为包含了互相联系而又互相独立的三个环节，但是在司法实践中，只有上游、下游行为被定罪，而中游的冒用行为本身没有得到独立的刑法评价。主要原因在于我国现行刑法侧重关注非法转移型侵犯公民个人信息行为，而忽视了冒用人脸识别信息行为本身的法益侵害性。本文认为：应当在《刑法》第280条之一第1款（使用虚假身份证件、盗用身份证件罪）和第280条第3款（伪造、变造、买卖身份证件罪）的基础上新增罪刑规范，将"人脸识别信息等个人身份识别信息"规定为"身份证件"的一种特殊类型，从而填补处罚漏洞。

关键词： 人脸识别；信息；身份证件；冒用；刑法

一、引言：问题的提出

2022年1月22日，郭某与杭州野生动物世界服务合同纠纷案入选"新时代推动法治进程2021年度十大案件"。该案也是"数字经济背景下人脸识别纠纷第一案"，曾经引发社会舆论的高度关注。[1]人脸识别信息因具有唯一性、稳定性、易采集性等特征[2]而被广泛、频繁地应用于社会生活的各种场合。从小区门禁到商场监控，从刷脸进站到健康检测，人脸识别信息的运用极

---

　　* 周遵友，中南民族大学法学院教授；蒋炎，中南民族大学法学院硕士研究生。

　　〔1〕《新时代推动法治进程2021年度十大案件正式发布》，载 https://baijiahao.baidu.com/s？id=1722843199239035234，最后访问日期：2022年1月24日。

　　〔2〕 刘宪权、陆一敏：《生物识别信息刑法保护的构建与完善》，载《苏州大学学报（哲学社会科学版）》2022年第1期。

大地节约了人力和物力，方便了民众的工作与生活，提高了政府的管理效率。

近年来，涉及人脸识别信息滥用的刑事案件日渐增多。这种通过冒用人脸识别信息，进而冒用他人身份的行为实际上包含三个行为环节：获取人脸识别信息；冒用人脸识别信息；以冒用的身份实施犯罪行为。这三个环节既彼此独立，又相互联系，构成了一条犯罪链的上、中、下游。

显而易见，网络时代发生的新型犯罪行为对于我国现行刑法构成巨大挑战。为此，本文聚焦于"人脸识别信息的冒用行为"（后文简称为"冒用"或"冒用行为"），通过梳理相关刑法规范的不足之处，探寻此类行为的入罪路径。基于这个目的，下文将按照以下顺序展开讨论：首先从典型案例入手，归纳实务界对冒用人脸识别信息行为的处理方式，从中发现刑法规范的不足；其次，对此类行为的国内立法现状进行梳理；再次，论述冒用行为入罪的必要性；复次，提出惩治冒用行为的刑法方案；最后，对全文的核心观点进行总结，展望未来立法。

二、惩治冒用人脸识别信息相关犯罪的司法困境

（一）概说

法学研究最终都要以司法实践为出发点和落脚点。因此，笔者在讨论"冒用人脸识别信息行为刑法规制"这个话题时，很有必要首先了解冒用人脸识别信息相关犯罪的司法定罪情况，发现其中需要解决的问题。需要指出的是，冒用人脸识别信息相关犯罪是指包括了获取人脸识别信息、冒用人脸识别信息和以冒用的身份实施犯罪这三个环节的犯罪行为。

在冒用行为的相关犯罪中，实务界通常都会对冒用行为的上游和下游行为进行定罪处罚。问题在于：冒用行为本身是否也应受到独立的刑法评价呢？为了回答这一问题，同时也为了更加直观地呈现冒用行为相关案件的罪名适用情况，本文借助法意科技法学大数据分析平台展开研究，以"人脸识别""一审""刑事案件"作为筛选条件，检索出 1237 篇判决书。在这 1237 份样本中，2022 年裁判的文书共计 206 篇，约占样本总数的 16.65%；2021 年裁判的文书共计 375 篇，约占样本总数的 30.32%；2020 年裁判的文书共计 299 条，约占样本总数的 24.17%；2019 年裁判的文书共计 226 篇，约占样本总数的 18.27%；2018 年裁判的文书共计 101 篇，约占样本总数的 8.16%，其余年份的占比不足样本总数的 5%。由此可见，2021 年裁判的文书占比最大，因

此，本文以 2021 年裁判的 375 篇判决书作为基础样本，以求获得最多的冒用人脸识别信息相关刑事判决书样本。通过对这 375 篇判决书进行筛选，本文共得出刑事判决 62 份。在这 62 份刑事判决书中，本文选取了四个具有典型意义的案例，结合 2018 年发生在四川省成都市的一起"人脸识别"案例，下文将对这 5 个案例进行分析。

（二）典型案例

【例 1：宋×枝、张×同侵犯公民个人信息案】2020 年 7 月至 2021 年 3 月，被告人宋×枝、张×同为获取高额利润，在其经营的"中国移动"合作厅内，以充流量、送礼品等办理中国移动业务的名义，骗取老年客户包括人脸识别信息在内的公民个人身份信息。后来，二人又在客户不知情的情况下，使用其个人身份信息办理实名手机卡 47 张，并以每张手机卡人民币 300 元的价格出售给卢某，违法所得人民币 14 100 余元。〔1〕

【例 2：赵×等帮助信息网络犯罪活动案】2019 年 12 月 5 日、15 日，被告人李×续授意被告人赵×在为赵某办理开通手机卡、提升网速业务过程中，多次对赵某进行人脸识别，并冒用其签名，在赵某不知情的情况下，以此人名义开通手机卡 4 张，后由李×续变卖获利。最终，他人利用其中的两个手机卡实施电信网络诈骗活动 8 起，骗取人民币共计 51 万余元。〔2〕

【例 3：甘×佑盗窃案】2021 年 3 月 17 日，被告人甘×佑拨打其在工作中获取的被害人曾某电话号码，以电子社保信息错误因而需重新激活为由，来到张某、曾某夫妇二人的住处，拿到二人的手机进行操作。甘×佑以激活电子社保卡需进行人脸识别为由让此二人进行人脸识别，因而解开了二人的微信支付密码，先后将此二人的"微信零钱"里的 1900 元、1800 元转账到自己的微信账户。〔3〕

【例 4：杨×青诈骗案】2020 年 9 月 16 日至 10 月 22 日，被告人杨×青在互联网上向他人购买京东公司用户刘某雷等人的人脸照片和京东账号资料，利用软件技术将这些照片制作成人脸动图，使用该人脸动图突破了京东公司的人脸识别认证系统，修改了原用户绑定的手机号码、支付密码、收货地址

---

〔1〕 天津市滨海新区人民法院［2021］津 0116 刑初 1452 号刑事判决书。
〔2〕 北京市顺义区人民法院［2021］京 0113 刑初 157 号刑事判决书。
〔3〕 广东省韶关市曲江区人民法院［2021］粤 0205 刑初 128 号刑事判决书。

等信息，冒充刘某雷等人开通"京东白条"支付功能，以盗刷京东白条的方式在京东购物平台购物后倒卖获利。杨×青冒用他人身份使用白条支付并导致京东公司损失的数额共计人民币 117 590 元。[1]

【例 5：唐×等非法获取计算机信息系统数据案】 2018 年 9 月，被告人唐×从绰号为"半边天"的人（另案处理）那里获得唐某的支付宝账户信息，采用制作唐某 3D 人脸动态图的方式突破了支付宝人脸识别认证系统，解除了支付宝对唐某账号的封锁。后来，唐×将唐某支付宝账户信息提供给被告人张×，而张×通过伪造唐某手持身份证、承诺函的照片并拨打支付宝客服电话的方式解除了支付宝对唐某账户的资金冻结。之后，张×采用购买话费的形式将唐某支付宝账户内的人民币 2.4 万余元转移。[2]

（三）存在的问题

在以上 5 个典型案例中，行为人都有冒用人脸识别信息的行为，但各案的定罪结果并不相同。上述的这些冒用行为可以从两种视角进行归纳分类。以被冒用的人脸识别信息是否真实为标准，可将冒用行为分为两类：一类是冒用真实的人脸识别信息的行为，包括例 1、例 2 和例 3；另一类是冒用变造的人脸识别信息的行为，包括例 4 和例 5。以人脸识别信息的数量为标准，可将冒用行为分为两类：一类是批量冒用行为，包括例 1 和例 4；另一类是非批量冒用行为，包括例 2、例 3 和例 5。由此可见，冒用行为的表现形式复杂多样。不仅如此，笔者还发现，在此类犯罪案件中，判决书只对冒用行为的上下游行为进行刑法评价，而不对冒用行为本身进行刑法评价，更遑论独立的刑法评价。

此外，本文还对冒用人脸识别信息相关犯罪中最常见的盗窃罪判例进行了专门调研。本文利用北大法宝的司法案例检索平台，检索 2021 年结案的冒用人脸识别信息相关案件，经过筛选，共获得以盗窃罪定罪的刑事判决书 39 份。在这些判决书中，仅有 2 份在"本院认为"部分对被告人冒用人脸识别信息的事实展开了说明和分析。[3] 总之，法院在审理此类案件时，主要只关注上游的非法获取行为和下游的具体犯罪行为，而对中间的冒用行为几乎

---

[1] 广东省广州市海珠区人民法院［2021］粤 0105 刑初 292 号刑事判决书。

[2] 成都市郫都区人民法院［2019］川 0124 刑初 610 号刑事判决书。

[3] 湖北省巴东县人民法院［2021］鄂 2823 刑初 48 号刑事判决书。广东省深圳市福田区人民法院［2021］粤 0304 刑初 242 号刑事判决书。

"视而不见"。

三、惩治冒用人脸识别信息行为的立法现状

承前所述，在冒用人脸识别信息相关犯罪案件中，法院通常针对冒用的前行为或者后行为定罪处罚。之所以出现这种现象，是因为我国刑法并没有直接将这种冒用行为类型化地规定为一种犯罪。

从理论上讲，此类冒用行为可能构成的罪名在我国刑法上主要有四个：第 279 条规定的招摇撞骗罪；第 280 条第 3 款规定的伪造、变造、买卖身份证件罪；第 280 条之一第 1 款规定的使用虚假身份证件、盗用身份证件罪；第 280 条之二规定的冒名顶替罪。这些罪名均位于《刑法》分则部分第六章（"妨害社会管理秩序罪"）第一节（"扰乱公共秩序罪"）。总体上，这些罪名的保护法益是作为社会法益之子类的"公共秩序"；具体而言，每个罪名又是在保护某个特定的"公共秩序"。

其中，第 279 条（招摇撞骗罪）的保护法益是国家机关的威信及其正常活动；[1]第 280 条之二（冒名顶替罪）的保护法益是国家的公平录取录用秩序和就业安置秩序。[2]一方面，在法律上，这两个法条的保护法益较为具体，只可被适用于极少数的冒用行为；另一方面，在实践中，以冒用行为的方式从事这两种犯罪行为，并不容易得逞。

第 280 条之一第 1 款（使用虚假身份证件、盗用身份证件罪）和第 280 条第 3 款（伪造、变造、买卖身份证件罪）均规定了涉及身份证件的犯罪。前者保护的法益是身份证件的公共信用，[3]后者保护的法益是居民身份证的证据机能和国家对其记载内容的担保机能。[4]根据法条原文，这里的"身份证件"是指"居民身份证、护照、社会保障卡、驾驶证等依法可以用于证明身份的证件"。所有这些证件均是由国家机关制作和颁发的，具有证明身份的功能，是公共信用的体现。这种公共信用非常重要，已被认定为刑法意义上

〔1〕 陈兴良主编：《罪名指南》（下册）（第 2 版），中国人民大学出版社 2008 年版，第 12 页。

〔2〕 冯军、梁根林、黎宏主编：《中国刑法评注》（第 3 卷），北京大学出版社 2023 年版，第 2764 页。

〔3〕 李婕：《不只是共犯：购买伪造的居民身份证行为入罪之检讨》，载江溯主编：《刑事法评论》（第 44 卷），北京大学出版社 2021 年版，第 225 页。

〔4〕 张明楷：《刑法学》（下）（第 6 版），法律出版社 2021 年版，第 1365 页。

值得保护的一种法益，且已成为"社会秩序"法益的一个组成部分。实际上，第 280 条之一第 1 款和第 280 条第 3 款不仅保护身份证件的公共信用（是为主要法益），还保护这种公共信用所包含的个人法益（是为次要法益）。[1]

第 280 条之一第 1 款规定了两种行为类型："使用虚假身份证件"与"盗用身份证件"。其中，前一种类型是指将伪造、变造的身份证件作为真实的身份证件而使用的行为，后一种类型是指盗用他人的名义而使用身份证件的行为。如前所述，第 280 条之一第 1 款保护的主要法益是身份证件的公共信用，次要法益是个人法益。在未经证件持有人同意而使用的行为，同时侵犯主要和次要两种法益，构成此罪。[2]此外，学术界对于本条中的"盗用"有广义和狭义两种解释，广义上的"盗用"包括未经知情同意的使用和经过知情同意的使用，狭义的"盗用"仅指未经知情同意的使用。[3]本文认为，"盗用"是指未经本人同意采用欺骗或者其他非法手段而使用，因此，该条款中的"盗用"只作狭义解释。同时，这种狭义上的"盗用"与本文关键词"冒用人脸识别信息行为"中的"冒用"含义相当。无论如何，人脸识别信息都明显超出了"身份证件"的可能射程，因此，冒用行为也就无法被第 280 条之一第 1 款所涵摄。

第 280 条第 3 款（伪造、变造、买卖身份证件罪）规定的是一个重罪：该罪基本犯的法定刑为 3 年以下有期徒刑；该罪情节加重犯的法定刑为 3 年至 7 年有期徒刑。该条文可被主要用来打击长期以来屡禁不止的假证工厂。所谓"假证工厂"，是指制售身份证、驾驶证等各种纸质身份证件的制假窝点，窝点里的犯罪分子会根据买家的要求向其提供相应的证件。[4]实际上，在 20 世纪，这种假证工厂尤其泛滥和猖獗，因为那时候还没有查验身份证件的有效系统。随着人脸识别技术的广泛运用，提供破解人脸识别技术服务的

〔1〕 陈禹衡：《法秩序统一原理下身份证件类犯罪的刑行衔接优化》，载《江汉学术》2022 年第 4 期。

〔2〕 张明楷：《刑法学》（下）（第 6 版），法律出版社 2021 年版，第 1364～1365 页。

〔3〕 张明楷：《刑法学》（下）（第 6 版），法律出版社 2021 年版，第 1365 页。周光权：《刑法各论》（第 4 版），中国人民大学出版社 2021 年版，第 396 页。

〔4〕 张守坤、赵丽：《起底制售假证黑色产业链：出生到死亡，各类证都能"造"》，载 https://baijiahao.baidu.com/s? id＝1719891121703732986，最后访问日期：2021 年 12 月 23 日。何艳：《制售假身份证假车牌，3 个窝点 50 人被抓!》，载 https://baijiahao.baidu.com/s? id＝1768761402603121253，最后访问日期：2023 年 6 月 15 日。

"群组"〔1〕和"工作室"〔2〕已经开始涌现。在本质上，这些"群组"和"工作室"是信息时代里的新型"假证工厂"。但是，此类工厂制售虚假人脸识别信息的行为却无法被第 280 条第 3 款所涵摄，其主要原因还是在于这里的人脸识别信息不属于该款所称的"证明身份的证件"。

总之，我国刑法中的既有罪名还无法涵盖上述案件中的冒用行为。之所以有这种立法空白，可能与我国刑法一直以来侧重关注非法转移型侵犯公民个人信息行为有关。

"公民个人信息"是信息时代的产物，在此之前它并不是刑法关注的对象。在 2007 年《刑法修正案（七）》新增第 253 条之一之前，个人信息与个人隐私之间的边界并不明晰，〔3〕刑法对于公民个人信息的保护多是一种"附属化"保护模式。〔4〕在互联网技术尚不发达的时代，个人信息的非法使用还未像今天这般泛滥成灾，民众更多关注的是个人信息泄露带来的安全隐患。因此，立法者在考虑新增第 253 条之一时，主要关注的是个人信息流动的可控性，仅将非法获取和非法提供公民个人信息的行为规定为犯罪。此后的 2015 年《刑法修正案（九）》虽然对该条中的犯罪主体和法定刑有所调整，但并未改变该条中的行为类型。基于此种立法逻辑，有学者认为立法者在对个人信息犯罪进行规制时，关注重心放在非法获取和非法提供而不是滥用的行为之上。〔5〕而冒用人脸识别信息作为滥用公民个人信息的行为方式之一，自然也就无法得到刑法的充分评价。

在网络时代前期，现行刑法规定对于打击扩散型侵害行为具有重要意义，但在信息技术与社会治理、民众生活深度融合的当下，信息滥用已经成为典型的侵害形式时，以上规定就明显存在不足。〔6〕因此，本文认为，应当改变

---

〔1〕 兰天鸣：《"人脸识别破解术"成黑产业，护"脸"亟须查缺补漏》，载 http://www.xin-huanet.com/mrdx/2021-03/30/c_139846682.html，最后访问日期：2021 年 3 月 30 日。

〔2〕 力琴、四月：《起底人脸认证黑产：破解月赚 3 万，800 元得「保过」秘笈》，载 https://m.thepaper.cn/baijiahao_5359587，最后访问日期：2019 年 12 月 27 日。

〔3〕 李川：《个人信息犯罪的规制困境与对策完善——从大数据环境下滥用信息问题切入》，载《中国刑事法杂志》2019 年第 5 期。

〔4〕 于冲：《侵犯公民个人信息罪中"公民个人信息"的法益属性与入罪边界》，载《政治与法律》2018 年第 4 期。

〔5〕 劳东燕：《个人数据的刑法保护模式》，载《比较法研究》2020 年第 5 期。

〔6〕 李川：《个人信息犯罪的规制困境与对策完善——从大数据环境下滥用信息问题切入》，载《中国刑事法杂志》2019 年第 5 期。

我国刑法现有的规制局面，以冒用人脸识别信息行为的入罪为突破口，加强对公民个人信息的刑法保护。

四、冒用人脸识别信息行为入罪的必要性

（一）严重的法益侵害性

正如有刑法学者所言："作为刑法保护对象的法益，其内容总是随着社会的发展而不断变化。"[1]"法益没有自然法的永恒效力，而是跟随宪法基础和社会关系的变迁而变化。"[2]在过去不被刑法视为保护法益的利益，现在却受到犯罪的严重侵犯，这便意味着存在立法保护的需要。在当下的大数据时代，随着人脸识别技术的不断发展，冒用人脸识别信息行为日益猖獗。此类行为的法益侵害性主要表现在以下两个方面：

一方面，冒用行为严重威胁了社会法益。首先，冒用行为使得金融交易领域的信任安全受到了严重破坏。例如，在电子支付和银行金融交易场合，人脸识别信息充当了安全钥匙的重要角色。如果人脸识别信息被冒用，人们就可能对这一交易机制产生怀疑，从而降低对电子支付的信任感。比如在上文例4中，被告人杨×青冒用被害人刘某雷等人的人脸识别信息开通"京东白条"支付功能，致使京东公司大量财产损失。又例如，在2022年7月，两大国有银行爆出人脸识别系统出现漏洞，导致多名储户的数百万存款被异地"刷脸"盗取。[3]这种交易风险的不确定性显然会对国家的金融管理秩序造成严重破坏。其次，冒用行为也会对社会管理活动产生干扰。例如，在2019年山东济南，某小区接连遭窃，警方发现，小偷使用从网上购买的"人皮面具"通过小区门禁，轻松进入。[4]行为人可以通过冒用他人的人脸识别信息，以被冒用者的身份实施有关的犯罪活动，例如在上文例2中，被告人赵×利用被害人的人脸识别信息开设4张电话卡，之后电信诈骗分子又利用其中2张电话卡从事电信诈骗犯罪。这种冒用身份开设电话卡的行为使得行为人可

---

[1] 张明楷：《网络时代的刑事立法》，载《法律科学（西北政法大学学报）》2017年第3期。

[2] ［德］克劳斯·罗克信：《刑法的任务不是法益保护吗?》，樊文译，载陈兴良主编：《刑事法评论》（第19卷），北京大学出版社2007年版，第164页。

[3] 杨博雯等：《损失上百万的储户们，和被攻破的银行人脸识别系统》，载https://m.163.com/dy/article/HD6QD1GA05129QAF.html，最后访问日期：2022年7月26日。

[4] 《保障人脸安全！顶象发布〈人脸识别安全白皮书〉》，载https://baijiahao.baidu.com/s?id=1743835371191862051&wfr=spider&for=pc，最后访问日期：2022年9月13日。

以隐藏自己的真实身份，同时也对警方的侦查活动造成严重干扰。最后，冒用行为严重威胁了社会的财产安全。在上文的例3中，被告人甘×佑以欺骗的方式获取被害人张某和曾某的人脸识别信息，解开了二人的微信支付密码，从而将其"微信零钱"中的财产非法转移占有。

另一方面，冒用行为也严重侵犯了公民的个人法益，主要是个人信息权。虽然《刑法》尚未在第253条之一（侵犯公民个人信息罪）中规定冒用人脸识别信息属于公民个人信息，但是根据最高人民法院发布的第35批指导性案例可知，[1]实务界已经将人脸识别信息认定为公民个人信息。有学者认为"侵犯公民个人信息罪的保护法益是公民的个人信息权"，[2]虽然冒用行为并未被纳入到侵犯公民个人信息罪的行为类型，但是行为人对人脸识别信息的冒用行为侵犯了本人对其人脸识别信息所享有的个人信息权。换而言之，在未征得他人知情同意的情形下，对其人脸识别信息进行滥用的行为违反了《个人信息保护法》规定的知情同意原则，侵害了公民对人脸识别信息所享有的个人信息权中的使用决定权。

综合上述分析，冒用行为不仅侵犯了社会法益，还侵犯了个人法益，具有严重的法益侵害性。然而，在司法实务中，由于欠缺具体可行的刑法规范，法院往往不能合理地审判此类行为。在上文例5中，审理法院认为被告人唐×犯非法获取计算机信息系统数据罪。判决书写道："被告人张×、唐×违反国家规定，侵入计算机信息系统，获取计算机信息系统中存储、处理或者传输的数据，情节严重，其行为确已构成非法获取计算机信息系统数据罪。"[3]值得注意的是，判决书中并未明确指出被告人唐×获取的数据具体是什么。本案中，无论是被害人唐某的3D人脸动态图还是支付宝账户信息，都不是被告人从支付宝人脸识别认证系统中获取的，而是其从别处获取或者自己制作的。显而易见，法院在定罪时欠缺充分的说理。事实上，从被害人的视角看，被告人利用3D人脸动态图解除支付宝对被害人账号的限制登录，不仅侵害了被害人在支付宝系统中身份认证的真实性，还侵害了被害人的财产安全。遗憾的是，审理法院并没有在判决书中体现这一点。因此，为了保护此类犯罪中

---

〔1〕 上海市奉贤区人民法院［2021］沪0120刑初828号刑事判决书。
〔2〕 周光权：《侵犯公民个人信息与妥当的刑罚处罚》，载《检察日报》2020年1月13日。
〔3〕 成都市郫都区人民法院［2019］川0124刑初610号刑事判决书。

受到侵犯的个人法益，同时，也为了在司法审判中准确揭示此类行为的不法本质，应当积极推动冒用人脸识别信息行为的入罪。

（二）惩治身份证件犯罪的需要

身份是一个人在法律上的主体资格和地位。在现代社会，对公民个人来说，身份不仅具有极强的人身属性，还蕴含了许多的其他利益。正因如此，身份的识别和确认就显得尤为重要。在互联网尚不发达的时代，鉴于社会的流动性较低，为了确保社会管理秩序的稳定，社会成员通过政府机构颁发的纸质证件进行身份识别与确认。基于此，我国《刑法》设立了第 280 条第 3 款（伪造、变造、买卖身份证件罪）和第 280 条之一第 1 款（使用虚假身份证件、盗用身份证件罪）。

在信息社会条件下，通过传统身份证件进行身份认证需要耗费大量的人力和时间成本，人脸识别技术为人脸充当公民身份验证的媒介提供了可能性。人脸的唯一性和信息技术的发展使人脸识别部分地替代了身份证件的识别。当刷脸取代了传统的身份证件查验，对外展示身份证件的必要性便会逐渐消失。人脸正在逐步成为一种替代身份证件的，能适用于各类不同场景的通用身份标识符号。[1]因此，对人脸识别信息的冒用在性质上就等同于"使用虚假身份证件、盗用身份证件"。由于《刑法》第 280 条第 3 款中的"变造"是指在已有的基础上对真实的身份证件进行加工、改动。[2]故而，本文认为，将包含人脸识别信息的电子照片加工成人脸动图，在性质上就等同于"变造身份证件"。基于上述行为之间的等质性，本文认为，惩治身份证件犯罪需要将冒用人脸识别信息行为入罪。

在司法层面上，由于冒用人脸识别信息行为尚未入罪，法院在适用罪名审理涉及人脸识别信息的身份证件类犯罪时也显得不伦不类。例如在上文例 1 中，被告人实际上实施了两个犯罪行为：一是非法获取公民个人信息；二是冒用他人的人脸识别信息办理实名手机卡，即盗用身份证件行为。然而，由于第二个行为欠缺立法支撑，法院只能以第一个行为所触犯的刑法罪名对本案进行整体评价，这显然是不周延的。

---

〔1〕 胡凌：《刷脸：身份制度、个人信息与法律规制》，载《法学家》2021 年第 2 期。

〔2〕 冯军、梁根林、黎宏主编：《中国刑法评注》（第 3 卷），北京大学出版社 2023 年版，第 2751 页。

此外，从比较法的视野来看，域外国家立法，尤其是美国立法也是以身份证件类犯罪的视角切入，为冒用人脸识别信息行为入刑提供立法支撑。但是，美国将此类获取他人身份信息后再实施各类冒用他人信息的行为称之为身份盗窃。[1]针对身份盗窃犯罪，美国最具代表性的立法是 1998 年颁布的《身份盗窃和滥用禁止法》（the Identity Theft & Assumption Deterrence Act）。此法中最核心的身份盗窃行为是指："在未经合法授权的情况下，故意转移、拥有或使用他人身份识别手段，意图实施、协助或教唆任何构成违反联邦法律的非法活动，或根据任何适用州或地方法律构成重罪的非法活动。"[2]该法案的创新之处在于其将"独特的生物特征数据，如指纹、声纹、视网膜或虹膜图像或其他独特的物理表征"纳入到"身份识别手段"的定义范围，这使得身份盗窃的对象不再限定于实际的身份证件，换而言之，如果犯罪分子通过互联网窃取个人的身份信息，也可以构成身份盗窃。

我国刑法虽然不必为了冒用人脸识别信息行为入罪而效仿美国设立相关的身份盗窃立法，但是也可以利用既定的刑事立法体系，特别是以《刑法》第 280 条第 3 款和第 280 条之一两个现有的罪名为基础，推动人脸识别信息行为的入罪，从而实现对身份证件类犯罪的完整规制。

（三）规制非法使用个人信息行为的需要

一直以来，我国刑法对公民个人信息的保护集中在规制非法获取和非法提供行为上，忽视了同样具有法益侵害性的非法使用行为，这就形成了明显的立法漏洞。针对这一立法缺陷，学者们从不同的角度提出了见解。有的学者主张以保护法益为指导，将第 253 条之一（侵犯公民个人信息罪）的适用范围扩展至非法使用行为；[3]有的学者主张通过刑法修正案的方式将非法使用公民个人信息行为纳入到第 253 条之一之中；[4]有的学者主张在立法缺失的现状下，可以将第 253 条之一中的"非法"解释为"以非法利用为目的"，

〔1〕 李怀胜：《滥用个人生物识别信息的刑事制裁思路——以人工智能"深度伪造"为例》，载《政法论坛》2020 年第 4 期。

〔2〕 The Identity Theft & Assumption Deterrence Act, 18 U. S. C. A. § 1028.

〔3〕 龚珊珊、李韬：《滥用公民个人信息行为的刑法保护路径研究——以个人健康信息为例》，载《北京航空航天大学学报（社会科学版）》2022 年第 6 期。

〔4〕 刘仁文：《论非法使用公民个人信息行为的入罪》，载《法学论坛》2019 年第 6 期。

以便把非法使用行为涵括在内。[1]总之，动用刑法手段规制非法使用公民个人信息的行为是学术界的共识。鉴于人脸识别信息是公民个人信息的一种类型，将冒用人脸识别信息的行为入罪，也自然符合学术界的共识。

需要讨论的是，对于非法获取人脸识别信息后又冒用该信息的行为，是否有必要针对后面的行为进行独立的刑法评价。虽然学界目前没有针对这个问题进行专门讨论，但是与之相关的论述或许可以解答这个疑问。在非法获取+非法使用的情况下，一种观点认为，可以直接将前行为认定为侵犯公民个人信息罪，无须针对后行为进行二次处罚。理由是这里的非法使用行为就如同盗窃后的销赃行为，属于事后不可罚行为。[2]而另一种观点则主张，不可以仅对前行为进行评价，原因在于前后两种行为侵害的法益类别存在区别：非法获取行为侵害的是个人信息的转移自主权；而非法使用行为侵害的则是个人信息的使用自主权。[3]

本文认为，第二种观点更为可取。前一种观点本质上没有根据行为对法益的侵害程度认定犯罪。事实上，"没有公民个人信息的使用行为，位于上游的非法获取、出售及提供公民个人信息的行为始终只是处在法益的边缘，并不会直接侵害法益"。[4]在第一种观点中，以盗窃后的销赃行为类比非法获取后的非法使用个人信息行为并不合理。在盗窃罪情形下，盗窃后的销赃行为并不会造成更加严重的法益侵害，因为从财物被盗的那一刻起，被害人就已经面临着财物无法返还的风险。由是观之，无论是合法获取后非法使用个人信息的情形，还是非法获取后又非法使用个人信息的情形，非法使用行为都应当受到刑法的独立评价。

综合上述分析，冒用人脸识别信息行为与非法使用公民个人信息行为联系密切，规制冒用行为不仅有其自身的意义和价值，更为非法使用公民个人信息行为入罪提供了刑法路径。

---

〔1〕 李振林：《非法取得或利用人脸识别信息行为刑法规制论》，载《苏州大学学报（哲学社会科学版）》2022年第1期。

〔2〕 刘宪权、何阳阳：《〈个人信息保护法〉视角下侵犯公民个人信息罪要件的调整》，载《华南师范大学学报（社会科学版）》2022年第1期。

〔3〕 卢勤忠、张宜培：《非法使用个人信息行为入刑的立法构思》，载《河北法学》2023年第1期。

〔4〕 刘仁文：《论非法使用公民个人信息行为的入罪》，载《法学论坛》2019年第6期。

五、冒用人脸识别信息行为的入罪方案

（一）现有学术建议评析

针对冒用人脸识别信息行为犯罪化的立法思路，学界目前主要有三种观点。第一种观点为李怀胜教授所坚持，他认为应当通过设立身份盗窃犯罪实现对公民身份和生物识别信息的双重保护。在具体路径上，李教授提出："短期举措是对刑法中与身份盗窃最密切的招摇撞骗罪进行扩充修改，长期举措是确立打击身份盗窃的专属性罪名。"[1]第二种观点的持有者则是以皮勇教授为代表，皮教授主张"对我国刑法中'可以用于证明身份的证件'作扩大解释，包含数字身份信息、生物识别信息等能够识别到个人身份、可用于个人身份认证的信息，以此来规制身份盗窃中的非法获取公民身份信息的行为"。[2]第三种观点是由张莉和刘洋提出的，他们认为应当将冒名顶替罪的规制范围扩大到通过生物识别信息冒充他人身份的行为，其所建议的具体法条表述为："非法使用他人敏感信息盗用、冒用他人身份，获取非法利益的，处三年以下有期徒刑、拘役或者管制，并处罚金；组织、指使他人实施前款行为的，依照前款的规定从重处罚。"[3]

在上述三种思路中，第一种观点侧重规制冒用身份行为，忽略了对人脸识别信息等个人身份信息的保护。而且，扩充招摇撞骗罪的做法也不符合招摇撞骗罪的立法本意。第二种观点突出了对包括人脸识别信息在内的生物识别信息的保护，具有一定的合理性，但是考虑我国司法实务中一直以来司法解释的现实状况，若无相应的司法解释文件出台，这种建议似乎也难以被落到实处。而第三种观点在法条的具体设计上存在不足。根据《个人信息保护法》的规定，"敏感信息"的范围较广，不仅包括人脸识别信息，还包括很多其他种类的个人信息。因此，将"敏感信息"这一概念纳入新设条款显然会造成法条适用不明。由是观之，笔者认为以上三种思路都无法准确、全面地规制冒用行为。

---

〔1〕 李怀胜：《滥用个人生物识别信息的刑事制裁思路——以人工智能"深度伪造"为例》，载《政法论坛》2020年第4期。

〔2〕 杜嘉雯、皮勇：《人工智能时代生物识别信息刑法保护的国际视野与中国立场——从"人脸识别技术"应用下滥用信息问题切入》，载《河北法学》2022年第1期。

〔3〕 张莉、刘洋：《人脸识别信息犯罪的刑法治理路径》，载《人民法院报》2021年8月19日。

（二）立法入罪的路径

如前文所述，冒用人脸识别信息行为与"使用虚假身份证件、盗用身份证件"具有等质性，将公民的人脸照片加工成人脸动图与"变造身份证件"具有等质性。正是基于这两对行为的等质性，本文认为，在对冒用人脸识别信息行为制定罪刑规范时，可以考虑以第 280 条之一第 1 款（使用虚假身份证件、盗用身份证件罪）和第 280 条第 3 款（伪造、变造、买卖身份证件罪）为基础和前提，采取一揽子解决方案。此外，随着人脸识别技术应用越来越广泛，有必要超越对人脸识别本身就事论事的讨论，为未来其他生物信息等公民身份信息的应用提供法律适用空间。[1]

首先，在应对此类冒用行为的罪刑规范（包括刑法修正案和司法解释）出台之前，法官在审理具体案件时，可以将第 280 条之一第 1 款和第 280 条第 3 款中的"身份证件"扩大解释为"包括人脸识别信息在内的个人身份识别信息"。正如劳东燕教授指出的那样，"即便在受罪刑法定原则制约的刑法领域，能动司法也存在相当的空间"。[2]因此，法官要发挥司法能动性，不能机械地适用现行刑法。换言之，法官应当通过积极地解释法律以更好地适用法律。

其次，在新的刑法修正案出台之前，可以出台司法解释文件将前述之扩大解释以书面形式规定其中，使得第 280 条之一第 1 款和第 280 条第 3 款的司法适用更加明确清晰，同时，也更具有法律权威性。司法解释作为指导全国司法活动的一种重要形式，在刑法适用中发挥着重要的作用。[3]司法解释的出台既能够在短期内有效解决冒用人脸识别信息无法被刑法规制的局面，又能够为未来的刑法修订进行合理的铺垫。

最后，从长远来看，应当通过刑法修正案的方式将冒用行为合理纳入第 280 条之一第 1 款的规制范围，将加工人脸识别信息纳入第 280 条第 3 款的规制范围。具体来说，可以在第 280 条之一第 1 款之下增设一个新的第 2 款，明确"人脸识别信息等个人身份识别信息"等同于"身份证件"。比如，新款的内容可以表述如下："在人脸识别信息等个人身份识别信息被替代作为前款

---

〔1〕 胡凌：《刷脸：身份制度、个人信息与法律规制》，载《法学家》2021 年第 2 期。

〔2〕 劳东燕：《"人脸识别第一案"判决的法理分析》，载《环球法律评论》2022 年第 1 期。

〔3〕 陈兴良：《司法解释功过之议》，载《法学》2003 年第 8 期。

规定的身份证件时，冒用个人身份识别信息，情节严重的，依照前款的规定处罚。"

相应地，原来的第 2 款变为第 3 款，内容可以修正为："有前两款行为之一，同时构成其他犯罪的，依照处罚较重的规定定罪处罚。"

同时，在第 280 条第 3 款之下增设第 4 款，明确"人脸识别信息等个人身份识别信息"等同于"身份证件"。新款的具体表述为："在人脸识别信息等个人身份识别信息被替代作为第三款规定的身份证件时，伪造、变造、买卖个人身份识别信息的，依照第三款的规定处罚。"

（三）法定刑的配置

1. 冒用人脸识别信息行为的法定刑

定罪之后就要量刑。对于冒用行为究竟是配置轻刑还是配置重刑，是在立法过程中需要思考的问题。本文认为，在现行刑法框架下，对于此类冒用行为应当配置轻刑。

首先，轻罪模式符合冒用人脸识别信息入罪配刑的目的和意义。冒用人脸识别信息行为的法益侵害性主要是对社会公共信用的破坏，而《刑法》现有的第 280 条之一已经对这种社会法益进行了主要保护，在此基础之上，冒用人脸识别信息行为入罪只是作为保护法益的助力，而非保护法益的主力。[1] 因此，只要它入罪配置轻刑即可实现对该法益的周延保护，而无须配置比第 280 条之一更重的刑罚。需要注意的是，冒用行为的上游犯罪主要是侵犯公民个人信息罪，下游犯罪涉及诈骗罪、盗窃罪、信用卡诈骗罪等罪名，虽然这些罪名均配置了 3 年以上有期徒刑，属于重罪，但是并不能以此为基准认为冒用行为也应当适用重刑。原因在于，"在一部刑法典分则中，规定各个罪名的法条的地位都是平等的，难以主张以某一法条作为修改其他法条的基准和根据"。[2] 如果以第 253 条之一（侵犯公民个人信息罪）为基准批评冒用行为配置轻刑不合理，那么，依据同样的逻辑，也可以用冒用行为配置轻刑为基准来批评第 253 条之一规定的刑罚过重。显然，这种比较方法是不合理的。

---

[1] 彭辅顺：《非法使用公民个人信息行为的刑法规制》，载《中国刑事法杂志》2023 年第 1 期。

[2] 车浩：《立法论与解释论的顺位之争———以收买被拐卖的妇女罪为例》，载《现代法学》2023 年第 2 期。

其次，增设轻罪以应对风险社会中的不确定因素是近年来刑事立法的趋势之一。有学者指出，面对以轻微犯罪为主的犯罪态势，我国的刑法体系表现出整体罪刑不均衡、实体和程序不匹配、过程和结果不相符等缺陷。现行刑法小而重的特点似乎是为重罪配置的，与轻罪时代犯罪治理的要求相去甚远。[1]因此，本文主张采取积极刑法观，通过增设轻罪来满足保护法益的合理要求。同时，增设必要的轻罪，对于提供足够的裁判支撑、消除司法困惑，防止重罪被误用和滥用，实现妥当的处罚，均具有重要意义。[2]在此背景之下，以增设轻罪规范的方式实现对冒用行为的规制具有现实必然性。

最后，社会治理与经济发展的现实需求使得冒用人脸识别信息行为不能适用重刑。在互联网时代，国家的经济发展和现代化的社会治理都离不开对信息的合理使用。如果不能有效地利用信息进行社会治理，公共政策大概率会缺乏现实针对性，便捷的公共服务也会受到限制。[3]人脸识别信息作为一种重要的信息资源具有巨大的利用价值，正是基于这种价值，它被广泛运用于社会运转的方方面面，在这一过程中，难免出现对它的不当使用，这其中就包括冒用行为，但是法律不能因此就矫枉过正，配置重刑对其予以严厉打击。应该看到，冒用行为的出现是科技发展过程中的正常现象，随着人脸识别技术等其他信息科技的不断成熟，这种冒用行为也会随之减少，因此，在这一阶段，配置轻刑即可。

2. 伪造、变造、买卖人脸识别信息行为的法定刑

如前文所述，变造、买卖人脸识别信息同变造、买卖身份证件具有同等性质的法益侵害，因此，在配置法定刑时，伪造、变造、买卖人脸识别信息行为也应当与伪造、变造、买卖身份证件行为一样采用重刑。原因有两点：一方面，在实务当中，被伪造、变造、买卖的人脸识别信息的数量较大，涉案金额多，在"情节严重"时，类似于传统上的"假证工厂"行为。对于信息时代条件下的"假证工厂"行为配置重刑，具有合理性。例如，在游某提供侵入、非法控制计算机信息系统程序、工具案中，2019 年 11 月，同案人胡某开始使用非法获取的公民个人信息制作用于绕开网络游戏"地下城与勇士"

---

[1] 卢建平：《轻罪时代的犯罪治理方略》，载《政治与法律》2022 年第 1 期。
[2] 周光权：《论通过增设轻罪实现妥当的处罚——积极刑法立法观的再阐释》，载《比较法研究》2020 年第 6 期。
[3] 于改之：《从控制到利用：刑法数据治理的模式转换》，载《中国社会科学》2022 年第 7 期。

及其他网络平台的人脸识别、解封游戏账号或平台账号的人脸识别视频。2020 年，同案人胡某先后纠合被告人游某等人，形成以同案人胡某为首的专门制作和出售破解人脸识别视频的工作室。2020 年 3 月至 7 月期间，该工作室通过出售上述视频，获利约 10 万元。[1]另一方面，在对冒用行为配置轻刑的情况下，对伪造、变造、买卖行为适用重刑将更好地规制有关人脸识别信息的犯罪，更能从整体上做到罪刑均衡。

六、冒用人脸识别信息行为新增罪刑规范的适用方案

(一) 概说

虽然冒用人脸识别信息行为与盗用身份证件行为，变造人脸识别信息与变造身份证件具有等质性，但是它们不具有等值性。原因在于，第 280 条之一第 1 款和第 280 条第 3 款意义上的"身份证件"是由国家机关制作和颁发，代表着国家机关的公共信用；人脸识别信息的制作主体非常广泛，既有可能是国家机关，也有可能是各种组织和个人，甚至是公民本人。假如冒用传统身份证件的行为达到 10 次就可以被认定为盗用身份证件罪，那么冒用人脸识别信息的行为至少可能需要达到 15 次才可以司法定罪。因此，在适用法条时，冒用人脸识别信息的定罪门槛应当高于冒用身份证件。同理，变造人脸识别信息的定罪门槛也要高于变造身份证件。同时，在适用新增条款时还要注意其适用的具体情境。依据新增条款的表述，只有当人脸识别信息被替代作为身份证、驾驶证、户口本等可以证明身份的证件而被冒用时，才可以适用新增第 280 条之一第 2 款定罪处罚。

(二) 新增第 280 条之一第 2 款的"情节严重"

对于冒用行为，其入罪门槛应当依照《刑法》第 280 条之一第 1 款的规定处罚，即只有在满足"情节严重"的条件下，才可以定罪处罚。目前，对于该罪"情节严重"的认定标准，尚未有相关的司法解释进行明确规定。在实务中，上海市检察机关在办理此类案件时，通常从立法目的出发，从行为次数、持续时间、行为后果、犯罪前科等方面作出考量。[2]在学界，有学者

---

〔1〕 广东省广州市从化区人民法院［2021］粤 0117 刑初 159 号刑事判决书。

〔2〕 曾国东等：《上海市检察机关办理妨害身份证件管理犯罪案件情况的调研》，载《检察调研与指导》2018 年第 2 期。

指出，该罪"情节严重"认定标准应当采用"数量+情节"模式。[1]还有的学者认为可以参考最高人民法院、最高人民检察院《关于办理与盗窃、抢劫、诈骗、抢夺机动车相关刑事案件具体应用法律若干问题的解释》第2条规定，将使用、盗用虚假身份证件罪的数量定为3张以上或者累计使用、盗用次数定为5次以上认定为该罪的"情节严重"标准，同时将具有的情节或者所造成的后果作为"情节严重"的考量因素。[2]

本文认为，在目前没有统一司法解释的情况下，上述实践和观点似乎都有其合理性。由于本罪的重点在于对行为本身的法益侵害性进行评价，而非对行为的次数进行评价，因此，以单一的数量标准认定"情节严重"显然不妥，但是如果不能就数量标准达成统一标准似乎也不合理，结合在各地办理这类案件中，大多数行为人的涉案数量达到了10次或10张以上，[3]本文认为，以10次或10张以上作为该罪的起刑点，比较合理。同时，在认定冒用人脸识别信息行为时，应当注意区分，对于冒用数量少、次数少且未造成严重后果，未达到《刑法》规定的严重法益侵害性的行为，应当以行政处罚为主。

（三）新增第280条第4款的"情节严重"

对于变造人脸识别信息行为的入罪门槛，需要依照第280条第3款，不同于冒用人脸识别信息行为，该行为的入罪无须满足"情节严重"的标准。有学者提出，应当以3件作为伪造、变造、买卖身份证件行为的入罪标准，理由在于，该标准不仅保护了社会公共信用法益，而且符合积极刑法观的趋势。[4]在实务界，上海市检察机关参照2008年上海市有关规定，确定伪造、变造、买卖身份证件3件以上的，或者不满3件但有特定情节的，应当以伪造、变造、买卖身份证件罪定罪量刑。[5]由此可见，虽然立法并未规定统一的入罪标准，但是理论界和实务界似乎已经有了某种默契。

---

[1] 陈禹衡：《法秩序统一原理下身份证件类犯罪的刑行衔接优化》，载《江汉学术》2022年第4期。

[2] 高炳辉：《妨害身份证件管理犯罪案件适用法律问题研究》，载《中国检察官》2019年第3期。

[3] 肖友广、金华捷：《使用虚假身份证件、盗用身份证件罪的司法认定》，载《犯罪研究》2017年第2期。

[4] 陈禹衡：《法秩序统一原理下身份证件类犯罪的刑行衔接优化》，载《江汉学术》2022年第4期。

[5] 曾国东等：《上海市检察机关办理妨害身份证件管理犯罪案件情况的调研》，载《检察调研与指导》2018年第2期。

然而，本文认为，以 3 件作为伪造、变造、买卖身份证件罪的入罪标准并不妥当。伪造、变造、买卖身份证件罪与使用虚假身份证件、盗用身份证件罪之间存在上、下游关系，因此，在设置入罪标准时，应当注重两个罪名之间的协调性。就目前的立法而言，伪造、变造、买卖身份证件罪的基础量刑是"处三年以下有期徒刑、拘役、管制或者剥夺政治权利，并处罚金"，而使用虚假身份证件、盗用身份证件罪的量刑是"处拘役或者管制，并处或者单处罚金"，由此可见，伪造、变造、买卖身份证件罪的刑罚重于使用虚假身份证件、盗用身份证件罪。因此，在设置入罪标准时，伪造、变造、买卖身份证件罪的入罪标准势必要高于使用虚假身份证件、盗用身份证件罪。在使用虚假身份证件、盗用身份证件罪设置 10 次或者 10 张的入罪标准的基础上，伪造、变造、买卖身份证件却适用 3 件的数量标准，显然并不合理，容易造成犯罪圈的过度扩张。因此，该罪的入罪标准至少应当高于使用虚假身份证件、盗用身份证件罪的入罪标准。同理，变造人脸识别信息行为的入罪标准在数量上也应当要大于 10 次或者 10 张，同时对其他特定情节，例如犯罪数额，被害人受损害的情况等进行综合考量。

　　（四）新增条款之间的想象竞合

　　在司法实务中，行为人在冒用人脸识别信息行为时，往往还涉及其他犯罪行为，因此，在适用新增条款之时，应当根据想象竞合理论，从一重罪处罚。比如，在冒用行为与变造、买卖人脸识别信息行为发生想象竞合中，会出现两种情形：第一种情形是行为人在变造后又对其进行冒用；第二种情形是行为人在委托他人变造人脸识别信息或者向他人购买此类信息后，又对其进行冒用。第一种情形在实务中较为常见，在例 5 中，被告人唐×先对被害人唐某的人脸识别信息进行变造制作 3D 人脸动态图，后又利用该图冒用被害人唐某的身份突破了支付宝的人脸识别信息系统。唐×的行为既涉及对他人人脸识别信息的"变造"，又涉及冒用他人人脸识别信息，但是在本案中，唐×"变造"的人脸识别信息只涉及一个人，根本达不到"变造身份证件罪"的门槛，因而不能以第 280 条新增条款定罪；对第 280 条之一新增条款规定的行为而言，唐×的"变造"行为属于手段行为，完全可以被其后的目的行为"盗用"吸收，适用"盗用身份证件罪"已经能够充分评价其行为。

　　在第二种情形中有两类行为：一类是行为人通过提供被害人的人脸识别信息，委托制假人员变造人脸识别信息；另一类是行为人直接向制假人员购买人脸识别信息后冒用。本文认为，第一类行为不宜被独立评价为变造行为，而是应该将其视作购买的必要环节，与问价咨询、支付钱款等一并视为"买卖"行为。总之，在第二种情形中的两类行为，都可以被评价为"买卖"行为。在此基础之上，行为人既实施了买卖人脸识别信息行为，又实施了冒用人脸识别信息行为。但是由于买卖人脸识别信息行为的入罪门槛要高于冒用人脸识别信息行为的入罪门槛，因此，只有当行为人买卖人脸识别信息的数量达到新增第 280 条第 4 款的入罪标准时，才会同时构成买卖人脸识别信息和冒用人脸识别信息，此时，由于想象竞合，应当从一重罪处罚，即以新增的第 280 条第 4 款定罪。反而言之，如果行为人买卖人脸识别信息的数量未能达到新增的第 280 条第 4 款的入罪标准并且之后的冒用行为达到了新增第 280 条之一第 2 款的入罪标准，那么该行为只构成冒用人脸识别信息行为，应当以新增的第 280 条之一第 2 款定罪。

七、结语

在当前的网络时代，信息是我们这个世界运行所依赖的血液、食物和生命力。[1]随着科技的不断发展，人脸识别技术在多个领域得到广泛应用，冒用人脸识别信息行为早已屡见不鲜。我国现行《刑法》只针对其非法获取此类身份识别信息的上游犯罪和冒用身份之后实施的下游犯罪进行处罚。这种规制方式表明立法者只关注非法转移型的侵犯公民个人信息行为，而忽视了冒用人脸识别信息行为本身的法益侵害性，无法实现对所有应受处罚行为的完整评价。因此，为了更好地规制冒用人脸识别信息行为，也为了惩治身份证件类犯罪和非法使用个人信息行为，应当积极推动冒用人脸识别信息行为入罪。

对于冒用人脸识别信息行为的刑法规制，应当充分考虑我国的现实司法状况和现行罪刑规范。在规制方案上，正如上文所述，应当以《刑法》第 280 条之一第 1 款（使用虚假身份证件、盗用身份证件罪）和第 280 条第 3 款（伪造、变造、买卖身份证件罪）为参照。总体而言，刑法规制方案可以分为解释路径和立法路径两种思路。解释路径是指，在新的刑法修正案还未出台之前，通过将第 280 条之一和第 280 条第 3 款的"身份证件"扩大解释为

---

〔1〕 ［美］詹姆斯·格雷克：《信息简史》，高博译，人民邮电出版社 2013 年版，第 5 页。

"包括人脸识别信息在内的个人身份识别信息"从而使冒用人脸识别信息行为和变造人脸识别信息受到第 280 条之一和第 280 条第 3 款的规制。立法路径是指，在第 280 条之一第 1 款之后增设一个新的第 2 款，在第 280 条第 3 款下面增设一个新的第 4 款，明确"人脸识别信息等个人身份识别信息"等同于"身份证件"。

有学者曾言，即使法律开足马力以适应技术革新引发的新型案件，也仍然在诸多方面捉襟见肘。[1]因此，本文主张应当采用积极刑法观，针对具有严重法益侵害性的冒用人脸识别信息行为增设新的罪刑规范，这不仅是网络时代贯彻罪刑法定原则的应有之义，也是轻罪时代实现良法善治的必然需求。

---

〔1〕 劳东燕：《"人脸识别第一案"判决的法理分析》，载《环球法律评论》2022 年第 1 期。

Web 3.0 时代破坏计算机信息系统罪保护法益的重构与运用

潘华杰[*]

摘　要： 破坏计算机信息系统罪被批判为"口袋罪"，但又被广泛用于解决交叉领域案件，矛盾关键点在于未能准确界定保护法益。基于 web 3.0 时代的社会特点，在现实层面，本罪由纯正的计算机犯罪转变为网络犯罪的一部分；在规范层面，保护法益的构建方向由专属于特定主体的利益转变为主体之间交往关系中的利益。本罪保护的是计算机信息系统的功能，行为对计算机信息系统功能的影响，必须达到对通过计算机信息系统建立连接的社会网络具有抽象危险的程度，才能构成本罪。计算机信息系统功能指基于本身功能所能实现的设计功能；对社会网络的保护应当分成一般节点与重要节点两部分。本罪应当基于功能法益观对实行行为进行实质解释，对"数据"进行限缩解释，对"后果（特别）严重"进行规范解释。

关键词： 破坏计算机信息系统罪；功能；社会网络；"口袋罪"

一、问题的提出

根据第 52 次《中国互联网络发展状况统计报告》，截至 2023 年 6 月，我国网民规模达 10.79 亿人，互联网普及率达 76.4%。[1]"虚拟空间中逐渐形成了'现实社会'，网络实现了由'信息媒介'向'生活平台'的转换，成为人们日常活动的'第二空间'。"依托智能终端设备，人们在空间上被纳入互

＊ 潘华杰，清华大学法学院博士研究生。

〔1〕《第 52 次〈中国互联网络发展状况统计报告〉》，载 https://cnnic.cn/NMediaFile/2023/0908/MAIN1694151810549M3LV0UWOAV.pdf，最后访问日期：2023 年 10 月 7 日。

联网，互联网变成一个泛在的数据库，以物联网、大数据、语义分析为代表的 Web 3.0 时代已然来临。[1]与此同时，网络犯罪活动急剧增加，作为网络运行基础设施的计算机信息系统首当其冲。在 Web 1.0 时代网络犯罪的代际特征是物理性，表现为针对计算机及其信息系统实施犯罪行为；在 Web 3.0 时代网络犯罪的代际特征是智能性，网络是虚拟的社会空间，也是犯罪空间。[2]破坏计算机信息系统罪产生于 Web 1.0 时代，在 Web 3.0 时代面临功能定位模糊的困境。

一方面，破坏计算机信息系统罪被广泛用于打击通过干扰计算机信息系统正常运行实现不法目的的行为，面临突破罪刑法定原则的质疑。例如"干扰环保采样案"：2016 年 2 月 4 日至 3 月 6 日间，被告人李某等人多次进入环境空气自动监测站内，采用棉纱堵塞采样器，干扰环境空气质量自动监测系统，导致多个时间段内监测数据出现异常，影响了国家空气环境质量自动监测系统正常运行。法院判决被告人构成破坏计算机信息系统罪。[3]针对本案的质疑是，在计算机信息系统外部采用物理方式影响数据采集，事实上并没有破坏计算机信息系统；相反，在外部环境发生变化后，监测数据也随之变化，这恰恰说明负责数据处理的计算机信息系统运转正常，没有受到破坏。[4]除环境犯罪之外，本罪还被运用于处理妨害业务犯罪、财产犯罪、信息数据犯罪、渎职犯罪、公共秩序犯罪等多种类型案件。[5]另一方面，破坏计算机信息系统罪被用于打击网络犯罪链条中的上游犯罪，但是面临规制能力不足的困境。以"徐玉玉案"为例，被告人陈某辉之所以可以成功实施网络诈骗，是因为其准确掌握了被害人的个人信息，而这些个人信息来源于另案被告人杜某禹通过植入木马程序的方式，非法侵入招生考试信息网站获取的。[6]在

---

〔1〕 喻少如、陈琳：《Web 3.0 时代下网络社会的软法治理》，载《哈尔滨工业大学学报（社会科学版）》2019 年第 3 期。

〔2〕 刘艳红：《Web3.0 时代网络犯罪的代际特征及刑法应对》，载《环球法律评论》2020 年第 5 期。

〔3〕 陕西省西安市中级人民法院［2016］陕 01 刑初 233 号刑事判决书。

〔4〕 叶小琴、高彩云：《破坏计算机信息系统行为的刑法认定——基于最高人民法院第 104 号指导性案例的展开》，载《法律适用》2020 年第 14 期。

〔5〕 周立波：《破坏计算机信息系统罪司法实践分析与刑法规范调适——基于 100 个司法判例的实证考察》，载《法治研究》2018 年第 4 期。

〔6〕 山东省临沂市罗庄区人民法院［2017］鲁 1311 刑初 332 号刑事判决书。

Web 3.0 时代，网络犯罪分工细化，环环相扣，仅将本罪定位为传统的计算机犯罪，无法满足社会需求。

破坏计算机信息系统罪已经沦为新时代的"口袋罪"，还是顺应了时代发展的要求？检验本罪是否沦为"口袋罪"，关键在于确定构成要件的范围以考察司法适用是否突破罪刑法定原则。"解释一个犯罪的构成要件，首先必须明确该犯罪的保护法益，然后在刑法用语可能具有的含义内确定构成要件的具体内容。"[1]法益侵害或危险是评价规范所做的违法评价的对象，若行为没有产生属于对外界的不当作用的法益侵害或危险，该行为最终就属于无需以命令规范来禁止的行为。[2]检验本罪是否顺应了时代发展的要求，关键在于确定现实社会对本罪的功能定位。这需要考察本罪适用的外部环境，而外部价值不能直接引入刑法体系，应当由法益概念承担起刑法体系与外部环境之间的沟通媒介角色。[3]概言之，探索本罪保护法益是解决问题的必要前提。

二、破坏计算机信息系统罪法益的检视

（一）破坏计算机信息系统罪法益观综述

关于破坏计算机信息系统罪的法益内容，主要有以下三种观点：一是以管理秩序为出发点的秩序主义法益观，其认为本罪法益为国家对计算机信息系统的管理秩序、安全保护制度；[4]二是以个人权益为出发点的个人主义法益观，其认为本罪法益包括"计算机信息系统的用户与所有权人的利益"；[5]三是以计算机信息系统本身为出发点的信息系统法益观，其认为本罪法益为"计算机信息系统的安全"[6]"计算机信息系统的安全及其正常运

---

〔1〕 张明楷：《实质解释论的再提倡》，载《中国法学》2010 年第 4 期。

〔2〕 ［日］松原芳博：《刑法总论重要问题》，王昭武译，中国政法大学出版社 2014 年版，第 81 页。

〔3〕 劳东燕：《金融诈骗罪保护法益的重构与运用》，载《中国刑事法杂志》2021 年第 4 期。

〔4〕 李希慧主编：《刑法各论》，武汉大学出版社 2009 年版，第 304 页；陈兴良主编：《罪名指南》（下册）（第 2 版），中国人民大学出版社 2008 年版，第 42 页。

〔5〕 高铭暄、马克昌主编：《刑法学》，北京大学出版社、高等教育出版社 2005 年版，第 561 页；刘湘廉主编：《刑法学》（下），法律出版社 2004 年版，第 585 页。

〔6〕 周道鸾、张军主编：《刑法罪名精释——对最高人民法院最高人民检察院关于罪名司法解释的理解和适用》（第 4 版），人民法院出版社 2013 年版，第 712 页。

行"〔1〕。

关于破坏计算机信息系统罪法益种类的数量，有单一法益观和复合法益观两种观点。单一法益观认为本罪保护的是单一的法益，即上述秩序主义法益、个人主义法益、信息系统法益中的一种。复合法益观认为本罪保护了两种法益，即国家对计算机信息系统的管理制度和计算机信息系统的用户与所有权人的利益。〔2〕

（二）对既有法益观的检视

针对破坏计算机信息系统罪保护法益的众多观点，需要依次思考以下问题：本罪保护的是个人法益还是超个人法益？如果本罪保护的是超个人法益，那么其是行政管理秩序吗？以计算机信息系统作为法益是否具有合理性？单一法益观与复合法益观孰优孰劣？

1. 个人主义法益观之否定

1994 年 2 月 18 日《计算机信息系统安全保护条例》（2011 年修订，以下简称《条例》）发布并实施，此时为 Web 1.0 时代，对计算机信息系统的保护具有明显的物理性特征。〔3〕一方面在当时计算机信息系统属于稀缺资源，基本上只有相关单位才能拥有；另一方面，计算机信息系统被赋予了浓厚的财产属性，破坏计算机信息系统基本上等同于侵害用户或所有权人的财产或权益，这是个人主义法益观产生的原因。但是基于时代特点产生的个人主义法益观对破坏计算机信息系统罪缺乏解释力。

第一，破坏计算机信息系统罪在刑法中的体系位置说明其保护的并非个人法益。刑法将某种具体犯罪规定在分则的某一章，都是基于特定的考虑。因此，在解释这一具体犯罪时，就不能脱离该罪在分则中所处的体系位置。〔4〕比如，《德国刑法典》第 303 条 a、b 规定破坏计算机信息系统相关犯罪，将其置于毁损罪一章，因此该罪一般被认为是对个人法益的犯罪；与之相反，日

---

〔1〕 姚建龙主编：《刑法学分论》，北京大学出版社 2016 年版，第 341 页。

〔2〕 高铭暄、马克昌主编：《刑法学》（第 9 版），北京大学出版社、高等教育出版社 2019 年版，第 532 页。

〔3〕 比如《计算机信息系统安全保护条例》第 3 条要求"计算机信息系统的安全保护，应当保障计算机及其相关的和配套的设备、设施（含网络）的安全"；第 10 条对在计算机机房附近施工提出要求。

〔4〕 张明楷：《刑法分则的解释原理》（上）（第 2 版），中国人民大学出版社 2011 年版，第 102 页。

本为破坏计算机信息系统相关犯罪规定专章，即第十九章之二"有关非法指令电磁记录的犯罪"，因此该罪被认为是对社会法益的犯罪。[1]我国破坏计算机信息系统罪位于刑法分则第六章"妨害社会管理秩序罪"第一节"扰乱公共秩序罪"中。社会管理秩序与公共秩序是社会整体所呈现的状态，无法专属于个人，是超个人法益。如果本罪保护的是个人法益，完全可以置于第五章"侵犯财产罪"中。

第二，破坏计算机信息系统罪是行政犯罪，保护的是超个人法益。本罪第 1 款、第 2 款的构成要件规范要素包括"违反国家规定"，是典型的行政犯；第 3 款虽然没有明文要求违反行政法规，但是"计算机系统"等规范构成要件要素，均需要依据前置行政法规认定，因此是隐形的行政犯。行政犯具有双重违法性，既需要具有刑事违法性，也需要具有行政违法性。[2]行政犯中的行政法是前置法，只有违反前置法的行为，才能进入刑法评价。[3]因此，构成本罪的行为必须"违反国家规定"，与此相关的国家规定有《条例》《关于维护互联网安全的决定》《计算机信息网络国际联网管理暂行规定》等。从立法目的来看，这些国家规定主要是为了保护计算机信息系统安全，加强对计算机的管理，促进计算机与网络发展，是一种超个人法益。

2. 秩序主义法益观之否定

《条例》实施于我国接入互联网之前，主要通过行政管理手段对计算机信息系统进行保护。国家将保护计算机信息系统的责任赋予一部分拥有计算机信息系统的单位，并且极其重视计算机信息系统相关案件。因此，秩序主义法益观应运而生，其将行政管理秩序作为本罪法益，法益主体是行政管理部门（或政府）。

行政管理秩序法益过于抽象，无法发挥对个罪适用的限制解释作用，也难以区分行政违法与刑事犯罪。侵犯行政管理秩序的行为，往往仅仅表现为"单纯的不服从"。[4]在这里我们无法看到具体的法益，刑法只是重述行政法规范并对违反规范的行为作出处罚。行政管理制度并非都是本罪保护法益，

---

〔1〕 张明楷：《日本刑法的修改及其重要问题》，载《国外社会科学》2019 年第 4 期。

〔2〕 刘艳红、周佑勇：《行政刑法的一般理论》（第 2 版），北京大学出版社 2020 年版。

〔3〕 陈兴良：《法定犯的性质和界定》，载《中外法学》2020 年第 6 期。

〔4〕 刘艳红：《"法益性的欠缺"与法定犯的出罪——以行政要素的双重限缩解释为路径》，载《比较法研究》2019 年第 1 期。

比如显然不能将违反机房建设标准或案件上报制度作为本罪的处罚依据。司法实践中虽然存在行为人因为没有违反前置规范而出罪的案例，[1]但凤毛麟角，大量案件要么不要求行为人违反计算机信息系统管理制度，要么仅仅以《条例》第 7 条作为依据进行处罚。[2]第 7 条规定："任何组织或者个人，不得利用计算机信息系统从事危害国家利益、集体利益和公民合法利益的活动，不得危害计算机信息系统的安全。"任何该当《刑法》第 286 条罪状描述后半句的行为，都可以认为符合《条例》第 7 条"危害计算机信息系统安全"，而无法看出具体违反的行政管理制度。

不论采用温和的违法一元论还是违法多元论的观点，刑法上的违法行为，必须具有特别的违法性。[3]总体上，刑法规范是为了保护特定法益，着眼点在于实体的法益侵害；而行政规范主要是为了维护特定的行政管理秩序，着眼点在于程序违反。依靠"量的差别"区分行政违法与刑事犯罪只是司法上权宜之计，伴随着司法自由裁量权滥用的风险。[4]行政管理秩序往往只是保护法益的手段，为了目的实现的绝对周延，作为手段的行政管理秩序往往较为宽泛，此时，起刑事评价决定性作用的便应是刑法目的本身。[5]基于此，正确的做法应当是探求计算机信息系统管理制度背后的法益，而非将行政管理秩序作为法益。

3. 信息系统法益观之辨别

计算机信息系统法益观包含两种路径：一是保护计算机信息系统的安全，可称之为安全法益观；二是保护计算机信息系统正常运行，可称之为功能法益观。两种法益观都以计算机信息系统为出发点，但侧重点不同：安全法益观关注计算机信息系统本身，侧重保护静态的设备；功能法益观关注计算机

---

[1] 《刑事审判参考》第 820 号：侵入单位内部未联网的计算机人事系统篡改他人工资账号，非法占有他人工资款的行为，如何定性。

[2] 笔者在"北大法宝"上随机检索了 59 篇破坏计算机信息系统罪判决书，只有 [2019] 川 1523 刑初 156 号与 [2020] 浙 1081 刑初 336 号 2 篇判决书明确指出了被告人行为所违反的"国家规定"，而 [2020] 浙 1081 刑初 336 号判决书中被告人违反的国家规定就是《条例》第 7 条。

[3] [日] 山口厚：《刑法总论》（第 3 版），付立庆译，中国人民大学出版社 2018 年版，第 188 页。

[4] 李文吉：《我国刑法中管理秩序法益还原为实体性法益之提倡》，载《河北法学》2020 年第 5 期。

[5] 崔志伟：《法益识别与"情节"评定：利益衡量作用于构罪判断之另种路径》，载《中国刑事法杂志》2020 年第 5 期。

信息系统正常运行，侧重保护动态的功能实现。

功能法益观比安全法益观更具有合理性。安全法益观以《条例》第 3 条为依据："计算机信息系统的安全保护，应当保障计算机及其相关的和配套的设备、设施（含网络）的安全，运行环境的安全，保障信息的安全，保障计算机功能的正常发挥，以维护计算机信息系统的安全运行。"这确定了保护计算机信息系统安全所需的条件与保护的对象，但与法益概念相冲突。其一，将计算机信息系统作为法益混淆了行为客体与法益（保护客体）。行为客体是行为所指向的、外部的人或物，而法益（保护客体）则是一种法所保护的价值的客体。[1]"根据 Hirschberg 的观点，行为客体是不经过对规范违反的考虑，通过对犯罪行为的纯外部经过的考察就可以明确的，而法益（保护客体）是只有将行为包容于刑罚规范之中进行考察才能确定的。"[2]根据本罪构成要件，计算机信息系统是本罪的行为客体，而非法益。其二，计算机信息系统本身缺乏利益关联性，不是法益。法益必须与利益相关联，利益是能够满足人们需要的东西，是法益的具体内容。与财产不同，计算机信息系统存在本身并不能满足人们需要，对财产的占有就是一种利益，但是占有计算机信息系统并不能产生财产之外的利益。因此，计算机信息系统安全本身并没有独立存在的价值，只有其能够正常运行才能够满足人们的需求，亦即在计算机信息系统法益观内部，功能法益观优于安全法益观。

功能法益观需要填充实体性内容并对实体内容进行合理构建。支持功能法益观的学者一般认为，对计算机信息系统正常运行的影响，必须达到一定的严重程度才能构成本罪。[3]问题在于，何谓计算机信息系统正常运行？行为对计算机信息系统功能的影响达到何种程度才能构成本罪？

4. 复合法益观之否定

复合法益观主张本罪法益为国家对计算机信息系统的管理制度和计算机信息系统的用户与所有权人的利益，这一观点并不合理。根据上文论述，本罪保护的并非个人法益与行政管理秩序法益。撤除这一点，复合法益观必须

〔1〕 ［德］冯·李斯特：《论犯罪、刑罚与刑事政策》，徐久生译，北京大学出版社 2016 年版，第 51~52、57~59 页。

〔2〕 张明楷：《法益初论》（增订本），商务印书馆 2021 年版，第 52 页。

〔3〕 王华伟：《破坏计算机信息系统罪的教义学反思与重构》，载《东南大学学报（哲学社会科学版）》2021 年第 6 期。

回答的问题是：如何处理法益之间的关系？复合法益之间存在并列形态和重叠形态两种关系。[1]如果复合法益是并列形态，即保护的是两个法益的并集，那么违反行政管理秩序或者侵犯个人权益的行为都会构成犯罪，处罚范围甚至比饱受诟病的秩序类犯罪更大。如果复合法益是重叠形态，即保护的是两个法益的交集，那么只有既侵犯了行政管理秩序又侵犯个人合法权益的行为才构成犯罪。此举看似符合刑法谦抑性原则，但在处理被害人同意案件时存在问题：被害人对个人法益侵害的同意，直接导致行为人不构成犯罪，即被害人同意不仅处分了个人法益，客观上也处分了国家对计算机信息系统管理制度这种超个人法益，这超出了公民自治和个人同意的底线。[2]

三、破坏计算机信息系统罪保护法益的重构

社会生活关系是多种多样且不断变化的，法律需要不断调整以适应社会发展。对破坏计算机信息系统罪功能法益观的构建，必须基于计算机信息系统在现代社会的功能定位并满足网络犯罪治理的现实需求。

（一）破坏计算机信息系统罪的转变

"解释者虽然以历史上的立法者所确定的目的为出发点，对此等目的的推论结果却必须深思熟虑，使个别法律规定均取向于确定的目的，因此，解释者事实上已经超越了历史事实上的'立法者的意志'，而以法律固有的合理性来理解法律。"[3]本部分从破坏计算机信息系统罪历史定位与现实需求的错位展开，揭示本罪在现实与规范层面的转向，从而重构本罪保护法益。

1. 现实层面的转变

破坏计算机信息系统罪是1997年《刑法》新增犯罪，其制定于互联网发展初期，彼时网络犯罪尚未大规模泛滥。根据全国人大常委会法工委刑法室的记述，在本罪行为类型设置上，主要是针对实践中发生的几种常见的破坏计算机信息系统的情况，[4]因此本罪在设立之初仅仅是一个典型的对计算机

---

〔1〕 〔日〕关哲夫：《法益概念与多元的保护法益论》，王充译，载《吉林大学社会科学学报》2006年第3期。

〔2〕 车浩：《复数法益下的被害人同意——"优势法益说"之提倡》，载《中国刑事法杂志》2008年第5期。

〔3〕 〔德〕卡尔·拉伦茨：《法学方法论》，陈爱娥译，商务印书馆2003年版，第210页。

〔4〕 全国人大常委会法制工作委员会刑法室编：《中华人民共和国刑法条文说明、立法理由及相关规定》，北京大学出版社2009年版，第596页。

信息系统的犯罪。然而，随着网络信息技术的发展，本罪的犯罪形态发生转变。

首先，破坏计算机信息系统罪与其他犯罪的关系发生转变。其一，随着以破坏计算机信息系统为手段的违法犯罪行为日益增多，本罪逐渐表现出"口袋罪"倾向。比如在"干扰环保采样案"中，行为人实施的干扰计算机信息系统行为，同时也是一种妨害业务行为。周光权教授认为，将此类行为认定为破坏计算机信息系统罪，采用了"软性解释"方法，这可能突破罪刑法定原则。[1]但在此类行为具有较强的法益侵害性，若边缘行为难以被认定为其他犯罪，司法机关往往倾向于将其认定为破坏计算机信息系统罪，此时本罪转变为交叉领域犯罪行为的"兜底"犯罪。其二，破坏计算机信息系统罪逐渐转变为网络犯罪的一部分。在"徐玉玉"案中，破坏计算机信息系统罪是侵犯公民个人信息罪与诈骗罪的上游犯罪。又如，流量劫持行为往往是网络犯罪的重要一环：一是，行为人通过仿制需要登录或者支付的官方网站，再通过流量劫持等方式使用户访问，获取用户登录或者支付所用的账号密码等，这些信息后续可能被用于电信网络诈骗犯罪；二是，行为人也可以通过仿制官方网站、第三方线上交易平台，通过流量劫持等方式让用户点击登录假网站进而进行支付，从而直接骗取支付的资金。[2]

其次，破坏计算机信息系统的行为本身发生转变。其一，由单独正犯为主转变为共同犯罪为主。本罪制定之初行为人多采用"单兵作战"模式，有的是出于炫技目的实施犯罪行为，而如今破坏计算机信息系统行为可能只是网络犯罪的一部分。其二，由技术型犯罪为主转变为普通犯罪。本罪制定之初行为人的典型形象是计算机技术高超的"黑客"，但是随着时代发展，实践中存在大量为这类犯罪提供专门工具、互联网接入、技术培训、技术支持等帮助的行为。[3]由于技术门槛降低，本罪由个别发生变为多发易发。其三，犯罪对象由特定主体的财产扩大到社会基础设施。本罪制定之初计算机信息系统尚未普及，主要存在于相关单位、企业中，具有浓厚的财产属性。如今计算机信息系统已经成为国民工作生活中不可缺少的基础设施，与社会公共

---

〔1〕 周光权：《刑法软性解释的限制与增设妨害业务罪》，载《中外法学》2019 年第 4 期。

〔2〕 喻海松：《网络犯罪黑灰产业链的样态与规制》，载《国家检察官学院学报》2021 年第 1 期。

〔3〕 喻海松：《网络犯罪二十讲》，法律出版社 2018 年版，第 10 页。

利益密切相关。

最后，破坏计算机信息系统行为的损害后果发生转变。本罪制定之初，由于计算机信息系统主要表现为特定主体的财产，计算机信息系统往往被分隔于特定的局域网络之中，所以破坏计算机信息系统一般不会造成扩散性损害后果。在 Web 3.0 时代，计算机信息系统与计算机信息系统之间通过网络（Internet）连接起来，而人与人之间通过计算机信息系统连接起来，形成社会网络（Network）。此时计算机信息系统可称得上社会网络的节点，对节点的严重破坏将影响社会分工合作。同时，对于计算机及其信息系统，人们只参与其中一部分而已，也只了解其中一部分运行原理，但是基于对计算机信息系统的信赖，人们依然会使用计算机信息系统。反之，因为人们的行为选择会存在非理性因素，若当违法犯罪行为导致人们丧失信赖，即使计算机信息系统依然能够正常运行，也无用武之地。因此，在网络结构与国民信赖的效应叠加下，Web 3.0 时代破坏计算机信息系统行为可能对社会利益造成严重侵害。

2. 规范层面的转变

破坏计算机信息系统罪在现实层面由 Web 1.0 时代下纯正的计算机犯罪转变为 Web 3.0 时代下网络犯罪的一部分。为适应现实需要，本罪规范层面也应当随之转变。

首先，破坏计算机信息系统罪功能定位的转变。其一，对于交叉领域犯罪，本罪应当保持适度谦抑。以通过干扰计算机信息系统妨害业务的行为为例，因为 Web 3.0 时代计算机信息系统已经成为众多业务顺利开展的基础设施，所以打击破坏计算机信息系统的行为客观上也是打击妨害业务的行为。但是破坏计算机信息系统罪的处罚正当性不是来源于对业务的妨害，而是对计算机信息系统功能的侵害以及可能造成的社会网络分裂。只是因为业务行为与社会分工密切相关，对业务的妨害更容易危及社会网络的连接，所以妨害业务行为更容易被认定为本罪。因此，一方面不能因为行为类型是妨害业务就否定构成本罪，另一方面也不能基于行为妨害业务的可罚性而违反罪刑法定原则将其认定为本罪。其二，对于网络犯罪利益链条，本罪应当加大打击力度。在 Web 3.0 时代，网络犯罪分工细化，形成环环相扣的犯罪链条，破坏计算机信息系统罪是其中的重要环节。在"徐玉玉案"中，若没有被告人杜某禹破坏计算机信息系统获取个人信息的行为，则电信诈骗不可能发生，被害人的死亡结果也可避免。事实上，被告人破坏计算机信息系统的行为与侵犯公民个人信息的行为相互独立，不应该以侵犯公民个人信息罪吸收破坏计算机信息系统罪，而应当数罪并罚。

其次，破坏计算机信息系统罪保护对象的转变。基于信息技术的发展与犯罪行为的转变，本罪的保护对象应当由物理性、财产性的设备向技术性、功能性的信息系统转变。2011 年 8 月 1 日《关于办理危害计算机信息系统安全刑事案件应用法律若干问题的解释》（以下简称《解释》）体现了这种转向，其第 11 条规定："本解释所称'计算机信息系统'和'计算机系统'，是指具备自动处理数据功能的系统，包括计算机、网络设备、通信设备、自动化控制设备等。"相比于 1994 年《条例》，《解释》在内涵上完全抛弃物理设备的约束，将计算机信息系统的核心特点定位于"具备自动处理数据功能"，在外延上将"人机系统"扩大为"系统"。除此之外，按照立法者原意，计算机信息系统与计算机系统应当有所区别，前者是后者的子集。[1]但是随着技术发展，两种设备已难以区分，且均具有司法保护的实际需求，《解释》便将其等同视之。[2]

最后，破坏计算机信息系统罪保护法益的转变。综合分析既有法益观可以发现，本罪保护法益的构建深受财产犯罪占有/所有思路的影响，这种思路预设一切法益都存在归属主体并试图找到这个主体。个人主义法益观表现最为突出，直接借用了财产犯罪的框架，将计算机信息系统视为一种私人财产，由此本罪变成了一种特殊类型的故意毁坏财物罪。秩序主义法益观本质上是在保护行政管理部门（或政府）的管制利益，行政管理部门（或政府）成为事实上的法益主体，[3]因而也未能摆脱财产犯罪的框架，不过占有/所有计算机信息系统的主体不再是个人，而是行政管理部门（或政府）。计算机信息系统安全法益观虽然将计算机信息系统作为主体，但是这种观点从静态角度对计算机信息系统提供保护，对其作出偏向物理性设备的理解，显然也是受到财产犯罪思路的影响。真正跳出财产犯罪框架的只有功能法益观，因为计算机信息系统功能并不能被任何主体占有/所有，它只是建立连接的一个节点。在 Web 3.0 时代，社会需要的并不是将计算机信息系统的利益归属于特定主

---

〔1〕 喻海松：《网络犯罪二十讲》，法律出版社 2018 年版，第 20 页。

〔2〕 喻海松：《〈关于办理危害计算机信息系统安全刑事案件应用法律若干问题的解释〉的理解与适用》，载《人民司法》2011 年第 19 期。

〔3〕 劳东燕：《金融诈骗罪保护法益的重构与运用》，载《中国刑事法杂志》2021 年第 4 期。

体，而是让其发挥平稳安全处理事务的功能，在主体之间建立连接形成社会网络。计算机信息系统所建立的连接可以分为两类：一是导航性连接，提供通过网络连接其他计算机信息系统的功能；二是事务性连接，提供为操作者实现事务处理的功能。[1]前者勾连网络世界，建立计算机信息系统之间的连接，后者勾连现实世界，建立人与人之间的连接。因此，破坏计算机信息系统罪保护法益的构建方向，不应该朝向专属于特定主体的主体性法益，而应该朝向存在于主体之间交往关系中的主体间性法益[2]。换言之，本罪的功能法益观应当以主体-计算机信息系统-主体之间的连接关系填充实体内容。

（二）破坏计算机信息系统罪的功能法益观

基于破坏计算机信息系统罪在现实层面与规范层面的转向，本罪的保护法益应该确定为计算机信息系统平稳安全处理事务的功能，行为对计算机信息系统功能的影响，必须达到对通过计算机信息系统建立连接的社会网络具有抽象危险的程度，才能构成本罪。

1. 计算机信息系统的功能

关于计算机信息系统的功能，存在本身功能与设计功能之间的争议。例如"黄牛抢号案"：2019 年 1 月至 9 月间，被告人盛某琴使用自制的"BPnb-wjwWX1.2.exe"抢号软件挂得宁波市中医院的董某医生就诊号 411 个，再高价出售牟取利益。[3]这种挂号软件的工作原理是不断刷新挂号系统，当出现就诊号后，自动执行信息填写工作，依靠远超手动填写的速度取得挂号的竞争优势。反对定罪的观点认为，被告人使用抢号软件没有破坏计算机信息系统功能，官方平台对这类软件不能及时发现、排除，是因为其完全符合平台服务系统规则，与人工抢购一样进入了服务器设定的抢购规则轨道。[4]这种观点基于本身功能的立场，即计算机信息系统按照规则对信息进行采集、加工、存储、传输、检索、处理的功能。因为本案中作为医院挂号系统运行底层基础的数据采集与处理功能并没有被破坏，所以得出无罪结论。学术界与

〔1〕［美］大卫·伊斯利、乔恩·克莱因伯格：《网络、群体与市场——揭示高度互联世界的行为原理与效应机制》，李晓明等译，清华大学出版社 2011 年版，第 240 页。

〔2〕蓝学友：《互联网环境中金融犯罪的秩序法益：从主体性法益观到主体间性法益观》，载《中国法律评论》2020 年第 2 期。

〔3〕盛某琴等破坏计算机信息系统案，[2020] 浙 0203 刑初 262 号刑事判决书。

〔4〕冀洋：《网络黑产犯罪"源头治理"政策的司法误区》，载《政法论坛》2020 年第 6 期。

实务界多数观点认为被告人的行为构成破坏计算机信息系统罪。[1]支持定罪的观点基于设计功能的立场,即人们在设计计算机信息系统时所欲实现并且能够实现的功能。医院挂号系统被设计为不可以加塞,以此来保证就诊者在公平竞争条件下平等地享受医疗服务,而不是依靠灰色甚至是违法手段来获得就诊号,行为人使用的软件侵害了这种设计功能,因此构成本罪。

基于计算机信息系统在 Web 3.0 时代发挥作用的方式,功能法益观中的功能应当定位为基于计算机信息系统本身功能所能实现的设计功能。其一,设计功能指的是计算机信息系统客观上能够实现的功能,而不是主观上想要实现的功能。设计功能的实现必然基于本身功能,本身功能是计算机信息系统的底层运行基础,是实现设计功能的前提。因此,一方面破坏计算机信息系统本身功能的行为必然侵害本罪法益,另一方面,若计算机信息系统的本身功能存在缺陷,无法实现所欲实现的功能,那么不能以破坏设计功能为由认定侵害本罪法益。其二,现代社会运转并不仅仅依靠计算机信息系统的本身功能,满足人们多样化需求的实际上是设计功能,本身功能也以实现设计功能为目的。比如,在"黄牛抢号案"中,医院挂号系统的功能是在公平竞争条件下实现医疗服务的有序提供,而不是价值无涉地、仅仅以填写信息速度快慢为标准对数据库中的数据进行排序。行为人使用医院挂号系统时,已经以默示方式承诺不依靠灰色甚至违法手段获取竞争优势。因此当行为人使用挂号软件非法获得就诊号时,已经破坏了医院挂号系统的设计功能。同时,绝大多数民众不具有区分本身功能与设计功能的能力,只会感受到对计算机信息系统功能的影响是否干扰日常生活,而这主要来源于对设计功能的影响。其三,相比于本身功能,以设计功能作为法益可以在遵守罪刑法定原则的前提下实现处罚范围的适度扩大,有利于满足社会现实需求。一方面,业务行为的完成主要依靠计算机信息系统的设计功能,若妨害业务行为确实破坏了计算机信息系统的功能,则可以通过打击破坏计算机信息系统的行为,客观上填补我国未设立妨害业务罪所形成的处罚漏洞。另一方面,为了斩断网络犯罪利益链条,必须对网络犯罪"打早打小"。如前所述,流量劫持行为往往是网络诈骗的上游犯罪,但流量劫持行为一般不会影响被劫持网站与域名系

---

[1] 刘宪权:《"黄牛"抢号软件案的刑法分析》,载《民主与法制时报》2020 年 9 月 13 日。邵某涵等破坏计算机信息系统案,[2020] 京 0102 刑初 242 号刑事判决书。

统（DNS）的数据处理功能，而是影响计算机外接网络访问业务，导致用户无法访问目标网址。[1]简言之，流量劫持行为破坏了域名系统的设计功能，而非本身功能。若将对计算机信息系统的保护仅限于本身功能，则无法实现严厉打击网络犯罪的政策目标。因此，司法实践中一般基于设计功能的立场，将流量劫持行为认定为破坏计算机信息系统罪。[2]

2. 通过计算机信息系统建立的社会网络

行为对计算机信息系统功能的影响，必须达到对通过计算机信息系统建立连接的社会网络具有抽象危险的程度，才能构成本罪。问题在于，如何判断行为达到了抽象危险的程度？

抽象危险不需要司法上的具体判断，但依然需要具有一定程度的危险性。若具体案件的特别情况导致行为根本没有任何危险，则不能认定为犯罪。[3]行为对通过计算机信息系统建立连接的社会网络的危险性程度，必须结合社会网络的建立与侵害机制进行考察。当前，社会关联形式逐渐由"机械关联"转向"有机关联"，个人之间不再彼此相似，而是彼此有别，通过社会分工达成"协调一致"。[4]在 Web 3.0 时代，人与人之间通过计算机信息系统的导航性连接与事务性连接形成社会网络，社会网络被视为一种人类超个体，而每个人成为超个体的一个组成部分，[5]计算机信息系统构成社会网络的节点。对社会网络的研究表明，由于社会网络的节点与连接不是均匀分布的，所以健壮性与脆弱性并存。一方面移除少量节点对网络完整性的影响极小，另一方面当移除节点达到某一临界值时，社会网络会忽然分裂成碎片。社会网络分裂的临界值可能在两种情形下出现：一是移除节点的数量达到一定程度，

---

〔1〕 陈禹衡：《"控制""获取"还是"破坏"——流量劫持的罪名辨析》，载《西北民族大学学报（哲学社会科学版）》2019 年第 6 期。

〔2〕 上海市浦东区人民法院［2015］浦刑初字第 1460 号刑事判决书；成都给速科技有限公司、余某 1、余某 2 破坏计算机信息系统案，［2019］川 0191 刑初 195 号刑事判决书；卿烨科技（北京）有限责任公司等破坏计算机信息系统案，［2018］京 0108 刑初 714 号刑事判决书。

〔3〕 张明楷：《刑法学》（上）（第 6 版），法律出版社 2021 年版，第 214~215 页。

〔4〕 ［法］雷蒙·阿隆：《社会学主要思潮》，葛秉宁译，上海译文出版社 2015 年版，第 298~299 页。

〔5〕 ［美］尼古拉斯·克里斯塔基斯、詹姆斯·富勒：《大连接：社会网络是如何形成的以及对人类现实行为的影响》，简学译，中国人民大学出版社 2013 年版，第 4~6 页。

二是移除少数几个重要节点。[1]

因此，对通过计算机信息系统建立连接的社会网络的保护应当分成一般节点与重要节点两部分。对于一般节点，行为的侵害具有累积犯的特性。其一，一人的犯罪行为往往难以对社会网络构成整体侵害，甚至谈不上构成危险，但多人的类似犯罪行为同时和渐次累积起来则会导致社会网络的严重侵害；其二，社会网络具有复杂性，其受到侵害的程度、过程或因果关系难以把握而使侵害结果的发生体现出一定程度的偶然性，某种犯罪行为的侵害后果可能经过复杂的机制作用才能体现出来，但也可能立刻产生灾难性后果。所以，对于社会网络的保护必须提前到风险产生的初始累积阶段，从风险累积可能性的角度来推定特定行为的危险。对于重要节点，必须结合节点的重要性程度来确定法益侵害程度。节点的重要性程度主要通过连接到相关节点的数量、节点到其他节点的距离、是否位于网络中其他节点之间的关键路径中等因素进行判断。[2]关键信息基础设施[3]在现代社会中发挥着重要节点的作用，对其破坏即可达到对通过计算机信息系统建立连接的社会网络具有抽象危险的程度。

3. 对功能法益观的检验

功能法益观将计算机信息系统的功能确定为基于本身功能所能实现的设计功能，同时基于时代特点以对社会网络的抽象危险限制处罚范围。这既可以满足刑事政策的需求，又可以通过法教义学的检验。

从合目的性角度看，功能法益观考虑了刑法所欲实现的社会功能，将刑事政策纳入考虑范围。其一，有利于回应社会治理需求。在 Web 3.0 时代，破坏计算机信息系统行为的技术门槛降低，由炫技目的转向服务于其他网络犯罪，涉及的计算机信息系统种类多样，有必要扩大本罪的保护范围。因此，功能法益观将本罪的保护对象由物理性、财产性的设备转向技术性、功能性

---

〔1〕 ［美］艾伯特-拉斯洛·巴拉巴西：《链接：商业、科学与生活的新思维》，沈华伟译，浙江人民出版社 2013 年版，第 154~162 页。

〔2〕 ［美］克里斯托弗·G. 布林顿、蒋濛：《网络的力量：连接人们生活的六大原则》，万锋译，中信出版社 2018 年版，第 223~231 页。

〔3〕 关键信息基础设施是"重要行业和领域的，以及其他一旦遭到破坏、丧失功能或者数据泄露，可能严重危害国家安全、国计民生、公共利益的重要网络设施、信息系统等"。参见 2021 年 7 月 30 日中华人民共和国国务院令发布的《关键信息基础设施安全保护条例》第 2 条。

的信息系统，所保护的功能不局限于本身功能，而是包括设计功能，以实现预防与控制犯罪的效果。其二，有利于遏制破坏计算机信息系统罪的"口袋化"趋势。本罪之所以沦为"口袋罪"，一个重要原因是将大量通过影响计算机信息系统正常运行以实现不法目的的行为认定为本罪。但是这些行为对计算机信息系统的侵害，往往并不会达到对通过计算机信息系统建立的社会网络具有抽象危险的程度。功能法益观构建了对计算机信息系统功能侵害的程度要求，从而将部分法益侵害程度较低的行为排除出刑罚范围。概言之，功能法益观一方面拓宽了保护对象的范围、增加了所规制的犯罪行为的类型，发挥了严密法网的作用；另一方面又提高了入罪标准，保持刑法谦抑性。

从体系性角度看，功能法益观可以实现融贯性作业，协调本罪与其他犯罪的关系。刑法教义学的价值在于以体系化的方式集概念与论证方法之大成，使刑法适用的过程是可预见和可合理审核的。[1]其一，协调本罪与故意毁坏财物罪的关系。两罪均为对物的效用毁损的行为，不同之处在于，前者一般以技术操作方式对计算机信息系统实施破坏行为，[2]后者一般以物理有形方式对财物实施破坏行为。如果以物理有形方式破坏计算机信息系统的载体，同时导致计算机及其信息系统失去效用，只能按照故意毁坏财物罪处罚，而使用特殊方式仅仅破坏计算机信息系统而没有破坏计算机的行为，应当按照破坏计算机信息系统罪处罚。这样处理的结果是，同时破坏计算机及其信息系统的行为的法定刑低于仅仅破坏计算机信息系统的行为，这是明显的不协调。合理的解释是，以技术操作方式破坏计算机信息系统，不仅侵害计算机信息系统功能，还会对社会网络造成危险，法益侵害性远高于计算机所体现的经济价值。以物理有形方式破坏计算机信息系统的影响范围局限于目标计算机及其使用者，损害后果不具有扩散性，法定刑自然相对较低。其二，协调本罪与非法控制计算机信息系统罪的关系。有观点认为两罪为法条竞合关系，因为非法控制行为完全可以被干扰行为所包含，没有超出破坏计算机信息系统罪的范围。[3]若两罪为法条竞合关系，则应当根据特别法条优于普通

〔1〕［德］埃里克·希尔根多夫：《德国刑法学：从传统到现代》，江溯等译，北京大学出版社2015年版，第179页。

〔2〕曲新久主编：《刑法学》（第5版），中国政法大学出版社2016年版，第485页。

〔3〕皮勇：《我国网络犯罪刑法立法研究——兼论我国刑法修正案（七）中的网络犯罪立法》，载《河北法学》2009年第6期。

法条的原则适用非法控制计算机信息系统罪。但是以非法控制方式对计算机信息系统进行干扰，既获取了计算机信息系统的操作权限，又造成了计算机信息系统不能正常运行，其法益侵害性显著高于直接破坏计算机信息系统，却被认定为法定刑较轻的非法控制计算机信息系统罪，这是明显的不协调。事实上，两罪不法构造与保护法益并不相同，不是法条竞合关系。非法控制计算机信息系统罪是行为犯，要求行为人对他人的计算机进行操控，保护法益与计算机信息系统的控制权限相关；[1]破坏计算机信息系统罪是结果犯，要求行为人造成计算机信息系统不能正常运行，保护法益是计算机信息系统的功能。非法控制计算机信息系统并不必然破坏计算机信息系统，法益侵害程度相对较低，所以法定刑也相应较低。

四、破坏计算机信息系统罪的教义学解读

"犯罪构成要件服务于法益保护，因此，在解释犯罪构成要件时当然要考虑这一目标。"[2]基于对破坏计算机信息系统罪保护法益的重构，本部分从教义学上对构成要件中争议要素进行解释，并对本罪在司法实践中的疑难问题展开针对性分析。

（一）实行行为的实质解释

破坏计算机信息系统罪沦为"口袋罪"的重要原因在于仅从形式层面解释构成要件，而未能发挥法益的入罪限制作用，因此需要基于保护法益对实行行为进行实质解释。

第一，实质解释干扰行为。相比于删除、修改、增加计算机信息系统功能的行为，干扰行为的定型性较差，在司法适用上争议较大。在"干扰环保采样案"中，法院依据 2016 年《关于办理环境污染刑事案件适用法律若干问题的解释》第 10 条第 1 款第 2 项规定，"干扰采样，致使监测数据严重失真的"，认定被告人构成本罪。最高人民法院认为"对于采用物理方式妨害自动监测系统采样、稀释采集的污染物样等行为，实际上是对计算机信息系统功能进行干扰，造成计算机不能正常运行"。[3]司法实务实际上将"计算机信

---

[1] 叶良芳：《刑法教义学视角下流量劫持行为的性质探究》，载《中州学刊》2016 年第 8 期。
[2] ［德］乌韦·穆尔曼：《德国刑法基础课》，周子实译，北京大学出版社 2023 年版，第 31 页。
[3] 周加海、喻海松：《〈关于办理污染环境刑事案件适用法律若干问题的解释〉的理解与适用》，载《人民司法（应用）》2017 年第 4 期。

息系统不能正常运行"置换为计算机信息系统无法完成想要实现的功能，从而扩张"干扰"的涵摄范围。[1]但是本罪保护的计算机信息系统设计功能并非主观上想要实现的功能，而是基于本身功能客观上能够实现的功能。本案中环境空气质量监测系统的设计功能是如实采集、处理采样器内的空气数据，其无法涵盖到系统之外的数据采样阶段；确保发布的环境监测数据与实际环境质量一致，只是主观上想要实现的功能。

基于功能法益观，本罪中干扰行为应当满足以下要求：（1）行为的技术性。采用物理方式在外部干扰计算机信息系统运行，并不会破坏计算机信息系统功能。即使行为导致特定计算机信息系统失去效用，其损害后果也不具有扩散性，不会对基于计算机信息系统建立的社会网络具有危险。2023 年《关于办理环境污染刑事案件适用法律若干问题的解释》第 11 条对针对环境质量监测系统的行为方式作出修改，要求被修改的参数、数据必须位于"系统"中，干扰采样致使数据严重失真的原因是"系统不能正常运行"，这显然是更加强调实行行为的技术性一面。[2]（2）行为指向计算机信息系统的功能。有学者认为本罪的行为必须直接指向计算机信息系统而实施，仅仅通过改变自身状态来影响计算机信息系统实际运行效果的，不构成本罪。[3]这种观点并没有依据，只是解释者基于预设的限缩解释立场得出的结论。其一，第 286 条规定的是对"计算机信息系统功能"进行破坏，而非计算机信息系统。其二，通过改变自身状态来影响计算机信息系统正常运行的行为具有处罚必要性。比如 DDoS 攻击是通过位于不同位置的多台机器同时向目标主机发送大量的服务请求数据包，这些数据包经过伪装且所请求的服务需要消耗大量系统资源，从而造成目标主机无法正常运行。[4]这也是一种通过改变自身状态干扰功能且没有直接指向计算机信息系统的行为，但没有人会否认这种行为构成本罪。（3）行为对计算机信息系统功能的影响必须达到一定程度。

---

〔1〕 阎二鹏：《干扰型破坏计算机信息系统罪的司法认定》，载《中国刑事法杂志》2022 年第 3 期。

〔2〕 但是实务人员仍然倾向于认为采用物理方式妨害自动监控系统采样、稀释采集的污染物样等行为构成破坏计算机信息系统罪。若如此，则没必要对司法解释作出修改。周加海、喻海松、李振华：《〈关于办理污染环境刑事案件适用法律若干问题的解释〉的理解与适用》，载《环境经济》2023 年第 15 期。

〔3〕 王华伟：《破坏计算机信息系统罪的教义学反思与重构》，载《东南大学学报（哲学社会科学版）》2021 年第 6 期。

〔4〕 桑涛：《利用 DDOS 攻击行为的司法认定》，载《中国检察官》2020 年第 18 期。

这种实质解释的观点也在司法实践中得到印证。最高人民法院指导案例 145 号的裁判理由认为：被告人"虽对目标服务器的数据实施了修改、增加的侵犯行为，但未造成该信息系统功能实质性的破坏，或不能正常运行，也未对该信息系统内有价值的数据进行增加、删改"，[1] 故不构成本罪。可以说，指导案例 145 号事实上否定了 104 号及相关司法解释的结论。[2]

第二，实质解释"违反国家规定"。从立法稿本的写法上看，本罪罪状最初表述为"违反规定……" 1996 年 12 月中旬的修订草案将"违反规定"修改为"违反国家规定"，[3] 这说明立法者希望通过"违反国家规定"限制本罪成立范围。"违反国家规定"在两方面发挥作用：（1）作为客观构成要件的具体要素，即作为犯罪构成要件的一部分来描述违法行为的类型。换言之，如果要认定行为构成本罪，必须证明行为违反了具体的"国家规定"。（2）本罪构成要件要素中法律的评价要素需要结合"国家规定"进行判断。[4] 比如，本罪中"计算机信息系统""计算机病毒"等构成要件要素需要结合"国家规定"才能确定内涵与外延。作为我国法律体系的一部分，"国家规定"的范围可以通过纵向的法律规范位阶与横向的法律规范内容来确定。《刑法》第 96 条已经就位阶作出规定："违反国家规定"，"是指违反全国人民代表大会及其常务委员会制定的法律和决定，国务院制定的行政法规、规定的行政措施、发布的决定和命令。"就"国家规定"的内容而言，由于刑法与行政法的规范目的存在本质区别，因此在适用过程中，必须对"国家规定"的内容作实质性审查，否则存在过度扩大刑事打击范围的危险。只有"国家规定"的规范目的与刑法的规范目的相同，才可以作为参照规范予以适用。[5] 法益概念揭示违法性的实质，刑法与"国家规定"的规范目的是否相同可以通过规范所保护的法益来体现。只有行为所违反的"国家规定"的规范目的是保护计算机信息系统的功能，并且行为对法益的侵害达到对通过计算机信息系统建立连接的社会网络具有抽象危险的程度，才可以认定为本罪。

〔1〕 江苏省南京市中级人民法院［2019］苏 01 刑终 768 号刑事裁定书。
〔2〕 张明楷：《刑法学》（下）（第 6 版），法律出版社 2021 年版，第 1376 页。
〔3〕 高铭暄：《中华人民共和国刑法的孕育诞生和发展完善》，北京大学出版社 2012 年版，第 513 页。
〔4〕 张明楷：《犯罪构成体系与构成要件要素》，北京大学出版社 2010 年版，第 197 页。
〔5〕 潘华杰：《论刑法违反性规定中参照规范的确定方法》，载陈金钊、谢晖主编：《法律方法》（第 37 卷），研究出版社 2022 年版，第 426~427 页。

（二） 数据的限缩解释

《刑法》第 286 条第 2 款的犯罪对象是计算机信息系统中存储、处理或者传输的数据和应用程序，由于第 2 款没有要求造成计算机信息系统不能正常运行，司法实践中往往只要行为人删除、修改、增加了数据，就会被认定为犯罪，这是本罪"口袋化"的重要原因。

理论界对本罪中数据的限缩解释有两种路径：其一，将数据限定为影响计算机信息系统安全的数据，要求删除、修改、增加数据的行为导致计算机信息系统不能正常运行。[1]但是如此解释将导致第 2 款完全被第 1 款吸收，失去独立存在的价值。其二，主张第 2 款保护的是数据安全法益，[2]基于数据自身内容、适用价值和侵害风险独立判断数据是否值得保护。[3]但是这种观点也不合理。一是，本罪是一个整体，脱离第 1 款与第 3 款单独探求第 2 款的法益，是否符合刑法的体系性要求存疑，同时本罪法益也被替换为个人法益。二是，数据本身并不是本罪的保护法益。诚然，数据基于自身内容是具有价值的，也需要保护，但是不代表本罪保护的是数据。数据是一个复杂的客体，存在多种属性，我国对数据的保护方式有经济秩序保护模式、人格权保护模式、物权保护模式和公共秩序保护模式。[4]不同保护模式对应数据的不同面向与不同存在形态。本罪对数据进行保护不是因为数据的内容或价值，而是因为它是"计算机信息系统中存储、处理或者传输的数据"；重点不在于数据，而在于计算机信息系统。这并不是说本罪不保护数据，相反，这是加强了对数据的保护。比如当数据具有财产价值时，行为不仅侵害了他人的财产法益，同时可能破坏计算机信息系统的功能，两者构成竞合关系。[5]基于此，认为只有将数据彻底、不可恢复地破坏才能构成本罪的观点，[6]也不可取。

司法实践中还存在一种限缩解释的观点，认为必须同时破坏数据与应用

〔1〕 俞小海：《破坏计算机信息系统罪之司法实践分析与规范含义重构》，载《交大法学》2015年第 3 期。

〔2〕 劳东燕：《功能主义刑法解释的体系性控制》，载《清华法学》2020年第 2 期。

〔3〕 杨志琼：《我国数据犯罪的司法困境与出路：以数据安全法益为中心》，载《环球法律评论》2019年第 6 期。

〔4〕 劳东燕：《个人数据的刑法保护模式》，载《比较法研究》2020年第 5 期。

〔5〕 陈兴良：《网络犯罪的类型及其司法认定》，载《法治研究》2021年第 3 期。

〔6〕 邢永杰：《破坏计算机信息系统罪疑难问题探析》，载《社会科学家》2010年第 7 期。

程序，才能构成本罪。[1]事实上，实践中的犯罪行为主要表现为对数据进行删除、修改、增加的操作，鲜有破坏应用程序的案件。[2]因此，本罪中的数据应当独立认定，与应用程序是否被破坏无关。

对本罪中数据的解释必须以功能法益观为限定。最高人民法院指导案例145 号裁判理由中所述"有价值的数据"应当包括两个部分：一是数据本身与计算机信息系统功能相关，删除、修改、增加数据会导致计算机信息系统不能正常运行；此处的着眼点在于数据在计算机信息系统中的作用。二是数据本身与计算机信息系统功能无关，针对计算机信息系统中数据的操作行为会导致计算机信息系统不能正常运行；此处的着眼点在于操作数据的行为。因此，应当将行为人行为分解为侵入行为与删除数据结果。

可以通过一组案例来检验基于功能法益观对本罪中数据限缩解释的效果。（1）"交警删除信息案"：被告人丁某民是某市公安局民警，拥有登录公安内部系统的权限。丁某民接受他人请托，利用工作便利，将请托人在系统上的交通违章信息消除。[3]从侵入行为看，被告人拥有登录公安内部系统的权限，其超越权限侵入违章信息管理系统，并没有破坏计算机信息系统功能。但是从删除数据结果看，被告人删除的数据是交通违章信息处理系统中存储的违章信息，交通违章信息处理系统只有借助系统内部的违章信息数据才能正常发挥功能，删除这些数据导致计算机信息系统不能正常运行，所以构成本罪，这与司法实践的结论相同。[4]（2）"删除成绩案"：被告人罗某事先通过技术手段获取某省会考办公室站点服务器的 IP 地址、账号用户名与密码，于 2002年 5 月 18 日两次非法登录中小学生信息技术等级考试网站，删除 100 个文件，导致 85 所学校 9991 名考生的成绩被删除。会考办公室后来上传备份文件，数据得以恢复。[5]本案中对被告人处罚的关键不在于删除的数据，而在于删

---

〔1〕 汪某等犯非法控制计算机信息系统案，［2015］芜中刑终字第 00304 号刑事判决书。

〔2〕 喻海松：《〈关于办理危害计算机信息系统安全刑事案件应用法律若干问题的解释〉的理解与适用》，载《人民司法》2011 年第 19 期。

〔3〕 丁某民、李某明、宋某龙等破坏计算机信息系统案，［2019］浙 0702 刑初 371 号刑事判决书。

〔4〕 最高人民法院研究室《关于对交警部门计算机信息系统中存储的交通违章信息进行删除行为如何定性的研究意见》规定："违反国家规定，对交警部门计算机系统中存储的交通违章信息进行删除，收取违章人员的好处，应当认定为刑法第二百八十六条第二款规定的对计算机信息系统中存储、处理、传输的数据进行删除的操作，以破坏计算机信息系统罪定罪处罚。"

〔5〕 罗某破坏计算机信息系统案，［2002］沧刑初字第 254 号刑事判决书。

除数据的行为。从删除数据结果看,被告人所删除的数据存储于数据库中并很快得以恢复,与计算机信息系统功能无关。但是从侵入行为看,被告人使用技术手段侵入考试网站并删除学生成绩的行为,破坏了会考办公室站点服务器的安全防护功能,因此构成本罪。(3)"删除高考志愿案":被告人柴某与被害人是同学,2019 年高考结束后二人均报考了白城师范学院的环境设计专业。柴某担心自己不能被录取,遂利用之前填报志愿时记下的被害人的账号与密码登录湖北省普通高校招生考试信息管理与服务平台,删除了被害人的高考志愿,导致被害人没有被该校录取。[1] 从侵入行为看,被告人盗用了被害人登录志愿填报系统的账号与密码,进而侵入系统。按照系统设置,只要账号密码正确就默认是本人登录,被告人的侵入行为不会破坏志愿填报系统的访问控制功能。从删除数据结果看,被告人删除的数据存储于数据库中,与志愿填报系统的功能无关,同时志愿填报系统本来就无法实现核验拥有正确账号密码的用户的真实身份的功能,所以其设计功能没有被破坏,被告人不构成本罪。

(三)"后果(特别)严重"的规范解释

根据《刑法》第 286 条,破坏计算机信息系统的三种行为,均需"后果严重"才能构成犯罪;"后果特别严重"构成法定刑升格条件。然而《解释》对"后果(特别)严重"的认定标准并不统一,第 4 条与第 6 条各项分别以保护计算机信息系统、财产、公共秩序法益为理由认定"后果(特别)严重",两个兜底条款的认定标准更是模糊不清,影响本罪适用。

第一,《解释》第 4 条"后果严重"的第 1、2、4 项以及"后果特别严重"的第 2 项中的行为对计算机信息系统功能的破坏必须达到对通过计算机信息系统建立连接的社会网络具有抽象危险的程度。刑法对未表现出明显侵害社会网络的行为有预防的必要,但是又不可能对一切影响计算机信息系统功能的行为都进行处罚,所以司法者在总结司法经验的基础上,通过"积量构罪"的设定来寻求两者之间的平衡。一般情况下,破坏计算机信息系统主要软件或者硬件、计算机信息系统中的数据、提供域名解析等基础服务的计算机达到司法解释规定的数量就能构成本罪,但是应当允许行为人提出反证,若行为确实不可能危及通过计算机信息系统建立连接的社会网络,就不能认

---

〔1〕 柴某坤破坏计算机信息系统案,〔2020〕冀 0425 刑初 231 号刑事判决书。

定为本罪。

第二，《解释》第4条"后果特别严重"的第3项是对关键信息基础设施的特殊保护。本项的保护对象为"国家机关或者金融、电信、交通、教育、医疗、能源等领域提供公共服务的计算机信息系统的功能、数据或者应用程序"，并且没有数量的要求。其原因在于，这些特殊领域或者提供基础服务的计算机信息系统一旦被攻击，可能招致大量的计算机信息系统瘫痪，通过计算机信息系统建立连接的社会网络将受到严重影响。因此，即使只有1台计算机信息系统被破坏，但是只要"致使生产、生活受到严重影响或者造成恶劣社会影响"，就可以认定为本罪。

第三，第4条"后果严重"的第3项以及第6条"后果严重"的第4项中的违法所得与经济损失并不具有独立意义，而是征表法益侵害程度的替代结果与衡量手段。本罪保护的并非财产法益，违法所得与经济损失与功能法益可能存在关联，但没有必然关系。在《解释》起草过程中，第3项就存在争议，但因为这是目前司法实践中最好操作的标准，而且以财产利益征表法益侵害具有相对合理性，所以保留了这个认定标准。[1] 一般情况下，违法所得与经济损失的数额达到了《解释》规定的标准，就可以推定行为对法益的侵害达到了值得刑法处罚的程度，但是这样的推定存在例外。其一，如果行为并未侵害本罪法益，那么即使违法所得与经济损失达到了规定的标准，也不能认定为本罪。例如，张某是A软件制作公司员工，负责制作B公司定制的软件。后张某收受A公司的竞争对手C公司1万元，遂删除自己电脑中正在制作的软件的全部数据，意图使A公司违约，A公司为恢复被删除的数据支出必要费用1万元。本案中，违法所得与经济损失都达到了规定的标准，但是不能认定为本罪。因为行为人删除自己电脑中数据的行为没有破坏计算机信息系统功能，更不可能对通过计算机信息系统建立连接的社会网络具有抽象危险。其二，即使行为侵害了本罪法益，违法所得与经济损失也不一定能够准确衡量法益侵害程度。例如，被告人欧某以免费观看iCloud云盘黄色视频等理由，欺骗被害人登录指定的苹果ID并打开"查找我的iPhone"功能，进而锁定被害人苹果手机，向被害人索要解锁费用。欧某先后锁定了2

---

〔1〕 喻海松：《网络犯罪二十讲》，法律出版社2018年版，第53页。

部手机，违法所得为 12 282 元。[1]被告人廖某以赠送游戏皮肤的理由，采用同样技术手段先后锁定 10 部手机，违法所得为 1400 余元。[2]对比两个案件可以发现，廖某的法益侵害程度明显大于欧某，但是其违法所得却远小于欧某。如果完全以违法所得与经济损失为标准，将导致严重的罪刑不适应。

与之相对，违法所得与经济损失未达到《解释》规定的标准，不代表行为必然不构成本罪。有的案件违法所得或经济损失的数额并不大，但是破坏行为可能导致受影响的用户数量特别大，或者造成了恶劣的社会影响。最高人民检察院指导案例 69 号认为："对这类案件，如果仅根据违法所得或经济损失数额来评估危害后果，可能会导致罪刑不相适应……需要从扰乱公共秩序角度，收集、固定能够证实受影响的计算机信息系统数量或用户数量、受影响或被攻击的计算机信息系统不能正常运行的累计时间、对被害企业造成的影响等证据，对危害后果作出客观、全面、准确的认定。"[3]

第四，严格限制"后果严重"与"后果特别严重"兜底条款的适用范围。其一，只有行为对计算机信息系统功能的影响达到了对通过计算机信息系统建立连接的社会网络具有抽象危险的程度，并且无法落入上述各项列明的罪状时，才可以考虑兜底条款。其二，适用兜底条款必须参考"后果（特别）严重"的其他各项规定，只有法益侵害性与预防必要性都达到相当的程度，才能予以适用。

第五，除了《解释》第 4 条，还需要对第 6 条中"后果（特别）严重"作出解释。第 4 条是对第 286 条第 1 款与第 2 款的解释，第 6 条则是对第 3 款的解释。计算机病毒等破坏性程序具有高传播性与高破坏性，第 3 款的制作、传播行为的法益侵害性丝毫不低于第 1 款与第 2 款的行为。为保证司法适用的一致性与简便性，《解释》第 6 条"后果（特别）严重"可以与第 4 条作相同理解。

五、结语

破坏计算机信息系统罪作为 Web 1.0 时代设立的犯罪，在设立之初面临

---

[1] 欧某华破坏计算机信息系统案，[2020] 苏 0623 刑初 311 号刑事判决书。
[2] 廖某茗破坏计算机信息系统案，[2020] 苏 0507 刑初 50 号刑事判决书。
[3] 最高人民检察院指导性案例 69 号：姚某杰等 11 人破坏计算机信息系统案。

的仅仅是传统针对计算机及其信息系统的犯罪。当社会进入 Web 3.0 时代，犯罪行为发生了巨大变化，几乎所有的犯罪都能够并存于网络与现实的双层空间，由此带来破坏计算机信息系统罪的转变。正如伽达默尔所说："文本的意义超越它的作者，这并不是暂时的，而是永远如此的。因此，理解就不只是一种复制的行为，而始终是一种创造性的行为。"[1]随着信息技术的发展与社会的变迁，对破坏计算机信息系统罪理解的"创造性的行为"也会不断继续下去。

---

[1] ［德］汉斯-格奥尔格·伽达默尔:《真理与方法——哲学诠释学的基本特征》，洪汉鼎译，商务印书馆 2007 年版，第 403 页。

涉第三方支付平台侵财犯罪的定性难点

——基于对"盗骗交织"行为的认定

王道元　　韩承昊*

摘　要： 涉第三方支付平台侵财犯罪类型多种多样，主要可以分为身份冒用型、技术入侵型、二维码偷换型、交易虚假型、金额不符型等，其中不少案件盗窃与诈骗手段交织，案件定性难度大，主要涉及不同资金类型的定性、第三方支付平台的性质、盗窃与诈骗的区分等。本文分别从行为人和被害人两个角度阐述盗窃罪与诈骗罪的界限，通过典型案例分析涉第三方支付平台不同类型侵财案件的性质：身份冒用型、技术入侵型、二维码偷换型、金额不符型等案件构成盗窃罪，而交易虚假型构成诈骗罪。

关键词： 第三方支付；诈骗罪；盗窃罪；犯罪定性

随着社会的发展、科技的进步，人类的支付手段与支付方式发生了翻天覆地的变化，从原始的物与物交换，再到以货币为一般等价物，再到银行等金融机构提供转账服务，到如今第三方支付平台提供网络支付服务，支付手段与支付方式不断跨越时间、空间等障碍，不断向前发展、演变。电子设备，尤其是智能手机的普及为第三方支付的普及创造了条件，如今智能手机成为我们不可缺失的随身物品，而支付宝、微信支付等第三方支付已经成为我们日常生活中的一部分。第三方支付作为一种新兴事物，借助互联网手段，具有一定的隐匿性，而当前国家相应的监管制度还不够健全，各类矛盾问题日益凸显，涉第三方支付平台的侵财犯罪越来越多。此类案件通常涉及范围广、案情较为复杂，其中不少案件盗窃与诈骗交织，案件定性存在很大分歧，笔

---

* 王道元，南京市公安局四级警长；韩承昊，上海财经大学法学院硕士研究生。

者针对其中主要类型的案件开展定性研究。

一、第三方支付的概念

有人认为第三方支付是一种全新的支付方式，它融合了银行、收付款中间代理人、电子商务平台以及不同的支付媒介等多种因素。也有人认为第三方支付是一个中介平台，由具备一定信誉与实力保障的第三方机构，为买卖双方提供交易的平台。中国人民银行 2010 年发布的《非金融机构支付服务管理办法》（已失效），将第三方支付定义为，可以进行网络支付以及发行、受理预付卡和银行卡收单等行为的支付方式。由此可见，第三方支付以互联网技术为支撑，依托第三方支付机构，通过支付软件在用户、银行支付结算系统与第三方独立机构之间建立联系，提供网络支付服务。它的流程是，用户与第三方支付机构签约申请注册账户，第三方支付机构根据用户的授权与银行等金融机构签约开通第三方快捷支付服务，之后用户在线上或者线下消费、转账时，可以选择支付机构提供的支付方式来完成钱款的支付。

二、涉第三方支付平台侵财犯罪的特征

（一）犯罪类型多样性

互联网时代，信息泄露、信息滥用问题突出，个人信息得不到有效的保护，甚至可以通过木马病毒等程序窃取到第三方支付平台绑定的银行卡卡号和密码等十分重要的个人信息，冒用他人身份窃取账户内资金；通过技术手段，利用第三方支付平台管理漏洞，窃取他人账户资金，或者更改本人账户余额；趁商家不在更换商家的收款码，买家扫码付款时直接将资金转到行为人账户；向社会不特定人发送兼职诈骗、冒充客服退货、机票改签等诈骗信息。涉第三方支付平台的侵财犯罪主要涉及盗窃罪与诈骗罪，但盗窃的方式和诈骗的方式多种多样，其中不乏盗窃与诈骗交织的行为方式，给案件定性造成很大困扰。

（二）涉案范围广阔性

涉第三方支付平台侵财犯罪必须依靠互联网进行，无论是网上购物还是线下消费，都需要在通信网络下进行，没有通信网络就无法发出支付的指令，也就无法发生资金的转移。互联网技术突破了空间的束缚，但也滋生了电信诈骗等违法犯罪问题，只要有电信网络，犯罪团伙就可以将犯罪窝点设在偏

远的山区、国边境等地区，甚至在境外，逃避我国司法机关的管辖。由于电信诈骗等犯罪大多"广撒网"式无差别实施，使得受害人人数众多，涉案金额较大。此外第三方支付平台也间接为洗钱犯罪提供了便利，通过虚假的交易就可以将来路不明的资金洗成"合法"来源的资金。

（三）犯罪手段隐匿性

互联网本身就是虚拟的，每个人的联系都是依靠程序和代码。目前网络用户实名制还不能完全落实，犯罪分子隐藏在屏幕外，只要有通信网络，无论何时何地都可以操作实施犯罪。犯罪分子利用第三方支付平台远程进行侵财行为时通常会隐藏自己身份，被害人在财产受到侵犯时很难立即察觉，即使察觉也不知道对方的具体位置，导致犯罪行为很难被及时发现，资金追踪难度大，犯罪手段具有很强的隐匿性。

三、涉第三方支付平台侵财犯罪的类型

（一）身份冒用型

行为人通过各种方式取得他人的账号和密码，冒充被害人本人登录第三方支付平台，向平台发出支付的指令，将被害人账户资金转移至行为人控制的账户或者用于个人消费挥霍。获取账号和密码的方式，既有通过非法手段获取，也有通过合法方式获得。非法获取主要有这么几种：行为人在网上收购他人账号密码以及身份证等相关资料；假冒真实网站的地址和内容，向被害人发送假链接，盗取他人账号和密码的；制造木马病毒窃取他人账号和密码或其他身份资料信息的；假借合法使用的名义，欺骗被害人主动提供账号密码的等。合法获取主要有亲友利用身份便利合理取得被害人账号密码的；或者利用自己合法保管的他人账号密码的等。但是，不管是通过什么手段获取了他人账号密码，整个侵财过程都是行为人自己操作完成的，被害人对这一过程是不知情的并且是违背意志的。

（二）技术入侵型

第三方支付平台本身就是依托互联网，依靠数据和代码，平台账户里的余额以及每笔交易，也都是大串的代码与数据。行为人利用平台系统的漏洞破坏相应的程序、修改相应的代码与数据之后，就可以修改账户里的金额。比如行为人非法侵入被害人账户，强行更改账户交易等方式来转移资金；或者行为人直接对代码与数据进行修改，在没有充值的情况下增加账户余额，

继而将余额提现转出获利；对自己账户进行更改，使得转账完成之后钱款并不会减少，一笔资金可以重复多次使用。[1]

（三）二维码偷换型

智能手机的普及使得第三方支付的运用越来越广泛、便捷，很多商家都会在收银台粘贴一张自己的收款二维码，顾客消费后可以扫码支付，商家无需大量现金用于找零，极大地方便了交易活动。但二维码在外观上都很相似，不仔细观察肉眼很难分辨，行为人趁商家不在的机会偷偷将自己的收款码替换掉商家的收款码，顾客扫码支付时，资金就直接转移到行为人的账户，整个过程悄无声息，无论商家还是消费者都很难及时发现问题。

（四）交易虚假型

在生活中这种情况非常常见，行为人通常虚构事实、隐瞒真相，发送虚假链接，诱导被害人点击登录，自行输入账号、密码，自主完成转账。比如行为人假扮成网店的卖家向买家发送虚假的链接，买家误以为是正规购物平台而下单支付货款，最后店铺没有发货或发送空包裹，造成买家财产损失；除了针对买家，还有针对卖家的，以为商家刷单、引流等幌子向商家发送虚假链接，引诱商家缴纳费用。

（五）金额不符型

行为人将携带木马等计算机程序的支付链接发给被害人，利用程序修改了支付的金额或者将虚假的数字覆盖在真实数字之上，使被害人看到的数额与实际支付的数额不同。行为人通常以小额付款或者"零元支付"为名，要求被害人自主输入账号密码进行付款，但被害人实际支付的金额远远超过表面的数字金额。

四、涉第三方支付平台侵财犯罪定性难点问题分析

（一）资金类型的性质——能否成为犯罪的对象

第三方支付平台涉及的资金主要有三种：平台余额、信用卡资金、信贷额度资金。要分析这三种类型的资金能否成为侵财犯罪的对象，就不得不探究这三类资金（虚拟财产）的性质。

---

[1] 陈航：《涉第三方支付侵财犯罪的定性问题研究》，中国人民公安大学 2021 年硕士学位论文，第 9 页。

第三方支付平台上的余额，通常是通过银行卡、支付卡充值转入或者他人转账转入，显示的余额与实际货币的价值是等同的，用户可以原封不动地提现到银行卡或者用于购买相应价格的商品，在交易平台充当的角色也是一般等价物，余额中的 1 元等于现实中的 1 元。因此第三方支付平台上的余额可以视为货币的数字化，充当电子货币，由第三方支付平台进行监管，是刑法所要保护的"财物"。

信用卡资金，资金仍在信用卡内，是用户所占有的"财物"。用户与银行签订快捷支付的协议，第三方支付平台收到用户的支付指令根据快捷支付的相关协议划拨信用卡内资金，用户在支付的整个过程中不需要输入信用卡的密码，也不需要直接与银行沟通，第三方支付平台承担"中间人"的角色。[1]

信贷额度资金，如支付宝的蚂蚁花呗、借呗，京东的京东白条，是第三方支付平台为用户提供的个人信用贷款产品。第三方支付平台根据用户的信用提供一定的授信额度，在额度内用户购买商品后由平台先垫付资金，用户只要在规定期限内归还即可，实际上是将用户购物付款的时间往后延迟一定期限，类似银行贷记卡的功能。但其与银行贷记卡又有着本质区别，蚂蚁花呗这类产品不是金融机构发行的，不属于刑法意义上的信用卡，因此侵犯其中金额的犯罪不会涉及信用卡类的犯罪。而蚂蚁借呗这类的产品为用户直接提供小额贷款服务，在不使用时只会显示授信的额度，在额度内用户可以随时提取资金。蚂蚁花呗、借呗等信贷类产品为用户提供的授信额度所对应的资金并不属于用户个人，但如若行为人使用了额度内的资金，会使被害人产生相应的还款义务，被害人以债务的形式损失了财产，实际上是侵犯了被害人的财产性利益。[2]因此笔者认为信贷额度资金也能成为犯罪的对象。

综上所述，涉第三方支付平台的资金，无论是平台账户内资金、绑定的信用卡内资金、理财账户内资金，还是信贷额度内的资金，都可以成为侵财犯罪的对象，对这些资金的侵犯都能囊括在侵财犯罪的故意之中。

---

〔1〕 贾艳萍：《第三方支付方式下侵财行为的定性》，载《贵州师范大学学报（社会科学版）》2020 年第 1 期。

〔2〕 赵小勇：《冒用第三方支付平台信贷产品侵财犯罪定性的教义学分析》，载《刑法论丛》2021 年第 1 期。

（二）支付平台的性质——是否存在被骗的可能

第三方支付平台能否被骗的争议，实质是围绕机器能否被骗的问题，理论上的争论一直没有消停。笔者认为平台没有人的意识，不存在被骗的可能。

首先，从平台的性质看，平台是由一串串代码程序构成的，本质上是按照设计者编写的逻辑程序运行的，只要在支付平台上输入相应的账号、密码等信息，不论输入的是否为本人，只要输入的指令和密钥正确，支付平台就自动根据既有的程序往下运作，产生购买、转账、通知商家发货等行为。

其次，支付平台没有处分能力和处分意识，没有主动思维意识和自主判断能力。尽管人工智能越来越高级，功能越来越丰富，也可以进行逻辑判断，但这种判断实质上仍然只是按照程序操作，而不是机器自主思考通过思维意识来判断。比如机器运行过程中如果产生错误就只会按照预定的程序运转，而如果是人类遇到这种问题，则会思考产生的原因或者考虑能否跳过或者怎么解决等情况，也就是说人的思维会产生各种各样、无穷无尽的下一步骤，这是机器所不能比拟的。当支付平台受到入侵时，平台可能会做出错误的操作，但这个操作也不是因为平台被骗，而是有人利用了平台的漏洞，导致平台发生故障。人是社会上的人，会受到社会方方面面的影响和制约，人会根据自己的生活阅历和经验来判断，因此人的思维具有自主判断意识，能够明辨是非得失，对自己行为有相应的认识。人工智能无论如何发展，都无法达到人类思维的程度，支付平台不能代替人作出判断和选择，不具有刑法意义上的处分能力和处分意识。[1]

最后，从伦理上看，支付平台只是人类编写出来的程序，如果认为支付平台有自主的思维意识，实质上是把支付平台与人放在同等的法律地位上，显然不能让人们广泛接受。

（三）盗窃罪与诈骗罪的界限

涉第三方支付平台侵财犯罪主要涉及盗窃罪和诈骗罪两类，但司法实践中盗骗交织案件较多，案情比较复杂，案件定性争议比较大，不同法院对相似案件的判决差异也比较大，有的认定为诈骗罪，有的认定为盗窃罪。笔者将从行为人角度和被害人角度两个方面阐述盗窃罪与诈骗罪的界限。

---

〔1〕 张开骏：《侵犯第三方支付账户余额及绑定银行账户资金的犯罪定性》，载《上海法学研究》2021 年第 1 期。

1. 从行为人的角度来看

一直以来对案件的定性都紧紧围绕着行为人的实行行为展开。盗骗交织案件之所以定性难，实质上是对案件中的行为人的行为特征认识不清，定性不准。只有对实行行为进行客观的分析，才能从复杂的犯罪手段中看出犯罪的本质，作出相对公平公正的评价。

（1）二罪实行行为的特性不同

盗窃是指以非法占有为目的，秘密窃取公私财物的行为；诈骗是指以非法占有为目的，虚构事实、隐瞒真相骗取公私财物的行为。二者行为特性的区别在于：盗窃行为具有秘密性和意志违反性，诈骗行为具有欺骗性与意思交互性。

盗窃行为表现为窃取的秘密性，指的是行为人意图占有他人财物，并且采取自认为不会使他人发觉的方法，换言之，行为人主观上有秘密窃取的意图，即使客观上已经被他人发觉，也不影响盗窃罪的认定，如掩耳盗铃讲的就是这个道理。在具体案件中要抓住秘密性这个特征，坚持主客观一致的标准。当行为人主观上基于秘密窃取的心理实施犯罪，认为自己实施的行为不会被被害人知晓，客观上采取了相应的获取财物方式，就可以认定该行为具有秘密性。如果行为人否认主观上有秘密窃取的心理，则应根据其客观行为来推断其主观的心理状态，从行为人的具体行为方式、行为特征等方面着手，如行为人具有明显的偷偷摸摸等怕被他人发现的行为特征时，可以推断行为人主观上有"秘密窃取"的故意。总之，盗窃的秘密性是相对于行为人自己来说，与客观实际是否被发觉没有关系。其次，盗窃行为还具有违反意志性的特征，行为人转移财物占有的行为不是基于被害人的同意而是违背被害人的意志，也就是说被害人在主观上不允许行为人没有经过其同意就转移自己的财物，如果行为人在盗窃过程中被被害人发现，被害人一定会采取措施与行为人对抗，保护自己财产。而如果有被害人的允许或承诺，则一般不认为是盗窃。

诈骗行为具有欺骗性，行为人通过虚构事实或隐瞒真相的手段使对方上当受骗，继而获得对他人财产的支配，给他人造成财产损失。首先，行为人主观心理上具有欺诈的故意，认识到其所述内容的虚假性；客观行为表现为虚构事实或隐瞒真相，向他人传递虚假的信息。在具体行为方式上没有要求，既可以通过语言表述也可以通过文字图案展示，还可以通过虚假的动作表示。

其次，诈骗行为具有意思交互性。诈骗行为是在与被害人的沟通交流中实施的，行为人向被害人传递虚假的信息，被害人收到信息后会对此进行分析、判断，可能相信也可能怀疑，继而实施相应的行为，也就是说双方存在意思表示的交流。

（2）二罪实行行为的法益侵害表现不同

盗窃罪剥夺财产之事实支配。盗窃罪的具体保护法益是财产的事实支配，同时也可能影响财产的权利支配，其实行行为未进行交流沟通，通过排除他人对财物的占有，形成自己对财物新的占有，直接导致财产事实支配的主体发生改变。财产事实支配主体可以根据自己的意志对财产享有占有、使用的自由，事实支配主体的改变也应当基于意思自治原则，由原事实支配主体放弃对财产的事实支配，并转移给他人，但是盗窃罪的行为人在缺乏被害人转移财物的意思表示的情况下，通过秘密手段强行将财物转移到自己的支配下，违背了被害人的意志，打破了被害人原本占有状态，侵害了被害人对财物的事实支配利益，并也可能导致被害人的权利支配无法实现。

诈骗罪侵害财产之权利支配。诈骗罪的保护法益是财产的权利支配，其实行行为是通过积极的沟通诱使被害人转移财物，自愿改变占有状态，其法益侵害危险有：一是使被害人产生错误认识形成"合意"并据此作出处分财产的危险；二是损害基于权利支配的利益实现的可能性。诈骗行为的交互性使得行为人与被害人之间可能产生"合意"，从而使被害人作出财产的权利支配；诈骗内容的欺诈性使得被害人在交互过程中不能形成正确的判断，通过权利支配转移财产的占有或为行为人设定权利后，根本不可能实现其支配利益，也无法通过私力途径获得救济，这也是诈骗罪与民事欺诈区分的关键。

（3）二罪行为人获取财物的主要手段不同

盗窃与诈骗都是侵财犯罪，二者获取财物的主要手段有本质区别，这也是案件性质区分的关键。行为人获取财物时的手段，如果起决定性作用的是秘密窃取，被害人毫不知情，则应当认定为盗窃，欺诈行为只是为盗窃创造条件或者打掩护；如果起决定性作用的是欺诈行为，被害人基于错误认识"自愿"交付财物，则应当认定为诈骗，盗窃只是辅助性的配套手段。

2. 从被害人的角度来看

刑事犯罪中行为人的实行行为始终是处于中心地位，被害人的行为处于次要和辅助的地位，研究被害人的行为虽然不能对案件性质进行准确定性，但可以从另一方面对行为人的实行行为进行更加全面的分析和判断，作出公正、准确的刑法评价，辅助于案件性质的认定。

（1）被害人对财产转移不知情可以排除行为人构成诈骗罪

行为人只是单方行为，没有意思联络对象，被害人对财产转移不知情，行为人与被害人之间也就不存在意思的交互，不符合诈骗罪的构成要件。相反，被害人的不知情，从侧面反映出行为人转移财产时不想被被害人知晓，这恰恰符合窃取的秘密性和意志违反性，符合盗窃罪的构成要件。

（2）被害人的处分行为是行为人诈骗罪实行行为的佐证

首先，从被害人的处分行为可以判断出行为人取得财产是基于被害人意志还是违背被害人意志。如果存在被害人对财产的支配，将财物交付给行为人，则能从被害人方面证明实行行为的交互性，只有具有交互性的欺诈行为才能获得被害人作出处分行为的回应，这也排除了行为人获取财物的秘密性以及违背被害人意志的可能。

其次，被害人的处分行为体现了诈骗罪的法益侵害内容。诈骗罪具有引发被害人基于错误认识作出财产之权利支配和阻断财产之权利实现可能性的危险，而被害人的处分行为是将抽象的法益侵害危险转化为具体的实害结果。如果存在被害人对财产的支配、处分，则表明法益侵害结果已经造成，而只有诈骗行为才具有这一特定的法益危险内容，因此可以从被害人方面确认实行行为的诈骗属性。[1]

最后，处分行为、错误认识与欺诈行为具有紧密的因果关系。从行为人角度看，行为人实施了具有引发对方做出权利支配的欺诈行为，诱使对方产生错误认识，进而实施了财产处分的具体行为；而从被害人的观点看，被害人在交互过程中受到蒙骗，对欺诈行为中有关财产处分的内容产生认识上的错误，继而基于这个错误认识作出财产处分行为。

（3）被害人的处分行为是行为人构成诈骗罪的既遂条件

首先，在法学理论上，依前文所述，诈骗罪的欺诈行为本身就蕴含着法益侵害的危险，被害人是否存在处分行为不影响诈骗罪的成立，处分行为不是诈骗罪的成立要件。但被害人基于对诈骗事实的错误认识作出财产处分行

---

〔1〕 田宏杰、孙利国：《新型支付方式下的盗骗界分及其展开》，载《中国法律评论》2021 年第 6 期。

为时，该法益侵害就产生实害结果，整个诈骗活动已经完成，犯罪达到既遂条件。

其次，我国司法实践上也承认处分行为是诈骗罪的既遂条件。最高人民法院在关于诈骗案件的司法解释中将已经着手实行诈骗行为，而由于行为人意志以外的原因未获取财物的行为认定为诈骗未遂。可见诈骗罪存在未遂情形，被害人没有处分行为，行为人由于意志以外原因没有获得财物的，也不影响其构成诈骗罪。被害人的处分行为于诈骗罪而言不是成立条件而是既遂条件。[1]

五、涉第三方支付平台侵财犯罪不同类型案件的定性

（一）身份冒用型

案例一：被告人陈某某以可以提升支付宝花呗额度为由在新浪微博上发布广告，谎称要提高花呗额度必须先将花呗额度使用完，遂先向受害人谭某一发送了其哥哥陈某的商家二维码，谭某一通过扫码支付后，陈某某以需要查看支付宝花呗额度为由，向谭某一索要支付宝登录密码，后自行登录谭某一的支付宝，操作转账三次，并将上述交易记录删除。[2]

案例二：被告人代某和被害人贾某某是同居男女朋友关系。被告人代某利用在同居期间掌握的被害人贾某某手机的锁屏密码和支付密码，趁被害人贾某某不备，使用其微信和支付宝扫描丁某某的收款二维码，先后9次盗刷贾某某的信用卡。[3]

1. 诈骗之否定

持诈骗罪观点的人大多基于"机器可以被骗"的观点，行为人在第三方支付平台输入被害人的账号和密码，实际上是虚构了行为人是用户本人或者获得用户授权的事实，第三方支付平台受到欺骗划拨基于管理而辅助占有的用户账户资金，导致用户财产受损，三者之间构成"三角诈骗"。笔者对此持否定的观点：第三方支付平台不能被骗，前文已作出详细的论述，案件当事

---

[1] 程俊：《诈骗罪中的处分行为研究》，贵州大学2022年硕士学位论文，第8页。

[2] [2021]湘0611刑初64号刑事判决书。

[3] [2022]辽0112刑初486号刑事判决书。

人仅涉及行为人与被害人，行为人冒用被害人的身份，从外观上看似乎存在一定的欺骗性，但欺骗的是谁，也就是说诈骗的对象是谁，这里显然不是被害人，被害人甚至没有意识到行为人的行为，也就不会有意思的交互，更不会有相应的处分行为。如案例二被害人贾某某并不知道行为人的盗刷行为，此时如果说贾某某被骗，显然不符合逻辑。如果行为人通过欺骗的方式获得账号和密码，如案例一，行为人虚构事实，被害人受到欺骗交付账号和密码，仿佛符合诈骗罪的构成形式，但细究一下，交付账号和密码是否就等同于交付财物？交付账号和密码确实会使自己资金处在遭受损失的风险中，但这种风险并不是必然的，也不是高概率的。从被害人的角度看，被害人也不会认为自己交付了财物，如果被害人意识到交付账号和密码就等同于把账户内资金以及绑定的银行卡、信用卡内资金交付给对方，被害人显然不会同意。所以笔者认为案例一陈某某登录谭某一支付宝并转账的行为不构成诈骗。

2. 盗窃之肯定

支持构成盗窃罪的人认为：行为人输入账号和密码，在账号与密码核对一致之后，第三方支付平台按照指令完成转账，此时行为人和被害人之间不存在意思的交互，也就不存在欺骗，因而不构成诈骗罪。相反，这种违背他人意志的转移占有，恰恰符合盗窃罪的构成要件。行为人通过获取的他人账户和密码，自行转账没有经过被害人的同意或者授权，符合窃取的秘密性；资金损失也不是被害人想要的结果，符合窃取的意志违反性。[1]案例一中第一个行为，陈某某通过欺骗手段让被害人扫码支付，符合诈骗罪的构成要件；之后三次转账行为，并将转账记录删除，可见行为人主观上并不想让被害人知道，实行行为符合窃取的秘密性。这种通过欺骗方式获取账户密码并登录使用的，主要获取财物的方式依然是秘密窃取，诈骗行为只是为盗窃创造便利条件、做好充分准备，应当认定为盗窃罪。案例二代某趁着被害人熟睡、不备的情形下实施犯罪，也是不希望实行行为被发现，符合窃取的秘密性。

（二）技术入侵型

案例三：被告人黎某、温某利用某理财平台和 P2P 公司充值系统的漏洞，使用变造方法将小额充值金额虚增为巨额金额，再将钱款从备付金账户转到

---

[1] 陈卫民、唐慧、徐旭：《涉第三方支付侵财犯罪认定分析》，载《人民检察》2022 年第 5 期。

个人 P2P 账户。[1]

1. 破坏计算机信息系统罪之否定

前文已经讨论过，第三方账户中的钱款虽然是一种虚拟财产，但是它与传统货币没有区别，可以 1∶1 提现为用户银行卡内资金或者用于购买商品，可以准确认定财产价值。同时，不论是第三方账户中的余额，还是所绑定银行卡内资金或者理财账户中资金，乃至用户一定贷款额度内的金额，都是用户的财产或财产性利益。因此，利用计算机系统侵入第三方账户获取资金的行为，是财产类犯罪，而破坏信息系统只是行为人实施犯罪的一种辅助手段，辅助行为人实现犯罪目的，不能因此而否认实行行为侵财这一本质特征。

2. 诈骗之否定

诈骗罪最基本的条件是要存在行为人欺骗的对象，否则诈骗无从谈起。行为人利用技术手段直接变动账户，没有与用户直接接触，用户也就没有受到行为人的欺骗，用户也不可能意识到资金转移的事实，因此用户不是行为人欺骗的对象。再考虑第三方支付平台，前文笔者已作详细论述，第三方支付平台不能被骗。即使认为"平台可以被骗"，行为人通过修改代码等技术手段直接变动账户内资金，绕开了支付平台识别账号和密码的功能，不存在逻辑判断而实施转账等行为，也就不存在认识上的错误，因而支付平台也不是行为人欺骗的对象。因此行为人利用技术手段变动账户的行为，不存在受欺骗的对象，不成立诈骗类犯罪。

3. 盗窃之肯定

行为人利用技术手段将他人账户中的资金转移到本人账户或者虚增本人账户余额，对该笔资金进行管理、使用，有非法占有的目的。从行为模式上看，行为人利用编写的病毒或木马非法侵入平台系统等技术手段，直接转移账户内金额，绕开了支付平台识别账号和密码的功能，被害人完全不知情，也违背被害人意志，剥夺了被害人的财产支配，并构筑了行为人对该笔资金的财产支配，符合窃取的秘密性和意志违反性，应当认定为盗窃罪。行为人转移他人账户资金的，他人的财物受到不法侵害，该账户的用户是案件的被

---

[1]《上海：黑客入侵第三方支付平台盗窃上亿元被判无期徒刑》，载 https://www.sohu.com/a/407123490_ 100014117，最后访问日期：2023 年 9 月 15 日。

害人；行为人虚增本人账户内资金的，会使第三方支付平台对虚增部分产生给付的义务，当行为人对该部分资金提现或转账时，支付平台不得不支付相应的金额，因此这种情况下第三方支付平台是案件的被害人。

（三）二维码偷换型

案例四：被告人李某某先后多次乘无人注意之机，将多家酒店、商家的支付宝收款码上替换成其本人或由其控制的支付宝收款码，获取顾客扫码支付的钱款。[1]

案例五：被告人秦某伙同杨某利用在建三江管理局"面某狼"久昌分店收银工作的便利条件，将店内微信收款码偷换为秦某微信收款码，盗取被害人吴某货款。[2]

1. 诈骗之否定

主张诈骗罪的学者认为，行为人偷换商家的收款码使顾客产生错误认识，继而基于错误认识处分财物。案例四中二审法院裁定认为：被告人李某某偷换收款码，虚构该二维码是商家收款码的事实，欺骗了商家和顾客，使商家和顾客都产生错误认识，以为顾客扫码支付后商家可以取得钱款，进而实施了处分行为，构成诈骗罪。但该裁定模糊了被害人的概念，模糊了谁的财产受到损失。笔者认为：李某某获得钱款并不是通过欺骗手段让对方自愿交付财物，不构成诈骗罪。

首先，偷换商家收款码的行为不属于诈骗罪中的欺骗行为。一方面商家在不知道收款码被换的情况下让顾客扫码支付，不能认为顾客支付钱款时就陷入了错误认识，顾客也没有义务确保收款码是商家的而非他人的；另一方面商家让顾客扫码支付，仅仅是表示向顾客收取钱款的意思，而不是向行为人交付钱款的"处分"意思。在行为人获取财物的整个过程中，行为人既没有与商家也没有与顾客进行直接的沟通和联系，商家和顾客自始至终都不知道行为人的存在，也就不存在意思的交互，所以不存在欺骗商家和顾客的行为。

其次，偷换商家收款码的案件中，财产受到损失的是商家，商家是案件

---

〔1〕〔2019〕闽 09 刑终 263 号刑事裁定书。

〔2〕〔2022〕黑 8102 刑初 34 号刑事判决书。

的被害人，顾客处分的钱款是其本人的财产，而不是商家的财产，所以也不符合"三角诈骗"的形式。从顾客的角度来看，顾客购买物品，扫描商家的二维码进行支付，即已经完成了付款义务，顾客可取得所购买物品的所有权，在交易过程中，即使二维码被偷换，顾客也没有任何损失。从商家的角度来看，顾客的支付行为导致本属于商家的对货款的支配权益被行为人剥夺，商家卖出的财物移转给顾客但最终并未收到货款，商家的财产遭受损失。

2. 盗窃之肯定

笔者主张构成盗窃罪：行为人偷换商家的收款码，以非法占有的目的秘密窃取商家对货款的支配权益，应当认定为盗窃罪。商家与顾客之间是商品买卖或者服务提供的合同关系，商家的义务是为顾客提供商品或者服务，商家的权利是接受顾客所付的钱款，商家是顾客所付钱款的权利主体。行为人通过偷换商家二维码得以占有该钱款，商家对偷换行为并不知情，顾客扫码付款后，商家并不知道其账户并未收到顾客支付的钱款，商家对行为人的实行行为处于没有察觉的状态，同时也不符合商家的主观意愿，属于违反被害人的意志转移财产，这符合窃取的秘密性和意志违反性的行为特征。

（四）交易虚假型

案例六：被告人臧某泉等人将虚假的淘宝网链接发给买家，买家点击链接购买商品并支付货款，货款通过预设程序转入网游网站的私人账户，再转入被告人账户。[1]

案例七：被告人杨某通过招聘网络主播和聊手，聊手以冒充网络主播身份添加引流的粉丝为微信好友，并利用事先准备好的"话术"假装谈恋爱，引诱网友到杨某创建的海外代购虚假微商处购买高档女式内衣、内裤送给"主播"，在网友下单付款后，杨某通过虚假发货的方式骗取网友购买商品的钱款。[2]

该类型的犯罪争议性不大。案例六被告人臧某泉等人以非法占有为目的，虚构可供交易的商品或者服务，欺骗他人通过第三方支付平台支付货款，被害人以为是淘宝官方购物平台，货款会进入平台担保账户，基于这种错误认

---

〔1〕 最高人民法院指导性案例 27 号［2014］。

〔2〕 ［2022］黔 2628 刑初 18 号刑事判决书。

识而自愿交付财物，构成诈骗罪。案例七被告人杨某等人虚构身份发展成恋爱关系，引诱被害人购买高档商品，被害人误以为店家会将货物发给其"主播女友"，行为人通过虚假发货的方式骗取被害人财物，构成诈骗罪。

（五）金额不符型

案例八：被告人臧某泉等人向被害人金某发送标注为 1 元的交易链接，其中植入支付 305 000 元的计算机程序，金某在诱导下点击链接并输入密码进行支付，随即其建设银行 305 000 元通过植入的计算机程序，经上海快钱信息服务有限公司的平台转到臧某泉账户中。[1]

案例九：被告人吴某作为江某的代理，通过"眼镜蛇"平台（该平台生成带虚假链接的"埋雷"二维码，提示扫码 8 元即可加入同城交友群或者观看视频，诱骗被害人扫码后，跳转至支付界面实际收取被害人 800 元）注册后获取诈骗二维码在全国范围内向不特定人群推送，并通过平台统计实际诈骗金额后与江某按比例分成。[2]

1. 诈骗之否定

持诈骗罪观点的学者认为：案例八中被害人点击了付款链接并输入了支付密码，被害人能够认识到对于小额财产的转移，具备一定的处分意识，只是对交付财物的价值产生错误认识，而这个错误认识正是由行为人隐瞒真实情况的欺骗行为导致的结果。被害人主观上有转移财物的意识，客观上因为错误认识自愿在第三方支付平台输入账号密码进行转账，属于财产处分行为，所以构成诈骗罪。

笔者认为诈骗罪和盗窃罪都是侵财犯罪，数额是案件定性、犯罪构成的重要依据，被害人财产转移的数额应以被害人能够意识到的范围为准，对超过金额部分没有处分的意识。在主观方面，被害人只有转移 1 元财物的意识，对超过部分是没有意识的，该部分是违背被害人意志的；在客观方面，被害人处分了 1 元财物以及超过部分的财物。被害人只在 1 元财物的范围内主观方面和客观方面相统一，被害人处分的范围仅限于 1 元财物部分，而超过部分实际上是行为人通过秘密的手段获取的。因此，笔者认为被害人处分财产

---

〔1〕 最高人民法院指导性案例 27 号〔2014〕。
〔2〕 最高人民法院指导性案例 27 号〔2014〕。

仅限于其能够意识到的部分，不能因为对 1 元、8 元有处分意识而概括性地认为其对该笔支付整体上有处分意识，而忽略超过被害人能够意识到的部分。被害人支付 1 元、8 元，是受到被告人的欺骗而处分的财产，数额较大构成犯罪的对该部分以诈骗罪追究，而对超过的部分，被害人并没有意识到，因而不存在相应的处分行为，应当排除构成诈骗罪。

2. 盗窃之肯定

案例八是最高人民法院公布的指导案例，其中指出：行为人诱骗他人点击虚假链接而实际上通过预先植入的计算机程序窃取他人财物构成犯罪的，应当以盗窃罪定罪处罚。从被害人的角度来看，被害人点击标有数字金额的付款链接，其认知也只能意识到与标有数字相对应的财产金额，对数字范围内的财产被害人有一定的认知，而对实际付款比表面数字多出来的部分，被害人没有认识到，也不可能认识到。被害人虽然客观上有主动交付财物的行为，但主观上不存在处分实际财产的认知，应当坚持主观和客观相一致的原则，被害人处分的财物仅限于其能够认识到的部分，对超过部分没有交付的自愿性，这部分是违背被害人意志的。从行为人获取财物的主要手段来看，行为人诱骗他人点击虚假链接，看似是欺骗，实际上是为秘密获取他人财物提供辅助和便利，最终仍然是通过隐藏在背后的计算机程序来获取财物，这符合窃取的秘密性。因此通过含有"埋雷"等程序修改实际付款数字的虚假链接，使被害人看到的支付金额与实际支付金额不符的，对数额超过部分应当认定为盗窃罪。

案例八臧某泉等人诱导金某同意支付 1 元钱，而实际支付 305 000 元，对此金某既不知情，也非自愿。臧某泉等人获取财物的主要手段是通过秘密窃取的方式，诱骗被害人点击"1 元"虚假链接只是辅助手段。案例九也是如此，被告人吴某通过"埋雷"二维码程序，诱骗被害人付款 8 元，而实际支付 800 元，对超过部分的 792 元应当认定为盗窃罪数额。

涉个人信息犯罪之刑事治理体系建构
——类型化法益观之进路选择[*]

孔杏如　　于嘉仪^{**}

摘　要：数字时代下，涉个人信息犯罪的刑事治理面临理论与实践的双重桎梏：理论上个人信息的内涵和外延尚未明晰；实践中涉个人信息犯罪的不同罪名之间缺乏衔接与协调，导致适用混乱。在法秩序统一的视域下，应严格区分个人信息与个人数据等概念，厘清个人信息的内涵与外延，进而构建科学完善的个人信息分级分类保护体系。在类型化思维的指引之下，建构个人信息分级分类保护原子核式结构模型，根据人格尊严和人格自由对个人信息吸引力的强弱，划分为生物识别信息、私密信息和一般直接识别性信息内中外三层。在此基础之上，侵犯公民个人信息罪的法益应当采取混合法益观，具体为类型化法益观：内层生物识别信息对应信息安全法益；中层私密信息对应受限制的个人信息自决权与信息安全法益；外层一般直接识别性信息对应个人信息自决权法益。通过对每一层级对应的法益进行独立判断，采取不同的定罪量刑标准，共同构建起层次清晰、协调连贯的个人信息刑事治理体系。

关键词：涉个人信息犯罪；个人信息；刑事治理；分级分类；类型化法益观

新一轮科技革命和产业革命正如火如荼地开展，人类社会已正式迈入数字化转型时代，"大数据""数字经济""信息社会"亦成为标志当下时代发

---

* 基金项目：本文系国社科重点课题"以'共建共治共享'为导向的刑事政策现代化研究"的阶段性研究成果（项目编号：22AFX009）。

** 孔杏如，中国政法大学刑事司法学院硕士研究生；于嘉仪，中国人民大学法学院博士研究生。

展的鲜活标签。习近平总书记强调，数字经济发展速度之快、辐射范围之广、影响程度之深前所未有，正在成为重组全球要素资源、重塑全球经济结构、改变全球竞争格局的关键力量。[1]据统计，我国网民人数已达至 10.67 亿人，形成全球规模最大的网络社会。[2]与此相应，数字经济下人类通过社会交往产生的大量个人信息，在带来社会发展红利的同时，也难免遭受风险与挑战，衍生了一系列侵犯、滥用个人信息的犯罪行为，人肉搜索、AI 换脸诈骗、信息盗取与滥用等案件层出不穷。个人信息的保护和利用成为经久不衰的热点话题，个人信息保护箭在弦上、不得不发，涉个人信息犯罪的刑事治理问题是数字社会建设的重要议题，亟需构建全方位、多层次的个人信息刑法保护体系。

一、涉个人信息犯罪刑事治理体系之困境检视

在刑事法领域，个人信息立法体系存在体系化不足之弊端，无论是对公民个人信息的源头保护还是对涉个人信息犯罪的终端惩治，均无法发挥应有效用。究其原因，涉个人信息犯罪的刑事治理面临着理论与实践的双重掣肘：一方面，理论上对涉个人信息犯罪的问题域缺乏清晰定位；另一方面，实践中对涉个人信息犯罪的罪名群缺乏协调衔接。如何构建体系清晰、内容完善的涉个人信息犯罪刑事治理体系，实现对个人信息的整全保护，是数字时代下不可回避的重要课题。

（一）理论困境：涉个人信息犯罪探讨的问题域不清

立足涉个人信息犯罪刑事治理的视角，对个人信息的内涵和外延的合理界定乃构建科学的涉个人信息犯罪体系的根本前提。而作为涉个人信息犯罪问题域的个人信息，并不存在清晰的外延和内涵，既有理论往往忽视个人数据、个人信息等不同概念之间存在的本质区别，缺乏精细化的标准划分，试图将一套公式生硬地套用在本质不同的概念上。这不仅无助于把握事物本质以及划清概念边界，还可能造成概念适用的混乱与冲突。这主要体现在：一是个人信息的边界模糊不清，二是个人信息内部的分级分类仍存在完善的空间。此外，在个人信息内涵外延不清的情况下，涉个人信息犯罪的法益厘定

---

[1] 《习近平总书记指引我国数字经济高质量发展纪实》，载《中国网信》2022 年第 4 期。
[2] 参见国务院新闻办公室于 2023 年 3 月发布的《新时代的中国网络法治建设》白皮书。

也必然存在交叉混淆。概念与问题域的合理划定，不仅可以对体系内部的构建发挥指引功能，还可以起到衔接体系内部与外部的作用。

1. 个人信息范畴划定不清

个人信息的范畴划定主要体现在合理确定个人信息的外延上，然而作为确立个人信息外延的标准的"可识别性"特征面临适用难题。通过梳理个人信息保护法律体系的相关规定，可以看出个人信息的边界呈现扩张态势。作为个人信息保护专门性规定的起点，2012 年《关于加强网络信息保护的决定》（以下简称《决定》）将个人信息初步划分为"身份识别性信息"和"个人隐私性信息"两大类。[1]次年《关于依法惩处侵害公民个人信息犯罪活动的通知》在《决定》的基础上进行了细化，但并未进行实质上的扩张。[2]2016年《网络安全法》的出台，使个人信息的概念范畴首次明确并向外延伸，以"身份上的可识别或结合识别"作为个人信息的认定标准，[3]将"隐私性"从认定标准中剥离，在法律层面上确认了个人信息与个人隐私并不等同这一结论。2017 年《关于办理侵犯公民个人信息刑事案件适用法律若干问题的解释》（以下简称《解释》）在《网络安全法》规定的基础上，进一步扩大了个人信息的范畴，[4]不仅包括身份上具有可识别性的信息，还包括反映特定自然人活动情况的信息，反映出立法旨在对公民个人信息确定尽可能周延的保护范畴。《民法典》将个人信息的概念范畴进行了整合，[5]统一适用"可识别性"的标准，而不限于识别身份信息或其他信息，个人信息的概念范畴

---

〔1〕《决定》第 1 条第 1 款规定："国家保护能够识别公民个人身份和涉及公民个人隐私的电子信息。"

〔2〕《关于依法惩处侵害公民个人信息犯罪活动的通知》（公通字〔2013〕12 号）规定："公民个人信息包括公民的姓名、年龄、有效证件号码、婚姻状况、工作单位、履历、家庭住址、电话号码等能够识别公民个人身份或者涉及公民个人隐私的信息、数据资料。"

〔3〕《网络安全法》第 76 条第 5 项规定："个人信息，是指以电子或者其他方式记录的能够单独或者与其他信息结合识别自然人个人身份的各种信息，包括但不限于自然人的姓名、出生日期、身份证件号码、个人生物识别信息、住址、电话号码等。"

〔4〕最高人民法院、最高人民检察院《关于办理侵犯公民个人信息刑事案件适用法律若干问题的解释》第 1 条规定："刑法第二百五十三条之一规定的'公民个人信息'，是指以电子或者其他方式记录的能够单独或者与其他信息结合识别特定自然人身份或者反映特定自然人活动情况的各种信息，包括姓名、身份证件号码、通信通讯联系方式、住址、账号密码、财产状况、行踪轨迹等。"

〔5〕《民法典》第 1034 条第 2 款规定："个人信息是以电子或者其他方式记录的能够单独或者与其他信息结合识别特定自然人的各种信息，包括自然人的姓名、出生日期、身份证件号码、生物识别信息、住址、电话号码、电子邮箱、健康信息、行踪信息等。"

更为宽泛。2021 年出台的《个人信息保护法》可谓是我国对个人信息进行保护的里程碑，其首次采用"识别性+关联性"的方式界定个人信息，识别性强调通过信息定位自然人，即通过信息可以确定特定自然人，并在《民法典》界定的基础上采用排除式规定进一步细化，[1]将经匿名化处理的信息排除，也正是对"可识别性"特征的反向证明；关联性强调通过与自然人的关系定位信息，即该信息要与特定自然人有关。不难发现，在"识别性+关联性"的标准中，识别性是核心要素，是对信息的初次筛选；而关联性是在具有识别性信息的基础上的二次筛选，因而"识别性"的界定直接决定了个人信息的范围的广度。

随着数字时代到来，识别性标准面临着前所未有的冲击：一方面诸如"用户画像""算法推荐"等涉个人信息自动化决策中，将用户浏览偏好、订单信息、购买记录等进行类型化处理后推送的行为，经脱敏处理的信息已经突破识别性标准的界限，识别性受到场景化的桎梏；另一方面，大数据时代下每个人都是"透明"的，每个人都难逃数字化的洪流，人们的一切日常行为都被信息技术所记录，通过获取用户零散的记录后进行整合分析，原本很多不具有识别性的信息也可能具有识别性，可识别性与不可识别性存在转化的可能性，而容纳上述信息会产生个人信息无限膨胀，进而存在架空可识别性标准的风险。[2]此外，有学者指出，"在《网络安全法》等其他部门法和相关规范陆续建立的背景之下，刑法应当回归本源地位，公民个人信息保护应当由'刑先民后'变更为'民先刑后'，最关键的做法就是公民个人信息的刑法概念和行政法概念的统一"。[3]这种认为刑法对个人信息的保护依附于前置法规定的观点加剧了个人信息范畴的模糊与混乱现状。

2. 个人信息分级分类有待完善

个人信息的分级分类可以理解为是对个人信息内核进行的序列化整理，以实现对个人信息的差别保护。目前的相关法律规定对个人信息的分类主要有

---

〔1〕《个人信息保护法》第 4 条第 1 款规定："个人信息是以电子或者其他方式记录的与已识别或者可识别的自然人有关的各种信息，不包括匿名化处理后的信息。"

〔2〕 高志宏：《数字经济时代个人信息的识别标准及规范续造》，载《社会科学辑刊》2023 年第 2 期。

〔3〕 李怀胜：《公民个人信息保护的刑法扩展路径及策略转变》，载《江淮论坛》2020 年第 3 期。

以下几类：一是《民法典》将个人信息划分为私密信息和非私密信息两类，其中私密信息适用隐私权的规定，非私密信息适用有关个人信息保护的规定；[1] 二是《个人信息保护法》区分了一般信息与敏感信息，并对敏感信息适用更为严格的处理规则；[2] 三是《解释》作为侵犯公民个人信息罪适用的重要参照，也对个人信息进行分类，其规范目的是区分涉案信息的重要性，将个人信息划分为敏感信息、重要信息和一般信息，对不同信息在定罪量刑中的数量要求存在差异。[3]

整体来看，个人信息的分级分类主要存在以下问题：其一，从宏观上看，看似相关规定对个人信息已作出分级或分类，实际上仅表明了法律保护的侧重，从私密与非私密、敏感与非敏感、重要与一般等语词的描述便可以推知法律保护的优位性，尚未形成系统的分级分类体系；其二，从微观上看，分级的标准主观且宽泛，例如对"敏感"的界定其实并不取决于信息的客观属性，不同的信息主体对敏感的界定并不相同，这便会导致实践中对敏感信息的外延扩张，该分级模式存在被架空的风险。[4] 因此，对个人信息构建一个科学的分级分类体系势在必行，合理分级以实现信息保护的强弱有别，细化分类以增强实践的可操作性。

3. 涉个人信息犯罪的法益交互错杂

目前个人信息的性质和类别并未得到妥善厘定，有学者采取"大数据"观念，亦有学者采取"大信息"观念，在行为对象尚不清晰的基础上探讨涉个人信息犯罪的法益，固然会造成法益定位不清、重叠交叉的乱象。就侵犯公民个人信息罪的法益而言，理论界就有个人法益观、超个人法益观、复合法益观、混合法益观等观点分野。其中，个人法益观又包括人格权说、人格利益和财产利益说、个人信息自决权说、个人信息权说等主张；超个人法益观又包括公共信息安全说、信息管理秩序说、信息专有权说等观点。然而，诸如非法获取计算机信息系统数据罪在内的数据犯罪的法益，理论界的主流

---

[1] 《民法典》第 1034 条第 3 款规定："个人信息中的私密信息，适用有关隐私权的规定；没有规定的，适用有关个人信息保护的规定。"

[2] 《个人信息保护法》第二章第二节专门规定了敏感个人信息的处理规则。

[3] 王思衍：《个人信息类别与侵犯公民个人信息罪的司法适用——以个人信息保护法的新规为切入点》，载《江苏警官学院学报》2022 年第 6 期。

[4] 高志宏：《数字经济时代个人信息的识别标准及规范续造》，载《社会科学辑刊》2023 年第 2 期。

观点认为是超个人法益，又细分为计算机信息系统安全、数据安全等不同学说。不同犯罪对于法益的同一内容保护存在交叉重合，导致不同犯罪无法仅根据法益进行有效区分。

（二）实践困惑：涉个人信息犯罪的罪名群适用不清

笔者以"公民个人信息"为标题，选取刑事案由，在北大法宝数据库共检索到 14 134 篇裁判文书，[1]可见涉个人信息犯罪无疑是司法实务中的热点问题。据统计，涉案数量的前三类犯罪分别是侵犯公民人身权利民主权利罪、侵犯财产罪、妨害社会管理秩序罪。其中，侵犯公民人身权利民主权利罪中涉案罪名前三位分别是侵犯公民个人信息罪、非法获取公民个人信息罪和出售、非法提供公民个人信息罪；侵犯财产罪中涉案罪名前三位分别是诈骗罪、盗窃罪和敲诈勒索罪；妨害社会管理秩序罪中涉案罪名前三位分别是非法获取计算机信息系统数据、非法控制计算机信息系统罪、提供侵入、非法控制计算机信息系统程序、工具罪和破坏计算机信息系统罪（见图1）。

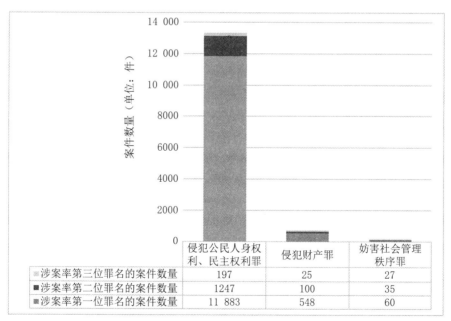

图1　涉个人信息犯罪主要罪名统计

---

[1]　参见北大法宝数据库：https://www.pkulaw.com/case? way = topGuid，最后访问日期：2023年7月31日。

对涉个人信息犯罪罪名群的适用，涉及对个人信息与个人数据、个人隐私等相关概念的理解，也关乎对侵犯公民个人信息罪法益的解读。目前，司法实践所暴露出的问题表明实务界并未明晰个人信息的性质，混淆了个人信息与个人隐私、个人数据的关系，亦没有厘清侵犯公民个人信息罪的法益，致使涉个人信息犯罪的刑事治理脉络尚不清晰，造成种种实践乱象。主要表现在以下两方面：

第一，就涉个人信息犯罪的行为对象而言，实践中存在个人信息与个人数据、个人隐私等相关概念混淆使用的现状。例如，笔者以"个人信息数据"为全文检索，并选取刑事案由，共检索到 599 篇裁判文书，[1] 足以说明司法实践中相当多的法院并未理顺个人信息与个人数据的关系，将二者并列使用，进一步导致对信息犯罪与数据犯罪产生混淆。再如，在"欧某辉、汤某宾等侵犯公民个人信息案"[2] 中，法院将涉案的实名制手机号码认定为公民个人信息的原因之一是其符合隐私性的特征，反映出实践中也确有法院未明确个人信息与个人隐私之间的关系，以隐私性作为个人信息的特征，简单地将个人信息等同于个人隐私，或者认为二者是包含与被包含的关系，个人信息的性质尚未清晰，同时也反映在实践中会延续民刑概念混用的问题。

第二，就涉个人信息犯罪的法益而言，实践中存在对侵犯公民个人信息罪法益观的误读。笔者以"侵犯公民个人信息罪"为案由，分别以"法益"和"客体"进行全文检索，经归纳发现有法院将隐私权作为侵犯公民个人信息罪的法益，如"黎某 1、沈某侵犯公民个人信息罪案"[3]；也有法院将侵犯公民个人信息罪的法益认定为公民隐私权和社会秩序，如"姚某侵犯公民个人信息罪案"[4]；还有法院将公民人格尊严和个人信息自由作为侵犯公民个人信息罪的法益，如"方某侵犯公民个人信息罪案"[5]；亦有法院认为侵犯公民个人信息罪的法益为公民个人身份信息的安全和公民身份的管理秩序，如"徐某然、原某明侵犯公民个人信息罪案"[6]，等等。不难发现，司法实

---

〔1〕 北大法宝数据库：https://www.pkulaw.com/case？way＝topGuid，最后访问日期：2023 年 7 月 30 日。

〔2〕 ［2021］赣 11 刑终 104 号刑事裁定书。

〔3〕 ［2019］川 13 刑终 244 号刑事裁定书。

〔4〕 ［2020］鲁 02 刑终 127 号刑事裁定书。

〔5〕 ［2019］沪 01 刑终 98 号刑事裁定书。

〔6〕 ［2021］豫 01 刑终 227 号刑事裁定书。

践对侵犯公民个人信息罪的法益也仍争驳不定，这不仅导致该罪法益适用不清，还会产生该罪与相关罪名认定上重合交叉的乱象。

基于以上问题，本文一方面准确界定行为对象个人信息的外延和内涵，旨在理清个人信息与相关概念的关系，在法秩序统一视域下确定个人信息的边界，并构建科学合理的个人信息分级分类保护体系；另一方面厘清侵犯公民个人信息罪的保护法益，采取与个人信息分级分类体系相协调的类型化法益观，并阐释涉个人信息犯罪相关罪名的司法适用，以期为涉个人信息犯罪的刑事治理提供指引。

二、涉个人信息犯罪行为对象之准确界定

（一）行为对象外延：法秩序统一视域下个人信息边界之确定

毋庸置疑，涉个人信息犯罪的行为对象是侵犯个人信息的犯罪行为所指向的具体的物——个人信息。但个人信息为何？个人信息与个人隐私、个人数据的关系为何？刑法是否应与前置法保持一致认定？等相关问题还未得到解决，而这些问题的答案却与涉个人信息犯罪行为对象外延的确定息息相关。

1. 个人信息基本概念之匡正

第一，个人信息不等于与个人有关的信息。根据现有规定，《个人信息保护法》采取"识别性+关联性"的标准对个人信息作出界定。这意味着个人信息不能简单与个人有关的信息画等号，还要求具有识别特定的自然人的功能。《民法典》将可识别性具体划分为直接识别和间接识别两类，即能够单独指向特定自然人的信息，以及与其他信息结合后识别特定自然人的信息。然而，间接识别的标准实际上会导致无法单独识别特定自然人的信息与其他信息结合后都可能被纳入个人信息范畴，个人信息边界不断扩张，可识别性无法真正发挥划清个人信息外延的功能，最终导致个人信息与个人数据区分困难。此外在大数据时代，经过特定技术处理后，可识别和不可识别的信息之间可以相互转化，任何匿名信息、经脱敏处理的信息与其他信息相结合都可能成为可以识别特定自然人的信息，[1]以可识别性作为个人信息的认定标准已然受到冲击。因此，为避免可识别性标准陷入僵化境地，关于刑法语境下

---

〔1〕 靳雨露：《个人信息"控制——利用二元论"的提出及其制度优化》，载《大连理工大学学报（社会科学版）》2022年第3期。

的个人信息认定，笔者主张排除间接识别标准，而以直接识别标准认定个人信息。将个人信息限定为能够直接识别特定自然人的信息，既包括信息内容直接指向特定自然人，也包括由技术手段根据信息定位至特定自然人，以及由上述一项或多项信息结合而成的信息串。[1]同时，将仅具有间接识别性的内容以及不具有识别性的各种符号形式纳入个人数据的范畴。

第二，个人信息具有人格和财产的双重属性，个人对人格权益享有专属权，而对于财产权益不享有专属权。有学者认为，"个人信息不是专属于个人的信息，它向来为人们所共享"，理由是个人信息的生产者不只是个人，而是个人和处理者。[2]该观点没有区分看待个人信息专属权的问题，将个人信息权益的双重法律属性杂糅论述。个人信息能识别特定自然人，且与自然人密切相关，彰显着人格要素中最基本的自由和尊严，影响着该自然人的自我表征和个体评价，因此个人信息具有人格属性并无疑问。同时，个人信息还具有不可忽视的财产属性。一方面，从个人信息的本源上看，个人信息属于人格要素，而几乎所有的人格要素都具有财产属性，但出于社会秩序、公序良俗等限制，如生命、身体等人格要素原则上不能进行交易。另一方面，数字经济的迅猛发展成为对个人信息财产价值挖掘利用的催化剂，党的二十大报告和国家"十四五"规划均对数字经济的发展作出重要战略安排。在传统社会中，个人信息仅具有识别和关联特定主体的价值，当人格利益受到侵犯时，往往通过隐私权以及其他人格权便可救济。进入数字社会，个人信息更多地被存储于互联网之中，大数据、算法技术完成了对个人信息的整合和分析，自动化技术实现了用户画像的精准定位，对信息处理者来说，个人信息有着不容忽视的巨大商业价值，这些例外被允许流通的信息只有在以分享为基础的社会场域中才有意义。[3]综上，关于个人信息的双重属性，其中个人信息承载的人格权益是专属于个人的，不得转让、不得继承，当个人信息被侵害、被滥用时个人享有消极防御权；但对于其上的财产权益的实现不仅要依赖提供信息的个人，更要依靠信息处理者的劳动和技术转化，即个人是信息生产者，信息处理者是信息加工者，此时个人不享有专属权，因此个人信息是否

---

[1] 靳雨露：《个人信息"控制——利用二元论"的提出及其制度优化》，载《大连理工大学学报（社会科学版）》2022年第3期。

[2] 贺彤：《安全作为个人信息保护的法益》，载《财经法学》2023年第3期。

[3] 梅夏英：《企业数据权益原论：从财产到控制》，载《中外法学》2021年第5期。

专属于个人的问题应当一分为二地看待。

2. 个人信息与相关概念之理清

第一，个人信息与个人隐私的关系。有观点认为不愿意为他人所知的信息是隐私，而不是个人信息。[1]这并未清晰揭示个人信息和个人隐私的关系。从个人信息与个人隐私的基本特征上看，个人信息强调可识别性，注重通过信息内容定位至特定主体，是主体间进行社会活动和社会交往的基础；而个人隐私强调私密性，更加侧重保护特定主体不受侵扰，与社会生活划定界限，且《民法典》第六章的章节名也将隐私权和个人信息区分保护，证明二者并不相同。《民法典》第 1032 条第 2 款[2]对隐私作出界定，隐私涵盖私密空间、私密活动和私密信息三项具体内容，同时在第 1034 条第 3 款中规定，[3]个人信息中的私密信息部分，适用隐私权的规定。这意味着二者不成立包含与被包含的关系，同时隐私权中的"私密信息"与个人信息存在内容重合，可以成为涉个人信息犯罪的行为对象（见图 2）。

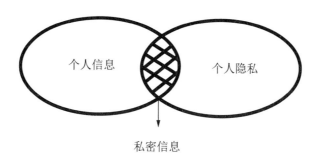

图 2　个人信息与个人隐私的关系

第二，个人信息与个人数据的关系。对于二者的关系，理论界存在一元论和二元论的分野。一元论是欧美个人信息立法模式的理论基础，其采取宽泛的个人信息概念，对个人信息和个人数据不加区分。例如欧盟《通用数据保护条例》（General Data Protection Act，GDPR）对个人信息和个人数据不加

---

〔1〕　贺彤：《安全作为个人信息保护的法益》，载《财经法学》2023 年第 3 期。

〔2〕　《民法典》第 1032 条第 2 款规定："隐私是自然人的私人生活安宁和不愿为他人知晓的私密空间、私密活动、私密信息。"

〔3〕　《民法典》第 1034 条第 3 款规定："个人信息中的私密信息，适用有关隐私权的规定；没有规定的，适用有关个人信息保护的规定。"

区分。同时在我国司法实践中，也经常存有个人信息和个人数据混用乃至并用的情形。相反，二元论则对个人信息和个人数据加以区分。究其本质，个人信息与个人数据相互依托、互为一体，密不可分却又迥乎不同。一方面，密切联系体现在二者是内容和载体的关系，类似于水桶和水的关系（见图3）。个人信息关注内容，强调对特定主体的识别和关联；而个人数据是伴随数字信息化洪流诞生的概念，作为个人信息的一类新兴载体，个人数据扮演了促进信息流通和利用的角色，促进个人信息天然财产价值的发挥。另一方面，迥乎不同意味着二者不可简单替代，应当加以区分。个人数据的范畴更为广泛，个人数据将个人信息符号化，削弱了个人信息所内含的识别性和关联性特质，与具有直接识别性的个人信息不同，仅具有间接识别性以及经匿名化、脱敏处理等不具有识别性的各种符号形式归属个人数据范畴。对数据和信息采取严格的二分界定，不仅可以避免概念混淆造就的权利叠加和权利冲突问题，还可以针对不同形式采取不同的保护方法，实现概念内部以及概念之间的体系化协调。

水
（个人信息）

水桶
（个人数据）

图3　个人信息与个人数据的关系

3. 法秩序统一视域下个人信息外延厘定

对现行个人信息保护相关法律体系进行审视，不难发现刑法与民法、行政法不同领域存在不协调、割裂的问题。而对于上述问题的解决，涉及对民刑、行刑关系的理解，在理论上则主要体现为违法一元论和违法相对论的分野。主张违法一元论的学者认为，应当严格遵循刑法的后置法地位，即刑法从属于民法，对刑法用语的理解应当与民法保持一致。然而，主张违法相对论的学者认为，刑法具有自身的独立性，基于不同的规范目的考量，刑法对法概念的解释、法益保护范围的确定等方面可以采取与民法不同的价值取向，进而得出不同的判断结论，也即刑法不依附民法而独立存在。

　　法秩序的统一并不排斥刑法的独立性，不要求刑法与前置规定完全一致，不同部门法之间可以产生价值评价的矛盾。[1]因为整体法秩序的违法性判断是对不同部门法违法性判断综合之后的结论，而非前提。因此，各部门法的价值判断结论无论是一致还是矛盾，都不会损害最终整体法秩序关于违法性的判断，是自下而上构建而成的产物。[2]如果仅仅为了实现形式上的统一，就为各个部门法确立统一的标准，不仅与各部门法所担负的任务相悖，部门法分化也显得毫无意义。不同部门法违法性与不同的伦理义务分别对应，不同部门法各自构成相对自治的领域，[3]从而各司其职而不相互干预。与此同时，纵观法条也不难发现，民刑之间不同的概念界定不胜枚举，如生产、销售假药罪中的"假药"、信用卡诈骗罪中的"信用卡"等，而这恰恰与违法相对论所主张的不同部门法应具有不同之立法目的相契合。因此，违法相对论从本质上更加契合法秩序统一原理。

　　纵观个人信息保护的法律规范体系，不难发现不同部门立法有着不同的着重点，民事立法注重个人隐私权，主要讨论个人信息的权利属性等私法问题；行政立法主要关注对信息网络的安全保障。这可以作为民事侵权、行政违法与刑事犯罪之间存在质的区别而非仅仅量的差异之具体例证。具体而言，民事侵权属于私人不法，行政违法属于合作者不法，而刑事犯罪则属于公民不法。[4]而刑法如果仅仅局限在前置法的讨论范畴之中，不仅混淆了部门法的学科界限，忽视了不同学科所具有的独特功能与固有的调整领域，[5]而且没有体现刑法学者的研究主动性。基于此，在个人信息的刑事认定方面，应根据刑法的规范目的考量，坚持刑法的独立性，探寻刑法功能性进路，科学限制入罪范围。

---

　　〔1〕 喻海松：《"刑法先行"路径下侵犯公民个人信息罪犯罪圈的调适》，载《中国法律评论》2022 年第 6 期。

　　〔2〕 张峰铭：《法秩序在何种意义上是统一的——对部门法交叉问题的前提性反思》，载《东岳论丛》2022 年第 4 期。

　　〔3〕 张峰铭：《法秩序在何种意义上是统一的——对部门法交叉问题的前提性反思》，载《东岳论丛》2022 年第 4 期。

　　〔4〕 张峰铭：《刑法是后置法吗？——法域冲突问题之体系反思》，载《法制与社会发展》2023 年第 4 期。

　　〔5〕 张峰铭：《刑法是后置法吗？——法域冲突问题之体系反思》，载《法制与社会发展》2023 年第 4 期。

（二）行为对象内涵：个人信息分级分类保护路径选择

1. 分级分类保护的正当性证成：类型化思维方式

由于社会现实处于一种变幻不定的流动状态之中，封闭的概念体系不足以对生活现象及彼此之间的意义关联进行充分掌握，如此便必须借助一种可以克服"分离式思维"指导下概念建构之弊端的方法论，[1]以便对多变的社会现象进行建构性分析。正是借助于类型这一工具，得以在抽象概念与具体事实构建起一座桥梁，避免使得概念构建落入空洞化的窠臼，可以保留社会现象之间的意义关联，进而构建起有意义关联的印象共同结合成共同图像。类型，主要是指某些具有共同特征的事物的集合体，融合了归纳和演绎两种双向思考方法，[2]处于个别、直观、具体三者与抽象概念之间的中间地带。[3]

类型化思维最早由马克思·韦伯提出，韦伯根据一定标准对社会形态进行逻辑归类，将不同发展阶段的社会形态划分为不同的类型，称之为理想类型。[4]由于该思维方式具有诸多难以替代的优点，后经拉德布鲁赫、拉伦茨、考夫曼等众多学者的研究得以不断发展。衍生于概念思维的分类概念单一、平面，在其指引下划分的事物之间是非此即彼的状态，具有割裂整体、过度抽象、容易导致荒谬极端结论的弊端。然而，不同事物之间的过渡是流动、不确定的，[5]为克服分类概念的弊端，应当提倡具有层级性的次序概念。[6]

由于个人信息在大数据时代随着技术革新，其内涵和表现方式发生了根本变革，无法通过一以惯之的方法进行种类的划分以及全图景式的把握。一方面，不同类型与具体的对象之间是相互开放的、流动变化的，事物之间存在着复杂的深刻的连接，不能用生硬的概念高墙阻碍进一步对不同现象的描述与刻画；另一方面，划分不同类型个人信息的标准要素可能存在重合，对于同一种要素而言，不同类型的个人信息仅仅可能呈现出"或多或少"程度不同的差异，而不存在固定不变的要素比例，[7]无法保证具有某一要素的对

〔1〕 胡玉鸿：《韦伯的"理想类型"及其法学方法论意义——兼论法学中"类型"的建构》，载《广西师范大学学报（哲学社会科学版）》2003年第2期。

〔2〕 温华蕾：《类型思维与疑难案件中大前提的证立》，南京师范大学2013年硕士学位论文，第21页。

〔3〕 军法专刊编辑部：《法学上的类型及类型系列》，刘孔中译，载《军法专刊》1987年第2期。

〔4〕 ［德］马克思·韦伯：《社会科学方法论》，杨富斌译，华夏出版社1999年版。

〔5〕 杜宇：《类型思维与刑法方法》，北京大学出版社2021年版。

〔6〕 陈兴良：《刑法教义学中的类型思维》，载《中国法律评论》2022年第4期。

〔7〕 杜宇：《类型思维与刑法方法》，北京大学出版社2021年版。

象全部无一例外地落入同一种类概念的射程范围之中。[1]不同种类的个人信息不能做出非此即彼、明确封闭的划分，平面、单义的概念思维难以有效刻画个人信息保护的全景图像。正确的方法是运用类型化思维，在类型化思维下指引进行体系性构建，进而实现层级性强弱有别的个人信息保护，并通过类比与等置的方式确定每一层级的信息范围。

2. 分级分类保护体系的具体建构：以原子核式结构模型为起点

对个人信息的分级分类保护体系构建，可以类比原子核式结构模型，涉及原子核与其组成部分质子以及周围电子数关系的处理。人的理性本质包含了具有绝对价值的尊严，而这一内在价值没有任何等价物，它既不能妥协，也无从替代，不可被任何人放弃。[2]从个体角度上看，涉个人信息犯罪所侵害到的是具体个人的相关权利并无争议，但从人类维度上看，当特定个人的各类信息被视作商品进行流通，不仅侵犯到信息主体的权利，实则侵犯人类整体不可让渡、不可侵犯的最基本的权利和自由。[3]个人信息作为人格尊严和人格自由的一类表征，人格尊严和人格自由构成个人信息分级分类体系的核质子，其周围依靠吸引力控制着大量的电子（即个人信息）。由于核质子对外延电子的吸引力根据距离远近存在强弱差异，从而形成不同的电子层面，越靠近核质子的电子层受控制的程度越强，人格尊严和人格自由越对其具有严格的要求，属于法律严格保护的信息；反之距离核质子越远的电子层，受到核质子的控制程度越弱，也就拥有更多自由发展的空间，法律予以一定程度的保护。当电子距离核质子距离过远，受核质子控制程度过弱的情况下还可能出现飞离现象，这些电子便是经过脱敏处理、不具有直接识别性的数据，可以不受限制地流通利用。故而为实现对个人信息科学、合理的保护，根据人格尊严和人格自由对个人信息吸引力的强弱，划分哪些信息应当予以严格保护、哪些信息应当给予相对自由发展的空间，允许其在社会分工中进行流动分享，从而构建强弱有别的分级分类体系极为关键。

个人信息权利系统是涉及多方主体与多元利益的动态发展的集合。权利

---

[1] 杜宇：《类型思维与刑法方法》，北京大学出版社 2021 年版。

[2] ［英］丹尼斯·J. 贝克：《不被犯罪化的权利：刑法规制的界限》，王晓晓译，社会科学文献出版社 2023 年版。

[3] 劳东燕：《买卖人口犯罪的保护法益与不法本质——基于对收买被拐卖妇女罪的立法论审视》，载《国家检察官学院学报》2022 年第 4 期。

束结构既可以平衡权利系统中各个主体与各项利益的复杂关系，也能够有效应对数字社会革新带来的挑战。权利束由"束点"和"束棒"构成，其中"束点"是整个权利束的控制枢纽，调节"束棒"的数量与大小，进而控制整个权利系统的边界范围；"束棒"是权利束的重要组成部分，使原本各自独立分散的权利，通过"束点"连结成"一捆权利"。[1]前文所述，个人信息具有浓厚的人格属性和天然的财产属性，关涉信息主体和信息处理者的切身利益，因此个人信息分级分类保护体系的构建不可忽视对个人信息权利的科学配置，以缓和个人信息双重属性内部的紧张关系。借助霍菲尔德理论[2]，将个人信息权利束的"束点"定位于主张、自由、权力、豁免，"束棒"便根据个人信息的多元主体具体划分为信息主体所享有的以主张和自由为根基的信息自决权，主要包括请求权和支配权，以及信息处理者所享有的以权力和豁免为基石的信息收集利用权和豁免权。需要明确的是，"虽然个人信息具有商业价值与社会治理价值，但信息利用不能凌驾于信息自决这一价值理性原则之上，否则会产生目的理性构想侵蚀价值理性基石的危险结果"。[3]信息处理者的权利是一种不完全的权利，其衍生于信息主体的信息自决权，即信息处理者对个人信息的收集利用与豁免来源于信息主体的授予，在位阶上从属于信息主体所享有的信息自决权[4]（见图4）。

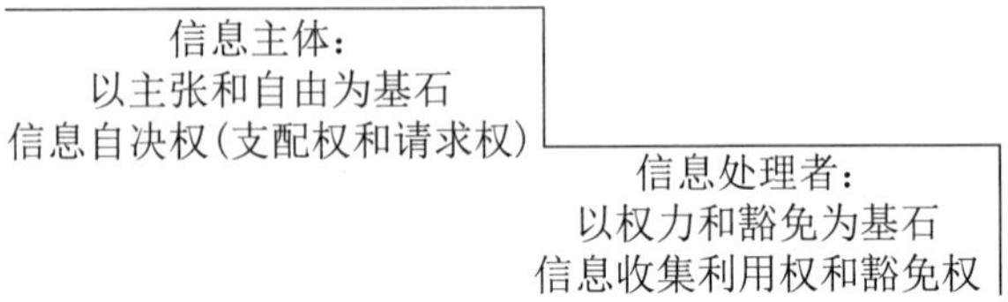

信息主体：
以主张和自由为基石
信息自决权（支配权和请求权）

信息处理者：
以权力和豁免为基石
信息收集利用权和豁免权

图4　个人信息权利束的位阶关系

---

〔1〕周维栋：《个人数据权利的宪法体系化展开》，载《法学》2023年第1期。

〔2〕美国著名法学家霍菲尔德将法律关系划分为相反和相关，并提出了构成"法律的最小公分母"的八个法律概念，包括四对相对关系和四对相反关系。具体包括权利（right）、义务（duty）、特权（privilege）、无权利（no-right）、权力（power）、责任（liability）、豁免（immunity）、无权力（disability）。其中广义的权利关系包括权利（right）、特权（privilege）、权力（power）、豁免（immunity）。参见宋松宛：《个人信息权的构建——基于霍菲尔德权利理论》，载《西部学刊》2021年第13期。

〔3〕马永强：《侵犯公民个人信息罪的法益属性确证》，载《环球法律评论》2021年第2期。

〔4〕袁俊宇：《个人信息的民事法律保护——以霍菲尔德权利理论为起点》，载《江苏社会科学》2022年第2期。

　　概言之，个人信息分级分类原子核式结构模型是通过核质子（人格尊严和人格自由）对周围电子（个人信息）的吸引力，进而形成不同的电子层（相关发散信息的外延），划定了个人信息的基本范畴，严格保护受控制力强的相关发散信息，而对于受控制力较弱的相关发散信息以一定自由发展的空间，从内向外的延伸体现了由私人向社会的场域变化，为社会发展与个人交往设置了基本的"度"，有效实现了对个人信息强弱有别的保护。以人格尊严和人格自由为内核质子向外产生吸引力，按照吸引力的强弱程度将个人信息划分为内层电子、中层电子和外层电子三个不同的电子层，三个电子层的关系如"洋葱"一般，内层包含于中层、中层包含于外层，在吸引力的作用下将吸引力更强的电子移动至上一层予以更严格的保护，并且个人信息的权利配置在不同电子层中也有所区别。

　　第一，内层电子。内层电子是距离核质子最近的一层，这一电子层中的信息也是受控制最强的信息，属于"绝对禁止"的范畴，法律应予以严格保护。由于内层电子与人格尊严和个人自由的勾连度最强，其涵盖的个人信息主要体现为生物识别信息，针对该信息主张的权利属于个人不可让渡也不可承诺的基本权利，并不属于个人有权自由处置的范围。[1]随着人脸识别技术的广泛应用，这把技术双刃剑背后的风险也随之而来，在大数据的加持之下很容易异化为复合型技术利维坦。[2]一旦生物特征相关信息遭到泄露，将带来不可估量的安全隐患。其一，生物特征信息具有唯一性和可破解性，一旦被泄露则无法得到有效补救，极易被犯罪分子用于财产犯罪等不法用途，进而给权利人的合法权益造成无法控制的巨大损失。[3]其二，生物特征信息极易被获取，可以说我们每个人在大数据的监控下均无所遁形。数据持有方和控制方对公民进行单方面的倾轧与破坏，公民自由行动的空间得到极大程度的剥夺，[4]这无疑会导致社会秩序的混乱与社会信任机制的全面倒塌。举例而言，脸书推出新款名为 Cambria 的 VR 眼镜，该眼镜通过搜集与识别与身体

---

〔1〕　劳东燕：《买卖人口犯罪的保护法益与不法本质——基于对收买被拐卖妇女罪的立法论审视》，载《国家检察官学院学报》2022 年第 4 期。

〔2〕　孙道锐：《人脸识别技术的社会风险及其法律规制》，载《科学学研究》2021 年第 1 期。

〔3〕　银丹妮、许定乾：《人脸识别技术应用及其法律规制》，载《人工智能》2020 年第 4 期。

〔4〕　王鑫媛：《人脸识别技术应用的风险与法律规制》，载《科技与法律（中英文）》2021 年第 5 期。

相关指标、眼动追踪、脑部信号、心率等数据，进而在元宇宙进行相应的具体呈现。通过对这些身体隐私数据进行分析，不仅极易得出用户的偏好与思维方式，还可以进一步借助人为造就的信息茧房实现对用户行为的控制，这无疑会对人的主体身份造成毁灭性的打击。[1]其三，人脸识别技术运用具有标签分类的判断方法，容易加剧社会歧视。由于生物特征信息与尊严的密切关联，加之其具有种种安全风险，应当予以单独、严格保护，该部分个人信息是绝对不得自决的领域，进行绝对控制和保密，信息主体不得主动进行商业化利用，信息处理者也不可以进行刺探、侵扰、利用以公开。因其不得流通利用的特殊性，自决权没有发挥的空间，与权利束的"束棒"不作对应。

第二，中层电子。中层电子相对内层电子的吸引力有所减弱，但是仍然与核质子有着较强的关联，这一层的信息主要体现为个人隐私与个人信息的重合部分——"私密信息"。《民法典》第1034条第3款之所以规定私密信息适用隐私权的规定，是考虑到隐私权和个人信息的立法意旨的差异。对于隐私权能否被商业化利用在整个立法过程中饱受争议，但理论界的主流观点否认隐私权可以商业化，立法机关也对此作出了立法层面的确认。[2]考察现行法的规定，《民法典》第1032条第1款[3]表明了隐私权的立法倾向，即"任何组织或者个人不得以刺探、侵扰、泄露、公开等方式侵害他人的隐私权。"故隐私权主要体现为消极防御的功能。而《民法典》第1035条[4]、《个人信息保护法》第1条[5]对个人信息的立法倾向却不同于隐私权，注重个人信息的处理与合理利用，意味着个人信息不仅具有消极防御的功能，还兼具积极利用的功能。因此，私密信息的立法宗旨是保护而非利用，集中体现为消极防御权能。与内层电子的"绝对禁止不同"不同，原则上，信息主体对于不得擅自决定他人对中层电子中私密信息的处理和利用，但对于涉及公共安

---

〔1〕 李勇坚：《元宇宙——经济学的解释及真相》，人民出版社2022年版。

〔2〕 黄薇主编：《中华人民共和国民法典人格权编解读》，中国法制出版社2020年版。

〔3〕《民法典》第1032条第1款："自然人享有隐私权。任何组织或个人不得以刺探、侵扰、泄露、公开等方式侵害他人的隐私权。"

〔4〕《民法典》第1035条："处理个人信息的，应当遵循合法、正当、必要原则，不得过度处理，并符合下列条件……"

〔5〕《个人信息保护法》第1条："为了保护个人信息权益，规范个人信息处理活动，促进个人信息合理利用，根据宪法，制定本法。"

全或者公共利益的情形，信息处理者出于公共安全与公共利益的考虑，根据
比例原则，可以对公民的私密信息予以处理和利用，比如身份证号、医疗信
息等。具体而言，在公共卫生事件中，基于防疫需要对公民的部分私密信息
作为疫情信息进行收集和使用。故在私密信息的权利配置上，其所对应的权
利束"束棒"受到限制，仅包括信息主体对于非法和不当处理利用私密信息
所享有的防御型请求权，以及信息处理者出于公共安全或公共利益的考量而
对私密信息处理利用的信息收集利用权和豁免权。

第三，外层电子。相较于前两层，外层电子与核质子的关联性减弱、受
核质子的控制力降低，拥有更为自由的发展空间。这意味着在外层电子上，
个人信息的积极利用权能得以凸显，以满足社会发展与个人交往需要。这一
电子层对应的是除前两层信息外的个人信息，即一般直接识别性信息，如手
机号码、社交平台登录账号、网页浏览记录等信息。在该电子层内部，根据
影响人身、财产安全的程度差异又可以将一般直接识别性信息细化为不同的
信息类型。故在权利配置上，一般直接识别性信息的权利束是完整的，涵盖
信息主体兼具进攻型和防御型的请求权与支配权、信息处理者的信息收集利
用权与豁免权（见图 5 和表 1）。

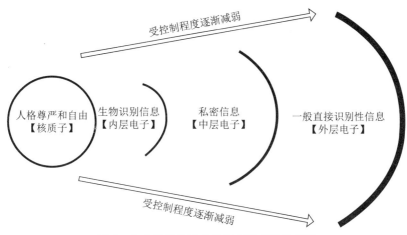

图 5　个人信息分级分类原子核式结构模型

表1　个人信息分级分类体系的权利配置（权利束）

个人信息权利配置 个人信息层级		生物识别信息	私密信息	一般直接识别性信息
信息主体	进攻型请求权	○	×	√
	防御型请求权		□	√
	支配权		×	√
信息处理者	收集利用权		□	√
	豁免权		□	√

（注：○表示不作对应；√表示享有；×表示不享有；□表示某些情形下享有）

三、涉个人信息犯罪之法益厘清与体系化适用

（一）侵犯公民个人信息罪法益观之学说述评

由于在本文建构的个人信息分级分类体系中，数据没有形成独立的电子层，仅作为飞离的电子存在，故数据犯罪不属于狭义的涉个人信息犯罪的讨论范畴，具体将在罪名体系性适用部分予以探讨。涉个人信息犯罪的核心罪名为侵犯公民个人信息罪，对该罪法益的准确厘定不仅关乎科学定罪量刑，也是与相关罪名正确区分适用的关键。

1. 现存观点纷争

侵犯公民个人信息罪的法益为何，理论界存在个人法益观、超个人法益观、混合法益观的争论。

第一，关于个人法益观。个人法益观是目前学界大多数学者所持的观点，内部观点交锋最为激烈，主要存在人格权说、个人生活安宁说、人格利益和财产利益说、个人信息自决权说、个人信息权说等观点分化。人格权说和个人生活安宁说漏洞明显，合理性受到质疑，已遭淘汰，目前的主流观点集中为人格利益和财产利益说、个人信息自决权说、个人信息权说，三种学说均有学者主张。人格利益和财产利益说将人格权保护对象延伸至财产利益，认为侵犯公民个人信息罪不仅包括人格利益，还包括人格利益背后所承载的财产利益。[1]个人信息自决权说认为个人对个人信息享有所有权，因此个人对

---

〔1〕 叶良芳、应家赟：《非法获取公民个人信息罪之"公民个人信息"的教义学阐释——以〈刑事审判参考〉第 1009 号案例为样本》，载《浙江社会科学》2016 年第 4 期。

个人信息具有处分、许可使用、删除等权利，其核心内容是个人有权自行决定其个人信息是否公开、对谁公开、公开到何种程度。[1]个人信息权说将侵犯公民个人信息罪的保护法益进行泛化，以一种独立的新型权利存在，实现对人格属性和财产属性的概括性评价。[2]

第二，关于超个人法益观。超个人法益观的观点包括公共信息安全说、信息管理秩序说、信息专有权说等。公共信息安全说认为，成立本罪的关键在于对公共信息安全的侵害。[3]信息管理秩序说认为，刑法设立该罪的初衷不是保护公民个人的信息权，而是将公民个人信息权设定为社会信息管理内容，只有将其置于社会信息管理之下，才能对其内涵作出完整阐释。[4]因此该罪的法益不是对微观具体利益的侵犯，而是对宏观信息管理秩序的侵犯。[5]信息专有权说认为，应当构建出能够间接保护作为宪法法益、公民个体享有的信息自决权，同时具备实质内涵的独立信息权类型，作为侵犯公民个人信息罪的保护的集体法益，除法定主体外，其他主体不得对个人信息非法获取与利用。[6]

第三，关于混合法益观。混合法益观兼具个人法益与超个人法益，持混合法益观的学者认为，"刑法中个人信息法益既有传统上包括隐私权在内的人身权和财产权，也有'超个人'的国家和社会公共安全、利益和秩序等，因此是多元的、多层次的体系"。[7]在混合法益观内部，亦无法回避两种法益的顺位关系，有学者指出在混合法益内部，"首先是公民个人法益，然后才是超个人法益属性，二者之间的主次关系不能颠倒"。[8]但目前持该主张的学者大

---

〔1〕 张勇：《APP 个人信息的刑法保护：以知情同意为视角》，载《法学》2020 年第 8 期。

〔2〕 于冲：《侵犯公民个人信息罪中"公民个人信息"的法益属性与入罪边界》，载《政治与法律》2018 年第 4 期。

〔3〕 王肃之：《被害人教义学核心原则的发展——基于侵犯公民个人信息罪法益的反思》，载《政治与法律》2017 年第 10 期。

〔4〕 凌萍萍、焦冶：《侵犯公民个人信息罪的刑法法益重析》，载《苏州大学学报（哲学社会科学版）》2017 年第 6 期。

〔5〕 张楚：《集体法益视野下获取公民个人信息行为的入罪限度研究》，载《刑法论丛》2021 年第 1 期。

〔6〕 敬力嘉：《大数据环境下侵犯公民个人信息罪法益的应然转向》，载《法学评论》2018 年第 2 期。

〔7〕 张勇：《公民个人信息刑法保护的碎片化与体系解释》，载《社会科学辑刊》2018 年第 2 期。

〔8〕 曲新久：《论侵犯公民个人信息犯罪的超个人法益属性》，载《人民检察》2015 年第 11 期。

多数都没有对混合法益内部的关系作出进一步阐释。

2. 现存观点评析

笔者认为,首先侵犯公民个人信息罪的保护法益应包括个人法益并无疑问。前文所述,个人信息所具有的天然的、专属于信息主体的人格属性毋庸赘述,同时在数字社会,出于时代发展和社会治理需要,个人信息同时内含巨大的商业价值,内置于个人信息的财产属性不可小觑,而对个人信息财产价值的挖掘不仅依赖信息主体,也离不开信息处理者。在个人信息权利配置上,权利束的"束棒"包括信息主体享有的信息自决权,以及信息处理者享有的信息收集利用权与豁免权,而信息主体的信息自决权又是信息处理者对信息进行合理利用的权利源泉和绝对前提,因此侵犯公民个人信息罪的个人法益应当体现为公民个人信息自决权,同时包括一阶权利——信息主体的自决权与二阶权利——信息处理者的衍生权利。此外,无论是《刑法》《网络安全法》《个人信息保护法》抑或是《解释》等都强调个人知情同意这一前提要件,也侧面证明个人信息自决权作为个人法益的正当性。如果完全消解个人法益,赋予个人信息全部的公共属性,直接违背了个人信息的内在属性,将导致超个人法益的适用范围无限扩张,个人法益得不到妥善保护,甚至可能存在为维护超个人法益而侵犯个人法益的现象。

其次,侵犯公民个人信息罪的保护法益还内涵超个人法益的因素。在本文建构的个人信息分级分类体系下,越严格保护的信息流通利用的空间就越狭窄,刑法之所以进行强保护,根本原因是该部分信息与人格尊严和自由尊严的关联十分密切,具有种种安全风险,一旦泄露会造成不可逆的巨大损失,此时刑法保护的便是个人信息安全,即保护个人信息免受非法侵害的风险。此外,否定超个人法益观的观点失之片面,具体而言,对其批驳主要集中为以下观点:一是保护法益不符合超个人法益的特征;二是犯罪性质并不属于法定犯;三是因理论滥用有违罪刑法定原则。[1] 然而上述理由都无法有力否定本罪的超个人法益:其一,在特征的比对上,论者试图从个人信息无法满足超个人法益的特征,进而得出不符合超个人法益的结论,但这一论证明显存在行为对象和保护法益的概念混淆,行为对象当然不必然满足超个人法益

---

〔1〕 马永强:《侵犯公民个人信息罪的法益属性确证》,载《环球法律评论》2021 年第 2 期。

的特征，例如毒品犯罪中，通说认为保护的法益是毒品管理制度，[1]也有部分学者认为是公众健康，[2]但无论是哪一种都承认毒品犯罪是侵犯超个人法益的犯罪，而毒品并不满足超个人法益的特征。其二，论者认为本罪的犯罪性质应当被理解为与公民自然权利相关的自然犯，一方面，自然犯与法定犯的区分与个人法益与超个人法益之间并不具有直接的对应关系；另一方面，将本身在理论界尚形成确定区分标准的自然犯与法定犯作为推导论据也显然不足取。其三，论者认为超个人法益无法起到限缩入罪范围的作用，存在理论滥用带来对罪刑法定原则的悖反。该观点实质上关乎法益一元论与二元论的争论，论者持有的是一元论的观点，而"僵化地坚持法益一元论会使我国刑法转型建立在某种近乎偏执的、'标签化'的法益观基础之上，忽视立法与司法的实践理性，丧失刑法与时代同频共振的敏锐度，导致刑法对于新兴法益保护的迟滞与缺失，难以解决我国当前刑法多元价值诉求的共时性问题"。[3]

最后，侵犯公民个人信息罪的法益应当体现为兼具个人法益与超个人法益的混合法益观。纵然个人法益观中的人格利益和财产利益说、个人信息自决权说、个人信息权说等观点尚有不少学者主张，但因忽视了个人信息内部的层级类型以及公共面向，完全抹杀超个人法益存在的可能性，失之偏颇。与此相对，在超个人法益观视域下，个人信息被赋予公共价值，仅关注个人信息的公共属性，不但忽视了对个人信息内在天然的个人属性的保护，而且作为超个人法益的安全、秩序等，往往由立法者创设，如果否定个人法益存在的正当性，还会导致超个人法益的适用无限扩张，甚至可能出现为维护安全、秩序而不当限制个人法益的情形。由此，个人法益观和超个人法益观均无法完整、全面揭示侵犯公民个人信息罪的保护法益，混合法益观应运而生。但目前理论界对混合法益观的论证与适用仍有较大的完善空间，不仅论证较为笼统，且如何适用没有进一步展开，即便是阐释了适用顺位的观点，也存在与复合法益概念相混淆之嫌。故笔者拟在类型化思维的指引下重新分析本罪的法益。

---

〔1〕　高铭暄、马克昌主编：《刑法学》（第 10 版），北京大学出版社、高等教育出版社 2022 年版，第 66 页。

〔2〕　张明楷：《刑法学》（上）（第 6 版），法律出版社 2021 年版，第 138 页。

〔3〕　马春晓：《现代刑法的法益观：法益二元论的提倡》，载《环球法律评论》2019 年第 6 期。

（二）类型化法益观之法益重塑

个人法益观和超个人法益观的观点之所以片面，根源在于他们忽视了个人信息这一"类概念"的复杂多样性，仅将个人信息作为一个整体确证法益内涵，最终导致二者均有自身难以自洽的弱项，故侵犯公民个人信息罪的法益不应拘泥于单一视角，而应采混合法益观。同时混合法益观有着内在独立的生成根基：行为对象所指向的人或物是具象化的公民利益，而法益表现为公民利益在刑法上的映射，偏向于物质化的概念，侵犯公民个人信息罪的法益受到侵害是实行行为对行为对象即个人信息施加影响所致，因此可以理解为行为对象是法益物质化的表现，个人信息分级分类保护体系也正是确定侵犯公民个人信息罪法益的依据所在。故与传统的混合法益观不同，本文所倡的混合法益观既不是个人法益与超个人法益的简单相加，也非成立固定的主次关系，而是基于个人信息分级分类保护体系，在类型化思维的指引下，对个人信息分级分类体系的内、中、外三层电子层所涵盖的信息分别作出认定，笔者称其为"类型化法益观"，作为混合法益观的具体分支存在。

至于类型化法益观内部的适用逻辑，笔者认为应与"复合法益"这一相近概念区分开来。复合法益是指"某一具体犯罪所侵害的具体法益中，包含了两种以上的具体的保护法益"。[1] 根据具体法益在决定犯罪性质中的作用，复合法益又分为主要法益、次要法益和附随法益。二者的区别在于是否需要同时侵犯多重法益：在复合法益的犯罪中，主要法益和次要法益均是该罪成立的必备条件，成立犯罪必须同时侵犯主要法益和次要法益；而在侵犯公民个人信息罪中，类型化法益观以个人信息的层级为判断基准，成立犯罪只要求侵犯到该层信息所保护的法益即可，不要求同时侵犯个人法益与超个人法益。由于不同层级信息保护的法益内容不尽相同，成立犯罪的要件也就不完全一致，具体证立如下：

首先，内层电子所对应的生物识别信息，属于"绝对禁止"的范畴，没有流通利用的空间，亦没有自决权的讨论价值，因此刑法对生物识别信息加以保护的原因并不在于保护信息主体所享有的信息自决权，更不涉及信息处理者的衍生权利。基于生物识别信息与人格尊严和自由密切相关，具有不可逆的特质，一经泄露、非法利用对公民的人身、财产安全乃至公共利益安全

---

〔1〕 张小虎：《刑法学》，北京大学出版社 2015 年版，第 96 页。

会造成不可挽救的损害。故就生物识别信息而言，侵犯公民个人信息罪保护的法益具象为信息安全法益，意指信息内容安全。由于单纯侵犯公民个人信息的行为可能不会产生实害结果，本罪往往充当其他犯罪如诈骗罪、敲诈勒索罪的犯罪链上游行为，"情节严重"这一要件更是葆有抽象危险犯的意蕴，信息安全法益应理解为保护个人信息免受非法侵害的可预期的风险。

其次，中层电子所对应的私密信息，原则上私密信息的立法宗旨是保护而非利用，与内层电子的理念相似，此时侵犯公民个人信息罪保护的法益体现为作为超个人法益的信息安全。例外允许信息处理者基于公共安全或公共利益的考量对公民的私密信息加以处理和利用，个人的自决权应当作出让渡，可即便是这种情形，个人也应当享有一定的防御型请求权，以应对信息处理者不当或非法处理上述信息，侵害公民信息安全的行为，也就是说在该层信息中，个人的信息自决权是不完整的，刑法保护的是主张型权利中的防御型请求权，即作为个人法益的有限制的信息自决权。

最后，外层电子所对应的一般直接识别性信息，积极利用权能和消极防御权能并重，于信息主体而言，公民有权自主决定个人信息的处理和利用，包括选择、控制、更改和删除等多项权利，同时对不当与非法利用行为享有防御请求权，因此刑法保护的是信息主体的信息自决权；于信息处理者而言，信息处理者所享有的来源于信息自决权的对个人信息的收集利用权与豁免权也受到刑法保护。因此在该层信息上，侵犯公民个人信息罪的法益指向信息主体的信息自决权，以及由信息自决权衍生出的信息处理者的收集利用权与豁免权。

（三）涉个人信息犯罪之体系性适用

涉个人信息犯罪的实践适用可以根据视角的不同进一步分为内部视角和外部视角：一方面，在侵犯公民个人信息罪内部适用上，要坚持类型化法益观，旨在实现罪刑均衡；另一方面，在处理侵犯公民个人信息罪与其他相关罪名的外部关系上，应严格区分侵犯公民个人信息罪与数据犯罪、财产犯罪的关系，以妥善解决涉个人信息犯罪罪名群适用的混乱困境。

1. 内部视角：类型化观念指引侵犯公民个人信息罪之罪刑轻重衡量

侵犯公民个人信息罪在实践适用中，最为关键的问题是如何准确定罪量刑、发挥类型化法益观对司法实践的指引作用，以科学划定该罪的"犯罪圈"。作为抽象危险犯规范构造的侵犯公民个人信息罪，恰好可以与分级分类保护体系契合对应。根据人格尊严和人格自由关联程度的差异，侵犯行为的对象涉及离核越近的信息，对人身安全与财产安全所造成的危险越大，越应当从重处罚。[1]换言之，从生物识别信息到私密信息，再到一般直接识别性信息的入罪，入罪门槛应逐渐提高，量刑也应逐渐轻缓，以此实现侵犯不同类型信息的行为与规制强度之间的协调对应。此外，在类型化法益观的指引下，被害人同意是否可以作为出罪事由应当区分情形处理：在生物识别信息和私密信息原则上的认定中，由于该罪保护的法益观为信息安全，被害人同意无效，仍然成立犯罪；在例外出于公共安全或公共利益的考量对私密信息进行处理的情形下，视为被害人默示同意，被害人不享有进攻型请求权和支配权，此时如果相关信息处理者在符合比例原则范围内的合理使用不成立犯罪；在一般直接识别性信息的认定中，保护的法益观为个人信息自决权，被害人同意可以作为出罪事由。

2. 外部视角：秉持概念严格区分涉个人信息相关犯罪之科学进路

除了明确侵犯公民个人信息罪的司法适用外，厘清该罪与其他关联罪名之间的关系，也是涉个人信息犯罪刑事治理的关键环节。

第一，关于侵犯公民个人信息罪与数据犯罪的界分。前文揭示了个人信息与个人数据的关系体现为内容与载体：个人数据是个人信息财产价值发挥的重要媒介。本文以直接识别性为界，将具有直接识别性的内容认定为个人信息，利用侵犯公民个人信息罪规制；而将仅具有间接识别性的内容与如经脱敏处理等不具有识别性的符号形式认定为个人数据，利用数据犯罪规制，由此便可以区分侵犯公民个人信息罪与数据犯罪。有学者指出："就侵犯公民个人信息罪与非法获取计算机信息系统数据罪的关系而言，如果信息主体与数据控制者均对数据享有值得刑法保护的权益，虽然只有一个非法获取行为，成立两个犯罪的想象竞合。"[2]这种处理路径形式上看似合理，但是实质上面临以下悖论：一方面，刑法中的法条竞合，由于其外延存在扩张和延伸之势，存在刑法中所有法条均存在竞合关系的趋势，这一现象亟待反思，[3]将信息

〔1〕 刘浩：《侵犯公民个人信息罪的法益构造及其规范解释》，载《环球法律评论》2023 年第 3 期。

〔2〕 于润芝：《非法获取个人数据犯罪的法益分析及处罚限定》，载《大连理工大学学报（社会科学版）》2023 年第 2 期。

〔3〕 叶良芳：《法条何以会"竞合"？——一个概念上的澄清》，载《法律科学（西北政法大学学报）》2014 年第 1 期。

犯罪与数据犯罪竞合处理并非解决罪名间关系的科学进路；另一方面，依本文观点，信息和数据本属于广义个人信息的两个层面，规制的对象不同、保护的法益也不同，本不应相互并列，而竞合处理恰恰将信息犯罪与数据犯罪视为同一层面的并列的犯罪类型，不尽合理。

第二，关于侵犯公民个人信息罪与财产犯罪的界分。"法益概念正是犯罪行为的实质不法内涵所在，也是行为之所以被定义为犯罪且需要受到处罚的实质理由。"[1]对二者的界分亦应从法益入手，前文证成个人信息具有天然的财产价值，在个人信息分级分类体系中，能够实现流通利用、将财产价值进行转化的部分集中于外层信息。在该层中，侵犯公民个人信息罪的法益体现为公民个人信息自决权，即二者的区分关涉个人信息自决权与财产权的关系。理论界不乏个人信息财产权说的支持者，但该观点最大的问题在于将个人信息的双重属性割裂开来。个人信息的财产属性天然存在于人格之中，通过一定途径转化为财产利益，财产价值并不是源于简单的符号形式，而是指向信息背后的人，简言之，离开人格本质的个人信息的财产价值便荡然无存。故如果将个人信息财产权化，非但不利于财产利益的转化，还可能导致人格的物化。人是目的而非只是手段，享有对个人信息的自决权利，如果将个人信息财产权化，则人格充当为财产服务的工具，人彻底沦为手段，人格尊严、人格自由便无从谈起。综上，在个人信息上无法成立财产权，不属于财产犯罪的保护法益，不应适用财产犯罪规制。根据前文所述，侵犯公民个人信息罪的犯罪行为可以成为诈骗罪、敲诈勒索罪等财产犯罪的上游犯罪行为，此时因二者不具有手段或目的必然的牵连关系，不成立牵连犯，应当数罪并罚。

四、结语

作为新一轮国际竞争中的战略方向，数字经济对于国家发展格局的扩张具有十分显著的作用，在未来的发展中应当把握数字经济发展新机遇，加快产业数字化、数据要素等领域的高质量建设，争取在全球竞争中抢占新一轮的制高点。然而，凡事有利必有弊。在看到数字经济发展优势的同时，不能忽视对数字安全保护制度的构建与完善，应当在个人利益保护和社会整体利益保护中寻找平衡与协调。尽管对个人信息保护法律规制的研究已经如火如

---

[1] 王皇玉：《刑法总则》（第 7 版），新学林出版股份有限公司 2021 年版。

茶地开展了许多年，不过既有研究仍未有效解决个人信息保护的诸多理论困惑，诸多理论问题纠缠在一起，愈发加剧了司法实践难以对不同罪名进行有效区分适用的困境。在个人信息的刑法保护体系研究中，应当坚持法秩序同一视域下的违法相对性理论，脱离民法等前置法划下的概念牢笼。与此同时，应当回归本质分析，"大数据论"思维和"大个人信息论"思维均应当被摒弃，明确区分个人信息与个人数据等诸多概念的界限，进而确立一个清晰客观的理论探讨问题域。在此基础之上，本文全面引入类型化思维作为指导理念，根据人格尊严和人格自由对个人信息吸引力的强弱，构建了独具特色的包含内中外三层信息的原子核式结构模型。在涉个人信息犯罪的罪名选择与适用方面，本文将侵犯公民个人信息罪的法益确立为混合法益，并创造性地提出了类型化法益观，对个人信息保护相关的关联罪名予以明确界分，实现个人信息保护体系内部与外部的协调与连贯。

第三单元

轻罪治理的罪责问题与刑事政策

轻罪化立法设想的现实冲突及解决路径

张　勇　李长青*

摘　要：轻罪化立法的设想脱胎于法益保护和自由保障为核心的新型机能论，其意在建立"严而不厉"的犯罪网络。轻罪化立法存在应然与实然的现实冲突，"轻罪不轻"是这一冲突的集中体现。不合理的前科制度打破了前科预防功能与其评价的负面影响间的平衡，导致了"轻罪不轻"问题的发生。建立前科消灭制度是化解轻罪化立法现实冲突的关键举措。前科制度改革应当充分发挥不起诉制度和前科封存制度的过渡作用，完善相关配套措施，最终以修正案方式确立前科消灭制度。

关键词：轻罪立法；前科制度；前科消灭

一、轻罪化立法设想：机能论背景与脱节现实

从 1997 年《刑法》颁布至今，我国《刑法》已经经历了 12 次修正。《刑法修正案（十二）》作为最新的刑法修正成果，对原有的 7 项法律条文进行了修改，增设了 9 个新罪名。20 多年间颁布了 12 部刑法修正案，尤其以最近的几次修订规模最大，我国《刑法》修改正呈现出越来越积极化的态势。立法上的犯罪圈不断扩大，再加上司法实践中轻罪案件数量比重的不断升高都在昭示着，我国正在进入一个积极立法的时代、一个轻罪的时代。随着工业化水平的提高，人们的法益正在面对越来越多"风险"的威胁。为了在风险不断增加的社会更加有效地保护法益，我们的立法也需要进行改变，于是轻罪化立法的设想应运而生。轻罪化立法设想是刑法机能转变的必然选择，但却存在应然与实然的脱节。

---

* 张勇，华东政法大学刑事法学院教授、博士生导师；李长青，华东政法大学刑法学研究生。

（一）轻罪化立法是刑法机能转变的必然选择

在探讨刑法机能转变之前，我们需要厘清何为刑法的机能。所谓机能，即功能或作用之义，也可以解释成任务。刑法的机能，或者说刑法的任务，在学界一直存在争议。传统观点结合我国《刑法》第 2 条将刑法的任务即机能表述为惩罚犯罪与保护人民两方面，最近的观点则发生了改变，认为刑法的机能一般包括法益保护、自由保障和行为规制。[1]第一种观点将惩罚犯罪作为刑法机能的观点是经不起推敲的。行为之所以被规定为犯罪就是因为其具有社会危害性，刑法惩罚犯罪的目的就是保护人民的利益，惩罚犯罪应当是保护人民的手段，因此将二者并列为刑法的机能明显是不合理的。所以笔者倾向于第二种观点并且认为法益保护和自由保障机能应当作为刑法机能的核心。刑法将侵害法益的行为规定为犯罪，客观上便起到了对人们行为进行规制的作用，因此行为规制机能可以说是刑法形式规定的必然结果，而法益保护与自由保障才是刑法机能的实质内容。法益保护与自由保障之间存在着一定程度的对立，法益保护意味着需要将损害法益的行为规定为犯罪，而犯罪圈的扩张必然会导致自由的损耗，在刑事立法与司法中应当将这种对立保持在合理且可控的范围内。人们对刑法机能的认识逐渐摒弃传统的惩罚与保护二元观念，开始接受法益保护和自由保障为核心的新型机能论。与此同时，在这种观念指导下的轻罪化立法也就必然包含对两项刑法机能的兼顾与平衡。

一方面，随着社会生活的变化，越来越多的新的需要保护的法益被人们发现并逐渐地得到重视，法益遭受损害的程度也日益严重，原本缺乏类型化的刑法规定逐渐满足不了法益保护的需求。[2]既然刑法的机能要求保障法益，在面对法益因社会变化与立法漏洞的双重原因而遭受日益严重损害的困境时，立法就应当有所改变，这也是为什么轻罪化立法要求严密法网的原因。另一方面，增设新罪的后果就是对人们自由的侵扰，因此为了能最大限度地降低这种不良效应，保障公民的自由，就需要对刑罚进行轻缓化的处理。综上可以看出，刑法机能围绕着法益保护与自由保障产生了历史性的转变，这一转变下轻罪化立法将是必然选择，严密法网和轻缓化刑罚是两项刑法机能之间

---

〔1〕 张明楷：《外国刑法纲要》（第 3 版），法律出版社 2020 年版，第 5 页。
〔2〕 张明楷：《增设新罪的观念——对积极刑法观的支持》，载《现代法学》2020 年第 5 期。

平衡的结果。

（二）轻罪化立法存在应然与实然的冲突

轻罪化立法设想的应然效果应当是建立起"严而不厉"的犯罪网络。如前所述，轻罪化立法的设想是对法益保护和自由保障两项刑法机能的权衡。严密法网对应的是法益保护，通过将现实生活中损害法益并且需要刑罚处罚的行为规定为犯罪来保护社会上诸多有形或无形的法益。对应"不厉"概念的则是轻缓化刑罚，即"去重刑化"，按照轻罪立法论者的主张，应当是指降低原有罪名以及新增罪名的法定刑。但所谓刑罚轻重，不仅仅是指积极立法者眼中那些刑法法规中规定的刑期"数字"，还应当包括刑罚所带来的附随后果。[1]现实当中刑罚附随效果产生的犯罪标签效应对刑满释放人员及其家庭造成的损害甚至不亚于刑罚本身。对轻罪理解的偏差，使得轻罪化立法的应然与实然效果之间产生了冲突。设想中的轻罪并没有实现真正的刑罚轻缓化，那么过度扩张的立法就会对人们的自由造成损害，刑法的法益保护与自由保障机能之间的平衡被打破了。

"轻罪不轻"是对上述问题的精炼表达。所谓"轻罪不轻"，在笔者看来，就是刑法规定的法定刑较轻的犯罪在实质层面给受刑者带来的影响比预想中的更为严重，无法与法定刑较重的犯罪相区分。如何界定轻罪重罪，学界存在不同的观点，主要分为形式说、实质说与折中说。但目前通说是以 3 年有期徒刑的法定刑作为重罪与轻罪的界限，也有学者认为"法定刑是罪刑轻重的体现"，应当"以 5 年有期徒刑作为轻罪与重罪的划分界限"[2]。形式说的观点都有一个共性，那就是以法定刑作为轻重罪的区分标准。这种区分有一个前提，那就是排除刑罚的附随效果，但由于司法实践各种因素的影响，使得这种前提在司法实践中完全无法实现。也就是说，目前我国的罪名体系只是在法定刑的层面上实现了轻重区分，但在刑罚带来的附随后果层面依然难以实现有效区别，这便是轻罪立法应然与实然效果的冲突。

---

〔1〕 崔志伟：《积极刑法立法背景下前科消灭制度之构建》，载《现代法学》2021 年第 6 期。
〔2〕 郑丽萍：《轻罪重罪之法定界分》，载《中国法学》2013 年第 2 期。

二、解决路径：渐进式构建前科消灭制度

（一）前科消灭制度建立的必要性

1. 不合理的前科制度导致"轻罪不轻"问题出现

我国目前并没有对前科概念作出官方的解释，因此在学界存在诸多不同的观点。但总的说来，刑法学意义上的前科概念，主要存在三种观点：有罪宣告说、定罪科刑说以及折中说。第一种观点认为只要行为人受有罪宣告或判决有罪即可成立前科，而不问其是否实际执行刑罚或科处刑罚；第二种观点认为只有行为人被判处有罪并科处刑罚时才能认定为具有前科；第三种观点则是前两种观点的结合，认为前科既可以是曾被判处刑罚的事实，也可以是曾被法院宣告有罪的事实。[1]在笔者看来，有罪宣告说的观点更为合理，前科应当是指曾经被法院宣告犯有罪行或者判定有罪的法律事实。[2]前科本身只是对行为人犯罪事实的记述，真正能够对行为人产生影响的是对前科在刑事或非刑事上进行的评价。刑罚的附随效果也不是前科本身所导致的，同样也是由这些评价所造成的。

前科的评价分为刑事法律评价、非刑事法律评价以及社会评价三类。对前科的刑事法律评价，主要是指在定罪量刑中将犯罪人是否具有前科作为评价要素，例如我国的累犯制度就是将行为人是否受过有期徒刑以上刑罚处罚作为判定的标准，另外还有将前科作为定罪的条件认定为"情节严重"的情形。[3]非刑事法律评价则表现为行政机关通过查询行为人的犯罪前科，依据相关法律对其就业等资格予以剥夺或者限制。社会一般人在知晓行为人犯罪受刑的事实后，对其人格等进行的评价则属于前科的社会评价。[4]前科的刑事法律评价是基于行为人的人身危险性做出的，其产生的效果只会在后罪发生时才显现，对刑满释放人员的回归社会不会产生不良影响。前科的非刑事法律评价以及社会评价则对这些人员重新踏入社会、回归生活设置了诸多障碍，产生了负面影响。首先前科人员本身作为社会的弱势群体，在就业时会

〔1〕 付强：《前科消灭的概念研究》，载《当代法学》2011 年第 2 期。
〔2〕 彭新林：《中国特色前科消灭制度构建研究》，人民法院出版社 2019 年版，第 22 页。
〔3〕 林维：《论刑事政策的法律化（上）——以前科的意义为中心》，载《法学评论》2005 年第 5 期。
〔4〕 张勇：《犯罪记录的负效应与功能限定》，载《青少年犯罪问题》2012 年第 6 期。

受到很多的歧视和不公正对待，而许多规定又会对其就业作出限制，这就使得他们寻找工作变得格外困难。没有工作就难以生活，再犯的危险性也就提高，从而陷入一种恶性循环。其次，前科会给行为人贴上犯罪的标签，这种犯罪标签效应不仅在社会评价甚至法律内部都有规定。[1]前科的设立本身是具有合理性的，出于社会防卫以及刑罚预防效果的考量，前科有其存在的必要性，这一点是毋庸置疑的。合理的前科制度使负面影响与前科设立的必要价值达到某种动态的平衡，能够将前科评价的负面影响控制在合理范围内。

我国的前科制度存在种种问题，将前科评价的负面效应无限放大，从而导致了"轻罪不轻"的问题。我国立法虽然没有对前科作出明确定义，但我国的前科制度还是客观存在的，例如《刑法》第 100 条的前科报告制度、累犯制度和我国《刑事诉讼法》规定的"未成年人前科封存制度"等都是前科制度的组成部分。合理的前科制度对前科评价的负面影响会产生抑制作用，相反，不合理的前科制度不会起到抑制作用甚至会无限放大这一负面影响。我国的前科制度存在立法混乱、无期限以及"株连"等问题。

第一，我国的前科制度存在立法混乱的问题。前科的非刑事法律评价是指行政机关通过非刑事法律对前科人员的就业等权利予以限制或剥夺，这里的权利主要是就业权，而根据我国《宪法》第 42 条之规定，劳动就业权应当是公民的基本权利。而从我国目前的立法体例来看，地方行政法规甚至都可以对前科人员的就业权予以限制，这种做法本身就是违背了法律保留原则。类比我国刑法中规定的剥夺政治权利这一刑罚措施，同样是剥夺公民权利的前科制度，却在刑法规定中存在空白，这很显然是不合理的。不仅如此，在行政法规内部还存在下位法与上位法相冲突、同位阶法律相互矛盾等问题。[2]

第二，我国的前科制度存在无期限的问题，行为人只要被定罪科刑，那么他终身就会被烙上犯罪的标签。依据标签理论，制造犯罪人的过程就是一个贴上标签、（给他）下定义、认同、隔离、描述、强调以及形成意识和自我意识的过程。[3]行为人被贴上犯罪标签本身就是一种惩罚，这意味着他在接

〔1〕 梅传强：《论"后劳教时代"我国轻罪制度的建构》，载《现代法学》2014 年第 2 期。

〔2〕 邵玉婷：《前科就业限制的比例原则规制》，载《东方法学》2017 年第 3 期。

〔3〕 Frank Tannenbaum, *Crime and the community*, New York：Columbia University Press, 1938, p.19, 转引自梁云宝：《我国应建立与高发型微罪惩处相配套的前科消灭制度》，载《政法论坛》2021 年第 4 期。

受完刑罚惩罚后还需要面对社会的歧视，其权利将受到限制与阻碍。前科作为一项法律事实，其不会消失，这一点是确定的，但其所造成的犯罪标签效应不应当是永久的，应当是有期限的。我国并没有规定犯罪记录的存续时间，这使得无论是轻罪还是重罪都会被永久保留前科，对于刑满释放人员来说未免太过残忍。

第三，我国的前科制度存在株连效应。"株连"效应并不全是前科评价的负面影响所造成的，很大一部分原因是外部制度的问题。如果要解释"株连"效应的合理性，大概可以从人身危险性的角度入手，犯罪人的人身危险性可能对其家庭成员产生一定的影响，因此出于社会防卫和预防犯罪的考量，对犯罪人家属的就业等权利予以一定的限制。但这种合理性难以令人信服，因为其缺少科学的论证和调研，只是在传统思维的惯性下形成的理解。前科的设立是为了预防犯罪，而这种"株连"效应让前科人员的家属成为受害者，使他们在工作等领域受到不公正的对待，实在不利于刑罚实现一般预防的效果。前科的社会评价所带来的"株连"效应往往是社会民众对犯罪人及其家属的歧视，这一点无可厚非。但前科的非刑事法律评价以法律的形式将此种"株连"效应予以合理化，则完全突破了刑法中的罪责自负原则，这也是我国前科制度存在的问题。

综上所述，"轻罪不轻"现象与我国不合理的前科制度之间的因果关联就变得显而易见了。不合理的前科制度打破了前科的预防犯罪作用与前科评价带来的负面影响之间的平衡，不仅放大了前科评价的负面影响，还不利于实现预防犯罪的目的。我国前科制度存在的种种问题使得刑罚的附随后果太过严重，一刀切式的做法使得重罪与轻罪无法实现真正的区分，轻罪在附随后果上和重罪没有差别，进而也就导致了"轻罪不轻"问题的出现。

2. 前科消灭制度是解决"轻罪不轻"问题的根本措施

在解释前科消灭制度的价值与意义前，我们需要厘清前科消灭制度的基础概念即何谓前科消灭。前文所述，前科是指曾经被法院宣告犯有罪行或者判定有罪的法律事实，该法律事实只要发生就不能归于消灭。所以说，前科消灭制度消灭的不是前科，而是承载犯罪事实的犯罪记录。有的学者认为犯罪记录就是前科，将二者相混淆。有的学者则认为"犯罪记录和前科之间的关系是一种特殊的前提与结果、评价与被评价的关系"。笔者更倾向于认为犯罪记录是前科的客观形式记载，前科消灭就是注销犯罪记录。[1]明确了前科消灭的对象，还需要进一步考察该项制度想要达到的效果。钱叶六教授指出前科消灭制度将会给当事人带来一系列积极的、有利的法律后果，概括起来有：（1）犯罪标签的摘除；（2）不利后果的消除；（3）前科报告义务的免除。[2]笔者深以为然。因此可以看出，前科消灭对犯罪人权利的恢复具有重要意义，它可以为这些人架起一座回归社会的"金桥"，防止他们因生活窘迫或者社会歧视而再次走上犯罪的道路。

前科消灭制度在域外立法不一，存在一些差异。例如《俄罗斯联邦刑法典》就明确规定了前科消灭制度，并规定了前科消灭的条件主要是刑罚执行完毕后经过一定期限，前科终止的路径包括消灭和撤销两种等。[3]法国的前科消灭制度发展时间较长，在大陆法系国家最具代表性，在《法国刑事诉讼法典》第八编"犯罪记录"中对前科及前科消灭制度进行了规范，对前科消灭的条件、程序、效应等都进行了详细的规定。[4]美国虽然没有在联邦刑法中规定前科消灭制度，但在州法律中也都有前科消灭制度的存在，对前科消灭的条件等都进行了限定。虽然各国对前科、前科消灭的界定不同，但都对前科消灭的条件进行了限定，大多是以期限以及行为人行为表现作为依据。

结合前科消灭的对象、效应以及条件，可以总结出，前科消灭是指曾经被法院宣告有罪或者判定有罪的人，具备一定条件，则将其犯罪记录予以注销或抹除，并恢复其被限制或剥夺的权利的一种制度。在我国，轻罪与重罪只是实现了法定刑的区分，在刑罚的附随效果上并没有实现实质区分，而前科消灭是实现这种区分的关键。"轻罪不轻"问题是由我国不合理的前科制度导致的，我国前科制度存在立法混乱、无期限以及"株连"效应等问题。所以要想解决"轻罪不轻"问题，消除轻罪化立法的现实障碍，就必须解决上述问题，而前科消灭制度就是最佳方案。前科消灭制度的建立可以有效解决我国前科制度存在的问题。首先，建立前科消灭制度需要厘清基础概念，并将基础概念通过立法的方式确立，这可以化解前科立法混乱的局面；其次，前科消灭是指前科的客观载体——犯罪记录的消除，这意味着前科评价也会

---

[1] 彭新林：《中国特色前科消灭制度构建研究》，人民法院出版社 2019 年版，第 30 页。
[2] 钱叶六：《前科消灭制度评析与设计》，载《内蒙古社会科学（汉文版）》2004 年第 5 期。
[3] 庞冬梅：《俄罗斯前科制度研究》，载《刑法论丛》2018 年第 2 期。
[4] 《法国刑事诉讼法典》，罗结珍译，中国法制出版社 2006 年版，第 608~611 页。

在经过一段时间后消灭，其所带来的负面影响，无论是无期限的犯罪标签效应还是株连效应也都会归于消灭。前科消灭虽然并不是将行为人的犯罪事实消除，但消除其犯罪记录的方式完全可以将前科带给他们的负面影响降到最低，恢复前科预防犯罪与负面影响间的平衡。

（二）前科消灭建立宜采用渐进式

前科消灭制度的建立不可能一蹴而就，目前我国尚不具有建立起完整制度的条件，因此需要采用渐进式改革的方式，逐步解决我国前科制度存在的种种问题。所谓不能"一蹴而就"，在笔者看来就是目前不能直接通过刑法修正案的方式将前科消灭制度予以规定。基于对改革成本的考量，应当在厘清理论问题的基础上，花费一段时间建立相应的配套措施，最终再通过立法建立起完全的前科消灭制度。

首先，我国目前现存的刑事制度与前科消灭还存在许多矛盾的地方需要协调。协调性是刑法修改的重要原则，"刑法是法律体系中的重要部分，刑法本身也是一个体系"。[1]刑法内部的协调性是其能够保持法律权威的重要因素，一部充斥着悖论、自相矛盾的法律与废纸无异。前科消灭制度是西方在探索刑法制度道路上的一次有益尝试，其是公民个人自由与社会防卫之间角力的舞台，是隐私权、言论自由等权利相互妥协的产物。但作为一项舶来品，其必然会与我国的传统制度存在一些矛盾。例如我国《刑法》第66条规定的"特别累犯"，就明确规定危害国家安全犯罪、恐怖活动犯罪、黑社会性质的组织犯罪的犯罪分子将永久保留对其前科进行刑事法律评价的可能而无论其日后是否再犯。这与通常将犯罪人的前科存续设定在一定期限内的前科消灭制度之间的确是存在着矛盾的，但这种矛盾并不是不能调和的，只是这种改变尚需要时间，不是出台一部刑法修正案就能实现的。

其次，我国尚缺乏实行前科消灭的配套制度，即便是在短时间内确立前科消灭，也不能充分发挥其功效。高楼大厦的建立需要坚实的地基，在法律制定和修改的活动中，立法者就像工程师，除了设计好图纸外，还需要检验地基是否牢固，而配套制度之于前科消灭就是地基之于高楼大厦一般。如前所述，前科消灭虽称为"前科"消灭，但其消灭的并不是行为人的犯罪事实，

---

〔1〕 张明楷：《增设新罪的原则——对〈刑法修正案十一（草案）〉的修改意见》，载《政法论丛》2020年第6期。

而是承载这一事实的客观形式载体——犯罪记录。因此，完备的犯罪记录登记与查询制度将会是前科消灭建立的首要基础。2012年最高人民法院、最高人民检察院、公安部、国家安全部、司法部颁布了《关于建立犯罪人员犯罪记录制度的意见》（以下简称《意见》），足以看出犯罪记录制度对整个前科制度的改革所起到的重要作用。然而，该《意见》存在诸多问题，法律层级过低，规定亦过于笼统，缺乏可操作性，近年来未能进一步落实和推进。我国要想建立全面的犯罪记录登记与查询制度还需要时间，只有在建立起该制度的基础上，前科消灭在我国才有其生存的土壤。此外，其他的配套制度我国也存在空白。例如，前科消灭过程中的监管制度、前科消灭后的恢复制度等。这些制度如果不能建立，即使前科消灭制度在仓促间形成，也无法发挥其在预防犯罪、保障人权方面的功效。

前科消灭制度的建立绝不仅仅是刑法单独就能完成的，还需要其他部门法进行调整，其他机关如社区机构、民政部门等都需要进行相应的改革，整个社会机制统一起来才能够实现制度的有效运行。但这也就意味着建立这样一项制度所要耗费的成本将是无比巨大的。因此，有人便认为"考虑到改革的渐进性与路径依赖等因素，在司法层面检察机关的缓起诉与量刑建议权等措施更具现实可行性"。[1]这种设想固然有其合理性，但想要真正解决轻罪化立法中应然与实然的冲突，解决"轻罪不轻"问题，就必须建立前科消灭制度。出于改革成本的考虑，这项浩大的工程需要一定的时间，将花费的成本在这段时间内进行分摊，既能够保证制度建立的牢固性，也能够将短期内的成本控制在合理范围内，最终能够在可接受的范围内建立起前科消灭制度。

综上，基于刑事立法协调性、配套制度完善以及改革成本三方面的考虑，我国前科制度改革应当是一个渐进性的过程。建立前科消灭制度有其必要性，我国目前存在的问题也并非无法解决，所以我国目前应当以建立前科消灭制度为目标划分进程，逐步解决前科制度存在的问题，实现轻罪化立法应然与实然的统一。

三、构建方案之设想：阶段式过渡

如前所述，我国的前科制度改革应当以建立前科消灭制度为目标，针对

---

〔1〕 徐岱、王沛然：《中国轻罪治理体系规范检视与路径选择》，载《社会科学战线》2022年第10期。

前科制度存在的问题，考虑立法协调性、配套制度完善以及改革成本，将整个改革过程分为三步，逐步将轻罪化立法的构想变为现实，形成"严而不厉"的犯罪网络。

（一）现阶段以不起诉制度为核心

轻罪化立法存在应然与实然的冲突，因此我国在没有建立前科消灭制度的情形下是不宜大量地增设轻罪的。但现实却是，近年来我国增设犯罪的数量不断增加，犯罪圈正在逐步扩大。据统计，《刑法修正案（九）》《刑法修正案（十）》《刑法修正案（十一）》三次刑法修正案一共增加 38 个罪名。[1]新罪中轻罪所占比例较高，[2]当然所谓的轻罪只是法定刑较轻，在刑罚的附随效果上对行为人的危害却是严重的。立法上轻微罪数量的增多，导致的结果就是现实中轻罪数量激增以及比例的提高。轻罪数量的增多与我国司法资源的紧缺产生了冲突，"案多人少"成为各级法院尤其是基层法院常见的现象。[3]在前科消灭制度尚未建立的情形下，立法上所表现出来的积极态势只有通过司法、执法环节予以限制。也就是说立法上积极增设新罪、轻罪，在实际执行法律时应当尽可能地严格控制适用，以此来减少案件数量，一来可以降低前科评价的负面影响，二来可以起到缓解法院压力的作用。

轻罪化立法背景下应当秉持宽严相济的刑事政策，现阶段以不起诉制度为主体，从公诉角度缓解因积极立法而产生的压力与负面影响。2022 年最高人民检察院在其工作报告中指出，贯彻宽严相济刑事政策，对犯罪情节轻微、依法可不判处刑罚的决定不起诉 102 572 人，同比上升 25.5%。可见，我国目前轻罪法治体系的改革大致就是沿着这个方向进行的。在轻罪的附随效果没有实现真正"轻缓化"的现阶段，不起诉制度应当是目前适配度最高的解决方案。一方面，不起诉能够直接减少轻微罪刑事案件的数量，减少前科人员的绝对数量，一定程度上可以抑制前科评价的负面影响；另一方面，降低案

〔1〕 上海检察：《犯罪结构变化背景下的轻罪治理与检察应对（上）：理论观照》，载"上海检察"公众号，最后访问日期：2022 年 10 月 20 日。

〔2〕《刑法修正案（九）》修改、新增、删除 32 个罪名，其中修改了 11 个罪名，删除了一个罪名，新增了 20 个新罪名，其中法定最高刑为 3 年有期徒刑以下刑罚的有 12 个，占比达到 60%。《刑法修正案（十）》增设一个新罪名，即侮辱国旗、国歌、国徽罪，法定最高刑为 3 年有期徒刑。《刑法修正案（十一）》修改、新增罪名 25 个，除去部分修改的罪名，完全新增的犯罪共有 17 个，其中法定最高刑为 3 年有期徒刑以下刑罚的罪名有 8 个，占比达到 47%。

〔3〕 梅传强：《论"后劳教时代"我国轻罪制度的建构》，载《现代法学》2014 年第 2 期。

件数量可以减轻法院的负担，从而缓解"案多人少"的现实问题。

但我国所采用的不起诉制度只是权宜之计，并不能从根本上解决我国"轻罪不轻"的问题。我国的不起诉制度包括法定不起诉、证据不足不起诉、酌定不起诉以及附条件不起诉。如前所述，前科是行为人被宣告有罪或判处刑罚的法律事实，而行为人被判定有罪的程序前提就是起诉，因此不起诉制度与前科评价存在一定的关联。以酌定不起诉为例，该制度是指检察机关对于那些在刑法上构成犯罪，但情节轻微不需要判处刑罚的行为人可以不起诉，且不会保留其犯罪记录。这项制度确实能够将一部分本应该具有前科的人员排除出去，可以杜绝前科与刑罚对其产生的不良影响。但不起诉制度对于那些已经被判处刑罚或宣告有罪的人员并没有起到多大的作用。也就是说，不起诉制度并不能消除行为人的犯罪事实或者恢复前科人员的权利，而只是保证一部分构罪人员不会被冠以"前科人员"的标签。相比于前科消灭制度，不起诉对前科人员所起到的保护作用只是微乎其微，想要真正帮助他们回归社会，还是要建立起前科消灭制度。

（二）完善基础制度，扩大前科封存适用范围

如果说前科制度改革的第一阶段是利用好现有的措施，那么第二阶段就应当是为前科消灭建立起必要的基础制度。前科消灭制度消灭的并不是行为人的犯罪事实，而是承载这一信息的载体——犯罪记录。因此，犯罪记录的登记是前科消灭的前提。2012年发布的《意见》一直以来都是我国犯罪记录建立工作的指导文件。最高人民法院、最高人民检察院、公安部、司法部2022年出台的《关于未成年人犯罪记录封存的实施办法》也对犯罪记录制度的建立提出了新的要求。但时至今日，过去一直存在的问题仍然存在，新的问题也在不断增加。我国犯罪记录登记制度尚不完备，亟待改进，这既是建立前科消灭制度的要求，也是基于公共利益和公民个人权益的合理考量。

基于我国犯罪记录制度目前存在的问题，同时结合前科制度改革的整体方向，笔者有两条完善的建议。首先，是建立全国统一的犯罪信息数据库，由更高层级的国家机构进行管理，统筹各地方、各机构的犯罪记录信息。其次，建立犯罪记录的限制查询制度，扩大前科封存制度的适用范围，一方面出于对前科人员隐私权与被遗忘权的保护，限制犯罪信息的查询主体与范围；另一方面结合轻微罪治理的司法窘境，将前科封存由未成年人扩大到轻微罪犯罪主体。有的学者主张在我国只需要将前科封存制度的适用范围由未成年

人扩大至轻罪行为人即可，而无需建立前科消灭制度。[1]根据我国《刑事诉讼法》第286条之规定，前科封存制度是指封存那些犯罪时未满18周岁，被判处5年有期徒刑以下刑罚的人的犯罪记录，不向社会提供，"但司法机关为办案需要或者有关单位根据国家规定进行查询的除外"。前科封存其实可以说是一项非常接近"前科消灭"的制度，首先二者都是以前科的物质载体——犯罪记录作为对象；其次二者也都是采用了控制或者消灭相关主体接触犯罪记录的可能性为手段，都能够很大程度上缓解甚至解决不合理前科制度带来的问题。前科封存的扩张适用可以为前科消灭的建立起到很好的过渡作用。前科封存是我国意图建立前科消灭的有益尝试，特别是对未成年人利益保护具有重要意义，但前科封存相比于前科消灭还是存在一些不足。首先，前科封存是将犯罪记录进行封存，不向社会大众公开，其只是消除了前科评价的社会影响，但对于前科评价的法律规范影响则并没有起到抑制的效果；其次，前科封存的表述给人一种暂时性的感觉，即犯罪记录在未来还有可能被调取出来，对未成年人的保护不够彻底，不利于未成年人犯罪预防和回归社会。[2]因此，前科封存制度的范围扩大是适应轻罪化立法的调整，但最终还是需要建立前科消灭制度来实现轻罪化立法应然与实然的统一，解决"轻罪不轻"问题。

（三）前科消灭制度的立法规定

我国前科改革的最后一步就是通过刑法修正案的方式确立起前科消灭的基本制度。当然，世界各国针对前科消灭制度的规定存在多种不同的立法模式，例如专设前科消灭法、刑法与刑事诉讼法综合规定等。一方面前科消灭虽然涉及一些诉讼法内容，但总的看来还是一项重要的刑法制度，应当由刑法加以规定[3]，而我国《刑法》的修正自1999年以来就一直采用刑法修正案的方式进行；另一方面，专设一部法律来规定前科消灭，既需要考虑其位阶问题，还要考虑其与刑法的协调一致，立法成本将会很大。因此，基于以上两方面的考量，笔者更加倾向于以刑法修正案的方式规定前科消灭制度。

---

〔1〕 李翔：《论微罪体系的构建——以醉酒驾驶型危险驾驶罪研究为切入点》，载《政治与法律》2022年第1期。

〔2〕 王明明：《未成年人前科消除制度论——兼评刑事诉讼法修正案（草案）第95条犯罪记录封存制度》，载《中国人民公安大学学报（社会科学版）》2011年第6期。

〔3〕 彭新林：《中国特色前科消灭制度构建研究》，人民法院出版社2019年版，第165页。

在确立好立法模式以后，就需要明确前科消灭法律规定的具体内容以及其在刑法中的位置。笔者认为前科消灭的具体规定应当包含基础概念、适用条件、法律效果。

第一，基础概念。"前科"概念的界定，在刑法中应当予以明确，并且应当强调对前科人员就业限制应当由法律和行政法规作出，以此来解决我国前科制度存在的立法混乱问题。

第二，适用条件。笔者认为前科消灭条件的规定可以仿照缓刑的有关规定，采用形式条件和实质条件并立的方式。各国立法对前科消灭制度的规定虽然不一，但都存在一些共同点可供我国借鉴。其一，前科消灭都要经过一定的时间；其二，都注重行为人的个人表现，包括是否再犯、工作表现等。[1]因此，我国的前科消灭规定可以以时间作为形式条件，设置一定的前科存续期间和考验期，配合我国的累犯制度，以5年为最短期间；以行为人在该期间的个人表现作为实质条件。

第三，法律效果。前文已经对前科消灭的法律效果进行了论述，那就是摘除犯罪标签和恢复被限制或剥夺的权利。这种权利的恢复不仅是针对社会层面，还应当包括规范层面，即前科被宣告消灭的人，在规范评价、社会权利上同未犯罪之人相同。

第四，前科消灭的体系位置。有的学者认为前科消灭制度内容繁多，宜在刑法中设立专章进行规定。但笔者认为，《刑法》尤其是总则规定应当以原则性和基础性内容为主，因此应当增设一款作为《刑法》第100条之一，规定前科消灭制度的基础内容，其他具体条件、执行等宜通过司法解释的形式予以明确。

四、结语

观察事物应当从应然与实然两个角度。轻罪化立法的构想顺应了法益保护的趋势，在应然上具有一定的合理性，但在实然上却受到"轻罪不轻"现实问题的阻碍。立法者所主张的"严而不厉"犯罪网络因为对轻罪概念的误解而无法得以实现。轻罪的界定不应当仅仅局限于法定刑上，应当结合刑法附随后果予以实质认定。理论上的误解加上我国不合理的前科制度导致了

---

[1] 房清侠：《前科消灭制度研究》，载《法学研究》2001年第4期。

"轻罪不轻"现象的出现，导致了轻罪立法的现实冲突。要想化解此种冲突，根本路径就在于建立前科消灭制度。前科消灭制度能够帮助我们解决前科制度所存在的立法混乱、终身制以及"株连"效应等问题，能够恢复前科预防作用与评价消极影响之间的平衡。但作为一项舶来制度，它的建立需要采取渐进化方式，充分发挥现有制度的优势、扩大适用范围，同时为建立彻底的前科消灭制度打好基础，通过立法的手段建立起彻底的前科消灭，为犯罪人回归社会架起一座"金桥"。

微罪刑事司法政策的选择[*]

黄　何[**]

摘　要： 自《刑法修正案（八）》设立危险驾驶罪以来，我国刑事立法逐步开启了微罪的立法进程。从社会治理的角度而言，微罪入刑有其正当性所在。但微罪入刑，绝不等同于微罪应从严司法。我国司法实践一度遵循的从严司法政策至少存在"把人作为工具""过度刑罚""违背司法平等""造成司法资源偏移"等四个方面的弊病。微罪虽为犯罪，但无论其客观还是主观方面，所表现出的法益侵犯性与主观恶性等都在刑法罪名的体系中属于最轻。根据我国宽严相济总刑事政策的内容，微罪应确立从宽的司法政策为原则，辅以从严"相济"。该政策也是调和刑法需更广泛地参与社会治理与法律发展应当以充分保障人的自由为目的冲突之间的必然选择。

关键词： 微罪；刑事司法政策；从宽司法；社会治理；人权保障

一、问题的提出

自 2011 年《刑法修正案（八）》设立危险驾驶罪以来，我国刑事立法逐步开启了微罪[1]的立法进程。2015 年《刑法修正案（九）》增设了使用虚假身份证件、盗用身份证件罪、代替考试罪两个微罪，2020 年《刑法修正案（十一）》更是一次性增加了妨害安全驾驶罪、高空抛物罪、危险作业罪三个

---

　*　基金项目：国家社科基金项目：面向轻罪治理的刑事制裁体系重构问题研究（23BFX131）。

　**　黄何，男，1990 年生，汉族，法学博士，江苏大学法学院讲师，南京师范大学司法案例研究中心研究员。

　〔1〕　借鉴李翔教授使用微罪的概念，本文中的微罪是指法定最高刑为 1 年有期徒刑以下（包括拘役）的罪名。参见李翔：《论微罪体系的构建——以醉酒驾驶型危险驾驶罪研究为切入点》，载《政治与法律》2022 年第 1 期。

微罪。尽管微罪入刑是否合理仍然存有争议，[1]但在微罪已然存在的现实背景下，关注微罪立法进程下的刑事司法政策恐怕显得更为迫切。[2]以危险驾驶罪为例，尽管危险驾驶罪最高法定刑只有拘役 6 个月，但危险驾驶罪的司法却在相当长的时间内保持着甚至比故意伤害、以危险方法危害公共安全罪等重罪更为严厉的司法政策——血液酒精含量达到 80 毫克/100 毫升即入罪，入罪即实刑，不起诉、缓刑被极其严格地限制使用，甚至不使用。[3]然而，这种从严的司法政策选择是否正当非常值得怀疑。一方面，我国奉行宽严相济的刑事总政策，其中，"从严"主要是指对于罪行十分严重、社会危害性极大，依法应当判处重刑或死刑的，要坚决地判处重刑或死刑；对于社会危害大或者具有法定、酌定从重处罚情节，以及主观恶性深、人身危险性大的被告人，要依法从严惩处。[4]微罪似乎并不属于其列。另一方面，微罪也是犯罪，也会留下前科记录，进而产生犯罪标签化效应，影响到求职就业、子女政审、信用评价等。在司法实践当中，微罪犯罪人承担的不利后果往往可能会超过法定刑的处罚限度，这也与刑法主要是通过刑罚来教育改造犯罪人的

---

〔1〕 例如有学者指出："轻罪化"作为刑法参与社会治理的立法方案源于"严而不厉"的目标导向，但"严而不厉"内含"严"与"厉"概念交叉、狭义解读刑法谦抑性、迷信刑法积极预防功能等不足，在"去重刑化"目标尚未实现之前追求法网之"严"，则导致刑法结构"又严又厉"。增设轻罪也不是校正重刑主义司法偏向的恰当措施，重罪构成要件的司法扩张是解释者背离罪刑法定原则使然，应正视司法恣意性的根源而非通过轻罪化立法为之开脱，否则将陷入"司法无限倒逼立法"的恶性循环。因此，追求法网严密的轻罪化立法应予放弃，从而为发挥刑法之外其他规范及其主体的功能让渡空间，真正促成社会治理所需的多元共治格局。冀洋：《我国轻罪化社会治理模式的立法反思与批评》，载《东方法学》2021 年第 3 期。

〔2〕 需要说明的是，本文并非不关注或者不重视微罪入刑是否合理之争，只是一方面，该争议超出了本文讨论的范畴，亦不是本文讨论的重点；另一方面，在微罪已经存在的情形下，讨论如何定罪量刑更为关涉公民的利益。但总体上而言，本文认为刑法更广泛地参与社会治理有其必然性和正当性所在，特别是在民生领域，微罪入刑不可阻挡。

〔3〕 当然，近年来，随着最高人民法院《关于常见犯罪的量刑指导意见（二）（试行）》（2017年）规定"对于醉酒驾驶机动车的被告人，应当综合考虑被告人的醉酒程度、机动车类型、车辆行驶道路、行车速度、是否造成实际损害以及认罪悔罪等情况，准确定罪量刑。对于情节显著轻微危害不大的，不予定罪处罚；犯罪情节轻微不需要判处刑罚的，可以免予刑事处罚"，危险驾驶罪的司法政策已经出现宽缓的迹象。不过，这种宽缓的司法政策并非主动的，更多的是基于从严政策已经达到一定的规范树立结果以及醉驾案件在刑事案件中的持续占比过高产生了系列问题。韩雪：《醉驾型危险驾驶犯罪刑事司法政策研究》，载《人民检察》2020 年第 20 期。换言之，从严司法政策本质存在的问题并未被充分发现或者讨论。

〔4〕 2010 年 2 月 8 日最高人民法院印发的《关于贯彻宽严相济刑事政策的若干意见》（法发〔2010〕9 号）。

功能有所背离。[1]

因此，有必要对微罪的司法政策作系统性研究，以平衡微罪的"入与出"，在发挥微罪入刑功能的同时保障人权与社会稳定。

二、微罪从严司法政策的由来与系统性反思

为何微罪会出现从严的司法政策？这是研究微罪司法政策首先需要面对的问题。而这或许可以从立法的源头找到答案。仍以危险驾驶罪为例，在2011年醉驾正式入刑之前，因醉酒驾车造成的恶性事故时而发生，特别是2011年之前，全国接连报道了几个醉驾的极端案例，"杭州胡某5·7飙车案""成都孙某铭12·14醉驾案""南京张某宝6·30醉驾案"，这些醉驾案件激起了民众对于醉酒驾车的义愤。基于司法实践中对只有造成严重实际危害结果发生的危险驾驶行为才作出定罪的做法，已经不能满足人们要求严惩危险驾驶行为的心理需求，在这样的背景之下，立法部门将"交通肇事罪"和"危害公共安全罪"中具有共性的规定提取出来，单独设立"危险驾驶罪"[2]以回应民意。[3]而正是基于"醉驾入刑"是在强烈的严惩民意下形成的，随后，公检法三机关也表明了严惩醉驾行为的鲜明立场。公安部以下发《关于公安机关办理醉酒驾驶机动车犯罪案件的指导意见》的形式，要求各地公安机关从严掌握立案标准、严格案件办理。2013年最高人民法院、最高人民检察院、公安部联合印发《关于办理醉酒驾驶机动车刑事案件适用法律若干问题的意见》（已失效），重申对血液酒精含量达到80毫克/100毫升的，以危险驾驶罪定罪处罚。这为危险驾驶罪的从严司法政策奠定了基础。

从有入刑需求——正式立法——严格司法的逻辑推演来看，似乎对醉酒

---

[1] 有学者就指出：醉驾刑衍生出的这些规定、"软制裁"，与刑罚本身相比有过之而无不及，甚至彻底颠覆了法律伦理、法律秩序和道德的统治地位。解志勇、雷雨薇：《基于"醉驾刑"的"行政罚"之正当性反思与重构》，载《比较法研究》2020年第6期。

[2] 尽管当时危险驾驶罪的立法列举了追逐竞驶和醉酒驾车两种类型，以及《刑法修正案（九）》又增加了"从事校车业务或者旅客运输，严重超过额定乘客载客，或者严重超过规定时速行驶的"以及"违反危险化学品安全管理规定运输危险化学品，危及公共安全的"两项规定，但是毫无疑问醉酒驾车是危险驾驶罪规制的重点，也是民意最为集中的体现。本文对于危险驾驶罪的表述或者分析主要是在醉酒驾车这个类型上，两者之间不做严格区分。

[3] 事实上，不仅是危险驾驶罪如此，其他微罪，例如高空抛物罪、妨害安全驾驶罪、代替考试罪等罪名都或多或少是基于民意或者回应民意的立法结果。

驾车采取从严的司法政策是完全合理并且是正确的。正如罪名设立之初，有观点提出的，只有从严从快地惩处一批醉酒驾车，树立典型，才能有效地通过刑事手段来整治醉驾的危害行为，净化社会环境。但是，立法与司法之间仍然是有区分的，所有的刑事立法当然是为了严惩犯罪行为，但是立法上的严惩绝不等同于从严司法，否则刑事司法就只能奉行从严司法政策。有学者就曾指出："《刑法》第 389 条规定了为谋取不正当利益，给与国家工作人员以财物的，是行贿罪。但显然为谋取不正当利益，给与国家工作人员一盒普通的茶叶不会被以行贿罪追究。我们不能认为司法机关没有依法办事，也不能认为刑法规定不合理。这是行为规范与裁判规范的分离。国外的基本做法也是，在刑事立法上扩大处罚范围，在刑事司法上限制处罚范围。"[1]换言之，司法政策的确立和选择有其独立性所在。对此，有学者就曾研究指出：刑事司法政策的制定要遵循人道原则、适度原则、法治原则、经济原则。[2]而微罪从严司法政策恰恰违背了上述刑事司法政策制定的基本原则。

第一，人道原则强调，人权是一切制度的根本，刑事司法需要尊重人权。[3]康德说："每个人都有权要求他的同胞尊重自己，同样他也应当尊重其他每一个人。人性本身就是一种尊严，由于每个人都不能被他人当作纯粹的工具使用，而必须同时当作目的看待。人的尊严就在于此。正是这样人才能使自己超越世上能被当作纯粹的工具使用的其他动物，同时也超越了任何无生命的事物。"[4]人道原则的重要内涵之一就是：禁止以人的生命或自由作为达成某种功利目的的工具。[5]而微罪从严司法政策就有将人作为工具之嫌疑。从微罪从严司法的生成逻辑来看，从严司法主要来自两个方面：一是严惩已经犯罪的犯罪分子——在新罪设立之初，仍然以身试法，反映了其自身的社会危害性，严惩是出于特殊预防的目的；二是通过严惩犯罪，震慑其他潜在可能犯罪的人，达到一般预防之目的。然而，无论是出于特殊预防还是一般预防，微罪从严司法均缺乏正当性。对于特殊预防之从严，不可否认，就国家管理

〔1〕 张明楷：《行为规范与裁判规范的分离》，载《中国社会科学报》2010 年 11 月 23 日。

〔2〕 周建军：《刑事司法政策原理》，清华大学出版社 2011 年版，第 78~172 页。

〔3〕 周建军：《刑事司法政策原理》，清华大学出版社 2011 年版，第 94 页。

〔4〕 罗翔：《法治的细节/我为什么还是主张提高收买被拐卖的妇女儿童罪的刑罚》，载 https://www. thepaper. cn/newsDetail_ forward_ 16598609，最后访问日期：2022 年 10 月 6 日。

〔5〕 卢建平主编：《刑事政策学》，中国人民大学出版社 2007 年版，第 190 页。

层面而言，颁布一个新的罪名，自然是要求其公民不能违反，否则将要受到刑罚处罚；以及从管理者与被管理者的角度来看，公民（被管理者）在明知新罪名已经生效的情况下，还以身试法，是对国家或者说是对法律的挑衅，反映了其较为严重的反社会性人格，应以从严处罚。但是，我们要以发展的眼光看待问题，在党中央已经提倡国家不是管理社会，而是治理社会的层面而言，治理更多的是强调协调好国家、社会、个人之间的关系，治理相比管理多的是人文关怀。[1] 就此而言，新罪不仅不能成为从严的理由，相反，从人文关怀的角度而言，恰恰是因为新罪，原先该类行为并不构成犯罪，就生活习惯、认知等层面而言，公民对于新的罪名一定是持有一定的侥幸（不重视）心理。司法者应当更多认识到，"人非圣贤孰能无过"，应在入罪的层面上侧重发挥教育的意义，选择宽缓的司法，而不是简单的"惩罚"或者"恫吓"。而对于一般预防而言，对于刑罚的预防功能，特别是在司法阶段，一般预防只能在特殊预防的范围之内发挥目的，而不能超越。[2] 从严以树立典型之理念，是重刑主义的体现，应当被摒弃。可以说，微罪从严政策与人道原则是有所背离的。

第二，刑事司法政策要遵循适度原则，即刑事司法政策可以通过刑事法律规范要素的解释达到改善社会效果的目的，但不能直接创造新的规范去顶替原有的规范。更不能以政策代替法律，直接作用于司法实践，造成过度的刑罚。[3] "刑事政策虽然在本质上有正义的属性，但各类社会中以刑事政策名义存在的利益主张往往五花八门，刑事政策极易在'刑事利益主张'的旗号下演化成多数人抑或权威的暴政。因此，刑事政策的作用必须以罪刑法定原则为界限。"[4] 而微罪从严司法政策就有违适度原则，造成过度的刑罚。就危险驾驶罪而言，尽管在立法者已经制定"醉驾入刑"的刑法条文后，通过刑事司法惩罚醉驾已经获得了正当性。但是，这种立法上的正当性并不等同

---

[1] 周晓菲：《治理体系和治理能力如何实现现代化——专家解读"全面深化改革的总目标"》，载《光明日报》2013年12月4日。

[2] 学者指出：裁量预防刑时应重点追求特殊预防，不得使积极的一般预防（增强国民的规范意识，提高国民的法律意识，促进国民的守法观念，强化国民的法律认同）优于特殊预防，更不得追求消极的一般预防（为了威慑一般人，而对犯罪人从重处罚）。参见张明楷：《论预防刑的裁量》，载《现代法学》2015年第1期。

[3] 周建军：《刑事司法政策原理》，清华大学出版社2011年版，第131页。

[4] 周建军：《刑事司法政策原理》，清华大学出版社2011年版，第124~125页。

于司法就可以将任何醉驾行为均以犯罪处理以及必须判处实刑。因为，我国《刑法》第 13 条明确规定了犯罪情节显著轻微的，可以不以犯罪处理；第 37 条规定了"对于犯罪情节轻微不需要判处刑罚的，可以免予刑事处罚"；第 72 条规定了，对于被判处拘役、3 年以下有期徒刑的犯罪分子，同时符合犯罪情节较轻、有悔罪表现、没有再犯罪的危险、宣告缓刑对所居住社区没有重大不良影响的，可以宣告缓刑。换言之，醉驾的刑事司法政策必须基于我国现行刑法之下。在立法者已经规定了"但书条款""免予刑事处罚条款""缓刑条款"的情形下，实际是告知（限制）司法者，在进行入罪判断与量刑时，还需要考虑罪行轻重的实际情况，应当选择给犯罪人更少损害或者说侵害最小的适当刑罚，而不得选择过度的刑罚。[1]特别是在微罪的附随结果往往重于微罪本身刑罚的情况下，这种限制显得尤为重要。就此而言，微罪从严司法政策，实际上就有取代刑事法律条款的重大嫌疑，而造成一种过度的刑罚。

第三，刑事司法政策必须贯彻法治原则。尽管法治的内涵非常丰富，"法治是一个内涵民主、自由、平等、人权、理性、文明、秩序、正义、效益与合法性等诸社会价值的综合观念，是现代社会特有的意识形态，是一切制度化行为和制度化安排应当与之相适应的'主义'"。[2]但是，其中重要的一点是：平等。具体在刑事司法政策上则表现为司法的平等。而微罪从严的司法政策恰恰可能造成一种不平等——除非对于某一犯罪一直持续从严的司法政策，否则一旦改变政策，就会造成一种不公平。以危险驾驶罪为例，在持续从严司法后，我国司法自 2017 年开启了相对宽缓的司法政策，[3]尽管这一宽缓的司法政策是完全合理且正当的——"微罪罪行轻微、法益侵犯性小、主观恶性与人身危险性低"，[4]但恰恰是这样正当的司法政策又造成了一种不平等、不公平，即同罪不同判。当然，学理上可以为这种同罪不同判找到一些理由，毕竟宽缓的政策有利于被告人。但是，问题仍然是存在的。从预防

---

〔1〕 张明楷：《法益保护与比例原则》，载《中国社会科学》2017 年第 7 期。

〔2〕 张文显：《法哲学范畴研究》（修订版），中国政法大学出版社 2001 年版，第 156 页。

〔3〕 2017 年最高人民法院发布了《关于常见犯罪的量刑指导意见（二）（试行）》，其中首次明确规定了："对于醉酒驾驶机动车的被告人，应当综合考虑被告人的醉酒程度、机动车类型、车辆行驶道路、行车速度、是否造成实际损害以及认罪悔罪等情况，准确定罪量刑。对于情节显著轻微危害不大的，不予定罪处罚；犯罪情节轻微不需要判处刑罚的，可以免予刑事处罚。"

〔4〕 微罪适用宽缓的司法政策具体理由下文会具体展开，此处不再赘述。

犯罪的功能来看，显然在一个罪名颁布实施六年之久后，仍然选择犯罪的犯罪人，其特殊预防的必要性远大于生效之初的犯罪者，同比，所带来的一般预防的意义也当然重于罪名生效之初。就此而言，微罪从严的司法政策恐怕除了得到某种即时上的结果正义（合民意抑或树立规范），造成的却是一种更大的不正义——牺牲了早期犯罪人获得宽缓处理的权利，违反了司法的公平、平等。这毫无疑问是违反法治原则的。

此外，刑事司法政策的制定不得不考虑经济原则，即在刑事司法中需要考虑刑事司法资源的稀缺性和效率问题。[1]"稀缺这一事实存在于经济学的核心之中。没有一个社会达到了一种无限供给的乌托邦。物品是有限的，而需求则似乎是无限的。"[2]"为获得最大的社会效益，最优化的途径产生于综合治理。且使刑罚的适用保持恰当的节律。任何刑事政策和措施的选择，都应使刑法的经济性原则得到实现。"[3]事实上，现代法治国家已越来越清楚地认识到，司法资源是有限的，即司法资源永远是供不应求。而这种供不应求的现实决定了：有限的司法资源必须更多地分配给严重的犯罪，而非轻微罪。根据最高人民法院公布的有关数据，自 2011 年"醉驾入刑"以来，全国法院审结的危险驾驶罪案件数量已经由 2013 年的 9 万多件、居当年刑事犯罪案件数量的第三位、占当年法院审结的全部刑事案件总数的 9.5%，发展为 2015 年的近 14 万件、居当年刑事犯罪的第二位、占全部刑事案件总数的 12.61%，进而到 2019 年的 31.9 万件、超过盗窃罪，居刑事犯罪之首、占全部刑事案件的 24.6%。到 2020 年，全国法院审结"醉驾"等危险驾驶犯罪案件总数为 28.9 万件，占刑事案件总数的比例高达 25.9%，危险驾驶罪成为名副其实的第一大罪，比盗窃罪高出 1.71 倍。[4]也就是说，宝贵的司法资源大量运用在了危险驾驶罪这一微罪上。当然，从法律执行的角度而言，有罪必究是毫无疑问的。但是，司法也必须考虑在微罪占用了大量资源的同时，司法如何保证其他犯罪的查处力度。换言之，其他犯罪率的下降，究竟是自然犯罪发

---

〔1〕 周建军：《刑事司法政策原理》，清华大学出版社 2011 年版，第 144 页。
〔2〕 ［美］保罗·A. 萨缪尔森、威廉·D. 诺德豪斯：《经济学》，胡代光等译，北京经济学院出版社 1996 年版，第 14 页。
〔3〕 范志勇、王庆民：《我国刑法引入经济原则的必要性及其实现途径》，载《中国刑事法杂志》1999 年第 1 期。
〔4〕 周光权：《论刑事一体化视角的危险驾驶罪》，载《政治与法律》2022 年第 1 期。

生的减少，还是查处资源受到了限制？恐怕，无法否认的是，微罪从严司法政策所带来的司法资源的偏移是客观存在的。

概言之，任何社会、任何法律，人都是目的，而非工具；司法政策的制定不能违反既有刑法的规定，选择过度的刑罚；除非一直持续从严的司法政策，否则就会牺牲早期犯罪人获得宽缓处理的权利，造成司法不平等；以及司法资源的有限性决定了司法资源更应当集中在严重危害社会的犯罪领域，微罪的过度司法会产生司法资源的偏移等，这些方面综合决定了微罪从严司法政策缺乏正当性与合理性。

三、微罪应确立从宽为原则辅以从严相济的司法政策

事实上，根据 2004 年中央政法工作会议，2006 年 3 月最高人民法院的工作报告，2006 年 10 月党的十六届六中全会《关于构建社会主义和谐社会若干重大问题的决定》，特别是 2010 年 2 月最高人民法院印发的《关于贯彻宽严相济刑事政策的若干意见》明确指出：宽严相济刑事政策是我国的基本刑事政策，贯穿于刑事立法、刑事司法和刑罚执行的全过程，是惩办与宽大相结合政策在新时期的继承、发展和完善，是司法机关惩罚犯罪，预防犯罪，保护人民，保障人权，正确实施国家法律的指南。其中：（1）宽严相济刑事政策中的从"严"，主要是指对于罪行十分严重、社会危害性极大，依法应当判处重刑或死刑的，要坚决地判处重刑或死刑；对于社会危害大或者具有法定、酌定从重处罚情节，以及主观恶性深、人身危险性大的被告人，要依法从严惩处。在审判活动中通过体现依法从"严"的政策要求，有效震慑犯罪分子和社会不稳定分子，达到有效遏制犯罪、预防犯罪的目的。（2）宽严相济刑事政策中的从"宽"，主要是指对于情节较轻、社会危害性较小的犯罪，或者罪行虽然严重，但具有法定、酌定从宽处罚情节，以及主观恶性相对较小、人身危险性不大的被告人，可以依法从轻、减轻或者免除处罚；对于具有一定社会危害性，但情节显著轻微危害不大的行为，不作为犯罪处理；对于依法可不监禁的，尽量适用缓刑或者判处管制、单处罚金等非监禁刑。（3）宽严相济刑事政策中的"相济"，主要是指在对各类犯罪依法处罚时，要善于综合运用"宽"和"严"两种手段，对不同的犯罪和犯罪分子区别对待，做到严中有宽、宽以济严；宽中有严、严以济宽。

而抛开微罪立法中的民意部分，回归理性，微罪虽为犯罪，但是无论是

其客观还是主观方面，所表现出的法益侵犯性与主观恶性都在刑法罪名的体系中属于最轻，根据宽严相济总刑事政策中内容，应确立从宽的司法政策为原则，辅以从严"相济"。具体而言：

第一，微罪的罪行轻微，法益侵犯性（社会危害性）小。以危险驾驶罪、妨害安全驾驶罪、高空抛物罪、危险作业罪等为例，尽管通说观点认为这类微罪客观表现为对公共安全的侵犯，似乎体现较为严重的法益侵犯性。但是，必须注意的是，不同于放火罪、爆炸罪、以危险方法危害公共安全罪等这类侵犯公共安全的犯罪——其客观行为本身就表现出对公共安全的侵犯实害性（以未造成严重后果为例外），微罪所表现的对公共安全的侵犯更多的是一种前置（人为预设[1]）的风险，它既不必然或者高度盖然性会导致现实的危害结果，也不以可能造成重大风险以及实害结果为内容。这也是为什么立法者在危险驾驶罪、妨害安全驾驶罪等罪名设置中，特意强调"同时构成其他犯罪的，依照处罚较重的规定定罪处罚"的原因所在。换言之，这类微罪所侵犯的法益，更为准确或者贴切的表达是对公共安全"可能风险"的侵犯，而并非对公共安全的直接威胁。[2]也正是如此，德国学者罗克辛教授在解释酒后驾驶的行为构成中完全不提所要保护的法益，而是仅仅提及制定该刑法条文的动机。[3]就微罪的这种特殊性，学者指出，微罪是现代刑法干预社会治理前置化、早期化、功能化的体现，是对传统刑法结构"厉而不严"的改变。[4]通过轻罪、微罪制度构建和刑法去重刑化，实现我国刑法现代化。[5]应当说，微罪立法尽管具有很强的民意严惩性，但从其罪名的客观内容方面来

---

〔1〕 之所以说是人为预设的风险是因为，事实上社会生活中还存在很多类似对公共安全存在风险的行为。学者指出：比如，超速、无证驾驶、疲劳驾驶、毒驾、闯红灯、驾驶中拨打电话、逆行等，很难说这些行为产生的危险一定低于醉酒驾车等微罪。周详：《民生法治观下"危险驾驶"刑事立法的风险评估》，载《法学》2011 年第 2 期。而之所以类似危险的行为一部分入刑、一部分未入刑，实际上就是人为选择的结果。而恰恰是这种人为选择性证明了，微罪所体现的对公共安全的威胁事实上是不直接的或者说是不重大的。

〔2〕 例如，有学者就曾在危险驾驶罪规范目的的讨论中指出，有效控制交通风险是危险驾驶罪的规范目的。姜涛：《危险驾驶罪——法理与规范的双重展开》，载陈兴良主编：《刑事法评论》（第32 卷），北京大学出版社 2013 年版，第 191 页。

〔3〕 ［德］克劳斯·罗克辛：《德国刑法学总论》（第 1 卷），王世洲译，法律出版社 2005 年版，第 19 页。

〔4〕 梁根林：《刑事政策与刑法教义学交互审视下的危险驾驶罪》，载《中国法律评论》2022 年第 4 期。

〔5〕 储槐植：《刑事"三化"述要》，载《中国检察官》2018 年第 1 期。

看，它仍然属于罪行轻微，法益侵犯性（社会危害性）小的罪名行列，完全属于宽严相济刑事政策中应当从"宽"的情形。

第二，微罪中体现的主观恶性与人身危险性低。不同于传统的自然犯罪，例如"杀人者死，伤人及盗抵罪"等具有悠久的刑法历史，诸如醉酒驾车、高空抛物、代替考试等微罪所规制的行为在入刑之前尽管是一种陋习，也是值得谴责与惩罚的违法行为，但其与犯罪相去甚远。而这类行为长期并未被刑法禁止的原因之一就是，它们所体现的人的主观恶性、人身危险性并不同于传统犯罪。一方面，传统犯罪在主观上可以分为故意犯罪和过失犯罪，其中故意犯罪是明知自己的行为会发生危害社会的结果，并且希望或者放任这种结果发生；过失犯罪是应当预见自己的行为可能发生危害社会的结果，因为疏忽大意而没有预见，或者已经预见而轻信能够避免，以致发生这种结果的。以醉酒驾车、高空抛物、妨害安全驾驶等微罪规制的行为为例，尽管通说认为它们属于故意犯罪，但实际上，从认识因素而言，行为人"应当预见自己的行为可能发生危害社会的结果"的评价要比"明知自己的行为会发生危害社会的结果"更为贴切；从意志因素上讲，"疏忽大意而没有预见，或者已经预见而轻信能够避免"同样要比"希望或者放任"更为符合实际情况。[1]换言之，以醉酒驾车、高空抛物、妨害安全驾驶等为代表的微罪，行为人主观上只是有对可能存在危险的疏忽大意或者盲目自信，这种主观恶性是比传统可能造成实害结果（并以实害结果为成立要求）的过失犯罪更为轻微的。另一方面，就人身危险性而言，无论是仅过失造成某种危险的主观，还是客观，均反映了微罪的行为人本身反社会人格的轻微——他们既不追求危害社会的结果，也无挑战刑法规则的"目的或者动机"。某种角度而言，他们仅是尚未摆脱陋习或者还对陋习心存侥幸罢了。总而言之，微罪中体现的行为人对危险或者危害结果的态度以及表现出的反社会性人格都相比传统犯罪更为轻微，同样也符合宽严相济刑事政策中应当从"宽"的情形。

---

〔1〕 就此问题，冯军教授就曾旗帜鲜明地指出，"在道路上醉酒驾驶机动车"之事实的存在，充其量只能证明行为人的醉酒驾驶行为在客观上制造了公共安全的危险，并不能证明行为人对其醉酒驾驶行为所制造的公共安全的危险存在主观上的故意，因为"饮酒之后，人的精神状态亢奋，生理反应与危险判断能力均会有所降低，但是驾驶机动车的人却常常自信甚至于过度自信自己的驾驶技术"，以至于认为即使自己醉酒驾驶也不会造成公共安全的危险，这就表明行为人在主观上是过失的。冯军：《论〈刑法〉第133条之1的规范目的及其适用》，载《中国法学》2011年第5期。

此外，微罪以从宽的司法政策为原则，但并不绝对排斥从严，甚至还必须辅以从严"相济"。尽管就微罪表现出的社会危害性、行为人主观恶性等层面而言，整体上从宽的司法政策更符合微罪的治理，但是实践中也不能排除微罪中可能出现的社会危害性增加、反映出行为人主观恶性更为恶劣的情形存在。例如，醉酒后长时间在高速上驾驶机动车辆、从20层以上的楼层抛掷重物、在车辆密集、车速较快的情况下妨害驾驶的；以及多次实施、曾因类似行为被行政处罚过或者追究过刑事责任的等。这些情形不仅应当从严司法，并且，也应成为司法部门关于微罪司法适用中应重点研究和突出的问题。

四、结语

诚然，如有学者指出的，刑法总是对犯罪作出迅速反应，因而敏感地反映着社会的变化。社会的不断发展变化，使得需要保护的法益不断增加，同时也导致许多行为对法益的侵害更为严重。日常生活的浪潮将新的犯罪现象冲刷到了立法者脚前，立法者不可能像金字塔一样保持沉默，更不可能视而不见。只有坚持积极刑法观，才能使刑法适应不断变化的社会生活事实。[1]特别是，随着我国特色社会主义进入新时代，我国社会主要矛盾已经转化为"人民日益增长的美好生活需要和不平衡不充分的发展之间的矛盾"，[2]公民对于人身权利、民主权利的保障需要正在朝着历史的最高水平发展。就社会治理的角度而言，微罪入刑的立法进程或许不可阻挡，也有其正当性所在。但在轰轰烈烈的立法进程中，我们必须注意和重视立法与司法的差异性，保持司法的克制性，这也是现代法治立法与司法分离的重大价值所在。就此，微罪从宽的司法政策应当得以确立和提倡，它是刑法更广泛地参与社会治理与法律发展应当以充分保障人的自由为目的冲突之间的必然选择。

---

〔1〕 张明楷：《增设新罪的观念——对积极刑法观的支持》，载《现代法学》2020年第5期。

〔2〕 李君如：《深入理解我国社会主要矛盾转化的重大意义》，载《人民日报》2017年11月16日。

从消极治罪到积极治理：
中国特色轻罪治理体系的反思与转型

袁 方[*]

摘 要： 当今中国社会的犯罪现象正经历从重罪到轻罪的重大变革，我国犯罪治理体系也应与时俱进，向积极治理轻罪的方向靠拢。这要求我们取轻罪之长，避轻罪之短，具体而言，首先需要明确定义轻罪概念，以法定刑 3 年以下有期徒刑为标准是我国刑事立法和司法表现的当然结论；接着，厘清轻罪扩张带来的正面功能和负面效应，指明其在回应民生民情、完善刑事立法、规范公民行为上的优势，也揭示其带来司法压力、刑罚异化、犯罪附随后果过剩的弊病；在此基础上，对我国轻罪治理体系进行系统性反思，从实体出罪、程序贯通、限制附随、前科消灭四个方面，推动从"消极治罪"向"积极治理"的现代化转型。

关键词： 治罪；治理；出罪；犯罪附随后果；前科消灭

一、问题的提出

进入新时代，我国刑事犯罪结构呈轻缓化趋势，轻罪数量和轻刑比例持续攀升，国家治理体系和治理能力现代化对轻罪治理提出新要求。有学者断言，我国的犯罪态势已经是轻罪为主，犯罪治理迎来了新的挑战，如何妥善处理轻罪、新罪成为犯罪治理的主要内容。[1]的确，我国转入了轻罪时代，依据有二：一方面，在立法层面上表现为刑事立法中的轻罪扩张。新增罪名往往以罪行结构较轻的轻罪为主，如《刑法修正案（八）》增设的醉酒型危

---

* 袁方，清华大学法学院刑法学博士生。

〔1〕 卢建平：《为什么说我国已经进入轻罪时代》，载《中国应用法学》2022 年第 3 期。

险驾驶罪、《刑法修正案（十一）》增设的冒名顶替罪等；另一方面，在司法层面上反映为刑事诉讼和审判中的轻罪增长，检察官起诉轻罪案件已成为主要检察业务，法官也倾向于适用轻罪治理犯罪。以法定最高刑 3 年以下作为轻刑标准，从全国法院司法统计公报数据得知，2011 年至 2022 年，轻刑案件占 85%，重刑案件占 15%，特别是 2019 年以来，全国检察机关起诉的刑事案件和一审法院审理的刑事案件中，危险驾驶罪已然是占比最高的犯罪。

不言而喻，增设轻罪以打击犯罪，保护秩序，符合"严而不厉"的刑事政策思想。储槐植教授早在 20 世纪 80 年代末期就提出"严而不厉"的刑事政策思想，其中"严"即指法网严密。[1]这为我国刑法修订完善提供了思路，迄今为止，建议轻罪治理的学者无不奉此政策思想为圭臬。如张明楷教授认为，我国存在大量轻微犯罪行为，常常扰乱社会秩序，如果不认真对待，习惯于"抓大放小"，必然导致"由小变大"，从而妨害国民生活与社会稳定。[2]冯军教授认为："选择犯罪化，主要是需要规定相当数量的轻罪……通过严密法网来强化人民的规范意识。"[3]也有学者认为，刑事治理犯罪机制及其规律需要随时代之变而变，针对轻罪的积极治理既必要，也迫切。[4]从以上赞同之声中，可以窥见刑法参与社会治理的前置化趋势及其正当价值所在。

但要指出，随着轻罪立法不断扩张，轻罪的影响力从法规范层面传导至社会层面并带来诸多现实难题，引起人们的隐忧和省思。有学者提出"轻罪不轻"的质疑，认为一部分轻罪给犯罪人带来的负面效应远甚于应当承担的刑事责任，有违刑罚轻缓化的价值理念，同时不利于犯罪人再社会化。[5]还有学者认为，过度依赖轻罪来治理社会是"刑法万能论"的表现，急切挥动刑法武器介入社会生活不仅冲击了人的基本自由，也违背了刑法谦抑原则和比例原则的具体要求。[6]鉴于此，如何在保留轻罪"阳光面"的同时尽可能

〔1〕储槐植：《严而不厉：为刑法修订设计政策思想》，载《北京大学学报（哲学社会科学版）》1989 年第 6 期。

〔2〕张明楷：《刑事立法的发展方向》，载《中国法学》2006 年第 4 期。

〔3〕冯军：《犯罪化的思考》，载《法学研究》2008 年第 3 期。

〔4〕樊崇义：《中国式刑事司法现代化下轻罪治理的理论与实践》，载《中国法律评论》2023 年第 4 期。

〔5〕徐久生、师晓东：《犯罪化背景下犯罪附随后果的重构》，载《中南大学学报（社会科学版）》2019 年第 6 期。

〔6〕王俊：《积极刑法观的反思与批判》，载《法学》2022 年第 2 期。

避免其"阴暗面"侵蚀人权和社会公正，进而实现从"消极治罪"到"积极治理"的转型，或许是我国构建科学、成熟的轻罪治理体系的必经之路，应当说这既是理论和实践中亟需解决，也是本文着重探讨的问题。

二、轻罪之界定

(一) 现有之学说

正如法理学家所言："概念乃是解决法律问题所必不可少的工具，没有限定严格的专门概念，我们便不能清楚和理智地思考法律问题。"[1]是故，在论及轻罪治理之前，首先要明确"轻罪"概念所指为何。从逻辑关系上讲，轻罪与重罪相对应，倘若不存在重罪，轻罪概念也难以想象。从其他国家的定义而言，划分轻罪和重罪在普通法中由来已久，主要目的是对不同犯罪的处置程序进行分流，其适例是以审判主体为标准界定轻罪与重罪的英国刑事法律，由社会成员个人进行辩护和诉讼的属于轻罪，由陪审团审理并决定的属于重罪。又如美国的双轨制犯罪制度，一方面，轻罪制度以秩序违反行为为规制对象，采取协商性的简化路径，体现出提高诉讼效率、节省诉讼资源的追求；另一方面，重罪制度固守刑事古典学派的传统路径，以繁琐的刑事程序对重罪人群进行更加严格的审查罪，带有社会防卫论和刑罚报应主义的色彩。[2]对此，一个自然而然的问题是，我国刑事法体系中的轻罪与英美法系中更强调程序意义的轻罪是否存在差别？

显而易见，依照刑事诉讼程序上的处理模式来确立轻罪的基本定义，更多是出于为刑事司法程序提供配套诉讼机制的考虑。对此有学者批评该种定义有本末倒置之嫌，不仅违背轻罪的法治正当性，还可能会带来"惩罚过度化"的后果。[3]的确如此，轻罪得到怎样的程序性处理是正确定义轻罪后的结论，故对轻罪概念的界定须回归轻罪本身。目前，关于轻罪本身性质的讨论，存在形式标准说、实质标准说以及折中说。形式标准说认为，应当以刑罚严厉程度作为划分轻罪与重罪的标准，其内部又存在以实定法规定之刑为准的法定刑说和以法官实际宣告之刑为准的宣告刑说的对立，且两种学说中

---

[1] [美] E. 博登海默：《法理学：法律哲学与法律方法》，邓正来译，中国政法大学出版社1999年版，第486页。

[2] 冀莹：《美国轻罪治理体系的现状、困境及反思》，载《政治与法律》2022年第1期。

[3] 何荣功：《我国轻罪立法的体系思考》，载《中外法学》2018年第5期。

都存在以 3 年以下有期徒刑为限和以 5 年以下有期徒刑为限的分歧。实质标准说认为，应当充分结合社会危害性、人身危险性等犯罪本质特征来区分轻罪与重罪。而在折中说项下，存在着以形式标准为主、实质标准为辅与实质标准为主、形式标准为辅的观点对立，前者主张以形式标准为认定轻罪的基本原则，在此基础上根据不同犯罪类型的罪质和罪量综合界定轻罪，后者则反之。

需要指出，以上形形色色的分类标准各有利弊。具言之，实质标准意义上的轻罪概念抓住了犯罪的本质特征，与我国将社会危害性作为犯罪成立基本条件的立场一致，但是，社会危害性与人身危险性均属于"理念性的社会价值"，呈现的是一个主流社会在基本价值判断上的对错判断，[1] 倘若以此为准，不免会出现轻罪定义随价值判断之浮动而变动不居的缺陷。同样，折中说也会不同程度上出现这一问题。是故，实质标准说与折中说由于界定概念的稳定性和定型性欠佳而难当其任，以形式标准界定轻罪在理论上是否合理以及在实践中是否可行，成为必须澄清的问题。

（二）本文之选择

本文认为，在形式标准说中选择法定刑说并以 3 年以下有期徒刑为限的观点更为妥当。原因如下：

首先，与我国《刑法》犯罪分层的内在结构相契合。我国《刑法》通常以 3 年有期徒刑的法定刑幅度充当严重刑事犯罪与轻微刑事犯罪的分界线。例如，刑法为侮辱罪、诽谤罪这类侵犯公民名誉的犯罪设置的刑罚严厉程度，远不及强奸罪和非法制造、买卖、运输、邮寄、存储枪支、爆炸物罪这样严重侵害重要个人法益或集体法益的犯罪，它们的法定刑幅度分别以 3 年有期徒刑作为上限和下限。不仅如此，同一罪名中的普通犯与加重犯也多以 3 年有期徒刑为临界值，如普通故意伤害罪处 3 年以下有期徒刑、拘役或管制，而故意伤害致人重伤的场合，处 3 年以上 10 年以下有期徒刑。归结而言，刑法对不同犯罪行为和同类犯罪行为不同情节应受刑罚处罚程度的规定，正是围绕"3 年有期徒刑"这一客观基准展开思考的，这是因为，法定刑本就是立法者平衡犯罪人与被害人利益、准确把握行为社会危害性之后，才得出的法律后果。所以采取该标准不仅能够将具有严重社会危害性的犯罪行为排除

---

[1] ［德］约翰内斯·韦塞尔斯：《德国刑法总论》，李昌珂译，法律出版社 2008 年版，第 4~6 页。

在轻罪圈之外，还能起到避免犯罪分层混乱的效果，具有实定法上的权威性和稳定性。

其次，与我国缓刑制度和空间效力原则形成呼应、彼此印证。我国《刑法》第 72 条规定，对于判处拘役、3 年以下有期徒刑的犯罪分子，根据犯罪分子的犯罪情节和悔罪表现，适用缓刑确实不致再危害社会的，可以宣告缓刑。一个逻辑和经验上的当然结论是，只有较轻缓的犯罪才有适用缓刑的余地，因此，《刑法》第 72 条的规定为界定轻罪提供了刑罚执行上的依据，反过来讲，3 年以下有期徒刑的轻罪标准为缓刑适用条件提供了立法方面的理由。此外，我国《刑法》第 7 条规定，对中华人民共和国公民在我国领域外犯本法规定之罪，按照本法法定最高刑为 3 年以下有期徒刑的，可以不予追究。与其说立法者是基于刑法空间效力范围而放弃追究发生在我国领域外犯罪行为的刑事责任，毋宁说就轻微刑事犯罪而言，对"有罪必罚"的价值追求要让位于刑事管辖权的功能性考虑，这充分表明 3 年以下有期徒刑的犯罪属于轻罪的合法性。

再次，与我国区分违法与犯罪的二元制裁体系相配套。虽然劳动教养制度和收容教育制度被废止，但并不意味着劳教行为和收容行为也会随之"人间蒸发"，这就导致我国当下的二元制裁体系对原先劳教对象和收容对象的处罚存在空当。其后果是，对案情相似、危害性相当的行为人，可能出现有的以犯罪嫌疑人论处，有的以行政违法者论处的不当处置。此时，如若再以 5 年有期徒刑为轻罪标准，将进一步加剧对犯轻罪之人科以较重刑罚的不均衡现象，破坏刑法结构的科学性。反之，采取 3 年以下有期徒刑的轻罪标准能将轻罪人安置在适当的轻刑区间，最大限度缩小行政制裁与刑事制裁之间的断层并避免二者的僭越或挤压，消弥后劳教时代劳教行为犯罪化所遗留的法律空白。[1]

最后，与我国轻罪治理的司法实践目标相适应。轻罪概念不是为定义而定义，而是应当服务于轻罪治理的司法实践需要，进而实现优化轻罪治理效能、提高轻罪处理效率的现实目标。照此说来，轻罪的界定应将司法实践中的可操作性和共识性放在首位。一方面就可操作性而言，得益于"3 年有期

---

[1] 阮齐林：《后劳教时代惩治违法犯罪的法律结构》，载《苏州大学学报（法学版）》2014年第 1 期。

徒刑"的直观性，司法工作人员对轻罪范围的把握不会因主观性和价值性过多而难以操作；另一方面就共识性而言，在最高人民法院、最高人民检察院以及有些地区的司法机关的年度报告等文件中，均会提及该年度轻罪案件与轻罪案件的数量、比例和变化趋势，而轻罪案件与重罪案件的区分多以 3 年以下有期徒刑为轻罪标准，这表明该标准在实务领域具有广泛的共识性基础。

三、消极治罪：轻罪扩张的正面功能与负面效应

（一）轻罪扩张的正面功能

1896 年，乌尔里希·贝克在《风险社会》一书中提出了风险社会理论，指出现代社会已经从工业化的生产社会进入风险社会，思考对普遍存在的风险"如何能够避免、减弱、改造或者疏导"。[1]面对风险社会，环境污染、恐怖主义、网络安全、金融风险、突发恶性事件、重大责任事故、食品与药品安全等新型风险的不断泛化，无数隐性风险沿着非线性的复杂因果链条发展为不利于社会的危险或实害，人类对不安感的本能排斥使得全社会呼吁社会治理模式的变革。[2]然而，刑法的滞后性、保守性与调整对象的变动性之间的紧张关系，在当下以一种前所未有的剧烈形态表现于社会生活的方方面面。不消说，刑法作为社会防卫的最后一道防线理应有所改变，积极刑法观便应运而生，在犯罪论上要求刑法对轻微犯罪行为给予更多关注，在刑罚论中追求刑罚积极预防功能的视线。正如上文所描述的，在积极刑法观的指导下，我国《刑法》以修正案的形式多次进行轻罪立法，将刑事规制的范围铺设到社会生活的每一个边际，并在与消极刑法观的博弈过程中逐渐占据上风。对此，有学者看好积极刑法观的中国命运，认为刑法通过增设轻罪和新罪的方法参与到社会治理体系是"刚性"需求。[3]借此可以带来三重正面功能：

1. 回应民众面对新型风险焦虑不安心理

当人民基于热点事件对社会治安产生不安情绪时，第一反应就是将改善社会整体环境的诉求投诸法律领域，特别是以刑罚严厉性著称且在治理效果上立竿见影的刑法。应当意识到，我国的《刑法修正案（十一）》就是在这

---

〔1〕 ［德］乌尔里希·贝克：《风险社会》，何博闻译，译林出版社 2004 年版，第 2 页。

〔2〕 劳东燕：《风险社会与功能主义的刑法立法观》，载《法学评论》2017 年第 6 期。

〔3〕 周光权：《论通过增设轻罪实现妥当的处罚——积极刑法立法观的再阐释》，载《比较法研究》2020 年第 6 期。

一特定社会背景下出台的，这里面涵盖许多关乎人民权利保护、社会发展进步的契机。详言之，公民对热点事件能够产生关注，皆在于这些事件不仅是传播甚广的"别家故事"，更是与公民日常生活息息相关的"自家之事"的缩影，无一不关系到民众的基本权利和个人发展。例如，该修正案规制高空抛物保护了公民"头顶上的安全"，以及将违反野生动物保护管理法规非法狩猎野生动物的行为入罪保护了公民"舌尖上的安全"。与此同时，也有学者批评晚近以来增加的新罪属于象征性立法，其在司法实践中出现的频次较少，但带来的"法治风险"却比社会中其他任何一种风险都要致命。[1]但这种针对轻罪的贬抑建立在误解之上，实难成立。一方面，象征性立法的弊病在于放弃当代法治国家必须坚守的法益保护原则，屈就于国民情绪，但从这些新增设之轻罪的规范保护目的中，始终能够找到值得刑法保护的重要利益，上文提及的以高空抛物行为入刑保护公共安全即为适例；另一方面，轻罪增设后，在司法实践中少有适用并不当然代表该罪就是不具有犯罪化必要的象征性立法，相反，完全有可能是因为国家及时、主动地将民生民意融入立法活动，这才使得阻却该犯罪出现的条件愈加成熟。

2. 完善刑事法应对社会现实遗留的盲区

"但社会不是以法律为基础的。那是法学家们的幻想。相反地，法律应该以社会为基础。法律应该是社会共同的、由一定的物质生产方式所产生的利益和需要的表现。"[2]马克思的论述揭示了法律制度之下涌动着的社会现实。既然法律的源头是生活，它最终的宿命就应当是回归生活，致力于解答社会生活中重要的利益冲突问题。遗憾的是，立法者受制于自身的有限理性，对刑法条文所要面对的一切情形做不到"算无遗策"，即便假手于解释论，也不能保证过去确立的刑法文本能涵摄当下社会生活出现的各种危害行为。[3]此时囿于能够评价新型犯罪行为的罪名阙如，要么倒逼司法解释动用类推解释对被告人适用重罪重刑，要么迫使法官超出自由裁量权将该行为认定为超出刑法用语最大射程的其他犯罪，二者都殊为不当。认清了这一点，以增设轻

---

〔1〕 刘艳红：《我国应该停止犯罪化的刑事立法》，载《法学》2011 年第 11 期。

〔2〕 ［德］马克思：《对民主主义者莱茵区域委员会的审判》，载《马克思恩格斯全集》（第 6 卷），人民出版社 1961 年版，第 291～292 页。

〔3〕 欧阳本祺、秦长森：《积极刑法观的实践修正与功能完善》，载《东南大学学报（哲学社会科学版）》2023 年第 2 期。

罪的方式完善刑事立法就有了正当性依据。例如，有学者就指出，盗用、冒用他人身份行为入刑既是基于积极主义刑法观的合乎逻辑的选择，又是对既有罪名难以涵摄该行为之现实困境的适度反应，故与刑法的"谦抑性"原则并不矛盾。[1]换言之，当组织考试作弊罪、侵犯公民个人信息罪等犯罪的罪状表述难以充分评价冒名顶替他人身份上大学、考公务员行为的犯罪性质时，就应当认可盗用、冒用他人身份罪这一回应性立法在填补刑法漏洞上的积极意义。

3. 强化刑法对人之行为的规范指引效果

行为无价值论者认为，刑法面向整个社会提供了行为指南，违法是做出有违行为指南的行为，进而强调行为作为行为规范的存在价值。[2]展开来讲，刑法条文的构成要件是一种直接指向所有社会公民的"告示板"，它表明何种行为是受到禁止或者——在特定情形中——被要求的。通过让国民知晓法律的内容、形成规范的意识、选择合适的行为方式，刑法就不单是挥向"做了坏事之人"的大棒，还充当了引导普罗大众向善向美的"灯塔"，将公民从"越轨行为"牵引到正常的社会生活轨道。照此理解，增设新罪对社会和个人而言均有指导意义，以危险驾驶罪为例，该罪在客观层面上的确对交通事故的防患于未然和国民规范意识的塑造起到重要作用。根据公安部公布的数据，醉驾入刑五年时，全国因酒驾、醉驾导致交通事故起数和死亡人数较本罪实施前分别下降18%和18.3%[3]。在醉驾入刑的第一个十年里，我国机动车增量为1.81亿辆、驾驶人增量为2.59亿人，年均分别为1800万辆、2600万人，而因酒驾、醉驾导致的伤亡事故较前10年减少了2万余起。[4]这都表明该罪对预防交通事故的成效显著。此外，"喝酒不开车，开车不喝酒"这一规范意识已经深入人心，饮酒后大多数机动车驾驶人都能自觉选择代驾出行，全国酒后代驾订单年均达到2亿笔。[5]

---

〔1〕 阴建峰、袁方：《盗用、冒用他人身份行为入刑之评析与建言——以〈刑法修正案（十一）〉第32条为视角》，载《中州学刊》2021年第3期。

〔2〕 周光权：《新行为无价值论的中国展开》，载《中国法学》2012年第1期。

〔3〕 傅蕾：《"醉驾入刑"五年全国共查处酒驾247万余起》，载《人民公安报》2016年4月29日。

〔4〕 程林杰、刘哲、黄亦程：《"醉驾入刑"十年间减少两万余起伤亡事故》，载《人民公安报》2021年4月29日。

〔5〕 高莹：《全国道路交通安全各项指数持续向好——重大以上交通事故大幅下降，酒驾醉驾明显下降》，载《人民公安报》2022年7月26日。

(二) 轻罪扩张的负面效应

"所有的规则实际上都是相互冲突的期待与利益的一种混合的产物"[1]，轻罪制度也不能自外于这条元规则。当立法者怀抱憧憬去创设新的轻罪罪名，并希望以此根绝或抑制社会危害行为时，还有必要认真省思轻罪本身的问题以及轻罪扩张会带来的负面效应。就轻罪本身来讲，犯罪化终归只是社会控制的一种手段而非目的，且不是最好的社会治理方法，所以轻罪服务于"价值与功能的均衡"[2]的工具属性是天然的。就轻罪扩张的后果而言，刑法的提前介入固然能"立竿见影"地起到规制之效果，但正如耶林所言，刑罚如双刃之剑，用之不当，则国家和个人都将两受其害[3]，我们需要警惕的是，一旦轻罪的扩张偏离治理规律，就会异化为"消极治罪"的恶法，我国的犯罪治理体系不免落入"又厉又严"的窠臼。所以应当瞻前顾后，左视右盼，尽可能找出轻罪扩张对社会治理带来的负面效应。

1. 司法活动变形与刑罚目的异化

首先表现为法官压力的骤增。轻罪范围的迅速扩张导致刑事案件数量激增，加剧了我国基层法院长期以来"人少案多"的矛盾，然而员额制下增加法官不现实，最终导致司法领域出现诉源爆炸、诉讼拥堵的现象。根据相关数据，以 2019 年为例，每位法官人均受理案件 250.53 件，审结、执结 230.33 件，是 1981 年法官人均受理案件 20 件的十余倍，2015 年法官人均受理案件 101 件的两倍之多。可想而知，基层法官、检察官面对存量巨大、增量不断的案件早已不堪重负。

其次是导致司法质量的下降。一个摆在我们面前的客观事实是，我国法官的个案审理效率和速度已接近法官主观努力的极限，短时期内又不可能在客观上提高法官的审判业务能力，因而司法效率的提升空间已接近边际。[4]最终结果是，法官在巨大的案件压力之下，必然会压缩处理每一个案件的时间成本和精力，尤其是轻罪案件已经成为压缩诉讼容量的"重灾区"。例如，

〔1〕［美］昂格尔：《现代社会中的法律》，吴玉章、周汉华译，中国政法大学出版社1994年版，第192页。

〔2〕高铭暄、孙道萃：《预防性刑法观及其教义学思考》，载《中国法学》2018年第1期。

〔3〕林山田：《刑罚学》，台湾商务印书馆1985年版，第127页。

〔4〕赵志超：《法官合并审理自由裁量权之规制——以诉的客观合并适用为中心》，载《河北法学》2022年第2期。

在醉酒型危险驾驶罪案件的裁判文书中，法官的释法说理往往流于形式，在描述案件事实、复述刑法条文后就径直作出有罪判决。但问题在于，醉酒型危险驾驶行为作为典型的抽象危险犯，犯罪性与非犯罪性只在一线之隔，需要结合路况、行为人当时的控制能力和辨认能力等因素，实质地、具体地判断醉酒驾驶行为对不特定多数人的安全是否造成现实且紧迫的危险。[1]显然，法官的机械且简易的司法过程不足以为准确认定醉驾行为的罪与非罪提供支持。

再次是实体和程序的倒错。刑事司法流程往往耗时较久，而轻微犯罪的法定刑本就是 3 年以下有期徒刑，再考虑到行为人的认罪认罚、悔罪以及其他主客观方面的量刑情节，导致审判实践中常出现"当庭宣判后就释放"的情形。究其原因，很可能是法官出于避免犯罪人申请国家赔偿或无罪判决影响绩效考核成绩等原因，这才把刑罚量定与已羁押时长挂钩，导致实际宣判之刑重于本应判处之刑。可是，刑罚的有无和轻重是综合考虑犯罪嫌疑人的客观危害、主观责任以及刑事政策所得的结论，以羁押时长这一程序因素判断刑罚的质和量，颠覆了程序与实体之间的应然关系，有损刑罚作为实体法上法律后果的真实"品格"。

最后会导致刑罚目的的消解。何荣功教授认为："轻罪立法和犯罪门槛的降低，有利于解决我国长期以来存在的、将事实上属于（甚至严厉性超过）刑罚措施的行政处罚交由行政机关决定而非法院审判的、不符合程序正义的问题。"[2]诚然，将行政违法行为纳入轻罪圈具有控制行政权的效果，但这个问题的另一面是，当对某一社会危害行为的刑事制裁和行政处罚相差无几时，轻罪扩张反而会成为对公民自由权利和法治原则的威胁。例如，在《刑法修正案（八）》和《刑法修正案（九）》中，增设了 3 项法定最高刑仅为拘役的犯罪，分别是第 133 条之一的"危险驾驶罪"、第 280 条之一的"使用虚假身份证件、盗用身份证件罪"和第 284 条之一第 4 款的"代替考试罪"。我国司法实践对犯这三种犯罪的轻罪人表现出"轻轻举起，更轻落下"的态度，宣判刑往往在 1 个月到 2 个月。相比之下，《治安管理处罚法》中行政拘留最高 15 天，合并执行可达 20 天，这意味着行为人被判处 1 个月到 2 个月的拘役

---

〔1〕 黎宏：《论抽象危险犯危险判断的经验法则之构建与适用——以抽象危险犯立法模式与传统法益侵害说的平衡和协调为目标》，载《政治与法律》2013 年第 8 期。

〔2〕 何荣功：《我国轻罪立法的体系思考》，载《中外法学》2018 年第 5 期。

和被判处 20 天行政拘留几乎可以等同。如果再算上之前羁押时长的折抵，行为人所受之刑甚至可能比行政拘留还要"不痛不痒"。

归根结底，刑罚的目的是防止一般人和犯罪人个人不至于犯罪或再犯罪，即预防理论。"由于预防理论的刑罚目的观在于预防，因此在使用刑罚的时候必须考虑到，是不是已经没有其他更经济的预防方法"，[1]换言之，当发动刑罚无益于刑罚目的之实现，刑罚在预防功能上就失去其适当性和必要性，必须放弃刑罚。那么，动用刑罚规制上述 3 种行为的做法就存在疑问：立法阶段将这些轻微危害行为入罪入刑，其后又对其适用严厉性等同于甚至轻于行政处罚的刑罚，行为性质又转回到原点。申言之，在 1 个月到 2 个月的拘役执行完毕后，对行为人起到的预防效果很可能微乎其微，而且也让人怀疑在使用行政处罚就能达到同样效果的场合，是否还有必要投入巨大的司法资源用于治理轻微犯罪行为。

2. 犯罪附随效果负价值影响深远

无论多么精致的司法程序都无法避免罪犯是其制造的产品之一。将部分预备行为、帮助行为正犯化，同时将原本由民法、行政法等前置法调整的行为纳入刑事司法程序，固然能让被害人得到必要的救济和保障。但站在犯罪人的角度思考，我国目前的犯罪附随后果相当丰富且有失序泛滥之势，轻罪犯罪人在刑罚执行完毕后，依然撕不掉"犯罪分子"的负面标签，致使其享有的生活状态和自我发展的可能性大打折扣，几乎被隔绝在社会主流体制之外。结合危险驾驶罪的轻罪犯罪附随效果来看，众多醉驾犯罪前科者，个人的发展前景和机会被严重限制。[2]虽然表面上他们享有一般意义上的劳动权利，但现实中他们的就业困难重重，当他们无法借助平等参与社会工作的方式再度成为社会共同体之一员时，极易再度滑向违法犯罪的深渊，导致轻罪治理演变为"惩治了一种犯罪却又引发另一种犯罪"的恶性循环。

不仅如此，犯罪附随效果的负价值不只涉及犯罪人本人，与其相关的家庭成员或朋友亦受到实质性牵连。这其中不仅包括限制亲属择业、就业的直接影响，还有个人和集体名誉上受到的间接损害。一方面，"刑罚总会以某种

---

〔1〕 黄荣坚：《基础刑法学》，中国人民大学出版社 2009 年版，第 19 页。

〔2〕 吴雨豪、刘庄：《民意如何影响量刑？——以醉酒型危险驾驶罪为切入》，载《中国法律评论》2023 年第 1 期。

方式波及或连累罪案的另一类受害人——罪犯的家人"。[1]犯罪人亲属（尤其是近亲属）只是由于同犯罪人保持了事实上的血缘关系，致使原本只及于犯罪人的刑罚溢出效应蔓延到自身，受到社会的严苛审视和不公正待遇。如《征兵政治审查工作规定》第9条第8项规定"家庭主要成员、直接抚养人、主要社会关系成员或者对本人影响较大的其他亲属被刑事处罚或者开除党籍、开除公职的"，不得被征兵入伍。又如2001年教育部、公安部、总政治部《关于军队院校招收普通中学高中毕业生和军队院校招收普通高等学校毕业生政治条件的规定》第10条规定"直系亲属、关系密切的旁系亲属或其他直接抚养者中，被判刑或受过组织处理，而本人不能正确对待的"，不予录取和接收。但"不能正确对待"的表述较为暧昧，以至只要被招录者的家人被判刑，都有可能导致不予录取的后果。[2]这些站在用人单位自身立场设置审查标准的法律规定，既没有上位法的支持，更缺乏法理上的正当性依据，却是公务员录用和征兵审查工作的一项"明规则"，并向全社会传达不正当的风气价值和用人观念，导致众多企业、单位、公司在招录员工时都会将"犯罪人子女排除在外"作为不成文的规定。另一方面，犯罪人亲属和单位的名誉受损属于无妄之灾，于家庭层面，如周某某属于公安部通报的缅北涉诈窝点人员，湖南省涟源市七星街镇办事处在周某某家门口喷涂"涉电诈窝人员之家"的字样；于集体层面，现实中以单位成员犯罪为由剥夺该单位一定年限内评奖评优资格的例子屡见不鲜，尤其是单位领导的犯罪情况，更是与单位的荣誉紧紧绑定在一起。

"刑事责任是一种严格的个人责任，所以只能由犯罪分子负担，具有人身专属性，不可转移，不能替代。"[3]所以，无论是"株连式"的就业限制，还是"连坐型"的名誉受损，都违背国家刑事追责原则只针对犯罪人个人的应有之义，不当侵害个人和集体合法权益的同时，也带来制度性风险与公信力降低等衍生问题。

四、积极治理：轻罪难题的破解路径与制度构建

轻罪治理是一项系统工程。对于轻罪难题，如果仅关注刑事司法层面的

---

〔1〕 朱苏力：《从药家鑫案看刑罚的殃及效果和罪责自负——纪念〈法学〉复刊30周年·名家论坛（一）》，载《法学》2011年第6期。

〔2〕 罗翔：《犯罪附随性制裁制度的废除》，载《政法论坛》2023年第5期。

〔3〕 高铭暄主编：《刑法学原理》（第1卷），中国人民大学出版社1993年版，第413页。

限制入罪而忽略程序性问题，抑或只追求犯罪附随后果的严格适用却没有相应的人权保障措施，就只能表现出某种"局部深刻性"，[1]难免要因对轻罪问题的"头痛医头、脚痛医脚"而失之片面。所以，若想取轻罪之长、避轻罪之短，只把功夫下在某一部门法或是部门法的某一部分是远远不够的，应当发扬全局思维。具体而言，要扎根我国的社会实践，贯彻刑事一体化的观念，从社会面与法律面、实体法与程序法、刑罚的执行与后果、前科的封存与消灭等方面多管齐下，实现我国轻罪治理体系的"全面深刻性"。

（一）轻罪难题的实体出罪与程序贯通

1. 实现稳定的但书出罪机制

基于轻罪自身特性，其在司法实践中受到的处遇往往"宽进严出"，即对于轻罪的入罪标准多秉持形式判断，符合《刑法》分则关于具体犯罪的表述就倾向于犯罪成立，但在出罪阶段缺乏规范化、一贯性的出罪方案，并且司法人员担心被认定为"错案"而对轻罪出罪格外谨慎。对此，《刑法》第13条的但书规定能否胜任司法实践中轻罪出罪的可行路径，[2]成为轻罪治理必须回答的问题。

对此，我国学者在轻罪实体出罪问题上存在但书不可行论和可行论的分歧。有学者质疑直接适用但书进行出罪是一种大而化之的做法，存在说理不清、与罪刑法定原则相抵触的"硬伤"，但书只有在行为缺乏刑事不法，以及虽具有刑事不法但存在免责事由，从而缺乏处罚必要性等事实得以确认的有限场合才能得到适用。[3]与之相应，有学者指出，判断能否使用但书出罪，关键在于其出罪事由部分是否符合"情节显著轻微危害不大"的实质内涵，而不需要考虑其出罪事由部分是否表述为"不认为是犯罪"。[4]也就是说，但书可行论者认为，使用但书对轻罪予以出罪，既有别于"归为无罪"型的出罪，也不同于"不是犯罪"型的出罪，而是对犯罪情节是否属于"情节显著轻微危害不大"进行评价后的结果。需要指出，以上两种见解貌离而神合，不存在本质区别。具言之，前者把但书规定当作行为是否符合犯罪构成体系

〔1〕 马荣春：《论刑法学命题的妥当性》，载《东方法学》2016年第1期。

〔2〕 我国《刑法》第13条规定，犯罪情节显著轻微危害不大的，不认为是犯罪。

〔3〕 周光权：《论刑事一体化视角的危险驾驶罪》，载《政治与法律》2022年第1期。

〔4〕 刘科：《司法解释中的但书规范：性质、识别方法与完善思路》，载《政治与法律》2023年第1期。

的解释过程，后者将但书规定理解为行为达不到不法或责任程度的当然结论，但归根结底，二者都是从我国《刑法》定性又定量的立法特色出发，要求对行为是否构成犯罪进行实质判断和解释，并把但书规定视为我国犯罪构成的终局性判断。[1]所以，运用但书的实质判断予以出罪，一方面能在立法限缩的同时实现司法限缩，防止过度刑罚化；另一方面尊重了我国行为规范与裁判规范存在适度分离的刑法特色，[2]既保持刑法作为行为规范指引公民行为举止、确保善良市民安全感的社会意义，也为司法工作人员提供可资借鉴的裁判规则，消解积极的刑事立法中所暗藏的侵犯公民自由的隐患。

对于但书识别轻罪出罪的基本方法，可以分"三步走"。第一步，判断行为人实施的社会危害行为的不法程度，涉及行为不法和结果不法的评价。前者由行为规范所确立，当该行为在社会一般观念中尚能被容忍时，行为不法被阻却；后者立足于裁判规范，旨在对违反行为规范之行为所引起的结果予以否定，当该结果所侵害的法益未达到严重程度，不能肯定结果不法。第二步，判断行为人在主观责任层面的可非难性，这关乎行为人的犯罪动机、目的、主观恶性、预见可能性、期待可能性和违法性认识等责任要素。是否属于不值得非难的责任，需要在具体的个案事实中运用常情、常理、常识和法律知识，先对各责任要素进行分别判断，再综合评价行为人的责任大小。第三步，根据"犯罪是不法且有责"的应有之义，在犯罪行为的不法程度和责任程度均符合"显著轻微"或"危害不大"时，可以肯定该行为处于但书所涵摄的范围，最终得出"不认为是犯罪"的出罪结论。以开设赌场罪为例，仅从事接送参赌人员、望风、发牌、兑换筹码等违法业务的人员，若没有参与利润分成或领取高额工资，不宜按开设赌场罪的帮助犯论处。这是因为，行为人在开设赌场犯罪活动中起到的客观作用较小（不法程度低），且在主观上恶性不强、动机较弱（责任程度低），综合考虑后满足但书出罪的条件。实际上，2014年《关于办理利用赌博机开设赌场案件适用法律若干问题的意见》也强调对此类行为"一般不追究刑事责任，可由公安机关依法给予治安管理处罚"。

---

〔1〕　黎宏：《刑法总论问题思考》（第2版），中国人民大学出版社2016年版，第69~88页。
〔2〕　黎宏：《预防刑法观的问题及其克服》，载《南大法学》2020年第4期。

2. 遵循轻罪治理的三分原则

2019 年习近平总书记出席中央政法工作会议并发表重要讲话提出"三分原则": "要深化诉讼制度改革,推进案件繁简分流、轻重分离、快慢分道。"[1]应当意识到,"繁简分流、轻重分离、快慢分道"为我国在刑事制裁实体层面和刑事诉讼程序层面治理轻罪提供方向。其中,"轻重分离"要求我们根据轻罪与重罪的本质区别,在实体法层面实现犯罪体系的分离,在此基础上,运用实质解释论从客观到主观递进式审查轻罪行为的罪与非罪,上述的但书出罪机制即为适例。"繁简分流"是从刑事一体化的视角来看,按实体法已经确立的犯罪分层制度衔接刑事诉讼法规定的程序性分流制度,如准确适用带有协商性质的"认罪认罚从宽机制",为轻罪治理的精细化打好铺垫。"快慢分道"是指建立轻罪案件的快速处置机制,对案件事实清楚、证据确实充分的轻罪案件,在法定条件下积极适用程序简化机制,使轻罪案件进入快速办理通道,不仅有效分配司法资源、减轻法官办案压力,还能解决轻罪治理中存在的"简易不简""速裁不速"的问题。有理由相信,"三分原则"作为中国特色轻罪治理体系的基本导向,能够实现对轻罪案件在实体和程序两方面的良性衔接和科学治理。

(二)轻罪难题的后果限制与前科消灭

1. 限定犯罪附随后果主体和内容

首先,明确犯罪附随后果的目的。试想,倘若以犯罪分子的可罚性为犯罪附随后果的尺度,对其加诸"一次犯罪就被一生谴责"的刑外之刑,必然导致该制度被无节制地滥用。相反,将公权力的介入锚定在社会保障层面而非犯罪人个人,着重考察附随后果对维护社会秩序和降低犯罪人再犯可能性的良性影响[2],方能完成犯罪附随后果的制度使命。更具体地讲,犯罪附随后果的目的在客观上涉及社会风险控制问题,即通过对曾经犯罪之人预设一系列权利和资格限制,切断其实施危害行为的基本条件,保证社会秩序中的风险因素在可控范围以内;在主观上则是一个公众信赖恢复的过程,对犯罪人保持警惕是人之常情,故将犯罪附随后果作为一种对犯罪人正常回归社会

---

〔1〕 习近平:《维护政治安全、社会安定、人民安宁》,载《论坚持全面依法治国》,中央文献出版社 2020 年版,第 248 页。

〔2〕 张明楷:《轻罪立法的推进与附随后果的变更》,载《比较法研究》2023 年第 4 期。

的考验方式，能够帮助通过考验的犯罪人重新取得社会共同体的信任。

其次，限缩犯罪附随后果的制定和适用主体。我国的现状是，犯罪附随后果的适用主体并不统一，导致行政机关或权力机关出于方便自身管理、降低行政风险的需求均能主动适用。然而，根据我国《立法法》第 11 条明确指出，对公民政治权利的剥夺、限制人身自由的强制措施和处罚，只能制定法律。将犯罪附随后果作为行政机关的专断权利显然违背了该条的立法精神和内容，存在严重的合法性问题。承此，有必要严格限制启动犯罪附随后果的权限范围。析言之，从制定主体的角度，不同的法律规范设定附随后果应当遵循"层级递进"的规律，将较为严重的附随后果的立法交由立法程序更为严格、规范效力更为高级的法律予以规定，防止该制度在立法源头上的膨胀；从适用主体的角度，刑罚后的附随后果虽与刑罚有别，但二者在让人感到痛苦这一点上是共通的，既然罪刑的认定专门归属于法院，那么附随后果的取舍亦由法院作出判断也并无不妥。而且法官较之行政部门，对犯罪人的具体情况和预防必要性有更加清晰的认识，适用附随后果自然能"对症下药"。

最后，限制犯罪附随后果的内容。《德国刑法典》第 62 条规定："保安处分与行为人已实行及预料其将实行之犯罪重要性，以及由其所引发的危险程度间不合比例者，不宜宣告之。"据此我们可以认识到，犯罪附随后果的内容应以比例原则这一公法中的"帝王条款"为限度，故在具体设定时需要考虑到三个维度。其一，与目的的适当性，即对某一类犯罪人适用某种犯罪附随后果，有助于维护社会秩序和防止再犯之目的的达成；其二，对犯罪人的最小伤害性，即对不同犯罪人适用差异化、个别化的附随后果，以便该制度的目的能借助最温和、侵害最小的附随后果得以实现。例如，从鼓励犯罪人重新社会化的角度，有必要在最大程度上限制终身禁止的作出，并对职业限制和职业准入资格的实效作出明确规定；其三，在手段上的必要性，即要求犯罪人承担附随后果与所欲达成的公共目之间形成均衡的比例关系，否则就有失公正。照此标准，禁止犯罪人的子女从事政法工作的规定值得反思，因为这种职业限制与附随后果的目的之间并无关联，由于司法回避制度和监督机制的存在，犯罪人子女影响司法公正的风险实际上是完全可控的。

2. 构建合理的轻罪前科消灭制度

首先，建立成年人的犯罪记录封存制度。我国《刑事诉讼法》规定了犯罪记录封存制度[1]，但这只针对未成年人犯罪设立，并不涉及成年人犯罪。但要指出，犯罪记录封存制度是前科消灭制度的逻辑起点，如果不封存犯罪人相应的犯罪记录，犯罪记录的保密就无从谈起，前科的消灭也就失去可能。这要求我们以犯罪记录封存制度的建立为前提，推动实现犯罪人前科消灭的制度化。在这一过程中，需要注意以下两个问题：一是犯罪记录封存的适用范围问题，即在封存对象的筛选上，应当以轻微过失犯罪和高发型轻罪的前科人员为主，将犯罪记录封存的主体范围限制在社会危害性轻微、人身危险性较低、再犯可能性极小的前科人员；二是查询犯罪记录的时效问题，即通过明确犯罪记录的有效查询期限，将超过该期限且期间表现良好的前科人员视为"无犯罪记录"，并禁止查询该人员，同时还能督促前科人员安分守己、回归社会。

其次，设立轻罪犯罪记录注销制度。有学者认为，在高发型轻罪领域内的前科消灭制度难以一步到位地建立起来时，可以先逐步建立该类犯罪人的微罪注销（归零）制度，这表明犯罪注销制度乃前科消灭之重要一环。质言之，前科消灭制度的旨趣就在于，通过注销犯罪记录而使得犯罪人在社会规范评价上与一般社会公民相等。需要明确的是，犯罪记录封存制度与犯罪记录注销制度不尽相同，前者着眼于将轻微犯罪的犯罪记录向社会公众保密，后者则是对犯罪记录的彻底消灭，使前科人员的犯罪事实在规范层面上被视为"从未发生"，最终达到撕去犯罪标签的效果。

最后，结合复权制度恢复犯罪人被剥夺的权利或资格。借助犯罪记录的封存和注销制度，能在形式上、规范意义上消灭犯罪记录，但要让有前科的人不再因既存犯罪事实而丧失本应享有的权利或资质，需要在前科消灭制度中加入复权制度。此处的"复权"是一种现实性的、终局性的恢复，所宣示的是曾经被视为犯罪人而被剥夺、禁止或限制的权益，恢复到犯罪前的正

---

[1] 《刑事诉讼法》第 286 条规定："犯罪的时候不满十八周岁，被判处五年有期徒刑以下刑罚的，应当对相关犯罪记录予以封存。犯罪记录被封存的，不得向任何单位和个人提供，但司法机关为办案需要或者有关单位根据国家规定进行查询的除外。依法进行查询的单位，应当对被封存的犯罪记录情况予以保密。"

常状态。[1]因此，复权制度是前科消灭制度得以真正实现"制衡犯罪附随后果"应有功能的有效确证，使前科消灭从权宜性程序上升至实体性的权利保障机制。已经有学者建议，为顺应人权保障的基本要求，可以将我国复权制度的适用条件规定为："被判刑人回归社会后，遵纪守法，继续教育改造，确有悔改表现，没有再犯的危险的，可以复权。"[2]

五、结语

重罪治理关乎生死，对重刑的讨论理应沉稳严肃；而轻罪治理是新兴事物，都在行政违法与刑事犯罪的阡陌纵横之处，关乎罪与非罪，因此有更多的讨论自由，但也涉及各方面的问题。必须承认，发展和尝试中的事物不会一蹴即至，从"消极治罪"到"积极治理"的转型也是如此，使其内化于我国社会治理体系现代化的总框架中仍任重道远。我们既要看到轻罪带来的积极功能，也不能回避轻罪立法扩张与轻罪案件增长所带来的负面影响，如何保持轻罪治理之优势的同时将问题化为无形，考验着我国轻罪治理体系的治理轻罪能力。对此，一方面要在轻罪入罪上严格把握，以"但书"条款作为轻罪出罪的安全阀，同时贯通轻罪出罪的程序性保障，做到"繁简分流、轻重分离、快慢分道"；另一方面，做好轻罪案件的善后工作，依据比例原则妥善设定犯罪附随的适用条件和内容，并逐步建立以犯罪记录封存、注销和复权制度为主体的前科消灭制度。

---

〔1〕 彭文华：《犯罪附随后果制度的体系定位与本土设计》，载《中国刑事法杂志》2023 年第 4 期。
〔2〕 蔡荣：《我国复权制度的定位、依据及本土化构建》，载《公安学刊（浙江警察学院学报）》2019 年第 1 期。

《刑法》 第13条但书出罪机制的反思与重构*

左智鸣**

摘　要：《刑法》第13条但书条款的司法出罪具有坚实的法理基础，其核心问题在于建立兼具规范性和可操作性的理论模型。但书条款应被解释为，因情节显著轻微而可罚性不大的事实情状，在整体犯罪构成的意义上被评价为无罪。基于前述理解，但书条款可在构成要件阶层和有责性阶层发挥出罪功能，而违法性阶层则不存在但书条款的出罪空间。在但书条款与司法出罪之间，存在亟需刑法教义学予以填补构建的"中间环节"。结合但书条款的规范内涵和司法经验，但书出罪的适用场景应限定于当罚性程度轻微和需罚性程度轻微的两种事实类型中。在当罚性程度轻微的事实类型中，但书条款借助具体构成要件要素的实质限缩阻却构成要件的该当；而在需罚性程度轻微的事实类型中，但书条款基于预防必要性的考虑免除行为人的罪责。

关键词：但书条款；犯罪构成体系；当罚性；需罚性

一、问题的提出

《刑法》第13条后半部分的但书条款规定："情节显著轻微危害不大的，不认为是犯罪。"在晚近我国刑事立法呈现扩张趋势的背景下，如何在司法论层面限缩刑法处罚范围显得愈发重要，而作为总则性非罪规范的但书条款自然备受关注。不仅在刑事个案中，法官会尝试通过但书条款将符合形式罪质但不具有处罚必要性的案件进行出罪；甚至在部分罪名中，但书条款的适用

---

　* 项目基金：本文系 2022 年度重庆市新型犯罪研究中心年度规划项目（项目编号：22XXFZ16）、2021 年天津市研究生科研创新项目阶段性研究成果（2021YJSB026）。

　** 左智鸣，南开大学法学院博士研究生。

已经得到了司法解释等规范性文件的明确背书。[1]但碍于但书条款中"情节显著轻微危害不大"的规定过于模糊，裁判者在适用但书条款为个案出罪时，往往不能充分释明适用但书条款的裁判理由。而相关规范性文件的解释多停留于某个罪名能否适用但书条款这一层面，即使有少量司法解释对"情节显著轻微危害不大"的内涵作出规定，但这种聚焦于具体个罪而构建的判断规则，也难以辐射整个《刑法》分则的司法认定。因但书条款长期缺乏规范化、明确化的适用方案，使得司法者在考虑能否适用本款规定时主要依赖于自身的价值判断和自由裁量，只要司法者认为个案情形不具有处罚必要性，便可以适用但书条款进行出罪。如此一来，但书条款在司法实践中逐渐沦为司法出罪的"兜底条款"和"万能钥匙"。

针对但书条款如何实现出罪这一问题，相较于司法实务直接援引适用的态度，刑法学界则长期存在较大分歧。在四要件的犯罪构成理论中，有力学说以社会危害性程度为出罪标准，将但书条款置于犯罪构成体系之外实现出罪。[2]但也有反对观点认为，但书条款仅发挥指引司法者关注犯罪构成之罪量要素的功能，判断罪与非罪的标准仍应回归于犯罪构成体系中。[3]近年来，伴随着我国刑法知识的转型和阶层犯罪理论的引介，继受于社会危害性概念的但书条款与犯罪论体系之间的冲突日益明显。[4]越来越多的学者注意到但书条款在刑法教义学本土化进程中的特殊地位，并尝试通过实质解释、可罚的违法性等理论寻找但书条款在阶层犯罪论体系中的容身之处。[5]应当说，

〔1〕 2006 年 1 月 11 日最高人民法院公布了《关于审理未成年人刑事案件具体应用法律若干问题的解释》，2006 年 1 月 23 日起施行；2013 年 1 月 16 日最高人民法院公布了《关于审理拒不支付劳动报酬刑事案件适用法律若干问题的解释》，2013 年 1 月 23 日起实施；2014 年 8 月 12 日最高人民法院、最高人民检察院发布《关于办理走私刑事案件适用法律若干问题的解释》；2017 年最高人民法院发布《关于常见犯罪的量刑指导意见（二）（试行）》，2017 年 5 月 1 日起施行；2022 年 3 月 2 日最高人民法院发布《关于进一步加强涉种子刑事审判工作的指导意见》。

〔2〕 张永红：《我国刑法第 13 条但书研究》，法律出版社 2004 年版，第 178 页。储槐植：《刑事一体化论要》，北京大学出版社 2007 年版，第 109 页。赵秉志、陈志军：《社会危害性与刑事违法性的矛盾及其解决》，载《法学研究》2003 年第 6 期。

〔3〕 王志祥、姚兵：《论刑法第 13 条但书的功能》，载《刑法论丛》2009 年第 2 期。李翔：《论我国〈刑法〉第 13 条"但书"司法化之非》，载《东方法学》2016 年第 2 期。

〔4〕 陈兴良：《社会危害性理论：进一步的批判性清理》，载《中国法学》2006 年第 4 期。

〔5〕 张明楷：《刑法学》（上）（第 6 版），法律出版社 2021 年版，第 119 页；王昭武：《犯罪的本质特征与但书的机能及其适用》，载《法学家》2014 年第 4 期。刘艳红：《形式入罪实质出罪：无罪判决样本的刑事出罪机制研究》，载《政治与法律》2020 年第 8 期。

如何处理但书条款和犯罪构成体系之间的关系，仍是当下中国刑法教义学悬而未决的理论命题。这不仅决定了但书条款在司法实践中所具有的价值功用，也成为构建具有中国主体性的刑法教义学的过程中不可回避的重要问题。

在笔者看来，司法实务运用但书条款进行出罪的做法，之所以面临规范性和可操作性的拷问，在很大程度上与刑法教义学对该问题的理论供给不足有关。一方面，讨论但书条款的司法出罪机制，一个前置性的问题在于但书条款本身是否具有司法出罪属性。该问题在学理层面仍然存在分歧，但书出罪是否具有正当性有待法理检验。另一方面，强调刑法教义学研究的中国主体性，便有必要重视本土资源和继受知识之间存在的冲突。在阶层犯罪论的话语体系下理解但书条款的出罪功能，不仅要准确定位但书出罪的体系位置，还应细致厘清但书条款在阶层犯中如何发挥出罪功能。基于前述思考，本文将首先在法理层面考察但书出罪的正当根据，而后结合犯罪构成体系探讨但书条款的出罪路径，最后再对但书条款在司法实践中的出罪机制展开重构。

二、但书出罪的法理基础

在法理上，但书条款是否具有司法出罪功能，[1]一方面需要考察《刑法》第13条规定本身的规范属性，另一方面需要通过罪刑法定原则对其正当性予以检视。

（一）但书条款具有立法和司法的双重面向

但书条款作为《刑法》第13条犯罪概念之规定的组成部分，理解其规范属性有必要充分结合我国犯罪概念的具体功能。学界一般认为，《刑法》第13条前半部分从正面规定了什么样的行为属于犯罪，后半部分的但书条款则从反面将"情节显著轻微危害不大"的行为排除在犯罪圈之外，二者共同组

---

[1] 在反对但书出罪的理论学说中，实际上存在着两种不同的观点。第一种观点认为符合但书条款的情形已经被刑事立法予以排除，故司法实践中不能再适用但书条款予以出罪，符合分则罪状的事实行为应当一律入罪。第二种观点认为符合但书条款的情形之所以无罪，是因为其无法该当于分则个罪的构成要件，故但书条款在司法适用中仅能发挥限制入罪功能，而不能发挥出罪功能。相较于前者对但书出罪的完全否认，后一种观点实际上并未否认但书条款的司法出罪功能，其仅仅是对但书出罪的规范路径产生怀疑，故两种反对但书出罪的观点存在本质区别。之所以在反对但书出罪的阵营中出现两种观点，是因为学者们对"出罪"存在不同理解。相关论述可参见陈兴良：《但书规定的法理考察》，载《法学家》2014年第4期，此部分主要围绕第一种反对观点展开讨论。

成划分罪与非罪界限的原则性标准。[1]这实际上是在立法论层面对本条规定作出的解释。具言之，《刑法》第 13 条前半部分要求法益概念在刑事立法之前发挥批判功能，而后半部分的但书条款则指示立法者，当不法行为尚未达到值得刑法关注的程度时，同样不应进入刑法规范所划定的犯罪圈中。我国刑法分则中大量存在的数额犯、情节犯规定便充分体现了但书条款的立法指引功能。

应当注意的是，肯定但书条款的立法面向不意味着对司法面向绝对排斥。曾有观点认为，分则个罪的立法设置已经将"情节显著轻微危害不大"的行为排除在外，故司法者在认定犯罪时便不能再根据但书条款进行司法出罪。[2]该观点的基本逻辑在于，既然立法者设计刑法分则的罪刑规范时已经将"情节显著轻微危害不大"的情形予以排除，那么符合分则罪状的事实行为自然已经满足严重社会危害性、刑事违法性和应受惩罚性三个基本属性，就不能将其视为"情节显著轻微危害不大"。但是，分则个罪的罪状设计属于立法论问题，而事实行为能否涵摄进入构成要件属于司法论问题。[3]二者分属不同层次的话语体系，在司法论的语境下选择立法论的考察方法，可能存在法学方法论的混淆误用。

详言之，基于但书条款的立法指引功能，分则个罪的罪状设计自然应将"情节显著轻微危害不大"的情形排除在外。但碍于刑事个案的案情纷繁复杂，刑事立法仅能完成对"情节显著轻微危害不大"情形的初步筛选，更为实质化的限缩仍需司法者在具体案件的涵摄中实现。这是因为，在刑事立法中，为追求法律适用的普遍性进而保障司法判决的平等，立法者主要考虑构成要件所展示的行为类型是否在一般意义上值得科处刑罚，而不会也无力关注于具体个案的实然情形。换言之，构成要件仅是一种将社会生活中出现的事实加以类型化的观念形象，并非具体的案件事实。[4]而在司法实践中，刑

---

〔1〕 高铭暄、马克昌主编：《刑法学》（第 9 版），北京大学出版社、高等教育出版社 2019 年版，第 42 页。王世洲：《中国刑法理论中犯罪概念的双重结构和功能》，载《法学研究》1998 年第 5 期。

〔2〕 王尚新：《关于刑法情节显著轻微规定的思考》，载《法学研究》2001 年第 5 期。殷磊：《论刑法第 13 条功能定位——兼论（醉酒型）危险驾驶罪应一律入刑》，载《政治与法律》2012 年第 2 期。

〔3〕 张心向：《构成要件要素：从文本概念到裁判类型》，载《东方法学》2020 年第 1 期。

〔4〕 ［日］小野清一郎：《犯罪构成要件理论》，王泰译，中国人民公安大学出版社 2004 年版，第 7 页。

法规范的稳定性与实践个案的复杂性呈现鲜明对比，由刑事立法所划定的处罚范围相较于真正值得科处刑罚的事实类型而言，必然是更为宽泛的。罗某义案、赵某华案等案件的出现，[1]更是证明形式违法性和处罚必要性难以在每个刑事案件中都能实现完美契合，司法实践必然存在着符合形式罪质但不值得科处刑罚的个案可能。作为犯罪概念组成部分的但书条款，只有承认其在刑事个案中的司法功用，才能妥当界定刑罚边界。司法实践中，分则个罪的认定不仅要在形式上考察事实行为是否符合该罪的罪状表述，还应当在实质上判断该行为究竟是否值得科处刑罚，才能最终得出犯罪成立与否的结论。

综上，作为犯罪概念组成部分的但书条款，在立法论和司法论的话语体系下发挥着不同的作用。在但书条款的规制下，尽管刑事立法在设置具体的分则罪状时已经将"情节显著轻微危害不大"的情形予以初步过滤，但刑事司法仍有必要运用但书条款进一步限缩刑法规范的处罚范围。

（二）但书出罪契合罪刑法定原则的价值取向

在刑法体系内部，罪刑法定原则是无可撼动的金规铁律。一旦进入到刑法教义学的话语体系中，但书条款便需要接受罪刑法定原则的检视。故如何理解但书条款和罪刑法定原则的关系，就成了考察但书出罪是否具有正当性的关键问题。

首先，罪刑法定原则的根本目的在于保障人权。贝卡里亚在提出罪刑法定原则时，主要继受于自然法学派的个人本位思想，这便决定了罪刑法定原则的实质内核是保障人权。贝卡里亚曾言，如果说刑罚权是公民让渡自由的结晶，那么罪刑法定则是公民保留自由的边界，超越法律限度的刑罚意味着对公民自由的侵犯，必然是非正义的。[2]刑法以侵犯公民个人权利的方式保护法益，而明确的罪刑规范不仅发挥了一般预防的功能，更为重要的是，其通过普遍性的法律限制国家刑罚权，保障公民自由神圣不可侵犯。刑法存在于人类社会的正当性正是源于其对国家权力的限制，[3]刑法是否将人权保障

---

〔1〕《5.55 公斤"硝"成罪证！湖南 73 岁"放铳"老人因传统手艺获缓刑》，载 https://view. inews. qq. com/k/20211126A07DS200？web_ channel = wap&openApp = false，最后访问日期：2020 年 11 月 26 日；《天津老太摆射击摊被判非法持有枪支罪，警方鉴定出 6 支枪支》，载 https://www. thepaper. cn/newsDetail_ forward_ 1590084，最后访问日期：2021 年 12 月 29 日。

〔2〕［意］切萨雷·贝卡里亚：《论犯罪与刑罚》，黄风译，北京大学出版社 2008 年版，第 8~10 页。

〔3〕李海东：《刑法原理入门（犯罪论基础）》，法律出版社 1998 年版，第 4 页。

置于首要位置，是法治国和专制国的根本区别。[1]应当说，罪刑法定原则的提出是以保障人权为终极旨趣的。

而但书出罪旨在限缩刑罚处罚范围，这与罪刑法定原则的根本目的相一致。但书条款对情节显著轻微危害不大的行为予以非罪化，虽然是一种针对行为可罚性展开的实质判断，但此种实质判断不会与罪刑法定原则产生冲突。这是因为，但书条款所展开的实质判断，本质上是在出罪层面发挥作用。详言之，在但书条款的影响下，司法者不仅要在存在论层面对形式罪质展开考察，还应当实质地判断事实行为是否达到了值得科处刑罚的程度。既然但书条款中的"情节显著轻微危害不大"是一种以出罪为目的的判断标准，自然不存在侵犯人权的嫌疑。可以说，但书出罪是对纯粹形式理性作出的实质正义修正，[2]其仍然以限制刑罚权和保障人权作为价值取向，符合罪刑法定原则的终极旨趣。

最后需要说明的是，但书出罪与明确性原则不存在抵牾之处。在批评但书条款的出罪功能时，有学者曾以明确性原则为由提出怀疑：罪刑法定原则的人权保障功能必须以法条的明确性为前提，此种权利保障仍然是在肯定犯罪成立基础上的辐射效力，是以行为人的行为成立犯罪时不被司法机关随意处分作为其内在旨趣的。[3]这样的观点至少存在以下问题：其一，受到积极罪刑法定原则的误导。积极的罪刑法定原则要求"法有明文规定必处罚"，故符合分则罪状的事实行为不能通过但书出罪。但积极的罪刑法定原则一方面误解了《刑法》第3条有关罪刑法定原则之规定的含义，[4]另一方面其所蕴含的扩张刑罚权思想也与罪刑法定原则的初衷背道而驰。因此，积极的罪刑法定原则难以成立。其二，对构成要件的理解过于形式化。认为但书条款破坏了构成要件的明确性和定型性的做法，仍然停留在形式层面理解构成要件，这与近年来犯罪论体系的实质化思潮背道而驰。其三，混淆了手段和目的的关系。刑罚规范的明确性是保障人权的手段而非目的。"不幸者最凶狠的刽子

———————————

〔1〕 陈兴良：《教义刑法学》（第3版），中国人民大学出版社2017年版，第36页。

〔2〕 方鹏：《出罪事由的体系和理论》，中国人民公安大学出版社2011年版，第49页。

〔3〕 王尚新：《关于刑法情节显著轻微规定的思考》，载《法学研究》2001年第5期。陈伟：《醉驾："一律入刑"还是"区别对待"》，载《法制与社会发展》2012年第1期。

〔4〕 陈兴良：《罪刑法定主义的逻辑展开》，载《法制与社会发展》2013年第3期。

手是法律的捉摸不定。"〔1〕为了让那些让渡了部分自由的公民充分享受剩余的自由,刑法规定应尽可能明确地告知究竟何种行为可能构成犯罪。明确性原则对刑罚规范的确定性提出要求,更为深层次的追求是限制国家权力进而实现人权保障。〔2〕刑罚规范的明确性从来都不为国家惩罚公民服务,而是服务于人权保障。在此意义上,明确性要求是手段,人权保障才是目的。

综上所述,但书条款的司法出罪具有正当的法理根据。但是,但书条款在司法实践中能否出罪和怎样出罪是分属不同层面的理论问题。承认但书出罪的正当性,并不意味着司法者可以适用但书条款为个案出罪。刑法教义学源于实践理性,其所构建的知识体系不仅要为法律问题的解决提供有效答案,还要为法律适用的过程提供稳定模板。〔3〕倘若不能对但书出罪完成规范化构建,便难以消除但书条款的"善意滥用"风险。接下来,有必要结合犯罪构成体系,对但书出罪的规范路径展开进一步考察。

三、但书出罪的体系位置

在肯定但书条款具有司法出罪功能后,但书出罪不得不面对的规范性问题是,如何理解其与犯罪构成体系之间的关系。早期我国刑法学界就但书条款与犯罪构成体系的关系这一问题,存在"体系外出罪说"和"体系内出罪说"之争。〔4〕但近年来,基于对"犯罪构成体系是认定犯罪的唯一标准"这一基本原则的坚守和构建本土犯罪构成体系的需要,体系外出罪说在我国学界的影响逐渐式微。〔5〕相较之下,如何在犯罪构成体系内部合理构建但书条

〔1〕 [意] 切萨雷·贝卡里亚:《论犯罪与刑罚》,黄风译,北京大学出版社 2008 年版,第 6 页。

〔2〕 林钰雄:《新刑法总则》,元照出版有限公司 2022 年版,第 44 页。

〔3〕 邹兵建:《法教义学释疑——以刑法教义学为重点》,载江溯主编:《刑事法评论》(第 42 卷),北京大学出版社 2018 年版,第 15 页。

〔4〕 体系外出罪说观点可参见储槐植、张永红:《善待社会危害性观念——从我国刑法第 13 条但书说起》,载《法学研究》2002 年第 3 期。彭文华:《〈刑法〉第 13 条但书与刑事制裁的界限》,中国人民大学出版社 2019 年版,第 123 页。体系内出罪说观点参见张明楷:《刑法学》(上)(第 6 版),法律出版社 2021 年版,第 119 页。周光权:《刑法总论》(第 4 版),中国人民大学出版社 2021 年版,第 5 页。梁根林:《但书、罪量与扒窃入罪》,载《法学研究》2013 年第 2 期。

〔5〕 相关批评意见可参见黎宏:《刑法学总论》,法律出版社 2016 年版,第 41~42 页。张明楷:《刑法学》(上)(第 6 版),法律出版社 2021 年版,第 119 页。周光权:《刑法总论》(第 4 版),中国人民大学出版社 2021 年版,第 5 页。冯军、梁根林、黎宏主编:《中国刑法评注》(第 1 卷),北京大学出版社 2023 年版,第 232~234 页。

款的出罪位置，成为当下刑法理论研究的核心议题。在本文看来，若想解决前述难题，首先需要厘清但书条款的规范内涵，然后将其与犯罪论体系中的各个阶层展开比对检验，[1]才能最终确定但书出罪的恰当位置。

（一）但书条款的规范阐释

1. 对"情节显著轻微"的理解

"情节显著轻微"中的"情节"，应当被理解为与具体犯罪构成相关的事实情况。首先，"情节"一词通常指涉"事情的变化和经过"，[2]对但书条款中"情节"的理解自然不能超出其通常的语义边界，故此处的"情节"也必须落脚于具体犯罪事实的发生过程，犯罪前后的相关情况均不属于"情节"的范畴。例如在"李某某故意伤害案"中，法官将李某某的伤害行为事出有因作为"情节显著轻微"的依据，便存在着不当扩张"情节"涵摄范围的嫌疑。[3]其次，既然但书条款是解决罪与非罪问题的总则性规定，那么只有与犯罪构成相关的定罪情节才能进入但书条款的"情节"之中，而单纯影响刑罚轻重的量刑情节应被排除在外。[4]最后，部分学者将此处的"情节"限定为体现行为不法的事实因素，[5]可能是存在疑问的。毕竟，犯罪概念是犯罪构成的宏观维度和指引原则，[6]作为犯罪概念组成部分的但书条款，自然应当体现于犯罪构成之中。而不法与责任是犯罪构成的两大支柱，既然"情节"一词在语义上可以将影响不法和责任的事实情节全部包含在内，就没有道理将影响责任的情节要素排除在但书条款的涵摄范围之外。而"显著轻微"则应当指涉影响犯罪构成的情节因素在事实层面是极为轻微、微不足道的，故

---

〔1〕 需要说明的是，承认但书条款应在犯罪构成体系内部出罪与我国应当采取何种犯罪构成体系并无直接关联，本文也无意对不同犯罪构成体系之间的优劣展开比较。之所以将阶层犯罪论体系作为考察对象，主要是因为阶层犯罪论具有较为丰富的理论资源和解释空间，当下有关但书出罪的讨论也主要是在阶层犯罪论的语境下展开的。

〔2〕 中国社会科学院语言研究所词典编辑室编：《现代汉语词典》，商务印书馆 1996 年版，第 1035 页。

〔3〕 "李某某故意伤害案"，最高人民法院 ［2007］刑监复 78579878 号刑事判决书。

〔4〕 刘树德、潘自强：《裁判文书说理视角下的"但书"研究——基于 157 份无罪裁判文书的分析》，载《中国应用法学》2020 年第 1 期。

〔5〕 敦宁：《犯罪与治安违法行为的"但书"界分——以"法规竞合"现象为中心》，载《政法论丛》2018 年第 2 期。

〔6〕 马克昌主编：《犯罪通论》，武汉大学出版社 1991 年版，第 75 页。

不值得动用刑罚予以制裁。[1]

2. 对"危害不大"的理解

针对但书条款中的"危害不大",有力观点倾向将其理解为法益侵害的程度轻微。[2]但这样的理解可能过于狭隘。原因在于,"危害不大"中的"危害"溯源于传统刑法理论中的社会危害性概念,而社会危害性的大小不仅取决于行为本身的客观危害,也与行为人的主观恶性和人身危险性有关。[3]在此意义上,仅从法益侵害结果的角度出发解释"危害不大"的做法,显然误解了本款规定的立法原意。我国曾有学者从语义学的维度将"危害不大"解释为评价整体犯罪构成的"可罚性不大"。[4]如此理解在原则上值得赞同,但仍有必要对其合理性展开进一步的教义学阐释。

犯罪是指被科处刑罚的行为,而"被科处刑罚"的属性便是"可罚性"。在此意义上,可罚性是犯罪成立的充分必要条件。换言之,具有可罚性的行为即为犯罪,犯罪论的任务便是确认行为的可罚性。[5]之所以将但书条款中的"危害不大"解释为可罚性不大,主要基于以下考虑:其一,既然此处的"危害"与社会危害性概念相关联,而社会危害性又需兼顾具体犯罪事实的主客观方面,那么将"危害"理解为评价整体犯罪构成的可罚性不大,便不存在障碍;其二,从法律结构的完整性出发,"情节显著轻微"是法律描述的特定事实类型,"不认为是犯罪"是法律后果,在事实构成和法律后果之间,"危害不大"通过可罚性不大这一法律评价,实现事实构成与法律后果的连接。[6]也就是说,但书条款中的"危害不大"实际上解释了但书条款所规定的情形不构成犯罪的具体缘由和评价过程。其三,将"危害不大"理解为

　　[1]　陈兴良:《但书规定的法理考察》,载《法学家》2014年第4期。

　　[2]　陈兴良:《但书规定的法理考察》,载《法学家》2014年第4期。王昭武:《犯罪的本质特征与但书的机能及其适用》,载《法学家》2014年第4期。陈伟、钟滔:《刑法"但书"出罪的功能失调及其规范适用》,载《四川师范大学学报(社会科学版)》2020年第3期。

　　[3]　高铭暄、马克昌主编:《刑法学》(第9版),北京大学出版社、高等教育出版社2019年版,第43页。

　　[4]　王华伟:《中国刑法第13条但书实证研究——基于120份判决书的理论反思》,载《法学家》2015年第6期。

　　[5]　[日]松原芳博:《犯罪概念和可罚性:关于客观处罚条件与一身处罚阻却事由》,毛乃纯译,中国人民大学出版社2020年版,第1页。

　　[6]　有关法定事实构成和法律后果之关系的论述可参见[德]伯恩·魏德士:《法理学》,丁晓春、吴越译,法律出版社2013年版,第61页。

整体犯罪构成的可罚性程度不大，还能很好地避免体系上的抵牾问题。在微观层面，但书条款中"情节显著轻微"的"情节"既然是与犯罪构成相关的事实因素，那么法益侵害结果自然也应被包摄其中。一般来说，立法者在设计法律条文时，不会将两个相同的要素重复安置于同一法律条文中，故此处的"危害不大"显然不能仅仅理解为法益侵害的程度不高。在宏观层面，我国刑法分则包含大量的行为犯、抽象危险犯，倘若将此处的危害不大与法益侵害后果相联系，则难以对前述舍弃结果要素的犯罪类型予以评价。

3. 对"不认为是犯罪"的理解

从规范分析的角度出发，"不认为是犯罪"应被视为经过犯罪构成体系评价后的结论。因犯罪构成体系是认定犯罪的唯一标准，故但书条款所规定的情形之所以不成立犯罪，便只能理解为其本身无法通过犯罪构成体系的检验。详言之，"情节显著轻微"是在存在论层面对犯罪构成事实作出的描述，而"危害不大"是在规范论层面对前述事实情状之可罚性程度展开的评价，因"犯罪构成所描述的违法性与有责性必须达到了值得科处刑罚的程度"[1]，故而得出"不认为是犯罪"的结论。此处需要注意的是，但书条款本质上是解决罪与非罪问题的法律规范，符合但书条款规定的行为直接不构成犯罪。与之相对的，《刑法》第 37 条规定的法律后果为"免予刑事处罚"，即行为虽然构成犯罪，但无需判处刑罚。基于区分二者的考虑，立法者曾专门将但书条款的法律后果由"不以犯罪论处"改为"不认为是犯罪"。[2]

（二）但书条款与构成要件的犯罪过滤机能相契合

考察但书条款是否能在构成要件阶层实现出罪，首先应明晰构成要件阶层出罪的基本逻辑。如韦尔策尔所言，构成要件不是禁止规范本身，而是描绘了禁止规范所针对和指向的实体对象。[3]尤其在新古典学派占据主流后，主观不法要素和规范性要素开始进入到构成要件之中，构成要件阶层不仅完整描述了犯罪类型的事实形态，更揭示了行为类型的不法内涵。[4]可以说，构成要件是以行为人的作为或不作为方式体现的、刑法值得关注的重要事实情

〔1〕 张明楷：《犯罪构成体系与构成要件要素》，北京大学出版社 2010 年版，第 238 页。

〔2〕 高铭暄：《中华人民共和国刑法的孕育诞生和发展完善》，北京大学出版社 2012 年版，第 21 页。

〔3〕 ［德］汉斯·韦尔策尔：《目的的行为论导论——刑法理论的新图景》，陈璇译，中国人民大学出版社 2015 年版，第 21 页。

〔4〕 柯耀程：《变动中的刑法思想》，中国政法大学出版社 2003 年版，第 42 页。

况的抽象描述。[1]这种对事实情况的抽象描述,不仅在入罪的意义上向司法者展示了构成犯罪的基本要求,也在出罪的意义上限定了个罪构成要件的适用范围。详言之,当法官在案件事实与构成要件之间完成涵摄时,表明该事实行为已经初步具备刑法意义上的可罚性。反过来讲,某一事实行为难以归入构成要件所展示的不法类型时,构成要件便发挥出过滤犯罪的出罪功能,其将此类事实行为率先过滤出犯罪论体系的审查框架,以保证刑法评价的正当性和效率性。

因但书条款是犯罪成立定量分析的具体体现,[2]故论证但书条款与构成要件阶层的契合性,一个先决性的问题在于:构成要件阶层是否存在定量判断的空间?答案应当是肯定的。因为,构成要件的内容可以具体区分为行为不法和结果不法。当行为人本应为避免构成要件的实现而做出一定的作为或不作为,其没有做出的举止便实现了构成要件的行为不法;而由相应举止所导致的符合构成要件的事实发生则为结果不法。[3]其中,结果不法以法益状态的外部变动作为评价标准,自然存在着不法程度高低的差异。而行为本身虽然对应于举止规范的违反,但其不法程度仍然具有独立评价的意义。例如在盗窃罪中,扒窃行为相较于普通盗窃行为不存在犯罪数额的要求,正是因为扒窃相较于普通盗窃而言,在行为层面释放的不法程度更高。而在过失犯罪中,由于行为不法所参照的注意规范往往存在阈值标准,故过失犯的行为同样存在着程度问题。例如在因超速而导致交通肇事的案件中,车速刚刚超过限速标准和严重超过限速标准所释放的行为不法的量亦有区别。

当不法行为本身因过于轻微而不值得科处刑罚时,自然应当予以出罪。而在我国刑法体系中,大多可罚性程度轻微的行为是在构成要件阶层实现出罪的。一方面,这是"定性+定量"立法模式的基本要求。在但书条款的规制下,分则个罪的罪状中常包含"情节严重""数额较大"等罪量规定。而大部分的罪量规定被内置于行为、结果等构成要件要素中,[4]例如《刑法》第133条交通肇事罪中的"致人重伤、死亡或者使公私财产遭受重大损失",第436条武器装备肇事罪中的"致人重伤、死亡或者造成其他严重后果"等,

〔1〕 Vgl. Eisele, in: Schönke/Schröder Strafgesetzbuch, 30. Aufl., 2019, §§ 13 Rn. 43/44.
〔2〕 王政勋:《定量因素在犯罪成立条件中的地位——兼论犯罪构成理论的完善》,载《政法论坛》2007年第4期。
〔3〕 Vgl. Kindhäuser/Zimmermann, Strafrecht Allgemeiner Teil, 10. Aufl., 2022, § 9, Rn 7.
〔4〕 陈少青:《罪量与可罚性》,载《中国刑事法杂志》2017年第1期。

故对不法程度的判断自然是在构成要件阶层完成的。

另一方面，司法实务在适用但书条款进行出罪时，亦在构成要件阶层考察可罚性的程度问题。例如在污染环境罪中，根据 2016 年最高人民法院、最高人民检察院《关于办理环境污染刑事案件适用法律若干问题的解释》第 6 条，无危险废物经营许可证从事收集、贮存、利用、处置危险废物经营活动，若不具有超标排放污染物、非法倾倒污染物或者其他违法造成环境污染的情形，应当认定为"情节显著轻微危害不大"，作非罪处理。其中，"不具有超标排放污染物、非法倾倒污染物或者其他违法造成环境污染的情形"便是在污染环境罪的结果层面考察此种废物经营行为是否达到了污染环境罪所要求的不法程度。在该司法解释看来，只要无证的危险废物经营行为没有造成环境污染的法益侵害后果，就应认为其可罚性不大进而予以出罪。

（三）但书条款不具有阻却违法性的功能

相关学说将但书条款置于违法性阶层的主要根据为：在比较法意义上，但书条款与可罚的违法性理论存在暗合，故可援引可罚的违法性理论解决但书出罪的体系位置问题。[1]但是，单纯援引可罚的违法性理论，似乎难以掩盖但书条款与违法性阶层的抵牾之处。

首先，但书条款与违法性阶层的出罪逻辑存在本质差异，使其难以在违法性阶层获得出罪空间。其一，与构成要件对禁止举动的形象描述不同，违法性则是实现禁止规范的构成要件之行为与作为整体法秩序之间存在的冲突。[2]而但书条款所规定的"情节显著轻微"本质上是对不值得刑法关注的事实类型展开抽象描述，并不涉及关于以利益衡量抑或整体法秩序为标准的价值判断。[3]其二，但书条款和违法阻却事由虽均具有出罪机能，但二者出罪的

---

〔1〕 王昭武：《犯罪的本质特征与但书的机能及其适用》，载《法学家》2014 年第 4 期；崔志伟：《"但书"出罪的学理争议、实证分析和教义学解构》，载《中国刑事法杂志》2018 年第 2 期。

〔2〕 ［德］汉斯·韦尔策尔：《目的行为论导论——刑法理论的新图景》，陈璇译，中国人民大学出版社 2015 年版，第 23 页。

〔3〕 也许会有反对意见指出，构成要件阶层同样存在着价值判断的空间（例如规范的构成要件要素），故不能以是否存在价值判断为标准决定但书出罪的体系位置。但应当注意的是，尽管当下对规范的构成要件要素的考虑确实需要依赖于价值判断与利益衡量，但这种实质性判断仍然是为确定一个类型性的、形式性的不法事实而服务的，这显然与违法性阶层中以法秩序的整体取向为标准、以实现社会必要性和个体自由相平衡为目标的整体价值评价有所区别。因此，违法性阶层中的价值判断与规范的构成要件要素中的价值判断并不相同。

法理基础存在差异。但书条款是因为事实行为尚未达到值得科处刑罚的程度，故基于刑法谦抑性的考虑予以出罪，而违法阻却事由则是通过以法秩序的整体取向为标准、以实现社会必要性和个体自由相平衡为目标的价值评价，例外地允许法益被侵害的存在。[1]

其次，可罚的违法性理论与但书条款的规范内涵存在区别，也不宜成为但书条款进入违法性阶层的理论工具。日本刑法学界将"可罚的违法性"细分为"绝对轻微型"和"相对轻微型"两种类型，前者旨在解决法益侵害程度与刑罚设置明显不匹配的案件，而后者则针对法益侵害本身难言轻微但应基于特殊考虑排除可罚性的情形。[2]结合但书条款的规范内涵可知，但书条款只有在案件事实本身轻微时才有适用可能。也就是说，但书条款所描述的情形虽与前述"绝对轻微型"存在一定重合，但却难以与"相对轻微型"匹配。况且，根据日本学界的有力观点，"绝对轻微型"的案件理应阻却构成要件的该当性，而非在违法性阶层实现出罪。[3]

最后，退一步讲，即使在法教义学层面援引可罚的违法性理论对但书条款予以解释，也难以为但书条款提供清晰明确的出罪方案。不法行为究竟达到怎样的程度才能具有可罚的违法性，其标准本身就是模糊不清的。正因如此，德国刑法学虽然率先提出了可罚的违法性理论，但也早已将其弃置。日本刑法学虽强调可罚的违法性的理论价值，但司法实务则对该理论呈现出消极态度。[4]即便有部分国内学者尝试借鉴藤木英雄教授在可罚的违法性理论中所提出判断标准——法益侵害结果的轻微性和行为脱离社会相当性的轻微性——解决但书条款在阻却违法时的适用问题，[5]但其在考察行为层面时所

〔1〕 许玉秀：《主观与客观之间——主观理论与客观归责》，法律出版社 2008 年版，第 371 页；[德]克劳斯·罗克辛：《刑事政策与刑法体系》（第 2 版），蔡桂生译，中国人民大学出版社 2011 年版，第 33 页。

〔2〕 [日]松原芳博：《刑法总论重要问题》，王昭武译，中国政法大学出版社 2014 年版，第 92 页。

〔3〕 针对可罚的违法性理论的体系位置这一问题，日本刑法仍存在分歧。（具体学说介绍可参见[日]日高義博：《违法性的基础理论》，张光云译，法律出版社 2015 年版，第 5 页。）但较为有力的见解似乎在构成要件阶层和违法性阶层分别处理"绝对轻微型"和"相对轻微型"的可罚的违法性问题[参见[日]前田雅英：《刑法总论讲义》，曾文科译，北京大学出版社 2017 年版，第 21 页；[日]山口厚：《刑法总论》（第 3 版），付立庆译，中国人民大学出版社 2018 年版，第 190~192 页]。

〔4〕 [日]高桥则夫：《刑法总论》，李世阳译，中国政法大学出版社 2020 年版，第 226 页。

〔5〕 王昭武：《犯罪的本质特征与但书的机能及其适用》，载《法学家》2014 年第 4 期。崔志伟：《"但书"出罪的学理争议、实证分析与教义学解构》，载《中国刑事法杂志》2018 年第 2 期。

使用的社会相当性理论在判断标准和体系位置上仍存在着较大争议。[1]如此做法，无非是通过一个本就模糊不清的理论来处理另一个有待澄清的问题，难以称得上合理有效的解决方案。通过可罚的违法性理论对但书条款进行解释，在某种程度上可以视为"体系外出罪说"的"阶层论版本"，难以摆脱"体系外出罪说"给司法实践中的个罪认定带来的困扰。

（四）但书条款可以借助功能责任论实现出罪

在有责性阶层展开讨论，就有必要注意到罪责概念的理论流变和语境转换。从学术史的角度出发，罪责概念经历了心理责任论到规范责任论的转变。心理责任论把责任理解为行为人的心理关系，但伴随着评价性罪责要素的出现和古典犯罪论体系的衰落，心理责任论的影响日渐式微。[2]取而代之的，规范责任论逐渐占据通说地位。在规范责任论看来，一个符合构成要件且具有违法性的行为，只有在刑法意义上是可责难的，才能赋予罪责。[3]而可责难性本质在于，行为人违法地实现构成要件进而表现出其对法规范的错误态度。[4]在此意义上，不法是责任的判断对象，罪责是对不法是否有必要予以非难作出的规范评价。晚近以来，伴随着目的理性刑法体系的兴起，有责性阶层被赋予更为机能性、目的性的意义，功能性的罪责理论引起学界的广泛讨论。目的理性刑法体系的两位代表性人物罗克辛和雅各布斯虽均主张对罪责概念作出机能性的理解，但二者对功能责任论的内容构建存在差异。按照罗克辛的主张，有责性除了取决于犯罪人的罪责外，还需额外地考虑作为刑罚目的的预防必要性，二者共同构成对刑罚非难的双重限制。[5]雅各布斯则更为激进地将罪责概念纯粹地理解为一般预防的必要性，进而王皇玉在《刑法总则》强调有责性应当结合行为人对法律的不忠诚和具体的社会状态予以界定。[6]相较而言，罗克辛所主张的功能责任论在坚守罪责原则的基础上例外地考虑预防必要性，是更加容易接受的改造方案，故本文也主要针对罗克辛的功能责任论展开讨论。

---

〔1〕 陈璇：《刑法中社会相当性理论研究》，法律出版社 2010 年版，第 161～190 页。

〔2〕 王皇玉：《刑法总则》，新学林出版股份有限公司 2023 年版，第 338～339 页。

〔3〕 许玉秀：《当代刑法思潮》，中国民主法制出版社 2005 年版，第 45 页。

〔4〕 Vgl. Kindhäuser/Zimmermann, Strafrecht Allgemeiner Teil, 10. Aufl., 2022, § 21, Rn 12.

〔5〕 Vgl. Roxin/Greco, Strafrecht Allgemeiner Teil, Band. 1, 5. Aufl., 2020, § 19, Rn 3.

〔6〕 Vgl. Jakobs, Strafrecht Allgemeiner Teil, 2. Aufl., 1991, § 17, Rn 22ff.

无论是在理论上抑或在实践中，在主张功能责任论的同时肯定但书条款在有责性阶层的出罪空间，都是十分必要的。首先，功能罪责论是刑事政策融入刑法体系的有益尝试，在考虑刑罚目的的意义上构建罪责理论是更为合理的方案。罗克辛倡导的功能责任论所面临的质疑主要有二：一是无法在法理基础层面统合罪责与预防必要性；[1]二是不当混淆了犯罪论和刑罚论的问题。[2]针对前一问题，罗克辛在罪责原则和决定论的并和视角下，将个人理解为"可以规范性地交往"的个体。当个人基于意志自由实施犯罪时，犯罪的罪责仍应归属于他个人；而当个人在具体情形下难以实现"规范性地交往"时，自然也没有必要予以非难。[3]针对后一问题，需要说明的是，过于割裂地理解犯罪论和刑罚论可能并无实益。毕竟，具体犯罪的事实因素可能兼具定罪情节和量刑情节的双重属性，只要恪守"禁止双重评价"的基本原则，在犯罪论层面对预防必要性的考量便不会对刑罚的妥当性产生影响。

其次，在功能责任论的语境下借助但书条款可以很好地填补我国刑法体系中的部分立法缺憾。例如，《刑法修正案（八）》将扒窃行为入刑后，如何妥当限缩盗窃罪的处罚范围是刑事立法给司法实务带来的严峻挑战。针对前述问题，车浩教授曾作出了极富创造力的尝试，其利用功能主义的罪责概念减免扒窃偶犯的需罚性，进而将完全不具有预防必要性的扒窃偶犯通过但书条款予以出罪。[4]前文已述，但书条款中的"情节"不仅包含可以反映构成要件行为不法程度的事实因素，也应当包含体现行为人预防必要性程度的事实因素，且"不认为是犯罪"是在整体犯罪构成意义上作出的非罪评价。可以说，车浩教授的解释方案充分挖掘了但书条款的出罪功能，是借助中国教义解决本土问题的成功案例。

最后，我国司法实践在援引但书条款进行出罪时，已在不自觉地运用了功能责任论的思考方式。这一点，在我国司法解释和司法判例中均有体现。例如《关于审理未成年人刑事案件具体应用法律若干问题的解释》第6条规定："已满十四周岁不满十六周岁的人偶尔与幼女发生性行为，情节轻微、未

〔1〕 黄荣坚：《基础刑法学》（下），元照出版有限公司2012年版，第605页。
〔2〕 邹兵建：《跨越李斯特鸿沟：一场误会》，载《环球法律评论》2014年第2期。
〔3〕 ［德］克劳斯·罗克辛：《刑事政策与刑法体系》（第2版），蔡桂生译，中国人民大学出版社2011年版，第78~79页。
〔4〕 车浩：《"扒窃"入刑：贴身禁忌与行为人刑法》，载《中国法学》2013年第1期。

造成严重后果的，不认为是犯罪。"司法解释作出非罪化处理的主要原因在于，少男幼女基于双方自愿"初尝禁果"的行为，既没有必要通过刑罚予以特殊预防，也无需向公众展示一般预防的必要性。又如在"罗某寿、罗某成非法制造枪支宣告无罪案"中，二审法院在适用但书条款时指出，被告人在特殊生活区域内利用特殊技能制造火枪旨在满足当地村民的生产、生活所需，且并未造成严重的社会危害性，故不宜作为犯罪处理。[1]本案中，法官正是考虑到两位被告人所造成的不法程度轻微且预防必要性小，才通过但书条款予以出罪。

在对但书条款展开体系性考察后，可将但书出罪的体系位置确定于构成要件阶层和有责性阶层。但需要注意的是，此处的体系性考察仅仅是停留在理论层面的逻辑演绎和法理分析，而既然但书条款中"不认为是犯罪"的根据在于情节显著轻微的事实情状尚未达到值得科处刑罚的程度，那么究竟如何在构成要件阶层和有责性阶层实现这种可罚性程度的判断，将直接影响但书出罪机制的实践功用，下文将对此展开重点讨论。

四、但书出罪的规范重构

在理论层面对但书条款展开教义学解构后，接下来更为关键的问题在于，如何规范地搭建但书条款与司法出罪的贯通桥梁。毕竟，但书条款中"情节显著轻微危害不大"所提供的标准过于模糊，倘若不能更为精细化地构建但书条款的出罪机制，无异于将但书出罪完全交由法官予以主观裁量，这将导致但书条款的恣意出罪风险。基于此，本文将立足于中国本土的立法实际和司法现状，在澄清相关学识误区的基础上，尝试构建一个兼具规范性和可操作性的但书出罪理论模型。

（一）现有方案的检讨与反思

当下有关但书条款的出罪方案主要有以下三种：其一，构成要件实质解释说。但书条款应被理解为构成要件实质解释的规范指引，其通过限缩构成要件的适用范围发挥出罪功能，该说多为实质解释论者所提倡。[2]其二，可

---

〔1〕 云南省昆明市中级人民法院［2004］昆刑再终字第 1 号刑事裁定书。

〔2〕 张明楷：《刑法学》（上）（第 6 版），法律出版社 2021 年版，第 119 页；王志祥、姚兵：《论刑法第 13 条但书的功能》，载《刑法论丛》2009 年第 2 期。

罚的违法性说。该说将但书条款与可罚的违法性理论相结合，通过考察社会相当性程度和法益侵害性程度以确定但书条款的适用空间。[1]其三，超法规出罪事由承接说。近年来的有力观点将但书条款解释为刑法教义学中多种超法规出罪事由的规范依据，使其与被害人承诺、期待可能性等超法规事由相承接，通过但书条款的合法性转化促进多元出罪事由在司法实践中的适用。[2]因可罚的违法性说在前文探讨体系位置时已作专门批判，故此处主要针对构成要件实质解释说和超法规出罪事由承接说展开检讨。

1. 构成要件实质解释说的纰漏

但书条款在构成要件阶层通过实质解释发挥出罪功能，这本身并无疑问。但构成要件实质解释说的部分观点存在一定的理论误区，仍有必要予以澄清。首先，不能将但书条款单纯视为"实质解释论"的规范背书。[3]毕竟，无论是实质解释论还是形式解释论，都不会反对通过实质解释将不值得科处刑罚的不法类型排除在构成要件之外，[4]故采取何种解释立场与但书条款能否实现司法出罪不存在绝对关联。其次，构成要件实质解释说不当压缩了但书条款的出罪空间。前文已述，但书条款是在整体犯罪构成的意义上对可罚性作出的评价，而构成要件的不法仅与当罚性有关，尚不涉及需罚性问题，故单纯在构成要件阶层构建的但书条款出罪机制实际并不完整。最后，构成要件实质解释说仅仅强调但书条款指引构成要件的限缩解释，但其究竟如何限缩构成要件的涵摄范围进而发挥出罪功能，相关学说理论一直未能予以释明，故有待展开进一步的探讨。

〔1〕 刘士心：《论可罚的违法性》，载《中国刑事法杂志》2009 年第 3 期；王昭武：《犯罪的本质特征与但书的机能及其适用》，载《法学家》2014 年第 4 期。

〔2〕 值得注意的是，多数超法规出罪事由承接说的学者，也不反对将但书条款于构成要件的限缩解释和可罚的违法性理论予以惩戒，其将但书条款视为一种整体性的出罪事由。参见王强：《我国〈刑法〉第 13 条但书规定新解——兼论但书在犯罪构成理论中的展开》，载《法律科学（西北政法大学学报）》2011 年第 5 期；储陈城：《"但书"出罪适用的基础和规范》，载《当代法学》2017 年第 1 期；陈伟、钟滔：《刑法"但书"出罪的功能失调及其规范适用》，载《四川师范大学学报（社会科学版）》2020 年第 3 期；杜治晗：《但书规定的司法功能考察及重述》，载《法学家》2021 年第 3 期。

〔3〕 在有关实质解释论和形式解释论的争议中，不乏实质解释论者将但书条款作为实质解释论的规范根据与支持理由。参见苏彩霞：《实质的刑法解释之确立与展开》，载《法学研究》2007 年第 2 期；张明楷：《实质解释论的再提倡》，载《中国法学》2010 年第 4 期。

〔4〕 陈兴良：《形式解释论的再宣示》，载《中国法学》2010 年第 4 期；张明楷：《实质解释论的再提倡》，载《中国法学》2010 年第 4 期。

2. 超法规出罪事由承接说的弊病

鉴于我国刑事立法对出罪事由的规定极为有限，例如法令行为、被害人承诺、正当行为、期待可能性等出罪事由只能通过刑法教义学的理论构建容身于刑法体系中，学界一般称之为超法规的违法阻却事由或超法规的责任阻却事由（以下统称"超法规的出罪事由"）。况且，我国刑法理论和司法实务的沟通渠道本就难言通畅，导致超法规出罪事由难以真正在司法实践中发挥作用。超法规出罪事由承接说正是在此背景下受到广泛关注，在相关论者看来，将但书条款衔接于超法规出罪事由的做法，不仅使得但书条款的规范内容得以填充，也将在很大程度上促进了超法规出罪事由的司法适用。[1]但令人遗憾的是，"规范依据说"的解释方案可能过于理想，存在着诸多无法克服的弊端。

首先，但书条款无法在法理层面与诸多的超法规出罪事由实现顺畅衔接。分散在违法性阶层或有责性阶层的超法规出罪事由，均拥有各自独立的法理基础。贸然将但书条款承接超法规出罪事由的做法，将会破坏阶层犯罪理论所应有的体系自洽性。其次，超法规出罪事由承接说看似完成了对本款规定的解释填充，实则将但书条款完全架空。因为，如被害人承诺等超法规的出罪事由本身便具有其独立的判断规则，而这些判断规则的构建与但书条款毫无关系。这便意味着，除了可以作为裁判文书中的法律依据外，但书条款自身无法为具体个案的司法裁判提供任何的教义支持。如此一来，但书条款几乎包容了除正当防卫、紧急避险外的所有情形，使得其逐渐成为一个庞大的出罪"系统"和象征性的法律规范，而非独立的出罪事由。[2]最后，将但书条款改造为诸多出罪理论的规范依据，无宜于改变超法规出罪事由的窘迫现状。当下刑法教义学对部分超法规出罪事由的理论研究已经趋于成熟，但司法实务对其仍然采取抵制态度。这说明，仅仅停留在解释论层面的司法续造，并非解决超法规出罪事由之适用困境的良策，较为现实可行的做法是通过司法解释和指导案例针对个罪率先完成超法规出罪事由的说明，而非将但书条

---

〔1〕 储陈城：《罪刑法定原则出罪功能的体系性构造》，载《国家检察官学院学报》2017 年第 4 期；陈伟、钟滔：《刑法"但书"出罪的功能失调及其规范适用》，载《四川师范大学学报（社会科学版）》2020 年第 3 期；杜治晗：《但书规定的司法功能考察及重述》，载《法学家》2021 年第 3 期。

〔2〕 刘艳红：《形式入罪实质出罪：无罪判决样本的刑事出罪机制研究》，载《政治与法律》2020 年第 8 期。

款改造为诸多出罪事由的规范依据。

3. 构建但书出罪机制的应然方向

但书出罪之所以面临肆意性风险，根本原因在于其"情节显著轻微危害不大"的规定实在过于模糊。实际上，在但书出罪的过程中，应当还存在着影响裁判作出的"中间环节"，[1]这些环节不会出现于法律条文的具体规定中，而只能在规范与事实的互动中予以个别构建。[2]基于此，本文重构但书出罪机制的基本思路在于，既然但书条款所描述的是"情节显著轻微危害不大"的事实情状，那么我们只需要确定前述事实情状的具体类型并予以规范构建，便可在一定程度上将但书出罪之司法裁判的"中间环节"予以定型。在填充"中间环节"的过程中，一方面需要恪守但书条款的规范内涵，另一方面也应对但书出罪的司法经验予以类型化处理。只有这样，才能实现但书条款与司法出罪的融贯。

前文已述，但书条款是针对"情节显著轻微"进而不具有可罚性的事实情状作出的非罪化规定。其中，"情节显著轻微"的评价对象同时包含反映不法程度和罪责程度的事实因素，"危害不大"则是在规范论层面对可罚性不大作出的价值评价。基于前述思考，"情节显著轻微"是在事实论层面限制发动但书条款的事实条件，而"危害不大"是在规范论层面对可罚性做出的实质考察，二者共同构成了但书适用的双重限制。因可罚性不大是但书出罪的实质原因，而可罚性又可进一步区分为"当罚性"和"要罚性"，前者是一种犯罪行为本身值得处罚的无价值判断，而后者则是一种因犯罪行为而有必要对行为人科处刑罚的目的论判断。[3]因此，结合"情节显著轻微"所描述的事实轮廓，但书出罪场景的构建可围绕前述两个侧面展开。其一，当罚性程度轻微的事实类型。在此种类型下，"情节显著轻微"主要指涉构成要件行为本身的不法程度过于轻微，也即通常所称的"微罪不罚"。当实行行为本身并不值得处罚时，便无需再考虑需罚性问题，可直接予以出罪。其二，需罚性程度轻微的事实类型。由于可罚性程度除了取决于应罚性外，也与基于刑罚

〔1〕 夏伟：《"但书"出罪运行机制实证研究》，载《中国法学》2023 年第 4 期。

〔2〕 张心向：《在遵从与超越之间——社会学视域下刑法裁判规范实践建构研究》，法律出版社 2012 年版，第 85~86 页。

〔3〕 ［日］松原芳博：《犯罪概念和可罚性：关于客观处罚条件与一身处罚阻却事由》，毛乃纯译，中国人民大学出版社 2020 年版，第 4~6 页。

目的考虑的需罚性有关。当行为人的预防必要性过于轻微时，立法者在刑事政策的意义上宽恕罪责，进而使得犯罪事实不再具有可罚性。接下来，本文将针对前述两种类型逐一展开讨论。

（二）但书出罪的适用场景之一：当罚性程度轻微的事实类型

当罚性程度轻微的事实类型主要指涉因不法程度过于轻微而不值得刑法处罚的事实行为。在我国所采取的二元制裁模式下，不法程度轻微具有两种含义：一是事实行为绝对轻微而根本不值得法秩序予以关注，例如快递员毁弃一份无关紧要的信封的行为自然不会被认定为私自毁弃邮件罪；二是事实行为所蕴含的不法虽未达到值得科处刑罚的程度，但可根据相应行政法规作出行政处罚。轻微违法犯罪的分流出罪是多数国家的基本共识和共同任务，[1]但在具体的分流处置路径上各国可能存在一定差异。

1. 但书条款的存在使得我国更加依赖实体法路径实现微罪出罪

以德国为例，德国刑事司法主要倚重程序法上的不起诉制度实现微罪不罚。[2]司法实践中，检察官基于便宜原则，对实施轻微法益侵害且无公共影响的行为人放弃追诉，进而将轻微不法排除在刑法的处罚范围外。[3]尽管德国刑法学界同样提出了实体法层面的出罪方案，即在构成要件阶层引入"轻微原则"（Geringfügigkeitsprinzip），主张通过目的论的限缩解释将轻微法益侵害行为排除在外。[4]但"轻微原则"这种实体法的处理方案在德国并未引起足够重视。原因在于，一方面，德国刑法分则采"定性不定量"的立法模式，这意味着其犯罪构成体系主要关注构成要件符合与否的定性判断，而不涉及行为是否值得科处刑罚的定量判断。另一方面，轻微的法益侵害情形不会普遍地出现在每一项犯罪中，故通过"轻微原则"所展开的实质解释方案注定无法完成体系化、标准化的构建。[5]正如艾斯勒教授所言，"轻微原则"似乎仅仅是目的论解释的一个侧面，而非一种独立的、一般性的构成要件修正理论。[6]

得益于但书条款的立法设计，我国刑事司法可以在实体法层面更早地实

---

〔1〕 王华伟：《轻微犯分流出罪的比较考察与制度选择》，载《环球法律评论》2019年第1期。

〔2〕 熊琦：《德国刑法问题研究》，元照出版公司2009年版，第34页。

〔3〕 ［德］克劳思·罗科信：《刑事诉讼法》，吴丽琪译，法律出版社2003年版，第103页。

〔4〕 Vgl. Roxin/Greco, Strafrecht Allgemeiner Teil, Band. 1, 5. Aufl., 2020, § 10, Rn 41.

〔5〕 Vgl. Elisa Hoven, Zum Umgang mit "geringfügigen Straftaten" im materiellen und prozessualen Recht, JuS 2014, S. 976 f.

〔6〕 Vgl. Eisel, in: Schönke/Schröder Strafgesetzbuch, 30. Aufl., 2019, § § 13 Rn.70a.

现微罪出罪。首先，基于"构成要件是违法类型"的基本理念，构成要件阶层便应当包含不法程度的实质判断。[1]只有将分则个罪的构成要件实质地理解为达到值得科处刑罚程度的不法类型，才能阻断轻微不法与构成要件之间的涵摄。其次，但书条款也为构成要件的线索出罪提供了明确的实体法依据。一般认为，犯罪构成的判断不仅要依据分则个罪的罪状表述，还应考察总则是否存在一般性规定。[2]而但书条款作为我国刑法的总则性规定，自然应在分则个罪的构成要件解释中发挥作用。与单纯作为构成要件解释理念的"轻微原则"不同，[3]我国《刑法》中的但书条款明确要求司法者在构成要件阶层对事实行为的不法含量与该构成要件所预设的不法标准进行比对，当事实行为无法满足构成要件的不法要求时，有必要否认构成要件的该当性。最后，通过构成要件的限缩解释实现但书条款的出罪功能，是否会影响构成要件的行为指引机能呢？[4]答案应当是否定的。此处必要认真区分作为举止规范的构成要件和作为制裁规范的构成要件。对构成要件展开实质解释，是在制裁规范的意义上发挥构成要件的犯罪过滤功能，通过将不值得科处刑罚的轻微法益侵害行为排除在归责的范围之外，以确保刑法的谦抑性。在举止规范的意义上，民众是刑法规范的学习者，而非适用者。而但书条款所指引的实质限缩，仅仅是法律适用者解释构成要件的方法论，对学习刑法规范的民众不会产生任何影响。

2. 但书出罪的裁判说理应落脚于具体的构成要件要素

构成要件通过逐个构成要件要素的组合，揭示了刑法所禁止的行为类型及其不法内涵。当某一事实行为因过于轻微而无需科处刑罚时，其实质仍然是该事实行为的某一方面难以符合规范意义上的构成要件要素，才有必要予以出罪。故在裁判说理的意义上，司法者适用但书条款进行出罪，需要准确定位关联不法程度的构成要件要素，通过否认该要素进而阻却构成要件的该当性。实际上，但书条款这种针对具体构成要件要素展开限缩的出罪理念，

---

〔1〕 [日]前田雅英：《刑法总论讲义》，曾文科译，北京大学出版社 2017 年版，第 21 页。

〔2〕 张明楷：《刑法分则的解释原理》（上）（第 2 版），中国人民大学出版社 2011 年版，第 110 页。

〔3〕 Vgl. Freund, in: Münchener Kommentar zum StGB, 4. Aufl. , 2020, Vorbemerkung zu § 13 Rn. 209.

〔4〕 相关质疑参见彭文华：《〈刑法〉第 13 条但书与刑事制裁的界限》，中国人民大学出版社 2019 年版，第 110 页。

已在我国司法实践中有所体现。例如，2014 年《关于办理利用赌博机开设赌场案件适用法律若干问题的意见》第 7 条规定："……对设置游戏机，单次换取少量奖品的娱乐活动，不以违法犯罪论处。"开设赌场罪虽为行为犯，但相关司法解释贯彻了但书条款的规范内涵，通过限缩开设赌场罪的构成要件行为，进而将一般的兑奖娱乐活动排除在刑法的规制范围外。

此外需要说明的是，之所以将但书出罪落脚于具体的构成要件要素上，而非将其视为一种独立的构成要件要素。原因在于，尽管但书条款与《刑法》第 14、15 条有关故意、过失的规定一样，都应在构成要件阶层中予以充分考虑，但二者的作用机理并不一致。故意、过失的总则性规定通过转化为独立的构成要件要素以填充禁止行为的不法内涵，而但书条款则是指引司法者将构成要件实质地理解为值得科处刑罚的不法类型，其仅仅涉及一种构成要件的解释理念。在此过程中，但书条款需要借助那些可以反映不法含量的构成要件要素，才能将不法程度的要求融入构成要件阶层。

3. 如何处理但书出罪与罪量规定的关系

前文已述，但书条款具有立法和司法的双重面向。我国《刑法》分则中大量存在的情节犯、数额犯等罪量规定是但书条款在立法论层面的具体体现。此外，认定标准、立案标准、追诉标准等司法解释同样包含一定的定量标准，[1]鉴于司法解释在我国起到举足轻重的作用，故这些定量标准应当与前述罪量规定具有同等地位。在我国采"定性+定量"立法模式的背景下，对但书出罪机制的构建有必要充分顾及分则条文中的罪量规定。接下来，本文将针对具有罪量规定的犯罪和不具有罪量规定的犯罪分别展开说明。

（1）包含罪量规定的犯罪类型。在包含罪量规定的犯罪类型中，但书条款能否发挥出罪作用，需要考察分则个罪的法定罪量规定是否已经周延地涵盖了全部涉及不法程度的构成要件要素。

当分则个罪中的罪量规定已经穷尽了全部涉及不法程度的构成要件要素时，但书条款对刑事不法的程度要求已经全部转换为本罪成立的法定罪量要素。此时司法者便不能再通过但书条款进一步限缩相关构成要件的适用范围，

---

〔1〕 例如在赌博罪中，本罪的罪状表述并未涉及任何罪量要素，但 2008 年最高人民检察院、公安部《关于公安机关管辖的刑事案件立案追诉标准的规定（一）》第 43 条对赌博行为涉及的人数和数额作出限定，使得本罪聚众赌博这一构成要件要素获得了不法程度的标准。

而只能根据相关罪量规定作出判断。例如在醉酒型危险驾驶罪中，"醉酒"是唯一可以体现不法程度的构成要件要素。但由于"醉酒"的判断标准已被《关于办理醉酒驾驶机动车刑事案件适用法律若干问题的意见》（已失效）明确规定，本罪构成要件中已经不存在可以对不法程度展开规范判断的空间，故司法者便不能依据但书条款对危险驾驶罪作出进一步限缩。

还有部分罪名虽然存在法定罪量要素，但罪量规定并未周延地覆盖本罪罪状中全部涉及不法程度的构成要件要素。此时司法者仍可通过但书条款对罪量规定未涉及的构成要件要素展开实质限缩，进而限定构成要件的涵摄范围。以"赵某华案"为例，非法持有枪支罪中的"枪支"所涵摄的对象已由相关枪支管理规定予以明确，但不同情境下持有行为本身所释放出的不法程度亦存在差异，故援引但书条款阻却"持有"要件的该当性，同样可以实现出罪。

（2）不包含罪量规定的犯罪类型。在我国《刑法》分则中，仍存在着部分不包含罪量规定的罪名。这些罪名的立法设计往往基于以下两种原因：一是犯罪行为的性质过于严重，不存在法益侵害程度较低的情形；二是处于一般预防、减轻证明责任等考虑，在立法技术层面不对罪量要素进行设置。

在侵害生命法益的严重犯罪中，根本不会存在"情节显著轻微危害不大"的情形，故也难以通过但书条款进行出罪。行为性质的严重程度主要与犯罪所保护的法益重要程度呈正比。鉴于生命是国民个人最为重大的法益，同时亦是国家赖以生存的目的、社会构成的基础，立法者通过这种内涵最少、外延最广的立法表述方式，以实现国民生命的绝对保护。[1]故而在此种类型中，只要相关行为一经实施，其当罚性程度就难言轻微，故必须通过刑法予以制裁。[2]在我国《刑法》分则中，除故意杀人罪外，包含致人死亡这一加重情节的犯罪亦可视为此类犯罪的适例。

在因立法技术原因而未规定罪量要素的罪名中，司法者应根据但书条款挖掘包含不法程度的构成要件要素，进而通过实质解释妥当认定犯罪。在部分行政犯中，罪量规定的缺失导致其不法类型在行政违法和刑事犯罪中存在着构成要件的完全重合，这给司法实务带来了较大的挑战。例如，针对引诱他人卖淫行为，教唆、引诱、欺骗他人吸食、注射毒品的行为，《刑法》与

---

〔1〕 梁根林：《但书、罪量与扒窃入罪》，载《法学研究》2013 年第 2 期。
〔2〕 王尚新：《关于刑法情节显著轻微规定的思考》，载《法学研究》2001 年第 5 期。

《治安管理处罚法》中的相关条文表述基本一致，司法解释也未对刑事不法和行政不法的区分提供指引。此时，司法者只能充分结合个案案情，全面考察可能影响不法程度的事实因素，根据但书条款对构成要件作出实质理解，将不值得科处刑罚的不法行为排除在犯罪圈之外。

（三）但书出罪的适用场景之二：需罚性程度轻微的事实类型

需罚性程度轻微的行为人没有必要被科处刑罚，此处涉及预防必要性的刑罚目的考量。在贯通刑法体系和刑事政策的背景下，预防必要性成为非难判断的重要环节。[1]相较于纯粹以刑罚目的作为出罪基础的功能责任理论，我国则拥有但书条款这一明确的实体法依据。一方面，但书条款中的"情节显著轻微"可将反映预防必要性的情节要素包含在内；另一方面，"危害不大"所关联的可罚性判断又包含着需罚性的考量。

但需要注意的是，预防必要性对行为人责任程度的调节，并非在任何情形下都可以抵消不法程度对可罚性的贡献，毕竟犯罪预防的刑法目的只能在报应主义之下影响刑罚。这便意味着，单纯需罚性的程度轻微不足以发动但书条款进行出罪，还必须同时对行为的应罚性程度作出限制。因此，对此种类型"情节显著轻微"的考察必须兼顾影响应罚性和需罚性的事实因素。基于前述思考，此种类型的但书出罪应至少排除以下情形：一是侵害生命法益的犯罪，对生命法益的绝对保护表明任何侵害行为均具有充分的应罚性；二是可以适用升格法定刑的犯罪，当犯罪行为因某些情节而获得升格法定刑升格时，这在事实层面已经排除了"情节显著轻微"的可能。当待评价的行为事实缺乏处罚必要性但又难以阻却构成要件的该当性时，便可从行为人预防必要性小的维度出发，但书条款通过免除行为人的罪责。

在理论上讲，通过但书条款免除预防必要性轻微的行为人的罪责，不失为一种合理的教义学方案。但问题在于，究竟怎样的事实情节可以评价为预防必要性的轻微，似乎缺乏明确标准。正因如此，罗克辛在阐述其功能性的罪责理论中，也仅将《德国刑法典》第 33 条过当防卫、第 35 条紧急避险等个别情形作为通过欠缺预防必要性考察免除罪责的实例。[2]但在我国，大量

---

〔1〕 陈兴良：《刑法教义学与刑事政策的关系：从李斯特鸿沟到罗克辛贯通　中国语境下的展开》，载《中外法学》2013 年第 5 期。

〔2〕 Vgl. Roxin/Greco, Strafrecht Allgemeiner Teil, Band. 1, 5. Aufl. , 2020, § 19, Rn 556.

涉及但书出罪的司法解释对需罚性问题作出了丰富填充，这也为罪责层面预防必要性的判断提供了可供参考的蓝本。通过对相关司法解释展开类型性处理，司法者可考虑在以下情形中以需罚性轻微为由适用但书条款进行出罪。

（1）相关犯罪发生于涉及亲属关系的家族内部领域的。自古以来，家族主义都是中国社会极具特色的治理理念和文化传统，其强调在家族内部调处息争，以维护家族成员之间的和谐稳定。古时刑律强调"亲属相盗则不论尊卑长幼俱减凡人治罪"〔1〕，所盗者究为己家财物，以盗窃论处过重，〔2〕这充分体现出家族主义在罪刑裁定中所发挥的独特作用。尽管传统家族主义对当下社会的影响日渐式微，但家族主义的精神内核通过预防必要性这一载体仍存留于我国刑法体系中。例如，盗窃罪、诈骗罪、敲诈勒索罪均规定，偷拿、诈骗、敲诈近亲属的财物，近亲属谅解的，可不作犯罪处理。〔3〕此外，容留他人吸食毒品罪、寻衅滋事罪等犯罪的司法解释中也出现了有关家族内部犯罪的出罪规定。〔4〕

（2）犯罪主体为未成年人等特殊群体的。鉴于《刑法修正案（十一）》将最低刑事责任年龄降低至 12 岁，这意味着 12 岁以上的未成年人均有成立犯罪的可能。但是，秉持着"教育为主，惩罚为辅"的基本原则，不应将未成年人的社会危害行为全部视为未成年人的"恶"，学校、社会、国家亦应对未成年人的严重越轨行为承担责任。〔5〕因此，不能单纯根据行为的应罚性程度赋予未成年人相应罪责，而应基于预防必要性的考量保障未成年人的最大利益。例如，最高人民法院《关于审理未成年人刑事案件具体应用法律若干问题的解释》规定，少男幼女发生性关系、未成年人微暴力强行索取、未成年人盗窃偶犯等情形，只要没有造成严重后果，均不认为是犯罪。除此之外，

---

〔1〕 瞿同祖：《中国法律与中国社会》，商务印书馆 2010 年版，第 63 页。

〔2〕 （清）沈家本：《历代刑法考》，商务印书馆 2011 年版，第 839 页。

〔3〕 最高人民法院、最高人民检察院《关于办理诈骗刑事案件具体应用法律若干问题的解释》（法释〔2011〕7 号）第 4 条；最高人民法院、最高人民检察院《关于办理盗窃刑事案件适用法律若干问题的解释》（法释〔2013〕8 号）第 8 条；最高人民法院、最高人民检察院《关于办理敲诈勒索刑事案件适用法律若干问题的解释》（法释〔2013〕10 号）第 6 条。

〔4〕 2013 年 7 月 15 日最高人民法院、最高人民检察院发布的《关于办理寻衅滋事刑事案件适用法律若干问题的解释》（法释〔2013〕18 号）第 1 条；2016 年 4 月 6 日最高人民法院公布的《关于审理毒品犯罪案件适用法律若干问题的解释》（法释〔2016〕8 号）第 12 条。

〔5〕 姚建龙：《中国少年司法的历史、现状与未来》，载《法律适用》2017 年第 19 期。

针对已满 75 周岁的老年人、孕妇、聋哑人等特殊群体，也可基于预防必要性的考虑作出相应的非罪化处理。

（3）违法性认识错误的避免可能性较低的。当行为人发生违法性认识错误且该错误无法避免时，自然不能对行为人予以非难。但当违法性的认识错误存在避免可能性时，行为人的可非难性有所减少但并未消失，故通常的做法是在刑罚论层面减免刑罚。[1] 在但书条款的规制下，个别存在可避免的违法性认识错误的行为人，也可因需罚性程度的轻微直接予以出罪。例如，最高人民法院、最高人民检察院《关于办理走私刑事案件适用法律若干问题的解释》第 9 条第 4 款规定，入境人员为留作纪念或者作为礼品而携带珍贵动物制品进境，不具有牟利目的的，情节较轻的，一般不做犯罪处理。也就是说，当犯罪事实轻微，且违法性认识错误的避免可能性较低时，也可通过援引但书条款免除行为人的罪责，这是国家基于预防必要性考虑而作出的一种刑事政策宽恕。

五、结语

在中国刑法教义学的构建与创新过程中，但书条款作为具有本土特色的出罪规范，是不容忽视的理论资源和研究素材。在我国刑法知识转型的背景下，当务之急是在坚守"犯罪构成体系是认定犯罪的唯一标准"这一基本原则的基础上，规范地构建但书条款在犯罪构成体系内部的出罪机制和认定标准。对不法行为处罚必要性（可罚性）的衡量是但书条款在司法论层面的具体体现，其包含应罚性和需罚性两个基本面向。在应罚性层面，但书条款将构成要件实质化为值得科处刑罚的不法类型，轻微法益侵害行为难以被包摄于分则个罪的构成要件，故应当通过但书条款予以出罪。在需罚性层面，但书条款要求在可非难性的罪责判断中顾及预防必要性的刑事政策目的，针对家族内部犯罪、特殊群体犯罪、违法性错误的避免可能性低等情形，可考虑适用但书条款免除行为人的罪责进而实现出罪。

〔1〕 张明楷：《刑法学》（上）（第 6 版），法律出版社 2021 年版，第 420 页。

第四单元

犯罪法律后果体系研究

对罪犯子女的资格限制是否应予取消？

廖天虎　余益林*

摘　要： 因犯罪所导致的对罪犯子女的资格限制属于犯罪附随后果的内容之一，这种资格限制涉及公务员考试录用、征兵、入学、入党、就业等多方面。针对罪犯子女的资格限制应当部分取消，理论根据在于责任主义的强调、刑法预防的根据和社会治理的需要。建议根据法益区分犯罪类型、完善相关法律法规制度、规范相关部门对犯罪附随后果的适用。同时，探索建立犯罪附随后果的考验期制度以及轻罪前科封存制度。

关键词： 罪犯子女；资格限制；责任主义；犯罪预防；附随后果

一、问题的提出

除受相应的刑罚处罚之外，有犯罪记录者往往还要遭受许多其他不利后果，如在考试资格、城市落户、就业等方面受到限制，这些非刑事制裁措施即所谓的"犯罪附随后果"。根据"罪责自负"原则，犯罪附随后果应当只及于犯罪者本人，但事实上其却延伸适用到了犯罪人的家庭成员及其亲属身上，其中，子女受到的影响最为甚。对罪犯子女的限制主要是对资格的限制，具体体现在公务员考试录用、征兵、入学、入党、就业等方面。例如，《公安机关录用人民警察政治考察工作办法》第9条规定：如果考察对象的家庭成员具有故意杀人、贪污贿赂、危害国家和涉及民族分裂等犯罪的，该考察对象将不得确定为拟录用人选；再如，《征兵政治审查工作规定》第8条也有类似规定：家庭成员或主要社会关系成员有危害国家安全行为受到刑事处罚或者正在被侦查、起诉、审判的，该公民不得征集服现役。除此之外，有些地

---

* 廖天虎，西南科技大学法学院教授；余益林，西南科技大学法学院硕士研究生。

方也出台了关于犯罪人子女入学、就业等限制详细规定，通过种种相关规定可以发现，罪犯子女受到的资格限制对其未来发展造成的影响较大，已远远超过了传统意义上的"罪责自负"的范围。因而，诸如因父母犯罪而导致对子女上学机会和就业资格等的限制是否合理、是否应取消的问题引发了广泛讨论，各方观点不一。

二、对相关观点的评析

关于对罪犯子女的资格限制应采取怎样的态度，目前对该问题主要存在"维持说""取消说"以及"折中说"三种观点。

（一）维持说

"维持说"主要从犯罪预防、职业利益以及犯罪成本三方面展开。在犯罪预防方面，该主张是以犯罪预防理论为基础，认为对罪犯子女的资格限制对潜在犯罪分子有威慑效应，通过对与犯罪人具有密切关系的人进行特定权利和资格限制的方式可以抑制其犯罪动机，阻止其实施犯罪行为，从而实现犯罪预防的功能。源于血亲身份这样一种天然而又纯粹的高度利害关系，它是刑罚在范围层面对于犯罪人的进一步威慑，是以刑罚制裁面的扩大化来强化刑罚本身的严厉性，从而加重对犯罪人的威慑，以此来实现在事前对违法犯罪行为进行威慑性预防。[1]在职业利益方面，出于对国家安全和公共利益考虑的立场，认为某些特定的、特殊的职业不适宜罪犯子女从事。对于这些涉及公权力的行使、公共利益的分配或者专业事务的公共服务等的职业，主要通过设置一定的任职资格标准，并在任职时通过政治思想等方面的严格审查程序，以此保障我国国家机关严肃性、公信力以及公共利益不受侵犯。[2]就犯罪成本方面而言，"维持说"认为犯罪人与其家庭成员、亲属之间是一个紧密不可分的利益共同体，他们可能因为亲人的犯罪活动获得利益，那么后果也要共同承担，即所谓"罪不及子女的前提是利不及子女"。

（二）取消说

"取消说"是从人的独立性出发，认为对罪犯子女的"株连"是封建思

---

〔1〕 吴尚聪：《"株连责任"的当代延续：基于犯罪记录的连带责任》，载《政法学刊》2023年第1期。

〔2〕 徐久生、师晓东：《犯罪化背景下犯罪附随后果的重构》，载《中南大学学报（社会科学版）》2019年第6期。

想的残余,突破罪刑法定和责任自负的原则底线,并对"维持说"的观点进行相应反驳。例如,有学者以"醉驾刑"为例,认为"连坐罚"借助其附随制裁制度借尸还魂、大行其道,将其辐射范围扩大到近亲属或其他密切关系人,显然与其自身的刑事违法行为之间不存在任何关联性,属于有悖于法律正义性要求。[1]家庭成员犯过罪与自身会犯罪之间并没有必然因果关系,父母犯罪不代表子女也会犯罪,因父母犯罪而限制子女的资格在实质上是一种就业歧视和人格歧视。如果因父母犯罪而获得利益的,可以对家庭成员间存在关联的财产利益进行连带性剥夺,但是不能因父母违法犯罪而否定和剥夺子女独立的人格权和名誉权,对曾受刑罚人员亲属的牵连性制裁是对法治精神的背离和倒退,应当为法治理念和实践所摒弃。[2]

(三) 折中说

"折中说"主要这种规定在我国具有存在的必要性,但是不应该"一刀切",应当针对不同的情形进行区别对待,取消对部分犯罪中对罪犯子女的资格限制。例如,有观点认为,就目前而言,为了保障公共利益或者社会公众的共同安全利益,在有限的特殊领域内设置前科株连制度是可以理解和接受的,但是要避免"一刀切"式地对所有犯罪人近亲属和其他家庭成员予以不公平的株连评价。还有观点认为,针对无辜第三人的间接犯罪附随后果属于直接犯罪附随后果的延伸与扩张,应加以更严格的规制。以政审为例,根据风险规避理论之规避特殊风险的需要,应将其适用严格限于政治性犯罪或者涉及政治性目的的犯罪,即危害国家安全犯罪和恐怖主义犯罪。对这两类犯罪的犯罪人家庭成员或亲属等,可以酌情适用相应附随后果,对其他类型的犯罪则应禁止适用。[3]

针对以上三种观点,笔者更倾向于"折中说",理由如下:首先,"取消说"没有完全考虑到对家庭成员牵连性规制对于严重危害国家安全等严重犯罪具有预防作用。针对这些严重犯罪还是需要有力和有针对性的预防措施,来保障国家的基本秩序和民众的安全感,而对家庭成员尤其是对其子女的资格限制能够实现这一目的。因此,对特殊类型罪犯的子女的某些资格限制在

---

〔1〕 解志勇、雷雨薇:《基于"醉驾刑"的"行政罚"之正当性反思与重构》,载《比较法研究》2020年第6期。

〔2〕 王瑞君:《"刑罚附随性制裁"的功能与边界》,载《法学》2021年第4期。

〔3〕 彭文华:《我国犯罪附随后果制度规范化研究》,载《法学研究》2022年第6期。

当今中国有其存在的必要性。其次，"维持说"对于所有犯罪都予以相同处理的方式不能适应我国犯罪结构变化的需要。大多数中国国民对于犯罪人的认识还尚未完全脱离传统重刑型主义观的影响，认为犯罪人一般都是罪大恶极的、难以饶恕的，但是随着新时代我国社会主要矛盾变化和刑事犯罪结构变化，轻微犯罪已经成为主要形态，许多犯罪人实施的行为社会危害性相对较小，与对犯罪人自身实施的刑罚相比，刑罚之外的包括对犯罪人本人及牵连家属的各种犯罪附随后果就显得更为严重了。还有一些家庭内部施暴和虐待的案件，被施暴的子女及家属本身就是受害者，但是因为害怕揭发施暴者使其受到刑事追究的同时影响自己的前途，从而选择忍气吞声，这纵容了家暴行为的延续。因此，我国部分犯罪中对罪犯子女的资格限制应当取消。因此，"折中说"更能符合当前中国国情，不搞"一刀切"，根据不同情况进行区别处理，在发挥其预防作用以保障国民自由与安全的同时又不至于过于扩大其影响，最大化地减少社会的对立面。

三、"折中说"的理论阐释

如上所述，根据我国的国情，采取"折中说"，对于罪犯子女的资格限制进行区别理，其理论根据主要在于以下三个方面：

（一）责任主义的强调

对预防犯罪目的的追求必须予以限制，否则，必然出现为了实现预防犯罪的目的而处罚无辜者的现象。[1]现代刑法坚持罪责自负的个人责任主义，其内涵为行为人只得就其本人值得非难的犯罪行为而被归责，由犯罪者本人承担刑事责任，而不株及他人。[2]罪责自负原则强调的是刑罚以责任为基础、没有责任就没有刑罚，但是刑罚制裁只是整个社会制裁体系中的一种，而不是全部。对罪犯子女的资格限制并非要求罪犯子女就其父母的犯罪行为承担刑事责任，换言之，这些限制的性质并非刑罚，更多的是出于"为保护大多数人的最大利益而不惜牺牲个别人的局部利益"的政策考量的结果，主要是一种社会性制裁。从此基础上来看，对罪犯子女的资格限制并没有违反罪刑

---

〔1〕 张明楷：《责任论的基本问题》，载《比较法研究》2018 年第 3 期。
〔2〕 梁根林：《责任主义原则及其例外——立足于客观处罚条件的考察》，载《清华法学》2009 年第 2 期。

法定等刑法的基本原则。

但不可否认的是，每个人都是相对独立的个体，在法律上具有独立的人格，作为家庭中的一员，如果因为父母的违法犯罪行为而享受经济上的利益，可以对子女经济上进行连带剥夺，但是不得对罪犯子女的人格、荣誉等进行牵连性制裁。总之，涉及对罪犯本人之外的家庭成员的权利剥夺时需要以审慎的态度来进行权衡，尽量做到非必要不牵连。

（二）刑法预防的根据

特殊预防与一般预防同属于我国刑罚目的的两个方面，只是两者所针对的对象不同，特殊预防的对象为"已然之罪"的犯罪人，而一般预防的对象为"未然之罪"的社会一般人，包括危险分子、不稳定分子、刑事被害人以及其他社会成员。对于罪犯子女的资格限制主要是为了实现一般预防的功能，即通过以对子女资格限制的方式可以威慑潜在的犯罪人，抑制其犯罪动机，阻止其实施犯罪行为。即使是犯罪分子愿意抛弃自己的一切甚至生命，也不可能不考虑自己的犯罪行为对家庭、亲属可能产生的难以忽略的道义、政治和物质影响。[1]根据哈佛大学的研究表明，以色列政府通过拆毁恐怖袭击者家属家产的"连坐"方式会影响行为人的决策，对防范严重的袭击具有明显的效果和价值。[2]

正如罪责刑相适应的原则所强调：刑罚的轻重应当与犯罪分子所犯罪行和承担的刑事责任相适应。在采用对罪犯子女进行资格限制的方式来实现预防目的也需要考虑均衡性和比例性。如果以对严重犯罪的罪犯所采用的对子女进行资格限制的同样方式来对待轻微犯罪就显得过为严厉了。正义的法律也必然需要在诸多利益之间保持适当的平衡，对某些资格和权利的剥夺与限制正是为了保护更大的公共利益。法律保护每一位公民的合法权益，因此，需要针对不同犯罪类型区别对待，以更好地实现公共利益和个人权利的平衡。

（三）社会治理的需要

刑法上的轻罪立法契合新时代社会治理的需要。在我国，某些特定职业会涉及公权力的行使、公共利益的分配或者专业事务的公共服务等方面，为此针对这些职业设置了一定的任职资格标准，并在任职时通过政治思想、专业

---

〔1〕 赵星：《重新审视刑罚目的论以应对恐怖犯罪挑战》，载《法学论坛》2015年第4期。

〔2〕 赵星：《遏制恐怖犯罪应适度引入责任不自负原则》，载《政法论坛》2015年第5期。

能力水平等方面的严格审查程序，从而保证特定职业的纯洁性和专业性。[1] 这对我国国家机关严肃性、公信力以及形象的维护具有重要作用。根据社会契约理论，公民只是把自己的一部分权力让渡给国家，公民必然希望代为行使这一国家权力的人员是完全值得信赖的。某些特殊岗位高标准和高要求的现实需要远高于这些不幸的牵连者的就业自由权利。这就要求涉及相应职业的人员具有过硬的品德和素质，同时对其成长过程中所涉及的社会关系尤其是亲属也提出了一定的要求。因此，为了社会治理的需要，将罪犯子女排除在某些特殊职业之外具有合理性。但是不得将这一范围无限扩大、无差别适用，对于不需要如此高政治要求的职业，应当重点从应聘者本人对工作的胜任能力来考核，不得因其父母犯罪而剥夺其从事这一职业的资格。针对现实中存在的涉嫌违反这一原则的从业禁止规定应当予以取消，以此来保障公民平等的就业权利。

四、完善对策与建议

基于对罪犯子女的资格限制在中国实践中有其存在的必要性，暂且不能完全取消，但是我们可以针对该规定在实践中存在的不合理之处进行改进与完善。

（一）区分犯罪类型以及罪行轻重

在实践中，对罪犯子女的资格限制通常以"家庭成员或近亲属被判处刑罚的，不得……"等类似表述存在，这种"一刀切"的规定无差别对所有犯罪分子家庭成员进行相同限制，不仅不利于保障公民的合法权益，反而可能带来相应的社会隐患。正如上文所述我国部分犯罪中对罪犯子女的资格限制应当取消，可以通过对不同的犯罪类型以及罪行轻重进行区分来实现。

首先，根据法益区分犯罪类型。犯罪类型不同代表着不同的社会危害性。根据犯罪所侵害法益的性质，可以把犯罪分为侵害个人法益的犯罪以及侵犯公共法益的犯罪。对于侵犯公共法益中危害国家安全类型的犯罪，如果罪犯子女难以与其父母在政治上、思想上完全划清界限，例如参加非法组织、邪教组织或从事其他危害国家安全活动的，有对其设置一定的资格限制的必要。

---

[1] 徐久生、师晓东：《犯罪化背景下犯罪附随后果的重构》，载《中南大学学报（社会科学版）》2019 年第 6 期。

但是对于其他类型的侵害个人法益类型的犯罪，罪犯独立的犯罪意志并不影响其子女，如果子女因此获得经济上的利益，可以通过退赔退赃等方式连带剥夺其所获利益，但是不得以此轻易连带限制其子女其他方面的权利和资格。

其次，根据刑罚期限区分罪行轻重。罪行轻重不同代表着不同的人身危险性。犯罪有重罪，也有轻罪，不是所有的犯罪均必须动用重刑重罚，对于主观恶性较小、罪行较轻的轻罪，本就应当宽容对待，在犯罪人改过自新后应当帮助其回归社会以及其家庭融入社会。对轻罪以及微罪适用与重罪相同的附随后果制度明显不仅违反比例性以及刑法的谦抑性，也不利于罪犯回归社会以及子女的发展。当前我国犯罪结构已经发生变化，严重暴力犯罪下降，轻微犯罪成为主要，于大部分犯罪而言，犯罪附随后果所造成负担甚至已经超过刑罚本身。因而，对目前我国尚且无法取消的牵连性犯罪附随后果规定作出的调整，可以结合被判处刑罚期限的长短，对于可能危害国家安全以及重大公共利益的犯罪之外的其他犯罪类型，将其限制在被判处死刑、无期徒刑或10年以上有期徒刑之中。

（二）完善相关法律法规制度

我国全国人大及其常委会制定的法律并没有对犯罪人员子女设置资格限制。目前对罪犯子女资格限制的规定，主要存在于党内法规、部门规章、行业规范甚至各类招聘文件中，这些规定在设置时没有统一的标准，对犯罪人以及其亲属、子女的权利造成了不必要的侵犯，因此，对相关法律法规的完善非常重要。

首先，在法律的设立上，需要限制犯罪附随后果的规范层级。如果任由任意主体都能够限制、禁止或剥夺公民的基本权利，将会导致对个人权利的不法侵犯，这显然是存在问题的。《立法法》第91条第2款规定："部门规章规定的事项应当属于执行法律或者国务院的行政法规、决定、命令的事项。没有法律或者国务院的行政法规、决定、命令的依据，部门规章不得设定减损公民、法人和其他组织权利或者增加其义务的规范，不得增加本部门的权力或者减少本部门的法定职责。"第93条第6款规定："没有法律、行政法规、地方性法规的依据，地方政府规章不得设定减损公民、法人和其他组织权利或者增加其义务的规范。"因而，必须明确设置犯罪附随后果限制规范的规范性文件的法律位阶，提升现有犯罪附随后果的设立层级，原则上限于法律、行政法规两个层级。

其次，对现有涉及前科人员亲属的就业限制和其他资格限制等规定进行较为全面系统的梳理系统清理，审查其规范设置的正当性，并剔除明显不具有正当性的规定。所谓明显不具有正当性，是指这些犯罪附随后果规定在实践中已经造成了不公案例并引起了较大的争议，以公民基本的道德观念为出发点都认为是不正确的内容。例如，限制有犯罪记录者的适龄子女入学、不允许犯罪人家庭成员申领最低生活保障等这类与接受义务教育权利、公民基本生活保障相冲突的限制，这些规定严重侵害了我国《宪法》所确定的公民平等的就业权、接受教育的权利等。对此类缺乏上位法的授权随意设置相应限制条件的部分规定应当进行取消。除此之外，还要明确相应的救济途径，保护遭受不当牵连限制的罪犯子女能够通过相应手段维护自己合法权利。

最后，建立轻罪犯罪记录封存制度，以有效降低犯罪人对其子女生活所带来的负面效应。我国目前与前科相关的规定仅有前科报告义务以及未成年人的前科封存制度。根据我国立法现状以及未来的立法趋势方面来看，轻罪化立法进程不断推进，微罪扩张呈现不可逆转的趋势，微罪负面后果泛化在将来定会愈加严重，由此导致的问题也必须得到妥善解决。一种方案是减少轻微罪的数量，但是取消现有轻微罪既不符合积极刑法观的要求，也不利于维护刑法和社会的稳定性。另一种方案就是从犯罪记录以及前科入手，构建完善的相关制度，最大限度地减少轻罪扩张所引起的犯罪附随后果泛化问题。如果说未成年犯需要教育挽救，那么轻罪的成年犯其实也需要教育和挽救，需要社会跨前一步给他们一次悔改的机会。[1]从犯罪结构来看，未成年人犯罪只是占到很小的比例，绝大部分还是成年人犯罪。因此，扩大轻罪记录封存的范围，将目前轻罪犯罪记录的封存规定扩大适用至成年人，尤其是轻微犯罪的成年人，实践中也有了相应制度的积极探索。事实上，封存不等于消灭，封存是有条件地封存，例如《关于未成年人犯罪记录封存的实施办法》第19条规定："符合解除封存条件的案件，自解除封存条件成立之日起，不再受未成年人犯罪记录封存相关规定的限制。"虽然通过前科消灭的方法也可以让其不再遭受相应的犯罪附随后果，但是存在的问题是，前科一旦被消灭，如果其再次犯罪，则无法对其用累犯制度进行评价。而与之相比，犯罪记录封存是有条件地封存，"封存"是指将犯罪记录处于保密状态，不让社会知

---

〔1〕 刘哲：《建议构建轻罪犯罪记录封存制度》，载《检察风云》2022年第4期。

晓，犯罪记录在客观上仍然存在，如果重新犯罪可以解除封存，具有可救济性，司法机关根据办案需要，在法律规定的条件下还可以继续查询，可以为维护公共安全留有一定的考量余地，而不会一味地走向保护罪犯利益的极端。

（三）规范对附随后果的适用

通常而言，对罪犯及其子女资格的限制并非一个机关就能实现，往往需要其他机关的配合。例如，对罪犯子女就业、入学等资格的限制主要是通过要求出具其父母的《无犯罪记录证明》来实现，犯罪记录制度的重要性不言而喻，但是事实上很多职业对从业者的要求并不需要那么高，其从事某职业的能力与其家庭成员的犯罪事实之间并没有必然关系或者较强的关联性。同时，实践中存在不同地方的机关单位对罪犯子女的限制有着不同的规定、做法差异也较大的问题。因此，对于各个机关单位对于有关附随后果的适用，要进行统一规范，从而保证附随后果制度实施的有效性和统一性。除此之外，还可以借鉴美国关于犯罪附随后果数据库以及参考我国关于严重失信行为惩戒措施清单的有益经验，对现有的对罪犯子女资格限制规定进行梳理并制定我国的《犯罪附随后果清单》。该清单的制定具有以下重要作用：一是在体系上，能够显著增强法律的规范性和统一性。犯罪附随后果清单的制定将能够在全国范围内形成一个可供参考的依据，规范不同地区、不同领域的犯罪附随后果，使上下位阶的规定之间协调一致，避免其无序扩张、恣意适用。二是在适用上，便于司法人员、案件当事人以及社会公众查阅和检索，还能起到一定的警示和宣传作用，形成稳定的预期，保证社会公众的知情权、监督权。

我国绝大多数犯罪附随后果并无确定的适用期限，而对罪犯家庭成员及亲属的限制更是几乎均没有规定适用期限。无论重罪还是轻罪，罪犯家属受到的牵连性犯罪附随后果没有确定的适用期限，一经定罪自动终身适用，也不存在可以减免的事由，这无疑是极其严厉的。[1]相对而言，刑罚只是在一定时间和一定范围内限制犯罪人，但是因犯罪所导致的附随后果在时间上和范围上都远远超过刑罚。终身性附随后果的不当性不言而喻，刑法的美德在于宽容，如果对犯罪人员及其子女等的各种限制不设期限，终身带有"犯罪人"的标签，不利于罪犯改过自新、回归社会，应当给予罪犯改过自新的机

---

[1] 彭文华：《我国犯罪附随后果制度规范化研究》，载《法学研究》2022 年第 6 期。

会以及其家庭更多生活的希望。除特殊情况外，对资格的限制和剥夺都要有明确的期限规定，严格控制终身类的禁止性规定，尽量避免今后增设和减少已有的终身性的限制。除此之外，还可以参考我国缓刑考验期制度的适用，针对犯罪附随后果建立考察期制度，根据犯罪人的罪名、服刑期间、服刑期满后的悔过表现，是否达到了遵纪守法不致再犯新罪等项进行综合考虑确定相应的考察期，考察期完毕，消灭原来适用的犯罪附随后果。

缓刑裁量模式实证研究

——基于 4238 份危险驾驶罪裁判文书的实践检视

刘崇亮*

摘　要：人们对缓刑实质条件的判断存在较大争议，可以概括为并列模式与递进模式的对立。为了验证司法实践中法官采取何种模式，笔者收集4238 份醉酒型危险驾驶罪判决书作为研究样本，进行理论假设与模型建构。结果发现，缓刑裁量更多被责任刑情节所影响，表明法官更倾向于并列模式。并列模式不符合缓刑的基本法理与当代中国的刑事司法政策，无法体现缓刑的预防刑属性，会导致责任主义的重复评价，忽略再犯罪危险评估在缓刑裁量中的核心地位，以及造成缓刑适用的不合理限缩等问题。递进模式的二元裁量机制为扩大缓刑适用提供了条件，应该确立微罪缓刑的普遍适用模式，建构以再犯罪危险评估为中心的缓刑裁量模式，使缓刑裁量机制得以优化。

关键词：缓刑裁量；递进模式；预防刑；实证研究

新刑法修订以来，我们国家的人口监禁率从 1998 年的 161/100 000 上升到近年来的 200/100 000。[1]而最高人民法院公布的数据表明，多年来我国缓刑适用率一直较低，基本控制在 30% 左右。统计显示，2013 年缓刑适用率为 30.77%，2014 年为 31.08%，2016 年为 29.20%。近几年来缓刑适用率则不升反降，2018 年缓刑适用率为 26.63%，2020 年为 26.31%，2022 年为 27.87%。[2]在欧美等国，缓刑是使用最广的刑事制裁方法。美国的缓刑适用

---

* 刘崇亮，上海政法学院刑事司法学院教授。本文已发表在《环球法律评论》2023 年第 5 期。

[1] 刘崇亮：《对刑罚修订的效果量化分析与反思》，载《政法论丛》2022 年第 5 期。

[2] 数据根据相应年份的《中国法律年鉴》换算得来。

率通常保持在 60% 以上，也是矫正罪犯最为有效的手段之一。[1]在日本，2008 年地方裁判所判处的 2 年以上 3 年以下的惩役或者禁锢刑中，有 56.8% 被宣告缓刑。[2]由此可见，我国与欧美等国的缓刑适用率差异较大，造成此种尴尬现状的原因在于：一方面，积极刑法观指导下的微罪扩张呈现出不可逆转之势，而以危险驾驶罪为代表的微罪使得犯罪标签在量上日益泛化；[3]另一方面，法官在缓刑裁量过程中对风险的控制有较高的疑虑，导致较低的缓刑适用率。[4]因此，当前最为急迫需要解决的问题在于，采取何种技术方案消除缓刑适用障碍。显然，完善缓刑裁量模式以扩大缓刑适用是解决上述矛盾的关键。[5]问题是，虽然《刑法修正案（八）》对缓刑适用进行了较大修改，立法者也认为《刑法修正案（八）》进一步明确了缓刑适用条件，[6]但理论界与实务部门对缓刑条件的修改并不认可，有学者甚至认为修法后缓刑适用条件更为模糊。为此，本文在对缓刑条件进行规范论证的基础上，以微罪的典型代表——危险驾驶罪的缓刑裁量为例，以回归分析为研究手段，检验缓刑裁量模式的现实样态，批评与反思当前缓刑裁量机制，以期为扩大缓刑适用提供新的技术解决方案。

一、缓刑裁量模式的实证分析进路

如何最大限度地优化缓刑裁量模式，适当扩大缓刑适用范围，就必须构建起具有说服力的论证体系及使用恰当的分析手段。

（一）并列与递进模式的争议

首先必须在对缓刑适用条件正确解析的基础上，才能够进一步探究司法

---

〔1〕 Dean J. Champion, *Corrections in the United States—A Contemporary Perspective*（*Third Edition*），Prentice-HAll，2001，p. 151.

〔2〕 张明楷：《应当提高缓刑的适用率》，载《人民法院报》2015 年 6 月 3 日。

〔3〕 梁云宝：《积极刑法观视野下微罪扩张的后果及应对》，载《政治与法律》2021 年第 7 期。

〔4〕 刘崇亮：《新刑罚理论与中国监禁刑改革的新目标》，载《浙江学刊》2021 年第 1 期。

〔5〕 相较于实务界，学界中关于扩大缓刑适用率的观点多年来一直成为主流观点。如张明楷教授就认为扩大缓刑适用范围、扩大缓刑适用率，有利于避免短期自由刑造成的诸多不利后果。参见张明楷：《应当提高缓刑的适用率》，载《人民法院报》2015 年 6 月 3 日。

〔6〕 立法者认为，原法条对缓刑适用条件规定得过于原则与抽象，故应当进一步明确缓刑适用条件，以利于操作。具体参见《关于〈中华人民共和国刑法修正案（八）（草案）〉的说明》，载 ht-tp://www. npc. gov. cn/zgrdw/huiyi/cwh/1119/2011-05/10/content_ 1871258. htm，最后访问日期：2023 年 1 月 31 日。

中缓刑裁量模式的实践样态。自旧刑法时代以来，立法者对缓刑的适用条件共进行了三次修改，修改的内容仅涉及实质条件，而不包括对象条件，即缓刑的适用对象一直以来皆为"被判处三年以下有期徒刑、拘役的犯罪分子"。关于实质条件的修改，1997 年《刑法》条文沿用了 1979 年《刑法》条文对于缓刑的适用条件的规定，仅是表述上略有差异。1979 年《刑法》规定："根据犯罪分子的犯罪情节和悔罪表现，认为适用缓刑确实不致再危害社会的，可以宣告缓刑"。1997 年《刑法》则仅删除"认为"两个字，其他内容保持不变。《刑法修正案（八）》则对缓刑的实质条件进行了较大修改。修正案中的实质条件虽然也保留了"犯罪情节"与"悔罪表现"，但逻辑关系发生变化，并且判断标准也进行了修改。一是修正前"犯罪情节"与"悔罪表现"是"适用缓刑确实不致再危害社会"的判断条件，《刑法修正案（八）》则规定为应该同时符合"犯罪情节较轻""有悔罪表现"与"没有再犯罪危险"，这就意味着似乎三者的逻辑关系是并列关系。二是《刑法修正案（八）》把缓刑判断标准由"不致再危害社会"修改为"没有再犯罪危险"。

立法者在《刑法修正案（八）（草案）的说明》中指出："各方面认为，应当进一步明确缓刑适用条件，以利于操作。"[1]由此可以看出，修法者认为原先的立法过于抽象与笼统，不利于法官的判断，故修法的目的在于，通过对适用条件的明确以便于司法裁量。关于修正案对缓刑适用条件的修改，各方呈现出不同的评价。李永升教授认为，修正案将缓刑的适用标准具体化，在司法实践中比较容易掌握，增加了司法实践中的可操作性。[2]但是，否定性评价仍然普遍。实践中有法官认为，虽然修正刑对缓刑适用的实质条件进行细化，但仍过于原则和抽象。学界甚至有学者认为，修正案不但没有实现缓刑适用实质条件操作的具体化，反而在缓刑的正当根据上"搅了浑水"，缓刑适用条件的实质条件本来是明确的，经过修正案的修正，缓刑适用的实质条件反而变得更模糊了。[3]之所以各方产生不同的评价，就在于对缓刑实质

---

〔1〕 李适时：《关于〈中华人民共和国刑法修正案（八）（草案）〉的说明——2010 年 8 月 23 日在第十一届全国人民代表大会常务委员会第十六次会议上》，载《中华人民共和国全国人民代表大会常务委员会公报》2011 年第 2 期。

〔2〕 李永升：《刑法修正案（八）内容解析》，载赵秉志主编：《刑法论丛》（第 26 卷），法律出版社 2011 年版，第 61 页。

〔3〕 赵兴洪：《缓刑适用的中国图景——基于裁判文书大数据的实证研究》，载《当代法学》2017 年第 2 期。

条件的判断标准存在争议。从学界与实务部门对修正前后缓刑实质条件的争议观点来看，笔者把之概括为两种对立的模式，一种是并列模式，另一种是递进模式。具体分析如下：

1. 并列与递进模式的基本观点

并列模式是指缓刑的实质条件中，犯罪情节较轻、有悔罪表现、没有再犯罪的危险、宣告缓刑对所居住社区没有重大不良影响等四个方面均为缓刑适用的判断标准，这四个方面的逻辑关系为并列关系。周光权教授在其教科书中就认为，只有确认犯罪分子符合上述各项条件，留在社会上不致再危害社会，才能适用缓刑。[1]该观点实际上认为，修正案把旧法中缓刑的判断标准"适用缓刑确实不再危害社会"拆分为四个并列的判断因素，即犯罪情节较轻、有悔罪表现、没有再犯罪的危险、宣告缓刑对所居住社区没有重大不良影响等是"适用缓刑确实不致再危害社会"的影响因子。递进模式是指虽然经过了修正案的修正，但在缓刑的实质条件中，犯罪情节较轻、有悔罪表现仍然是没有再犯罪危险的判断前提，亦即是否具有再犯罪的危险，须经过是否具有犯罪情节较轻及是否有悔罪表现等的综合判断，再犯罪的危险是缓刑的唯一实质判断标准。如张明楷教授在其教科书中指出，没有再犯罪危险是实质条件，犯罪情节较轻与有悔罪表现则是没有再犯罪危险的判断资料。[2]

2. 两种模式之争的实质

笔者以为，并列模式与递进模式之争的实质在于对缓刑本质，暨正当性根据存在不同的认识。并列模式背后的立论基础侧重缓刑的正当性根据是综合刑论，而递进模式的立论基础侧重缓刑的正当性根据是教育刑论。刑罚的正当性根据不仅是制定法定刑的正当化根据，同时也是个案量刑的正当化根据。[3]对于刑罚的创设与量刑而言，有限报应刑与教育刑的比例一直是立法者与法官的两难选择，因为不同时代的刑事政策的差异，监禁刑的根据在报应刑论与教育刑论之间摇摆。[4]实质上，现代法治条件下，一般意义上看，刑罚的正当性根据既强调报应，也强调教育，不可能仅体现报应或者教育。

---

〔1〕 周光权：《刑法总论》（第 3 版），中国人民大学出版社 2017 年版，第 455 页。

〔2〕 张明楷：《刑法学》（上）（第 6 版），法律出版社 2021 年版，第 790 页。

〔3〕 张明楷：《刑法学》（上）（第 6 版），法律出版社 2021 年版，第 790 页。

〔4〕 Richard S. Frase, *Just sentencing—Principles and procedures for a workable system*, Oxford university press, 2013, pp. 4~5.

但是，基于缓刑的历史属性与判断逻辑，缓刑的正当性根据侧重于教育刑论。区别于包括主刑与附加刑的刑罚本身，缓刑作为一种特殊的刑罚执行制度，其本身系教育刑的产物。"自奥古斯都把缓刑作为改造罪犯的手段以来，改造本身一直视为缓刑的哲学根基。"[1]需要指出的是，因为缓刑裁量由两部分组成，即主刑量与缓期执行的裁量，主刑量的大小当然应该体现报应与预防，但是否缓期执行则仅体现的是预防。

因此从逻辑上看，持并列模式的学者通常认为，缓刑的正当性根据体现了刑罚的报应与预防的目的，对于缓刑的宣告应该注重综合刑论的运用，最终实现惩罚与教育罪犯的目的。譬如，从现有的规范性文件来看，《关于常见犯罪的量刑指导意见（试行）》对缓刑裁量的规定，反映出该司法解释持综合刑论立场。该意见对 23 个常见犯罪的缓刑裁量皆规定，应该综合考虑行为、责任、危害或损害后果等犯罪事实及量刑情节，以及被告人的主观恶性、人身危险性、认罪悔罪表现等因素，决定缓刑的适用。虽然有的学者主张缓刑适用的理论基础为特殊预防论或教育刑论，但实际观点却为并列模式。如有学者就认为，对缓刑实质条件中的"犯罪情节"的考察范围应该包括犯罪中止、防卫过当、避险过当、从犯、胁从犯、犯罪动机、犯罪目的、犯罪对象、犯罪手段、犯罪结果 、犯罪数额等。[2]上述情节大部分为反映基础罪量的责任刑情节，当然也包括预防刑情节，但把这些情节作为"犯罪情节"，显然采取的是并列模式。而持递进模式的学者通常认为，缓刑的正当性根据体现了刑罚的预防目的，对没有再犯罪危险的罪犯宣告缓刑，说明运用缓刑可以达到特殊预防的目的，没有执行刑罚的必要，对于预防再犯罪能起到有效作用。[3]正因为持教育刑论，递进模式论者认为缓刑的实质条件中，"犯罪情节"只能属于反映人身危险性的情节，亦即缓刑的裁量实质上属于预防刑的裁量。[4]递进模式意味着在缓刑的裁量模式中，对象条件的判断是属于责任刑的判断，在责任刑符合的前提下，"犯罪情节"与"悔罪表现"的判断材

---

[1] Dean J. Champion, *Corrections in the United States—A Contemporary Perspective（Third Edition）*, Prentice-Hall, 2001, p.150.

[2] 包国为：《我国缓刑适用实质条件具体化的实践考察与路径新探》，载《山东社会科学》2021 年第 8 期。

[3] 张明楷：《刑法学》（上）（第 6 版），法律出版社 2021 年版，第 789 页。

[4] 赵兴洪：《缓刑适用的中国图景——基于裁判文书大数据的实证研究》，载《当代法学》2017 年第 2 期。

料只能是预防刑情节，而"再犯罪危险"的判断只能依附于"犯罪情节"与"悔罪表现"。

从认识论看，上述两种模式都可能被法官所采用，从实践论看，司法中法官们是运用并列模式还是递进模式成为主流则需要验证。进而需要进一步研究的是，并列模式与递进模式争议表现在司法裁量中，哪种路径的选择更优？特别需要指出的是，自《刑法修正案（八）》颁布实施以来，微罪大幅度扩张而缓刑适用率却并没有较大增长的背景下，哪种模式既能够在法理上得到合理解释，又能够契合中国刑事司法的本土化实践经验，这就需要进行实证分析。

（二）假设建立、样本选择及模型构建

规范意义上建构起来的价值判断并不能够代替"解决问题的方案"。正如陈瑞华教授在谈及中国刑事司法过程中的深层次问题时指出，在作出价值判断之前，要穿过经验事实的迷雾，研究者首先应当平心静气地做一个观察者和思考者，而不要贸然作出价值判断，无论是法律条文、司法解释、法院判决、案例故事、司法统计数据，都只不过是法律学者考察中国法律制度的对象与资料而已。[1]在传统的整体、辩证、实质思维方式之下，人们对规范法学所倡导的据法思考存有顾虑，会产生法律脱离社会的问题。[2]为此，要证明司法实践中法官更会倾向哪一种模式，我们就必须进行理论假设，进而选择有效的裁判文书作为实证分析样本，进行回归模型的构建及变量设置，以便进行实践检验。

1. 理论假设

根据上述两个缓刑裁量模式争议，可以进行理论假设。假设一：如果认为缓刑裁量应采取的是并列模式，那么，"犯罪情节""悔罪表现"与"再犯罪危险"因不具有从属关系，在符合缓刑的对象条件后，法官在缓刑裁量过程中，会注重责任刑情节与预防刑情节的综合运用，故"犯罪情节""悔罪表现"的判断依据是指责任刑情节，"再犯罪危险"的判断依据是指预防刑情节。因此，犯罪行为、危害后果、犯罪方法等责任刑情节较轻，并且具有自首、坦白、积极赔偿、取得被害人原谅等从宽型预防刑情节的被告人，会更容易

---

[1] 陈瑞华：《论法学研究方法——法学研究的第三条道路》，北京大学出版社 2009 年版，第 45 页。

[2] 陈金钊：《法律自主性的境遇》，载《上海政法学院学报（法治论丛）》2021 年第 4 期。

获得缓刑的判决。假设二：如果认为缓刑裁量应该采取递进模式，那么"犯罪情节""悔罪表现"仅是"再犯罪危险"的判断因素，主刑裁量注重的是责任刑情节，在主刑量已经符合的情况下，"犯罪情节"与"悔罪表现"只能是反映人身危险性的预防刑情节。因此，缓刑裁量不考虑责任刑情节，那些具有自首、坦白、积极赔偿、取得被害人原谅等反映预防性情节的被告人，更容易获得缓刑的判决。

这两个理论假设意味着，若决定缓刑能否适用的是责任刑与预防刑情节，表明实践中法官更倾向于并列模式；若决定缓刑是否适用的仅是预防刑情节，则表明实践中法官更倾向递进模式。这两个假设为非此即彼的关系，到底实践中法官倾向何种模式，还需要进行实践检视。

2. 样本选择

因为研究目标为缓刑的裁量模式，暨司法实践中法官到底是采取并列模式还是递进模式，故理论上只要适合缓刑适用的所有刑事案件都可以作为研究样本。本次研究以醉酒型危险驾驶罪为样本案例，主要基于以下几个理由：一是该罪是《刑法修正案（八）》增设的犯罪，适用时效是与修正后缓刑实质条件适用时效相同，因此便于统一收集样本的日期；二是该类型罪只有一个基本犯，便于对基本犯罪构成事实的认定；三是《刑法》第133条之一除了规定醉酒型危险驾驶，还规定了另外三种类型的危险驾驶，但根据本次研究收集到的案例样本，占比极少，而且基本犯罪构成的事实不统一，不便于设置变量，故仅选择以醉酒型危险驾驶罪为样本案例。本次研究的所有样本案例系从中国裁判文书网上收集，随机抽取有效样本（判决书）共4238份。[1]为了保证样本案例的广泛性与代表性，本次采取的是分层抽样方法，在中国裁判文书网上选择各个省份搜索判决书，使得样本较为均匀地分布在东、中、西部。另外，本次样本判决日期大致为2014年1月至2022年12月，年度分布量大致平均。据统计，在总样本中，被判决为缓刑的共1894个，有效百分比为44.7%；没有被判决为缓刑的共2344个，有效百分比为55.3%，样本初步具备实证分析的条件。

3. 模型构建

由于研究目的是发现司法实践中法官们如何对缓刑进行裁量，以便为优

---

[1]　本次收集的样本判决书都为发生法律效力的二审判决书。

化缓刑裁量模式提供思路，因此本文采用二元 Logistic 回归分析。在构建回归模型前，须依据一定的规则设置回归模型的相关变量。本次研究中以非缓刑组为对照组，缓刑组为实验组，把"是否判处缓刑"作为因变量，把可能影响缓刑适用的各项预测指标作为自变量。根据缓刑适用的基本法理，把包括并列模式与递进模式都认为可能会影响缓刑适用的因素作为自变量的设计思路，最终从总样本中提取的量刑事实与量刑情节作为自变量。缓刑并非具体刑种，作为一种刑罚执行方式的裁量，缓刑裁量区别于主刑量裁量，故回归模型中的预测变量应围绕着因变量"是否判处缓刑"来构建。

本次研究把酒精含量与交通事故作为反映责任刑情节的核心自变量。需要指出的是，本罪不存在犯罪预备、犯罪中止及犯罪未遂等责任刑情节，实际上裁判文书也无法提取。另外，犯罪目的及犯罪动机也无法在裁判文书中提取。在设置核心变量后，再根据缓刑裁量的一般原理及 2013 年最高人民法院、最高人民检察院、公安部颁布实施的《关于办理醉酒驾驶机动车刑事案件适用法律若干问题的意见》（已失效），设置其他反映责任刑与预防刑情节的变量。须指出的是，所有的变量都必须能够从裁判文书上提取。为此，本次研究拟把下述情节作为其他自变量，这些自变量具体包括驾驶资格、驾驶车辆类型、道路类型、自首（或者坦白）、被害人谅解、赔偿、抗拒或者逃避检查、前科[1]、立功等9个。所有变量按照规则进行赋值。因为在逻辑回归中因变量须为二分变量，而酒精含量为连续变量，故需要进行转换处理。处理原则是只要酒精含量的数值大于各自的均值，就编为1，若数值小于各自的均值，则编为0，使得这个变量亦变成二分变量。具体变量赋值及频率统计见表1。

表1　变量体系表

变量名	赋值说明	样本描述（属性为1）
（a）酒精含量	低＝0；高＝1	1992（47.0%）
（b）交通事故	无＝0；有＝1	1144（26.9%）

---

　　〔1〕　此处的前科采取广义的定义，不但包括累犯与重新犯罪，还包括判决前因为酒驾受过拘留、吊销驾驶执照等行政处罚。本次研究之所以把广义的前科作为自变量，是因为经过大致查阅危险驾驶罪的裁判文书，发现在缓刑的裁量过程中，法官较为重视此种情形。

变量名	赋值说明	样本描述（属性为1）
（c）驾驶资格	无＝0；有＝1	3687（87.3%）
（d）车辆类型	非营运车辆＝0；营运车辆＝1	136（3.2%）
（e）道路类型	非高速或城市快速路＝0；高速或城市快速路＝1	203（4.8%）
（f）自首（或坦白）	无＝0；有＝1	4035（95.2%）
（g）事故后的赔偿	无＝0；有＝1	3521（83.1%）
（h）抗拒或逃避检查	无＝0；有＝1	318（7.5%）
（i）前科	无＝0；有＝1	386（9.1%）
（j）立功	无＝0；有＝1	（5.7%）

在设置上述变量及对上述变量赋值后，即可以对缓刑裁量的二元 Logistic 回归方程进行建构。该模型为：

$$p=eB0×eB1（a）×eB2（b）×eB3（c）×eB4（d）×eB5（e）×eB6（f）×eB7（g）×eB8（h）×eB9（i）×eB10（j）$$

需要特别指出的是，关于主刑量能否作为缓刑裁量的预测变量需要分析。缓刑裁量是在主刑量裁量后再判断是否适用缓刑，主刑量的大小是由不法与责任的要素决定，因此所有责任刑情节与预防刑情节都能够影响主刑量的大小。而根据本文的理论假设一，缓刑是否适用也应当考察所有的责任刑情节与预防刑情节。所以，就有必要进行缓刑与主刑量进行简单相关性研究。初步检测表明，如表2显示，相关系数为-0.241，P值为0.000，表明缓刑是否适用的确与刑量的大小相关，且刑量越大缓刑的可能性越小。但是，一是因为刑量并非刑法规定的犯罪情节与悔罪表现的内容，其本身是主刑量裁判的结果；二是刑量与案件中的责任刑情节与预防刑情节存在着共线性，故不能把刑量作为缓刑裁量的预测变量。

表 2　缓刑与刑量的相关性

		缓刑	刑量
缓刑	Pearson 相关性	1	-0.241**
	显著性（双侧）		0.000
	N	4238	4238
刑量	Pearson 相关性	-0.241**	1
	显著性（双侧）	0.000	
	N	4238	4238

**. 在 .01 水平（双侧）上显著相关。

二、对危险驾驶罪缓刑裁量回归模型的检验与发现

在构建模型与设置变量后，遂手动从 4238 份裁判文书中提取所有相关数据，并录入到 SPSS26.0 中，最终建立《醉酒型危险驾驶罪缓刑适用二元 Logistic 回归检验数据库》。建立该数据库后，以"是否判处缓刑"为因变量，以回归模型中的预测指标为自变量，进行二元 Logistic 回归分析。具体检验结果与发现如下。

（一）模型成立总体情况

为了检验本文建立的缓刑裁量回归模型是否成立，需要对模型系数进行综合检验。模型系数综合检验具体结果如表3，其中 Model 一行输出了 Logistic 回归模型中所有参数是否均为 0 的似然比检验结果。[1] 另外，输出结果中所有的 P 值均为 0.000（P<0.05），表示本次拟合的模型中，纳入的所有变量里至少有一个变量的 OR 值有统计学意义，即模型总体有意义。这就意味着 10 个自变量总体上能够决定缓刑的宣告，但具体到哪个变量对缓刑宣告有何种程度的影响则需要进一步的检测。

---

〔1〕　似然比检验结果的值越小，代表模型和数据符合得越好，理想模型的似然比检验结果为0。

表3　模型系数的综合检验

		卡方	df	Sig.
步骤1	步骤	155.057	11	0.000
	块	155.057	11	0.000
	模型	155.057	11	0.000

另外，如表4所示，从模型的拟合优度的检验结果来看，P值为0.931（即P>0.05），当P值不小于检验水准时（即P>0.05），通常认为当前数据中的信息已经被充分提取，模型拟合优度较高。

表4　Hosmer 和 Lemeshow 检验

步骤	卡方	df	Sig.
1	32.190	2	0.931

（二）模型中变量的具体检验结果

本次统计过程中筛选变量的方式是渐进法，方程中的变量表格列出了最终筛选进入模型的变量和参数。具体回归分析结果见表5。

表5　模型中的变量数据输出结果

		B	S.E.	Wals	df	Sig.	Exp（B）
步骤1a	酒精含量	−0.012	0.003	21.740	1	0.000	0.881
	驾驶资格	0.787	0.297	7.007	1	0.008	2.196
	营运车辆	−1.177	0.598	3.868	1	0.049	0.308
	交通事故	−1.172	0.352	11.067	1	0.001	0.310
	高速路	−1.038	0.453	5.263	1	0.022	0.354
	自首（或坦白）	0.970	0.550	3.107	1	0.078	2.637
	赔偿	1.083	0.387	7.835	1	0.005	2.952
	抗拒或逃避检查	−0.773	0.411	3.527	1	0.049	0.462
	前科	−3.295	0.648	25.882	1	0.000	0.037
	立功	1.580	0.574	20.205	1	0.000	3.192
	常量	0.125	0.659	0.036		0.000	1.133

a. 在步骤1中输入的变量：酒精含量，驾驶资格，车辆类型，交通事故，道路类型，自首或坦白，赔偿，抗拒或逃避检查，前科，立功。

表五中的 Sig. 一列表示相应变量在模型中的 P 值，B 一列表示相应变量在模型中的回归系数，[1]Exp（B）表示相应变量的 OR 值。[2]从表五的输出结果来看，"自首或坦白"被排除出方程中，这个变量的 p 值大于 0.05，表明没有统计学意义上的显著差异性。其他进入方程的 9 个变量，因为 P 值小于 0.05，表明具有统计学意义上的显著差异性。（1）在进入方程的 9 个变量中，驾驶资格、赔偿及立功等三个变量的回归系数为正，此意味着若具有这三个情节的案件，会增加判处缓刑适用的机会；而酒精含量、营运车辆、交通事故、高速路、抗拒或逃避检查、前科等六个变量的回归系数为负，此意味着若酒精含量高或者具有其他五个情节，会减少判处缓刑适用的机会。（2）对缓刑适用正面影响最大的变量是立功，其回归系数达到了 1.580，高于其他变量。对缓刑适用负面影响最大的则是前科，其回归系数为 -3.295，表明若有前科情节会极大减少缓刑的适用机会。（3）驾驶资格、赔偿两者的回归系数分别为 0.787 和 1.083，抗拒或逃避检查、营运车辆、交通事故、高速路的回归系数分别为 -0.773、-1.177、-1.172、-1.038。令人意外的是，酒精含量对缓刑适用的影响最小，回归系数仅为 -0.012。根据模型方程中变量的输出结果，就可以根据各变量的回归系数和常量建立起缓刑适用的预测模型。具体为：

$$p = e.125 \times e-0.012 (a) \times e-1.172 (b) \times e0.787 (c) \times e-1.177 (d) \times e-1.038 (e) \times e1.083 (g) \times e-0.773 (h) \times e-3.295 (i) \times e2.580 (j)$$

在上述预测模型中，P 是指缓刑适用的概率，是模型中代入变量值后得到的结果，e 为常数，约为 .117，在输入模型中各变量的回归系数后，各个变量的值若只要有该情节则为 1，没有则为 0。在具体案件中，输入各个变量的值后，得到的 p 值越接近 1，意味着判处缓刑适用的概率就越高；若 P 值越接近 0，则意味着判处缓刑适用的概率就越低。

（三）理论假设的检验结果

经过上文对危险驾驶罪缓刑裁量模型的实证分析，能够清晰地分析出哪些量刑情节能够影响到缓刑的裁量。因此，根据上述的实证分析结果，我们

---

〔1〕 偏回归系数的绝对值越大意味着自变量对因变量的影响越大。

〔2〕 OR 值意味着具有某个变量是没有此变量的多少倍的发生概率。

就能够对上文提出的两项理论假设进行检验。首先，法官在对缓刑适用的判决中更倾向于综合性地运用责任刑与预防刑来作为缓刑适用的根据，因此司法实务中缓刑裁量整体表现为并列模式。回归分析结果显示，9 个有效变量中，性质为责任刑情节的共 6 个，具体包括酒精含量、驾驶资格、营运车辆、交通事故、高速路、抗拒或逃避检查，预防刑情节共 3 个，具体包括赔偿、前科、立功。当然，赔偿到底是责任刑情节还是预防刑情节，学界存在着争议，[1]但如果赔偿被界定为责任刑情节，表明缓刑裁量更多被责任刑情节所影响。这意味着在司法实践中，法官认为刑法规定的缓刑适用条件中的"犯罪情节"是指责任刑情节，而体现"再犯罪危险"的则是指预防性情节，故假设一能够成立。这就意味着不管理论界是否存在着争议，司法实务中缓刑裁量采用并列模式能够证成。其次，在假设一证成的情形下，假设二则无法成立。如前实证分析结果表明，影响缓刑适用的情节既包括责任刑，也包括预防刑，并且在整个变量体系中，责任刑情节占主导地位，说明法官并没有把犯罪情节与悔罪表现作为再犯罪危险的判断材料。这就意味着缓刑适用条件中的"犯罪情节"仅指预防刑情节的设想在刑事司法实践中并没有得到认可，故假设二无法成立。

三、对危险驾驶罪缓刑裁量模式的评析

法官的集体职业实践经验中，包含着某种集体与实践理性，是司法客观规律的反映，但是，这种经验可能也存在着不足及一定的提升空间。[2]在本次研究的危险驾驶罪的总样本中，虽然呈现出的并列模式是法官在缓刑适用过程中的主要裁量模式，但这种并列模式并不符合当代中国的刑事司法政策及缓刑的基本法理。具体分析如下。

（一）并列模式导致缓刑裁量无法体现缓刑的根本属性

司法实务中法官们对犯罪情节与悔罪表现作综合的考量，使得犯罪情节、悔罪表现的判断与再犯罪危险的判断表现为并列关系，这种并列模式会侵蚀缓刑的根本属性。改造被持续认为为缓刑提供了坚实的哲学基础。即便这个

---

〔1〕 张明楷教授认为赔偿损失是预防刑情节，能够反映一般预防刑减少的理由，从而成为减少预防刑的情节。具体参见张明楷：《责任刑与预防刑》，北京大学出版社 2015 年版，第 356~357 页。

〔2〕 白建军：《法学研究中的实证发现——以刑事实证研究为例》，载《政治与法律》2019 年第 11 期。

哲学基础在某些时候会发生变化，譬如因为保护社区安全而强调对缓刑犯的强化监督，甚至强化对缓刑犯的威慑，但改造始终为缓刑的存在提供了理论基础。[1]缓刑的理论根基与正当化根据在于特别预防，缓刑是特别预防论的产物。[2]我国的缓刑在性质上属于刑罚执行的犹豫主义。基于刑罚个别化原则，对符合条件的罪犯，在判处刑罚并保留执行可能性的条件下，暂缓刑罚的执行，能够使犯罪人受到一种持续的、潜在的心理约束，有利于罪犯反省自己，达到预防重新犯罪的目的。[3]正是基于此，缓刑的裁量体现的是行为人刑法。但上述实证的结果表明，缓刑的适用更多取决于责任刑情节的判断，预防刑情节并没有得到相应的重视。这也表明现有的缓刑裁量模式无法体现缓刑的根本属性。

1. 作为预防刑情节的自首（或者坦白）没有进入方程

该变量 P 值为 0.078，因为 P 值大于 0.5，表明该变量不具有统计学意义上的显著差异性。这种实证研究结果意味着作为法定的预防刑情节，自首（或者坦白）在危险驾驶罪的缓刑裁量中没有被充分考量，这显然与自首（或者坦白）的性质相抵牾。张明楷教授认为，自首作为法定的量刑情节，是刑罚减轻事由，能够表明其再犯罪可能性小，故能够减少预防刑。[4]耶赛克教授与魏根特教授则认为，行为人在实施犯罪之后判决以前的态度，常常可作出特殊预防效果的必要性的推论，故行为后持续较长时间的"良好态度"被作出有利于行为人的评价。对于法院而言，在量刑时考虑行为人在刑事程序中的态度，尤其是激发行为人通过坦白以查明犯罪行为的热情。诉讼态度虽然不能够对责任具有追溯力，但坦白表明，行为人认识到其错误，因此，其再社会化不会有什么问题。[5]所以，作为法定的预防刑情节，是否应该体现在主刑量的裁量上或许法官有选择的余地，但因为鉴于自首（或者坦白）本身的性质，在决定是否适用缓刑方面应当具有重要的参考价值，故在实践中

---

〔1〕 Dean J. c, *Corrections in the United States—A Contemporary Perspective Third Edition*, Prentice-Hall, 2001, p. 150.

〔2〕 张明楷：《责任刑与预防刑》，北京大学出版社 2015 年版，第 393 页。

〔3〕 史振郭：《两岸缓刑制度的新发展与比较借鉴——以缓刑制度的刑法价值为视角》，载《犯罪研究》2012 年第 3 期。

〔4〕 张明楷：《责任刑与预防刑》，北京大学出版社 2015 年版，第 349 页。

〔5〕 ［德］汉斯·海因里希·耶赛克、托马斯·魏根特：《德国刑法教科书》，徐久生译，中国法制出版社 2001 年版，第 1066~1067 页。

把自首（或者坦白）排除在缓刑适用的变量体系外，的确证明并列模式与缓刑的根本性质相抵牾。

2. 作为从宽型预防刑情节的赔偿与立功在缓刑裁量中的地位并不突出

虽然赔偿与立功都进入了方程，赔偿的回归系数为1.083，而且立功的回归系数为1.580，意味着对缓刑适用的正面影响最大，但与其他责任刑情节相比，影响力差异并不大。而且立功情节在总样本中仅占5.7%，故总体上对缓刑适用的影响并不大。作为从严型预防刑情节的前科的回归系数为−3.295，意味着即使同时具有赔偿与立功两个预防刑情节，在其他变量得以控制的前提下，若犯罪人有前科之情形，则缓刑适用的可能性大大降低。关于赔偿作为从宽的正当化根据，一般认为是特殊预防说，有实证研究表明，法官在死刑裁量中，赔偿对是否判处死刑有显著影响。[1]赔偿既然在犯罪性质最为严重的死刑案件中都能够发挥显著的影响作用，那么对于微罪的危险驾驶案件来说理应更受到重视，毕竟危险驾驶罪中的犯罪人相较于死刑案件中的犯罪人的特殊预防性更小。至于立功作为从宽的正当化根据，一般也认为是特殊预防说，属于罪后态度，也能够减轻预防刑，对于未来犯罪人的行为预测具有重要的参考价值。虽然在理论维度中，赔偿与立功这两个本质上属于从宽型预防刑的情节，在缓刑裁量中应该成为主要判断因素，但是经过实证研究表明，在缓刑裁量中的地位并不突出，这也表明并列模式无法体现缓刑的根本属性。

3. 责任刑情节在缓刑裁量中占据主要位置

从实证研究的结果来看，一方面，自首（或者坦白）、赔偿等本应是主要的预防刑情节，但其并没有发挥应有的作用，这就使得危险驾驶罪的缓刑裁量的预防刑属性较弱。另外一方面，进入方程中的9个有效变量中，责任刑情节就有6个。在这6个变量中，除了酒精含量对缓刑裁量的影响较小，驾驶资格、营运车辆、交通事故、高速路及抗拒或者逃避检查的OR值分别为2.196、0.308、0.310、0.354、0.462，表明若犯罪人具有驾驶资格，则是没有驾驶资格的获得缓刑适用可能性的2倍，而若是具有营运车辆、发生交通事故、高速路上行驶、抗拒或者逃避检查等情节，获得缓刑适用可能性是没有上述情节获得缓刑适用可能性的0.308、0.310、0.354、0.462倍。此即意

---

[1] 王越：《故意杀人罪死刑裁量机制的实证研究》，载《法学研究》2017年第5期。

味着本应是预防刑的裁量属性却变成了责任刑的裁量属性，显然，这种裁判模式违背了缓刑的特殊预防的根本性质。

（二）并列模式可能导致缓刑裁量中责任主义的重复评价

犯罪的实体是不法与责任，责任主义既制约定罪，也制约量刑。[1]正因为如此，影响责任的事实情节，按照责任主义的观点，包括两个方面，一是法益侵害事实，二是表明责任程度的事实。因此，责任刑的形态是静态的，是宣告刑的内在根据，而预防刑的形态是动态的，是宣告刑外在的调整凭证。[2]在所有案件裁量中，法官需要综合考量责任刑与预防刑情节，但在缓刑裁量中，缓刑的主刑量是责任刑与预防刑情节综合决定，而在主刑量确定后是否适用缓刑，则基本决定于预防刑情节。故本文认为，并列模式会导致双重责任评价不可避免，从而会导致量刑偏重。

1. 责任刑情节在是否适用缓刑中起决定作用可能违反禁止重复评价原则

缓刑不同于实刑，缓刑是在主刑量确定的基础上，再考察是否原判刑罚需要执行，其核心要义在于再犯罪危险的判断。正因为如此，张明楷教授指出："缓刑是目的刑论尤其是特殊预防论的产物，缓刑基本上属于预防刑的裁量问题，着眼于预防犯罪。"[3]如前文所述，6个责任刑情节在整个危险驾驶罪缓刑裁量机制中占有支配地位，这就意味着在危险驾驶罪的裁量中，法官们集体不自觉地违反了禁止重复评价原则。所谓重复评价，表面上是在定罪量刑时对同一犯罪行为事实进行了重复使用，但实质上是对存在论上的同一事实所反映出来的同一不法内涵和同一罪责内涵进行了重复考量，进而导致重复处罚。[4]作为责任刑的情节，一般应理解为本质上为增加基础罪量的情节，且主要是反映基础罪量的构成事实。影响责任的事实情节，按照责任主义的观点，不但包括应当体现行为符合构成要件的事实，还包括构成要件之外的事实，既包括基本构成事实，也包括非基本构成事实。[5]在本次研究中，进入到方程中的有效变量为酒精含量、驾驶资格、营运车辆、交通事故、高

〔1〕 张明楷：《责任主义与量刑原理——以点的理论为中心》，载《法学研究》2010年第5期。

〔2〕 刘崇亮：《量刑机制的分层量化实证研究——以防卫过当案件为例》，载《政治与法律》2021年第9期。

〔3〕 张明楷：《责任刑与预防刑》，北京大学出版社2015年版，第393页。

〔4〕 王明辉、唐煜枫：《论刑法中重复评价的本质及其禁止》，载《当代法学》2007年第3期。

〔5〕 刘崇亮：《量刑机制的分层量化实证研究——以防卫过当案件为例》，载《政治与法律》2021年第9期。

速路、抗拒或者逃避检查，其中酒精含量与交通事故是反映基础罪量的基本构成事实，其他变量则为影响基础罪量变化的非基本构成事实。

量刑时，虽然对各种有意义的情节必须全面评价，但也不能重复评价。重复评价会导致一罪多罚、轻罪重罚或者重罪轻罚，违反罪刑法定与罪刑相适应原则。[1]在危险驾驶罪的缓刑裁判过程中，若按照《关于常见犯罪的量刑指导意见（试行）》规定的分层量化的量刑机制与步骤，危险驾驶罪的缓刑裁量可分为两个环节。一是先确定主刑量。根据酒精含量在相应的法定刑幅度内确定量刑起点；然后根据是否发生交通事故及发生交通事故的严重程度等犯罪事实，在量刑起点的基础上增加刑罚量确定基准刑；最后根据驾驶资格、营运车辆、高速路、抗拒或者逃避检查等量刑情节调节基础刑，并综合考虑全案情况，依法确定宣告刑。二是再确定是否适用缓刑。构成危险驾驶罪的，综合考虑危险驾驶行为、危害后果等犯罪事实、量刑情节，以及被告人主观恶性、人身危险性、认罪悔罪表现等因素，决定缓刑的适用。于是显而易见的问题是，第一个裁量环节中考察的酒精含量、交通事故、驾驶资格、营运车辆、高速路、抗拒或者逃避检查等量刑情节，在第二个环节中将再次被考察，显然，这种并列裁量模式违反了禁止重复评价原则。本次实证研究表明，法官在危险驾驶罪的缓刑裁量的两个环节中，酒精含量、驾驶资格、营运车辆、交通事故、高速路、抗拒或者逃避检查等六个责任刑情节已经在主刑量的裁量中得到运用，而在性质为预防刑裁量环节中再次运用，不但违背了缓刑适用特殊预防论之属性，也明显违反禁止重复评价原则。犯罪宣告是因行为所反映出来的法益侵害和反规范人格态度而发动，反过来犯罪宣告对于矫正这种人格态度，预防这种法益侵害具有一定的作用，不能仅仅出于逻辑上的考虑而任意地增减犯罪宣告的质量。[2]任意地增加责任刑情节裁量而导致的重复评价，显然会增加缓刑裁量的负担。

2. 预防刑情节在缓刑裁量中并不必然违反禁止重复评价原则

有学者指出："在定罪活动时，评价的是定罪情节，不评价量刑情节，且一个定罪情节只能被评价一次；而在量刑活动时，既可以评价定罪情节，又可以评价量刑情节，但同一情节一旦被定性为定罪情节了，就不能被定性为

〔1〕 张明楷：《刑法学》（上）（第6版），法律出版社2021年版，第746页。
〔2〕 王明辉、唐煜枫：《论刑法中重复评价的本质及其禁止》，载《当代法学》2007年第3期。

量刑情节，一个情节也只能被评价一次。"[1]笔者认为，要准确理解禁止重复评价原则就必须分析禁止重复评价原则的基本法理。禁止重复评价应理解为，对于反映同一不法内涵和同一罪责内涵的同一犯罪行为不得在定罪与量刑中反复使用，而之所以要禁止重复评价，就在于若允许一个情节在定罪量刑中重复评价，必然会导致责任主义的双重报应。在缓刑裁量过程中，主刑量的裁量已经使用过的责任刑情节，若再在决定是否适用缓刑中再使用，显然会导致责任主义的双重报应，故会违反禁止重复评价原则。但是，在主刑量裁量中已经使用过的预防情节，在缓刑裁量中若再次使用，则不必然会违反禁止重复评价原则。因为如前所述，缓刑裁量本身就是预防刑裁量的属性，在危险驾驶罪主刑量的裁量过程中，自首（或者坦白）、赔偿、前科、立功等预防刑情节都已经给予考虑，而在决定是否适用缓刑时，这些情节又都是反映重新犯罪危险的重要因素，故不能不给予考量。并且因为缓刑的裁量与主刑量的裁量本身就不是一个评价体系，加上这些情节属于预防刑情节，故不会导致责任主义的双重报应，也就不必然会违反禁止重复评价原则。

（三）并列模式忽略了再犯罪危险评估在缓刑裁量中的核心地位

随着英美等国新刑罚理论的引入，特别是《刑法修正案（八）》把"再犯罪危险"作为缓刑的实质条件写入《刑法》，再犯罪风险评估理论在我国开始受到重视。[2]再犯罪风险评估一般认为是缓刑制度的产物，在缓刑裁量机制具有核心地位。[3]但是，缓刑裁量的并列模式会侵蚀再犯罪风险评估在缓刑裁量中的核心地位。

1. 责任刑情节的裁量无法体现再犯罪危险评估的实质

在当代英美等国的缓刑裁量中，对缓刑犯的再犯罪危险评估已经完全工具化与制度化。海泽尔·肯绍尔（Hazel Kemshall）教授认为："风险评估在刑事司法过程中及在对不同的干预和矫正形态效果中的评估起着非常重要的作用，很大程度上推动了英美等国的刑事司法制度的改革，风险评估的发展仍然会引导着刑事司法的走向。"[4]从再犯罪危险评估制度的发展形态来看，

---

[1] 王明辉、唐煜枫：《论刑法中重复评价的本质及其禁止》，载《当代法学》2007年第3期。

[2] 刘崇亮：《再犯罪风险评估与中国监禁刑改革的新路径》，载《现代法学》2018年第6期。

[3] Malcolm M. Feeley & Jonathan Simon, "The New Penology: Notes on the Emerging Strategy of Corrections and Its Implications", *Berkeley Law Scholarship Repository*, 1992 (1).

[4] Hazel Kemshall, *Understanding Risk in Criminal Justice*, Open University Press, 2009, p. 72.

对罪犯的再犯罪危险评估是缓刑制度的关键因素，只有再犯罪危险预测的水平达到一个较高层次，缓刑才可能具备合理适用的前提。

从本次实证研究的结果来看，责任刑情节在缓刑裁量中占据了主导地位，使得"再犯罪危险"的判断失去了预测属性。对于如何让一个被提前释放或者被判处缓刑的罪犯最大限度地降低再犯罪风险，需要对再犯罪风险进行合理评估，因此，可以说再犯罪风险的判断成为缓刑裁量的核心环节。[1]没有再犯罪危险是缓刑适用的核心要件，是立法者在总结1997年《刑法》规定的缓刑要件"不致再危害社会"理论与实践的基础上而加以规定的要件。根据这一规定，如果犯罪分子没有再犯罪的危险，审判机关可以考虑对其适用缓刑；如果犯罪分子有再犯罪的危险，审判机关不得对其适用缓刑。[2]从普遍的文献资料来看，当代英美等国的第四代风险评估工具不但包括个体犯罪史相关的情节，还包括就业状况、社会交往等动态性因素，而犯罪史相关的情节主要也是反映再犯罪风险的因素，即预防刑情节。但从本次实证研究的结果来看，责任刑情节在裁量机制中占据核心位置，而缓刑裁量的实质在于对再犯罪危险的评估，显然责任刑情节无法满足再犯罪危险评估的需求，故缓刑裁量并列模式会淡化"再犯罪危险"在缓刑裁量中的核心地位。

2. 责任刑判断不能替代再犯罪危险评估

再犯罪危险评估最为关键的是要如何科学有效地鉴别高风险与低风险罪犯，即再犯罪风险的预测成功率达到一定程度。在非监禁刑的发展历史中，最容易受到关注的问题即是如何做到让一个本应该在狱内服刑的罪犯在社区服刑并不再次犯罪。针对这个问题，早期的风险预测技术基本依靠法官们的专业判断及生活经验。英美国家在20世纪初的假释制度与缓刑制度中对罪犯的风险判断基本依靠法官们的临床判断，但是这种判断最大缺陷在于预测的不精确性，依靠经验性判断毕竟多属于个人主观性的判断，容易发生主观判断的偏差及个性喜好的随意性。[3]因此，英美等国的缓刑裁量广泛采用了较为成熟的再犯罪风险评估工具。到目前为止，英美等国的再犯罪风险评估已

---

〔1〕 刘崇亮：《以再犯罪风险控制为导向的监狱行刑改革实证研究》，中国政法大学出版社2020年版，第227页。

〔2〕 翟中东：《缓刑适用中的再犯罪危险评估问题》，载《河南警察学院学报》2012年第2期。

〔3〕 刘崇亮：《以再犯罪风险控制为导向的监狱行刑改革实证研究》，中国政法大学出版社2020年版，第227页。

经发展到了第四代评估工具。第四代评估工具融合了动态的预防性评估因素，为对罪犯风险预测奠定了基础。[1]

与规范的再犯罪风险评估工具运用相比，我国法官对缓刑的风险评估显然仍然属于经验性的临床判断，特别是缓刑裁量的并列模式会削弱再犯罪风险评估在缓刑裁量中的核心地位。这是因为责任刑的判断是对过去犯罪的回顾，基本的犯罪构成事实及非基本的犯罪构成事实都是责任刑的判断依据，故责任主义是建构在行为责任的基础之上。而预防刑的判断是对行为人未来的犯罪预测，其判断依据是反映人身危险性的量刑情节，故其是构建在行为人责任的基础之上。本次实证研究表明，责任刑情节在缓刑裁量中具有基础地位，显然这会破坏再犯罪风险评估在缓刑裁量中的核心地位，使得再犯罪风险评估流于形式。

（四）并列模式会导致缓刑适用的不合理限缩

显而易见的是，缓刑裁量的并列模式与递进模式相比，并列模式会使得缓刑适用的实质条件更为严苛，从而会导致缓刑适用的不合理限缩。笔者在另外一份研究中曾经对我国与其他国家的缓刑适用率进行过比较研究。从中、美、日、法、英、荷等六国的缓刑率与监禁率适用情况来看，法国的缓刑率与监禁率的比率高达 4.40，意味着该国的缓刑人口为监禁人口的 4.40 倍，英、荷、美及日本的比率分别为 2.23、1.45、1.37、0.63，而中国的比率最少，仅为 0.24。[2]当学者们在探讨中国缓刑率适用低的原因时，通常认为重刑主义观念导致法官在运用刑罚裁量权时倾向采取监禁刑立场。张明楷教授认为，我国的缓刑适用率较低的一个重要原因是重刑主义，既然轻刑难以实现一般预防，就只能依靠重刑。[3]的确，较低的缓刑适用率似乎反映出重刑主义的量刑观，但这只是表象。笔者认为，缓刑适用效率低是重刑主义的表现，但未必能够证明重刑主义是缓刑适用率低的原因。一方面，我们国家的法官在对缓刑裁量过程中，正是因为评估技术的不发达和缺乏量化指标，使得对判决缓刑后的再犯罪风险有着较高的疑虑，对本没有再犯罪风险且符合

---

〔1〕 James Bonta, D. A. Andrews, "Risk-Need-Responsivity Model for Offender Assessment and Reha-bilitation", *Public Safety Canada Report*, 2007, p. 10.

〔2〕 刘崇亮：《新刑罚学视野下中国监禁刑改革目标实现的新机制》，载《人大法律评论》编辑委员会编：《人大法律评论》（第 33 辑），法律出版社 2022 年版。

〔3〕 张明楷：《应当提高缓刑的适用率》，载《人民法院报》2015 年 6 月 3 日。

缓刑其他条件的罪犯判处监禁刑。[1]

另一方面，缓刑裁量并列模式是扩大缓刑适用的主要障碍。虽然《刑法》明确规定了缓刑适用的对象条件与实质条件，但就司法中的缓刑裁量而言，因为并列模式既要考量责任刑情节，又要考量预防刑情节，使得缓刑适用条件实质上变得更为严苛。根据本次研究，驾驶资格、营运车辆、交通事故、高速路及抗拒或者逃避检查这五个责任刑情节对于缓刑的裁量均有影响，而这些情节本身是犯罪构成的事实，理应在主刑量的裁量过程中进行考量，实践中缓刑的裁量又进行了第二次考量，显然增加了适用门槛，为缓刑适用添加障碍。以张某危险驾驶罪为例。法院审理认为，张某醉酒后在道路上驾驶机动车，其血液中酒精含量为 216.85 毫克/毫升，且造成交通事故，并负事故全部责任。鉴于其具有犯罪时醉酒程度高又发生交通事故等情节，其不符合缓刑适用条件。[2]本案中反映基础罪量的酒精含量与交通事故为基本犯罪构成事实，这两个反映责任刑的情节在缓刑裁量中第二次被考量，显然是因为缓刑裁量并列模式导致了该缓刑适用的否定。因此，缓刑裁量并列模式会严重导致缓刑适用的不合理限缩。

四、微罪视野下缓刑裁量模式的优化

在微罪大量增加的背景下，现有缓刑裁量模式从法理层面到制度实践都存在着缺陷，因此出于对缓刑裁量模式优化的需要，可尝试作如下思考：

（一）递进模式的二元裁量机制为扩大缓刑适用提供了条件

所谓递进模式的二元裁量机制，是指缓刑裁量中的主刑裁量与是否适用缓刑裁量有着本质区别，主刑裁量是刑种及刑量幅度的判断，而适用缓刑裁量则是是否需要现实地执行的判断。在未来的缓刑裁量模式中，法官们应该放弃并列模式，现实地承认递进模式的二元裁量机制本来之优点，从而扩大缓刑的适用。

1. 递进模式能够体现缓刑的基本属性

罗克辛认为："在惩罚的制度性安排中，我们发现了一种不是以罪责为导

---

〔1〕 刘崇亮：《新刑罚学视野下中国监禁刑改革目标实现的新机制》，载《人大法律评论》编辑委员会组编：《人大法律评论》（第 33 卷），法律出版社 2022 年版。

〔2〕 ［2021］吉 01 刑终 332 号刑事判决书。

向，而是纯粹的特殊预防的行为人刑法的强烈影响。因为在这个领域中，不存在禁止超越罪责的规定，所以，一种特殊预防和行为人刑法的思想，就可以在这里自由地展开。最好的例子是缓刑，因为缓刑的批准在很大程度上要依赖于对行为人未来表现的预测，要特别考虑被判刑人的人格、他过去的生活和他的生活环境。"[1]行为人刑法是建构在预防主义的基础之上，意在未来，故在缓刑的裁量过程中，反映行为人在缓刑期间再犯可能性的预防刑情节应该成为裁判依据。因为在缓刑中只能运用体现行为人刑法的情节，故缓刑的具体裁量显然仅支持递进的裁量模式。缓刑裁量的递进模式，就意味着缓刑条件中的"犯罪情节"仅指预防刑情节，在主刑裁量中已经运用过的责任刑情节在缓刑裁量中则不能再进行运用。但如前所述，预防刑情节在缓刑裁量中运用并不会违反重复评价原则。在司法实践中，还必须要明确区分责任刑情节与预防刑情节，以免导致裁量的误差。在构建成熟的缓刑再犯罪风险评估制度之后，预防刑情节判断都应包含在评估量表之中，但即便运用缓刑评估量表进行裁量，亦能显示缓刑裁量递进模式的科学性。

2. 递进模式的二元裁量机制为扩大缓刑的适用提供了技术性思路

作为典型的微罪，本次调研的 4238 份样本中，缓刑适用率仅为 44.7%。为此，立足于现有缓刑适用的立法规定的前提下，如何采用技术性手段扩大缓刑适用迫在眉睫，而递进模式的二元裁量机制则为这种技术性手段提供了可能。一是明确责任刑情节不能在缓刑裁量中第二个步骤中适用后，反映社会危险性和主观恶性重的责任刑情节就无法影响缓刑的适用，此法显然能够扩大缓刑的适用范围。在本次研究中，酒精含量、驾驶资格、营运车辆、交通事故、高速路、抗拒或逃避检查等六个责任刑情节若不在缓刑裁量中运用，显然危险驾驶罪的缓刑适用范围会扩大。二是若仅考虑预防刑情节在缓刑裁量中第二个步骤的运用，因通常从宽型的预防刑情节要多于从严型的预防刑情节，故递进模式为扩大缓刑的适用范围提供了技术性前提。在本次研究的变量体系中，属于从宽型的预防刑情节自首比例为 95.2%，事故后赔偿的比例为 83.1%，而前科的比例仅为 9.1%，显示从宽型的预防刑情节远远多于从

---

〔1〕［德］克劳斯·罗克辛：《德国刑法学总论》（第 1 卷），王世洲译，法律出版社 2005 年版，第 113 页。

严型的预防刑情节。需要指出的是，在绝大部分的微罪中，递进模式对于扩大缓刑的适用范围可能更为明显，主要原因就在于微罪中的从宽型预防刑情节远多于从严型预防型情节。由此可见，二元的裁量机制能够为扩大缓刑适用扫除责任刑设置的障碍。当然，坚持缓刑裁量模式的二元机制，仅为扩大缓刑的适用范围提供了一种技术解决方案，在司法实践中还需要法官注重对从宽型预防刑情节的运用，以鉴别出高风险罪犯，让再犯罪危险低的罪犯在社区中接受矫正，从而真正扩大缓刑的适用。以常某华危险驾驶案为例。法院认为，常某华无驾驶资格驾驶无号牌的普通二轮摩托车上道路行驶，具有《关于办理醉酒驾驶机动车刑事案件适用法律若干问题的意见》（已失效）第2条规定应当从重处罚的情节，不符合"犯罪情节较轻"的缓刑适用条件，不予适用缓刑。[1]在本案中，该判决书并无提及被告人是否具有再犯罪危险，显然采取的是一元的并列模式，即在缓刑裁量中的第二个步骤亦综合考量了责任刑与预防刑情节，即便被告人具有认罪态度较好等预防刑情节，但最终没有决定适用缓刑自不难理解。

（二）确立微罪缓刑的普遍适用模式

我国刑法理论通常以拘役为界限对微罪和轻罪进行区分，认为微罪应以拘役作为最高法定刑或者宣告刑。在积极刑法观影响下，《刑法修正案（八）》增设的危险驾驶罪拉开了我国微罪发展的帷幕，《刑法修正案（十一）》仍然沿着微罪的方向继续推进。[2]随着以审判为中心的司法改革的深入展开，刑事审判中的绝大多数轻微刑事案件（包括大量的微罪案件）的程序得到了简化。[3]但是，成为问题的是，缓刑的判决数量并没有因为微罪的增加而得到增加。根据《中国法律年鉴》统计，2010年全国法院审理危害公共安全刑事案件88 950件，而2011年该类案件的收案为119 659件，2012年猛然上升为175 439件，表明危害公共案件罪的立案数三年间急剧上升。根据《最高人民检察院年度工作报告》，这三年间我国治安状况整体并没有较大变化，而2011年《刑法修正案（八）》增设的危险驾驶罪则能够给予说明。根据2015年最高人民法院公布的数据，危险驾驶罪在2014年刑事一审中排在第三位，仅次

---

〔1〕 ［2020〕黔23刑终211号刑事判决书。

〔2〕 梁云宝：《积极刑法观视野下微罪扩张的后果及应对》，载《政治与法律》2021年第7期。

〔3〕 储槐植、李梦：《刑事一体化视域下的微罪研究》，载江溯主编：《刑事法评论》（第43卷），北京大学出版社2020年版，第166页。

于盗窃罪与伤害罪。近年来的数据也表明，危险驾驶罪人民法院的审理案件总数都维持在 100 000 件以上。在整体犯因性因素没有发生较大变化的背景下，"酒驾入刑"使得危害公共安全罪的立案数急剧上升应该是支配性因素。而据笔者对 2014 年缓刑与监禁的比率调查结果，该年两者的比率仅为 0.24，远低于世界其他主要国家。在如此庞大的微罪非缓刑判决数量剧增的情形下，会显著推高我国的人口监禁率。[1]鉴于此，可以考虑确立微罪缓刑的普遍适用模式。

1. 树立微罪优先适用缓刑的基本观念

在刑法扩张的背景下，微罪本身危害较为轻微，适用非监禁措施既体现了罪刑均衡的要求，亦有助于缓解监狱过重的负荷。相较于短期监禁刑，社区性刑罚在促进实现轻微犯罪人的再社会化方面具有更显著作用。[2]根据本文支持的微罪定义，近年来我国刑法修正案增加的法定最高刑为拘役的微罪全部符合缓刑的对象条件，这就为此类微罪缓刑的普遍适用模式提供了前提，即所有的微罪都符合缓刑适用的对象条件。若在符合实质条件的情形下，所有的微罪原则上都能够适用缓刑，因此，法官应该树立微罪优先适用缓刑的基本观念。

树立微罪优先适用缓刑的基本观念，就必须纠正那种"微罪缓刑本身不具有报应与威慑功能的错误认识"。缓刑虽然属于预防刑的裁量属性，缓刑的正当性根据是强调特殊预防的教育刑论，但从刑罚功能意义上讲，缓刑亦既有报应与威慑之功能。大部分民众认为缓刑犯远离监禁，能够在社区自由活动，因此缓刑不具有报应与威慑之功能。但是，缓刑毕竟为有罪宣告，缓刑监督与缓刑撤销使得缓刑仍然具有一定的报应与威慑功能。[3]同样，即便是微罪的缓刑适用，仍然能够体现刑罚的报应功能，从而满足法秩序所需要的正义观。

2. 微罪的从宽型量刑情节为普遍适用模式提供了前提

根据本文所支持的缓刑裁量的递进模式，再犯罪危险的判断关键在于预

---

〔1〕 刘崇亮：《对刑罚修订的效果量化分析与反思》，载《政法论丛》2022 年第 5 期。

〔2〕 刘仁文、钱蕙：《刑法扩张视角下犯罪分层的路径选择》，载《贵州民族大学学报（哲学社会科学版）》2021 年第 4 期。

〔3〕 Dean J. c, "Corrections in the United States——A Contemporary Perspective Third Edition", *Prentice-Hall*, 2001, p. 150.

防刑情节的判断，而根据本次实证研究所调查的结果，在所有判决书样本中，具有直接否定缓刑适用的法定刑情节的案件极少。根据《刑法》第74条的规定，对于累犯和犯罪集团的首要分子，不适用缓刑。在4238份样本判决书中，具有累犯情节的案件仅有23起，另外，样本中并没有犯罪集团首要分子情节的案件。即便考虑到包括不属于累犯的前科（包括因为犯本罪前醉酒驾车），也仅有386份案件具有前科情节，仅占全部案件的9.1%。或者有人会认为若具有抗拒或者逃避情节，行为人的再犯罪风险会升高。笔者认为，该情节性质上为责任刑情节，即犯罪构成事实，在对主刑量宣告的时候就应该进行过裁量，若在缓刑裁量再运用该情节，显然有违背重复评价之嫌。在所有判决书样本中，具有能够直接肯定行为人再犯罪危险低的情节较为丰富。自首（或者坦白）、赔偿是评价行为人再犯罪危险程度低的重要因素，两者各自的比例均占总样本的90%左右。从经验上判断，其他微罪案件中，体现再犯罪危险低的量刑情节，应该亦在其量刑情节体系中占据主导地位。另外，对于宣告刑为拘役的微罪来说，若具有累犯或者犯罪集团的首要分子等缓刑禁止适用情节，最后的宣告刑也不可能为拘役，因此，这些类型的微罪也具有普遍适用缓刑的条件。

综上所述，可以考虑建立微罪缓刑的普遍适用模式。笔者认为，可在《关于常见犯罪的量刑指导意见（试行）》中明确规定，危险驾驶罪案件若没有法定的缓刑禁止适用情节，一般情况下应该适用缓刑。在时机成熟后，可推广到其他微罪或者宣告刑为拘役的案件中，即一般情况下应该适用缓刑。

（三）建构以再犯罪危险评估为中心的缓刑裁量模式

缓刑制度的建立须遵循一系列的原则，其中最为重要的原则就是在量刑政策中，风险评估管理应该贯穿于缓刑的整个刑事司法过程中。[1]但是，到目前为止，我国法官对缓刑中的危险评估基本采取定性方法。以定性的形式评估再犯罪危险最大的问题在于可靠性差，因而国际社会多使用定量的形式对罪犯进行再犯罪危险评估。[2]为此，我们必须要建立以危险评估为中心的缓刑裁量模式，这种建立在递进模式基础之上的裁量机制能够最大限度地鉴别出高风险与低风险罪犯，以便促进对缓刑犯的再犯罪风险的合理控制。

---

〔1〕 Hazel Kemshall, *Understanding Risk in Criminal Justice*, Open University Press, 2009, p. 82.
〔2〕 翟中东：《缓刑适用中的再犯罪危险评估问题》，载《河南警察学院学报》2012年第2期。

1. 确立以再犯罪危险评估为中心的二元递进模式

在对缓刑裁量的过程中，决定是否适用缓刑本质上是对再犯罪危险的判断过程。在英国，因为矫正无效论，整个 20 世纪 80 年代缓刑的刑罚属性受到了信任危机。及至 20 世纪 90 年代，大量的措施与原则用以完善缓刑制度，其中最为重要的是，缓刑的裁量建立在区分严重的犯罪与不严重的犯罪的基础上再鉴别再犯罪的危险。[1] 英国的罪犯评估系统（the Offender Assessment System）被内政部指定用于全国罪犯的缓刑与矫正之中，并在该系统的运用目标中明确指出，应该把再犯罪危险评估与假释、缓刑裁量中联结起来。[2] 正是近年来英美等国再犯罪危险评估技术在缓刑裁量制度中的成熟运用，使得这些国家的缓刑一直成为刑事制裁中最为重要的手段之一。我国的缓刑制度可以借鉴英美等国的裁量模式，明确缓刑裁量也应以再犯罪危险评估为中心，从而优化缓刑裁量模式。

本文所主张的缓刑裁量递进模式实质上与再犯罪危险评估相契合。按照本文所提倡的递进裁量模式，犯罪情节较轻与有悔罪表现是没有再犯罪危险的判断前提，此中的犯罪情节只能是预防刑情节。大部分国家的第四代再犯罪危险评估工具中的评价因子，既包括动态因子，也包括静态因子，而这些评估因子亦基本反映了再犯罪危险的预防刑情节。以北美地区对缓刑与假释裁量影响最大的《管理水平评估量表》为例，该评估量表在北美地区被大量的司法与矫正机构作为正式的评估工具，用于缓刑与假释的决定，并被诸多的研究者认为具有较高的可靠性。该评估量表总共有 54 项风险影响因子，包括个人犯罪史、教育就业、经济状况、家庭与婚姻状况、居住状况、休闲活动、人际交往、酒精与毒品问题、感情与个人问题、态度问题等十个方面。[3] 从《管理水平评估量表》的影响因子可以看出，这些影响因子基本属于犯罪史、犯罪后态度及犯罪人的平时表现，在性质上明显不属于责任刑的情节，有些甚至并非量刑情节，但法官在缓刑裁量中之所以把这些因素作为判断再犯罪危险的影响因子，关键就在于此类反映犯罪人再犯罪危险因素的定量预

---

[1] Hazel Kemshall, *Understanding Risk in Criminal Justice*, Open University Press, 2009, p. 82.

[2] National Offender Management Service, "A Compendium of Research and Analysis on the Offender Assessment System（OASys）2009~2013", *Ministry of Analytical Series*, July 2015.

[3] 刘崇亮：《以再犯罪风险控制为导向的监狱行刑改革实证研究》，中国政法大学出版社 2020 年版，第 256 页。

测比定性预测要准确得多。因此，我国缓刑裁量模式的合理化构建也应以再犯罪风险评估为中心。当然，在我们国家没有建立成熟的再犯罪风险评估制度前，预防刑情节的运用则必须受到高度重视。

2. 设计适合中国缓刑裁量的再犯罪危险评估工具

近年来我国学者对再犯罪风险评估理论进行了有益的借鉴，但大多是对英美等国的再犯罪风险评估工具进行引介，而直接适合中国缓刑裁量的再犯罪风险评估工具仍然空缺。他国已经成熟的再犯罪风险评估工具精确性虽然较高，但不见得"拿过来"就能够完全适用于我国，再犯罪风险评估工具具有因时、因地性，评价工具的精确性还须经过中国本土化的实践与操作。笔者在一份研究中曾经专门研制过《罪犯风险等级评估量表》。在研究过程中，我们把我国中东部六所监狱的 1021 名罪犯作为研究样本，基于再犯罪风险评估理论及中国罪犯矫正实践，遵循第四代评估工具的"风险—需要—改造"原则，选取 43 项指标作为再犯罪风险的影响因子。对这些指标去纲量化，经过 SPSS20.0 标准化检测后，根据变量的 phi 值及 r 值的大小对有效因子进行赋值，并最终研制出《罪犯风险等级评估量表》。[1]该量表最后经过效度检验，表明预测效果较好，但这毕竟是学术研究的成果，效果到底如何，还待实践检验。鉴于此，我们国家的司法机关应该借鉴有关国家缓刑再犯罪风险评估工具的研制经验，研制出本土化的《缓刑再犯罪风险评估量表》，真正构建起中国特色的缓刑再犯罪风险评估制度。

3. 完善缓刑再犯罪危险评估程序

我国《社区矫正法》第 18 条规定，社区矫正决定机关根据需要，可以委托社区矫正机构或者有关社会组织对被告人的社会危险性进行调查评估，提出意见，供决定社区矫正时参考。显然，该条明确确定了法院在决定是否适用缓刑时进行再犯罪风险评估。有学者把该条规定界定为审前调查评估程序，既含有刑事诉讼事项，也包含实体性事项，其法律性质仍然属于程序性事项，该程序的最终目的是保证刑事实体法的最终实现。[2]本文赞同上述观点。从《社区矫正法》第 18 条规定可以看出，实质上本条的规定借鉴了英美等国的

---

〔1〕 刘崇亮：《罪犯风险等级评估量表的构建》，载赵秉志主编：《刑法论丛》（第 63 卷），法律出版社 2021 年版，第 328 页。

〔2〕 贾长森、窦磊：《宽严相济视域下审前调查评估制度审查及完善》，载赵秉志主编：《刑法论丛》（第 66 卷），法律出版社 2022 年版，第 530 页。

量刑前报告（Pre-sentence Reports）。英国《2003 年刑事司法法》第 156 条要求法庭判处社区刑时，在决定罪犯对于危险性规定目的而言是"危险的"之前，获得并考虑量刑前报告。量刑前报告形式与内容由《2007 年罪犯管理的国家标准》所规范，量刑前报告的内容主要包括再犯罪可能性的评估，而再犯罪危险评估程序的主要组成部分是 OASys（the Offender Assessment System）。[1] 区别于英国较为成熟的缓刑量刑前报告制度，我国《社区矫正法》对再犯罪危险评估的规定较为粗疏，因此有必要在相关的法律法规中具体明确缓刑再犯罪危险评估的法律性质、评估对象、评估机关、评估步骤及评估效力等具体程序性问题，最终为构建科学的缓刑裁量模式提供程序性保障。

---

〔1〕 〔英〕安德鲁·阿什沃斯：《量刑与刑事司法》（第 6 版），彭海青、吕泽华译，中国社会科学出版社 2019 年版，第 459~460 页。

犯罪所得刑事追缴退赔的制度缺陷与完善

邓小俊*

一、引言

我国传统的刑事司法制度主要围绕查明犯罪事实惩罚犯罪人而设计，目的是追求对被告人定罪量刑的刑事制裁结果，对犯罪所得的追缴或责令退赔被当作附属于追究犯罪人刑事责任的附带性手段，忽略剥夺被告人犯罪所得的制度重要性。我国刑事实体法仅有《刑法》第64条有"犯罪分子违法所得的一切财物，应当予以追缴或者责令退赔"的简单条文规定，实体规范保护严重不足。对犯罪所得追缴或责令退赔的程序规范同样也不足，《刑事诉讼法》及其司法解释规定的条文非常有限。为规范刑事涉案财物处置，[1] 2015年1月24日中共中央办公厅、国务院制定了《关于进一步规范刑事诉讼涉案财物处置工作的意见》，公检法三机关也陆续制定了各自的刑事涉案财物管理规定，包括公安部2015年7月22日《公安机关涉案财物管理若干规定》、最高人民检察院2015年3月6日《人民检察院刑事诉讼涉案财物管理规定》和最高人民法院2014年10月30日《关于刑事裁判涉财产部分执行的若干规定》，2021年1月最高人民法院新修订的《关于适用〈中华人民共和国刑事诉讼法〉的解释》也对此进行了较大幅度修改和扩充，将原章节"查封、扣押、冻结财物及其处理"改为"涉案财物处理"，原章节"财产刑和附带民

---

* 邓小俊，上海立信会计金融学院法学院副教授。

[1] 从相关法律规范可以看出，刑事涉案财物的范围大于犯罪所得的认定，根据最高人民检察院《人民检察院刑事诉讼涉案财物管理规定》（高检发［2015］6号）、公安部《公安机关涉案财物管理若干规定》（公通字［2015］21号）的相关规定，刑事涉案财物包括犯罪嫌疑人的违法所得及其孳息、供犯罪所用的财物、非法持有的违禁品以及其他与案件有关的财物及其孳息。

事诉讼的执行"改为"刑事裁判涉财产部分和附带民事裁判的执行",赋予"追缴、责令退赔违法所得"判决的可执行性。然而,最高人民法院《关于适用〈中华人民共和国刑事诉讼法〉的解释》最新修订时虽然意识到剥夺犯罪所得的程序缺失,增加了多个条文,但仍存在规范保护不足,特别是缺乏一套完整的对犯罪所得追缴退赔的程序机制。[1]刑事追缴退赔制度在司法实务中实际运行时存在很多问题,再加上部分刑事司法人员对此重视不够,刑事追赃难,刑事追缴退赔判决执行难,并没有发挥很好的司法效益。

二、刑事追缴退赔的法律定位

刑事追缴退赔来自《刑法》第 64 条规定的"犯罪分子违法所得的一切财物,应当予以追缴或者责令退赔"。我国刑法中所规定的对犯罪行为的刑事制裁手段主要以刑罚为主,兼及保安处分,[2]其中刑罚是以剥夺犯罪人的基本权利作为对其犯罪行为的惩罚,包括生命刑、自由刑、罚金刑和剥夺政治权利等。保安处分是为了防止犯罪人再次犯罪以保卫社会为目的而采取的矫治、改善和预防措施,包括收容教养、强制医疗、禁止令和从业禁止等措施。对犯罪所得的追缴或者责令退赔同样是犯罪后的法律后果,不过其不属于我国刑罚的种类,也不属于保安处分,而是一种独立的刑事法律后果。刑罚制裁的基础是刑事责任,承担刑事责任的前提是犯罪人行为的违法性价值评价和主观罪过的有责性评价,保安处分是基于犯罪人人身危险性判断的保护和矫治措施。无论是刑罚还是保安处分,所针对的都是犯罪行为人,具有属人性质的法律效果,而追缴或者责令退赔既不是对犯罪人犯罪行为的刑罚制裁,也不是对其人身危险性个别化处遇的保安处分,它是对犯罪人以获取财物而实施犯罪所产生的结果性处置,所针对的是犯罪人违法所得的财物,是对犯罪人因犯罪产生的不法利益的剥夺,具有恢复犯罪所造成的财产损害的法律效果。刑罚和保安处分是一种对犯罪事实进行价值判断后形成的法律后果,

---

〔1〕 以德国为例,德国司法部在 2016 年 3 月 9 日提出了长达 118 页的《刑法财产剥夺改革法案》草案,2017 年 4 月 13 日经德国总理签署后生效,于 2017 年 7 月 1 日正式实施,该法案制定了一套对犯罪所得进行追缴的法律机制,是德国犯罪所得没收于 1975 年《德国刑法典》全面实施以来,所作的最大规模变更。

〔2〕 保安处分于 19 世纪末首先出现于瑞士刑法中,成为正式的刑事制裁手段,之后,陆续成为世界各国普遍接受的刑事制裁手段。保安处分成为刑事制裁手段主要受到李斯特特别预防思想的影响,认为应针对犯罪行为人的人身危险性,设计出不同的个别化处遇手段,对犯罪人进行矫治,以保卫社会。

主要基础是基于犯罪行为严重社会危害性的非难性价值判断，而追缴或责令退赔源自对犯罪事实本身进行事实判断形成的法律后果，针对的是犯罪所得的财物，无需借助价值判断即可认定。因此，刑事追缴或者责令退赔应当是一种独立的对物强制性处分措施，在法理定性上应属于准不当得利的衡平措施。[1]追缴或者责令退赔均是对犯罪人犯罪所得利益的剥夺，所产生的法律效果相同，只不过是因对象的不同而采取的不同执行方式，当犯罪所得原物或其变得物存在时，则对该原物或变得物予以追缴，追缴的对象必须是现实存在的违法所得；[2]当犯罪所得原物或其变得物不存在时，不能全部或部分追缴到犯罪直接所得时，应责令犯罪人以其他合法财产予以退赔，作为对犯罪所得财物的替代。无论是追缴还是责令退赔的犯罪所得财物，应视不同情况产生不同的法律处置效果：一是对于来自被害人的犯罪所得，例如盗窃犯罪或者诈骗犯罪所得的财物，属于侵害被害人财产权利所取得的财物，权利主体是被害人，应当发还被害人，弥补被害人因犯罪所遭受的财产损害；二是对于无被害人的犯罪所得，例如职务犯罪所收受的贿赂、毒品犯罪、洗钱犯罪所得等，应当没收上缴国库，由国家所有。

作为一种独立的刑事制裁法律效果，对犯罪所得的追缴或者责令退赔所建立的法理基础是任何人都不能从犯罪行为中获利，刑法不应也不能允许任何人从犯罪行为中获取不法利益。在大多数犯罪中，犯罪人是为了获得经济利益而犯罪，如果剥夺其犯罪所得，则能防止更多人犯罪。以互联网金融犯罪为例，犯罪人实施犯罪行为的主要目的是获取金钱利益，如果能全面有效剥夺犯罪人的犯罪所得财物，则能有效预防这类犯罪的产生。其中，对于源自被害人的犯罪所得，还可以通过追缴或责令退赔程序使得被害人所遭受的财产损害得到及时弥补。[3]因此，从被害人视角分析，刑事追缴退赔依附于刑事诉讼程序，是司法机关基于及时保护被害人财产权利的考虑，主动依职权追缴犯罪人违法所得返还被害人或者责令犯罪人退赔违法所得，以此恢

---

〔1〕 德国通说认为刑法上犯罪所得的剥夺，与民法上不当得利制度类似，不在于对行为人个人意思决定的非难性评价，仅在于调整现实生活中无法律上原因的财产变动，以恢复正常的财产秩序。因而该变动财产有实际受害人时，其财产之调整应以该受害人获偿为优先考虑。

〔2〕 张明楷：《刑法学》（上）（第5版），法律出版社2016年版，第642页。

〔3〕 例如2021年1月26日出台的最高人民法院《关于适用〈中华人民共和国刑事诉讼法〉的解释》（法释〔2021〕1号）第176条规定：被告人非法占有、处置被害人财产的，应当依法予以追缴或者责令退赔。

复被害人财产损失的刑事强制性制裁措施。对于刑事追缴或责令退赔的司法性质，我国理论界和司法实务界对此认识不一，早期观点多数认为它是使被侵害的公私财物恢复原状的一种强制措施，是公安机关、检察机关和人民法院在侦查、起诉、审判工作中的一项职责，依职权命令被告人赔偿被害人因犯罪遭受的经济损失，应当在刑事判决宣告前结束，不能申请强制执行，也不能作为刑事判决主文内容。在刑事判决前被告人对被害人的赔偿情况以及退赔违法所得的情况，只能作为量刑情节予以考虑。[1]自从 2014 年 10 月最高人民法院《关于刑事裁判涉财产部分执行的若干规定》明确将"责令退赔"判决列入刑事执行范围，并要求"判处追缴或者责令退赔的，应当明确追缴或者退赔的金额或财物的名称、数量等情况"。[2]目前多数观点认为刑事追缴退赔体现的是司法机关强制性的补偿性制裁，是国家主动协助被害人获得求偿，恢复被害人的财产损害，既体现了公权保护的优先，又能及时有效保护受害人财产权利。[3]不同于对被害人的民事赔偿，是"对于犯罪人通过犯罪行为从被害人处获得的非法利益，由司法机关直接责令犯罪人退赔，使得被害人的财产损害得到优先满足，体现了公权对被害人私权的保护"。[4]

三、刑事追缴退赔的制度缺陷

（一）刑事追缴退赔犯罪所得的范围认定过窄

首先，《刑法》第 64 条对犯罪所得范围界定的是直接所得，系指直接源

---

〔1〕 刘延和：《追缴、责令退赔和刑事没收探讨》，载《人民司法》2004 年第 12 期；杨宏亮：《责令退赔的司法适用及程序完善》，载《人民检察》2005 年第 23 期；何帆：《刑民交叉案件审理的基本思路》，中国法制出版社 2007 年版，第 297 页。

〔2〕 2014 年 10 月最高人民法院《关于刑事裁判涉财产部分执行的若干规定》（法释〔2014〕13 号）第 1 条规定："本规定所称刑事裁判涉财产部分的执行，是指发生法律效力的刑事裁判主文确定的下列事项的执行：（一）罚金、没收财产；（二）责令退赔；（三）处置随案移送的赃款赃物；（四）没收随案移送的供犯罪所用本人财物；（五）其他应当由人民法院执行的相关事项。"第 6 条规定："刑事裁判涉财产部分的裁判内容，应当明确、具体。涉案财物或者被害人人数较多，不宜在判决主文中详细列明的，可以概括叙明并另附清单。判处没收部分财产的，应当明确没收的具体财物或者金额。判处追缴或者责令退赔的，应当明确追缴或者退赔的金额或财物的名称、数量等相关情况。"2021 年最高人民法院《关于适用〈中华人民共和国刑事诉讼法〉的解释》第 521 条也作了同样的规定："刑事裁判涉财产部分的执行，是指发生法律效力的刑事裁判中下列判项的执行：（一）罚金、没收财产；（二）追缴、责令退赔违法所得；（三）处置随案移送的赃款赃物；（四）没收随案移送的供犯罪所用本人财物；（五）其他应当由人民法院执行的相关涉财产的判项。"

〔3〕 成越、成延洲：《责令退赔制度中刑民交叉争议的解决》，载《人民司法（应用）》2017 年第 19 期。

〔4〕 李以游：《刑事诉讼中责令退赔问题的几点思考》，载《河北法学》2014 年第 11 期。

自犯罪行为所取得的财物，例如贿赂犯罪所得的贿赂，财产犯罪所得的财物，犯罪直接所得范围过窄，难以对犯罪直接所得产生的孳息、变得之物、第三人之物等予以追缴。从域外国家立法例分析，应将犯罪所得的范围扩张包括直接所得、其孳息，其变得之物或财产上利益。例如，《德国刑法典》第73条第2项规定：追缴犯罪利得之范围，及于衍生利益与替代物。为有效打击国际刑事犯罪，国际犯罪公约也很重视对犯罪所得的没收和保全，从国际犯罪公约的相关规定比较分析，其犯罪所得标的的范围并不限于犯罪直接所得，将犯罪所得转化物和混合财产也纳入追缴范围。例如：1988年《联合国禁止非法贩运麻醉药品和精神药物公约》第5条第6项规定：（1）如果收益已转化或变换成其他财产，则应将此种财产视为收益之替代；（2）如果收益已与自其他合法来源的财产相混合，则在不损害任何扣押权或冻结权的情形下没收此混合财产，但以不超过所混合的该项收益的估计价值为限。对于由毒品犯罪所得收益转化或变换的财产和已与合法收益混合的财产，与犯罪收益等同应采取没收。2003年《联合国打击跨国有组织犯罪公约》也有相关的规定，如果犯罪所得已经部分或者全部转化为其他财产，则该财产应予以没收。如果犯罪所得以与合法来源获得的财产混合，没收财产是混合其中犯罪所得的价值估值。其次，《刑法》第64条对犯罪所得界定的是"财物"，以有体物为限，包括动产和不动产，不包括债权、无体财产权及利益。有必要将犯罪所得扩张至所有经济利益。以英国为例，《英国犯罪收益法》第76条规定：犯罪收益是指通过犯罪行为获得的财产或经济利益，不仅包括通过积极行为获取的经济利益，而且也包括因消极行为而获取的利益，例如逃税行为。最后，在违法所得的范围认定上，是指犯罪所得还是违法所得缺乏明确规定。我国《刑法》第64条同时使用了"犯罪分子"和"违法所得"，只要行为具有违法性即可，还是需要考虑犯罪主体的刑事责任能力，对欠缺刑事责任能力的主体实施的违法行为能否剥夺违法所得。在法律的评价上，行为人的犯罪行为是具备主客观要件符合犯罪构成成立犯罪才能剥夺犯罪所得，还是行为在客观上具有违法性即可剥夺违法所得。可以看出，犯罪所得的范围小于违法所得的范围。

（二）对第三人犯罪所得追缴不明

我国《刑法》第64条规定的追缴或责令退赔的主体是"犯罪分子违法所得"，以属于犯罪人所有为限，没有规定对第三人犯罪所得的追缴，刑事诉讼法也欠缺对第三人犯罪所得追缴的程序设计，对于第三人于犯罪后知情而取得犯罪所得，是否追缴没有明确法律规定。任何人都不能享有犯罪所得。在有些犯罪中，实施犯罪行为的犯罪人可能与犯罪所得财物的拥有者分离，为防止犯罪行为人为保留不法所得，将其所获不法利益由第三人保存而导致无法追缴，对于未参与犯罪实施但享有犯罪所得财物的第三人，在满足一定条件下应当追缴其犯罪所得财物。对犯罪所得之非善意第三人，扩大追缴其犯罪所得，可以避免第三人因违法行为而获利益，从而彻底剥夺犯罪所得，恢复被犯罪行为破坏的财产秩序，也符合刑法公平正义的要求。从国际犯罪公约和域外国家的立法例分析，均将犯罪所得追缴的主体扩大至第三人。我国《刑法》第 64 条对犯罪所得追缴退赔的主体界定的是犯罪行为人，对象范围过窄，应当将犯罪所得追缴退赔的对象从"犯罪行为人"扩张到"犯罪行为人以外的自然人、法人或非法人团体"等受有利益的第三人。第三人因他人犯罪而获得利益，在不违反善意第三人保护的原则下，应予以追缴。

（三）犯罪所得刑事保全程序的不足

犯罪所得刑事保全程序很重要，为保障对犯罪所得追缴退赔判决生效后的执行，应在刑事诉讼过程中及时对犯罪所得财物采取保全措施，包括查封、扣押、冻结等措施，保全意味着对标的物禁止处分的效力，涉及刑事判决最终能否得到执行，避免空判。一旦对犯罪所得标的采取保全措施，则产生禁止处分的法律效力。保全标的的原权利人不能将保全物转移给他人或为其他处分措施，即使实施，该转移或处分行为无效。关于保全的类型，根据财产标的的不同而有所区别：对于动产，采取扣押，以将动产提取保管；对于不动产，采取扣押其权利证书，并通知管理部门办理查封登记手续；对于金钱账户、股票、债券、基金等，采取冻结方式。[1] 我国传统刑事诉讼程序主要围绕收集犯罪证据证明犯罪人有罪而设计，忽略对犯罪所得财物的保全程序。《刑事诉讼法》第 115 条规定公安机关对已经立案的刑事案件，应当进行侦

---

〔1〕 从最高人民法院《关于适用〈中华人民共和国刑事诉讼法〉的解释》第 437 条可以看出，没有针对财产权利到期债权的保全举措，刑事诉讼法司法解释规定的保全对象系有体财物或金钱账户，没有规定对债权等其他财产权的保全。随着社会经济的发展，产生了很多新型财产权利，应建立兜底规定，如其他财产权的保全。例如，我国《民事诉讼法》规定了对到期债权可采取保全措施，禁止债务人向债权人清偿，刑事保全可引入。很多国家和地区的刑事诉讼法规定了债权保全制度，例如，《德国刑事诉讼法典》第 111 条 c 规定，扣押债权及其他财产权，由检察官执行，执行方式准用民事诉讼法关于扣押债权或其他财产权的强制执行规定。

查，收集、调取犯罪嫌疑人有罪或者无罪、罪轻或者罪重的证据材料。对与案件无关的财物不得采取查封、扣押、冻结措施。侦查机关在侦查过程中只能查封、扣押用以证明犯罪嫌疑人有罪或者无罪的各种证据财物，刑事扣押范围有限。近年来公安机关、检察机关和人民法院加大对犯罪所得的追缴，建立了相应的刑事涉案财物处置工作机制，包括公安部《公安机关涉案财物管理若干规定》、最高人民检察院《人民检察院刑事诉讼涉案财物管理规定》、最高人民法院《关于刑事裁判涉财产部分执行的若干规定》，侦查机关、检察机关和人民法院分别对犯罪人违法所得财物采取查封、扣押、冻结等强制措施，但刑事保全程序在实际运行中仍存在诸多不足，导致司法实务中司法机关很难查清犯罪人违法所得的范围，在无法查清被告人财物是否系违法所得的情况下，按照现有法律规定很难对被告人财物采取保全措施，导致追赃不全。我国《刑事诉讼法》及其司法解释只规定了司法机关对作为证据的犯罪所得应采取刑事查封、扣押、冻结等强制措施，不得查封、扣押、冻结与案件无关的财物，没有规定对犯罪所得的保全程序。[1]《刑事诉讼法》及司法解释只规定了刑事附带民事诉讼和单位犯罪刑事诉讼保全程序，针对被告人的犯罪所得或其他财物，并没有规定保全程序，缺乏对犯罪所得采取保全措施的明文规定，并未针对犯罪所得规定专门的保全法律规范。

四、刑事追缴退赔的制度完善

（一）扩大违法所得的追缴范围，设立第三人追缴制度

我国《刑法》第 64 条规定犯罪分子违法所得的一切财物，应当予以追缴或者责令退赔。相较于其他国家立法规定，对犯罪所得的认定范围明显过窄，无法有效剥夺犯罪人的违法所得，也无法有效弥补被害人财产损失。

第一，应当扩大追缴违法所得的标的范围。我国刑法的规定仅限于犯罪人直接所得之物，而且是有体物，范围过窄，不包括财产上利益，也不包括孳息、转化物等间接所得，应当将犯罪所得对象扩展为犯罪所得财物、财产上利益、其转化物、其收益等。具体而言，对追缴退赔的犯罪所得范围包括：

---

〔1〕 2018 年《刑事诉讼法》第 141 条规定："在侦查活动中发现的可用以证明犯罪嫌疑人有罪或者无罪的各种财物、文件，应当查封、扣押；与案件无关的财物、文件，不得查封、扣押。对查封、扣押的财物、文件，要妥善保管或者封存，不得使用、调换或者损毁。"

其一，犯罪直接所得；犯罪直接所得应当是指犯罪行为人取得所得之物事实上的处分权，而不是取得所得之物的民事上的所有权或其他权利。例如盗窃犯罪中，被盗之物的所有权仍归属于被害人，犯罪人只暂时拥有处分权，被盗之物系犯罪直接所得。犯罪直接所得的形态不限于特定物品或权利，而是包括其他无形财产利益，如金钱债权、抵押权等。犯罪直接所得不仅包括直接的财物，而且应包括利益。其二，犯罪直接所得转化之物（替代物），是直接取得的财物转换后的替代物或替代价值，包括：（1）由处分犯罪所得而取得之物，如转让犯罪所得而获得的价款、将犯罪资金投资或者置业形成的资产；（2）因犯罪所得被毁弃、损坏、剥夺所得之赔偿；（3）基于犯罪所得的权利而取得之物。其三，犯罪所得财物产生的收益，包括犯罪孳息、利息、行使物或权利所获得的利益如出租不动产所获取的租金、犯罪所得财物增值产生的收益。例如，用犯罪所得资金购买房屋、土地，房屋、土地增值所产生的利益。[1]此外，对于犯罪人将犯罪所得与其他合法财产混合形成的财产及其收益，也应当纳入追缴的范围。2021年最高人民法院《关于适用〈中华人民共和国刑事诉讼法〉的解释》第443条规定了对犯罪所得转化物和混合财物的追缴，被告人将依法应当追缴的涉案财物用于投资或者置业的，对因此形成的财产及其收益，应当追缴。被告人将依法应当追缴的涉案财物与其他合法财产共同用于投资或者置业的，对因此形成的财产中与涉案财物对应的份额及其收益，应当追缴。[2]

第二，应当扩大追缴犯罪所得的主体范围。我国《刑法》第64条规定追缴或责令退赔犯罪所得以属于犯罪行为人为限，当犯罪人将犯罪所得转移给第三人，或犯罪人使第三人从犯罪获利的情形下，无法剥夺第三人犯罪所得，应当将追缴犯罪所得主体扩张至恶意第三人。刑法对于没收对象的范围，基

---

〔1〕 近年来，我国非法集资相关行政法规和司法解释也逐步扩大了非法集资犯罪所得的追缴范围，例如：2021年国务院《防范和处置非法集资条例》第26条规定清退集资资金来源包括：（1）集资资金余额；（2）集资资金收益或者转换的其他资产及收益；（3）从非法集资中获得的经济利益，等等。

〔2〕 最高人民法院于2014年10月30日发布的《关于刑事裁判涉财产部分执行的若干规定》（法释〔2014〕13号）也作了同样的规定，其第10条规定："对赃款赃物及其收益，人民法院应当一并追缴。被执行人将赃款赃物投资或者置业，对因此形成的财产及其收益，人民法院应予追缴。被执行人将赃款赃物与其他合法财产共同投资或者置业，对因此形成的财产中与赃款赃物对应的份额及其收益，人民法院应予追缴。对于被害人的损失，应当按照刑事裁判认定的实际损失予以发还或者赔偿。"

于责任原则，应属于犯罪行为人为限。如果犯罪行为人之外的第三人明知该财产系他人犯罪所得，企图规避追缴而恶意取得，如果不剥夺第三人所得利益，则显失公平正义。因此，对第三人以可责难的方式取得犯罪所得，应当予以追缴。但如果第三人系给付对价而取得财产，且不知情该财产系犯罪人犯罪所得，第三人系善意第三人，其对涉嫌犯罪所得的财物应享有合法利益，不能追缴。按照德国联邦最高法院的总结，有三种类型可判断是否对第三人追缴犯罪所得：（1）代理型，是指犯罪人为第三人利益实施犯罪，第三人因而获得财产利益，至于第三人与犯罪人直接有无民事法律关系，例如代理、代表、雇佣等无关紧要，此时应当追缴第三人犯罪所得；例如《德国刑法典》第 73 条第 3 项规定：正犯或共犯为了第三人而为违法行为，且该第三人获有违法所得时，法院应予以追缴。在此情形下，犯罪所得流向第三人，犯罪行为人实际为第三人实行违法行为，第三人并非违法行为参加者，第三人对于违法行为是否知情，并不影响对违法所得的追缴。（2）挪移型，是指犯罪人为逃避债权人追讨或者为了掩饰犯罪所得，以无偿或有瑕疵的民事法律行为，将犯罪所得转移至第三人，此时应当追缴第三人犯罪所得；（3）履行型，是指犯罪人为了履行无瑕疵且有合理对价关系的合法的法律义务，将犯罪所得转移至善意第三人时，此时不得对该善意第三人追缴犯罪所得财物。如果第三人明知系违法所得而取得，则应当追缴第三人所得。互联网金融犯罪案件中，犯罪人为逃避追缴往往会向第三人转移犯罪资产，对第三人以以下方式取得的犯罪所得应予追缴，包括：（1）有证据证明登记在第三人名下的被告人财产；（2）被告人与第三人恶意串通转移给第三人的财产；（3）被告人在犯罪期间转移至近亲属或其他亲属名下的财产；（4）被告人在犯罪期间转让给第三人但未办理产权变更登记的房产、车辆；（5）被告人声称系第三人财产，第三人不主张权利或者第三人信息不明，或第三人主张权利，但不能提供有效证明的。

（二）建立犯罪所得刑事保全制度

我国《刑事诉讼法》规定了侦查机关具有搜查、扣押、查询、冻结等强制措施，但扣押和冻结措施仅限于用于证明犯罪嫌疑人有罪或无罪的各种财物，刑事扣押范围有限，如果对犯罪人的违法所得财物未及时采取保全措施，会导致后续刑事追缴或责令退赔判决难以执行。为了保证民事判决的有效执行，我国《民事诉讼法》规定了民事保全制度。[1]民事保全制度设立的目的是防止民事债务人在诉讼前或诉讼中恶意转移财产，造成民事判决难以执行。而我国《刑事诉讼法》没有规定刑事保全制度，实践中刑事追缴退赔判决"空判"较为严重，应当借鉴民事诉讼保全制度，建立刑事诉讼保全制度，在刑事诉讼中确立类似于民事诉讼的刑事保全制度，防止犯罪人恶意转移财产。2014年最高人民法院出台的《关于刑事裁判涉财产部分执行的若干规定》第4条有相关规定：人民法院刑事审判中可能判处被告人财产刑、责令退赔的，刑事审判部门应当依法对被告人的财产状况进行调查；发现可能隐匿、转移财产的，应当及时查封、扣押、冻结其相应财产。被害人也可以向司法机关提出申请，对犯罪嫌疑人的财产采取保全措施。但因《刑事诉讼法》及其司法解释尚无类似规定，导致其在司法实务中运行不畅，建议在我国《刑事诉讼法》中设置犯罪所得保全程序专章或专节，统一作出明确的法律规范，建立我国专门的犯罪所得刑事保全程序。刑事保全系对财产权的限制，应建立完整司法程序予以保障。以德国为例，德国将犯罪所得保全程序统一规定在刑事诉讼法中，适用于各种犯罪类型，法条规范简单明了，适用范围广。我国可以参考德国立法体例，在《刑事诉讼法》中作出专门规定。关于具体的规范设置，可在《刑事诉讼法》第一编总则部分增加一章"犯罪所得保全"，分别规定申请主体、适用条件和对象、保全手段、保全效力等，以提升追缴犯罪所得的实际成效。

（三）建立第三人刑事诉讼参加制度

如果追缴第三人犯罪所得，涉及对第三人利益的影响，应当赋予第三人救济权利，最高人民法院《关于适用〈中华人民共和国刑事诉讼法〉的解

---

[1]《民事诉讼法》第103条规定：人民法院对于可能因当事人一方的行为或者其他原因，使判决难以执行或者造成当事人其他损害的案件，根据对方当事人的申请，可以裁定对其财产进行保全；当事人没有提出申请的，人民法院在必要时也可以裁定采取保全措施。人民法院采取保全措施，可以责令申请人提供担保，申请人不提供担保的，裁定驳回申请。人民法院接受申请后，对情况紧急的，必须在48小时内作出裁定；裁定采取保全措施的，应当立即开始执行。《民事诉讼法》第104条还赋予民事当事人在提起民事诉讼前也可以向法院申请采取保全措施。其第104条规定：利害关系人因情况紧急，不立即申请保全将会使其合法权益受到难以弥补的损害的，可以在提起诉讼或者申请仲裁前向被保全财产所在地、被申请人住所地或者对案件有管辖权的人民法院申请采取保全措施。申请人应当提供担保，不提供担保的，裁定驳回申请。人民法院接受申请后，必须在48小时内作出裁定；裁定采取保全措施的，应当立即开始执行。申请人在人民法院采取保全措施后30日内不依法提起诉讼或者申请仲裁的，人民法院应当解除保全。

释》只规定法院应听取第三人意见，必要时通知第三人出庭，仅是第三人有陈述意见的机会，并未赋予第三人诉讼程序地位和权能，第三人因欠缺程序地位而无法参与诉讼。因追缴第三人财物时涉及对第三人利益的剥夺，为保障第三人的正当权利，应允许第三人在刑事诉讼过程中提出救济的权利。我国传统刑事诉讼将第三人排除于刑事诉讼程序之外，《刑事诉讼法》及司法解释对第三人参与刑事诉讼存在程序疏漏，应建构保障第三人参与刑事诉讼程序利益的机制。对于与犯罪所得财物有利益关联的第三人，应赋予该第三人正当法律程序的保障。

从域外国家刑事诉讼立法例分析，在通过剥夺犯罪所得打击犯罪的同时，并未忽略对第三人正当权利的保障，普遍采取的是第三人刑事诉讼参加机制，保障第三人正当程序利益。《德国刑事诉讼法典》第 431 条至第 439 条规定了针对第三人财物没收时享有的权利，包括：（1）诉讼参加。《德国刑事诉讼法典》赋予第三人作为"没收参加人"参与诉讼。第 431 条规定法院在审理过程中将对第三人之物或财产上权利追缴时，应命令该第三人参加涉及没收的刑事诉讼程序，使该第三人成为没收参加人。若有事实足以认定第三人参加程序有难以实行的情形，法院可免于命令第三人参加诉讼。法院应在言词辩论终结前命令第三人参加诉讼。如果本案诉讼经合法提起上诉，则于上诉程序言词辩论终结前参加。第三人对于法院命令参加诉讼程序的裁定，不得声明不服。若该第三人向法院或检察机关表示或以书面向其他单位表示对没收标的不提起异议，则法院可不命令该第三人参加诉讼，或已命令参加者，则撤销参加命令。第三人参加刑事诉讼，不影响诉讼程序的进行。（2）第三人诉讼权利。没收参加人有与被告人相同的权利，原则上第三人和被告人享有相同的诉讼权利，包括参加开庭、选任代理律师、提起上诉、申请调查证据等。一是选任代理人，没收参加人可于刑事诉讼任何阶段书面委托律师为代理人，如法律关系复杂，或没收参加人不能维护自己权利，法院应指定律师为代理人。二是没收参加人的到庭。审判日应传唤没收参加人，并告知可缺席审理及可对之宣告没收。没收参加人经合法通知无正当理由而不到庭者，可缺席审判。没收参加人于审判时未在场且未委托代理人时，要对其送达判决书。法院可以不送达与没收部分无关的判决。三是没收参加人的上诉权。原则上没收参加人有独立上诉的权限，只有在没收参加人提出法律救济（包括对事实认定不服或判决违法），在不可归责于参加人的情形下，本案判决未听取参加人的意见时，法院对参加人没收正当性审查时，该审查程序才会延伸至本案有罪判决部分。日本制定了《刑事案件第三人所有物没收程序应急措施法》，以弥补第三人所有物没收程序的缺失，对第三人参加刑事诉讼程序予以规范：（1）第三人受通知及申请参加诉讼。赋予第三人主动提出诉讼参加的申请权，检察官于起诉前应通知第三人，检察官提起公诉前，认为应没收被告人之外的第三人所有物时，应书面通知第三人申请参加刑事诉讼。如该第三人没有参加刑事案件审理程序时，不得对之为没收的判决。（2）第三人诉讼主体地位。第三人与被告人有同样的诉讼权利，第三人诉讼地位与被告人相同，第三人在刑事诉讼程序中有参加开庭陈述意见、申请调查证据、聘请律师代理诉讼、阅卷、独立上诉的权限。（3）第三人特别救济程序。该法第13条规定：法律上不得没收之物，于没收裁判确定时，其物之所有人，因不可归责于自己的事由，致不能于刑事诉讼程序主张权利者，自知道没收裁判确定之日起14日内，得向作出判决法院请求撤销该裁判。但自没收裁判确定之日起满5年，则不得请求。美国法将定罪阶段和没收阶段分离，案件经定罪阶段审理后再进入没收程序审理，在刑事定罪程序后增设"第三人得参与诉讼之从属程序"，由具有利害关系的第三人得以参与没收程序的审理，用于决定第三人对没收财产标的是否具有合法权利。在刑事审判程序中，法官或陪审团仅专注于没收物与犯罪之间的法定关系，即是否系犯罪所得，并不关心没收物的权利归属问题。直至本案审理程序终结，当第三人对没收物之权利有所争执而依审判后之从属程序，提出参与诉讼，法院始就系争没收物的权利归属予以审理，作出终局裁判。也就是说，法院核发没收命令后公告并以书面通知利害关系人应于所定期间内申诉，若申诉人有优势证据证明系善意购买人时，法院应修改没收命令。

轻罪治理视域下犯罪前科的制度重塑与消除限度

李永超*

摘　要：轻罪时代的犯罪治理是一项系统性、综合性工程。有效应对犯罪前科发挥着"治已病"与"治未病"的作用，是犯罪治理的"最后一公里"。犯罪前科引发的严重附随后果使其成为"众矢之的"和被消除的对象。不容忽视的是，犯罪前科仍具有不可替代的犯罪预防、认定主观明知与定罪量刑的功能价值。这种"破与立"的矛盾决定了对犯罪前科不能一消了之，更不能视而不见。有鉴于此，可选择有限度的前科消除，借鉴个人破产制度的多元免责理论为犯罪前科消除提供正当依据，人身危险性理论可为犯罪前科消除提供实质标准。从犯罪前科制度的构成着手，重塑犯罪前科制度构成要素，人民法院应在前科消除的实践探索中发挥实质审查的主导作用，通过实体法与程序法适用规则的双向构建，明确犯罪前科消除的必要限度，以期走好犯罪治理的"最后一公里"。

关键词：轻罪治理；犯罪前科；前科消除；消除限度

一、引言

我国的犯罪治理已经进入轻罪时代，[1]以危险驾驶罪为代表的大量轻微犯罪涌入刑事诉讼程序并被判处刑罚。据统计，2019年以来，危险驾驶罪始

---

　*　李永超，江苏省南京市六合区人民法院法官助理。本文已发表于《山东法官培训学院学报》2023年第6期。

　〔1〕　卢建平：《轻罪时代的犯罪治理方略》，载《政治与法律》2022年第1期；周光权：《"轻罪时代"呼唤社会治理方式转型》，载《上海法治报》2023年5月26日。

终处于发案量首位，[1]近三年来，全国法院平均每年审结近30万件危险驾驶案。[2]这意味着每年有近30万被判处刑罚的醉驾前科者要背负着犯罪前科及其引发的犯罪附随后果。相较于短期的刑罚，醉驾前科者被贴上永久的罪犯标签，产生"标签效应"，进而阻碍前科者复归社会。此外，犯罪前科还波及前科者的家庭成员等近亲属，引发"株连效应"。犯罪前科引发的附随后果持久且无差别地作用于各类犯罪，尤其对轻罪前科者产生的负面效应已超过刑罚本身，导致普遍的"轻罪不轻"现象。这种附随后果无差别的适用实质上是对罪刑均衡原则的悖反，[3]违背罪刑自负原则，亦给社会治理带来重大挑战。

轻罪时代，有效应对犯罪前科及其引发的犯罪附随后果已成为轻罪治理的"最后一公里"，是后端犯罪治理的重要内容，关系到前科者及其近亲属的合法权益。为消除犯罪前科的"标签效应""株连效应"等附随后果，2023年中华人民共和国第十四届全国人民代表大会第一次会议和中国人民政治协商会议第十四届全国委员会第一次会议期间就有代表委员提案建议取消对前科者子女考公的限制，建立轻罪前科消灭制度，该提案一度引发社会热议。值得注意的是，最高人民法院也开始关注该问题并探寻解决之策，[4]研究论证和探索建立轻微犯罪前科消除制度。

于此背景下，刑法理论界已对犯罪前科及犯罪附随后果予以更多的关注和研究。梳理既往研究文献发现，犯罪前科似乎成为应对犯罪附随后果的"众矢之的"，成为被消除的对象。有关研究者的讨论多集中于构建个别高发型轻罪的前科消除制度。[5]也有论者提出构建犯罪前科消除制度以使犯罪附

---

〔1〕 最高人民检察院：《2022年全国检察机关主要办案数据》，载 https://www.spp.gov.cn/xwfbh/wsfbt/202303/t20230307_606553.shtml#1，最后访问日期：2023年6月26日。

〔2〕 全国法院近三年审结危险驾驶案件数分别为：2020年28.9万件，2021年34.8万件，2022年32.3万件，参见最高人民法院：《全国法院司法统计公报》，载《中华人民共和国最高人民法院公报》2021年第4期、2022年第4期、2023年第4期。

〔3〕 冀莹：《美国轻罪治理体系的现状、困境及反思》，载《政治与法律》2022年第1期。

〔4〕 针对犯罪前科和犯罪附随后果带来的负面影响，最高人民法院已开始关注该问题并通过重大课题招标的方式探究解决之策，详见"最高人民法院2022年度司法研究重大课题招标公告"第10个课题"犯罪附随后果研究"，载 https://www.court.gov.cn/zixun-xiangqing-356991.html，最后访问日期：2023年3月30日。

〔5〕 梁云宝：《我国应建立与高发型微罪惩处相配套的前科消灭制度》，载《政法论坛》2021年第4期；梁云宝：《积极刑法观视野下微罪扩张的后果及应对》，载《政治与法律》2021年第7期；周峨春、郭子麟：《轻罪前科消灭制度构建》，载《重庆理工大学学报（社会科学）》2022年第9期。

随后果制度规范化。[1]更有论者认为既有前科制度存在诟病应予消灭。[2]由此观之，消除犯罪前科成为应对犯罪附随后果的应然之举，现有研究不同程度忽略甚至湮灭了犯罪前科的制度功能价值。应当注意到，作为一项具有悠久渊源的刑事法律制度，犯罪前科在当前司法实践中仍具有无法替代的犯罪预防、认定主观明知与定罪量刑等价值。面对弊端与价值功能共存的抵牾，犯罪前科能否被一消了之抑或置之不理？面对犯罪前科破与立的矛盾，如何协调消除附随后果与发挥价值功能的关系？在犯罪附随后果及前科制度的研究热潮中，上述问题有必要被认真思考和对待。

国家治理的核心要义在于制度之治，尤其是以追求良法善治为核心的制度化治理体系。[3]犯罪前科制度作为一项刑事司法制度，犯罪结构的轻罪化催生并放大了其弊端，进而激化了破与立的矛盾，但这种弊端尚不足以全盘否定犯罪前科制度。为实现制度之治，笔者试图将犯罪前科制度置于轻罪治理视域下，重新审视犯罪前科的制度价值，借鉴个人破产制度的多元免责理论和人身危险性理论，重塑犯罪前科制度的构成，通过明确犯罪前科的消除对象与消除限度，探索构建附条件、有限度的犯罪前科消除规则。

二、犯罪前科弊端与价值共存的矛盾

犯罪前科重回公众的视野并成为应对犯罪附随后果的"众矢之的"。这是因为，在轻罪时代背景下，犯罪前科产生了一系列附随后果，这些永久且无差别的附随后果引诸多弊端和负面效应，给社会治理带来严重挑战。在理论界与实务界的"口诛笔伐"之下，我们还应看到犯罪前科仍具有不可替代的制度价值。这种内在的抵牾让我们不得不重新思考这一兼具弊端与价值的刑事司法制度。

（一）背景：我国已进入轻罪时代

在积极主义刑法观、[4]少捕慎诉慎押刑事理念和认罪认罚从宽制度的共

---

〔1〕 彭文华：《我国犯罪附随后果制度规范化研究》，载《法学研究》2022年第6期。

〔2〕 徐立、成功：《轻罪时代前科制度的内在诟病及其应对》，载《河北法学》2023年第5期；陈晨：《前科消灭制度探析》，载《中国刑事法杂志》2011年第4期；崔志伟：《积极刑法立法背景下前科消灭制度之构建》，载《现代法学》2021年第6期。

〔3〕 刘艳红：《帮助信息网络犯罪活动罪的司法扩张趋势与实质限缩》，载《中国法律评论》2023年第3期。

〔4〕 付立庆：《积极主义刑法观及其展开》，中国人民大学出版社2020年版，第378~380页。

同影响下，我国的犯罪出现结构性变化，呈现明显的轻罪化态势。主要表现在：其一，刑事立法轻罪数量增多。近年来，轻罪立法成为我国刑事立法的重要特征，[1]如以法定最高刑 3 年以下为轻罪界定标准，自 2015 年《刑法修正案（九）》以来，共计增设 23 个轻罪罪名。2021 年《刑法修正案（十一）》新增 8 个轻罪，至此，刑法中轻罪罪名共计 106 个，轻罪比例从 1997 年的 19.13%上升到 2020 年的 21.81%。[2]其二，犯罪结构呈现由重向轻的转变。2022 年，全国法院受理检察机关提起公诉的严重暴力犯罪和涉枪、涉暴和毒品犯罪共计 81.4 万人，比前五年下降 31.7%。[3]近五年来，各类犯罪中判处有期徒刑 3 年以下的轻罪案件占 85.5%，[4]其中，2021 年判处有期徒刑 3 年以下及缓刑的罪犯人数占判决生效总人数的 84.6%，[5]轻罪案件不断增多，重罪占比持续下降。其三，刑罚呈现明显轻缓化。判处短期监禁刑和缓刑是刑罚轻缓化的重要评判指标，自 2018 年以来，被判处有期徒刑 3 年以下的罪犯人数和判处缓刑的罪犯人数总体上呈递增趋势（如表 1 所示）。2023 年上半年，全国法院判处 3 年有期徒刑以下刑罚的罪犯占比达 85.31%，判处五年有期徒刑以上刑罚的罪犯占比 8.73%。[6]刑罚轻缓化趋势较为明显。

表 1　近五年全国法院判处三年以下监禁刑及缓刑数据[7]

年份	生效判决总人数（万人）	判处三年以下监禁刑		判处缓刑	
		人数（万人）	占比	人数（万人）	占比
2018 年	143	78.58	54.95%	40.1	28.04%
2019 年	166.12	94.48	56.87%	40.91	24.72%

---

〔1〕　何荣功：《轻罪立法的实践悖论与法理反思》，载《中外法学》2023 年第 4 期。

〔2〕　徐立、成功：《轻罪时代前科制度的内在诟病及其应对》，载《河北法学》2023 年第 5 期。

〔3〕　最高人民检察院：《2022 年最高人民检察院工作报告》，载 https://www.spp.gov.cn/spp/gzbg/202303/t20230317_608767.shtml，最后访问日期：2023 年 6 月 12 日。

〔4〕　史兆琨：《新时代，刑事检察履职成效如何?》，载《检察日报》2023 年 2 月 16 日。

〔5〕　乔文心：《中宣部举行发布会介绍人民法院工作举措与成效》，载《人民法院报》2022 年 7 月 13 日。

〔6〕　最高人民法院：《2023 年上半年人民法院司法审判工作主要数据》，载 https://www.court.gov.cn/zixun/xiangqing/408422.html，最后访问日期：2023 年 8 月 7 日。

〔7〕　最高人民法院：《全国法院司法统计公报》，载《中华人民共和国最高人民法院公报》2018 年第 4 期、2019 年第 4 期、2020 年第 7 期、2021 年第 4 期、2022 年第 4 期。

年份	生效判决总人数（万人）	判处三年以下监禁刑		判处缓刑	
		人数（万人）	占比	人数（万人）	占比
2020 年	152.8	84.17	55.08%	40.16	26.28%
2021 年	171.5	99.6	58.07%	44.4	25.88%
2022 年	143.16	81.9	57.19%	39.9	27.87%

（二）弊端：犯罪前科引发严重附随后果

犯罪人被判处轻缓刑罚，在刑罚执行完毕或社区矫正结束后将会背负与其刑罚不相适应的严重附随后果。这种由犯罪前科引发的附随后果表现为规范性评价后果和非规范性评价后果，两者继而衍生出"标签效应"和"连带效应"。

1. 犯罪附随后果的"标签效应"

刑罚执行完毕或社区矫正结束后，前科者仍必须承担规范性评价后果和非规范性评价后果等附随后果。前者来源于规范性文件对前科者的限制或禁止，后者源于社会公众基于道德准则对前科者作出的评判，两者都给前科者贴上罪犯的标签，这种"标签效应"阻碍前科者复归社会。其一，职业和从业资格的禁止或限制。某些对从业资格有特殊要求的职业，从业者被判处刑罚，则意味着其获得的执业资质将被吊销并不得再继续从事该职业，如《教师法》规定，因故意犯罪受到有期徒刑以上刑事处罚的，不能取得教师资格，已经取得教师资格的，丧失教师资格。其二，从事特定行业的禁止或限制。如《保安服务管理条例》禁止曾因故意犯罪被判处刑罚的人担任保安员。其三，对个人荣誉、福利待遇的剥夺或信誉评级的降低。前科者获得的社会荣誉、享有的福利待遇、社会保障会因判处刑罚而被撤销或终止。这种无形的"标签效应"给前科者带来现实压迫或人格歧视，增加前科者复归、融入社会的难度，甚至会成为前科者再次犯罪的诱因。

2. 犯罪附随后果的"株连效应"

犯罪附随后果还波及前科者的家庭成员等近亲属，对前科者子女的就业、入伍、考公等方面产生的负面影响尤甚。实践中存在诸多非规范性文件或招聘公告对求职者家庭成员无犯罪前科作出限制性规定（详见表2），加之当前政审制度中的限制性要求，如家庭成员被判处刑罚，其子女将无法通过入伍、考公等方面的政治审查。在这种"株连效应"影响下，前科者被判处刑罚是否就必然意味着其近亲属不能从事相关职业，这仍然是值得思考的问题。

表2　犯罪前科"株连效应"在就业领域的限制

序号	"株连效应"在就业中的限制	限制的来源
1	本人或直系亲属曾受过刑事、治安处罚和纪律处分的人员不得应聘	临沂市兰山区人民法院面向社会公开招聘辅助人员公告
2	本人及其直系亲属曾因违法违纪受到刑事或行政处罚的不得报考	运城市盐湖区人民法院招聘司法辅助人员公告
3	主要家庭成员或近亲属被判处刑罚的不得报考	枣庄市山亭区人民法院招聘聘用制人员公告
4	本人及其主要家庭成员政治清白，品行端正，遵纪守法，无违法犯罪记录	烟台市福山区法院招聘16名派遣制司法辅助人员公告
5	本人及其直系亲属无违法犯罪记录	北京法院2020年聘用制法官助理招聘公告

犯罪前科产生的"标签效应"和"株连效应"等附随后果在轻罪时代表现得更为突出，甚至出现了刑罚与附随后果轻重"倒挂"的异常现象。犯罪前科附随后果阻碍前科者复归社会，甚至将前科者推至社会对立面，成为社会重点防范的对象，无形中给社会治理带来挑战。基于这种弊端，理论界和实务界将目光聚焦于犯罪前科，构建犯罪前科消除制度成为普遍共识。

（三）价值：犯罪前科预防犯罪与定罪量刑的功能

作为一项具有悠久渊源的刑事司法制度，犯罪前科制度在司法实践中仍发挥着犯罪预防、认定主观明知与定罪量刑的特殊功能，这种功能是其他制度所不具备且无法替代的。尽管犯罪前科被"口诛笔伐"，犯罪前科引发的附随后果并不能掩盖甚或湮灭其功能价值，其功能价值仍应引起足够重视。

1. 犯罪前科的预防犯罪功能

犯罪前科自奴隶制"五刑"中的"黥刑"演变而来，自古就被统治者赋予预防犯罪的功能。犯罪前科在当今刑法理论中仍具有刑罚的属性，刑罚的正当根据是报应与预防犯罪，刑罚预防犯罪的作用体现在特殊预防和一般预防，犯罪前科预防犯罪的功能就在于能够实现两者的统一。其一，特殊预防功能。特殊预防是通过刑罚的威慑与再社会化功能防止犯罪人再犯罪。犯罪前科衍生出前科报告义务、职业禁止、资格限制等附随后果，强化了刑罚的威慑效果，有助于增强刑罚的报应功能并提升对犯罪人的威慑力，[1]能够发挥消减人身危险性和降低再犯可能性的实质作用。前科者再次实施犯罪前将不得不衡量已经付出的前科代价，进而实现特殊预防功能。其二，一般预防功能。对于一般预防而言，惩罚的目的是通过可见的惩罚恶害来阻止任何一个可能的罪犯在未来实施犯罪行为。[2]犯罪附随后果的持久性和严厉性能够通过犯罪"标签"的外观表象被一般社会公众所知悉，间接起到警示社会公众的作用。同时，借助对犯罪人的惩罚以传播刑罚的严厉、痛苦，起到对社会群体的预防作用。[3]

2. 犯罪前科的认定主观明知功能

犯罪主观明知的认定是刑事审判实践的难题，实践中往往采用推定的方式进行认定，其中犯罪前科是推定犯罪人主观明知的重要依据。如犯罪人被刑事处罚后再次实施同种或同类犯罪行为，即可认定犯罪人具有犯罪的主观明知。对此，刑事规范性文件中有多处规定，如最高人民法院、最高人民检察院《关于办理危害食品安全刑事案件适用法律若干问题的解释》第10条规定，因实施危害食品安全行为受过行政处罚或者刑事处罚，又实施同种行为的，可以认定为《刑法》第144条规定的"明知"。最高人民法院、最高人民检察院《关于办理走私刑事案件适用法律若干问题的意见》第5条规定，曾因同一种走私行为受过刑事处罚或者行政处罚的，可以认定为走私犯罪主观故意中的"明知"。

3. 犯罪前科的入罪功能

犯罪前科还是司法实践中不容忽视的入罪情节，这种入罪功能体现在犯罪前科作为入罪情节或降低入罪标准的情节。如最高人民法院、最高人民检察院《关于办理盗窃刑事案件适用法律若干问题的解释》规定，盗窃公私财物，曾因盗窃受过刑事处罚的，认定"数额较大"的标准减半，这一规定即体现犯罪前科的降低入罪标准的功能。此外，另有多部司法解释将犯罪人的犯罪前科作为入罪条件或降低入罪的标准。详见表3。

---

〔1〕 王瑞君：《"刑罚附随性制裁"的功能与边界》，载《法学》2021年第4期。

〔2〕 ［德］诺伯特·霍斯特：《何以刑罚?》，王芳凯译，北京大学出版社2023年版，第109页。

〔3〕 吴尚聪：《"株连责任"的当代延续：基于犯罪记录的连带责任》，载《政法学刊》2023年第1期。

表3　犯罪前科的定罪功能

规范性文件名称	作为入罪条件的前科条款内容	定罪功能表现
最高人民法院、最高人民检察院《关于办理贪污贿赂刑事案件适用法律若干问题的解释》	第1条第2款第3项：贪污数额在一万元以上不满3万元，曾因故意犯罪受过刑事追究的，应认定为《刑法》第383条第1款规定的"其他较重情节"。	降低入罪标准
最高人民检察院、公安部《关于公安机关管辖的刑事案件立案追诉标准的规定（二）》	第52条：逃避缴纳税款，涉嫌下列情形之一的，应予立案追诉：……（二）纳税人5年内因逃避缴纳税款受过刑事处罚或者被税务机关给予二次以上行政处罚，又逃避缴纳税款，数额在10万元以上并且占各税种应纳税总额10%以上的；……	作为入罪条件
最高人民法院、最高人民检察院《关于办理虚假诉讼刑事案件适用法律若干问题的解释》	第2条第5项：以捏造的事实提起民事诉讼，曾因以捏造的事实提起民事诉讼被采取民事诉讼强制措施或者受过刑事追究的，应认定为《刑法》第307条之一第1款规定的"妨害司法秩序或者严重侵害他人合法权益"。	作为入罪条件
最高人民法院、最高人民检察院《关于办理侵犯公民个人信息刑事案件适用法律若干问题的解释》	第6条：为合法经营活动而非法购买、收受本解释第5条第1款第3项、第4项规定以外的公民个人信息，具有下列情形之一的，应当认定为刑法第253条之一规定的"情节严重"：…… （二）曾因侵犯公民个人信息受过刑事处罚或者2年内受过行政处罚，又非法购买、收受公民个人信息的；……	作为入罪条件

4. 犯罪前科的量刑功能

犯罪前科的功能更多表现在量刑方面，作为一种法定或酌定从重处罚的量刑情节，犯罪前科始终发挥着特有的量刑价值。"如果先前的犯罪足够严重，则被判定构成较轻之罪的行为人，现在就有可能受到更重之刑。"[1]这表明犯罪前科被视为加重后罪刑罚的量刑情节。犯罪前科的量刑功能在我国刑法规范中亦有多处体现，如《刑法》第356条规定的毒品再犯量刑规则，即

---

〔1〕［德］安德烈亚斯·冯·赫希：《该当量刑概论》，谭淦译，中国人民大学出版社2023年版，第84页。

是将毒品犯罪前科作为法定从重处罚的量刑情节。详见表4。

表 4　犯罪前科在量刑中的功能

规范性文件名称	与量刑有关的前科条款	量刑功能表现
最高人民法院、最高人民检察院、公安部《关于办理电信网络诈骗等刑事案件适用法律若干问题的意见》	第二部分第（二）项：实施电信网络诈骗犯罪，达到相应数额标准，曾因电信网络诈骗犯罪受过刑事处罚或二年内曾因电信网络诈骗受过行政处罚的，酌情从重处罚。	从重处罚量刑情节
最高人民法院、最高人民检察院《关于办理侵犯知识产权刑事案件具体应用法律若干问题的解释（二）》	第3条：侵犯知识产权犯罪，符合刑法规定的缓刑条件的，依法适用缓刑。因侵犯知识产权被刑事处罚或者行政处罚后，再次侵犯知识产权构成犯罪的，一般不适用缓刑。	从重处罚量刑情节
最高人民法院、最高人民检察院《关于办理扰乱无线电通讯管理秩序等刑事案件适用法律若干问题的解释》	第2条第9项：违反国家规定，擅自设置、使用无线电台，或者擅自使用无线电频率，干扰无线电通讯秩序，曾因扰乱无线电通讯管理秩序受过刑事处罚，又实施《刑法》第288条规定行为的，应认定为"情节严重"。	法定刑升档情节
最高人民法院、最高人民检察院、公安部《关于办理利用赌博机开设赌场案件适用法律若干问题的意见》	第二部分：设置赌博机组织赌博活动，且因赌博、开设赌场犯罪被刑事处罚后，5年内再设置赌博机30台以上的，应认定为《刑法》第303条第2款规定的"情节严重"。	法定刑升档情节

（四）小结

犯罪前科的弊端与价值共存，一方面严重的附随后果使得犯罪前科成为被消除的对象。另一方面，犯罪前科在司法实践中仍具有强大生命力和不可替代的价值功能。犯罪的结构性变化又加剧了这种"破与立"的矛盾。这一制度特点决定了对犯罪前科既不能一消了之，更不能放任不管。在轻罪治理视域下，如何平衡犯罪前科的弊端与价值，既能发挥其功能又可消除引发的附随后果，是后端犯罪治理迫切需要解决的问题，也是司法机关尤其是人民法院应深入研究的问题。

二、犯罪前科消除的理论思辨

消除犯罪前科成为当前应对严重附随后果的应然之策，但其背后的学理探讨却付之阙如，这就意味着需为犯罪前科的消除探寻正当性依据和理论支撑。在轻罪治理视域下，消除犯罪前科是为了破除强加于前科者的与其刑罚不相适应的犯罪前科及附随后果，以使前科者能真正复归社会，避免附随后果波及前科者近亲属。从本质上看，犯罪前科的消除实际上是一个"破"的过程，这与商事领域个人破产制度背后的价值理念是相一致的。

（一）个人破产多元免责理论为犯罪前科消除提供正当依据

个人破产免责"破"的是"诚信而不幸"债务人的超出其责任财产的债务，[1]个人破产免责给予破产人最主要的益处是免除其剩余债务而使其受益。消除犯罪前科"破"的是前科者背负的犯罪前科及附随后果的枷锁。犯罪前科如同破产人背负的剩余债务，消除后同样将使前科者受益。现代个人破产免责制度融合了债务宽恕理念、人道主义理论和社会效用理论。[2]债务宽恕理念和人道主义理论都注重并促进债务人的内在价值，将债务人从债务中解脱出来进而恢复债务人的自我价值。社会效用理论则是将个人破产问题作为社会整体问题对待，明确个人破产免责对社会成本、效益产生的积极影响，社会能够从债务人的自我价值恢复中获益。因此，从"破"的目的和效果来看，个人破产制度的多元免责理论可为消除犯罪前科提供正当依据。

1. 犯罪宽恕理念是犯罪前科消除的先导

社会公众对于犯罪人往往具有报应需求或复仇需求，[3]认为犯罪人因实施犯罪行为而不能被原谅。实际上，并非所有犯罪都不能被宽恕。随着轻罪时代到来，犯罪发生由重到轻的结构性转变，轻罪扩张成为不可避免的趋势。司法实践中出现大量轻微犯罪人，他们往往因一念之差走上犯罪道路，这种偶发性的轻微犯罪实际上并不具有严重的社会危害性，犯罪人的人身危险性也相对较低。轻罪时代，轻微犯罪人与守法公民之间并不存在泾渭分明、不可逾越的鸿沟。实际上，犯罪人并非本质化的存在，只不过是在特定情境下

---

〔1〕 许德风：《论个人破产免责制度》，载《中外法学》2011 年第 4 期。
〔2〕 徐阳光：《个人破产免责的理论基础与规范构建》，载《中国法学》2021 年第 4 期。
〔3〕 ［德］诺伯特·霍斯特：《何以刑罚?》，王芳凯译，北京大学出版社 2023 年版，第 94 页。

实施了某种犯罪，即使守法公民在某种情境下也可能会成为犯罪人。轻微犯罪人经过刑罚改造或社区矫正，不再具有人身危险性和再犯可能性，对于他们则应采取当宽则宽的对待原则，给予足够的宽恕和接纳。"轻微犯罪人，唯其罪行轻微，所以应采取宽容和宽缓的态度，予以人性化的对待，体现刑罚的宽厚。"[1]也唯有如此，犯罪前科的消除才会面临更少的阻力。

2. 人道主义理论是犯罪前科消除的正当理由

尊重和维护人的尊严对立法、司法、执法机构均是一种有约束力的法律原则。[2]犯罪附随后果让前科者在就业、升学等与个人基本权利密切相关的领域承受着被排挤、被歧视的"不能承受之重"，其近亲属也要承担不利后果。这与人道主义所倡导的个人尊严、个人价值和个人发展背道而驰，"不符合改造犯罪人、预防犯罪的目的，也违反责任主义"[3]。根据人道主义理论，犯罪前科功能价值的发挥应为前科者的生存发展权和个人尊严让步，宽恕前科者过失性、偶发性的犯罪行为，继续承认前科者及其近亲属个人尊严的内在价值，保护前科者及其近亲属的基本权利，把误入歧途之后改过自新的前科者从前科评价的"后遗症"中解救出来，让前科者"重拾自尊"，给予前科者复归社会、创造价值的机会，是维护其人格尊严的要求。

3. 社会效用理论为犯罪前科消除提供动力

社会效用理论将消除犯罪前科置于社会本位和社会治理的整体中来认识，明确消除犯罪前科对于社会治理产生正向影响。轻罪时代，大量被判处刑罚的轻微犯罪人重返社会，处罚的广泛性意味着把越来越多的前科者从正常的社会成员中排除，成为被社会排斥的对象。这可能使前科者无法复归社会，也会使前科者"破罐子破摔"甚至再次走上犯罪道路。为此，社会治理要消耗更多的人力和财力成本，这种消耗很难说是理性的、合理的。社会公众对前科人群产生歧视、误解，社会也会承担相应的前科成本，社会治理面临着重大的挑战。犯罪前科的消除让前科者真正回归社会，能够消除前科者及其近亲属对社会的敌对情绪，实现前科者合法权益与社会公共利益的价值平衡。同时把犯罪前科消除和非歧视观念传递给社会公众，整个社会也可以因前科

---

〔1〕 陈兴良：《轻罪治理的理论思考》，载《中国刑事法杂志》2023 年第 3 期。

〔2〕 ［美］乔治·恩德勒等主编：《经济伦理学大辞典》，李兆雄、陈泽环译，上海人民出版社 2001 年版，第 324 页。

〔3〕 张明楷：《轻罪立法的推进与附随后果的变更》，载《比较法研究》2023 年第 4 期。

者"重新复归"创造新的价值而非"自甘堕落"而受不稳定因素的威胁,最终实现"治已病"和"治未病"的社会治理效果。

(二)人身危险性理论为犯罪前科消除提供实质标准

在具体操作层面,如何评判前科者是否应予消除犯罪前科?评判的标准是什么?是否凡是前科者都可以消除其犯罪前科?这些问题的回答还要以实质标准为依据。犯罪前科是基于犯罪行为被定罪量刑而产生的规范评价,凡是犯罪行为都有社会危害性,犯罪行为映射到犯罪人主体人格上,所揭示的就是犯罪人的人身危险性。可见,犯罪前科能够反映犯罪人的人身危险性。刑罚执行或社区矫正发挥改造犯罪人并消减人身危险性的作用,犯罪人经过刑罚改造或社区矫正,即推定其不再具有人身危险性。如前科者实际上仍具有人身危险性,就意味着其犯罪前科不能被消除。

1. 不具有人身危险性是犯罪前科消除的前提条件

人身危险性是对犯罪人主体人格的揭示,是犯罪人的存在对社会所构成的潜在威胁,包括犯罪人被改造的难易程度和再犯罪的可能性大小。[1]在犯罪治理体系中,人身危险性既在量刑和行刑方面发挥作用,同样也应在刑罚执行完毕后为犯罪前科的消除提供依据。犯罪人的人身危险性随刑罚执行完毕或社区矫正结束被消减直至被消除,这说明人身危险性具有可变性和可改造性的特点。根据罪责刑相适应原则,刑罚应与罪行的危害程度和犯罪人的危险性大小相适应。人身危险性因不同罪行和犯罪人而呈不同表现,轻微犯罪、偶发性或过失性犯罪人的人身危险性固然小于暴力犯罪或重罪的犯罪人。刑罚执行完毕或社区矫正结束,犯罪前科才能被消除,但刑罚执行完毕或矫正结束并不能表明犯罪人的人身危险性必然被完全消除,仍可能存有"漏网之鱼",这也是有的前科者在刑满释放后再次实施犯罪的原因。对于仍具有人身危险性的前科者,应继续通过犯罪前科发挥犯罪预防的作用,这就意味着不能消除犯罪前科。基于此,前科者不再具有人身危险性应成为犯罪前科的消除的前提条件。

2. 人身危险性评估是犯罪前科消除的关键环节

人身危险性的特征及其在犯罪前科消除中的作用决定了要对人身危险性

---

〔1〕 李永超:《轻罪治理视野下缓刑撤销的实践反思与司法判断规则——基于〈刑法〉第77条的展开》,载《青少年犯罪问题》2023年第3期。

大小进行评估，也只有对前科者的人身危险性予以准确评估，才能决定是否消除犯罪前科。至于如何评估前科者的人身危险性成为难题。在司法实践中，"人身危险性的评估尚未有科学的评估体系，司法工作者对人身危险性的评估仍停留于依靠经验或简单的评估指标进行定性分析的阶段，缺乏统一的评估标准"。[1]当前普遍采用的方法是直觉法，即法官根据犯罪人的犯罪行为、悔罪表现、赔偿谅解等情况，结合审判经验和法律规定，径直推估犯罪人被改造的难易程度和再犯罪的可能性大小。笔者认为，尽管人身危险性的评估尚难实现精准，仍应将人身危险性的评估置于犯罪前科消除的必要环节，综合评估前科者的人身危险性，进而作出是否消除犯罪前科的裁决。

三、犯罪前科的制度重塑

如何破解犯罪前科"破立两难"的矛盾局面，既可消除犯罪前科的弊端，又能发挥其功能价值，理论界和实务界见仁见智。主流观点认为应建立轻罪的犯罪前科消除制度。也有论者提出应构建犯罪记录整体封存制度。[2]笔者认为，要从根源上化解矛盾，还需回归并重塑犯罪前科制度，明确引起附随后果的根源与真正应被消除的对象。

（一）犯罪前科的制度构成

1. 犯罪前科本质上是一种规范评价

我国《刑法》及相关规范性文件未明确规定犯罪前科的概念，只有《刑法》第100条对受过刑事处罚的人规定了前科报告义务。那么，是否可以认为"曾受过刑事处罚"就是犯罪前科？有关犯罪前科的理论纷争主要有犯罪记录说、犯罪事实说和规范评价说三种不同观点。其中，犯罪记录说认为，犯罪前科的本意就是定罪记录，只要行为人被定罪，至于是否实际被判处刑罚则不影响前科的成立。[3]犯罪事实说认为，犯罪前科是曾被法院宣告犯有罪行或者被判处刑罚的一种事实。[4]规范评价说认为，犯罪前科以犯罪记录为对象，体现出犯罪人在承担刑事责任后一定期间内的法律地位，是一种规

〔1〕 申纯：《人工智能时代人身危险性评估发展的新机遇及实现路径》，载《求索》2021年第6期。
〔2〕 郑二威：《我国犯罪记录整体封存的制度构建》，载《法制与社会发展》2023年第4期。
〔3〕 房清侠：《前科消灭制度研究》，载《法学研究》2001年第4期。
〔4〕 钱叶六：《前科消灭制度评析与设计》，载《内蒙古社会科学（汉文版）》2004年第5期；党日红：《前科制度研究》，载《河北法学》2006年第3期。

范评价。[1]上述三种观点从不同层面对犯罪前科的性质予以阐述，反映出学界对犯罪前科认识的提升。笔者认同规范评价说并认为，犯罪前科并非简单的客观事实或书面记载，而是基于犯罪行为被定罪后由司法机关作出的一种负面的规范评价。

2. 犯罪前科不等同于犯罪记录

消除犯罪前科成为应对犯罪附随后果的必要举措。但是，作为规范性评价的犯罪前科能否真的被消除？对此，还要以厘清犯罪前科与犯罪记录的关系为前提。当前存在将两者混淆的普遍现象。有观点认为，犯罪记录就是犯罪前科。[2]也有观点认为，犯罪记录是犯罪前科规范评价的对象。[3]笔者认同第二种观点。犯罪记录可追溯至奴隶制"五刑"中的"黥刑"，古代统治者通过在犯罪人脸上刻字，以一种具象化的方式记录、显示犯罪人所承受的刑罚及犯罪人身份，"黥刑"所具有的这种"标记"效果客观上发挥着记录犯罪的功能。[4]可见，"黥刑"既是一种刑罚也是一项犯罪记录制度。在现代刑事司法中，犯罪记录制度继承了"黥刑"的记录功能的内核，[5]发挥刑事诉讼程序记载的功能。2012年5月，最高人民法院等机关发布《关于建立犯罪人员犯罪记录制度的意见》，自此我国的犯罪记录制度正式建立。该意见将犯罪记录定位于一种客观记载，包括犯罪基本情况、定罪量刑、刑罚执行等通过载体记录的信息。因此，在犯罪人被法院定罪量刑前提下，以犯罪人被采取强制措施、提起公诉以及定罪量刑等为内容的相关记载都属于犯罪记录。可见，犯罪记录是对犯罪事实的记载，具有官方性和客观性的特征，固然不能将其与作为规范性评价的犯罪前科等同视之。

3. 犯罪前科制度的构成要素

犯罪记录并不等同于犯罪前科，但犯罪记录可作为犯罪前科的评价内容。

---

[1] 韩宝庆：《前科消灭制度建构论》，载《东北师大学报（哲学社会科学版）》2016年第2期。

[2] 彭文华：《犯罪附随后果制度的体系定位与本土设计》，载《中国刑事法杂志》2023年第4期。

[3] 韩宝庆：《前科消灭制度建构论》，载《东北师大学报（哲学社会科学版）》2016年第2期。

[4] 吴尚聪：《现代性、社会控制与犯罪记录制度：犯罪记录的谱系学考察》，载《甘肃政法大学学报》2021年第6期。

[5] 吴尚聪：《现代性、社会控制与犯罪记录制度：犯罪记录的谱系学考察》，载《甘肃政法大学学报》2021年第6期。

实际上，犯罪前科确实是建立在犯罪记录基础上的一种规范性评价，[1]如脱离犯罪记录，犯罪前科的评价结果将失去客观性和真实性。当然，犯罪记录并非犯罪前科据以评价的唯一内容，除犯罪记录外，还有犯罪事实、犯罪人也是犯罪前科评价的内容。据此，可以认为犯罪前科是以犯罪事实和犯罪记录为主要评价内容，以犯罪人为评价对象作出的一种规范评价。犯罪事实、犯罪记录与犯罪前科实际上成为一种评价内容与评价结论的关系。由此，犯罪前科制度被得以重塑，犯罪事实、犯罪记录和规范评价构成犯罪前科制度的三个要素。犯罪事实是经法院判决确认的事实，是一种具有客观性的法律事实。犯罪记录是犯罪人经审判后对其犯罪事实和基于此事实所作的刑事程序和刑事裁判的相关记载。[2]规范评价则是以犯罪事实和犯罪记录为内容作出的基于定罪量刑的价值评判。

（二）消除的内容应限于犯罪记录和规范评价

如前所述，犯罪事实、犯罪记录和规范评价三个要素共同构成犯罪前科制度。那么，该如何消除才能应对犯罪前科引发的附随后果。对此，学界莫衷一是。犯罪前科消除说认为应消除犯罪前科并提倡构建前科消除制度。[3]犯罪记录消除说认为消除的内容限于犯罪记录，并可将已消除的犯罪记录纳入隐私权保护范围。[4]还有观点认为应一并消除犯罪前科和犯罪记录，以此作为附随后果规范化的应对配套措施。[5]上述观点或对策对犯罪记录与犯罪前科的关系并没有清晰的认识。实际上，不同消除内容的效果并不相同。笔者认为，对于犯罪前科制度应作有选择性地消除而非一消了之，消除的内容应限于犯罪记录和规范评价两个要素。这是因为，尽管犯罪前科引发附随后果，但犯罪前科通过记录载体的形式呈现并反映犯罪事实，犯罪事实经司法机关确认，具有客观性、已然性，故犯罪事实无法被消除。犯罪记录作为刑事诉讼的记载内容，保存于卷宗材料等载体，通过封存或销毁记录的载体，

〔1〕 吴贵森：《前科封存制度在刑事和非刑事领域的适用》，载《江西社会科学》2014 年第 10 期。

〔2〕 韩宝庆：《前科消灭制度建构论》，载《东北师大学报（哲学社会科学版）》2016 年第 2 期。

〔3〕 周峨春、郭子麟：《轻罪前科消灭制度构建》，载《重庆理工大学学报（社会科学）》2022 年第 9 期；参见周光权：《"轻罪时代"呼唤社会治理方式转型》，载《上海法治报》2023 年 5 月 26 日。

〔4〕 彭新林：《美国犯罪记录消灭制度及其启示》，载《环球法律评论》2021 年第 1 期；参见钱叶六：《审时度势，加快构建轻罪记录消除制度》，载《上海法治报》2023 年 5 月 26 日。

〔5〕 彭文华：《我国犯罪附随后果制度规范化研究》，载《法学研究》2022 年第 6 期。

即可实现消除犯罪记录的目的，故犯罪记录易于被消除。犯罪记录被消除后，据以评价的记载内容将不复存在，规范评价也随之被消除。这就意味着前科者在法律意义上不再是有罪之人，犯罪标签化被消除。犯罪记录被消除后，司法机关无法再以犯罪前科作为新罪的定罪量刑情节进行评价。故此，消除犯罪记录和规范评价能够实现消灭犯罪附随后果的效果。

四、犯罪前科的消除限度与适用规则

犯罪前科消除是犯罪的后端治理，也是轻罪治理的"最后一公里"。消除犯罪前科成为轻罪治理中应对犯罪附随后果的不二之选。至于如何消除犯罪前科，既没有明确的实体规则以供指引，也没有固定的程序规则以规范权力运行。但是，首先应予明确的是，犯罪前科制度弊端与功能价值共存的现状，以及犯罪前科消除的激励制度属性，共同决定了应设置必要且严格的消除限度。这种限度的设置在于平衡犯罪预防与轻罪治理的关系。为此，首先需要对犯罪前科消除进行实体规则与程序规则的双向构建。其次，人民法院应在犯罪前科消除的实践探索中发挥实质审查的主导作用，全面审查前科者的人身危险性并以此作出是否消除犯罪前科的裁决。

（一）实体法上的限度

1. 消除的对象应限于轻罪前科

当前的司法实践中，轻罪案件和轻罪犯罪人成为刑事审判的主流。据统计，2023 年上半年全国法院判处有期徒刑 3 年以下的犯罪人数占判决生效总人数的 85.31%，尤其是以醉驾型危险驾驶罪、帮助信息网络犯罪活动罪为代表的大量轻罪被判决。轻罪犯罪人重返社会后要承受与其刑罚不相协调的严重附随后果，甚至波及其近亲属。这既有悖于罪责刑相适应原则，又背离了罪责自负的要求，还给社会治理带来重大挑战。另外，司法实践中的轻罪多为过失性、偶发性犯罪或者没有实害后果的法定犯，犯罪人的人身危险性相对较小，经过刑罚改造或社区矫正，往往不再具有人身危险性，不再是犯罪预防的重点对象。相较于重罪，社会公众对轻罪犯罪人的容忍度和宽恕度往往更高，这也为轻罪犯罪前科的消除减少阻力。故此，轻罪前科作为消除的对象既具有现实必要性又具有实践可行性。

2. 犯罪前科消除的轻罪范围

轻罪犯罪前科成为被消除的对象，但如何判断轻罪尚无明确标准。有学

者提出可将法定最高刑 3 年以下有期徒刑或拘役的犯罪归入轻罪。〔1〕也有学者提出刑法理论中的轻罪实际上包括两种性质完全不同的轻罪，即罪名意义上的轻罪和罪量意义上的轻罪。〔2〕以上两种判断轻罪的思路可能会不同程度限缩轻罪的范围，进而影响犯罪前科消除的整体效果。笔者认为，从犯罪前科消除的目的与效果出发，应着重考量以下四个因素并综合判断轻罪前科消除的范围。一是犯罪的性质与类型。过失犯罪、不具有实害后果的法定犯以及犯罪情节轻微等犯罪，这些类型犯罪的社会危害性和犯罪人的人身危险性较小，尤其是法定犯，其社会危害性并不是恒定的，这些类型的犯罪可以纳入轻罪范围。二是实际宣告的刑罚。罪名的适用不限于法定最高刑设置为 3 年的罪名，至于实际宣告刑罚的标准，目前比较合适的是 3 年以下的刑罚。从近年全国法院判处 3 年以下的案件占比八成以上的实际情况来看，判处 3 年以下的刑罚说明犯罪行为相对轻微，以 3 年以下的宣告刑作为判断轻罪的标准，可以将更多的前科者纳入被消除犯罪前科的范围。三是犯罪本身的法定刑设置。法定刑的设置能够从整体上反映犯罪行为的社会危害性和犯罪人的人身危险性，法定最低刑设置在 3 年以上的罪名往往不属于轻罪，如组织卖淫罪的法定最低刑设置为有期徒刑 5 年，即使经过减轻处罚，实际宣告刑在 3 年以下，也不宜作为轻罪论。四是犯罪人的特殊身份。在考量犯罪前科消除的轻罪范围时，将未成年人、在校学生或者与被害人有特定关系的犯罪人的身份作为特殊因素考虑。这一群体如实施了犯罪，这种特殊的身份应作为消除犯罪前科的有利因素予以考量。

3. 犯罪前科消除的禁止情形

并非只要是轻罪就可以消除其犯罪前科，除了明确犯罪前科消除适用的轻罪及其范围，还应通过过滤机制将禁止适用犯罪前科消除的情形排除。主要包括三种禁止适用情形：一是特殊类型的犯罪，如危害国家安全、恐怖主义犯罪以及故意杀人、抢劫、强奸等严重暴力犯罪；二是有组织犯罪，如黑社会性质组织犯罪、恶势力犯罪、集团犯罪；三是具有特殊量刑情节的罪犯，主要包括累犯、再犯、毒品再犯以及被撤销缓刑的罪犯。学界通常认为累犯、

---

〔1〕 张明楷：《轻罪立法的推进与附随后果的变更》，载《比较法研究》2023 年第 4 期。
〔2〕 陈兴良：《轻罪治理的理论思考》，载《中国刑事法杂志》2023 年第 3 期。

再犯和毒品再犯等情形应当保留犯罪前科。[1]以上三种情形即使法定刑或宣告刑在 3 年以下，也应禁止消除犯罪前科。这是因为，特殊类型的犯罪或有组织性犯罪往往具有严重社会危害，易造成损害后果，犯罪人的人身危险性和再犯可能性较大。应通过犯罪前科预防犯罪的功能持续作用于犯罪人，以继续消减犯罪人的人身危险性。这与宽严相济刑事政策和预防犯罪的要求相契合。

（二）程序法上的限度

犯罪前科的消除既是一个刑事实体法问题，也是一个刑事程序法问题。实体法的限度为犯罪前科消除设置了限制条件，程序法上同样也应构建有限度的适用规则，从程序上规范前科消除制度的运行。

1. 依申请启动犯罪前科消除的审查程序

对于前科者而言，犯罪前科的消除是一种激励措施，能够激励、督促前科者改过自新，复归社会。这种有利于前科者的激励性机制应由前科者根据自身实际需求向法院申请启动。刑法中类似的对犯罪人的激励制度如减刑、假释、暂予监外执行也都是由犯罪人或刑罚执行机构向法院申请启动。域外国家如美国的大多数州，个人可以向法院提出封存犯罪记录的申请。[2]此外，我国每年大量轻罪案件和轻罪犯罪人涌入诉讼程序的司法现状决定了依申请启动犯罪前科消除程序更具可行性。

2. 犯罪前科消除的受理与审查

前科者向法院提出申请时应提交书面材料并符合相应的形式条件。一是前科者的刑罚已执行完毕或缓刑矫正已结束且不存在被撤销缓刑的情形，这里的刑罚应包括附加刑的执行，如罚金刑已履行完毕；二是前科者在刑罚执行完毕后经过一定的考验期限；三是前科者在考验期限内没有再次犯罪或因实施严重的违法行为被行政处罚。法院对前科者提交的申请材料进行立案审查，认为符合形式条件的，即予立案受理并通过非诉程序进行下一步的实质审查。

3. 犯罪前科消除的考验期限

犯罪前科的消除应设置对应的考验期限，这种前置的考验期限为前科者

---

〔1〕 高勇：《中国轻罪法律制度的建构》，法律出版社 2019 年版，第 181 页。

〔2〕 Anna Kessler, "Excavating Expungement Law: A Comprehensive Approach", *87 Temple Law Review*, 403, 408 (2015).

进行自我改造、自我监督提供机会和时间。对于考验期的时限，笔者认为，可根据实际判处的刑罚并结合累犯制度的五年考察期来确定两种不同的考验期限。一是被判处缓刑、拘役、管制或单处罚金的前科者，考验期经过 1 年。这是因为，司法实践中有大量轻罪前科者被判处拘役或缓刑，他们有着消除犯罪前科的迫切意愿，1 年考验期既能激励他们自我改造，又不会因考验期过长而产生过重的考验负担，还能避免背负较长期限的附随后果。此外，域外国家也有 1 年考验期的先例，如《俄罗斯联邦刑法典》规定，判处自由刑以下刑种，刑满释放后超过 1 年消除犯罪前科。[1] 二是判处 3 年以下监禁刑的前科者，考验期经过 5 年。这主要是基于三方面的考量。其一，对于此类前科者，应施加更长的考验期以督促其自我改造，发挥犯罪前科的预防犯罪的作用；其二，前科者在 5 年考验期内没有再次犯罪或实施严重违法行为，即表明不具有人身危险性和再犯可能性，已具备消除犯罪前科的实质条件；其三，5 年考验期可避免与累犯制度 5 年期限的冲突，避免因考验期限短于五年导致犯罪前科消除后累犯制度被架空的局面。

4. 前科者人身危险性的考察评估

前科者的人身危险性作为决定是否消除犯罪前科的实质条件，法院应全面考察评估前科者的人身危险性并贯穿于犯罪前科消除的审查全过程。这是因为，前科者刑罚执行完毕或社区矫正结束并不必然意味着被完全改造成为守法公民，具有一定程度人身危险性的前科者仍可能再次实施犯罪或严重违法行为。具体而言，法官着重审查前科者判决前的犯罪行为、悔罪表现，判决后的刑罚执行、缓刑矫正以及刑罚执行完毕后的行为表现。犯罪行为能够反映前科者人身危险性的大小，认罪悔罪或主动退赃退赔则表明前科者自愿接受司法机关的处罚并消减自身的人身危险性，刑罚改造或社区矫正则是国家借助强制力将犯罪人改造为守法公民。在具体操作上，可借鉴社区矫正制度中的社会调查评估，由法院委托社区矫正机构对前科者开展社会调查，考察了解其在考验期内的生活、工作等具体表现。法院基于前科者的行为表现全面评判其人身危险性，并作出是否消除犯罪前科的裁决。

（三）犯罪前科消除的法律效果

犯罪前科被消除后会产生一系列法律上的效果。其一，犯罪记录被消除。

---

〔1〕《俄罗斯联邦刑法典》，黄道秀译，中国法制出版社 2004 年版，第 38 页。

犯罪前科被消除后即意味着包括前科者的强制措施、审查起诉、定罪量刑以及刑罚执行等与犯罪有关的记录一并被消除，被消除后的犯罪记录可纳入公民个人信息范畴并予以保护，如被泄露或非法获取、出售，应承担相应法律责任。其二，犯罪附随后果被消除。犯罪前科被消除后，前科者在法律上则被视为未犯过罪的人，罪犯标签丧失存在的根基，因犯罪前科产生的"标签效应"和"株连效应"等附随后果以及规范评价后果和非规范评价后果将随之消除，前科者及其近亲属在就业、考公、入伍等方面将不再受限，不再承担前科报告义务。其三，犯罪前科不再作为定罪量刑和认定主观明知的依据。前科者在被消除犯罪前科后，即使再次犯罪，由于之前的前科记录不复存在，不再作为影响定罪量刑的情节进行评价，也不再作为认定主观明知的依据。

五、结语

进入轻罪时代，犯罪前科引发的附随后果日渐显现，也带来了严重的社会治理隐患。尽管消除轻罪犯罪前科成为迫切之举，但仍不应忽视犯罪前科犯罪预防、认定主观明知与定罪量刑等功能价值。面对犯罪前科破与立的抵牾，选择有限度、附条件地消除犯罪前科不失为有效路径。在实体法上，限定轻罪为前科消除的罪质条件并以人身危险性为实质条件，在程序法上，构建有限度的审查程序规则。人民法院在消除前科的犯罪治理中发挥实质审查的主导作用。在具体制度设计上可采取分步走策略，由全国人大常委会授权部分地区的法院先行试点并以醉驾型危险驾驶罪为试点罪名，再根据试点情况逐渐推进。与此同时，完善配套措施，规范附随后果，取消不合理的政审制度，淡化并转变社会公众的报应观念，倡导人道与包容理念。多措并举，走好犯罪前科消除这一轻罪治理的"最后一公里"。

犯罪附随后果制度的完善：方案选择与制度构建

刘志伟　邹　考*

摘　要： 犯罪附随后果制度的负面效应日益显著，如何完善成为社会治理与理论研究的当务之急。目前理论界提出的犯罪附随后果完善方案主要有两类：一种是定性方案；另一种是综合方案。定性方案中的保安处分方案与资格刑方案均没有全面地把握犯罪附随后果制度的全貌，有失妥当性。相比之下，综合方案更为可取。当前的综合方案或因不够全面，或因可行性不足，或因制度实效不足，依然有待改进。犯罪附随后果的完善方案必须具备正当性、综合性与本土性。具体而言，应制定《犯罪附随后果规范规制法》作为犯罪附随后果制度的总纲领，明确犯罪附随后果制度的目的、犯罪附随后果规范的制定原则、制定主体、审查程序等内容；应依托人民代表大会制度，以犯罪附随后果数据库为基础，从形式与实质两个层面审查法律法规中的犯罪附随后果规范，保障犯罪附随后果制度的正当性与合法性；应以建立犯罪记录消灭制度（前科消灭制度）为主，辅之以复权制度等，构建系统综合的权利保障制度。

关键词： 犯罪附随后果；保安处分；资格刑；比例原则

一、引言

犯罪附随后果，是指法律法规、规章及其他规范所规定的，对曾经犯罪者或其亲属适用的，对特定权利和资质的限制和义务负担。[1]虽然犯罪附随

---

* 刘志伟，北京师范大学刑事法律科学研究院教授、博士生导师；邹考，北京师范大学法学院博士研究生。

〔1〕 学界对于犯罪附随后果较为通行的定义是：犯罪附随后果是指刑法之外的法律法规、规章等规定的，对有犯罪前科者或其家庭成员、亲属等适用的，对特定权利和资质的限制、禁止或者剥夺。（参见彭文华：《我国犯罪附随后果制度规范化研究》，载《法学研究》2022 年第 6 期。）本文所采定义与学界通行定义的最大不同在于将《刑法》第 100 条规定的前科报告制度纳入其中。

后果在预防再犯、维护社会秩序等方面具有积极作用，但也具有侵害公民的基本权利、阻碍刑释人员的再社会化等负面效应。因而要将犯罪附随后果的适用保持在必要的范围与限度之内，避免其在实际适用中造成不适当的负面效应，引发社会乃至政治问题。然而就我国适用犯罪附随后果的现实来看，近年来，不仅其规范数量激增，而且其适用范围几无限制，使犯罪附随后果这种刑罚执行完毕之后的"延续"惩罚，显得过于严厉。这一问题在轻微犯罪上表现得尤为突出。虽然行为人因犯轻微罪行受到的刑事处罚并不算重，但其被定罪之后随之而来的附随后果，制裁的严厉性在事实上远重于刑罚本身，[1]在一定程度上造成了犯罪行为与后果的"倒挂"。[2]我国近十年来刑法上增设了为数不少的轻微犯罪，司法实践中判处的轻微犯罪分子数量连年居高不下，仅因醉酒驾驶被以危险驾驶罪判刑的犯罪分子每年就有 30 余万人[3]。对于这类因轻微犯罪而短暂遭受刑罚体验的人而言，刑罚对其造成的痛苦可能并不严重，但伴随其较长期限乃至一生的犯罪附随后果将给其本人及其亲属今后的生活、学习、工作等诸方面带来持久且深层的困扰。此外，犯罪在社会治理中的重要地位导致犯罪附随后果易与其他社会现象、社会制度产生联结、发生互动，这在扩大其正向影响的同时，也会导致犯罪附随后果的负面效应与日俱增。因此，目前我国犯罪附随后果制度的滥用已经造成了极其严重的问题，已严重到动摇了犯罪附随后果制度存在的根基，亟需反思与改革。

采取措施完善犯罪附随后果制度以消减其负面效应不仅已是学界共识，更是当下社会治理的当务之急。但采取何种方案完善犯罪附随后果制度，不仅研讨者较少，而且已有的研究众说纷纭、莫衷一是。大体而言，目前理论界提出的完善犯罪附随后果制度的方案存在两种设计思路：第一种思路是先将犯罪附随后果定性，然后运用相关理论来指导完善方案的构建，本文称之为"定性方案"；第二种思路是根据犯罪附随后果的实践现状，针对犯罪附随后果的特点与危害，综合性地采取多种措施来设计完善方案，本文称之为

---

〔1〕 黄太云：《一般违法行为犯罪化倾向的系统反思》，载《法律科学（西北政法大学学报）》2022 年第 1 期。

〔2〕 徐立、成功：《轻罪时代前科制度的内在诟病及其应对》，载《河北法学》2023 年第 5 期。

〔3〕《2022 年最高人民法院工作报告》明确指出，审结危险驾驶犯罪案件 34.8 万件，维护群众出行安全。其中，醉酒型危险驾驶罪在危险驾驶罪案件数量占比一直在 95% 以上。参见董玉庭、张闳诏：《醉酒型危险驾驶罪量刑实证研究》，载《时代法学》2023 年第 1 期。

"综合方案"。有鉴于此，本文拟在总结、评析现有犯罪附随后果完善方案优劣得失的基础上，提出完善思路与具体的制度构建方案，以期为犯罪附随后果的完善作出理论上的贡献。

二、定性方案及其评析

定性方案的优势在于，一旦将犯罪附随后果的应然性质予以明确，就存在丰富的理论资源对其进行分析，进而构建完善方案。根据对于犯罪附随后果应然性质的理解不同，学界当前存在保安处分方案与资格刑方案两种不同方案。[1]下文将对理论界具有代表性的方案分别进行梳理与评析。

（一）保安处分方案及其评析

1. 保安处分方案的内容

此类方案的提出者要么直接将犯罪附随后果视为保安处分，如有学者指出，附随后果制度为防止犯罪再发，维护社会治安，基于受过刑事处罚的事实，对人或物采取的刑事司法或者行政处分等措施，符合保安处分的基本含义。[2]要么认为犯罪附随后果的发展趋势应向保安处分靠拢，"在犯罪附随后果制度的重构路径选择上，应当回归其保安处分的性质"。[3]在确立犯罪附随后果的保安处分属性后，此类方案会运用保安处分的基本理论对犯罪附随后果制度进行反思与完善。主张此方案的学者指出，应以人身危险性为基础来设计犯罪附随后果，即以行为人利用职务或职业便利实施了犯罪为标准；坚持相当性原则，降低微罪的犯罪附随后果、设置合理的禁止期限、提升适用程序上的司法性；整合刑法内外的从业禁止制度[4]：对于一般职业，将刑法外的从业禁止（犯罪附随后果）整合纳入刑法中的从业禁止制度，对于公职与公共服

---

〔1〕 除了保安处分说与资格刑说外，国内学界还有学者认为，犯罪附随后果是一种行政责任。（参见徐安住：《犯罪行为的附随法律责任初探》，载《求索》2008年第1期。）一方面，持此观点的国内学者较少，不具有代表性。另一方面，此文并未提出系统的完善方案。因而本文对此不赘述。

〔2〕 李若愚、孟令星：《法定犯时代背景下犯罪附随后果的解构和重建》，载《湖北警官学院学报》2021年第1期。

〔3〕 徐久生、师晓东：《犯罪化背景下犯罪附随后果的重构》，载《中南大学学报（社会科学版）》2019年第6期。

〔4〕 该学者认为，犯罪附随后果的内容主要是关于职业资格的剥夺与限制，并基于此展开讨论，但犯罪附随后果的内容显然不限于此。而且，将所有职业禁止都整合进刑法中的从业禁止制度也不合理，因为对于不构成犯罪的一般违法行为，有关行政机关也需要对行为人处以从业禁止等方面的行政处罚或行政处分。

务职业，将现行剥夺政治权利附加刑中关于禁止担任国家机关职务、国有单位领导职务的内容抽出，和禁止从事公共服务职业的犯罪附随后果融为一体，构建以"剥夺公共职务、职业"为内容、由人民法院决定的保安处分措施。[1]

2. 对保安处分方案的评析

本文认为，将犯罪附随后果理解为保安处分虽然有其合理之处，但并不完全恰当。

首先，现有犯罪附随后果难以完全被保安处分的含义所涵摄，将犯罪附随后果视为保安处分的法律依据不足。尽管许多犯罪附随后果具有保安处分的性质，但也有一些犯罪附随后果不能被视为保安处分。如《刑法》第100条第1款规定，"依法受过刑事处罚的人，在入伍、就业的时候，应当如实向有关单位报告自己曾受过刑事处罚，不得隐瞒"。对于保安处分，可以从基础观念与规范特征两个层面进行识别：（1）在基础观念层面，可以从罪责关系、刑罚目的的角度区分保安处分与刑罚。[2]在罪责层面，刑罚以过去的行为罪责为前提及上限，保安处分则与行为人之罪责无关，而以行为人的未来危险性为基础。在刑罚目的层面，保安处分具有浓厚的预防主义色彩，其核心是行为人人身危险性的判断。"保安处分并不包含对罪犯的责难，而只遵循特殊预防的目的，对罪犯进行'矫正'，保护公众不受罪犯的威胁。"[3]（2）在规范特征层面。从适用条件上看，保安处分有两方面条件：一是客观要件，即适用对象实施了犯罪或者已具有刑事不法行为；二是主观要件，即行为人具有再次实施犯罪或者刑事不法行为的可能性。保安处分是通过限制、剥夺适用对象的某些权利或者现实利益来实现特殊预防的功能。[4]因此，行为人实施犯罪或者刑事不法行为只不过是保安处分适用的事实前提，人身危险性才是保安处分适用的实质条件。人身危险性是犯罪人再次实施犯罪行为的可能性。[5]显

---

〔1〕 徐久生、师晓东：《犯罪化背景下犯罪附随后果的重构》，载《中南大学学报（社会科学版）》2019 年第 6 期。

〔2〕 时延安：《隐性双轨制：刑法中保安处分的教义学阐释》，载《法学研究》2013 年第 3 期。

〔3〕 ［德］冈特·施特拉腾韦特、洛塔尔·库伦：《刑法总论Ⅰ——犯罪论》，杨萌译，法律出版社 2006 年版，第 19 页。

〔4〕 时延安：《隐性双轨制：刑法中保安处分的教义学阐释》，载《法学研究》2013 年第 3 期。

〔5〕 对于人身危险性的含义，我国学界大致存在再犯可能性说、初犯可能性与再犯可能性说的争议。本文采再犯可能性说。参见游伟、陆建红：《人身危险性在我国刑法中的功能定位》，载《法学研究》2004 年第 4 期；陈兴良：《论人身危险性及其刑法意义》，载《法学研究》1993 年第 2 期。

然，该条款并没有规定法律后果，不符合保安处分的规范构造，从功能上也很难看出其存在预防犯罪的效用，不能认为是保安处分。《教师法》第 14 条规定："受到剥夺政治权利或者故意犯罪受到有期徒刑以上刑事处罚的，不能取得教师资格；已经取得教师资格的，丧失教师资格。"保安处分的目的是预防犯罪，核心是行为人的人身危险性。但从此条文来看，行为人所犯之罪与教师职业的道德、能力要求之间并不具备直接的关联性，从而难以认为这一条文是为了防止行为人再次实施犯罪。

其次，以保安处分理论来指导我国犯罪附随后果制度的完善具有一定的合理性，但也存在理论与现实难题。保安处分对于现代法治建设具有重要意义，将犯罪附随后果定位为保安处分，有利于将当下野蛮生长的犯罪附随后果纳入法治的轨道，有利于实现社会防卫与人权保障的统一。有学者指出，将犯罪附随后果限定在保安处分功能定位之下，从而确保顺利实现特殊预防的目的，促使犯罪人顺利回归社会正常生活，持续减少社会对立面。[1]然而，要将我国犯罪附随后果制度定位为保安处分，就既要论证那些不符合保安处分本质的犯罪附随后果都不具有合理性，又要论证犯罪附随后果除了预防犯罪之外不应有任何其他的功能。这在理论上难以做到。此外，在预防犯罪之外，犯罪附随后果制度还兼具保障特定职业或资格的利益或光环的作用。例如，《全国文化先进县、全国文化工作先进集体和全国文化系统先进工作者、劳动模范荣誉称号授予办法》第 11 条规定，受刑事处罚的，对已被授予全国文化系统先进工作者或者全国文化系统劳动模范的个人，撤销其荣誉称号。这类荣誉剥夺型犯罪附随后果难言存在特殊预防的功能，更多的是对特定精神荣誉及潜藏在背后的某种价值观的宣示与捍卫，有其存在的合理性。

最后，以保安处分理论来完善我国犯罪附随后果制度，可行性较小。由法院决定是保安处分的基本法律特征之一。[2]据此，如果要以保安处分理论来重构犯罪附随后果，那势必需要将犯罪附随后果归入刑法体系，并确立其司法性，即犯罪附随后果必须由法官作出。可一方面，当前犯罪附随后果的

---

〔1〕 王志远：《犯罪控制策略视野下犯罪附随后果制度的优化研究》，载《清华法学》2023 年第 5 期。

〔2〕 马克昌：《比较刑法原理——外国刑法学总论》，武汉大学出版社 2002 年版，第 957 页。

主要特征之一就是其自动性，即行为人一旦受过刑事处罚或者承担刑事责任即会遭受相应的犯罪附随后果，将之变革为主动适用的难度较大。另一方面，犯罪附随后果遍布于各层级规范，数量庞大。例如，职业禁止型犯罪附随后果存在极广、所涉内容极多，其作用的范围与力度很难被《刑法》第37条之一规定的从业禁止制度替代。此外，我国刑法并未明示保安处分的法定地位，倘若将所有的犯罪附随后果整合进刑法，不仅容易冲击我国刑法体系，而且难度极大。

（二）资格刑方案及其评析

1. 资格刑方案的内容

在倡导此方案的学者中存在两种主张：一种主张是将刑法体系外具有资格刑特征的附随后果整合进刑法；另一种主张是删除其他法律、法规有关犯罪附随后果的规定，将剥夺犯罪人从事特定职务或者职业变更为刑法中的资格刑。

持前种主张的学者认为，应将散落在刑罚体系外的资格刑整合进刑法，在刑罚体系中增设禁止从事特定职业或活动资格，将剥夺政治权利刑分解为剥夺选举权与被选举权、剥夺担任公职权，增设复权制度，以更好地发挥资格刑预防再犯的作用。[1]在将附随后果纳入资格刑体系时，应在刑法总则中明确资格刑的种类、适用条件与期限，保证资格刑适用的针对性，实现资格罚与资格刑的清晰二分。[2]持后种主张的学者提出，其他法律、法规对重罪规定的终身性附随后果，不符合宪法规定，有违改造犯人、预防犯罪的目的和责任主义，因此对轻罪规定终身性附随后果不具有合理性；从便利性的角度来看，与其建立前科消灭制度，不如删除其他法律、行政法规中（刑法之外）的犯罪附随后果，将其他法律、法规中的附随后果变更为灵活适用的、有期限的、以职业禁止或资格剥夺为内容的资格刑，并保障适用的必要性与关联性。[3]

2. 对资格刑方案的评析

首先，将刑法体系外具有资格刑特征的犯罪附随后果整合进刑法的主张，

---

〔1〕 李荣：《我国刑罚体系外资格刑的整合》，载《法学论坛》2007年第2期。

〔2〕 付强：《论犯罪行为的刑罚附随后果》，载《法学杂志》2015年第7期。

〔3〕 张明楷：《轻罪立法的推进与附随后果的变更》，载《比较法研究》2023年第4期。

没有全面地把握犯罪附随后果种类的多样性，以此为基础的方案显然难以妥善解决我国犯罪附随制度存在的问题。此主张者指出，这类处罚方法无资格刑之名、行资格刑之实：从内容上看，或剥夺罪犯担任公职，或剥夺罪犯从事特定职业或活动的权利；从其作用来看，起到了防止罪犯再次实施同样犯罪行为的作用。[1]可是，当前法律法规中犯罪附随后果所限制的利益，与资格刑中的"资格"相去甚远，远非后者所能涵盖。资格刑，是指剥夺或者限制犯罪人享有、行使一定权利资格的刑罚总称，在我国刑法中主要体现为剥夺政治权利。[2]而犯罪附随后果不仅仅涉及资格的剥夺，还涉及特定利益的剥夺、特定评价的减损等。例如，《退役军人逐月领取退役金安置办法》第7条规定，因故意犯罪受刑事处罚的，军官、军士不以逐月领取退役金方式安置。《广州市积分制入户管理办法》（穗府办规〔2020〕11号）规定，近五年内受过刑事处罚的，不得申请积分制落户。因此，那些不具有资格刑特征的犯罪附随后果规范仍大量存在，其中的问题仍然没有解决。

其次，删除刑法之外的其他法律、法规中的犯罪附随后果的主张也存在一些不足。

第一，以有违罪犯改造、预防犯罪、责任主义为理由可以否定对重罪规定的终身存续型犯罪附随后果，也可以否定株连型的犯罪附随后果，但不能完全否定犯罪附随后果存在的合理性。对重罪规定终身性犯罪附随后果，是将犯罪人预设为永远不能改过自新的人，违反了《宪法》《监狱法》等法律的规定与精神。根据责任主义原理，刑罚及刑罚之外的不利后果都只能由犯罪人承担，不能由犯罪人的亲属来承担。[3]这一论述具有合理性，值得肯定。然而，如果要提出"删除其他法律、法规有关犯罪附随后果的规定并将其中的内容变更为资格刑"的主张，还需要论证非终身性附随后果不具有存在的合理性，可事实并非如此。以存续时间来划分，除了终身存续型犯罪附随后果外，还存在固定期限内存续型犯罪附随后果[4]与幅度期间内存续型犯罪附

---

[1] 李荣：《我国刑罚体系外资格刑的整合》，载《法学论坛》2007年第2期。

[2] 对于驱逐出境属于资格刑还是保安处分的问题，学界存在争议，本文不将其列入讨论。

[3] 张明楷：《轻罪立法的推进与附随后果的变更》，载《比较法研究》2023年第4期。

[4] 此类犯罪附随后果如《公司法》第178条，该条第2项规定，因贪污、贿赂、侵占财产、挪用财产或者破坏社会主义市场经济秩序，被判处刑罚，执行期满未逾5年，或者因犯罪被剥夺政治权利，执行期满未逾5年，不得担任公司的董事、监事、高级管理人员。

随后果[1]，显然难以否定这些规定具有预防犯罪的功能，有其合理性。进言之，此主张的论证逻辑存在较明显的割裂，否定终身性附随后果以及株连型附随后果的存在不能为"删除其他法律法规中的犯罪附随后果"的做法提供理论支撑，方案自然也有失妥当。

第二，删除刑法之外的其他法律、法规中的犯罪附随后果无异于否定了那些不具有资格刑特征的犯罪附随后果规范存在合理性，但不可否认的是，这类犯罪附随后果有独立的、特殊的存在价值。例如，犯罪附随后果还具有保障特殊身份的纯洁性与公信力的价值，而这类附随后果又不具有资格刑特征。《国家勋章和国家荣誉称号法》第18条规定，国家勋章和国家荣誉称号获得者因犯罪被依法判处刑罚或者有其他严重违法、违纪等行为，继续享有国家勋章、国家荣誉称号将会严重损害国家最高荣誉的声誉的，由全国人民代表大会常务委员会决定撤销其国家勋章、国家荣誉称号并予以公告。我国法律重视对公民的教化，以促进精神文明建设。[2]这一规定是对国家意志与公众道德情感的维护，具有极强的宣示意味——展现中国特色社会主义核心价值观、民族精神与时代精神的不可侵犯与不容亵渎。"如果一种行为触犯了强烈而又明确的集体意识，那么这种行为就是犯罪。"[3]集体意识之所以如此重要，是因为它是社会成员平均具有的信仰和感情的总和，并与道德情感和道德秩序密不可分。犯罪者所带有的负面色彩，源于国家维护社会团结的需要，其必然要与象征国家意志与国家荣誉的事物相切割。对于这类精神利益，不能为资格刑的内容所涵括。

第三，认为"相比建立前科消灭制度，删除其他法律、法规中的犯罪附随后果，完善资格刑"更简单便利的观点，恐怕并不成立，后者反而在实践可能性上更具难度。要想吸收当前犯罪附随后果进入资格刑体系，那就势必需要大幅扩充资格刑的种类，由于犯罪附随后果内容上的多样与复杂，这必将给刑法体系与刑罚结构造成巨大冲击，有可能造成刑法典内容的臃肿与肥

---

〔1〕 此类犯罪附随后果如《护照法》第14条，该条规定："申请人有下列情形之一的，护照签发机关自其刑罚执行完毕或者被遣返回国之日起六个月至三年以内不予签发护照：（一）因妨害国（边）境管理受到刑事处罚的；（二）因非法出境、非法居留、非法就业被遣返回国的。"

〔2〕 陈亚飞：《法律的教化性——从"法律信仰"论说开去》，载《法学》2023年第7期。

〔3〕 ［法］埃米尔·涂尔干：《社会分工论》，渠东译，生活·读书·新知三联书店2000年版，第42页。

大。此外，直接删除刑法之外的法律规范中的附随后果，涉及数十部法律的修改、无数法律文件的变动，成本过高，几乎不可能实现。

（三）总结

当前的"定性方案"大多是以职业限制型犯罪附随后果为主要基础进行讨论的，这种对于犯罪附随后果的不全面理解毫无疑问地影响了方案的妥当性，保安处分方案与资格刑方案均存在此类问题。当然，提出两种方案的学者也许会说，并不是要把所有的犯罪附随后果都纳入刑法体系中为保安处分或者资格刑，而是要对当前所有的犯罪附随后果进行审查与合并后再进行整合。但是，现有研究更多地侧重刑法体系应如何变革，而没有细致、清晰地讨论哪些附随后果要被纳入刑法体系，哪些附随后果应保持原状，这样的方案自然有一定的不足。究其根源在于，犯罪附随后果的广泛存在与复杂样态使得其具有多元属性，将其简单归为一种措施的方案在思路上存在根本性的偏差。无论是将犯罪附随后果定位为保安处分还是资格刑，都容易否定部分犯罪附随后果合理性，有失妥当。

三、综合方案及其评析

"定性方案"有失妥当，必须另寻理论出路。有许多学者在肯定犯罪附随后果的多元属性的基础上，从综合性、系统性的角度对犯罪附随后果制度的完善问题展开研究，在立法、司法等不同层面提出了综合性的解决方案。综合起来看，目前主张综合性方案的学者存在两种主张（以下称为"第一方案""第二方案"），下文将对分别进行梳理与评析。

（一）第一方案及其评析

1. 第一方案的内容

第一方案认为，目前犯罪附随后果制度侧重对犯罪人的制裁，展现出浓郁的排斥色彩，阻碍了刑释人员的社会复归，不利于人权保障与社会和谐的实现，因此必须全面改变犯罪附随后果制度，以增强制度的科学性与合理性。在理念层面，应重视刑释人员的社会复归，确立防止刑罚变相延续、杜绝侮辱性附随制裁、禁止株连和比例原则等基本原则；在条文设计层面，要细化前提的类型并建立起前提与制裁之间的逻辑关联性、修订缺乏上位法依据的内容、严格控制终身存续型附随后果；此外，还要明确附随后果的可诉性与救济渠道[1]、慎重将犯罪信息纳入社会信用体系。[2]可见,该方案主要是在理念与条文设计层面讨论犯罪附随后果制度的完善问题,同时附带讨论了犯罪附随后果与其他社会制度的衔接。

2. 对第一方案的评析

该方案聚焦犯罪附随后果规范的立法完善,提出了正当且较为具体的完善思路,具有理论创新价值。然后,该方案侧重对于立法修改的讨论,缺少对整体完善思路、建立何种配套制度、构建何种权利救济机制等措施的探讨,有失全面,故而不完全可取。此外,此方案在实践可行性上也存在不足。犯罪附随后果数量庞大,遍布于各层级规范中,一旦展开全面式立法修订,将会导致一场"超大规模"的法律变动。特别是,由于法律等高阶规范不可能进行大规模、频繁的修订,立法修订方式对存在其中的诸多犯罪附随后果效果较为有限。稳定性是树立并保持法律权威的前提条件之一,而法律权威的构建和维系也始终都离不开法律稳定性的支持与配合"。[3]法律的权威性需求必然导致法律的稳定性,但由于立法活性化、犯罪信息嵌入社会信用体系等因素,犯罪附随后果的负面效应逐年显著,单纯讨论立法修改难以及时降低犯罪附随后果的负面效应,故而方案亦有失可行性。

(二) 第二方案及其评析

1. 第二方案的内容

相较于第一方案,第二方案采取了更为体系化、综合化的策略,从立法规范、司法程序和配套制度保障三种路径出发对犯罪附随后果制度进行完善。犯罪附随后果的规范化要实现权力行使与权利保护并重,遵循比例原则,在立法规范层面,要在制定、修改犯罪附随后果时明确犯罪附随后果的犯罪的性质和类型、适用期限,建立下位规范清理制度以清理失去效力来源的下位规范;在司法程序方面,要建立司法救济机制,确立在相关规定竞合适用时遵循司法优先原则,确保法院依照《刑法》第 37 条之一所判处的职业禁止优先适用于刑法之外的职业禁止;在配套措施方面,建立犯罪记录查询、封存

---

[1] 值得注意的是,该方案提到的"明确附随后果的可诉性与救济渠道"实际上是依托我国现有的劳动诉讼等司法制度,并未创设新的法律制度。

[2] 王瑞君:《"刑罚附随性制裁"的功能与边界》,载《法学》2021 年第 4 期。

[3] 刘长秋:《浅论法律的变动性权威瑕疵及其矫正——兼论法律稳定性与适应性的协调》,载《同济大学学报(社会科学版)》2004 年第 6 期。

制度、复权制度、犯罪附随后果赦免制度等犯罪人权利恢复与保障制度，构建犯罪附随后果数据库。[1]

2. 对第二方案的评析

第二方案从立法、司法与配套制度三个层面体系性地提出了多种措施，对犯罪附随后果规范的制定与审查、犯罪人的权利保障等问题进行了深入而全面的分析，是当前研究中较为全面、合理的方案。但是，此方案在措施的有效性、可行性上依然存在疑问，主要体现为以下两个方面[2]：一是该方案中的下位规范失效制度侧重形式审查，实效不足；二是通过司法救济手段限制犯罪附随后果负面效应的可行性存疑。

（1）对下位规范失效制度的评析

下位规范失效制度是指，通过审查来保证法律规范的即时性更新，让失去效力来源的犯罪附随后果及时地失效。该学者指出，上位规范或者具有约束力的规范性文件，往往是下位规范或者不具有约束力的规范性文件中犯罪附随后果制度的渊源，但实践中却存在上位规范或者具有约束力的规范性文件已经失效，但是以此为渊源的犯罪附随后果却依然有效的情形。[3]例如，《公安机关人民警察录用办法》（已失效）第6条规定，直系血亲和对本人有重大影响的旁系血亲中有被判处死刑或者正在服刑的，不得录用为人民警察。该法规已因2007年颁布的《公务员录用办法（试行）》而失效，但在《2011年山西省政法干警培养体制改革试点工作招录公告》中却依然有此规定。

不难发现，该学者设计的下位规范失效制度是从形式合法性的角度对犯罪附随后果制度进行审查，将本应失效、失去效力来源的犯罪附随后果驱逐至法律体系外。这符合立法基本原理与我国《立法法》的相关规定，有利于促进中国特色社会主义法律体系的科学、统一、和谐。然而，以形式合法性为内容的法律审查与法律清理难免具有不彻底性，不能充分保障犯罪附随后果制度的合法性。对于本应失效的法律规范，普通公众都可通过法律检索轻易地识别出来，而当前犯罪附随后果制度中更为隐蔽、危害更大的情形是下

---

〔1〕 彭文华：《我国犯罪附随后果制度规范化研究》，载《法学研究》2022年第6期。

〔2〕 该方案还存在其他有待讨论、改进的地方，例如在犯罪人权利恢复与保障制度的构建问题上，构建那些制度的效果最好、成本最低，但这本非此方案的主要缺陷，本文将在后文进行讨论。

〔3〕 彭文华：《我国犯罪附随后果制度规范化研究》，载《法学研究》2022年第6期。

位规范对上位规范的实质违反、下位法规定的不适当。例如,《新乡市区别低保群体不同情况逐步提高低保标准的有关规定》第 13 条规定,因犯罪受刑事处罚人员,本人不享受最低生活保障政策,这一规定不仅在上位法中找不到依据,还有过度侵犯公民基本生存权的嫌疑。对于这类违背上位规范的目的、侵犯特定人员基本权利的犯罪附随后果,有权机关应及时审查并予以撤销。

(2) 对司法限制路径的评析

第二方案认为,可构建以普通司法救济为主、行政性救济为辅的救济机制,促进对犯罪附随后果的实质审查。[1]司法救济是指请求司法机关对犯罪附随后果进行实质审查。行政性救济是指用人单位、管理单位根据行政性程序对犯罪附随后果进行实质审查。

通过司法手段限制犯罪附随后果的负面效果是美国的常见做法。在立法机关不愿以任何有意义的方式对附随后果进行削减时,可以通过将附随后果纳入法院的量刑职能之中,限定附随后果的影响范围,为被告人提供相应的救济。[2]这意味着 (1) 在向被告人确定认罪协议时,根据"知情和自愿原则",律师应当向被告人解释将对其产生重大影响的附随后果,使被告能够确实理解辩诉交易对其生活的直接和间接影响。[3]甚至有学者认为,在被告人没有被正确地建议时(没有告知附随后果的可能影响),法院应宣称该认罪协议无效。[4](2) 法院可以通过救济令、民事障碍救济证书的形式,在量刑时和量刑后免除特定的强制性附随后果,要求有关部门保障被定罪者的利益。[5]

通过将犯罪附随后果融入刑事诉讼程序以实现限制负面效应的做法,对我国具有启发意义,但是否符合国情,还需考量。一个明显的例子是,在我国大力推行认罪认罚从宽制度的背景下,认罪认罚协议中是否应当明示犯罪附随后果?在认罪认罚协议中引入犯罪附随后果,极有可能会影响犯罪嫌

---

〔1〕 彭文华:《我国犯罪附随后果制度规范化研究》,载《法学研究》2022 年第 6 期。

〔2〕 Marget Colgate love, "Managing Collateral Consequences in the Sentencing Process: The Revised Sentencing Articles of the Model Penal Code", *Wisconsin Law Review 247*, 2015, pp. 36~37.

〔3〕 Krystia Reed &Allison Franz, "Reported Experiences with Plea Bargaining: A Theoretical Analysis of the Legal Standard", *West Virginia Law Review Winter*, 2022, pp. 421~446.

〔4〕 Jennifer L. Bahnson, Robert J. Dieter, "Collateral Effects of a Criminal Conviction In Colorado", 35-JUN Colo. Law. 39, 2006, pp. 2~8.

〔5〕 Marget Colgate love, "Managing Collateral Consequences in the Sentencing Process: The Revised Sentencing Articles of the Model Penal Code", *Wisconsin Law Review 247*, 2015, pp. 36~37.

人或被告人认罪认罚的意愿。这是因为，在某些情况下，轻罪之刑罚给行为人带来的痛苦远不及犯罪附随后果带来的痛苦，告知犯罪附随后果给行为人带来的忧虑极有可能超过可能遭受刑罚带来的忧虑。认罪认罚制度的一个重要目的就在于扩大简易程序的适用，加快轻罪案件的处理，节约司法资源。如果在认罪认罚协议中加上犯罪附随后果的有关内容，极有可能减损行为人的认罪认罚意愿，导致认罪认罚率的降低。盛行于美国的辩诉交易（plea bargaining）制度已遭遇了这一难题。已有研究表明，是否告知被告人犯罪附随后果对于认罪具有显著影响。[1]

通过请求司法机关来对犯罪附随后果进行实质审查，实际上是在司法裁判中审查法律规范的合理性、合宪性，这必须建立在司法权具有高度权威的基础上。美国的政治体制是典型的三权分立模式，司法权具有高度权威，足以与立法权、行政权相提并论、相互制衡，甚至在广为人知的"马伯里诉麦迪逊案"中由联邦最高法院首席法官马歇尔（John Marshall）开创了合宪性审查的先河。与美国不同的是，我国合宪性审查一般是由全国人大、全国人大常委会以及专门委员会和工作委员会负责，司法机关仅有提出备案审查建议的权利。[2] 2001 年最高人民法院针对"齐玉苓被冒名顶替上大学案"作出了《关于以侵犯姓名权的手段侵犯宪法保护的公民受教育的基本权利是否应承担民事责任的批复》（已失效），似乎预示着司法审查即将勃兴，但随着该批复在 2008 年被废止，司法审查之路依旧漫漫。此外，法院向有关部门发送救济令或对法规提出审查建议，以目前的规范供给与专业人员储备来看，恐怕难以支撑这一机制的实际运行。因此，以司法手段限制犯罪附随后果的负面效果的手段并不足取。

（三）总结

相比"定性方案"，综合方案在思路上更为可取。有学者指出，我国犯罪附随后果制度有其特定的历史背景和复杂性，通过单一方法加以系统化规范较为困难。[3]然而，当前的综合方案，或因不够全面，或因可行性不足，或因制度实效不足，依然有待改进。究其根源，在于没有完全依托现有制度体

---

〔1〕 Gabriel J. Chin, "Plea Bargaining and Collateral Consequences: An Experimental Analysis, Marquette Law Review", 73 Vand. L. Rev. 1161, 2020, pp. 1181~1189.

〔2〕 苗连营：《合宪性审查的制度雏形及其展开》，载《法学评论》2018 年第 6 期。

〔3〕 彭文华：《我国犯罪附随后果制度规范化研究》，载《法学研究》2022 年第 6 期。

数字时代的新型犯罪与犯罪法律后果体系研究

系来整体思考犯罪附随后果制度的完善问题。进言之，犯罪附随后果的完善
方案必须具备正当性、综合性与本土性。

正当性，是指完善方案的制定必须具备正当、坚实的理论基础。完善方
案的构建过程必须妥当考虑社会防卫与人权保障的平衡，具体措施的提出必
须衡量其所带来的负面效果。综合性，是指完善方案必须通盘考虑犯罪附随
后果的制定与运行，不仅要在规范制定阶段设立确立科学合理的设置逻辑与
立法原则，还要在规范运行阶段建立审查机制与配套制度以确保制度目的得
以实现。法律是实践理性的体现。[1]但人类的认识能力是有限的，即便是在
具有充分讨论协商的群体决策中亦无法避免瑕疵的产生。复杂与变化的社会
现实使得立法不可避免地只是一种"预测"。要确保制度能够良性运行，就有
赖于审查机制的纠错与配套措施的补救。本土性，是指必须立足当前的体制
机制，考虑各类措施的实践可能性，尽可能减少方案的制度成本。

四、犯罪附随后果制度完善的制度构建

如前所述，犯罪附随后果制度的完善不宜采取定性方案，应采取综合性
的完善思路，通过制定《犯罪附随后果规范规制法》、建立犯罪附随后果规范
审查机制、构建权利保障制度等手段，消减当前犯罪附随后果制度产生的负
面效应。具体而言，首先，应制定《犯罪附随后果规范规制法》作为犯罪附
随后果制度的总纲领，明确犯罪附随后果制度的目的、犯罪附随后果规范的
制定原则、制定主体、审查程序等内容。其次，应当依托我国人民代表大会
制度，以建立犯罪附随后果数据库为基础，发挥各级人大及其下设机构的作
用，从形式与实质两个层面审查法律法规中的犯罪附随后果，保障犯罪附随
后果制度的正当性与合法性。最后，应以建立犯罪记录消灭制度（前科消灭
制度）为主，辅之以复权制度等，构建系统综合的权利保障制度。鉴于当前
理论界已对犯罪附随后果制度的应然目的、条文制定、救济制度等方面进行
了许多讨论，下文将择要论述犯罪附随后果制度完善的制度构建。

（一）制定《犯罪附随后果规范规制法》

《犯罪附随后果规范规制法》是将犯罪附随后果纳入法治轨道的有力举
措，能够促进社会公众形成对犯罪附随后果的科学态度，是犯罪附随后果制

---

〔1〕 李桂林：《作为实践理性的法律》，载《现代法学》2004 年第 6 期。

度完善进程中的重要举措。

首先，《犯罪附随后果规范规制法》是将犯罪附随后果纳入法治轨道的有力举措。当前我国犯罪附随后果制度产生如此显著、漫无边际的负面效应，其中的重要原因就在于犯罪附随后果的制定主体不统一、不明确，导致犯罪附随后果规范的制定较为粗糙、散乱与恣意、同级规范、上下级规范间衔接不善。由于缺乏审查机制与审查标准，只能寄希望于制定主体的自我反思与主动修正。这种临时性、随机性的措施显然无法满足犯罪附随后果制度正当化、合理化、法治化的需要。《犯罪附随后果规范规制法》不仅是衡量已发布的犯罪附随后果规范是否妥当的标准、准则，也是各个机关、各个机构制定犯罪附随后果规范的指引与依据，能够促进我国犯罪附随后果制度从野蛮生长转变为良性运行。

其次，《犯罪附随后果规范规制法》能够促进社会公众形成对犯罪附随后果的科学态度。犯罪附随后果的存在与社会公众对犯罪者的态度密切相关，犯罪附随后果制度的完善有赖公众观念的革新。虽然犯罪社会学的研究表明，犯罪的根源不仅在于犯罪人自身，更在于文化传统、社会结构甚至气候变化等外在因素。但历史惯性难以忽视。"由于对罪恶的厌恶，在缺乏适当的制度安排下，公众依然难以消除对一个人越轨历史的反感，愤恨与恐惧容易使社会忽视他们的权益诉求。"[1]法律具有引领、指导作用，对于社会公众的观念有着重要影响。以法国的死刑废除为例，1981 年死刑废除之时，仅有 33%的民众支持，但 1999 年的民调显示，支持废除死刑的人数第一次超过了反对者。[2]《犯罪附随后果规范规制法》的制定具有教育指引功能，能够让民众意识到，犯罪人同样是享有正当权利的公民，对犯罪人的惩罚绝不能没有限度，应当为犯罪附随后果制度划定合理的作用边界。

《犯罪附随后果规范规制法》应当包括如下内容：（1）犯罪附随后果制度的理念。制定犯罪附随后果规范时，应平衡社会防卫与人权保障间，综合考虑国家对犯罪人的矫正义务、打击犯罪的必要性等因素，树立社会复归优先的理念，保留必要的犯罪预防。（2）犯罪附随后果规范的制定原则。制定

---

〔1〕 许玉镇、孙超群：《论烙印群体及其就业帮扶政策困境——以我国刑满释放人员为例》，载《社会科学研究》2018 年第 4 期。

〔2〕 陈丽萍：《死刑在法国》，载《人民检察》2007 年第 3 期。

原则至少应当包括：比例原则，不得违背上位法的精神与规定，重点考虑犯罪附随后果规范中前提条件与法律后果的关联性、前提条件与法律后果的类型程度，严格限制终身存续型犯罪附随后果，杜绝株连型犯罪附随后果，排除防卫过当、避险过当的犯罪人员、免除刑罚的过失犯、受虐妇女反杀案中的妇女等特殊人群的犯罪附随后果。（3）犯罪附随后果规范的制定主体。国家权力机关与非国家权力机关均可以制定犯罪附随后果。国家权力机关制定犯罪附随后果规范，必须遵循科学合理的立法原则和立法程序，下级机关必须在上位法的框架内制定犯罪附随后果规范。非国家权力机关制定的犯罪附随后果规范不得违反法律法规的相关规定，必须参照国家权力机关制定的犯罪附随后果规范来制定。（4）犯罪附随后果数据库的构建。《犯罪附随后果规范规制法》应当明确犯罪附随后果数据库的构建主体、构建路径与功能作用。（5）犯罪附随后果规范的审查机制。《犯罪附随后果规范规制法》应当明确犯罪附随后果规范审查机制的审查基础、审查主体、审查内容以及审查程序。（6）权利救济制度。犯罪记录消灭制度（前科消灭制度）、复权制度等权利救济制度的构建路径在理论上还存在较大争议，本文初步认为，应由刑法或单行法对此作出详细规定，《犯罪附随后果规范规制法》宜对如何适用这类制度作出指引性、概括性规定。（7）罚则。罚则主要对以下内容作出规定：对于制定不适当的犯罪附随后果规范的机构、单位，应追究相应的法律责任；对于应当上传犯罪附随后果数据库而不上传的，应当给予行政处罚或者行政处分。

（二）确立犯罪附随后果规范审查机制

为保障正当性与合法性，应当从形式与实质两个层面来审查当前犯罪附随后果制度的具体规范，既要及时清理本应失效的犯罪附随后果规范，也要审查犯罪附随后果规范对于公民权利的限制是否在合理限度内。如前所述，司法审查目前在我国尚不具备存在的可能，依托我国的人民代表大会制度来建立审查机制更为可行。

1. 审查基础

对现有法律法规中的犯罪附随后果规范进行系统梳理与全面统计是犯罪附随后果制度完善的重要举措，也是建立犯罪附随后果审查机制的基础。在制定犯罪附随后果规范时，各级机关、各个单位既要遵循科学合理的立法原则，也要注意不得超出上位法的范围。一方面，上级机关制定的含有犯罪附随后果规范的法律规范须在数据库上提交备案，以便下级机关、单位查阅。

另一方面，下级机关、单位制定的法律规范、规章制度中含有犯罪附随后果规范的，例如地方性法规中含有犯罪附随后果、行业协会制定的行业准则中含有犯罪附随后果规范的，应将提交数据库备案作为生效条件之一，如果未履行这一程序，将会受到行政处罚或行政处分。对于犯罪附随后果数据库的建立，可以参考国家法律法规数据库、国家行政法规库的构建经验，由司法行政机关牵头，会同各级政府各部门，联合中华律师协会进行具体的摸排、编撰，最后在权威政府网站（例如司法部官网）上发布并定期更新。

2. 审查主体

《立法法》《各级人民代表大会常务委员会监督法》以及《法规规章备案条例》等法律法规的出台构建了中国式立法审查的制度框架，确立了全国人大常委会在法律审查中的绝对主导地位，同时赋予了地方人民代表大会常务委员会有权撤销本级人民政府制定的不适当的规范文件。对犯罪附随后果规范的实质性审查也应由各级人民代表大会负责。对此有必要对人大机构进行改革，例如扩大法制工作委员会下的法规审查备案室的地位与职权。

3. 审查内容

全国人大常务委员会主要负责审查法律以及国务院制定的行政法规的犯罪附随后果规范。地方人民代表大会常务委员会审查地方性法规、自治条例和单行条例中的犯罪附随后果规范，防止下位法对上位法进行了错误解读。具体而言，审查主体应当重点审查前置条件与法律后果间的关联性、犯罪附随后果是否符合上位法的规定与精神、犯罪附随后果的制定是否符合法治程序、犯罪附随后果是否构成对公民正当权利的侵犯等。对于经审查确定犯罪附随后果规范确有不当的，审查主体应予修正或者废止，并依法追究相关主体的责任。例如，《新乡市区别低保群体不同情况逐步提高低保标准的有关规定》第13条规定，因犯罪受刑事处罚人员，本人不享受最低生活保障政策。这一规定就有违反上位法的精神，严重侵犯公民基本权利的嫌疑，应由同级人大或其常委会予以废除。

4. 审查程序

在我国三种立法审查程序中，以主动审查为主，被动审查为次，专项审查为非常规手段。主动审查是指由人大常委会有关工作机构主动对有关国家机关报送备案的规范性文件进行审查，而被动审查是指人大常委会依国家机关、社会团体、企业事业组织以及公民提出审查意见或者审查建议对有关国家机关报送备案的规范性文件进行审查。由于犯罪附随后果数量庞大、内容多样，而各级人大的法规备案审查室工作人员较少，故应当以被动审查，主动审查和专项审查为辅，依靠全国上下的组织和社会公众来发现不适当的犯罪附随后果。对于公民申请审查的，专门审查机构必须在一定的期限内进行审查并给予答复。

（三）构建犯罪人权利保障制度

犯罪人权利保障制度的匮乏是犯罪附随后果制度滥用的一大原因。因此，完善犯罪附随后果制度离不开系统全面的犯罪人权利保障制度的构建。当前研究对此亦多有讨论，提出了构建诸如犯罪记录消灭制度、前科消灭制度、复权制度的建议，本文择要论述。犯罪记录封存制度与前科消灭制度具有相似的价值取向与制度目的，都依赖于犯罪记录制度的建立，二者均旨在通过限制犯罪记录的查询来消除前科事实规范性评价的作用边界，二者的区别是形式的。目前的争议是，是否有必要构建复权制度？如何理解前科消灭制度与复权制度的关系？

前科消灭制度的目的在于消除犯罪记录给犯罪人带来的规范性评价。一旦对符合条件的特定犯罪人适用前科消灭制度，则意味着其因犯罪受过刑事处罚的所有记录将被彻底封存。此后，其在法律效果上等同于没有犯过罪的人。前科消灭制度与复权制度具有紧密的联系。广义上的复权实际上是一种前科消灭制度。也即，"前科消灭是一种最为彻底的复权"。当前学界一般在狭义上使用复权这一概念。复权是指对因实施犯罪而被判处资格刑的犯罪人，在符合法定条件的情况下，法院提前恢复其丧失的一部分或全部资格与权利的刑罚消灭制度。[1]比较后可以发现：前者核心在于隐藏记录，更为彻底全面；后者核心在于恢复权利，适用范围更为特定。进言之，对于能够适用前科消灭制度的犯罪人，无需也没有必要再考虑复权制度的适用问题。如要增设复权制度，则主要针对那些不能适用前科消灭制度，但确有恢复某种权利之必要的犯罪人。例如，轻罪犯罪人应纳入前科消灭的范围已是理论共识，但重罪犯罪人能否适用前科消灭制度，理论上还有争议，但出于比例原则的要求，也应保障这类犯罪人的权利，此时可以考虑通过复权制度恢复其部分权利，促进其复归社会。

---

〔1〕 彭新林：《略论刑法中的复权制度》，载《中国青年政治学院学报》2006年第2期。

此外，还可以探索我国现有制度对犯罪人权利保障的使用空间。例如，我国法律中的劳动诉讼制度就对犯罪人的劳动权具有保障作用。从事法律未禁止的职业、活动以获取生活保障，是公民的合法权利。对于不具有正当性的职业禁止型犯罪附随后果，应当允许公民提起诉讼以维护自己的合法权利。详言之，对于存在上位法禁止事由的人员，用人单位当然地无权招录。但对于法律法规未设置相关禁止事由的职业、福利待遇，如果用人单位根据本单位的章程、规约或不明文的理由，以申请者、员工的犯罪事实为由拒绝招录或予以开除，应当允许和保障公民申诉和救济的权利，当事人可以要求用人单位废除不合理的规定或者要求劳动保障部门对其进行处罚。

至于第二综合方案中提到的"犯罪附随后果赦免制度"，暂不宜采用。一方面，特赦，一般是指国家对较为特定的罪犯免除执行全部或者部分刑罚的制度，特赦的根据在于对国家重大喜庆活动的庆祝、对罪犯不具有再犯危险性的肯定等。[1] 赦免犯罪附随后果的理论依据不足。另一方面，从我国特赦实践来看，特赦的对象主要是战犯、反革命罪犯、曾为国家作出重大贡献者、弱势群体以及人身危险性较低、没有继续服刑之必要的罪犯等，赦免犯罪人的犯罪附随后果尚不具备现实土壤。

五、结语

轻罪时代的来临使得犯罪附随后果制度的负面效应愈发显著，完善犯罪附随后果制度对于推进中国式现代化、促进社会和谐与人权保障有着重要意义。犯罪附随后果的纷繁复杂致使任何将其简单归类的做法都属草率与盲目，任何试图套用、移植一种理论或范式来完善犯罪附随后果都可能是焦熬投石、水土不服，只有立足本土实践，采取综合性的完善方案才可能合理划定其作用边界。当然，犯罪附随后果的完善还涉及社会观念的变革更新，牵扯到户籍制度、政审制度、人事档案制度的配套修改，关系其他犯罪信息监管查询系统的配套改造。如何实现与现有制度的妥当衔接、相互融合，而不是陷入"钱穆陷阱"、产生更多的难题，还需要长久且艰辛的探索。本文提出的方案仅是犯罪附随后果制度完善之路上的一个尝试，有待理论的审视与实践的检验。

---

〔1〕 张明楷：《特赦的根据及其运用》，载《中国人大》2019 年第 13 期。

第五单元

职务犯罪司法认定中的疑难问题

论贪污贿赂犯罪轻罪体系的构建

张兆松*

摘　要：当前，不管是刑法立法，还是刑事司法实践，对贪污贿赂犯罪的惩治主要体现在"重刑"上。轻刑化是我国刑罚发展的基本趋势，刑罚的宽缓化是我国治理贪污贿赂犯罪的基本选择。构建贪污贿赂犯罪轻罪体系有利于提高贪污贿赂犯罪的惩治力度，实现"三不"方针；有利于实现贪污贿赂犯罪量刑的合理化，保证刑罚公正；有利于扩大贪污贿赂犯罪圈，彰显刑法平等。编织严密的贪污贿赂犯罪法网，主要是轻罪法网，包括适应贪污贿赂犯罪新态势，增设若干轻罪名，同时降低贪污贿赂犯罪入罪门槛，设置贪污贿赂犯罪之轻刑。

关键词：犯罪结构；轻罪；贪污贿赂犯罪；立法

一、问题的提出

近年来，我国刑事立法和犯罪结构发生了重大变化。首先，从刑事立法看，在积极主义刑法观的影响下，自 2011 年之后，刑法立法呈现出犯罪化门槛下降、轻罪数量增加的特点。2011 年 2 月 25 日，《刑法修正案（八）》将危险驾驶罪的刑罚规定为"处拘役，并处罚金"。这是我国刑法首次将拘役设置为最高刑的立法例。2015 年的《刑法修正案（九）》和 2020 年的《刑法修正案（十一）》增设轻罪的趋势更为明显。《刑法修正案（九）》增加了12 个轻罪，占新增犯罪的 60%。其中，最高刑为拘役的有 2 个，其他 10 个罪名最高法定刑都是 3 年以下有期徒刑。《刑法修正案（十一）》新增 8 个轻罪，其中，妨害安全驾驶罪、危险作业罪和高空抛物罪的法定最高刑为 1 年

---

* 张兆松，浙江工业大学法学院教授。

以下有期徒刑。上述立法呈现出明显的轻罪化特征。其次，从检察实践看，"过去五年，我国刑事犯罪出现四大变化，严重暴力犯罪起诉人数占比由1999年的25%下降至2022年的3.9%，判处有期徒刑3年以下的轻罪案件占85.5%。诉前羁押率逐年下降，2018年提起公诉前被羁押人数占起诉人数的54.9%，2020年占42.2%，2022年占26.7%。2022年，全国检察机关起诉杀人、抢劫、绑架等暴力犯罪人数为近20年来最低"。[1]再从审判实践看，目前，"人民法院审理的杀人、抢劫、绑架、放火、爆炸等几类严重暴力犯罪案件，从2013年的7.5万件9.57万人，已经下降到2021年的4.9万件5.68万人。同时，对于民间矛盾引发，具有法定或者酌定从轻情节的，依法从轻处罚。2021年被判处3年以下有期徒刑的罪犯人数占判决生效总人数的比例已经达到84.6%"。[2]2023年上半年，全国法院"判处3年有期徒刑以下刑罚的罪犯占85.31%，判处5年有期徒刑以上刑罚的罪犯占8.73%"。[3]上述特征意味着我国已迈入"轻罪化时代"。尽管对轻罪立法刑法学界还有一定的争议，但轻罪立法趋势仍是不争的事实。虽然学界和司法实务部门的同行已对轻罪立法作了大量研究，但除个别专家外，至今尚未关注到贪污贿赂犯罪的轻罪问题，[4]本文试就此作一初步探讨，以期抛砖引玉引起大家的重视。

二、现行贪污贿赂犯罪："厉而不严"的重刑结构

为了加强对腐败犯罪的惩治力度，当前，不管是刑法立法，还是刑事司法实践，都体现在"重刑"上。

（一）从贪污贿赂犯罪立法看

1. 保留贪污罪、受贿罪的死刑

死刑是剥夺罪犯生命的刑罚方法，是对犯罪分子最为严厉的惩罚。"截至2021年年底，全球已有144个国家和地区在法律上或者实践中废除了死刑，其中108个国家和地区废除了所有犯罪的死刑，8个国家和地区废除了普通犯

---

〔1〕 薛应军：《最高检：五年来我国刑事犯罪出现四大变化》，载《民主与法制时报》2023年2月17日。

〔2〕 乔文心：《让人民群众感受到公平正义就在身边》，载《人民法院报》2022年7月13日。

〔3〕 乔文心：《最高法将按季度常态化发布司法审判工作数据》，载《人民法院报》2023年8月8日。

〔4〕 如魏昌东研究员已提出贿赂犯罪应当建构"微罪—轻罪—重罪"的罪名序列（魏昌东：《贿赂犯罪立法体系对国家治理现代化的应然回应》，载《北京社会科学》2023年第3期）。

罪的死刑，28 个国家和地区实际废除了死刑。保留死刑的国家和地区有 55 个，占全部国家和地区的 1/4。"[1]特别是贪污贿赂犯罪，从国际视野看，鲜有设置死刑的。1997 年《刑法》修订之前，我国死刑罪名达到 71 种，修订之后仍保留 68 个死刑罪名。十八届三中全会《关于全面深化改革若干重大问题的决定》提出要"逐步减少适用死刑罪名"。《刑法修正案（八）》一次性取消了 13 种犯罪的死刑，《刑法修正案（九）》又取消 9 种非暴力犯罪的死刑。在学界，对贪贿犯罪也应当早日废除死刑，已没有太多争议。[2]但从民意角度看，取消贪腐犯罪的死刑适用方面面临极大的争议。2010 年 8 月，十一届全国人大常委会十六次会议审议了《刑法修正案（八）（草案）》。此次刑法修改的重点之一是拟取消近年来较少适用或基本未适用的 13 个经济性非暴力犯罪的死刑，其中关于是否取消贪贿犯罪死刑曾引起社会高度关注，引起一场风波。最后，全国人大常委会内务司法委员会陈斯喜副主任出面表态："从《刑法修正案（八）》草案草拟开始，全国人大从未考虑过取消贪污贿赂犯罪的死刑适用。"[3]中国青年报社会调查中心通过的一项网络调查显示，59.3% 的受访者直言目前《刑法》对腐败犯罪打击力度不够，73.2% 的受访者表示应对贪污贿赂犯罪保留死刑。[4]特别是 2015 年制定《刑法修正案（九）》时，由于之前已废除了盗窃罪的死刑，集资诈骗罪的死刑也将废除，加之 2007 年以后我国已无省部级以上官员因贪污受贿犯罪判处死刑立即执行，2013 年之后已无贪污受贿罪犯执行过死刑，[5]贪污受贿是否废除死刑又成为当时立法的焦点之一。鉴于广大民众大多反对废除贪贿犯罪的死刑，最终"贪污贿赂犯罪的死刑没有取消，不仅没有取消，而且加大了对贪贿的处

---

〔1〕 胡云腾：《论中国特色死刑制度的"三个坚持"》，载《中国法律评论》2023 年第 4 期。

〔2〕 李慧织：《贪污贿赂犯罪死刑限制与废止研究》，中国人民公安大学出版社 2014 年版，第 92～142 页。

〔3〕 毛磊：《取消贪污贿赂犯罪死刑？修改刑法从未如此考虑》，载 http://npc.people.com.cn/GB/14957/53050/12848310.html，最后访问日期：2020 年 10 月 24 日。

〔4〕 向楠：《民调：73.2% 受访者主张对贪污贿赂罪保留死刑》，载《中国青年报》2014 年 11 月 4 日。

〔5〕 广东省佛山市禅城区原澜石邮政支局局长何丽琼，因贪污罪、非法吸收公众存款罪、故意伤害罪、故意毁坏财物罪于 2009 年 4 月 24 日被佛山中级人民法院数罪并罚，判处死刑，剥夺政治权利终身，并处没收个人全部财产，2012 年 12 月 6 日何被执行死刑。之后近 10 年我国没有对贪污受贿案件再判处死刑立即执行。

罚力度"。[1]

2. 贪污罪、受贿罪设置终身监禁

在《刑法修正案（九）》颁布之前，终身监禁问题并没有引起刑法学人的关注，仅有的研究一般也认为，我国不需要设置终身监禁。[2]十八大后，新一届党中央基于对腐败问题严重性的清醒认识，推出了一系列反腐新战略。2014 年 1 月 14 日，习近平总书记在十八届中纪委三次全会上强调："以猛药去疴、重典治乱的决心，以刮骨疗毒、壮士断腕的勇气，坚决把党风廉政建设和反腐败斗争进行到底。"2014 年 12 月，第十二届全国人大常委会第十一次会议初次审议的《刑法修正案（九）（草案）》拟进一步减少适用死刑的罪名，一些常委委员就提出，应在逐步减少死刑罪名的同时，考虑增设终身监禁刑罚。[3]2015 年 6 月，《刑法修正案（九）（草案）》二审稿提请全国人大常委会第 15 次会议审议时，有的委员专门针对重特大贪污受贿犯罪，建议增加终身监禁刑罚。[4]在第十二届全国人大常委会第十六次会议上，全国人大法律委员会 2015 年 8 月 24 日《关于〈中华人民共和国刑法修正案（九）（草案）〉审议结果的报告》专门对终身监禁问题作出说明："有的常委委员和有关部门建议对重特大贪污受贿犯罪规定终身监禁。法律委员会经同中央政法委等有关部门研究认为，对贪污受贿数额特别巨大、情节特别严重的犯罪分子，特别是其中本应当判处死刑的，根据慎用死刑的刑事政策，结合案件的具体情况，对其判处死刑缓期二年执行依法减为无期徒刑后，采取终身监禁的措施，有利于体现罪刑相适应的刑法原则，维护司法公正，防止在司法实践中出现这类罪犯通过减刑等途径服刑期过短的情形，符合宽严相济的刑事政策。"据此，《刑法修正案（九）》第 44 条第 4 款规定："犯第一款罪，有第三项规定情形被判处死刑缓期执行的，人民法院根据犯罪情节等情况可以同时决定在其死刑缓期执行二年期满依法减为无期徒刑后，终身监禁，不得减刑、假释。"但终身监禁制度的设立受到学界的质疑。如有学者认为，"'终身监

---

〔1〕 陈捷生等：《全国人大常委会委员：贪贿犯罪最高刑罚死刑未取消》，载《南方日报》2015年 8 月 12 日。

〔2〕 张明楷：《死刑的废止不需要终身刑替代》，载《法学研究》2008 年第 2 期。刘宪权：《限制或废除死刑与提高生刑期限关系论》，载《政法论坛》2012 年第 3 期等。

〔3〕 陈丽平：《一些常委委员提出应考虑增设终身监禁刑罚》，载《法制日报》2014 年 12 月 17 日。

〔4〕 郑赫南：《增设"终身监禁"，封堵贪官"越狱"之路》，载《检察日报》2015 年 8 月 31 日。

禁'在宪法上的问题，不仅在其立法程序上的瑕疵，以及基于《宪法》第33条'公民在法律面前一律平等'而对刑罚适用平等性的质疑，更重要的是：作为与死刑一样根本性剥夺犯罪人权利的刑罚，其对公民人身自由等基本权利的限制是否具有合宪性"。[1]有的学者认为，贪贿犯罪终身监禁是"因'受迫'于某些民众严惩贪污受贿犯罪的呼声，而作出的欠妥当的情绪性立法规定"。[2]

3. 贪污贿赂犯罪修订，不断加重刑罚，轻罪比率低

改革开放四十多年来，贪污贿赂犯罪历经多次修改，每次修订，除增加罪名外，主要是提高贪污贿赂犯罪的法定刑，如1982年《关于严惩严重破坏经济的罪犯的决定》（已失效）将受贿罪的主刑由15年提高到无期徒刑和死刑，1997年《刑法》修订将挪用公款罪的法定刑由15年提高到无期徒刑，2009年《刑法修正案（七）》将巨额财产来源不明罪的法定刑由5年提高到10年等。在现行贪污贿赂罪的14个具体罪名中，法定刑在3年以下的，只有"对单位行贿""介绍贿赂罪"和"隐瞒境外存款罪"3个罪名，轻罪比例明显太低（参见表1）。[3]

表1　现行14个贪污贿赂罪名的法定最高刑

罪名	最高法定刑	罪名	最高法定刑
贪污罪	死刑	对单位行贿罪	3年
挪用公款罪	无期徒刑	介绍贿赂罪	3年
受贿罪	死刑	单位行贿罪	5年
单位受贿罪	5年	巨额财产来源不明罪	10年
利用影响力受贿罪	15年	隐瞒境外存款罪	2年[4]
行贿罪	无期徒刑	私分国有资产罪	7年
对有影响力的人行贿罪	10年	私分罚没财物罪	7年

---

〔1〕 张翔：《刑法体系的合宪性调控——以"李斯特鸿沟"为视角》，载《法学研究》2016年第4期。

〔2〕 刘宪权：《刑事立法应力戒情绪——以〈刑法修正案（九）〉为视角》，载《法学评论》2016年第1期。

〔3〕 其中《刑法修正案（十二）（草案）》已对"单位受贿罪""行贿罪""单位行贿罪"的法定刑作出修改，即把原来的5年以下下调到3年以下。

〔4〕 何况此罪名适用率极低，成为象征性立法。

(二) 从贪污贿赂犯罪司法看

1. 贪污受贿罪的重刑率已大大高于普通刑事案件

在贪污贿赂犯罪司法实践中我国一直存在着轻刑化问题。2009 年 5 月至 2010 年 1 月，最高人民检察院组织的专项检查中发现，"2005 年至 2009 年 6 月，全国被判决有罪的职务犯罪被告人中，判处免刑和缓刑的共占 69.7%"。[1] 为了遏制职务犯罪的轻刑化，最高人民法院、最高人民检察院分别于 2009 年 3 月 12 日和 2012 年 8 月 8 日颁布《关于办理职务犯罪案件认定自首、立功等量刑情节若干问题的意见》《关于办理职务犯罪案件严格适用缓刑、免予刑事处罚若干问题的意见》等司法解释。"2007 年以来的 6 年间，人民法院对贪污贿赂判处 5 年有期徒刑以上刑罚的重刑率不断提高，分别为 17.58%、17.90%、20.82%、21.20%、21.78% 和 22.91%，呈逐年上升趋势，重刑率已超过普通刑事案件。"[2] 腐败犯罪轻刑化现象得到了一定的遏制和纠正。特别是《刑法修正案 (九)》和 2016 年 4 月 18 日最高人民法院、最高人民检察院《关于办理贪污贿赂刑事案件适用法律若干问题的解释》 (以下简称《解释》) 颁布之后的五年里，贪污贿赂犯罪的重刑率不断提高，并与普通刑事犯罪重刑率不断下降形成强烈对比 (参见表 2)。如广东省 2018 年至 2022 年全省职务犯罪案件一审生效判决数为 3748 件 4747 人。其中，判处无期徒刑以上的 3 人，占 0.06%；15 年以上有期徒刑的 26 人，占 0.55%；10 年至 15 年有期徒刑的 203 人，占 4.28%；5 年至 10 年有期徒刑的 398 人，占 8.38%；3 年至 5 年有期徒刑的 1104 人，占 23.26%；3 年以下有期徒刑、拘役的 2552 人，占 53.76%；单处罚金的 218 人，占 4.59%。3 年以上重刑率达 41.65%。[3]

---

[1] 赵阳：《法律监督 "软" 变 "硬" 排除案外干扰》，载《法制日报》2010 年 11 月 22 日。

[2] 袁春湘：《近十年全国贪污贿赂犯罪案件量刑情况分析》，载《中国审判》2015 年第 6 期。

[3] 2023 年 8 月 2 日广东省人民检察院公布的《2018—2022 年度广东职务犯罪检察工作分析报告》 (2023 年第 6 号)。

表2　全部刑事犯罪重刑率与贪污贿赂犯罪重刑率之比

年份	全部刑事犯罪重刑情况			贪污贿赂犯罪重刑情况		
	生效判决总人数	5年以上重刑人数	5年以上重刑比例	生效判决总人数	5年以上重刑人数	5年以上重刑比例
2017	1 270 141	175 162	13.6%	29 890	2319	7.8%
2018	1 430 091	155 638	10.9%	24 827	2885	11.6%
2019	1 661 235	176 010	10.6%	18 810	3683	19.6%
2020	1 528 034	155 959	10.2%	15 544	3910	25.1%
2021	1 715 922	151 221	8.8%	15 961	4635	29.0%

2. 终身监禁适用率高，再现死刑立即执行案例

《刑法修正案（九）》实施以来，司法实践中既有判处终身监禁的，又有死刑立即执行的。截至目前，已有21名腐败分子因"受贿数额特别巨大，犯罪情节特别严重，社会影响特别恶劣，使国家和人民利益遭受特别重大损失"，同时又具有"到案后能够如实供述罪行，主动交代办案机关尚未掌握的绝大部分犯罪事实"及"认罪悔罪，积极退赃，赃款、赃物已全部或大部追缴"等法定、酌定的减轻、从轻处罚情节，而被判处终身监禁。2021年1月29日，天津市第二中级人民法院依照法定程序对中国华融资产管理股份有限公司原董事长赖小民执行了死刑。经查明：赖小民身为国家工作人员，利用职务上的便利，为他人谋取利益，利用职权和地位形成的便利条件，通过其他国家工作人员职务上的行为，为他人谋取不正当利益，索取、非法收受他人财物共计折合人民币17.88亿余元；赖小民身为国家工作人员，利用职务上的便利，非法占有公共财物共计人民币2513万余元；赖小民有配偶而长期与他人以夫妻名义共同生活。最高人民法院经复核确认：赖小民的行为构成受贿罪、贪污罪和重婚罪，应数罪并罚。赖小民受贿数额特别巨大，犯罪情节特别严重，社会影响特别恶劣，给国家和人民利益造成特别重大损失，罪行极其严重，依法应予严惩。赖小民虽有重大立功表现，但综合其所犯受贿罪的事实、性质、情节和对于社会的危害程度，不足以对其从宽处罚。这表明："对于严重腐败犯罪，死刑条款并未休眠，更未沉睡，它始终是我们刑事法治武器库中最为重要的利剑，高悬于腐败犯罪分子的头上，发挥着最具威

慑力的特殊预防和一般预防效果。"[1]《刑法修正案（九）》之所以设立终身监禁，旨在使其成为死刑的替代措施，而死刑立即执行案例的再现，使终身监禁能否成为死刑替代措施成为悬疑。

三、构建贪污贿赂犯罪轻罪体系的必要性和价值功能

（一）构建贪污贿赂犯罪轻罪体系的必要性

1. 轻刑化是我国刑罚发展的基本趋势

严刑峻法既不是控制犯罪的理想手段，也与人道主义和人权观念背道而驰。现代社会刑法中的刑罚应该是一种宽缓的刑罚，这在刑法理论界已经基本达成共识，并成为刑法现代化的重要标志之一。1979 年《刑法》规定了 28 个死刑罪名，嗣后，为了应对日益严峻的犯罪形势，我国实施"严打"刑事政策。立法机关不断增设死刑罪名，到 1997 年《刑法》修订之前，死刑罪名已多达 71 个，1997 年《刑法》修订时立法机关"考虑至目前社会治安的形势严峻，经济犯罪的情况严重，还不具备减少死刑的条件。这次修订，对现行法律规定的死刑，原则上不减少也不增加"。[2]修订后仍保留有 68 个死刑罪名。长期以来"刑事优先""重刑治罪"是我国国家治理的基本理念之一。2006 年随着宽严相济刑事政策的实施，刑罚轻缓化得到了肯定和体现。《刑法修正案（八）》和《刑法修正案（九）》进一步取消 22 个死刑罪名（死刑罪名减至 46 个）。从刑事司法实践看，"严打"时期案件重刑率较高。"1983 年，人民法院判处的重刑比例（判处五年以上有期徒刑到死刑的人数占全部犯罪人数的比例）创纪录地达到了 47.39%，1996 年第二次'严打'也达到了 43.05%。"[3]此后重刑率逐渐降低，2014 年开始已经降至 10% 以下，2016 年重刑率仅有 8.01%。[4]随着重刑率的下降，我国社会治安反而呈现良性发展态势，暴力犯罪大幅度下降。

---

〔1〕 林维：《适时运用重刑　依法严惩腐败》，载《法治日报》2021 年 1 月 6 日。

〔2〕 王汉斌 1997 年 3 月 6 日在第八届全国人大五次会议上所作的《关于〈中华人民共和国刑法〉（修订草案）的说明》。

〔3〕 胡云腾：《从拨乱反正到良法善治——改革开放四十年刑事审判理念变迁》，载《人民法院报》2018 年 10 月 10 日。

〔4〕 袁春湘：《改革开放 40 年来司法审判之变化》，载《人民法院报》2018 年 10 月 30 日。

2. 刑罚的宽缓化是我国治理贪贿犯罪的基本选择

改革开放以来，我国始终坚持用"重刑"来治理腐败犯罪问题。对犯罪数额特别巨大、情节特别严重的贪贿罪犯适用死刑成为我国严厉惩治腐败的主要标志。由于立法对贪贿犯罪规定了严厉的刑罚措施，重刑案件特别是死刑、无期徒刑以上的案件占一定比例。以 1990 年至 2008 年为例，全国法院所判处的原省部级干部罪犯中，受贿、贪污罪犯占 90.5%，15 名省部级以上干部被判处死刑立即执行或死刑缓期执行。[1]改革开放以来到十八大之前的35 年中，共有超过 150 名省部级官员因腐败行为受到查办，根据对被判处刑罚的 103 个省部级官员统计，有死刑 6 例，死缓 27 例，无期徒刑 17 例，无期徒刑以上刑罚约占已判案例的 53%。[2]1993 年海口市人民检察院起诉的新中国成立以来最大贪污案——薛根和等人内外勾结，共同贪污公款总计 3344 万元，其中 5 人被判处死刑、立即执行。2000 年 9 月 14 日，九届全国人大常委会原副委员长成克杰因收受他人贿赂 4109 余万元，被执行死刑。根据美国学者魏德安对 2448 个腐败案例进行的分析，腐败行为在中国面临严厉的法律制裁，其中有 26.35%被判处了死刑，有 30.56%被判处 10 年以上有期徒刑或无期徒刑，而在美国没有腐败官员会被判处死刑或死缓。[3]《刑法修正案（九）》实施后至今，又有 21 名受贿罪犯被判处终身监禁，1 名罪犯被判处死刑立即执行。我国对贪贿犯罪适用刑罚的严厉性可见一斑。

3. 从国际视野看，贪污贿赂犯罪法定刑配置普遍轻缓

反腐不等于重刑。除越南等少数国家外，其他国家对贪贿犯罪已废除死刑适用，大多数国家贪污贿赂犯罪的法定刑基本上都在 10 年以下。特别是清廉排名靠前的国家，对贪污贿赂犯罪规定的都是轻刑。最新 2021 国际清廉指数排行榜出炉，在全球 180 个国家和地区中，新西兰以 88 分（最高 100 分）排名全球第一，与丹麦、芬兰并驾齐驱。在新西兰普通的受贿罪法定刑是 7 年以下有期徒刑。芬兰普通受贿的刑罚是罚金或 2 年以下有期徒刑，即使是加重的受贿（包括加重的议会议员受贿罪），刑罚也只有"最低 4 个月最高 4

〔1〕 肖扬：《反贪报告——共和国第一个反贪污贿赂工作局诞生的前前后后》，法律出版社 2009年版，第 343 页。

〔2〕 陈良飞：《35 年"打虎"记》，载《新民周刊》2013 年第 38 期。

〔3〕 ［美］魏德安：《双重悖论：腐败如何影响中国的经济增长》，蒋宗强译，中信出版社 2014 年版，第 198 页。

年的有期徒刑"。它的刑罚威慑力来自：构成腐败犯罪的起点较低。"不论实际上是否影响了公职行为，只要收受了贿赂就足以构成刑罚的条件，利益贿赂不仅仅局限在金钱，也包括对公职人员家庭、子女未来的承诺等，只要公务员的行为会削弱公众对政府行为公正性的信心，该公务员的受贿罪名就成立。"〔1〕瑞士是世界上公民政治参与程度最高的国家，同时也是最廉洁的国家之一。《瑞士联邦刑法典》第 288 条（贿赂）规定："向当局成员、官员、法官、仲裁人、官方聘请的鉴定人、军人成员提供、允诺、给予或让他人给礼物或其他利益，使其违反职务义务或服役义务，处监禁刑。可并处罚金。"而根据第 36 条（监禁刑）规定，监禁刑最低为 3 天，法律未作特别规定的，最高之监禁刑为 3 年。没有规定重刑，却建成了当代最廉洁的社会，极具法治意义。

（二）构建贪污贿赂犯罪轻罪体系的价值功能

1. 有利于提高贪污贿赂犯罪的惩治力度，实现"三不"方针

习近平总书记指出："一体推进不敢腐、不能腐、不想腐，不仅是反腐败斗争的基本方针，也是新时代全面从严治党的重要方略。"〔2〕一体推进"三不"是具有中国特色的腐败治理机制。在"三不"方针中，不敢腐是前提，不能腐是关键，不想腐是目标。"只有坚持依法严厉惩治，才能维护权力监督的权威，只有惩治这一手硬了，预防腐败的体制机制运行才能有效。"〔3〕十八大以后，纪检监察机关持续加大反腐败力度，查办的腐败案件大幅度上升，但近五年（2018 年至 2022 年）与前五年（2013 年至 2017 年）相比，近五年来纪检监察机关移送检察机关追究刑事责任的职务犯罪数量却大幅度下降（见表 3）。

表 3　2013 年至 2022 年检察机关办理职务犯罪数量比较〔4〕

年份	全国检察机关直接立案侦查的职务犯罪案件数量/人	年份	全国检察机关受理监委移送的职务犯罪案件数量/人
2013	51 306	2018	16 092

〔1〕　伍捷：《芬兰清廉建设的经验与启示》，载《红旗文稿》2013 年第 22 期。

〔2〕　参见习近平总书记在十九届中央纪委四次全会上的讲话。

〔3〕　蔡志强：《反腐净党》，人民日报出版社 2022 年版，第 246 页。

〔4〕　数量统计来源于 2014 年至 2018 年《中国法律年鉴》和 2018 年至 2022 年最高人民检察院工作报告。

续表

年份	全国检察机关直接立案侦查的 职务犯罪案件数量/人	年份	全国检察机关受理监委移送的 职务犯罪案件数量/人
2014	55 101	2019	24 234
2015	54 249	2020	19 760
2016	47 650	2021	20 754
2017	46 113	2022	20 798
合计	254 419	合计	101 638
年均	50 884	年均	20 328

犯罪学的基本原理是：犯罪预防的有效性在于刑罚的确定性，而不是刑罚的轻重。所谓刑罚的确定性即有罪必罚。贝卡里亚指出："对于犯罪最强有力的约束力量不是刑罚的严酷性，而是刑罚的必然性。"〔1〕我国腐败犯罪严重的主要诱因是刑罚的确定性难以实现，大量腐败分子逃脱刑事法网，而贪污贿赂犯罪轻罪体系的完善有助于严密腐败犯罪法网。

2. 有利于实现贪污贿赂犯罪量刑的合理化，保证刑罚公正

所谓"两极化"现象，是指贪污贿赂犯罪，要么就是重刑，要么就是无罪，出现两个极端。《刑法修正案（九）》之前，贪污贿赂犯罪量刑呈现以下特点：其一，"两头大、中间少"。即轻刑率高，重刑率高。其二，"量刑扎堆"现象突出。上述特点，显然不符合"重罪重罚、轻罪轻罚、罚当其罪"的量刑原则。《刑法修正案（九）》之后，贪贿犯罪量刑特点发生了重大变化，贪贿犯罪量刑分布呈"陀螺"状，即"中间粗两头细"的特点，即判处3年以上10年以下的案件占比高。贪贿犯罪合理的刑罚结构是金字塔型的，即3年以下的贪贿案件占比要高。提高3年以下案件的占比率，必须降低贪贿犯罪的入罪门槛，使更多的贪贿案件既能定罪处罚，但又不至于判处重刑。

3. 有利于扩大贪污贿赂犯罪圈，彰显刑法平等

法律面前人人平等既是宪法原则，也是刑法原则。它要求对一切公民的犯罪行为都要依法追究，给予适当的惩罚，防止任何人凌驾于法律之上。中共中央《关于全面推进依法治国若干重大问题的决定》指出："坚持法律面前

---

〔1〕［意］切萨雷·贝卡里亚：《论犯罪与刑罚》，黄风译，北京大学出版社2008年版，第62页。

人人平等。平等是社会主义法律的基本属性。任何组织和个人都必须尊重宪法法律权威，都必须在宪法法律范围内活动，都必须依照宪法法律行使权力或权利、履行职责或义务，都不得有超越宪法法律的特权。"近年来，随着刑事犯罪圈的不断扩大，特别是"在积极刑法观背景下我国的微罪概念正在形成，微罪的扩张呈现出不可逆转之势"。[1]2021 年全国检察机关起诉人数最多的五个罪名是：危险驾驶罪 35.1 万人，盗窃罪 20.2 万人，帮助信息网络犯罪活动罪 12.9 万人，诈骗罪 11.2 万人，开设赌场罪 8.4 万人。[2]普通刑事犯罪领域存在着"过度刑法化"的问题，[3]入罪门槛低，一不小心就涉罪。如盗割他人韭菜售卖获利人民币 8 元案[4]、自家院子里抓一只麻雀被判刑案[5]等。习近平总书记强调："要健全法律面前人人平等保障机制，维护国家法制统一、尊严、权威，一切违反宪法法律的行为都必须予以追究。"[6]增补贪污贿赂轻罪，降低贪污贿赂犯罪构成条件和入罪门槛，有助于提升法律的公平性、权威性。

四、构建贪污贿赂犯罪轻罪体系之设想

我国贪贿犯罪构成过于严格，导致不少贪腐行为难以纳入刑法调整的范围。近年来，尽管立法机关和司法机关不断严密贪贿犯罪法网，尤其是《刑法修正案（九）》虽然对贪贿犯罪作了比较系统的修改，但从修改内容看，"总体上并没有破除贪污受贿立法本来存在的结构性积弊，重新编织的贪污受贿刑事法网以及调整的惩治力度，不但没有提升刑法对贪污贿赂犯罪的规制

---

〔1〕 梁云宝：《积极刑法观视野下微罪扩张的后果及应对》，载《政治与法律》2021 年第 7 期。

〔2〕《2021 年全国检察机关主要办案数据》，载《检察日报》2022 年 3 月 9 日。

〔3〕 何荣功：《社会治理"过度刑法化"的法哲学批判》，载《中外法学》2015 年第 2 期。

〔4〕广西桂林市灵川县被告人毛某三次到被害人的韭菜地里盗割田地里的韭菜，再拿到县城售卖，共获利人民币 8 元。法院认为，被告人毛某以非法占有为目的，多次盗窃他人财物的行为已构成盗窃罪，且有前科，遂判处 6 个月有期徒刑，并处罚金 1000 元。参见张军：《偷三次韭菜被判六个月，司法是在用大炮打蚊子？》，载《南方都市报》2021 年 11 月 29 日。

〔5〕吉林省某县被告人李某以猎捕麻雀为目的，在自家院内西侧，架设粘网猎捕麻雀，捕到一只麻雀并扔掉。法院认为，被告人李某违反狩猎法规，在禁猎期、禁猎区使用禁用的方法非法狩猎，情节严重，其行为已构成非法狩猎罪，判处罚金人民币 1000 元。参见吉林省梨树县人民法院〔2021〕吉 0322 刑初 71 号刑事判决书。

〔6〕习近平：《坚持走中国特色社会主义法治道路 更好推进中国特色社会主义法治体系建设》，载《奋斗》2022 年第 4 期。

能力，反而是'名严实宽'，难以满足反腐败刑法供给的需要"。[1] 所以，如何编织严密的贪贿犯罪法网，主要是轻罪法网，应当是今后贪贿犯罪刑事立法的重点和方向。

（一）适应贪污贿赂犯罪新态势，增设若干轻罪名

近年来，立法机关陆续将一些原本只作行政处罚或治安处罚的违法行为纳入刑罚处罚范围，导致犯罪圈不断扩大，罪犯人数逐年上升（参见表4）。但在十八大以后强力反腐的形势下，贪污贿赂罪犯数量却大幅减少（参见表3）。其原因固然是多方面，但与普通刑事犯罪圈不断扩大而贪污贿赂犯罪圈没有变化不无关系。此外，"党的十九大以来，新型腐败占比增大是导致腐败存量还未清底和腐败增量仍有发生的重要原因"。[2] 鉴此，笔者认为，立法机关应当根据贪污贿赂犯罪新态势，增设一些新罪名，将原本只作党纪、政务处分的违法、违纪顽疾，纳入刑事制裁范围，具体有：

表4　2010年至2021年刑事罪犯总数

年份	刑事罪犯数量/人	年份	刑事罪犯数量/人
2010	1 006 420	2016	1 219 569
2011	1 050 747	2017	1 268 985
2012	1 173 046	2018	1 428 772
2013	1 157 784	2019	1 659 550
2014	1 183 784	2020	1 526 811
2015	1 231 656	2021	1 714 942

1. 增设收受礼金罪

多年来对领导干部收受礼金的行为始终无法定罪处罚，并成为难以有效治理的腐败顽疾。如根据中央纪委国家监委网站2023年9月20日公布的湖南省纪委监委对全省纪检监察机关近期查处的6起违规收送礼品礼金典型问题的公开通报，这6起案件除湖南省农业农村厅原党组成员、副厅长唐建初受

---

〔1〕 孙国祥：《贪污贿赂犯罪刑法修正的得与失》，载《东南大学学报（哲学社会科学版）》2016年第3期。

〔2〕 毛昭晖、朱星宇：《新型腐败的特征与类型——警惕传统型腐败向新型腐败的嬗变》，载《理论与改革》2022年第4期。

到开除党籍、开除公职处分，涉嫌犯罪问题移送司法机关处理外，其他 5 件都是仅仅受到党纪政务处分。[1]有学者透露《刑法修正案（九）（草案）》拟设置"收受礼金罪"，但全国人大公布的《刑法修正案（九）（草案）》并未出现"收受礼金罪"条款。为了弥补立法的缺失，《解释》将部分收受礼金的行为犯罪化。[2]但这一扩张解释，受到了学界的批评。有的学者认为："受罪刑法定原则的制约，司法解释终究不能走得太远而有损法的安定。《解释》没有也无权对'为他人谋取利益'的要素完全虚置，只能理解为某种程度上弱化了该要素对入罪的限制，否则有违罪刑法定原则之嫌。"[3]也有的学者认为："如果认为立法有缺陷，即使是根本性的缺陷，司法机关也只能执行法律，适用法律，而不能曲解法律，更不能创设规则，修正、制订法律的任务应当始终由立法机关去完成。"[4]为了尊重民意，[5]实现罪刑法定，破解执法难题，建议刑法典中明确规定收受礼金罪，但考虑该罪虽然侵犯了国家工作人员的廉洁性，但并未侵犯其职务行为的不可收买性，在没有利用职务便利为他人谋利的情况下，其对国家的正常管理活动和职务行为公正性的危害性较一般受贿行为的危害性要小，所以法定刑可以设定在 3 年以下，最高不超过 10 年。

2. 增设利益冲突罪

"从目前我国腐败犯罪的特点看，越来越多的腐败发生在利益冲突领域。"[6]从十八大以来查办的高官腐败案件看，"在已经落马的老虎案中，'家族腐败'屡屡发生，贪腐夫妻档、贪腐父子兵形成的完整的'家族腐败'利益链，牵连甚广、危害巨大"。如周永康、令计划、苏荣、白恩培、王敏、周本顺等腐败案都是典型的家族式腐败。[7]近年来"广州市纪检监察机关查办

---

［1］《湖南通报 6 起违规收送礼品礼金问题》，载 https://www.ccdi.gov.cn/yaowenn/202309/t20230920_294949.html，最后访问日期：2020 年 11 月 23 日。

［2］《解释》第 13 条第 2 款规定："国家工作人员索取、收受具有上下级关系的下属或者具有行政管理关系的被管理人员的财物价值三万元以上，可能影响职权行使的，视为承诺为他人谋取利益。"

［3］孙国祥：《"礼金"入罪的理据和认定》，载《法学评论》2016 年第 5 期。

［4］叶良芳：《"为他人谋取利益"的一种实用主义诠释——〈关于办理贪污贿赂刑事案件适用法律若干问题的解释〉第 13 条评析》，载《浙江社会科学》2016 年第 8 期。

［5］佘宗明：《近六成受访者：该设立"收受礼金罪"》，载《新京报》2014 年 11 月 15 日。

［6］过勇、宋伟：《腐败测量》，清华大学出版社 2015 年版，第 209 页。

［7］郭芳、董显苹：《大老虎的夫人们》，载《中国经济周刊》2015 年 3 月 16 日；陈磊：《贪官的家族腐败黑洞》，载《海南人大》2016 年第 6 期。

的多起案件证明，利益冲突问题，已成为腐败发生的重要根源"。[1]"据不完全统计，迄今为止，世界上已有近百个国家和地区通过立法来防止公职人员利益冲突"。[2]在美国，"利益冲突罪作为美国贿赂犯罪体系中别具一格的罪名系统，不同于传统贿赂犯罪在反腐体系中的地位，利益冲突罪有其独特的作用和价值，不仅促进了刑法功能的转变，而且将积极治理主义理念引入反腐立法体系之中"。[3]我国《刑法》第 388 条之一的"利用影响力受贿罪"，首次将利益冲突行为犯罪化，但是该罪在犯罪主体及数额、情节的构罪要素方面都有严格要求。这意味着该罪仅规范于利益冲突的后期，这不利于打破公职人员离职前"筑巢避罚"的侥幸心理及预防"关系密切的人"利用国家公职人员的身份谋取不法利益。鉴此，参考域外立法，引入预防性"旋转门"利益冲突罪，考虑刑法提前介入。[4]当然对这种行为可以设置轻刑，构成犯罪的处 2 年以下有期徒刑。

3. 设立非法从事营利活动罪

所谓非法从事营利性活动，是指公职人员违反有关规定，从事各种以营利为目的的经济活动，主要包括：经商办企业；拥有非上市公司（企业）的股份或者证券；买卖股票或者进行其他证券投资的；从事有偿中介活动的；在国（境）外注册公司或者投资入股的；其他违反有关规定从事营利性活动的行为。[5]禁止党政干部从事营利活动、兼职取酬的目的，旨在防止公职人员利用公权力从事各种营利活动，利用职务之便获取非法收入，以保证公权力行使的廉洁性。我国早在 20 世纪 80 年代就制定了《关于严禁党政机关和党政干部经商、办企业的决定》《关于进一步制止党政机关和党政干部经商、办企业的规定》。《公务员法》第 59 条第 16 项规定，公务员应当遵纪守法，不得违反有关规定从事或者参与营利性活动。《中国共产党纪律处分条例》第 106 条规定，违反有关规定从事营利活动，情节较轻的，给予警告或者严重警

---

〔1〕 何霖、侯翔宇：《行使公权不容私心杂念》，载《中国纪检监察报》2019 年 8 月 24 日。

〔2〕 张智辉：《防止公职人员利益冲突的域外模式》，载《检察日报》2018 年 4 月 19 日。

〔3〕 尤广宇、魏昌东：《从交易禁止到利益冲突：美国贿赂犯罪立法体系的建设路径》，载《国家检察官学院学报》2019 年第 1 期。

〔4〕 张磊、梁田：《依法惩治政商"旋转门"背后的腐败犯罪》，载《人民法院报》2022 年 8 月 25 日。

〔5〕 程威、刘一霖：《违规从事营利性活动与受贿犯罪之辨——从广西壮族自治区来宾市象州县副县长龙敏案说起》，载《中国纪检监察报》2023 年 9 月 20 日。

告处分；情节较重的，给予撤销党内职务处分；情节严重的，给予留党察看处分。《公职人员政务处分法》第 36 条规定，违反规定从事或者参与营利性活动，或者违反规定兼任职务、领取报酬的，予以警告、记过或者记大过；情节较重的，予以降级或者撤职；情节严重的，予以开除。但是公职人员非法从事营利活动仅仅予以党纪或政务处分是不够的。该罪也属于利益冲突表现形式之一。前述利益冲突罪所要强调的是只要国家公职人员违反了禁止利益冲突行为，即按犯罪论处，旨在事前预防。而非法从事营利活动罪，"在客观要件中需增加非法利益的数额要素，以提高入罪标准"，"本罪的罪状设计为：国家工作人员违反国家规定，参加营利活动，获取非法利益，数额较大的构成本罪"，[1]旨在事后预防。该罪的法定刑可设置为 2 年以下，数额巨大的，不超过 5 年。[2]

（二）降低贪污贿赂犯罪入罪门槛，设置贪污贿赂犯罪之轻刑

1. 扩大利用影响力受贿罪的犯罪主体

《刑法》第 388 条之一所规定的利用影响力受贿罪的主体是特殊主体，特别是其中的"关系密切的人"具有弹性和模糊性，实践中常常引起争议。从贿赂犯罪的本质而言，对利用影响力受贿罪的犯罪主体根本没有必要作出特定限制。只要行为人通过自己或他人职务的实际影响力，收受或索取"任何不正当好处"，就具有严重的社会危害性，就应构成利用影响力受贿罪。《联合国反腐败公约》第 18 条规定的影响力交易罪的主体并无特殊限制，"公职人员或者其他任何人员"都可以构成。但非公职人员的法定刑可以设定在 3 年以下，最高不宜超过 10 年。

2. 取消行贿犯罪中的"为谋取不正当利益""为谋取不正当商业利益"
要件

为了有力地打击行贿犯罪，司法解释不得已对"不正当利益"作出扩张解释，但仍然难以适应司法实践的需要。行贿罪的社会危害性并不在于谋取的利益是否正当，而在于其"收买行为""围猎行为""腐蚀行为"，侵害了职务行为的廉洁性。行为人只要是"为谋取利益"而行贿，无论是合法利益

---

[1] 钱小平：《中国反腐败刑事立法研究》，北京大学出版社 2023 年版，第 176 页。
[2] 如《新加坡刑法典》第 168 条规定："任何法律规定不得经商的公务员经商的，应当处以 1 年以下监禁，或者罚金，或者二者并处。"

还是非法利益，正当利益还是不正当利益，都构成犯罪，而对谋取"不正当利益"要从重处罚。对谋取正当利益的行贿罪，法定刑可以设定在2年以下。

3. 取消挪用公款罪中"用途"在犯罪构成中的作用

现行《刑法》将挪用后的用途作为挪用公款罪的必备构成要件。这种规定缺乏科学性和合理性，表现在：（1）不符合我国刑事立法根据目的行为确定犯罪构成要件的原则。（2）将挪用后的用途规定为犯罪的客观必备条件，有违罪责刑相适应原则的要求，容易引起罪刑关系的不协调。（3）将挪用后的用途规定为犯罪的客观必备要件，破坏了刑事法律体系条文之间的内在逻辑关系。（4）将挪用后的用途规定为犯罪的客观必备要件，可能会引起认识上的歧义，不利于司法实践中的具体认定和处理。[1]挪用公款罪的社会危害性主要表现在挪用数额的大小和挪用时间的长短上，挪用公款的去向或用途不同，对挪用公款本身的社会危害性的大小并无影响。《刑法修正案（九）》已对贪污贿赂犯罪作出了重大修改和完善，但未对挪用公款罪作出任何修改。现行贪污罪、受贿罪的法定最低刑都已调整到3年以下有期徒刑，而挪用公款罪的法定最低刑仍是5年以下，影响了罪名之间法定刑的协调，建议对挪用公款罪的法定最低刑调整为2年以下有期徒刑。

4. 扩大巨额财产来源不明罪的犯罪主体

根据《刑法》第395条，巨额财产来源不明罪的犯罪主体是国家工作人员。这一规定导致一些离职的国家工作人员以及国家工作人员的特定关系人拥有无法说明来源的巨额财产却无法追究其刑事责任，甚至为一些国家工作人员逃避法律追究提供方便之门。可见有必要将离职的国家工作人员、国家工作人员的特定关系人纳入巨额财产来源不明罪的犯罪主体。当然对离职的国家工作人员、国家工作人员的特定关系人可设置3年以下的轻刑。

5. 降低贪污贿赂犯罪数额标准

《刑法修正案（九）》实施后，《解释》大幅度提高贪污罪、受贿罪定罪量刑数额标准，即由原来的5000元、5万元、10万元提高到3万元、20万元、300万元，分别提高了6倍、4倍、30倍。"数额大小与公职行为廉洁性

---

〔1〕 李希慧、杜国强：《论挪用公款罪的几个问题》，载高铭暄、马克昌主编：《刑法热点疑难问题探讨——中国法学会刑法学研究会2001年学术研讨会论文选集》（下），中国人民公安大学出版社2002年版，第1190~1191页。

是否受到侵害无关,数额的存在是导致司法产生'选择性打击的重要原因。'"[1]各国普遍根据贪污贿赂犯罪所保护的法益建构定罪量刑标准,而不是注重犯罪数额。如新加坡,接受或赠予1元都算受贿或行贿,曾经有一人为了免交交警的罚款,私下塞给交警20元钱,结果被交警举报,被判入狱3个星期,就算给予执法人员一包价值5角钱的咖啡粉,也可能被视为行贿而被判刑。[2]瑞典人普遍认为贿赂行为的性质无法容忍,因而规定构成贿赂没有数额方面的限制。在丹麦,只要公职人员违反规定收受财物或者其他好处,都可能构成受贿罪。[3]建议将现行贪污罪、受贿罪的"数额较大""数额巨大"的标准由3万元、20万元下调到1万元和10万元,从而使更多的贪污贿赂罪犯被判处轻刑。

五、结语

2017年2月22日,香港特区前特首曾荫权因一项公职人员行为失当罪被判监禁20个月,即时收监。而他之所以被定罪,仅仅是由于"曾荫权于2010年11月2日至2012年1月20日期间,担任行政长官及行政会议主席的公职,但在行政会议举行会议商讨及批准雄涛广播有限公司提交的多项申请期间,没有向行政会议申报或披露他曾与雄涛的主要股东黄某标商议租赁一个位于深圳东海花园的三层复式住宅物业的往来"。此案之所以引起社会各界的热议,除其特首身份外,还因为这种行为在我国内地地区连一般的违纪违法都算不上,更谈不上犯罪了。[4]"科学立法是法治反腐的前提,良法之治是法治反腐的高级状态。"[5]我党百年反腐历程,腐败犯罪立法从无到有、从简约到细密,为党的高效反腐提供了有力的制度保障。党的二十大报告再次强调:"深化标本兼治,推进反腐败国家立法。""轻罪治理作为全新的时代课题,既

---

〔1〕 刘艳红等:《中国反腐败立法研究》,中国法制出版社2017年版,第149页。

〔2〕 吕元礼:《小贪即惩才不会成大贪》,载《南方日报》2011年6月9日。

〔3〕 王玄玮:《北欧国家何以如此廉洁》,载《检察风云》2015年第22期。

〔4〕 2019年6月26日,曾荫权终审被判无罪。终审法院指出,由于未能确立曾先生隐瞒的动机是贪污,在评估他偏离职责的性质、程度和可能导致后果的严重性时,必须考虑他不申报的动机、有什么需要披露及他不披露的后果,原审法官没有就这些问题向陪审团作出充分的引导,因此一致裁定曾先生上诉得直,撤销其定罪及判刑。

〔5〕 龚堂华:《坚持以法治思维和法治方式反腐败》,载《学习时报》2018年1月1日。

是中国式现代化建设的一部分，是中国式刑事法治建设的一部分。"〔1〕随着轻罪立法的推进，贪污贿赂犯罪领域的轻罪立法问题，应当引起重视，并纳入立法机关的议事日程。

〔1〕 樊崇义：《中国式刑事司法现代化下轻罪治理的理论与实践》，载《中国法律评论》2023 年第 4 期。

刑法上违法所得客观范围的实质判断规则

杨 军*

摘 要： 当下学界和实务界都在刑法上违法所得客观范围的判断规则上存在诸多分歧。这根源于界定违法所得判断规则时实质根据的缺位，并具体地表现为"忽视实质根据的分析"和"实质根据分析的错位"两种现象。为解决这一问题，应当以刑法上违法所得的实质构造为逻辑起点，逐一讨论刑罚准据违法所得和非刑罚处置对象违法所得的实质判断规则。其中，前者应当以"能表明法益侵害"和"可归属于构成要件行为"为判断规则，后者则应当以"法益侵害因果流程产生的法所不容忍的收益"为判断规则。对前述规则的教义学发展可以为司法实践中广泛存在的犯罪中掺杂的合法行为收益、犯罪成本、犯罪工具、他罪行为所得、犯罪人偶然所得、犯罪行为酬金、犯罪所得投资收益等是否属于违法所得提供实质判断指引。

关键词： 违法所得；实质判断；法益侵害；行为责任主义；因果流程

"违法所得"是我国刑法制定法和刑事司法中的重要概念。自 1979 年《刑法》第 60 条首次将违法所得写入刑法之后，这一概念在历次刑法立法和修正中都得到了保留。而随着《刑法修正案（十一）》将原第 214 条的"销售金额"修改为"违法所得"，现行《刑法》中违法所得概念的出现频次已达 16 次。[1]与此同时，刑事司法实践也高度依赖违法所得概念。检索发现，

---

* 杨军，复旦大学马克思主义研究院副研究员。

〔1〕 分别表现在《刑法》第 64 条、第 175 条（3 处）、第 180 条（2 处）、第 214 条（2 处）、第 217 条（2 处）、第 218 条、第 225 条（2 处）、第 318 条、第 321 条、第 393 条。

将违法所得视为刑事案件裁判理由及依据的判决书已经超过 22 万份。[1]在此意义上，立法者和司法者对违法所得概念可谓寄予了极高期待。遗憾的是，违法所得的认定一直聚讼纷纭。最突出的便是违法所得客观范围的判断问题。

刑法上违法所得的客观范围，是指应当被视为刑法上违法所得的财物或利益的界限。在司法裁判中，违法所得的认定包括三个基本步骤，即划定客观范围、确定评价标准、根据评价标准对客观范围内的财物加以数额化。就此而言，客观范围的准确划定构成了认定违法所得的基本前提，也是实现立法者和司法者期待的必要进路。然而，当下学界和实务界关于违法所得客观范围的判断规则分歧严重，总额说、净利说、相对总额说乃至不要说各执一词、互不相让。以吴某某假冒注册商标案为例，一审法院认定其违法所得为 1 909 229 元，被告人上诉主张其违法所得为 15 600 元，二审法院最终则认定其违法所得为 703 083.2 元。[2]显然，导致相去甚远三个数额的原因不是评价标准的差异，而是客观范围的差异。而从本源上看，客观范围判断规则的差异源自违法所得判断规则实质根据的缺位。既有规则要么依据违法所得实质根据以外的其他根据设计判断规则，要么在实质根据分析时存在严重的逻辑错位，因此都或多或少地误解了立法者的原意。在此意义上，通过实质根据的讨论确立违法所得客观范围的实质判断规则颇为必要。本文便是基于这一考虑的展开。

一、刑法上违法所得客观范围判断规则实质根据的缺位

总体而言，当下关于违法所得客观范围判断规则的讨论对于加深对违法所得的理解具有积极的意义。但仔细审视可以发现，既有判断规则的讨论中实质根据严重缺位。这是既有规则误解立法者本意以及产生分歧的根源。具体而言，这种实质根据的缺位主要表现为以下两种情形：

---

[1] 检索方法：数据库网站为威科先行（https://law. wkinfo. com. cn），关键词为"违法所得"，检索时间为 2022 年 11 月 23 日。司法解释（或文件）的搜索范围是全文，主题分类为刑法及刑事诉讼法，时效性为现行有效，效力级别为司法解释/文件。判决书的搜索范围为裁判理由及依据，案由和案件类型为刑事，文书类型为判决书，审判程序为一审。

[2] 陕西省西安市中级人民法院［2021］陕 01 刑终 273 号刑事判决书。

（一）忽视实质根据的分析

在既有的判断规则中，部分规则的设计者忽视了实质根据的分析，寄希望于通过违法所得实质根据以外的其他根据确立违法所得客观范围的判断规则。这包括两种具体的情形：

第一，忽视实质根据的展开，完全从刑法条文、司法解释（文件）的文义等形式表征出发分析和推论违法所得客观范围的判断规则。这种做法看似高度遵循了罪刑法定原则，但实际上，单纯从条文语义等形式侧面讨论违法所得的判断规则往往很容易忽视立法者真实的立法原意。例如，有学者单凭最高人民检察院 1993 年出台的《关于假冒注册商标犯罪立案标准的规定》第 2 条规定的"违法所得即销售收入"指出应当取消违法所得概念。[1]然而，从刑法修正实践来看，立法者并未将违法所得等同于销售收入或销售金额。《刑法修正案（十一）》专门将《刑法》第 214 条的"销售金额"修改为"违法所得"便是最好的证明。与此同时，从其他司法解释来看，司法者眼中的违法所得与销售收入、非法经营数额、销售金额等概念之间存在显著区别。现行有效的 2004 年最高人民法院、最高人民检察院《关于办理侵犯知识产权刑事案件具体应用法律若干问题的解释》第 12 条第 2 款指出，多次实施侵犯知识产权行为……非法经营数额、违法所得数额或者销售金额累计计算。这表明，司法者将违法所得数额与非法经营数额等视为相互并列的不同概念。而即便最高人民检察院 1993 年的规定将违法所得与销售收入等视之，但由于 2004 年最高人民法院、最高人民检察院的解释属于"后法"，对违法所得与销售收入关系的理解也应当以 2004 年最高人民法院、最高人民检察院的解释为准。

第二，忽视寻找刑法上的实质判断根据，寄希望于引入刑法外部概念来解决刑法上违法所得客观范围的判断问题。例如，不少学者提出，应当在判断违法所得时引入"净利润"的概念，将违法所得视为违法收入中扣除成本、费用、税收等支出后的余额，以所谓纯益主义下的"利差"为违法所得。[2]相较于笼统而言的不要说和总额说，净利说看起来更为合理，但其问题也很明显。尤其是，净利说采用的是经济学上的净利润概念，其对违法所得中的

〔1〕 胡云腾、刘科：《知识产权刑事司法解释若干问题研究》，载《中国法学》2004 年第 6 期。

〔2〕 陈兴良：《知识产权刑事司法解释之法理分析》，载《人民司法》2005 年第 1 期。时延安：《违法所得没收条款的刑事法解释》，载《法学》2015 年第 11 期。张明楷：《论刑法中的没收》，载《法学家》2012 年第 3 期。

利润、成本的界定所采用的都是经济学上的标准，并没有为违法所得的判断提供刑法上的实质根据。既没有为违法所得的"违法性"提供实质根据，也没有为犯罪成本的判断提供实质根据。例如，在包含手段行为与目的行为的犯罪中，手段行为创造的收益应当被视为违法成本还是违法所得？鉴于与违法所得相关的刑事违法行为往往是多个行为的集合，这个未解决的问题相当重要。除此之外，为何净利润可以被归属于犯罪人的实质问题也没有得到应有的讨论。

（二）实质根据分析的错位

相较于完全不顾及违法所得客观范围实质评判根据的理论，不少学者已经意识到了寻求实质判断根据的重要性。但遗憾的是，既有研究呈现出严重的错位现象，即将确定违法所得客观范围的实质根据以外的其他实质根据教条地施加于违法所得客观范围的判断之上。这包括两种具体情形：

第一，实质根据分析时的"偷梁换柱"，即以违法所得关联制度的实质要求作为违法所得判断的实质根据。这种做法看似找到了违法所得的实质判断根据，但实际上却只是找到了违法所得关联制度的实质根据，反而忽视了违法所得自身的实质规定性及其与关联制度之间的区别，并最终导致违法所得判断规则的偏误。

例如，有学者认为没收违法所得是只考虑特殊预防的保安处分，所以为了最大限度地追求特殊预防目的应当基于"整体主义""总额主义"等对违法所得采取最广义的限定。[1]但显然，特殊预防的考量不能超过违法所得本身的实质规定，如果过度追求特殊预防的效果将可能导致违法所得外延的不当扩大。这正是多数总额说存在的问题。可以看到，当以报应或预防为追求来讨论违法所得的认定时，多数学者都会走向总额说。但实际上，这只会不当地扩大违法所得的外延。当前，学界几乎都将《刑法》第 64 条对违法所得的处置视为没收。[2]而按照该条规定，没收的对象包括违法所得、违禁品、个人财物等。其中，供犯罪所用的本人财物，本质上是犯罪工具或犯罪成本。由此可见，立法者对违法所得与犯罪工具、犯罪成本持区别对待的态度。因

---

〔1〕 刘仁海：《职务犯罪"其他违法所得"的认定与处置》，载《法学》2021 年第 5 期。何帆：《刑事没收研究——国际法与比较法的视角》，法律出版社 2007 年版，第 127~129 页。

〔2〕 下文将指出，《刑法》第 64 条对违法所得的处置中只有部分属于没收。因此，除了对已有研究成果的引用，下文将《刑法》第 64 条关于违法所得的规定称为"刑事处置措施"。

此，即便要基于整体主义、总额主义而将与犯罪相关联的所有物品予以没收，也不能得出违法所得包括犯罪成本的结论。

又如，有学者提出，没收违法所得具备向返还被害人合法财产的目的，如果没收违法所得时扣除犯罪成本，将无法实现对被害人合法财产的返还，因此应当以相对总额说代替净利说。[1] 然而，没收违法所得的实质追求不能代替违法所得本身的实质认定根据，更不能超越违法所得自身的实质规定性。如果为了实现没收违法所得的某种目的就随意改变违法所得的边界，显然并不符合立法者对违法所得概念本身的定位。实际上，犯罪成本应当是刑法上"供犯罪所用的本人财物"，与违法所得存在实质上的差异。更不要说，没收违法所得本身就并不必然包含返还被害人合法财产的目的，因为虽然《刑法》第 64 条规定了对违法所得中被害人的合法财产应当及时返还，但这并不意味着应当以返还被害人财产为目的来进行没收。

第二，实质根据分析时的"张冠李戴"，即忽视不同语境中违法所得判断所遵循的不同实质根据，想当然地对不同场景下"违法所得"的判断规则进行简单通约。例如，有学者基于知识产权犯罪违法所得研究中总额说的缺陷，来反对认定作为处置对象的违法所得时的总额说。[2] 然而，知识产权犯罪中违法所得主要以定罪条件为规范实质，而没收等刑事处置中的违法所得则主要是一种被处置的对象，二者之间有着完全不同的实质评判根据，二者不能混为一谈。

概言之，刑法上违法所得客观范围的既有判断规则中存在明显的实质根据缺位的问题，而这直接导致了不要说、总额说、净利说、相对总额说等理论或多或少地误读了立法者的原意。实际上，现行《刑法》规定的 16 处违法所得在《刑法》中居于不同的语境，不同语境中的违法所得往往具有不同的实质属性和承担不同的实质功能。在此意义上，如果不进行实质性的思考，显然无法理解立法者在不同语境下适用"违法所得"一词的真正缘由，也就无法得出具有说服力且符合立法者原意的判断规则。

---

〔1〕 何鑫：《刑事违法所得数额的司法认定问题研究——以特别没收为视角》，载《法律适用》2020 年第 11 期。

〔2〕 何鑫：《刑事违法所得数额的司法认定问题研究——以特别没收为视角》，载《法律适用》2020 年第 11 期。

二、刑法上违法所得的实质构造

语义学的视角下，违法所得可以拆分为三个部分：违法、所、得。可以看到，违法所得一词是典型的偏正结构，"得"构成了违法所得在词义上的核心，"违法""所"均为"得"的修饰词。由于"所"具有征表因果关系的含义，违法所得可以被理解为违法行为所造成的某种结果。不过，刑法上的结果具有多样性，不同的结果因为实质构造的不同而有不同的规定性。[1]因此，确定刑法上违法所得的实质判断规则，必须确定其实质构造。只有确定了违法所得的实质构造，方能通过刑法上对不同实质构造的规定确定违法所得客观范围的判断规则。

现行《刑法》中，违法所得共有四种出场语境：第一，作为犯罪成立条件的违法所得，体现在《刑法》第175条（1处）、第214条（2处）、第217条（2处）、第218条（1处）、第393条（1处），共7处；第二，作为刑事处置对象的违法所得，体现在《刑法》第64条（1处）；第三，作为罚金刑倍数罚则基数的违法所得，体现在《刑法》第175条（2处）、第180条（2处）、第225条（2处），共6处；第四，作为加重刑依据的违法所得，体现在第318条（1处）、第321条（1处），共2处。我们可以发现，这四种语境下的违法所得具有不同的实质构造。根据实质构造的不同，违法所得可以分为以下两种实质类型：

（一）实质类型之一：刑罚准据违法所得

所谓刑罚准据违法所得是指为裁量犯罪人刑罚提供准据的违法所得。从违法所得所处的语境看，前述第一、三、四种语境中的违法所得都承担着刑罚准据的实质功能。其中，第一种语境中的违法所得是定罪条件，在"应否处以刑罚"的意义上构成刑罚的裁量准据。而第三、四种语境中的违法所得（即作为罚金刑倍数罚则基数的违法所得和作为加重刑依据的违法所得）则

---

[1] 刑法上存在多种不同的结果类型。例如广义的结果与狭义的结果。广义的结果意指行为人的刑事违法行为所引起的一切对社会的损害事实，狭义的结果则是指作为犯罪构成要件的结果。又如，构成要件结果与构成要件外结果。构成要件结果与狭义结果一样，都是指作为犯罪构成要件的结果。构成要件外结果则是指构成要件范围之外的结果，我国传统刑法理论将之称为非构成结果。显然不同的结果有不同的规范限定。参见高铭暄、马克昌主编：《刑法学》（第10版），北京大学出版社、高等教育出版社2022年版，第69~71页。

是量刑依据，在"应当处以何种程度的刑罚"的意义上构成刑罚的裁量准据（严格地说，作为定罪条件的违法所得同时也发挥着量刑依据的功能，此处所谓量刑依据违法所得乃是"只能"作为量刑依据而不能作为定罪条件的违法所得）。由此，第一、三、四种违法所得客观范围的判断实质上便是应当如何划定刑罚准据范围的判断。对此，理论上的限定主要包括两个方面：

1. 法益保护主义与"能表征法益侵害"

刑法以法益保护为主要目的。正如金德霍伊泽尔所言，"结果这一概念所意指的是对于规范所保护的法益（客体）的负面改变"，[1]必须在法益保护主义之下界定刑罚准据。其原因在于，刑罚乃是一种对犯罪人合法权益的剥夺，这决定了，只有当犯罪人侵害法律所保护之合法权益时，刑罚方才具备合理性。这正是黑格尔关于犯罪和刑罚"从'否定'到'否定之否定'"的辩证法精髓，[2]亦即，只有被处以刑罚的人存在"否定（法益侵害，即犯罪）"时，方才能对其施以"否定之否定（法益侵害，即对犯罪处以刑罚）"。因此，张明楷教授明确指出，只有能够说明对刑法所保护法益（或客体）的侵害的结果，方能被视为刑法上的结果，反之，就不可能成为刑法上的结果。[3]诚然，后文将说明，非刑罚处置对象未必需要接受法益保护主义的限定，因为非刑罚处置并不必然以犯罪人合法权益的克减为本质属性。但是，在明确会影响犯罪人合法权益的量刑中，必须遵守法益保护主义的限定，亦即，必须能够表征法益侵害。

事实上，在论及何种结果可以被视为刑法上的结果时，张明楷教授还提出了"罪刑规范所阻止的结果"这一限定。但审慎而言，这一限定对于刑罚准据违法所得的判断意义不大。一方面，在论及何为"罪刑规范所阻止的结果"时，张明楷教授将其实质特征归结为"对具体规范的保护法益造成了侵害的结果"，这不过是一种与法益保护主义下关于"表明法益侵害"要求的循环论证。另一方面，刑法在规定违法所得作为刑罚准据时，已经明确规定了该罪刑规范所阻止的结果类型，不需要经由"罪刑规范所阻止"这一要求来

〔1〕[德] 乌尔斯·金德霍伊泽尔：《刑法总论教科书》，蔡桂生译，北京大学出版社2015年版，第77页。

〔2〕[德] 黑格尔：《法哲学原理》，范扬、张企泰译，商务印书馆1961年版，第113~118页。

〔3〕张明楷：《论刑法中的结果》，载《现代法学》2023年第1期。

与其他结果进行区分。这与张明楷教授所讨论的强奸罪造成的故意伤害结果是否属于强奸罪的构成要件结果并不相同。例如，区分违法所得与销售金额、非法经营金额等概念时，不能寄希望于是否满足"罪刑规范所阻止的结果"这一要求。因为销售金额、非法经营数额从文义上看也能构成违法行为所得，也可以解释为"罪刑规范所阻止的结果"。而要区分这两者，只能从行为责任主义关于结果归属的规则和法益保护主义关于法益侵害的限定来进行。后文将说明，之所以不能将违法所得等同于销售金额、非法经营金额，乃是因为后者之中往往包含着犯罪人的成本，而除了法律明确规定以销售金额等为刑罚准据的情形，并不能自然地将犯罪成本视为归责依据，也不能视为法益侵害根据。

值得注意的是，由于定罪和量刑规则对"能表征法益侵害"的要求存在细微的差别，而三种刑罚准据违法所得中既包括定罪条件（第一种）也包括量刑依据（第三、四种），还有必要讨论不同场景中"表明法益侵害"的不同内涵对违法所得判断的影响。这主要表现在"法益范围"的差异上。

由于定罪严格受构成要件限制，其评价的法益侵害应当位于构成要件范围之内，对此外其他法益的侵害则不在其评价范围之内。因为如果存在其他遭受刑事侵害的法益类型，那么便应当判断他罪构成要件的符合性。但是，犯罪的影响往往颇为广泛，犯罪行为并不总是（或者说往往不是）精确而不多不少地只侵犯构成要件范围内的法益，相反，犯罪行为往往还会引发对构成要件范围之外的其他附属法益的侵害。而这些侵害虽然可能不足以进入定罪评价（例如，法益侵害程度并非达到刑事犯罪的程度，或者法益侵害与行为之间不具备刑法上的因果关系等），但却可能影响犯罪行为不法和责任程度的具体评价。更重要的是，量刑与定罪不同，定罪只需判断行为人是否具备刑事法上的不法和责任，而量刑需要区分行为人具体的不法程度和责任程度，并界定出一个明确、具体的法律后果。如此一来，虽然不在构成要件保护范围之内、但受损事实能够彰显犯罪人不法和责任程度的法益侵害，也会被纳入量刑之中。亦即，量刑在评价构成要件保护法益的受损程度的同时，还必须评价其附属保护法益的受侵害程度。[1]所谓附属法益，主

---

[1] 小池信太郎「量刑における構成要件外結果の客観的範囲について」慶應法学第 7 号（2007）69 頁以下参照。

要是指构成要件保护法益的上位法益，是构成要件法益遭受侵害时往往会遭受牵连的法益。例如，强奸罪的直接保护法益为妇女的性自主权，但在强奸行为导致被害人出现精神疾病（即精神健康权益受损）的情形中，精神健康权益虽然并不属于强奸罪的直接保护法益，但强奸行为在侵害性自主权时往往会牵连到被害人的上位法益健康权（既包括身体健康也包括精神健康）。由此，对精神健康权益的侵害同样也应纳入量刑评价之中。就此而言，虽然定罪和量刑中的结果都应当是表明法益遭受侵害的结果，但量刑时所评价的法益类型明显更为多元，即征表侵害附属法益的结果也会被纳入量刑评价。

2. 行为责任主义与"可归属于构成要件行为"

在相当长的时间里，量刑结果的边界都较为松懈。尤其是，在绝对的报应主义以及被害报应论的影响之下，只要对被害人造成了损害，无论行为人系属故意、过失还是毫无罪责，也无论行为与结果之间的因果链条有多长，都可以对行为人加以追责，此即为所谓的结果责任主义。[1]在结果责任主义之下，被害人利益得到了最大程度的保护，但也存在明显的弊端：既容易导致刑罚权的恣意扩大，也容易导致预防目的尤其是特殊预防目的的落空。[2]因此，自刑法学迈入近代以来，结果责任主义便受到了猛烈批判，行为责任主义逐渐取而代之成为主流观念。[3]在行为责任主义看来，只有可以归属于行为的结果才可以被视为刑法上的结果而被纳入刑法评价。[4]当然，在这之后，随着行为人刑法兴起，理论上还形成了一种强调将行为人的生活方式、基本人格等纳入刑法评价的人格责任论。[5]但是，人格责任论强调的是行为人必须对其不顾后果的人格负责，行为人的人格、态度、动机和生活状况等对量刑责任同样具有重要的意义。[6]质言之，相比于结果责任和行为责任对量刑结果范围的限定，行为人责任实则对结果以外其他范畴的限定，尤其是行

〔1〕［日］松原芳博：《刑法总论重要问题》，王昭武译，中国政法大学出版社2014年版，第3页。
〔2〕蔡仙：《反思交通肇事罪认定的结果责任》，载《政治与法律》2016年第11期。
〔3〕梁根林：《责任主义原则及其例外——立足于客观处罚条件的考察》，载《清华法学》2009年第2期。城下裕二『量刑基準の研究』（成文堂、1995年）110页以下。
〔4〕张明楷：《论刑法中的结果》，载《现代法学》2023年第1期。
〔5〕［日］大冢仁：《人格刑法学的构想》（上），张凌译，载《政法论坛》2004年第2期。
〔6〕赵书鸿：《论作为功能性概念的量刑责任》，载《中外法学》2017年第4期。

为人的违法性认识及其可能性等主观因素。[1]就此而言，即使承认人格责任的合理性，但就结果这一客观结果范畴的限定而言，也应当以行为责任主义原则为基准。[2]概言之，在确定刑罚准据违法所得时，应当遵守行为责任主义的规定。

不过，正如定罪和量刑中法益保护主义对法益范围的规定不同一样，定罪和量刑中的行为责任主义也存在内涵上的细微差别，这也可能影响到违法所得的判断规则。

一般而言，"定罪行为责任主义"聚焦于刑事责任的发动根据，是判断能否对行为人进行刑事追责的限定性框架。对此，行为责任主义以行为刑法为基本立场，强调行为人只需要对"可归属于行为"的结果负责。所谓行为主要是指构成要件行为。诚然，刑法学上存在多种行为概念。在定罪问题中讨论最多的则是构成要件阶层的构成要件行为、实行行为等概念。其中，实行行为论者指出，实行行为是该当于构成要件的行为，但实行行为不仅需要在形式上满足构成要件，还需要具备实现构成要件结果的现实性危险。[3]但事实上，实行行为概念只是一种对构成要件行为的实质限定进路，只要承认构成要件并非"裸"的构成要件而是包含了对违法性的推定，那么其概念本身便面临着崩溃的危险。[4]因此，基于对构成要件阶层违法推定机能的认可，应当用构成要件行为来指代定罪行为责任主义中的行为。而对于归属规则，学界同样也存在相当因果关系、客观归责、主观归责等不同理论。不过，相当因果关系中的"相当性"只能定义行为而无法成为归责标准，客观归责理论则专为过失犯量身制定，其中"实现法所不容许的风险"还存在倒果为因的缺陷，并且无法限制故意犯为其所支配的危险负责，而以违法所得为刑罚准据的犯罪无一例外都是故意犯。相较而言，对于违法所得客观范围的判断，应当回归故意犯的本体构造，以行为人主观不法意志支配下的行为和因果流

---

〔1〕 胡东平、詹明：《人格责任论：一种形式主义的人格定罪模式》，载《南昌大学学报（人文社会科学版）》2016年第5期。

〔2〕 事实上，在部分学者看来，人格责任只能在行为责任的范围之内向减轻责任的方向发挥作用。其中，行为人的人格因素即为责任减轻的判断依据。在此意义上，行为人责任并不影响客观行为结果的判断。井田良「量刑理論の体系化のための覚書」法学研究69巻2号（1996）296頁以下参照。

〔3〕 ［日］前田雅英：《刑法总论讲义》，曾文科译，北京大学出版社2017年版，第66页。

〔4〕 ［日］高桥则夫：《刑法总论》，李世阳译，中国政法大学出版社2020年版，第93~94页。

程为归责基础,即采取主观归责的基本立场。[1]

比较之下,"量刑行为责任主义"聚焦于行为人具体的刑事责任程度,是判断在何种程度上追究行为人刑事责任的限定性框架。[2]相较于定罪行为责任主义,量刑行为责任主义受量刑判断特殊性的影响而有所不同。其核心差异是,由于量刑承担着刑事责任具体化的功能,而这一功能并不能完全通过构成要件的定型化得以实现,必须通过全面地评价犯罪人实施犯罪的具体行为方式、行为所引发的各类结果来确定刑事责任大小。因此,量刑不仅需要评价构成要件范围内的行为与结果,还需要将评价的行为和结果类型拓展到构成要件之外,并且将评价的因果链条拓展到构成要件因果关系的自然延伸部分。因此,构成要件行为以外的其他行为、构成要件结果以外的其他结果都可以构成量刑依据。就此而言,量刑意义上的"归责"往往可以突破"可归属于行为"这一限定。

但是,当讨论聚焦到违法所得这一特殊结果类型时,这两种行为责任主义之间的差别可以忽略。原因在于,量刑依据违法所得与定罪条件违法所得都是责任刑根据,这决定了量刑依据违法所得必须可归属于构成要件行为,而不能简单地以行为与结果之间的条件关系来确定量刑依据违法所得。[3]有学者便曾断言,按照量刑情节与责任和预防的关系区分,犯罪的结果是影响责任刑的情节。[4]从规范意义的实现路径看,量刑依据违法所得也应当是一种责任刑根据。其中,作为罚金刑基数的违法所得只提供罚金刑基数,但其本身并不承担目的刑的裁量功能,目的刑功能由罚金刑倍数的选择所承担。作为加重情形的违法所得也是如此,其彰显的乃是行为的不法和责任的加重,而非基于预防等目的性考量的加重。所谓责任刑中的"责任"正是经由犯罪论体系判断得出的"责任",由不法阶层和责任阶层筛选而出。因此,量刑依据违

〔1〕 关于相当因果关系和客观归责理论在故意犯归责中的偏误以及主观归责理论的优势。喻浩东:《论故意犯的结果归责:反思与重构》,载《比较法研究》2018 年第 6 期。

〔2〕 [日] 城下裕二:《量刑理论的现代课题》(增补版),黎其武、赵珊珊译,法律出版社 2016 年版,第 74 页。

〔3〕 小池信太郎「量刑における構成要件外結果の客観的範囲について」慶應法学第 7 号 (2007) 49 頁以下参照。

〔4〕 王志祥、李昊天:《责任刑与预防刑的区分与二者的关系——以张某某案改判为切入的思考》,载《贵州民族大学学报(哲学社会科学版)》2022 年第 2 期。张明楷:《刑法学》(下)(第 6 版),法律出版社 2021 年版,第 724 页。

法所得与定罪条件违法所得的规范功能并无本质区别，都是行为人不法和责任的判断依据。换句话说，尽管行为责任主义存在定罪和量刑的具体分野，但在违法所得的判断上，这种分野则会收敛到"可归属于构成要件行为"这一点上。

（二）实质类型之二：非刑罚处置对象违法所得

相较于第一、三、四种语境，第二种语境下的违法所得实质上是一种非刑罚处置对象。这是由《刑法》第 64 条对违法所得的处置措施的实质构造所决定的。当前，关于《刑法》第 64 条对违法所得的处置属于保安处分还是刑罚，学界尚存争议。在部分国家（例如日本），没收一律被视为刑罚；而有学者根据《刑法》第 64 条规定的追缴和责令退赔以及我国关于没收制度的特别规定提出，我国的没收违法所得应当是一种保安处分或者行政处分。[1]结合我国立法现实来看，应当认为，《刑法》第 64 条对违法所得的处置是非刑罚处置措施中保安处分以外的独立处置措施，其中的违法所得则是一种非刑罚处置对象。原因有二：

一方面，根据《刑法》第 64 条，违法所得的最终处置方式为追缴或责令退赔。其中的责令退赔显然与一般没收并且上缴国库有所不同，不能简单地以没收制度的实质属性来代替处置违法所得的实质属性。亦即，不能想当然地从"没收对象等于保安处分对象或者刑罚对象"的逻辑来理解违法所得的实质构造。

另一方面，《刑法》第 64 条对违法所得的处置既非刑罚，也非保安处分，而是一种保安处分之外的独立的非刑罚处置措施。首先，因为违法所得在法律上并不属于犯罪人的合法权益，对违法所得的处置不会构成对犯罪人合法利益的限制和剥夺。"通过强制措施无偿剥夺犯罪所得，只是拿走行为人本不该拥有的'好处'，并不具有任何惩罚色彩。"[2]而无论是刑罚还是保安处分，都以对犯罪人或者犯罪人的合法权益为处置对象。即便对违法所得的处置也能让犯罪人产生剥夺感和惩罚感，并在物质基础上削弱犯罪人的再犯可能，但显然这种报应和预防效果并非处置违法所得的根本原因。其次，从根本上看，刑法规范之所以处置违法所得，乃是因为犯罪人经由违法行为所得的各类利益本就不应归属于犯罪人。这也正是违法所得为罪刑规范所阻止的

---

〔1〕 张明楷：《论刑法中的没收》，载《法学家》2012 年第 3 期。

〔2〕 万志鹏：《论犯罪所得之没收》，载《法商研究》2018 年第 3 期。

根本原因，也是"法不容忍不法获益"这一法谚的核心要旨所在。

概言之，《刑法》第 64 条规定的违法所得乃是一种非刑罚处置对象，实质是一种"法所不容忍的获益"。而所谓"法所不容忍的获益"，在形式上表现为法律规范明文禁止的结果。这与所谓"罪刑规范所阻止"的要求有所相似。只不过，刑法对非刑罚处置对象所设定的"罪刑规范所阻止"的要求并不仅仅局限于"刑罚规范所阻止"的范围，而是扩大到了所有"刑法规范"，尤其是《刑法》第 64 条所规定的非刑罚规范。在实质上，这种"法所不容忍的获益"主要是指法益侵害因果流程产生的收益。虽然非刑罚处置对象并不克减犯罪人的合法权益，因而无需符合"否定之否定"的辩证法逻辑，但是，作为犯罪的法律后果，非刑罚处置对象违法所得依然必须是法益侵害所引发的结果，其必须位于法益侵害因果流程之上。只不过，与刑罚准据违法所得不同，非刑罚处置对象违法所得只需要与构成要件行为存在条件关系即可，无需始终位于犯罪人的主观意志（特指犯罪主观意志，即主观构成要件要素或责任要素）支配之下，无需满足"可归属于构成要件行为"的结果归属规则。因为"法所不容忍的获益"不仅包括直接收益的获得，更包括犯罪人经由直接收益所获得的自然收益，例如孳息等，亦即，即便因果流程的发展已经超出了构成要件范围，其产生的收益也可以被视为非刑罚处置对象。当然，这也并不意味着所有具备条件关联的收益都应当依照《刑法》第 64 条加以没收。如果合法的人为因素介入并使犯罪人的收益成为"法所容忍的收益"，那么便不应将其视为违法所得。

（三）小结

经由前述检讨可见，现行《刑法》规定的 16 处违法所得在实质构造上表现为刑罚准据违法所得和非刑罚处置对象违法所得两种类型。两者在实质功能上的差异决定了应当在二者的实质根据下具体地确定其判断规则。其中，前者是推定犯罪人是否应当处以刑罚以及应当处以何种刑罚的根据，应当以法益保护主义下"能表征法益侵害"和行为责任主义下"可归属于构成要件行为"为实质要求；后者则是非刑罚处置措施的对象，既不构成犯罪人不法和责任的推定依据，也不以对犯罪人的报应和预防为主要目的，仅在承担恢复性刑事责任目的的意义上发挥其实质功能，因而只需要属于"法益侵害因果流程所产生的法所不容忍的收益"即可。

三、刑罚准据违法所得的实质判断规则

如上所述，《刑法》规定的第一、三、四种违法所得实质是刑罚准据，应当符合"能表征法益侵害"和"可归属于构成要件行为"的实质要求。由此，可以经由教义学的检讨从以下两个方面确定刑罚准据违法所得的实质判断规则，而这些规则将说明：犯罪行为中掺杂的合法行为收益、犯罪成本、犯罪工具、他罪行为所得、犯罪人偶然所得、犯罪事后所得等行为人收益均应被排除在第一种违法所得（即构成要件结果违法所得）的客观范围之外，比较之下，第三、四种语境中的违法所得则可以将关联的法益范围扩展到与构成要件保护法益之外的财产性法益这一层面。

（一）"能表明法益侵害"的判断规则

虽然根据实质功能的异同可以将第一、三、四种语境中的违法所得都归类于刑罚准据违法所得，但实际上这三种违法所得之间也存在一些差异。这主要表现在，第一种违法所得属于定罪条件，决定着"刑罚是否应当发动"，而第三、四种则并不构成定罪条件，只单纯地作为量刑依据决定"刑罚的具体程度"。而从前述对刑法上结果实质属性及其限定的讨论可见，刑法上结果在定罪条件和量刑依据上的限定并不相同。由此，必须对刑罚准据做进一步的细分，进而确定其实质判断规则。

1. 定罪条件违法所得的构成要件结果属性及其法益关联规则

作为定罪条件的违法所得本质上是一种构成要件结果。

第一，定罪条件违法所得符合构成要件结果的基本特征。如学者所说，如果结果会影响犯罪成立，那么其中的危害结果就是构成要件结果。[1]与此同时，违法所得符合构成要件结果的规范特征。一方面，违法所得是行为客体的事态变化，符合构成要件结果的本质要求。当前，关于构成要件结果的本质，学界依然存在法益侵害（或危险）还是行为客体事态变化的分歧。[2]不过，审慎而言，应当认为，构成要件结果是行为人引发的行为客体的事态

---

〔1〕 周光权：《刑法总论》（第4版），中国人民大学出版社2021年版，第117页。

〔2〕 高铭暄、马克昌主编：《刑法学》（第10版），北京大学出版社、高等教育出版社2022年版，第69页。张明楷：《刑法学》（上）（第5版），法律出版社2016年版，第166~167页。[日] 高桥则夫：《刑法总论》，李世阳译，中国政法大学出版社2020年版，第96页。西田典之『刑法総論』（第3版），弘文堂2019年版，第88页。

变化。虽然应当承认法益侵害（或危险）和行为客体的事态变化对于判断犯罪成立与否都具有重要的意义，尤其是只有造成法益侵害（或危险）的行为，刑法才有加以处罚的必要，但是这并不意味着法益侵害（或危险）是构成要件结果。在构成要件理论发展早期，按照贝林的预想，构成要件是客观的、中性的，堪称"裸"的构成要件。[1]然而，随着构成要件理论的发展，学界已经证明构成要件并非价值无涉，而是一种具备了违法推定机能（或预示机能）的不法类型，[2]一旦各个构成要件符合，便可推定行为的实质违法性。[3]构成要件的诸要素也应当具备法益侵害性或者危险。法益侵害便是在这种理论背景下提出来的。然而，虽然法益侵害（或危险）决定了结果是否可以被视为构成要件结果，并可由此被视为作为定罪依据的结果，但法益侵害只是构成要件结果内容的实质，并非构成要件结果本身。因此，应当将构成要件结果理解为对行为客体所造成的事态变化，[4]构成要件结果必须与法益侵害区别开来。[5]另一方面，违法所得能够彰显行为对构成要件保护法益的侵害，符合构成要件结果的实质要求。刑法上的结果应当是表明法益受到侵害的事实，[6]这是构成要件结果的实质性要求。鉴于违法所得正是行为人通过侵害法益所获得的收益，因此，毫无疑问违法所得能够彰显行为的法益侵害性。这也正是立法者将违法所得列为特定犯罪成立条件的根本原因。

第二，定罪条件违法所得符合构成要件结果的功能预设。作为一种刑事不法类型，构成要件具有违法推定功能（或预示功能）和违法界分功能。审视《刑法》第 175 条、第 214 条、第 217 条、第 218 条、第 393 条可见，违法

---

〔1〕 ［德］汉斯·海因里希·耶赛克、托马斯·魏根特：《德国刑法教科书》，徐久生译，中国法制出版社 2017 年版，第 335 页。

〔2〕 ［德］弗兰茨·冯·李斯特：《德国刑法教科书》，徐久生译，法律出版社 2000 年版，第 215 页。［日］佐伯仁志：《刑法总论的思之道·乐之道》，于佳佳译，中国政法大学出版社 2017 年版，第 28 页。［日］松宫孝明：《刑法总论讲义》，钱叶六译，中国人民大学出版社 2013 年版，第 41 页。

〔3〕 杜宇：《合分之道：构成要件与违法性的阶层关系》，载《中外法学》2011 年第 4 期。

〔4〕 当然，纯粹的行为犯等并不把行为人引发的行为客体的事态变化视为犯罪成立的标准。这似乎可能得出事态变化意义上的结果不具有普遍性的结论。但实际上，这正是构成要件结果类型界分机能的体现，亦即，通过强调行为客体的事态变化将结果犯与行为犯区分开来。由此，基于对构成要件结果的界分机能的追求，也应当将构成要件结果定位为行为客体的事态变化。

〔5〕 ［德］汉斯·海因里希·耶赛克、托马斯·魏根特：《德国刑法教科书》，徐久生译，中国法制出版社 2017 年版，第 358 页。

〔6〕 张明楷：《论刑法中的结果》，载《现代法学》2023 年第 1 期。

所得的规范功能正在于推定其违法性的有无。以第 175 条为例，行为人高利转贷获得的违法所得乃是推定其行为存在违法性的主要标志。当然，应当注意的是，违法所得与违法所得数额较大（巨大）的规范功能并不相同。违法所得是推定违法性有无的依据，但并不是推定刑事违法性大小的依据。刑事违法性程度的推定需要依赖于违法所得数额较大（巨大）这一违法所得基础上的附加条件。除此之外，部分条文中的违法所得还是界分违法类型的依据，体现了构成要件结果作为不法类型的界分功能。根据《刑法》第 393 条规定，因行贿取得的违法所得归个人所有的，依照本法第 389 条、第 390 条的规定定罪处罚，亦即将部分符合单位行贿罪外观的行为最终评价为行为主体为自然人的行贿罪。

第三，违法所得不符合其他定罪条件的规范特征。除了构成要件结果，刑法上还存在诸多其他定罪条件。但是，从规范功能等角度来看，违法所得并不符合这些范畴的理论特征。其一，正如违法性、有责性阶层内部的条件被称为违法阻却事由或责任阻却事由一样，违法性、有责性阶层的各类定罪条件在规范功能上的设定主要是阻却犯罪的成立，而违法所得则是正面的推定刑事违法性的依据，因而不应被视为违法性或有责性阶层内部的条件。其二，尽管在部分犯罪中，还存在所谓构成要件符合性、有责性、违法性以外的其他事由即客观处罚条件，[1]但显然，违法所得作为犯罪行为直接引发的结果，依然在构成要件的指涉范围之内。事实上，学界在讨论客观处罚条件时所针对的，大体上都是附加于违法所得概念基础之上的违法所得数额较大（巨大）。而两者之间的差异性决定了，即便违法所得数额较大（巨大）可以被归属为客观处罚条件，也不能将违法所得与其等同视之。更何况，违法所得数额较大（巨大）本身也并不一定超出了构成要件结果的范围。正如学者所指出的，违法所得数额属于构成要件基本不法量域中的结果不法，依然在构成要件之内。[2]其三，就单独性与复合性而言，违法所得应当属于单独的构成要件要素。违法所得所描述的仅仅是行为结果，与"情节恶劣""情节严重"等具有整体性评价意味的表述并不相同。因此，也不宜被理解为整体性评价要素。

---

〔1〕 卢勤忠：《程序性附加条件与客观处罚条件之比较》，载《法学评论》2021 年第 1 期。
〔2〕 王莹：《情节犯之情节的犯罪论体系性定位》，载《法学研究》2012 年第 3 期。

就此而言，定罪条件违法所得应当满足与构成要件保护法益之间的关联，并且应当是相应罪名保护法益的受侵害表现，反之，不符合这一要求的内容则应予核减：一方面，与构成要件保护的法益无关的行为所得应当予以核减。例如，在"浑水摸鱼型"销售假冒注册商标产品犯罪中，行为人既销售假冒注册商标的产品，也销售无商标产品，由于销售无商标产品并不关联销售假冒商标产品犯罪的法益（尤其是商标权），所以销售该部分产品所得不应视为销售假冒商标产品罪的违法所得；另一方面，并不体现保护法益遭受侵害的内容应当予以核减。例如，在"以假乱真型"销售假冒注册商标产品犯罪中，行为人既销售正品，也销售假冒产品。显然，销售正品并不具有侵害保护法益的规范意义，所以销售正品部分所获得的收益便不应被视为违法所得，应当予以核减。概言之，在裁定定罪条件违法所得时，应当根据行为对象是否侵犯构成要件保护法益而作出具体判定。尤其是，当辩护意见明确表明行为对象并未侵犯构成要件保护法益时，应当将相应行为所得在违法所得中予以核减。这一规则在张某等人侵犯著作权案中表现得颇为明显。

案例 1（张某等人侵犯著作权案）：2007 年 10 月，张某购进盗版的《十七大报告辅导读本》（简称"读本"）2300 本、《十七大报告》（简称"报告"）单行本 1000 本，分别将其销售给陈某（各 1000 本）、赵某某（辅导读本 1300 本）。之后，陈某再将其购得书籍转售给赵某某（读本 200 本）、王某某（读本 100 本）以及其他单位。赵某某将其购入的读本 1500 本，连同从他人处购买的此书卖给国家发改委 2300 本。王某某将其购得的前述书本（读本 100 本，报告 100 本）以及从他处购进的《中国共产党章程》（简称"党章"）（369 本）等相关图书销售给北京市劳教局等单位。北京市朝阳区人民法院审判认定，王某某虽然未经著作权人许可发行其文字作品，但由于销售报告和党章的行为不侵犯著作权，而销售读本的行为尚未达到情节严重程度，可以准许撤回对其的起诉。而张某、陈某、赵某某发行文字作品、情节严重，构成侵犯著作权罪，应予惩处。[1]

可以看到，该案中，王某某与张某、陈某、赵某某的行为外观大体相同，

---

[1] 中华人民共和国最高人民法院刑事审判第一、二、三、四、五庭主办：《刑事审判参考》（总第 78 集），法律出版社 2011 年版，第 680 号"张某等人侵犯著作权案"。

但法院的裁判结果却并不相同。其核心原因在于，该案中读本的著作权归"本书编写组"，由人民出版社享有独家出版发行权，该书著作权人明确。因此，四被告人在未经著作权人许可的情况下，以营利为目的发行该书获得的收益应当被评价为侵犯著作权罪的违法所得。但是，由于党章和报告单行本属于《著作权法》明确规定的不适用其加以保护的情形，因此，销售此类物品所得不应被视为侵犯著作权罪的违法所得。换句话说，王某某销售党章和报告单行本所得并不能表明侵犯著作权罪保护法益遭受侵害，因此，应当将其排除在违法所得之外。

2. 量刑依据违法所得的构成要件外结果属性及其法益关联规则

相较于第一种违法所得，第三、四种违法所得仅影响量刑而不影响定罪，显然位于构成要件范围之外，因而是一种构成要件外结果。构成要件外结果是与构成要件结果（或构成结果）相对应的理论范畴，二者共同属于行为结果的两种类型。[1]在学者们看来，构成要件外结果是犯罪结果中被视为"犯情"的部分量刑情节，[2]是违法性和有责性程度的具体推认资料。[3]这决定了构成要件外结果并不被局限在关联于构成要件保护法益的范围之内。如前文所述，量刑时所评价的结果仅需与构成要件的附属法益有关即可。

这实际上将量刑依据违法所得的法益关联规则扩张到了"能够表明'构成要件保护法益或构成要件附属法益'遭受侵害"。其中，后者意味着量刑依据违法所得的关联法益并不局限于所在罪名的构成要件保护法益，征表附属法益受侵害性的违法所得也会被纳入量刑评价之中。例如，在《刑法》第180条规定的内幕交易罪中，违法所得并未被列入明文规定的构成要件要素之中，但却被视为法定刑的基本准据，只要行为人构成内幕交易罪，便应当被"并处或者单处违法所得一倍以上五倍以下罚金"。而之所以如此，便是因为虽然违法所得并不关联内幕交易罪的保护法益（这正是不被视为构成要件要素的原因），但却与内幕交易罪的附属保护法益即证券市场中他人的合法财产

---

〔1〕 岡上雅美「責任刑の意義と量刑事実をめぐる問題点（二・完）」早稲田法学 69 巻 1 号（1993）22 頁以下；井田良「量刑事情の範囲とその帰責原理に関する基礎的考察（一）」法学研究 55 巻 10 号（1982）95 頁以下参照。

〔2〕 小池信太郎「量刑における構成要件外結果の客観的範囲について」慶應法学第 7 号（2007）19 頁以下参照。

〔3〕 井田良「量刑理論の体系化のための覚書」法学研究 69 巻 2 号（1996）303 頁参照。

权益相关联。《刑法》第 225 条规定的非法经营罪、第 318 条规定的组织他人偷越国（边）境罪、第 321 条规定的运送他人偷越国（边）境罪也是如此。事实上，违法所得作为一种财物，主要是财产性法益变化情况的体现。能与违法所得相关联的法益主要是财产性法益。由此，相较于构成要件结果违法所得，构成要件外结果违法所得在范围上的扩张主要是与构成要件保护法益无关但与财产性法益关联的收益。而由于前述几个罪名大多带有谋利性，这导致附属法益基本上都包含了财产性法益。在此意义上，实施前述犯罪所产生的收益基本上都可以因与附属法益之间的关联而被评价在违法所得之中。

（二）"可归属于构成要件行为"的判断规则

如前所述，刑罚准据违法所得应当满足"可归属于构成要件行为"的要求。由此，可以从以下两个方面确定违法所得的结果归属规则：

一方面，违法所得应当具备与构成要件行为之间合法则的条件关系。反之，不具备此种条件关系的便应当被排除在外。由于条件关系具有普遍性，根据条件关系本身来进行排除的意义有限。因此，排除与构成要件行为具有条件关系的重点便落在了构成要件外行为引发的结果这一点上。这主要包括三种应当排除在外的结果：

第一，合法行为所得。由于行为本身是合法的，所以其结果自然不能被评价为违法所得。例如，为了销售假冒注册商标的香烟，行为人向他人买入假烟。毫无疑问，销售假冒注册商标的假烟属于《刑法》第 214 条规定的"销售明知是假冒注册商标的商品"，但在销售之前的购买假烟行为却并不受法律所禁止，无论是刑法还是行政法均是如此。因此，并未销售的假烟不应被视为违法所得，其数额（无论是其实际使用价值的数额，还是其购买数额）均不能被视为销售假冒注册商标产品的违法所得数额。从本质上看，这类行为所得属于犯罪成本，只能依照供犯罪所用的本人财物加以处理，不应被计算在定罪条件违法所得之中。

第二，一般违法行为所得。由于一般违法行为并非刑事违法行为，不应将其行为结果评价为刑事犯罪结果，只需要依照一般违法评价或者评价为"违禁品"或"供犯罪所用的本人财物"。例如，为了出版他人享有专有出版权的图书，行为人趁与版权人商业会谈时不注意盗窃了该图书的印刷母版。其中，如图书印刷母版财产价值较低，该盗窃行为仅为一般违法，且不构成侵犯著作权罪的构成要件行为，因此图书印刷母版不能计入违法所得之中。

第三，他罪构成要件行为所得。他罪构成要件推定的是他罪即他类型的刑事违法性，他罪构成要件行为及其引发的结果只应作为他类型的归责依据，而无法构成本罪的依据。因此，他罪构成要件行为所得不应计算在构成要件结果违法所得之中。例如，为了出版他人享有专有出版权的图书，行为人到版权人住处盗窃图书母版。之后，在数罪并罚时，因入户盗窃所得的图书母版不应计算在侵犯著作权罪违法所得之中。

其中，第三者则应当计入他罪的违法所得中，不应计算在本罪的违法所得中。而前两者往往表现为犯罪的成本或者工具，基本上属于手段行为或者预备行为所得，而非构成要件行为所得。因此，应当被排除在违法所得之外。这也是实务中表现出的重要规则。

案例 2（古某 1 等非法经营案）：2003 年 5 月至 7 月，古某 1 冒用广东省医药进出口有限公司的名义，分 6 次向山东省方明制药有限公司以每支人民币 0.62 元的价钱购入盐酸氯胺酮注射液共 220 箱 660 000 支。到货后与古某 2 以每支人民币 1.27 元的价钱卖给陈某某，并由陈某某转售给何某某等人，最终由朱某某等人用于制造毒品。除去运费成本后，古某 1 共获利 50 多万元，分给古某 2 共 13 万元。广东省高级人民法院二审认定古某 1 犯非法经营罪，并处罚金人民币 20 万元，古某 2 犯非法经营罪并处罚金 10 万元。[1]

论及该案的裁判理由时，裁判者写到，古某 1 违法所得数额为 37 万元，古某 2 为 13 万元。显然，裁判者并未以古某 1 和古某 2 以 1.27 元转卖 66 万支注射液的金额计算违法所得，而是将古某 1 购买注射液的金额以及运费等成本核减在外。因为古某 1 购买注射液的行为本身并非非法经营罪的构成要件行为，该行为所得的注射液也只是其实施犯罪的成本，所以不能将购买注射液的金额或者买来的注射液本身视为违法所得。

另一方面，违法所得应当位于行为人主观意志支配的因果流程之上。这是弥补条件关系在结果归属上的缺憾的必要条件。因为构成要件行为往往会引发多种结果，而随着因果流程的发展，结果还会进一步发酵引发新的结果。同时，构成要件行为亦会发展出超越行为人主观意志支配或认识范围的因果

---

〔1〕 中华人民共和国最高人民法院刑事审判第一、二、三、四、五庭主办：《刑事审判参考》（总第 57 集），法律出版社 2007 年版，第 448 号"古某 1 等非法经营案"。

链条并引发结果。因此，将结果归属限定在行为人主观意志支配的因果流程之上便显得颇为必要。一般而言，此处所谓主观意志既包括其典型表现，即行为人清楚而具体地认识到了其犯罪行为、犯罪结果等（如直接故意）；也包括非典型的表现，例如行为人对合法则事实只具有抽象的预见（如间接故意）。不过，在以违法所得为刑罚准据的犯罪中，行为人的主观意志主要表现为直接故意。因为无论是非法经营罪、内幕交易罪等破坏社会主义市场经济的犯罪，还是组织他人偷越国（边）境罪等破坏社会管理秩序的犯罪，都带有强烈的谋利性。这类犯罪中，行为人的主观意志往往直接包含对违法所得明确的认知和预见。受此归属规则的限制，超出主观意志支配因果流程的违法所得便不应被计入刑罚准据违法所得之中。这包括两种类型：

第一，主观意志支配因果流程期间行为人无法预知的介入因素导致的行为人所得。依照主观意志支配的原理，如果该介入因素在规范上为行为人所预见，即介入因素及其对因果流程的影响依然在行为人的主观意志支配之下，那么便应当将介入因素导致的行为人所得归入违法所得之中。[1]如果行为人无法预见该结果，则介入因素导致所得便应当因不为行为人主观意志所支配而被排除在违法所得之外。例如，行为人在网络直播间兜售假冒注册商标的某名牌皮包，网友购买皮包后赠送给其女友求婚，因为女友答应求婚，网友十分满意而在直播间打赏巨额礼物。其中，销售皮包所得显然足以构成要件违法所得，但之后的打赏显然已经超出了行为人的意志支配范围，因而不应被评价为销售假冒注册商标商品罪的违法所得。

第二，主观意志支配的因果流程发展超出构成要件范围所得。因为此时的因果流程已经超出了构成要件范围内的主观意志支配范围，所以不能再依照故意犯的归责原理加以归责。例如，行为人组织他人偷越边境，获得100万元收益之后便收手。之后将100万元用于股市投资并获得约50万元收益。由于这50万元所处的因果流程已经超出了构成要件范围，所以不应成为行为人的量刑依据。当然，这50万元虽然不能成为刑罚依据，但却有可能成为非刑罚处置对象。而这也正是司法实践中广泛存在的所谓"犯罪所得投资收益"。"犯罪所得投资收益"是否以及在何种意义上可能构成非刑罚处置对象，正是接下来我们要讨论的主要内容。

---

〔1〕 喻浩东：《论故意犯的结果归责：反思与重构》，载《比较法研究》2018年第6期。

四、非刑罚处置对象违法所得的实质判断规则

如上所述,《刑法》规定的第二种违法所得本质上是非刑罚处置对象,应当是"法益侵害因果流程所产生的法所不容忍的收益"。由此,可以经由教义学的检讨确定下述非刑罚处置对象违法所得的实质判断规则,而这些规则将说明,犯罪所得在犯罪之后的孳息、同等交换之物、洗钱所得、犯罪行为的酬金、投机性收益等均应被视为非刑罚处置对象违法所得,只有以人为因素为主导的生产性收益可以被排除在违法所得之外。

（一）法益侵害因果流程产生的法不容忍收益的判断规则

任何人都不能因不法而获利是刑法处置违法所得的主要原因。从理论上看,只要明确行为人所得是源自不法,便可以加以处置。但问题是,现实的犯罪现象中,与不法之间存在条件关联的收益范围十分广泛。尤其是,行为人往往会将犯罪收益进行事后处置,或将其用于等价兑换以洗去其违法属性,或将其用于投资以获得更大的收益。经由这些形形色色的事后处理,违法所得逐渐褪去原本面貌,部分收益甚至会掺入大量的合法因素。这使得如何准确甄别非刑罚处置对象违法所得,既不放纵犯罪人违法获利又不过度评价犯罪行为之后犯罪人正常的生产经营活动,成为理论上的问题。对此,学界给出了多种解决方法。例如,根据投资收益获取路径进行整体把握、根据先前犯罪的法益属性和犯罪方式进行类型甄别、根据利益衡量原则进行综合价值判断的"三层次判断";[1]又如,结合流转行为合规范性和法益恢复结果的"两阶段判断"。[2]但可惜的是,这些判断规则都没有揭示出判断非刑罚处置对象违法所得的实质根据。如前文所述,《刑法》第64条规定的违法所得处置制度是非刑罚处置措施中保安处分以外的独立处置措施,作为非刑罚处置对象的违法所得在本质上乃是法益侵害因果流程产生的法所不容忍的收益。

所谓法益侵害因果流程,主要是指犯罪人通过构成要件行为所创设的因果流程。这是非刑罚处置对象违法所得与刑罚准据违法所得在因果来源上的相同之处。也就是说,非刑罚处置对象违法所得依然必须具备与构成要件行

---

〔1〕 庄绪龙：《"犯罪所得投资收益"追缴的影响因素与判断规则》,载《中国法学》2019年第5期。

〔2〕 李迎寒：《刑法中违法所得的泛化适用及其纠偏》,载《财经法学》2022年第6期。

为之间的条件关联。不过，与刑罚准据违法所得不同的是，非刑罚处置对象违法所得并不必须符合刑罚裁量中的结果归属规则，亦即，并不必须位于行为人的主观意志支配之下。实质功能的差异是导致非刑罚处置对象违法所得与刑罚准据违法所得此种实质判断规则差异的根源。与刑罚不同，作为非刑罚处置对象的违法所得并不以彰显和推定犯罪人的刑事违法性为使命，其承担的功能是消除犯罪人经由法益侵害所获得的"不应有"的权利，从而恢复犯罪所引发的法律所不容忍的客观现实状态。在此意义上，只要属于法益侵害因果流程产生之物，便应被评价为法律所不容忍之物并一律施以非刑罚处置。但是，正如上文所述，犯罪人在实施犯罪行为之后很可能将其违法所得用于合法的生产经营，并且依靠其正常、合法的生产经营行为赚取收益。对于这种情况，便不能完全依照条件关联而加以处置。例如，

案例 3 （非法经营案）：犯罪人在没有营业资格的情况下非法从事食品加工行业，第一年销售获利 50 万元后，用其中 10 万元改善了营业条件并取得了营业资格，之后的三年内辛苦经营，共盈利 200 万元。

这一案例中，犯罪人之后盈利的 200 万元与之前的非法经营行为之间存在条件关系，但显然，如果将这 200 万元全部作为非刑罚处置对象违法所得加以没收，将可能违反"损失扩大禁止"而面临公正价值的质疑。[1] 由此，在法益侵害因果流程产生之物的基础上，还有必要根据因果流程的后续发展情况对前述条件关系下的因果流程生成物做自然生成物和非自然生成物的区分。

其中，自然生成物主要是指法益侵害因果流程自然发展衍生而来的财物。这种财物与前述因果流程存在条件关系，同时属于该因果流程的自然延伸。也就是说，该财物的出现属于原有因果流程固有的、自然的发展结果，并不受合法的人为因素干扰。因此，其为犯罪人"不应有"、为法律所不容忍的基本属性并不会改变。在实务中，这种自然生成物表现为两种类型：一是财物的自然孳息。毫无疑问，这类所得是法益侵害因果流程的自然生成物，应当以非刑罚措施加以处置。二是财物的自然转化物，即部分看起来已经经由人为因素干扰而不具备自然生成物外观，但本质上依然是自然生成物的财物。

---

[1] 庄绪龙：《"犯罪所得投资收益"追缴的影响因素与判断规则》，载《中国法学》2019 年第 5 期。

其中的典型便是经洗钱行为或者其他掩饰犯罪所得行为处理之后的财物。这些财物在经由犯罪人与第三人交易、兑换之后，看似已经不具备自然生成物的外观，但实际上由于其财物价值并未发生根本性的变化，应当在法律上穿透其外观而将其评价为自然生成物并加以处置。[1]事实上，学者所谓"普通的转化型违法所得"实质上正是这种法益侵害因果流程的自然生成物。[2]

案例 4（朱某某受贿案）： 朱某某为浙江省某镇政府机关工作人员，在城建项目开发中与苏某某一起购买某商务楼，并加价转卖给邱某某。转卖之后朱某某共收受 110 万余元。其中 50 万元属于其与苏某某购买商务楼的投资金额。但由于朱某某利用其职务便利在买卖过程中谈下了较低的收购价，因此没有实际支付其应当承担的 50 万元投资。因此，经法院审理认定，朱某某未实际出资但最终收受的 50 万元属于受贿金额，剩余 60 余万元属于投资收益，应当以犯罪所得孳息加以没收。[3]

非自然生成物则是指法益侵害因果流程在经受非自然因素（犯罪人或第三人）影响之后产生的财物。大体而言，这包括两种情形：一是旧有的因果流程终结，犯罪人或第三人利用犯罪所得之物创造新的因果流程，并利用新的因果流程获得收益。例如，犯罪人在实施诈骗罪之后，利用诈骗所得 50 万元购买商铺开办饭店，并在开办饭店过程中获得 10 万元盈利。二是旧有的因果流程依然存在，但犯罪人或第三人通过某些介入性的因素或手段使其偏离既有的发展方向，并利用新的因果流程获得收益。前述案例 3 非法经营案便是此种类型。这两种情形下，新因果流程乃是旧有因果流程在自然因素和非自然因素的双重影响下发展而来。因此，新因果流程产生的财物是否为法所容忍，以及自然因素和非自然因素在对于因果流程的影响便成为判断这类生成物是否属于非刑罚处置对象违法所得的实质根据。

具体而言，首先，应当审查新因果流程是否为法律所容忍。如果新因果流程本身为法律所不容忍，那么新因果流程所导致的违法所得全部应当被评

---

〔1〕 刘仁海：《职务犯罪"其他违法所得"的认定与处置》，载《法学》2021 年第 5 期。

〔2〕 王勇：《论〈监察法〉中的违法所得：界分及其类型》，载《当代法学》2022 年第 1 期。

〔3〕 中华人民共和国最高人民法院刑事审判第一、二、三、四、五庭主办：《刑事审判参考》（总第 81 集），法律出版社 2012 年版，第 724 号"朱某某受贿案"。

价为违法所得。典型的便有犯罪行为的报酬取得，例如受雇杀人犯罪中的酬金。[1]其次，如果新因果流程本身为法律所容许，则需要仔细审查导致因果流程从罪刑规范所阻止的因果流程转变为法律所容许的因果流程的过程中，主导因素是自然因素还是人为因素：

如果主导因素是自然因素，则应当参照自然生成物处置方式，将该非自然生成物评价为非刑罚处置对象。例如，犯罪人在实施犯罪之后，将犯罪所得投入股市，并从股市中获取大量利润。犯罪所得在股市中获利，这种因果流程本身为法律所容许。但是，由于股市获利主要取决于市场变化等自然因素而非人为因素，所以应当将此类获利评价为违法所得加以处置。事实上，这也正是多位学者都将投机所得视为非刑罚处置违法所得的实质根据。因为虽然犯罪人或第三人肯定会在投机行为中付出智力劳动，但投机行为的获利更大程度依靠的依然是市场变化等非人为因素，因此，犯罪所得的投资收益所依靠的依然是犯罪所得的自然发展，[2]其本质乃是犯罪所得财物的替代物的自然孳息，[3]应当参照自然生成物加以处置。

案例 5（肖某侵犯著作权案）：肖某 2015 年开发了一款 App 应用程序，为了利用该软件牟取利益，肖某利用爬虫等技术，将多本其他公司享有著作权的小说信息提取出来并重新排版供用户阅读，同时从腾讯广告联盟下载广告包并插入 App，用户在通过该 App 阅读小说时点击了其中的广告，腾讯广告联盟会自动以点击量计算广告推广费。获得收益后，肖某利用其父亲身份证号开通证券账号用于股票投资，获利若干。法院审理认为，肖某构成侵犯著作权罪，其获得的广告推广费和利用部分推广费投资股票的收益为违法所得，应当加以没收。[4]

如果主导因素是人为因素，且该人为因素为法律所容许，那么便应将该

---

〔1〕 梅传强、欧明艳：《集资犯罪追赃中刑民交叉实体问题及其解决——以是否追缴集资参与人获得利息切入》，载《法治研究》2019 年第 6 期。尹振国、方明：《我国刑事特别没收手段的反思与重构——兼论〈刑法〉第 64 条的完善》，载《法律适用》2019 年第 5 期。

〔2〕 罗军：《检察机关查扣和处理涉案财物工作机制之完善》，载《人民检察》2013 年第 11 期。

〔3〕 冯文杰：《论洗钱犯罪所得财物中"所得"的实质解释——以〈刑法修正案（十一）〉为视角的分析》，载《政法论坛》2021 年第 4 期。

〔4〕 江西省永丰县人民法院［2022〕赣 0825 刑初 2 号刑事判决书。

非自然生成物排除在非刑罚处置对象之外。以上述非法经营案为例,在该案偏离的因果流程中,使犯罪人获得 200 万元盈利的关键是犯罪人的合法经营行为,而非其他的自然因素。因此,应当将其获利评价为法律所容许的获利,并排除在违法所得之外。这也正是多位学者将犯罪人犯罪之后正常生产经营所得排除在违法所得之外的实质根据。

(二) 非刑罚处置对象违法所得与刑罚准据违法所得的并立

由于《刑法》第 64 条属于总则条款,作为非刑罚处置对象的违法所得的存在极为广泛,几乎普遍地存在于各类犯罪之中:不仅存在于没有明文使用违法所得概念的犯罪之中,还存在于明确将违法所得视为定罪量刑依据的犯罪之中。前者例如受雇杀人型故意杀人罪。虽然《刑法》第 232 条没有规定违法所得,但犯罪人杀人的酬金显然属于应当加以非刑罚处置的违法所得。后者例如高利转贷所得的投资收益。行为人将高利转贷所得用于股市投资并获利,股市投资所得无法归属于高利转贷行为,但属于高利转贷行为所得的自然生成物,因此属于非刑罚处置违法所得。由此,在判断刑法上违法所得时便会出现这样的现象:裁判同一个案件的法律后果时,由于不同类型违法所得的存在,裁判者会得出不同的违法所得数额。例如,《刑法》第 175 条关于高利转贷罪的规定中,违法所得既是犯罪成立的条件 (属于刑罚准据中的构成要件结果),又是罚金刑的倍数罚则基数 (属于刑罚准据中的构成要件外结果),而如果行为人在高利转贷获利之后将转贷收益用于投资等行为,还会生成无法归属于高利转贷行为的自然生成物 (即非刑罚处置对象违法所得)。根据前文所述,这三种类型的违法所得有不同的实质判断规则。因此,在高利转贷罪的裁判中,完全可能出现三个不同的违法所得客观范围。这势必会引发这样的质疑:能否对同一个法律概念"违法所得"作出不同的解释并确定不同的判断规则?同一个案中能否存在两个甚至两个以上不同的违法所得客观范围?这样的教义学结论和裁判方法是否会违背体系解释规则和破坏刑法内部的协调性?

诚然,体系解释要求将被解释的刑法条文放在整个刑法典体系中进行考量,以寻求法律条文语义在刑法体系内部的融贯和法价值、法秩序的统一。[1]但

---

[1] 高维俭、王东海:《刑法体系解释层次论——兼以"赵春华案"为实践检验样本》,载《现代法学》2019 年第 3 期。

是，这并不代表为了体系解释的协调性必须僵化地坚守"同一用语必须具有相同的含义"。[1]当不同的刑法条文使用了相同的概念时，如果其实质属性和实质功能因为具体语境的不同而存在不同，可以根据体系解释做出并不相同的文义选择。[2]因为语言本来具有模糊性和多义性，同一个词语或者词组本身便包含多种词义可能。在此意义上，根据话语场景的不同（尤其是不同话语场景对词语所赋予的功能期待的不同）而选择违法所得不同的词义可能，依然符合罪刑法定原则的要求。就此而言，基于刑法上违法所得不同的实质属性和实质功能而确定互有差异的规范判断方案并不违背体系解释或罪刑法定的一般规则。

实际上，尽管高利转贷罪存在三种违法所得并存的理论可能，但该罪保护法益的特殊性决定了该罪裁判最多只会出现两种违法所得的客观范围。原因在于，虽然高利转贷罪的罪刑规范看起来同时将违法所得作为构成要件和构成要件外的刑罚准据，但因为高利转贷罪的保护法益和附属法益不存在本质上的区别，所以并不会因高利转贷附属法益的存在而导致该罪的构成要件外刑罚准据违法所得的出现。因为高利转贷罪在将违法所得作为构成要件的同时，说明已经将违法所得所关联的法益（财产性法益）视为构成要件保护法益之一。一旦行为人在实施高利转贷行为的同时还侵害其他法益，那么便可能因为侵害其他法益而构成其他犯罪，与之相关联的违法所得也不会在高利转贷罪中加以评价。比较之下，在《刑法》第180条规定的内幕交易罪和第225条规定的非法经营罪中，违法所得并不足以构成这两个罪名的构成要件所保护法益的受侵害表现。

当然，同一个案中仅存在两种违法所得也依然会给裁判者带来一定麻烦。不仅如此，当同一案件的不同行为人触犯不同罪名时，不同罪名中违法所得的实质类型的差异也可能让裁判者面临表述上的难题。因此，在承认这种裁判结果并不违反罪刑法定原则及其下位的体系解释规则的前提下，还需要寻求一个恰当的表述方法来表述两种违法所得。在实践中，对于裁判中可能出现两个违法所得的犯罪，裁判者往往使用"违法所得"和"非法所得或非法获利"的表述来加以区分。其中，前者被用于表述作为定罪条件或量刑依据

---

〔1〕 车浩：《法教义学与体系解释》，载《中国法律评论》2022年第4期。
〔2〕 劳东燕：《功能主义刑法解释的体系性控制》，载《清华法学》2020年第2期。

的违法所得数额。一方面，只有《刑法》第 175 条同时将违法所得视为定罪条件和量刑依据，而两者不存在实质上的差别，因此可以将两者统称为"违法所得"；另一方面，第 175 条以外的其他 8 个罪名中，违法所得要么属于定罪条件，要么属于量刑依据，以违法所得来统称并不会产生误解。而后者则被用于指称应当根据《刑法》第 64 条处以非刑罚处置措施的违法所得，这也是因为需要以非刑罚措施加以处置的收益有可能并非刑事违法行为的直接所得，而只是为刑法所不容忍的收益。例如，在长沙联鑫实业有限公司、龚某、黄某某、郑某高利转贷罪案中，裁判者便将单位长沙联鑫实业有限公司实施高利转贷罪所获得的 100 万元称为"违法所得款"，而将同案共犯龚某犯受贿罪获得的 9.3 万元称为"非法所得"。[1]

五、结论

行文至此，通过对刑法上违法所得实质构造的教义学检讨，在逐一讨论刑罚准据违法所得和非刑罚处置对象违法所得的实质判断规则之后，可以得到刑法上违法所得客观范围的实质判断规则，进而为实践中各类行为人收益是否属于违法所得提供指引。当然，毋庸置疑，除了立法者在刑法制定法中明确规定的 16 处违法所得，司法机关在司法解释中也大量地使用违法所得概念，尤其是广泛地用于《刑法》规定的罪状和量刑规则中不包含违法所得概念的罪名。对此，可以明确的是，尽管司法者在司法解释中创设了更多的违法所得使用场景，但从逻辑上，基本上都不会逃逸出刑罚准据和非刑罚处置对象的类型。因此，本文所构建的实质规则对于这些违法所得的判断同样适用。

同时，也可以清楚地看到，刑法上违法所得客观范围的判断并不能简单地依赖于总额说、净利说、相对总额说或者不要说等抽象规则。事实上，刑法上违法所得的客观范围与前述抽象规则均不同：因为要扣除犯罪成本等多种财物，所以显然不同于总额说；因为必须遵从法益侵害表征、可归属于构成要件行为等实质要求，所以显然不同于以经济学上净利润为基础的净利说；因为在没收违法所得时仅以恢复法所不容忍的现实状态为依归，所以显然不同于以返还被害人损失为目的的相对总额说。至于与不要说之间的差别更是

---

[1] 湖南省长沙市雨花区人民法院［2013］雨刑初字第 86 号刑事判决书。

显而易见。在此意义上，本文所述以实质根据为基底的判断规则将有力地推进违法所得客观范围的准确判断。具体而言，这些规则及其实践指引主要可以概括为以下几点：

第一，刑罚准据违法所得中构成要件结果违法所得的客观范围应当限定在"能表征法益侵害"和"可归属于构成要件行为"的范围之内。反之，与构成要件保护的法益无关、与构成要件行为不具备条件关联、不在主观意志支配因果流程之上等行为人收益应当被排除在违法所得范围之外。具体而言，犯罪行为中掺杂的合法行为收益、犯罪成本、犯罪工具、他罪行为所得、犯罪人偶然所得、犯罪事后所得等行为人收益均应被排除在构成要件结果违法所得的客观范围之外。

第二，相较于构成要件结果违法所得，刑罚准据违法所得中构成要件外结果违法所得的客观范围在满足"可归属于构成要件行为"的基础上可以扩张到与附属法益相关联的范围。而由于违法所得本质上是一种财物（或者财产性利益），主要关联于财产性法益。因此，在明文规定以构成要件外的违法所得为量刑依据的罪名中，可以将与构成要件保护法益无关但与财产性法益关联的收益划入违法所得之中。

第三，非刑罚处置对象违法所得的客观范围应当限定为法益侵害因果流程产生的法所不容忍的收益。为了防止过度剥夺犯罪人的合法权益，需要区分法益侵害因果流程的生成物属于自然生成物还是非自然生成物。自然生成物均应被视为法所不容忍的收益。对于非自然生成物，则需要根据导致其产生的新的因果流程是否合法以及导致其产生的主导因素属于自然因素还是人为因素进行具体判断：如果为法所不容许，则应计算在违法所得范围之内；如果为法所容许且主导因素为自然因素，也应计算在内；如果为法所容许且主导因素为人为因素，则应排除在外。具体而言，犯罪所得在犯罪之后的孳息、同等交换之物、洗钱所得、犯罪行为的酬金、投机性收益等均应被视为非刑罚处置对象违法所得，只有以人为因素为主导的生产性收益可以被排除在违法所得之外。

第四，由于不同语境违法所得实质属性和实质功能的差异，应当容许同一个案中存在两个违法所得判断结果，并且可以在裁判文书中以"违法所得"和"非法所得或非法获利"的表述加以区分。

论利用影响力受贿罪中"影响力"的司法认定标准
——一般人标准之提倡

张浩朋*

摘　要：利用影响力受贿罪独特的"三角结构"应当以"影响力"作为支点，同时"影响力"是"关系密切"的实质概念，因而正确解释和适用利用影响力受贿罪的关键在于"影响力"的认定标准。一般人标准，具有鲜明的客观倾向，与"影响力"之认定标准具有高度的耦合性，一般人标准本身也符合犯罪构成要件的解释方向、刑罚的极限、目的理性的刑法体系以及国民对公平正义的合理期待，"影响力"的认定标准应采取一般人标准。基于此，司法实践中在认定"影响力"时，应当从国家工作人员违背职务的立场转换到有"影响力"的行为人立场、界定一般人标准的上限与下限以及明确"影响力"的实质内涵三个方面进行判断。

关键词：利用影响力受贿罪；"影响力"；一般人标准

一、引言

作为我国刑法职务犯罪中的一种严重、常见、复杂且疑难的犯罪类型，贪污贿赂犯罪对社会经济的健康发展具有巨大的危害[1]。并且，贪污贿赂犯罪"与时俱进"，呈现出愈发隐蔽、愈发日常的趋势。其中，与国家工作人员交往密切的"关系人"利用对国家工作人员的影响力大肆收受钱财，为他人

---

*　张浩朋，河南省济源中级人民法院法官助理。

〔1〕刘宪权：《廿载春秋：变革中的刑法理论与实践》，法律出版社2017年版，第103页。

谋取不正当利益，严重撼动了国家公权力的权威性与公信力[1]。于是，2009 年《刑法修正案（七）》增设利用影响力受贿罪，即《刑法》第 388 条之一[2]。但何谓"影响力"，"影响力"的认定应采取何种标准，刑法理论研究尚存在模糊之处，这导致司法实践中的罪名适用虚置难题和刑罚适用障碍。鉴于此，本文旨在对利用影响力受贿罪中"影响力"的重要性进行阐述，并从一般人标准对"影响力"的认定标准进行证成，具体从一般人标准的解释立场、解释方向和解释方法三个方面对"影响力"的认定进行展开，以期为把握贪污贿赂犯罪刑事法治的时代脉动略尽薄力。

二、"影响力"是认定利用影响力受贿罪的核心

（一）"三角结构"的关键是"影响力"

要对利用影响力受贿罪的"影响力"进行有效解释，首先要回归到受贿犯罪的共性中去。传统受贿犯罪的核心要件是设立了"职务行为与贿赂之间的对价关系"[3]。概言之，贿赂犯罪的设立旨在禁止双方设立贿赂与职务行为之间的对价关系[4]。

不同于传统受贿罪的双方关系，利用影响力受贿罪的本质是影响力利用者将对职权者的影响力贩卖给行贿者的"三角结构"，收受贿赂的行为主体与职务行为的作出主体发生了分离。在利用影响力受贿罪的罪状设计上，行贿人向行为人给予财物，行为人发挥对国家工作人员的影响力，国家工作人员基于此作出职务行为，这三个行为间，有"影响力"的行为人发挥着联结作用。

本文认为，"三角结构"关系可以理解为"贿赂行为—影响力—职务行为"的结构。"影响力"之认定是正确理解利用影响力受贿罪的关键。

（二）"关系密切"实质上是"影响力"

有观点认为，"影响力"本身并不具有构成要件的实体定位与规范意义[5]。

---

〔1〕 刘宪权：《中国刑法发展的时代脉动——97 刑法颁布实施 20 年刑事法治纵览与展望》，载《法学》2017 年第 5 期。

〔2〕 林景龙：《浅析利用影响力受贿罪》，载《法制与经济（下旬）》2010 年第 9 期。

〔3〕 车浩：《刑法教义的本土形塑》，法律出版社 2017 年版，第 414 页。

〔4〕 车浩：《行贿罪之"谋取不正当利益"的法理内涵》，载《法学研究》2017 年第 2 期。

〔5〕 谢杰、陆裕：《贪污贿赂犯罪十六讲》，法律出版社 2019 年版，第 217 页。

行为人是否具有"影响力",是通过其是否属于国家工作人员"关系密切的人"或者离职国家工作人员等主体特征予以判断的。"影响力"的认定标准,取决于"关系密切的人"的认定标准[1]。

本文认为,上述观点倒置了逻辑关系。"关系密切"是利用影响力受贿罪的一个重要构成要件要素,法条中使用"关系密切"的概念,正是为了说明何谓"影响力"。"关系密切"只是"影响力"的形式侧面,真正重要的是"影响力"这一实质概念。

随着贪污贿赂犯罪的表现形式呈现多样化、隐蔽性的特点,单纯依照"关系密切"这一形式上的认定标准,已经难以适应现实需要,进而导致刑罚适用上的漏洞。理由有三:

1. "关系密切"的概念较为模糊

从字面含义上看,只要该关系紧密到一定程度就可归入"关系密切的人"的范畴,可能是身份关系也可能是利益关系抑或其他关系,总之这仍然是一个比较模糊的概念[2]。最高人民法院、最高人民检察院《关于办理受贿刑事案件适用法律若干问题的意见》将"特定关系人"解读为与国家工作人员有近亲属、情妇(夫)以及其他共同利益关系的人,可对国家工作人员的活动进行影响的成员,比如国家工作人员的情人、同事、师生等。但是,不管是"其他共同利益关系的人"抑或是"可对国家工作人员的活动进行影响的成员",对于司法实践都存在一定程度的适用困难。

2. "关系密切"的情形难以穷尽

在现实情况下,没有可能也没有必要对"关系密切"的具体情形进行一一描述,因为即使费尽心思列举了较为常见的密切关系,也仍需设立"具有其他密切关系情形的"这一兜底条款。因此,只需要考虑这种关系必须能够切实对对方的心理产生较强的影响即可,也就是以影响力之认定作为"关系密切"的注脚[3]。比如,行为人 A 与国家工作人员 B 之间具有债权债务关系,A 以催债的名义要求 B 将自己的侄子安排到 B 所在的单位,否则就到法院申请强制执行,B 考虑到自己的职业晋升,遂按照 A 的要求为 B 安排了职

[1] 吴昊:《受贿罪认定中若干疑难问题研究》,扬州大学 2012 年硕士学位论文。
[2] 罗开卷:《贪污贿赂罪实务精解》,法律出版社 2020 年版,第 3 页。
[3] 黄海龙:《利用影响力受贿罪研究》,武汉大学 2014 年博士学位论文。

位。在这种情况下，A 并不是 B 的情人、同事、师生或者司机等身份，从这一层面上来看，A 与 B 之间并未形成密切关系，然而，A 却实实在在地对 B 产生了"影响力"。由此可见，即使详细列举现实生活中的"密切关系"，也难以穷尽列举，最终会是挂一漏万。

3. "关系密切"的标准流于形式

如果不关注"影响力"的实质内涵，将会导致出现解释上的循环论证：问："影响力"的标准是什么，答：关系密切，再问："关系密切"的标准是什么，答：有影响力。如此一来，"关系密切的人"的规定在本罪的认定中又有什么作用呢？到最后，大概率会出现这种情形，即只要产生了受贿的结果，就构成此罪，这极易导致客观归罪情形的发生，"利用影响力受贿罪"的构成要件将形同虚设，进而导致入罪过度扩张化，忽视"影响力"带来的负面影响不言而喻。例如，行为人 D 是国家工作人员 C 的情人，双方保持着肉体关系，D 的弟弟知道以后找到 D，希望 D 能够吹一吹"枕边风"，让 C 帮忙给自己在 C 所在的单位安排一份工作。某天 C 与 D 发生性关系后，D 借机提起此事，被 C 一口回绝，并强调："你和我之间只是纯洁的肉体关系，不要越界！"仅从身份上看，难以否定 D 就是 C 的"关系密切"的人，但是，D 实质上并没有对 C 的"影响力"。后来，C 认识了 D 的弟弟，并且很欣赏 D 的弟弟，决定动用自己的关系将 D 的弟弟安排为自己的秘书。综观之，D 客观上利用"关系密切"这一条件实施了不法行为，其追求的危害结果也已实现，但是 D 对危害结果并没有产生实质的支配力，这一情况下，无论如何也不能认定行为人 D 构成利用影响力受贿罪。换言之，如果脱离了"影响力"这一概念去理解"关系密切"，结果是论证得越充分，距离正确的解释越远。

综上，明确利用影响力受贿罪中的"影响力"之内涵及认定标准，是廓清罪与非罪、此罪与彼罪的基础和关键。

三、"影响力"之认定标准的客观面向

在行为人收到行贿人的请托之时，对其是否有实质的"影响力"来达到请托目的，并非以行为人主观认知为转移。本文认为，正确的解释工作应当以一般人标准对"影响力"进行解释和定位。

一般人标准与客观主义具有天然的一致性，是一种抽象得来的、有别于个别个人的、理性特征的群体性共识。它不依主观情绪随意变动，也不是单个

重要的人评价特定事物的标准。[1]大体上，至于"影响力"的认定标准，不外乎一般人标准与行为人标准之争，这和主观说与客观说的争议紧密相连[2]。

（一）泛滥的主观说与客观说

总结起来，主观说与客观说之争的类型可以分为以下三类：

1. 第一类是解决问题的认定标准

客观说，是根据平均人的客观认知来确定法可责难的标准。主观说，则是根据行为人个人的主观认知，判断行为人对法所不容许的事项的理解程度。

2. 第二类是根据一般经验或根据行为人个人的认知判断

此间的客观说，是指以一般人的经验法则，判断行为是否足够导致结果的发生。主观说，则是行为人自己主观上的看法。

3. 第三类是根据行为的客观面或行为人的主观意思作出相应的判断[3]

以着手理论为例，客观说是以行为人是否开始实施构成要件行为作为依据。主观说则以行为人的主观意思，是否已开始实施构成要件行为作为依据。

（二）虚假的主客观之争

三种类型虽然都称作主观说和客观说，但各种观点的内涵并不相同。本文认为，作为"影响力"的认定标准而言，以上三类均是在客观主义的基础上进行的讨论，并不存在真正的"主观与客观之争"。

1. 在第一类中，一般人标准所对标的是社会中等水平的公民基本能力

但是，第一类对基本能力高或低的区分，实质上是在各种程度的认知经验中，分别取其平均值作为判断的依据，换言之，即便是行为人标准，也只是其在特定层级上的平均值，这仍然属于一种客观判断，其性质为客观理论，而不是主观说。

2. 在第二类中，一般人标准被等同于经验性的思维逻辑

但是，这种经验性的思维逻辑是每一个判断过程中所必须使用的推论方法，在三种主客观之争中皆有适用，任何一个人都不可能不根据一般的认知经验对规范的界限（如"影响力"）进行判断，因此严格来说，其并不是一种独立的主客观之争。[4]

---

[1] 张浩朋：《论过失犯罪中的一般人标准》，吉林大学 2018 年硕士学位论文。

[2] 许玉秀：《主观与客观之间——主观理论与客观归责》，法律出版社 2008 年版，第 3 页。

[3] 许玉秀：《主观与客观之间——主观理论与客观归责》，法律出版社 2008 年版，第 5 页。

[4] 许玉秀：《主观与客观之间——主观理论与客观归责》，法律出版社 2008 年版，第 6 页。

3. 在第三类中，争议的实质可以理解为在讨论刑事责任的归咎时，行为
人与行为二者的重要程度何者更为优先的问题[1]

客观说强调行为的客观面，主观说强调行为人的"法敌对态度"，这实际
上是结果无价值主义与行为无价值主义的争论。因为结果无价值主义强调法
益保护，行为无价值主义强调规范的维护，二者除了形式与实质观点的区别
之外，均共同指向了"刑法规范的客观目的"。因此，第三类中的主观说与客
观说并不存在冲突关系，二者都旨在强调自身立场下的客观"判断标准"。

(三)"影响力"的客观倾向

尽管主观主义与客观主义在用词用句与重要主张方面有所差异，不过二
者的终极目标一致，乃是欲以合理界定判断标准。对于"影响力"应以行为
人或者受贿人主观上的认识为标准的主张和分歧，其实质上是对判断标准和
判断对象的区别发生了混淆。

判断对象与判断标准应当作严格的区分：判断对象是指被某种理论或价
值判断指向的特定事物，指向的另一端是评价者。连接评价者与判断对象的，
是判断标准。在同一个评价关系里，判断标准绝不会是判断对象——正如篮
球比赛的选手不能同时是本场活动的裁判。判断对象可以是物，也可以是人，
可以是客观存在，也可以是主观认知，总之必然是具体的。但判断标准必然
是客观、抽象的。正如我们在评说一罐茶叶好喝与否时，直观上是说这种茶
叶本身的味道，实际上在脑海的活动中是将面前的这口茶与我们经验中的好茶
进行对比，如果符合这种印象就是好茶，反之则不然。由于这一过程是如此自
然，以至于会引导我们产生判断标准与判断对象是同一概念的不同表达的误解。

综上，争论"影响力"的判断标准应当采取主观标准还是客观标准，在
司法实践的解释工作上没有意义——判断标准均是客观性质，一般人标准作
为客观的判断标准，暗含"影响力"的认定标准。

四、一般人标准之于"影响力"认定标准的因由

(一) 区分此罪与彼罪：独特的构成要件

通说和司法解释始终未能给出对利用影响力受贿罪中"影响力"较为明
晰的解释，原因在于其忽略了本罪构成要件结构的独特性，单纯执着于贿赂

---

[1] 许玉秀：《主观与客观之间——主观理论与客观归责》，法律出版社 2008 年版，第 9 页。

与行为人所获利益或者职务行为之间的对价关系，低估了行为人的"影响力"在贿赂和职务行为之间的桥梁作用[1]。

本文认为，应当把"影响力"放在利用影响力受贿罪的整个构成要件结构中来解释。

1. 利用影响力受贿罪构成要件的特殊之处在于，其行为结构出现了第三方角色，而一般的受贿罪则只是双方关系

在利用影响力受贿罪中，行为人声称自己具有影响力，可以通过其影响力影响、干预公务员或公务机关作出有利于行贿者的决定，以此为对价收受行贿者的贿赂或不正当利益。行贿者向行为人即影响力贩卖者提供利益并要求其利用自身影响力，行为人即影响力贩卖者收受利益后对国家工作人员或者公务机关不正当地运用自己的影响力，最终使得公务机关作出有利于行贿者的决策。

如果未能正确理解甚至忽视利用影响力受贿罪构成要件的特殊三角结构，将会造成罪名认定上的混淆。如村民王E经他人介绍认识了某乡镇妇联主任张F，张F声称有省军区关系可以帮助王E办理其子参军入伍之事，张F和王E协商后，对王E说需要6万元疏通关系，并承诺办成此事。虽然张F的表弟在省军区政治部任职，但其收受王E6万元后，没有找其表弟办理该事，而是通过其他方式办理王E之子入伍之事（其间未送钱），该事未予办成。依据本文立场，张F虽然与国家工作人员有"密切关系"，但并未利用"影响力"为请托人谋取不正当利益，不符合利用影响力受贿罪的构成要件，而是以虚假承诺欺骗了请托人，致使请托人交付其6万元后，又隐瞒款项去向，将该款非法占为己有，张F的行为涉嫌诈骗罪。

由此可见，行贿者和违背规则、规范的国家工作人员，依靠行为人在中间的"影响力"连接了起来。单纯的行贿者给予行为人财物的行为可能构成诈骗罪，单纯的国家工作人员违背职务要求作出的行为，可能构成渎职类犯罪，但均无法准确解释为利用影响力受贿罪。

2. 行为人声称的影响力，必须客观上能够对公权力的公平行使产生足够的撼动

这与"不能犯"存在类似之处，比如行为人误把白糖当砒霜，或者使用

---

〔1〕 车浩：《行贿罪之"谋取不正当利益"的法理内涵》，载《法学研究》2017年第2期。

锐器点刺草扎小人，即属于不能犯的范畴。不能犯的情形下，行为人主观上虽然认为自己的行为"足以"产生意料中的危害后果，但客观行为并不会对法益产生危害，因为在社会上的一般人看来，白糖、扎草人并不会致人死亡。

也就是说，不能以行为人本身的主观认知来决定犯罪是否能够成立。同样地，利用影响力受贿罪中的"影响力"，也不能以行为人本身的主观认知作为依据，而应当以一般人标准来予以认定。

（二）符合理性的刑法目的：从"李斯特鸿沟"到"罗克辛贯通"

回答为什么要处罚利用影响力受贿的行为，关乎刑法的理性目的。符合理性的刑法目的，是刑法教义学的终极追求。违法的本质是侵害法益，而刑法是为了打击不法，因此，刑法的目的是保护法益。没有法益侵害的情况下，不能进行刑法规制。利用影响力受贿的行为通过"影响力"侵害了刑法所要保护的法益，因而值得刑法科以处罚。

传统刑法理论在解释利用影响力受贿罪时，仅着眼于"关系密切"作文字上的形式解释，没有把以法益为指导坚持到底，进而难以合理确定本罪的处罚范围。目的理性的刑法体系，是在罪刑法定原则的前提下，对利用影响力受贿罪保护法益的教义学检验。对法益保护的坚持，将导向目的理性的刑法体系。

1. 目的理性的刑法体系是功能性的刑法体系，左右着"影响力"的具体内涵

要弄清利用影响力受贿罪的刑法目的，就需要明确它所要保护的法益是什么。更加便捷的是弄清楚利用影响力受贿罪与一般受贿罪的核心差异，答案的关键是"影响力"与"职权"的区分。

在商业社会中，影响力可能是财富值、人脉以及名誉，那么，在利用影响力受贿罪这一"公权力交易"的三角结构下，影响力该如何认定？建立在刑法教义学之上的目的理性的刑法体系，必然要从社会一般人的观念出发，去形成一个普世可用的初步结论。不法类型总是与客观的一般人标准相契合，原因在于，认定一行为是否构成不法，是依据社会经验、常识确定的，至于具体的特殊标准，是在责任层面实现的，与"影响力"的认定无关。

2. 合目的理性的刑法体系，除了刑法以外，还应包括刑事政策，以此修正"影响力"的具体内涵

刑法在任何时候都没有办法切断与刑事政策之间的联系，具体的刑法罪

名无法越过当地当时此刻的政策导向。刑事政策天然具有扩张性，但重刑主义是没有对症下药的非理性[1]，因此，刑事政策的控制和预防亦应是合目的性的，亦即刑事政策的法治化，这一要求与合目的理性的刑法体系不谋而合。

3. 目的理性的刑法体系还带来了另一个效果，那就是刑法教义学与刑事政策从相互远隔过渡到相互贯通，共同发挥对"影响力"的解释效能

"李斯特鸿沟"认为，刑法是刑事政策不可逾越的屏障，刑事政策不能介入犯罪论，而只能在法治建设的前提下指导刑罚，以达到威吓与预防的目的。而"罗克辛贯通"认为，在整体刑法观的追求下，刑事政策应当被刑法体系接纳，通过刑事政策的生命力和灵活性，以充分发挥罪刑法定原则的人权保障功能，由此，目的理性的刑法体系和刑事政策贯通了。刑事政策由于导向社会现实，带有极强的目的性指引，因而与客观的一般人标准紧密相连。原因在于，刑事政策多数为严打重罚，以主观的行为人标准进行定罪量刑，会极大地限缩打击的范围。

（三）界定刑罚的极限：刑罚适用应以一般人标准为限

1. 刑法对法益保护的范围相当广泛，不代表刑罚可以无限制扩张

可以说，一般的部门法所要保护的法益，刑法都予以保护，但这并不意味着刑法处罚范围的广泛性。与直觉相反，刑法的处罚对象远远小于其他部门法的处罚对象[2]。处罚范围就好比投石于水中所漾出的同心圆，即使是取其一处而只打算将处罚扩展到某一部分，实际效果却必然会是引起全方位的扩大[3]。要避免刑罚的无限制扩张，明确刑罚的极限尤为重要。现实情况是，刑法发挥作用的程度越来越深，范围也越来越大。相较于刑法发挥不了作用的担忧，更值得警惕的是刑法会过度突破它应有的界限。确定刑罚的极限，就是要研究如何控制刑罚在理想的目的范围内而不会矫枉过正。

2. 刑罚的预防目的决定了其指向的对象为一般人

刑罚的极限，与处罚必要性密切相关。如果一行为值得处罚，那就可以

---

［1］ 陈兴良、梁根林：《刑法教义学与刑事政策的关系：从李斯特鸿沟到罗克辛贯通 中国语境下的展开》，载梁根林主编：《当代刑法思潮论坛——刑法教义与价值判断》（第2卷），北京大学出版社2016年版，第147页。

［2］ 张明楷：《刑法学》（上）（第6版），法律出版社2021年版，第23页。

［3］ 蔡元培：《人权保障机能下实质解释论之反思——对25件实质解释案例的实证研究》，载《中国刑事法杂志》2014年第3期。

动用刑罚。但是，如果给予一个人超出其不法程度的处罚，那么刑罚就变得没有意义，这就超出了刑罚的极限。利用影响力受贿罪与一般的受贿罪的重要区别，就在于对"影响力"的认定。采取何种认定标准，决定了利用影响力受贿罪的处罚范围和刑罚极限。

3. 刑罚最直观的特征就是将每一个人的高低不平之处抹掉，这恰恰凸显了对一般人标准的奉行

刑罚不是针对某个人的报复行动，而是对社会一般人的反应作出的针对性措施。正义要求下的刑罚适用，自然也应以一般人的认识为限。可以说，刑罚作为日常生活的类型化与社会活动的聚集性的一个侧面，足以为一般人标准作为"影响力"认定标准提供明显而充分的底色支撑。

（四）追求实质的公平：法律之内与法律之外

包括利用影响力受贿罪的条文在内的刑法，持之以恒、倦而不舍追求着的，乃是公平。公平既在法律之内，也在法律之外。

1. 即使法律条文规定得很详明，但如果与一般人的实际生活和经验认识脱离，此时公平便在法律之外

如果对利用影响力受贿罪中的"影响力"作出认定时，不是站在一般人的立场之上，那么这条罪名就只是一个口号。"反腐"这个口号，在中国不是现在才开始叫起来的。自封建王朝建立之日，腐败与权力就是一对孪生子，如影随形。何谓腐败，何谓"影响力"，如果不是以一般人能够接受的标准来回答，人民就等同于生活在法律之外，利用影响力受贿罪就等同于规定在法律之外肆无忌惮地野蛮生长。

2. 建立在内在观点之上的理论解释，才能恰当地说明解释结论正当性的由来[1]

理论如果要更好地、全面地呈现其研究对象，必须选择适当的研究角度。正所谓"内行看门道，外行看热闹"，一个不了解冰壶规则的持外在观点的人，在观看冰壶比赛时只注意到了冰壶的移动，而不清楚这种移动对于获胜的影响，而了解冰壶比赛规则的持内在观点的人，则能够深刻体会到冰壶比赛过程中每一个冰壶停靠位置背后的攻守之势以及较量的惨烈。二者的认知差异，取决于对特定规则的认知程度。规则，或者说规范，则是从一般人的

---

[1] 陈景辉：《什么是"内在观点"》，载《法制与社会发展》2007年第5期。

经验认知提炼而来，反过来也能约束和指导一般人。换言之，如果要具体适用利用影响力受贿罪，那么对"影响力"的解释与理解，就必须基于一般人标准，只有如此，这一认定结果才能约束和指导一般人。

  3. 一般人标准能够帮助更好地分析"行为人给予国家工作人员以财物与国家工作人员违背职务之间的对价关系"这一不法类型

  无论如何，刑法不会单独处罚行为人给予财物谋取正当利益的行为，相反，刑法严厉打击国家工作人员收受财物的行为，更要打击借由"影响力"将国家工作人员的职务行为当做工具使用的情形。原因不仅在于行为人谋取的利益不过是国家工作人员违背规则的一个高概率的结果，归根结底还是由于国家工作人员不正当行使职权，还在于行为人谋取竞争优势是法律之外的事情、国家机关工作人员不正当行使职权才是法律之内的事情。单纯要求行为人不得违背公平、公正原则的规定去谋取竞争优势往往只能停留在道德层面，缺乏法律约束力。因为，刑法要求不得违背公平、公正原则的问责对象，应当是国家工作人员而非普通公民[1]。同样地，对于"影响力"之认定，如果从特定行为人的主观认知出发，就落入了主观主义的陷阱——行为人主观上认为有影响力而实际上没有影响力，无论如何不能构成利用影响力受贿罪，这是最浅显的道理。

五、一般人标准之下解释"影响力"的三个维度

  时代在发展，受贿形态也层出不穷。发挥理论对实践的指引作用，明确一般人标准的内涵和适用路径，将"影响力"的认定标准落实到具体的司法实践中去，开出对症的"药方"，有助于在实现打击犯罪的基础上做到对利用影响力受贿罪的准确适用，以防止刑罚的无限扩张，推动实现刑法理论与时代发展同频共振。

  基于利用影响力受贿罪的立法目的、规范结构和现实境遇，本文认为，应当从转变解释立场、明确解释方向和优化解释方法三个方面实现一般人标准在"影响力"之认定方面的重要意义。

  （一）解释立场：行为人立场下的一般人标准

  前已论述，认定"影响力"的关键是正确理解利用影响力受贿罪的三角

---

  [1] 车浩：《行贿罪之"谋取不正当利益"的法理内涵》，载《法学研究》2017年第2期。

结构。在利用影响力受贿罪中，第一方是请托人，第二方是国家工作人员的近亲属、与国家工作人员关系密切的人，也就是行为人，第三方是（离职）国家工作人员。如果按照一般受贿罪的解释思路，将目光集中在请托人或者是（离职）国家工作人员身上，就会倒退回结果责任，进而将"影响力"这一要件形同虚设。

因此，欲实现对利用影响力受贿罪的准确适用，前提是需要以行为人的立场，在一般人标准的层面上正确认识和解释"影响力"。需要说明的是，行为人立场与一般人标准并不冲突。

1. 内在观点与参与者观点可以在行为人身上并存

内在观点是指服从于法律之下的人们对于法律采取的接受与批判反思的态度，是一个实践者的姿态。参与者的观点是指研究者为认识法律而采取的研究起点，是一个观察者的视角。简单地说，如果信奉"我应该遵纪守法，否则就是错的"，可以确定所持的是内在观点，如果认知方向是"你应该遵纪守法，否则就是错的"，则是参与者观点。参与者的研究角度并不是唯一的，外在的研究者依然可以采取内在观点来看待某一法律体系对一主体之行为的影响[1]。自然地，行为人立场也并不是唯一的，同样能够并存"内在观点"与"参与者观点"。

2. 行为人立场与一般人标准殊途同归

在对行为人和平均人的能力进行比较时，可以区分出以下三种情形：行为人能力高于、等于和低于平均人能力。[2]如果行为人与平均人的能力相等，两者实质上没有任何区别；如果行为人的能力高于平均人，则刑法以行为人所在层级的平均能力作为判断依据[3]；反之，刑法依据较低层级的能力标准作为判断依据。也即是说，不同程度的认知经验总是以其平均值作为判断的依据。放眼望去，虽然社会的一般经验认知并非固定不变的，但是在一定的历史时期内，社会群体自发或自觉形成并遵循的认知和判断标准总是以大多数社会成员的平均值为准，呈现出"一碗水端平"的认知效果。

综上，本文所主张的站在行为人立场去解释"影响力"包括两个方面的

---

〔1〕 许玉秀：《主观与客观之间——主观理论与客观归责》，法律出版社2008年版，第5页。

〔2〕 许玉秀：《当代刑法思潮》，中国民主法制出版社2005年版，第438页。

〔3〕 陈毅坚：《过失犯归责构造之反思与重构》，载《国家检察官学院学报》2021年第4期。

重要理由：其一是摆脱从国家工作人员违背职务这一角度进行解释的思维惯性，将思路转换到行为人一端，把行为人产生的实质"影响力"这一利用影响力受贿罪的重要特征，纳入对利用影响力受贿罪的解释工作中去。这样一来，受行为人"影响"的国家工作人员违背职务的行为与行为人收受行贿人财物之间的对价关系就在解释论上被建构出来了。只有如此，利用影响力受贿罪的构成要件结构才是完整的，其定罪功能才是健全的[1]。其二是进一步拨清判断标准与判断对象之间的差异，行为人的立场并不是要倒退回主观主义，而是纯粹的客观主义，是以行为人所处的经验层面进行判断，归根结底，这还是一种一般人标准。

（二）解释方向：一般人标准的上限与下限

本文认为，作为"影响力"的认定标准，一般人标准的内涵应当从以下三个方面进行规范。

1. 一般人标准的确定要符合刑罚的目的和功能

刑法是为了保护法益不受侵害[2]，维持社会总体认知中利益总量的最低限度的衡平。基于这一出发点，在某种行为的判断上，如果一般人标准的界定偏离了刑罚报应与预防的目的界限，刑罚对此无能为力。

2. 一般人标准不是法官标准

事实上，法官在法律领域可以说是处于强者或精英的层次，法官往往对现实法律的理解与适用起到支配作用。然而，恰因为如此，法官的标准是社会大多数人可望而不可即的。并且，如果将一般人标准限缩认定为法官所在层级的标准，带来的直接后果是评价者与评价标准的大范围重合，从而使对"影响力"的判断依据沦为法官个人的玩偶，法官将不会再依据法律而是依据个人情绪来判案。后果只有两个，要么因为法官坚守狭隘自我的"法律职业素养"而缓和刑法对于利用影响力受贿罪的认定，要么使法庭沦为个人道德的游戏场，刑法的目的将会与道德律停留在完全一样的层次[3]。但是，违反道德律的后果可能只是良心上的挣扎与舆论上的批评，刑法入罪的结果却会

---

〔1〕 赵秉志、袁彬：《刑法学研究的理论与实践展开——2017 年我国刑法学研究综述》，载《人民检察》2018 年第 1 期。

〔2〕 李永升、冯文杰：《刑罚目的新界说》，载《湖南警察学院学报》2016 年第 2 期。

〔3〕 张浩朋：《论过失犯罪中的一般人标准》，吉林大学 2018 年硕士学位论文。

是自由刑、财产刑，甚至是死刑的刑罚[1]。

3. 一般人标准与人数多寡无关

假使某种世界上罕见病症的手术，全世界只有一位医生会治疗，或者某种治疗流行性感冒的药品，全世界只有一家公司能够生产。也就是说，假使全世界只有一个个体掌握着这个活动的标准，这个个体所持的标准，就是特定群体或者行业的一般人标准。同样地，即使在国家安全部门工作的人员，全世界只有一个人知晓他的职业并有着"影响力"，那么即使其他所有人都不认为行为人对该国家安全工作人员有着影响力，也无法排除这种"影响力"的客观和实质存在。此时，一般人标准就是行为人一个个体形成的"领域内的经验"，并不是与人数上的多寡必然对应。

综上，一般人标准界限的确定，取决于共同生活的人们该采取什么样的理念来维持整个社会。本文认为，一般人标准的上限不应是抽象到与社会公众割裂的法官人标准，下限不应放宽到行为人的个人认知，而应当是以行为人为代表的层级的社会经验。面对海量案件，法院不可能案案都调查、事事都征询社会公众或团体的意见，否则，司法活动将不堪重负[2]。法官应当自觉能动地以一般人标准对案件事实进行判断。

（三）解释方法：司法实践的便利性考量

明确和细化对"影响力"的内涵，主要目的是便于司法实践中的操作，避免不必要的证明上的困难，同时使司法裁判符合罪刑法定原则。

1. 学说分歧："影响力"的认定标准

在理论和司法实务中，关于"影响力"之认定有法定职权说、实质影响力说与两分说。以下通过举例说明不同学说对"影响力"的认定差异：

例：M 为获得某市政基础设施建设项目，找到该市住建局局长的司机 N，以 50 万元的对价，希望 N 能协助其中标该项目。根据《刑法》第 388 条之一的规定，若 N 构成利用影响力受贿罪，则 N 在收取了 50 万元后可能有以下三种行为：

情形①：N 直接向局长请托，希望其在项目招标上关照 M，局长答应并完成了请托事项。

---

[1] 张浩朋：《论过失犯罪中的一般人标准》，吉林大学 2018 年硕士学位论文。
[2] 陈航：《民刑法中的"一般人"观念及其判断基准》，载《法学家》2020 年第 3 期。

情形②：N 直接找该局长的下属 O，利用局长的影响力向 O 请托，使得 O 答应并完成了请托事项。

情形③：若局长已退休，N 依然利用局长的原职权或者地位形成的便利条件，向市住建局新局长 P 请托，使得 P 答应并完成了请托事项。

表 1　假设案例的三种情形下 N 的行为定性示意

序号	对价关系	学说依据	结论
情形①	M（请托人） N（行为人） 局长（国家工作人员、受贿人）	法定职权说	构成利用影响力受贿
		实质影响力说	构成利用影响力受贿
		两分说	无法确定
情形②	M（请托人） N（行为人） O（局长下属、国家工作人员、受贿人）	法定职权说	构成利用影响力受贿
		实质影响力说	构成利用影响力受贿
		两分说	无法确定
情形③	M（请托人） N（行为人） P（新任局长、国家工作人员、受贿人）	法定职权说	不构成利用影响力受贿
		实质影响力说	构成利用影响力受贿
		两分说	无法确定

（1）法定职权说。法定职权说认为，"影响力"来源于国家工作人员的职务行为本身，如税务稽查人员进行偷漏税检查，生态环境局稽查大队对工厂污水、废气处理情况进行监管。一般人了解履行职务行为的特定场景，并且行为人说明或者宣告自身能够影响职务行为，无论行为人事实上有无对其他人有着影响和影响程度如何，一般人就会认为行为人具有"影响力"并能够干涉这种职务行为。基于"法定职权说"，仅能够认定情形①、情形②构成利用影响力受贿罪，原因是情形③中，局长已经退休，不存在"法定职权"。

（2）实质影响力说。实质影响力说认为，影响力的作用真实存在，不必对外宣告就能够对他人产生影响[1]，因而更注重一般人对这种影响力的客观认识，亦即只要在一般人标准上，这种作用力足以使职务行为偏离程序公正，产生了实体不公的结果，那么，无论行为人是否对外宣告或者明确主张自己有"影响力"，就应当认定其具有影响力。基于实质影响力说，情形①、情形

---

〔1〕　胡豪：《利用影响力受贿罪的司法认定》，昆明理工大学 2020 年硕士学位论文。

②、情形③均能够认定为利用影响力受贿罪。

（3）两分说。两分说认为，对于职权地位比较低的第三人宜采用法定职权说，对于高官采用实质影响力说，这样灵活的界定方式有利于司法实践中的具体考量。但是，基于两分说，情形①、情形②、情形③均可能认定为利用影响力受贿罪，同时情形①、情形②、情形③也均难以认定为利用影响力受贿罪。原因是，市住建局局长究竟是"职权地位较低"还是属于"高官"无法贸然下定论。

2. 应采实质性影响力说

本文认为，在一般人标准之下，实质性影响力说能够更有效地实现利用影响力受贿罪的立法目的，同时也符合受贿犯罪的体系性要求。

（1）形式判断易导致效率低下。在司法实践中，形式上的影响力只存在于口语化的交流之中，所有的影响力均属于实质性的影响力。若仅在形式上对"影响力"进行判断，将会对原本就难以判定的利用影响力受贿罪，再增加极大的认定难度和复杂程度，造成司法资源的严重浪费。[1]

（2）形式判断易扩大处罚范围。形式的影响力，实际上就是法定职权。采取形式上的影响力说，将无法区分一般受贿罪、斡旋受贿罪或者介绍贿赂罪，这难以说明利用影响力受贿罪的立法必要性。法定职权说会不当扩大本罪的处罚范围，因为在所有的贿赂犯罪中，国家工作人员所表现出来的，都是在不当行使权力和利用职务行为。换言之，所有在证据和构成要件上难以解释说明的不法行为，最后都将由利用影响力受贿罪兜底，成为像寻衅滋事罪、以危险方法危害公共安全罪那样的口袋罪名。

（3）两分说司法操作难度较大。两分说看似可取，实则增加了司法实践认定的难度。"职权地位比较低"究竟应采取何种标准进行规范是一个令人头疼的问题，尤其是在我国这样一个地域广阔、风土人情差异化巨大的场域，模糊不清的弊端更加凸显。在北上广等地区，科长可能算是"比较低"的职务，但是在村镇、县区等偏僻的地方，一个科长甚至是一个村长的人脉和影响力都可能覆盖全域。如果采取两分说，可期待的解决办法是寄希望于法官的自由裁量足够精准，或者是地方自行制定本地的高低标准。但是，类案同判仍是一个正在追求的目标，单纯依靠法官的自由裁量并不会给法治国家带

---

[1] 胡豪：《利用影响力受贿罪的司法认定》，昆明理工大学 2020 年硕士学位论文。

来多少信心。而妄图依靠地方上的自我规制，实际上是掩盖了标准缺失这一问题，与大一统的刑法典的目标也背道而驰。

3. 实质影响力的界限：法定职权＞实质影响力＞介绍贿赂

大体来讲，"影响力"是指一个人或者群体能够催生另一个人或者群体的心理变化，使其作出或者放弃作出特定行为的能力。贿赂犯罪中的"影响力"，是指因职务制约关系或者亲属关系、优势地位、资源管控、情感关系、利害关系等形成的抽象力量，使得一个人或者群体能够对国家工作人员产生影响。

（1）性质之分：法定职权与非权力性影响力

根据形成要素的不同，"影响力"包括权力性质的影响力与非权力性质的影响力。权力性质的影响力与担任的职务相挂钩，具有"上命下从"的强制力。比如前述案例情形①中的局长以及情形②中的局长下属 O，利用自身的身份地位接受并完成请托事项，均属于权力性质的影响力。换言之，权力性质的影响力等于"法定职权"。其他不依附于特定职务和行政身份、不具有强制力的影响力，则属于非权力性质的影响力。比如前述案例情形③中的退休局长，失去了"法定职权"，但行为人依然可以利用局长的原职权形成的便利条件请托事项，属于非权力性质的影响力。

（2）程度之分：实质影响力与介绍贿赂

介绍贿赂罪，是指向国家工作人员介绍贿赂，情节严重的行为[1]。本罪与利用影响力受贿罪在犯罪构造上具有相似之处，均符合"行贿人——行为人——国家工作人员"的"三方主体"关系。

两罪的重要区别在于：介绍贿赂罪的行为人主观上清楚认识到自己是处于第三者的地位，是"居间介绍人"，多采用沟通运作的方式，目的是促成行贿者与受贿者双方的不法行为得以实现，客观上仅在行贿人与国家工作人员之间牵线搭桥，并不参与双方具体的行贿、受贿行为，对自身的"影响力"发挥得比较小。而对于利用影响力受贿罪，行为人的主观目的是自己收取财物，客观上是运用自己对国家工作人员的影响力去为请托人办事，具有主动性与积极性，对自身的"影响力"发挥得比较大。

---

[1] 储槐植、闫雨：《利用影响力受贿罪适用中的几个疑难问题》，载《江苏警官学院学报》2012 年第 1 期。

值得注意的是，介绍贿赂的行为人如果较长时间、多次利用其他国家工作人员的职务便利在国家工作人员和行贿人之间撮合、搭桥，其往往会成长为职业掮客，其"影响力"也会逐渐增加，从而得以符合利用影响力受贿罪中"关系密切的人"的身份。也就是说，介绍贿赂的"影响力"与"利用影响力受贿的"影响力并不是性质上的根本差异，而只是程度轻重有所区别罢了。

若在前述案例的基础上，增加情形④：N 不愿意向局长请托，但 N 表示可以介绍 M 与局长认识，让 M 直接向该局长请托。在 N 的引荐下，M 向局长请托并行贿成功。此时，N 的行为符合《刑法》第 392 条的规定，构成介绍贿赂罪。

综合全文，实质影响力的范围有着明确的界限：法定职权>实质影响力>介绍贿赂。易言之，如果超过了实质影响力，那就是一般的行贿犯罪，如果未达到的，可以按照介绍贿赂罪去定罪处罚，居于其间的，应当认定为利用影响力受贿罪。

六、结语

本文旨在申明"影响力"在认定利用影响力受贿罪中的关键性地位，这主要涉及"影响力"这一构成要件的重要性，以及作为"影响力"之认定标准的一般人标准。利用影响力受贿罪独特的"三角结构"关系，要求在该罪名的适用中重视"影响力"，"影响力"作为"关系密切"的实质侧面，较后者有更强的正当性和适应性。判断标准自身天然的客观性，排除了主观说作为其判断标准的可能性，从反面对一般人标准进行了辩护。利用影响力受贿罪的构成要件、刑法的理性目的、刑罚的极限以及公平正义的内在要求，能够从正面对一般人标准予以佐证。由此，一般人标准成为正确解释"影响力"的认定标准，这意味着，司法实践在解释"影响力"时，既要转变解释立场，从行为人所在阶层的一般人标准开展认识工作，又要明确一般人标准的界限不应过高或者过低，应当是以行为人为代表的阶层的社会经验范畴。如此一来，在认定实质影响力的范围时，就有了可参照的明确界限。基于此，实质影响力的范围应在法定职权的影响力与介绍贿赂的影响力范围之间。

骗取型贪污罪之"利用职务便利"探析

韩金泥*

摘　要：最高人民检察院对贪污罪中的"利用职务便利"的解释规定虽已被普遍应用，但通说解释未充分关注"骗取"这一行为方式的特殊性，进而在逻辑上难以契合。学界存在多种对"骗取型贪污"中"利用职务便利"的界定方式。其中，要求对财物的占有状态的"严格说"只能限于行为人和被害人都具有处分权的情况，并不适用于我国应对贪污犯罪的客观环境；另有观点以"影响处分"作为标准，过于宽泛地解释了利用职务便利的内涵；一些观点以影响力大小、公共管理的体系性及《刑法》第 183 条第 2 款的情形等作为"职务便利"的界定方式，提供了"限制说"的思路。笔者基于对限制说的部分支持，针对可能的情形、影响的程度等方面，试图以限制说为基础，通过"实质影响"对最高人民检察院的规定予以一定程度的扩大解释，以求建构"利用职务便利"在"骗取"下的界定方式。

关键词：骗取型贪污；利用职务便利；诈骗；实质影响；扩大解释

贪污罪在我国立法中被规定为侵吞、窃取、骗取三种行为方式，同时将"利用职务便利"作为必要的构成要件以实现对异于一般财产犯罪的特殊法益之保护，二者的结合决定了贪污罪在构成要件层面的认定范围。纵观已有法律规范，对于"利用职务便利"的唯一具体定义存在于最高人民检察院《关于人民检察院直接受理立案侦查案件立案标准的规定（试行）》（以下简称《最高检规定》）中，表述为"利用职务上主管、管理、经手公共财

---

* 韩金泥，中国人民大学法学院博士研究生。

物的权力及方便条件"〔1〕，并基本已经成为司法实务中判定"利用职务便利"的唯一标准。

但是，如何解释"主管、管理、经手"，以及这一定义是否能够周延概括"利用职务便利"的全部情形，仍是值得探讨的。在定义用词上斟酌文字并无多少意义，真正需要关注的是，"侵吞""窃取""骗取"三种行为的特定逻辑对"利用职务便利"的不同要求，以及所划定的处罚范围是否恰当。目前基本占据通说地位的解释主张，"主管"是审查、批准、调拨、安排使用等支配公共财物的职务活动；"管理"是指负责看管、保护公共财物的职务活动；"经手"是指领取、支出等经办公共财物的职务活动。〔2〕然而，这种未区分不同行为方式的解释路径，在如骗取型贪污的范式下将存在逻辑冲突的难题，并影响相关案件在诈骗罪和贪污罪之间的定性结论，以及贪污罪本身的处罚范围。

一、矛盾凸显："处分"要求与"骗取"行为

在贪污犯罪中，基于对公共财物的职务占有将其据为己有当属最为典型的行为方式。《德国刑法典》将贪污行为仅作为对受托保管物侵占的特殊形式，〔3〕而不再单独规定单独的贪污罪。《最高检规定》以"主管、管理、经手"细化"利用职务便利"，事实上也是将侵占或侵吞方式作为主要面向。结合前述通说对规定的进一步解释，可以发现，在对"支配""看管""领取"等动词在"提取公因式"后，所体现的是一种占有状态。应注意的是，此处的"占有"为刑法规范而非日常表达上的占有，即是一种稳定的、现实的、排他的〔4〕，可对财物进行支配、控制和处分的状态。〔5〕然而，在骗取的行为结构下，这种支

---

〔1〕 1999 年最高人民检察院《关于人民检察院直接受理立案侦查案件立案标准的规定（试行）》："贪污罪是指国家工作人员利用职务上的便利，侵吞、窃取、骗取或者以其他手段非法占有公共财物的行为。'利用职务上的便利'是指利用职务上主管、管理、经手公共财物的权力及方便条件。"尽管此规定在法院审判中的应用存在"检察权介入审判权"之嫌，但基于当前司法实践与学界观点对此规定的普遍认同与采用，笔者对其应用效力问题暂且不表，只针对此规定在逻辑论证上的问题展开探讨。

〔2〕 高铭暄、马克昌主编：《刑法学》（第 8 版），北京大学出版社、高等教育出版社 2017 年版，第 624 页。

〔3〕 马春晓：《廉洁性不是贪污贿赂犯罪的法益》，载《政治与法律》2018 年第 2 期。

〔4〕 刘明祥：《论刑法中的占有》，载《法商研究（中南政法学院学报）》2000 年第 3 期。

〔5〕 换言之，在解释"利用职务便利"时，上述路径采纳了贪污犯罪所要求的"背信"行为的最典型体现——即行为人对财物达到占有状态时，可认定其被充分授权，被赋予了职务上的信赖。

配、控制的属性似乎难以自洽。如果认为贪污罪在行为上表现为特殊的财产犯罪，并将骗取型贪污理解为特殊的诈骗罪对"骗取"采取与诈骗等同的含义，要求：（1）行为人实施欺骗行为；（2）被骗人（包括单位）陷入错误认识；（3）被骗人基于错误认识处分财物；（4）行为人非法占有财物。那么，"相对于侵吞而言，骗取者事先并不占有、控制、支配着公共财物；相对于窃取行为，行为人没有采取违背财物占有者意志的方式取得，而是以欺骗具有主管、控制、支配公共财物权限的领导的方式，使其基于认识错误作出将公共财物处分给行为人的决定，行为人进而取得此物"。[1]——此处所体现的行为人特征与上述支配、控制、处分财物的要求相比，二者的涵摄范围显然难以重叠。对此具体分析，以行为人与被骗人对财物的控制状态为区别标准，存在以下几种情形。

（一）行为人对财物无处分权，被骗人有处分权

这是诈骗罪行为模式中的普遍情形，在骗取型贪污中亦大量存在，通常表现为对"申请-发放"式的、在国家款项（公共财物）划拨过程中的骗取，如骗取各类补偿款、补助款、报销款。行为人是终端的申领者或中间层的上报者；被骗人为划拨层级的最高点，作为公共权力的具体代表决定着特定财物的流向。被骗人因虚假的材料产生错误认识从而错误地处分财物，实现行为人非法占有之目的。然而矛盾之处在于，既然行为人是通过欺骗行为方能占有财物，对财物本无处分权力，又何以依《最高检规定》，本身就可依职权支配、处分财物呢？

若要试图对此矛盾进行消解，可能存在以下两种路径：第一，认为这种情形下行为人没有利用职务便利，不构成贪污罪。然而这种回应具有三点问题。首先，从实质角度而言，行为人的骗取行为的确不同于一般的诈骗，而是建立在其基于职务而具有的、区别于非国家工作人员的职权之上。行为人依职权得以虚构事实，隐瞒真相，如申领、上报、呈递虚假或不符合要求的材料，依申领、上报、呈递得以骗取，被骗人依行为人具有该职权而接受，依行为人的欺骗而相信——此过程完全符合骗取型贪污的行为构成，与一般的诈骗犯罪具有明显区别（无职务的一般人并不能获取申领、上报、呈递的权力与对相关行为的信赖）。即使行为人只是一个上报公务材料的村主任、一

---

〔1〕 陈洪兵：《财产犯罪之间的界限与竞合研究》，中国政法大学出版社 2014 年版，第 240 页。

个统计报销数据的公务员时，即使其对涉及款物并无主管之权、管理之责、经手之便，其在上报申请名单或材料时仍能依职权制造虚假文件，依职权报以上层领导并取得基础信任，使财物"有可能"[1]归为己有。其次，若否认这种情形可构成贪污犯罪，那么贪污罪中"骗取"的行为方式将会被大大限缩，最为普遍的情形反而落入了规范和逻辑的缝隙之间，可能会使骗取型贪污的规定丧失实际意义。最后，当前司法实践认定中的大量案例都呈现为上述情形[2]，如 2015 年最高人民法院发布的典型案例中的"余某智贪污养老保险金案"[3]，其中行为人余某智即对涉案财物（养老保险金）并无支配、控制、处分权力，而是通过职务行为骗取了处分权人（上级部门）的批准，进而实现了非法占有目的。

第二，认为这种情形仅限于：行为人虽得以实力控制财物，但没有占有意义上的处分权力，需要通过欺骗处分权人取得财物。即通过限制解释"利用职务便利"的内涵，将行为人解释为辅助占有者的角色。但这种解释亦存在两点问题。一方面，这显然直接与《最高检规定》的文义及目的不符，辅助占有者无法对财物进行实质的管理、主管、经手；另一方面，所谓"辅助占有者"在欺骗处分权人时，利用的往往并非其基于公务的职务便利。如协助运输公共财物的司机、帮助携带公共财物的秘书等，其在辅助占有时只是基于其工作而对财物有直接接触的便利，并非出于内含国家信赖的公务行为。

（二）行为人和被骗人对财物均有处分权

此种情形表现为行为人与被骗人对财物均具有处分权，行为人通过欺骗财物的另一处分权人，使其陷入错误认识并作出处分行为。具体可区分两种情形，即上下级关系与同级关系。

所谓上下级关系，即被骗人对财物有着实际处分的权力，但行为人的职权得以领导、指示、支配该处分权人，进而认为行为人具有对财物间接的控制、处分权力。但应注意这种情形能否由《最高检规定》的解释所涵括。即，

---

〔1〕 此处的"可能性"大小，即是后文将要讨论的影响程度问题。

〔2〕 如［2015］黔高刑二终字第 71 号"朱某清贪污案"、［2017］冀 08 刑终 51 号"赵某某、赵某丁、赵某戊、姜某某贪污案"、［2014］高刑终字第 483 号"聂某云贪污案"等。

〔3〕 ［2014］潮平法刑初字第 31 号：被告人余某智利用其在某国有公司任人秘部主任，负责办理公司职工退休手续、社保手续的职务之便，制作了其妻为该公司退休职工及《职工退休审批表》等虚假材料，将上述材料报送县劳动局及县社保局审核，骗取上述部门的批准。此后连续十二年间持续领取社会养老保险金共 83 241.53 元，用于家庭开支。

对支配、处分财物的人员具有管理、领导地位的上级，并不一定得以对该笔财物进行主管（调拨处置）、管理（保管处理）、经手（领取支出），也不宜对其一概地判定对财物具有处分权力。换言之，并非所有位于处分权人之上的行为人皆同时具有处分权，也不是所有位于处分权人之下的行为人都没有处分权。

所谓同级关系，即一般的共同占有情形。甲乙两人共同管理一批财物，各自均对财物具有不完全的处分权限。通过类似的逻辑推理，可以发现此种情形得以既符合骗取的行为构成，又符合上述对"利用职务便利"之解释。虽然其被纳入骗取型贪污范围毋庸置疑，但这种与他人以相当的权力共同执掌一批财物并欺骗对方的情形，只能在相关案件中占据极少数。

二、既有路径：限缩或扩张

针对上述矛盾，学界不乏多种应对策略。为了更清晰地比较和评析各种解释之特征与利弊，笔者通过对学界不同观点的整合，在此依据其对骗取型贪污中的"利用职务便利"界定范围的大小与条件要求差异区分为严格说、宽泛说与限定说[1]。

（一）严格说

所谓严格说，即基本依循前述对《最高检规定》的普遍解释，要求贪污罪的利用职务便利均需具备"得以支配、控制、处分财物"的要求，而不论其行为方式具体表现为窃取、骗取还是侵吞。但与此同时，即使不额外地说明骗取型贪污有何特殊性，其须满足的诈骗行为结构必定会作为其构成上的第二重要求。其中，张明楷教授在分析贪污罪时即统一要求"国家工作人员现实地对公共财物享有支配权、决定权，或者对具体支配财物的人员处于领导、指示、支配地位"[2]，同时在论述骗取行为时又作出"使具有处分权的受骗人产生错误认识"[3]的表述，对应着上文所分析的"行为人与被骗人对财物均有处分权"的情形。

---

[1] 这里与学界对于贪污罪整体的"利用职务便利"内涵区分的广义说、狭义说及折中说是两种独立的分类。后者所普遍主张的"经营"应为利用职务便利之一的问题，与本文的探讨没有直接关联，因而暂不涉及。

[2] 张明楷：《刑法学》（下）（第5版），法律出版社2016年版，第1183页。

[3] 张明楷：《刑法学》（下）（第5版），法律出版社2016年版，第1184~1185页。

与此同时，有学者认识到"窃取、骗取行为以占有移转为其构成要件要素，其成立前提是财物不处于行为人占有之下，其与利用职务便利中所蕴含的已然占有相互排斥"[1]，进而主张窃取、骗取等行为方式的规定是源于对占有概念采取事实支配解释，通过规范地解释占有概念，可以将以上行为方式均视为行为人占有财物，并一概归入侵占型贪污的范畴。笔者认为，这事实上也可以归入严格说的领域，且将某一行为作为骗取型贪污抑或侵占型贪污，这不过是概念归入的问题，而并无实质影响。

严格说的优点在于，可以通过对贪污犯罪中"骗取"行为方式的严格限缩，促使贪污犯罪更纯粹地表现为与国外刑法类似的"公务侵占"形态，进而将贪污犯罪限定在国家工作人员占有财物的情形下，有助于明确其与一般财产犯罪的界限，避免对国家财产给予优于其他财产的过度保护[2]，与此同时，绝大多数依据骗取的一般解释可以纳入贪污罪的行为，将只可能构成诈骗罪，进而避免了处理二者罪刑均衡的问题。

然而，通过解释既有法规范反过来排除条文中"骗取"的实际应用空间，并不能获取很好的效果。易言之，立法者额外地设置"窃取""骗取"更多地出于"中国特色"之需要，具有打击贪污腐败，建设廉政体制等多方面的科学考量，在这一框架下通过法解释学实现逻辑融洽和体系通畅自然是更好的选择。更何况基于我国刑事政策与国情，进行上述限制与现实需要并不相符，亦难以实现法益保护。对于并未对财物达到控制、支配状态，但确有利用职权之便来骗取国家公共财物的行为，其所侵犯的并不限于一般的财产所有权，还有国家的廉政体制、职务行为的廉洁性、权力信赖或其他相似的法益，在犯罪主体身份上也限于具有这种职权的人员。这种行为在实际生活中反而占据多数，若一概以普通的诈骗罪进行处罚，实有与贪污犯罪的刑事政策及我国客观环境相悖之嫌。

（二）宽泛说

所谓宽泛说，即完全否定《最高检规定》的内容，只要其利用职务便利的行为能够对财物处分产生影响即可肯定构成要件的满足，而不额外要求影

---

[1] 马春晓：《廉洁性不是贪污贿赂犯罪的法益》，载《政治与法律》2018年第2期。

[2] 陈洪兵：《论贪污罪中"侵吞"、"窃取"、"骗取"及"其他手段"》，载《法治研究》2014年第8期。

响力的程度。在代表观点中，袁建伟教授认为，行为人没有主管、管理、经手公共财物，但其职务的内容"足以影响处分权人处分公共财物"，则属于利用职务便利〔1〕。其中"包括其职务行为是处分权人行使处分权的前期准备，或处分权人行使处分权以行为人的职务行为作为依据，或处分行为直接针对行为人的职务行为"，而行为人是否主管、管理、经手，"并非不可或缺的"〔2〕。

在宽泛说观点下，只要行为人实施的是有可能影响财物管理或处分的行为，且这种行为基于其职务，则无论这种影响程度是否具有盖然性，都认为其符合了利用职务便利的要件。宽泛说的优点在于，其有利于充分保护公共权力和公共财产法益〔3〕，对于行为人滥用公共权力谋取私利的行为予以强烈打击。但如果行为人的职务行为只是处分的前期准备之一，其行为能够使其"得逞"的事实可能性本身极小，是由于处分行为的介入（比如介入了处分权人的重要渎职行为等其他因素时）才造成了公共财产损失的情形下，一味地认定行为人利用职务便利实施贪污亦有悖于社会一般认知。

（三）限制说

与前述严格说有所不同，张明楷教授对骗取型贪污的观点在其之后的著作中有所变化并进一步明晰，其对于贪污罪中骗取行为的界定以对《最高检规定》的部分否认为立足点，与其前述论述并不完全一致。"概言之，利用职务上的便利骗取公共财物，只限于与《刑法》第 183 条第 2 款〔4〕规定相当的行为类型，即国家工作人员基于职务处理有关财产的事项，但其对财产并没有直接的处分权限，进而利用职务上的便利使上级处分财产，使自己或者第三者取得财产的，才能认定为贪污罪。"〔5〕其不再以支配、控制、处分财物的状态作为行为人的要求，而是以《刑法》第 183 条第 2 款规定作为参照来界

〔1〕 袁建伟：《"骗取型贪污罪"的行为逻辑与规范评价——兼谈最高人民检察院"利用职务上的便利"司法解释的具体适用》，载李少平、朱孝清、卢建平主编：《法治中国与刑法发展》，中国人民公安大学出版社 2015 年版，第 775 页。

〔2〕 袁建伟、黄弘毅：《"骗取型贪污罪"的行为构造与规范评价》，载《社会科学动态》2022 年第 11 期。

〔3〕 刘伟琦：《"利用骗取的职务便利"之司法误区与合目的性认定》，载《河北法学》2016 年第 5 期。

〔4〕《刑法》第 183 条第 2 款规定："国有保险公司工作人员和国有保险公司委派到非国有保险公司从事公务的人员有前款行为的，依照本法第三百八十二条、第三百八十三条的规定定罪处罚。"

〔5〕 张明楷：《贪污贿赂罪的司法与立法发展方向》，载《政法论坛》2017 年第 1 期。

定骗取型贪污的范围，排除"与职务行为没有关系"的行为。但是，哪些才是与职务行为有关系的行为，是否必须是仅限于行为人自身才能完成的工作，是否能包括该职务仅作为处分财物实现前提的行为，尚无明确的标准。而这种标准的界定即与笔者此处总结的"限制说"相关。

所谓限制说，即并不按照前述对《最高检规定》的普遍理解来限定骗取型贪污中"利用职务便利"的范围，但仍从实质规范角度对此构成要件提出程度上或条件上的要求。其中，一部分观点将这种程度要求概括为"影响力"的大小，即该国家工作人员利用职务便利欺骗的行为对于危害结果的发生具有多大的影响力。柏浪涛教授即认为，行为人的职权、职务"发挥了实质贡献或影响力"[1]，具体表现为受骗人可以信赖于行为人的职权行为，自己只需要对其形式审查即可处分财物。孙国祥教授则未采取影响力的说法，而是从公共管理角度切入，将处于公共财物管理体系中的相关职权皆视为贪污犯罪的职权范围。由于现代公共管理具有较高的复杂性，"某项财物的管理或者取得可能需要多个环节的权力发挥作用"[2]。也就是说，对于财物的管理未必仅存在决定性的权力，其他在管理体系中的职权同样影响着对财物的管理。某种程度上说，这种观点相当于对《最高检规定》中的"管理"予以扩大解释，但也仅限于对"管理"的扩大解释。

限制说的观点均是在尽量扩大"利用职务便利"的解释与尽量限缩骗取型贪污之间寻求平衡。其优点在于对既有规范并不必须全盘否定，而是通过恰当的扩大解释完成目标，相对而言亦更具有精确性和实践指导价值。然而，这样的解决思路仍然存在些许疏漏，下面以"实质影响力+被骗人形式审查"为例进行简要分析。

其一，这种"影响力"到底是犯罪构成的要件还是犯罪既遂的要件，容易在认定中产生混淆。换言之，在行为人实施了相关行为但仅仅是"影响力不够"时，极易给人一种构成犯罪但对结果发生的"贡献程度"较弱，进而应认定为犯罪未遂的错觉。其二，其通过程度而非性质来定义构成要件。"影响力程度"事实上是对"利用职务便利"作出的程度要求，但其并未首先解决"哪些行为在利用职务便利"的问题。其三，所谓"形式审查"的认定，

---

〔1〕 柏浪涛编著：《刑法攻略》，中国民主法制出版社 2019 年版，第 407 页。
〔2〕 孙国祥：《贪污贿赂犯罪研究》（上册），中国人民大学出版社 2018 年版，第 208 页。

需要确定应以一般行为规范、行为人的认识或其他为标准。标准的不同实则影响着案件的认定。笔者在此试举两例进行说明：

情形一：某县政府某补偿款发放规范要求财务应赴实地严格审核材料内具体事项的真实性。但出于上级时限要求，该县实际操作过程中常不会赴实地实质审核。甲为该县某村村长，协助执行材料报审工作。其知晓县内时间紧迫，很有可能不会前来实质审查的现状，便利用其负责收集、初审和上报材料的权力，伪造虚假证明、签字并上报自家以谋取私利，但若县内进行实质审查则必然会被发现。最终县内未能发现，对其发放了补偿款。

情形二：某县政府某补偿款发放规范要求严格审核，但相关人员一贯赴实地严格审核，即遵循规定即必然会发现造假。甲知晓其会赴实地严格审查，但仍伪造了虚假证明、签字等材料。恰巧审核人员当此审核意外失误，未赴实地即对甲发放了补偿款。其他条件与情形一相同。

关于甲这种利用职务的行为是否实质影响了财物的处分，两种情形表面上均呈现出被骗人需要"实质审查"，行为人的权力不足以决定财物流向的意思。但以被骗人本应遵循的一般规则为要求显然对于被骗人过于苛刻而对行为人过于宽容。在情形一中，行为人实际在故意利用处分权人的失误，且这种失误本身是可预见的。此时审查人员在实际意义上并未对财物处分实行绝对的决定权，极容易受到被骗人递交材料的影响，直接信赖于材料内容并据此进行处分。对此应肯定其职务的实质影响力。反观情形二中，行为人的职务并没有发挥实质作用，上报材料并不会决定或实质影响补偿款的处分，只是其判断如何处分时参考的资料。即使情形二中甲最终依然非法占有了补偿款，但并不存在被骗人对其职务行为的信赖，因而不能成立利用职务便利之要件。

三、立场选择：围绕"实质影响"的初步建构

由上述分析可知，当前学界对《最高检规定》的理解与解释与骗取型贪污罪的认定难以契合，且对"利用职务便利"进行过于严格或过于宽泛的界定均不利于贪污犯罪的准确认定。但这并不意味着当前认定利用职务便利必须要完全抛弃该规定的内容进行全新定义。笔者认为，对"利用职务便利"并不能粗糙地以一种具体含义概括适用于三种行为方式[1]。而针对骗取型贪

---

〔1〕 陈洪兵：《体系性诠释"利用职务上的便利"》，载《法治研究》2015 年第 4 期。

污，需要对于《最高检规定》予以适当的扩大解释，即"主管、管理、经手"不应限于只是对财物具有支配、控制、处分权力的范围内。但同时亦不能扩大至一切利用职务实施的骗取行为，应针对其职务或职权发挥的作用进行判断。在上述三种学说中，限制说具有较高的参考价值，因而笔者对应限制说上述问题，试图通过对限制说的部分修正来作为骗取型贪污利用职务便利认定的初步构想。笔者认为，解释利用职务便利，即需考察行为是否利用了职务或公权力所赋予的实质影响。具体而言可分解为以下几个步骤。

第一，判断行为人利用的是否属于基于其职务或职权的便利。对此应首要判断其是否具有与处分财物有关的职务或职权，以及欺骗行为是否基于其具有这一职务或职权而实施的。易言之，应实质地、具体地判断其行为与一般人诈骗犯罪进行比较时，能否体现出职务或职权的特殊差异。认定其欺骗行为属于利用职务的行为，是认定其利用职务的行为构成"利用职务便利"的第一步。

第二，在骗取型贪污下，行为人的职务或职权未必会对财物起到安排、调拨、保护等作用，其既有可能表现为财物发放管理体系中末端环节，也可能表现为对主管财物者安排调拨的前置程序。因此在解释主管、管理、经手时，应扩大解释为对财物处分有实质影响的职务行为，抑或是被主管、管理、经手财物者所信赖的职务行为。但同时应注意其与其他行为方式之区别，不宜一概适用。如在侵占型贪污罪中，行为人依职权占有财物、对处分、支配、控制财物有着实质授权，是其构成犯罪的必要条件；而在窃取型贪污罪中，行为人若依职权得处分、支配、控制财物，即使其秘密地化为己有，也并不能当然地认为这属于盗窃行为。

第三，关于实质影响的判断，应注意三点。首先，并非只要其职务或职权对处分财物存在影响甚至影响的可能，就认定其构成"利用职务便利"。否则即有定罪过于宽泛，刑罚过重之嫌。笔者认为，这种"影响力"的判断兼为"利用职务便利"这一构成要件要素的标准以及诈骗行为结构下诈骗行为与危害结果的因果关系的标准，但二者要求的程度有所不同。首先，"影响主体"的核心是"职务行为"，并非"欺骗行为"，因而这种影响力首要地作为判断利用职务便利这一构成要件要素的标准，同时需要达到实质影响的程度；其次，不论利用职务便利是否成立，在定罪时亦都需要判断因果关系，此时的"影响力"则既可能属于"利用职务欺骗的行为"，也可能属于单纯的

"欺骗行为"——等同于危险实现原理中结果归属的判断。因此，某一国家工作人员利用职务便利实施的行为，可能无法达到实质影响财物处分的程度进而阻却骗取型贪污的成立，但同时其行为对结果发生的影响依然可能被肯定——此时只需达到合法则的条件关系（或其他因果关系判断标准）的程度，且审核过失不会作为阻断危险的介入因素，进而可以肯定诈骗罪的成立。

其次，这种判断应依赖于实然情况而非应然规则。换言之，并非行为人所处职位低于被骗人、职权小于被骗人，就直接认定其无法实质影响到财物的处分。通俗地来说，一个基层干部徇私舞弊骗取公共财物与一个普通公民相比显然会更加容易，因其职务与职权为其带来了方便和处分权人的信任。当然，如果这种方便和信任与处分权人对一个普通公民而言别无二致，则不应以骗取型贪污处置。举例而言，如某街道要求申领某项补贴款的人员须亲自至办事处领取，基层干部甲作为申领人员之一在领取时用了伪造的身份证明。此时即便工作人员看在其国家工作人员的身份上选择相信，其也并未利用本人的职务或职权。换言之，甲在此时与其他领款的普通公民的身份无异。但如果上述甲在依职权向上申报材料时借自己负责签字审核的职权上报了虚假材料，则是在利用职务便利对财物处分产生实质影响，哪怕被骗人是甲的上级，拥有可以覆盖甲之职权的权力（其未必会实施这种权力）。

最后，判断职务便利对于处分公共财物是否实质影响，可以依托于特定管理体系下对该职务行为的信赖程度，或者其基于职务所被赋予的权力内容是否包含公共财物处分中不可或缺的一环。在某村主任骗取拆迁征地款案件中，法院认为，"该行为对获得拆迁补偿不起决定性作用，其出具的宅基地确认单尚需乡政府把关"，即行为人"并不具有拆迁补偿款的审核批准权力或者决定权力"[1]，最终认定行为人构成诈骗罪而非贪污罪。但是，如果村主任出具的确认单在征地款发放的管理体系中是被上级给予充分信赖的权力行为，那么即使其不具备最终决策权，在笔者看来，仍应肯定其职务便利具备实质影响。在类似的层级审批案件中，上级采取形式审查还是实质审查的方式，反映了其对下级职务行为的信赖程度。因此，如果在特定环境下能够确认上级一贯采取形式审查的方式，则足以认定下级在财物处分的整体管理中属于具有实质影响的环节。

---

[1] 北京市朝阳区人民法院［2018］京 0105 刑初 2187 号刑事判决书。

四、余论

一旦对"骗取型"贪污采取认同态度，则不可避免地要面临贪污罪与诈骗罪在刑罚均衡上的问题。这也是严格说学者主张架空"骗取"等行为方式，将贪污罪限定在侵占侵吞型上的主要原因之一。但一方面，如前所述，这种限制与架空将很难回应司法实践之需要，另一方面，这一限制事实上并不彻底，在严格说下少量存有的骗取情形也会使其无法在理论上形成闭环。对此，通过罪数上的处理，在行为同时构成诈骗罪与贪污罪时择一重罪处罚，是笔者认为较为妥当的方案。与此同时，通过"实质影响"对利用职务便利予以相应的限缩，将对处分公共财物不具备实质影响力的行为排除职务行为范畴，亦能避免将不具备贪污性质的骗取公共财物行为以贪污罪处理。

总而言之，在对限制说的个别问题进行修正之后，该说应属目前关于骗取型贪污的利用职务便利最为恰当的解释路径。本文对骗取型贪污的利用职务便利这一具体问题进行剖析，虽未建立宏大体系，但一个看似简单的法律规定背后实则牵涉大量实际案件，同样凸显着法的精确性、严密性要求。同时，既保证贪污犯罪认定体系的完整，在反腐倡廉环境下避免漏网之鱼，又坚持刑法的谦抑性原则，防止定罪处罚的过度扩张，亦是本文及学界众观点所共同追求之目标。